2018

中国税务稽查年鉴

China Taxation Auditing Yearbook

国家税务总局稽查局　编

中国税务出版社

图书在版编目(CIP)数据

中国税务稽查年鉴. 2018/国家税务总局稽查局编.
-- 北京:中国税务出版社,2018.12
ISBN 978-7-5678-0785-3

Ⅰ.①中… Ⅱ.①国… Ⅲ.①税务稽查-中国-2018-年鉴
Ⅳ.①F812.423-54

中国版本图书馆 CIP 数据核字(2018)第 263798 号

书　　名: **中国税务稽查年鉴·2018**
作　　者: 国家税务总局稽查局　编
责任编辑: 陈金艳　杨　鹤　王　玥
实习编辑: 马学刚
责任校对: 姚浩晴
技术设计: 刘冬珂
出版发行: 中国税务出版社
北京市丰台区广安路 9 号国投财富广场 1 号楼 11 层
邮政编码:100055
http://www.taxation.cn
E-mail:swcb@taxation.cn
发行中心电话:(010)83362087
传真:(010)83362049
经　　销: 限税务系统内使用
印　　刷: 北京联兴盛业印刷股份有限公司
规　　格: 787 毫米×1092 毫米　1/16
印　　张: 28　　彩插: 2
字　　数: 887000 字
版　　次: 2018 年 12 月第 1 版　2018 年 12 月第 1 次印刷
书　　号: ISBN 978-7-5678-0785-3
定　　价: 280.00 元

《中国税务稽查年鉴（2018）》
编辑委员会

《中国税务稽查年鉴（2018）》

审　稿

一、国家税务总局稽查局

郭晓林　李国成　于海春　沈甫明

曾静蓉　尹　雁　张达光　徐　平　金　鑫　王　磊

汪永标　黄　鑫　李明磊　陈　杰

二、各省（自治区、直辖市、计划单列市）税务局稽查局（以姓氏笔画为序）

王　锐　王　廉　王长江　王书剑　王发升　王君峰

王青山　王忠庆　王俊强　仇应广　邓新凤　左伟胜

石惠明　白鸿祥　冯　志　司新文　乔亚平　向垣树

刘　晨　刘小冬　刘义峰　刘世田　池福贵　许国强

苌少沛　李　轩　李牧雏　吴　恩　吴　鸿　余振荣

汪明荣　沈金元　宋春毅　张　目　张　伟　张　军

张长青　张文沂　张连发　陆绍康　陈尚平　陈佳发

陈绵强　林建文　林家云　岳克建　周铁锋　郑润涛

赵　勇　赵灿奇　胡兆瑞　胡俊峰　姜亚望　姚明军

晏懋秋　倪永刚　徐小琴　徐松青　殷家荣　高　剑

高国青　唐德友　黄　坚　黄明松　曹　蓉　曹龙华

梁丽明　屠克威　彭　诚　葛敬书　董巍巍　韩述文

谢少华　强宝贵　赖容锦　窦晓军　端木阳　薛安平

魏冠媛

《中国税务稽查年鉴（2018）》

撰　稿

（以姓氏笔画为序）

一、国家税务总局稽查局

王文心　刘　扬　刘春辉　牟悦宁　李恺阳　张　涵

张一培　张达光　俞闽敏　宫　怡　智　行　廖　超

二、各省（自治区、直辖市、计划单列市）税务局稽查局

于红飞　万　成　王　洋　王文建　王玉蓉　王丽娟

王利芳　王秋香　王莹莹　王雪松　车凌峰　公晓云

方　倩　孔晓飞　石卫斌　史玉婷　史晓泳　白　洁

吕家旺　刘　旭　刘　琪　刘西良　刘彬彬　刘德维

宇文峰　安　宁　李　未　李　凯　李　俊　李　铭

李佳懋　李昭婕　李碧晓　杨昕颜　杨黎黎　肖　磊

吴贵忠　何勇飞　邹飞鹏　张　惠　张大伟　张云峰

张立君　张迎春　张雯莹　张腾飞　陈　霞　陈光琼

陈建华　陈艳荣　林万亮　林姗百　呼　和　罗　文

罗建媛　罗媛媛　周妍汐　郑中林　赵　娜　赵翠芳

荆小迪　胡　萍　胡晓琳　贵飞翔　娄　婷　姚洪海

徐　岩　殷佳宁　翁旭东　高　楠　曹　蓉　崔伟茹

康健全　梁　丁　彭保东　蒋　攀　曾　锐　谢赉天

雷顺玉　谭　红　樊　娜　德　吉　魏　兵　魏冠媛

《中国税务稽查年鉴（2018）》
编辑出版人员

编　辑　说　明

一、《中国税务稽查年鉴》由国家税务总局稽查局组织编写，中国税务出版社编辑出版发行，是记录全国税务稽查年度工作的文献资料性工具书。

《中国税务稽查年鉴（2018）》全面记载2017年度中国税务稽查工作的总体情况，收录全国税务稽查工作、重大案件辑要、法规及规范性文件、统计数据及相关信息等内容。

二、本年鉴共分十个篇目：

第一篇　专文。本篇主要反映2017年度重点专项税务稽查工作，包括打击骗税虚开专项行动、重点稽查对象随机抽查工作、综合整治非法发票、“黑名单”及联合惩戒制度等六方面内容。

第二篇　重要文献。本篇收录国家税务总局领导、国家税务总局稽查局领导2017年度关于税务稽查工作的重要讲话和其他重要文件。

第三篇　全国税务稽查工作。本篇综述全国税务稽查各项业务工作开展的基本情况。

第四篇　各地税务稽查工作。本篇收录各省（自治区、直辖市、计划单列市）税务稽查工作情况。

第五篇　重大案件辑要。本篇收录2017年度国家税务总局稽查局督办、查处的部分重大案件及各省（自治区、直辖市、计划单列市）税务稽查部门直接查处的大要案件。

第六篇　法规及规范性文件。本篇收录2017年度发布的与税务稽查相关的法律、法规、规章及规范性文件，包括国家税务总局发布的规范性文件及各省（自治区、直辖市、计划单列市）税务部门根据本地情况制定的规范性文件目录等。

第七篇　统计资料。本篇收录2017年度全国税务稽查机构查处税收违法案件情况、行政强制措施及移送司法机关案件情况、违法举报案件情况、协查工作情况，以及机构人员、装备情况等统计资料。

第八篇　机构和人员。本篇收录国家税务总局稽查局领导名单、处级机构及副处级以上人员名单，各省（自治区、直辖市、计划单列市）税务稽查部门副处级以上人员名单、领导任免情况，税务稽查机构设置和人员基本情况，税务稽查系统表彰情况等。统计时间截至2017年12月31日。

第九篇　大事记。本篇按照时间顺序收录2017年度全国税务稽查工作重大举措、国家税务总局稽查局及税务稽查系统重大事件和税务总局稽查局领导的重要活动等。

第十篇　文选。本篇选录2017年度税务稽查理论研究及调研的重要成果和优秀税务稽查论文。

三、按照党中央、国务院关于国税地税征管体制改革决策部署，2018年6月15日起，全国省级及省级以下国家税务局、地方税务局机构分步合并和挂牌；至2018年7月20日，全国省、市、县、乡四级税务机构已全部完成合并和相应挂牌工作。因本书为年鉴类工具书，内容收录时段为2017年度，为此本书中的税务机构名称均使用合并前原机构名称。

四、本年鉴收录的资料不包括中国台湾和香港、澳门特别行政区。

五、本年鉴在编辑出版过程中得到各方面的大力支持，在此表示衷心感谢！同时，为进一步提高质量，希望读者提出意见和建议。

《中国税务稽查年鉴》编辑部

2018年11月

目　　录

第一篇　专　　文

第二篇　重要文献

第三篇　全国税务稽查工作

第四篇 各地税务稽查工作

第五篇 重大案件辑要

第六篇　法规及规范性文件

第七篇　统计资料

第八篇　机构和人员

第九篇　大事记

第十篇　文　选

第一篇

专　　文

集成攻坚　再接再厉
打击骗税和虚开专项工作取得明显成效

2017 年，全国税务稽查部门在巩固 2016 年工作成果的基础上，在公安、海关和人民银行的大力支持配合下，强化问题导向，运用集成方略，凝聚工作合力，严厉查处骗取出口退税和虚开增值税发票违法行为（以下简称骗税和虚开），大力推进重点领域整治，推动打击骗税和虚开专项工作取得显著成效。

一、总体工作成效

（一）挽回税款损失明显增长

2017 年，全国税务稽查部门共检查外贸出口及涉嫌虚开企业 6.86 万户，查处骗取出口退税和违规退税挽回税款损失 207.26 亿元；查处虚开增值税专用发票及其他可抵扣凭证 584.23 万份，涉及税额 1205.45 亿元；移送公安机关涉案企业 8207 户，配合公安机关抓捕犯罪嫌疑人 4354 人。

（二）重大案件查处彰显威力

各地税务稽查部门与公安、海关、人民银行紧密配合，集中优势资源对跨区域、团伙化案件实行一体化、链条式打击，有力打击了不法分子的嚣张气焰。天津“12－01”专案、广东“12－06”“18－09”骗税案、深圳“海啸 1 号”专案等一批重大案件得到有效查处。

（三）化解部分领域税收风险

税务总局稽查局选取骗税虚开重点行业、区域开展专项整治，化解了部分行业、地区涉税违法案件高发频发的税收风险，有效提升了行业和区域企业的纳税遵从，为相关行业、区域的规范健康发展提供了坚实保障。

（四）部门协作开创崭新局面

税务总局稽查局不断强化与公安、海关、人民银行等外部门配合，积极探索完善部门协作形式，形成更为流畅、更为有效的合作管理模式。通过集中查询发票、人员、资金、海关完税凭证信息等，及时交换涉案信息数据，实现了资源共享、优势互补，案件查处效率大大提高，联合打击力量得到增强。

（五）宣传震慑效应持续增强

税务总局稽查局不断创新宣传形式，向社会传递依法依规促进外贸和经济稳定发展的信号。通过召开新闻发布会、公布税收违法“黑名单”、实施联合惩戒等形式，营造全社会协税护税、防范和打击骗税和虚开的舆论环境。2017 年，共曝光了 23 起典型案例，向社会公布税收违法“黑名单”4228 件，产生了非常大的警示作用和社会影响力，促进了社会诚信体系建设。

二、工作开展情况

（一）强化组织领导，科学统筹部署

根据七部委防范和打击出口骗税部际联席会议的统筹安排，继续成立税务总局、公安部、海关总署和人民银行四部委打击骗税和虚开工作领导小组，统一指挥、协调和督导全国打击骗税和虚开工作的开展。及时制发方案，召开工作部署会议，明确2017年工作任务和工作要求，要求各地明确主体责任，确保每项具体工作落实。

（二）突出问题导向，科学精准选案

成立专业选案团队，构建大数据平台，集中开展选案工作，共筛选下发案源7096户。查处项目既涵盖了骗税虚开传统高发领域，又兼顾了存在潜在风险的新兴行业，选案团队持续对跨地区重大案件的查处提供发票查询支持，共提供涉及2.8万户企业的3758.3万条发票信息、8000多张发票流向图和6000多户选案分析报告。

（三）实施项目管理，确保工作实效

税务总局稽查局对2017年所有下发的重点案源实行项目制管理，总局层面对重点案源定期限、定目标、定要求，实行"逐户建档、逐件点评、逐案考核、逐月反馈"的推进链条，对案件查办过程实施痕迹化管理、实时化监控；省以下层面对重点案源定人员、定计划、定措施，层层传导压力，确保每项工作有单位承担、有小组推进、有具体成员负责。

（四）深度开展调查，全面外调取证

在认真进行案头分析的基础上，各地税务稽查部门制定具体行动方案，开展突击调账行动，在公安、海关和人民银行的配合下，同步展开上下游企业发票流、货物流和资金流全面外调取证。全国累计协查企业10.94万户，涉及发票293.92万份，金额3534.12亿元，税额585.81亿元；累计检查备案单证53.98万份，查询涉案企业和个人银行账户7.46万个，冻结银行存款4.18亿元。

（五）集成优势资源，实施链式打击

针对骗税、虚开案件团伙化、跨区域特点，税务总局稽查局紧紧围绕"整体统筹、上下互动、横向联动"的工作要求，采用了骗税、虚开一起打、跨地区组建联合专案组一起查的方式，对跨区域、团伙化案件实现链条上下游所有涉案企业一体化打击，突破了以往工作组各自为战的藩篱，真正实现"强攻一点、揪出一串、横扫一片"。

（六）强化实地督导，加强工作考核

2017年6月和10月，税务总局稽查局会同公安、海关和人民银行等部门分别召开推进会研究重大案件查办和部门协作相关问题，对打击骗税虚开工作进行再部署、再动员。8月底至9月初，四部委成立4个联合督导组，赴16个重点地区开展督导，统筹协调解决工作中存在的困难和问题，督促各地进一步加大工作力度。建立了工作成果半月一报制度，结合各地工作实绩，定期进行排名和通报，鼓励先进、督促落后。

（七）夯实党建基础，加强组织保障

税务总局稽查局大力倡导党建创新促进工作，将查处骗税、虚开专案组的组建和党建工作同部署同落实，积极发挥党建工作的组织优势和攻坚克难优势，在查处骗税虚开违法犯罪活动中践行"两学一做"学习教育，形成党建工作与双打工作"两促进、两提高"的生动实践。

提升稽查质量　优化税收环境
全面开展第二批税务总局重点税源随机抽查工作

按照国务院关于全面推行“双随机、一公开”监管的要求，税务总局稽查局于2016年9月部署了对第二批40户重点税源企业集团开展随机抽查。工作过程中，各级稽查部门按照税务总局局长王军关于税务稽查“五种形态”重要批示精神，根据企业纳税遵从度不同实施分类处理，该宽则宽，鼓励企业自查自纠、诚信纳税；当严则严，严肃查处涉税违法行为，努力做到执法有温度、强力度，助力谋发展、促公平，确保法律效果和社会效果有机统一。截至2017年底，基本完成第二批重点税源随机抽查工作，共辅导成员单位3.6万户自查，立案检查0.85万户，查补税款及滞纳金466.14亿元。

一、主要措施

（一）定向抽取集团

一是根据《国家税务总局关于印发〈税务稽查随机抽查对象名录库管理办法（试行）〉的通知》（税总发〔2016〕73号）的要求，综合考虑经营模式、行业地区分布、以前年度是否接受过税务检查等因素，从税务总局随机抽查对象名录库中随机抽取40个企业集团作为检查对象。由各省国税局、地税局对辖区内40个企业集团成员单位的纳税数额、税负率、成本利润率等指标评估后，上报拟立案企业名单。二是根据集团自查情况微调，以落实王军局长关于深化“放管服”改革的工作要求为落脚点，充分考虑个别企业集团重组需求，最终确定39个企业集团的立案名单，并下发案源。

（二）深入实地督导

为推动随机抽查工作有序开展，税务总局稽查局对京津冀等19个重点地区重点稽查对象随机抽查工作进行专项督导，要求各地对照工作方案和工作要求查找不足，并指派专人深入实地了解工作开展情况、存在的问题，听取各省国税局、地税局稽查局联合汇报。以绩效考核为抓手，督促各省深入核实重点问题，及时请示政策难点，确保工作进度和检查质量。

（三）解决政策难点

为确保检查优质高效开展，税务总局稽查局以重点税源企业随机抽查工作指导意见为依据，要求各地在此次检查工作中严格落实，对发现的政策执行问题依法依规处理。同时针对各地反映的、指导意见中未涵盖的问题，进行收集、分类、汇总，与相关司局开展政策研究，迅速落实。在有关司局的支持下，已明确结息凭证税前扣除、养殖业建筑物房产税、再保险合同印花税等问题，有力推动了基层检查工作的进展。

二、工作成效

（一）查补收入大幅增加

截至2017年底，共查补税款及滞纳金466.14亿元，与第一批重点税源随机抽查工作相比，总数增加298.08亿元，增长率达177.46%。以集团为单位，户均查补税款由6.46亿元增加到11.65亿元，增长率达80.39%。其中占比较大的税种依次为：营业税199.27亿元，占查补总额的42.75%；企业所得税139.97亿元，占查补总额的30.03%；增值税39.04亿元，占查补总额的8.38%；个人所得税25.23亿元，占查补总额的5.41%。

（二）检查质效明显提升

针对总分机构企业，选取8户金融企业为试点，建立以总部检查组为核心，协调、指导各分支机构检查组的联合检查团队，畅通总分机构检查组联系，实现数据互享、疑点互通、信息互换。针对业务种类多、数据量庞大等检查难点，采取“确定测试层级—调取业务资料—比对涉税数据—核实差异原因—确认涉税问题”五步骤穿透检查方式，确保稽查“横向到边、纵向到底”，全面排查涉税风险。8户试点企业集团查补税款331.64亿元，占查补总额的71.15%。

（三）稽查成果深度运用

编写银行业、保险业、烟草制造业、白酒制造业4个行业检查指引，以便指导今后行业检查工作。4个行业检查指引分别由相关行业总部检查团队负责编写。初稿已经完成，涵盖行业概况、业务介绍、会计核算、检查要点、稽查案例、政策索引等内容，共计45万字。在征求部分省（市）税务局稽查局意见时，得到一致好评，认为检查指引“全面、专业、准确、操作性强”，有效实现了检查成果的增值利用。

综合整治发票违法犯罪活动成效显著

2017年，全国打击发票违法犯罪活动工作协调小组（以下简称协调小组）各成员单位深入贯彻落实全国打击发票违法犯罪活动工作协调小组第五次会议工作部署和要求，担当履职，开拓创新，扎实推进相关工作，始终保持打击发票违法犯罪活动的高压态势，取得明显成效。据各地协调小组办公室上报情况统计，2017年，全国共查处各类发票违法犯罪案件14.72万起，查获非法发票1836.5万份，抓获犯罪嫌疑人8878人，税务机关查处违法企业14.3万户，涉及非法发票1820.2万份，查补收入648.4亿元。

一、主要工作成效

（一）集中整治制售非法发票

税务、公安部门密切配合，全年共捣毁制售非法发票窝点1765个，打掉作案团伙1584个，收缴作案机器2814台，查获各类非法发票1836.5万份。

（二）持续治理发票违法信息

通信管理、公安、税务等部门继续强化发票违法信息源头治理，相互配合封堵发票违法信息传播渠道，有效遏制发票违法信息的蔓延、扩散，共治理发票类违法短信息1107.5万条，关停手机号码6049个，治理短信群发器895台，关停整顿登载发票违法信息网站373个。

（三）严厉查处虚开违法案件

立足“打团伙、抓重点、强震慑”的工作思路，采取“精准化打击、链条式检查”的工作方法，严厉查处虚开发票违法犯罪行为。各地共查处对外虚开和接受虚开增值税专用发票及其他增值税可抵扣凭证584.23万份，涉及税额1205.45亿元，成功查处一批重大虚开发票案件。同时，各地税务机关积极开展高风险领域专项整治，规范了部分行业和地区税收秩序，提升了企业纳税遵从度。

（四）加大用票情况检查力度

税务部门共出动执法人员8.65万人次对19.36万户用票企业开展检查，共查处违法企业14.3万户；涉及非法发票1820.2万份，查补收入648.4亿元。重点对交通运输、房地产、建筑安装、金融保险等13个行业发票使用情况进行了检查，共查处违法企业8.9万户；涉及非法发票1565.1万份，查补收入472.4亿元。同时，各地结合当地行业经济特点和发票违法实际，自行选取问题多发的行业和区域开展重点检查，有效净化了税收经济环境。

（五）强化联合惩戒震慑效用

税务部门注重发挥税收“黑名单”威慑效力。2017年，各级税务机关公布“黑名单”

案件4228件，其中，发票类违法案件3436件，并及时向相关联合惩戒部门推送信息。相关部门及时对违法案件当事人采取评定D级纳税信用等级、阻止出境、限制授信、不得参与评先评优、禁止部分高消费行为等联合惩戒措施，产生了非常大的警示震慑作用和社会影响力。公安、检察院、法院等部门联合惩治发票违法犯罪人员，2017年，全国公安机关共立案8511件，抓获犯罪嫌疑人8878人；向检察院移送起诉3491起；法院审判案件1475起，判决1837人。

二、主要工作措施

（一）加强领导，周密组织

一是精心制定工作方案。税务总局制发《2017年打击发票违法犯罪活动工作实施方案》，全面部署2017年税务系统打击发票违法犯罪活动工作。同时联合公安、海关、人民银行下发打击虚开增值税专用发票工作方案，明确了工作目标、工作重点和具体工作要求。二是统筹推进工作落实。税务总局将打击发票违法犯罪活动工作与税收随机抽查、行业和区域专项整治、举报案件查处、发票协查等工作相结合，坚持“查税必查票”，使发票检查成为税收检查的必查环节和必查项目，提升查处工作整体质效。三是积极争取政府支持。各地协调小组办公室主动向当地党政领导汇报打击发票违法犯罪活动工作开展情况，争取各级党委、政府的重视和支持，为工作顺利开展奠定坚实基础。北京、湖南等地政府召开专题会议统一部署发票整治专项行动；宁波、江西、湖南等地省委领导对发票整治工作作出重要批示。

（二）强化配合，密切协作

一是充分发挥协调小组办公室工作职责，督促各地建立各部门协调配合、各司其职、各负其责的工作机制，定期召开协调小组成员会议，及时研究解决打击发票违法犯罪活动工作中遇到的重大问题，形成齐抓共管、综合治理的良好局面。二是完善四部门协作机制。税务总局牵头公安部、海关总署、人民银行成立打击骗税和虚开工作领导小组，负责统一部署、指挥、协调和督导打骗打虚工作。各地税务、公安、海关和人民银行不断创新合作形式，丰富合作内容，推动四部门在税警信息共享、资金信息查询、海关完税凭证取证等方面取得突破。三是深化税警联络机制。各地税务、公安机关对重大案件坚持“共同经营、联合取证、同步办案”，共联合侦办虚开增值税专用发票案件4975起。

（三）精准选案，定向打击

税务总局充分利用云平台项目集中的核心征管数据、增值税专用发票电子底账数据等改进稽查选案方式，实行全行业、全链条的风险分析，集中选取了重点案源6300余户下发各地实施检查，实现了精准制导、定向打击，有力保证了打击虚开专项行动的工作效果。各地也积极开展风险导向下的信息化选案，利用全国统一发票管理平台，积极运用增值税发票管理系统数据资源，深入分析排查虚开企业，精准打击虚开发票犯罪。如湖北省国税局先后研发“数字化稽查”“增值税发票快速预警处理”“增值税发票电子底账管理”三个数据平台，强化后台监控分析，提前预警虚开风险，已连续成功查处多起虚开增值税专用发票案件。

（四）压实责任，注重考核

协调小组办公室根据中央综治办考评有关要求，制发考核方案，相关成员单位根据本部门实际情况，制定和完善考评标准和方法，从任务落实、工作成效、宣传报道等方面做出规定和要求，切实发挥考评“指挥棒”作用，确保打击发票违法犯罪活动各项工作落到实处。税务总局向各地下达了打击发票违法犯罪活动工作的指令性检查任务，同时对所有下发的虚开重点案源和专项整治案源实行项目制管理，要求做好案件查处任务的分解和落实，明确每个案件的负责人和经办人员。各地税务机关通过建立案源管理台账，实行“逐户建档、逐案跟踪、逐案考核”，确保检查成效。

（五）扩大宣传，增强警示

税务、公安、法院等部门充分利用税收宣传月、“5·15”打击和防范经济犯罪宣传日等时机，通过门户网站、微博、微信公众号、专题在线访谈等多种形式，积极开展发票主题教育宣传活动，提高单位和个人依法使用发票的自觉性。各地税务机关共开展发票宣传教育活动41608次。广西等地税务、公安、法院共同召开新闻发布会，宣传发票整治工作成效，曝光典型案件，积极营造全社会共同打击防范发票违法犯罪的良好氛围。安徽省国税局在运用纳税人学堂这一常态化、规范化的税收宣传辅导平台的同时，积极开辟新的宣传教育平台，及时对打击涉税违法犯罪活动政策进行宣传解读。

发挥税收力量
构建“一处失信，处处受限”惩戒大格局

针对重大税收违法行为，税务部门建立了以税收违法“黑名单”和多部门联合惩戒为主的税收失信监管机制。该机制既是税务部门深化简政放权、创新监管方式、增强公信力和执行力的重要工作内容，也是税务部门联合其他部门构建“一处失信，处处受限”惩戒大格局，促进税收诚信、社会诚信和国家治理现代化的重要实现途径。截至2017年底，全国各级税务机关累计公布案件7294件，推送多部门联合惩戒9.01万户次。全国已公布的税收违法“黑名单”案件中，共有998户“黑名单”当事人主动缴清税款、滞纳金和罚款后撤出公布。两大管理机制呈现出显著的综合效应，成为税收共治和社会诚信建设的强大推动力量。

一、建立两项制度，探索搭建税收失信惩戒大平台

信用是现代市场经济的基石，诚信建设是推进国家治理体系和治理能力现代化的重要内容和实现途径。党的十八大以来，诚信建设被摆在突出位置。2014年6月，国务院相继印发《关于促进市场公平竞争维护市场正常秩序的若干意见》《社会信用体系建设规划纲要（2014—2020年）》，提出要建立健全守信激励和失信惩戒机制。税务总局及时响应，决定围绕税收中心工作加强纳税信用建设，发挥纳税信用这一重要信用指标的影响力。

经过深入研究和精心设计，税务总局于2014年7月发布《重大税收违法案件信息公布办法（试行）》（以下简称《公布办法》），要求对达到一定涉案金额的偷税、逃税、骗税、抗税和虚开发票等违法案件信息予以公布。公布信息包括违法当事人的名称（姓名）、组织机构代码（身份证号码）、主要违法事实、相关法律依据、行政处理和处罚情况、实施检查单位等。这标志着税收违法“黑名单”制度建立。2014年12月，税务总局与国家发改委等20个单位联合签署《关于对重大税收违法案件当事人实施联合惩戒措施的合作备忘录》（以下简称《备忘录》）。《备忘录》规定，重大税收违法案件公布后，税务机关在直接将当事人纳税信用级别判为D级，并采取限制发票使用、缩短纳税评估周期等税收管理措施的同时，将其违法信息向签署《备忘录》的单位推送，由各相关单位对其实施18项惩戒措施，涉及融资限制、任职限制、政府采购限制和高消费限制等约束，这标志着税收违法联合惩戒机制建立。可以说，以《公布办法》和《备忘录》为标志，我国形成了“一体两翼”的税收失信惩戒机制。

二、做好两轮升级，税收失信惩戒更加科学有力

对于重大税收违法者来说，这两项制度无疑将对他们造成直接、切实、深远的负面影响。犹如一石激起千层浪，这两项制度一经公布便在社会上产生了巨大反响。“税收失信者将面临严厉惩戒”“上‘黑名单’后贷款要受到限制”之类的话题见诸各类媒体，在很多人尤其是有税收违法行为的人心中掀起层层波浪。

经过一年多的实践，两项税收失信惩戒机制显现出威力，但也反映出公布标准不统一、联合惩戒责任主体不明确等问题。针对这些问题，国家税务总局于 2016 年 4 月发布了新版《公布办法》。

修订后的《公布办法》主要作了三方面调整：一是统一了公布标准，将偷税、逃税案件的标准统一调整为 100 万元以上，将骗税和虚开案件统一调整为不设金额限制；二是调整了公布方式，由税务总局网站统一链接，更便于公众查询；三是增加了信用修复措施，已公布的符合条件的偷税、逃税当事人在缴清税款、滞纳金和罚款后停止公布并从公告栏中撤出，同时将缴清税款、滞纳金和罚款情况通知实施联合惩戒和管理的单位。其中，有关信用修复的规定备受关注。这表明税务总局在税收失信惩戒建设中确立了“能上能下、鼓励纠错、动态管理”的信用修复思路。这个救济措施为税收违法当事人提供了亡羊补牢、改过自新的机会，鼓励其积极补缴税款，体现了税收执法的人性化和刚柔相济。这与国务院建立有利于自我纠错、主动自新的社会鼓励与关爱机制，支持有失信行为的个人通过社会公益服务等方式修复个人信用的要求相一致。

实践表明，这一信用修复措施既大大提高了纳税人的税法遵从度，也减小了税收行政成本，实现了征纳双赢。998 户“黑名单”当事人在主动缴清税款、滞纳金和罚款后被撤出“黑名单”，同时他们也表达了未来要诚信经营的决心。

2016 年 12 月，根据 2016 年 5 月国务院出台的《关于建立完善守信联合激励和失信联合惩戒制度　加快推进社会诚信建设的指导意见》，税务总局与 33 个单位共同签署《备忘录》(2016 版)。由此，参与联合惩戒的单位由 21 个增加到 34 个，联合惩戒措施由 18 项增加到 28 项，增加了从严控制生产许可证发放、依法限制参与有关公共资源交易活动、依法限制参与基础设施和公用事业特许经营等 10 项惩戒措施。对于严重失信的纳税人来说，这意味着受惩戒力度加大，受惩戒范围更广。至此，税收失信惩戒网变得更加科学严密。

三、扎实推进落实，失信惩戒显现出强大威慑力

有了好的制度，还需要好的落实保障。为充分发挥两项制度的威力，税务机关从上到下积极行动，采取多种措施，推动联合惩戒工作扎实、有效开展。

顶层设计与基层创新相结合，注重技术应用。2017 年，税务总局注重运用信息技术推动联合惩戒工作。对内，围绕稽查工作中心任务，组织专人利用信息技术把关案件公布、信息推送等关键环节，并实地督导，推动“黑名单”制度落到实处。对外，与有关联合惩戒部门密切沟通协调，做好信用信息主动采集和有效归集工作，将信用信息深加工和应用贯穿于监管机制全流程。同时，鼓励各地税务机关积极探索税收违法惩戒新措施。基于此，

内蒙古国税局开发联合惩戒智能信息系统，实现部门间信息实时共享联动；贵州国税局开发“税务信用云”平台，扩展了税收违法“黑名单”的运用范围；新疆国税局、地税局与新疆生产建设兵团签订税收违法“黑名单”联合惩戒备忘录，实现联合惩戒领域“全国省级行政区域全覆盖”……

定期公布曝光，促进市场效率提高。税收违法“黑名单”曝光失信名单后，社会主体能够便捷掌握交易对手的真实情况，节约交易成本。统计显示，自2014年实施“黑名单”制度起，至2017年底，全国各级税务机关累计对外公布税收违法“黑名单”案件7294件。这些定期曝光，使市场自动淘汰了有关纳税信用记录不良者，提高了运行效率。

加强信息运用，提高税收征管质效。自实施税收违法“黑名单”制度以来，各级税务机关不断深入挖掘“黑名单”数据的潜在价值，加强信息内部运用。除了依照规定将税收违法“黑名单”案件当事人全部列入纳税信用D级范围，采取严格的发票管理、出口退税审核和高频次税收检查等措施外，还以建立虚开、骗税涉案企业和个人信息库为突破口，将“黑名单”制度延伸到日常税收管理环节，对“黑名单”当事人加强征管，提高检查频率。

部门贯通，形成合力，是做好“黑名单”工作的基本保障。多部门联合惩戒，能够加大失信成本，形成“一处失信，处处受限”的社会环境，发挥协同监管的威力。为促进部门协作，税务总局在参与联合惩戒部门间信息共享、协同监管和联合惩戒的同时，深度参与社会信用体系建设立法调研和培训工作，与国家发改委签订《信用联动合作框架协议》，完善联合惩戒工作机制。在税务总局的统一部署下，各级税务机关将9万余户次税收违法当事人信息向多部门推送，改变了过去税务机关“单打独斗”的状况，开启跨地区、跨部门联手惩戒失信行为的新局面。2017年公安部门共配合税务机关办理阻止出境边控信息1551人次，实际阻止80人次；5473名“黑名单”当事人被工商部门、市场监督管理部门限制担任企业的法定代表人、董事、监事及经理职务；5903户当事人被推送金融机构融资授信；4812户当事人被禁止部分高消费行为；5776户当事人在政府采购活动中受限；5719户当事人在取得政府供应土地时受限；5240户当事人通过企业信用信息公示系统向社会公示；5514户当事人被强化检验检疫监督管理；5882户当事人被财政部门限制政府性资金支持……

国家发改委副主任连维良表示：“税务系统开展的联合惩戒和失信‘黑名单’管理工作成效显著，在全国信用体系建设中起到了很好的示范作用。”

四、创新拓展范围，推动失信惩戒工作纵深发展

党的十九大报告要求推进诚信建设。面对新要求新使命，税务总局将在信用建设方面继续探索，持续深入。2018年，税务总局将探索拓展税收违法“黑名单”的公布范围，研究将走逃（失联）企业列入“黑名单”和联合惩戒范围，进一步完善税收违法“黑名单”制度，更大限度地发挥失信惩戒制度对于税务稽查和日常征管的强大推动作用。同时，将分类收集、归纳整理重点人员信息，研究建立税收违法案件涉案重点人员信息库，及时向税务机关内部管理部门和外部相关单位推送，强化重点环节和事项的预警、阻断和管控。

此外，税务总局以国家发改委、公安、海关和工商等部门为重点，深入做好联合惩戒

部门间信息推送、结果回馈和成果应用等工作，化解联合惩戒措施落实过程中的难点和堵点，充分发挥重点惩戒措施的效用，切实让税收违法“黑名单”当事人“一处失信，处处受限”，为守法纳税人营造公平公开、公正透明、有利于创新创业的良好市场环境。各级税务机关顺应新时代要求，把联合惩戒工作放到高质量推进税收现代化的大局中去推动落实，充分发挥税务机关在涉税联合惩戒工作中的主导和推动作用，积极推动部门间联合惩戒。

联合，势必释放“1+1>2”的效果。构建失信惩戒大格局，是一项长期且创新性很强的系统工程。随着“放管服”改革和税收征管体制改革的不断深入，税务机关在简化办税流程、优化税收环境和激发市场活力的同时，将不断结合信用管理，通过持续推进税收违法“黑名单”和联合惩戒制度规范纳税人的行为，在促进税收治理、社会信用体系建设和国家治理现代化三个层面，持续释放影响力，推进社会信用体系建设向纵深发展。

国税地税联合稽查工作成效不断显现

2017年，各级税务机关深入贯彻落实深化国税、地税征管体制改革和国务院“放管服”改革部署，根据税务总局党组的工作要求，将国税地税联合稽查作为深化改革、服务大局的重要抓手，树立共建、共享、共赢理念，围绕稽查增效和减负工作目标，共同推进联合稽查制度化、规范化、常态化，联合稽查工作呈现出合作共赢的有利态势，联合稽查工作成效不断显现。

一、主要成效

全国税务稽查部门全面落实国税地税联合稽查工作办法，双方联合执法意识全面提升、合作机制更加完善，办案成效明显提高，纳税人获得感不断增强，较好地完成了各项联合稽查工作任务。具体体现在以下几个方面：

（一）合作机制建设呈现新发展

税务总局稽查局以国税地税联合稽查工作办法为依据，注重加强联合稽查顶层设计，在国税地税共建协调机制、共享涉税信息、联合实施检查、协同审理和执行等方面持续规范。各地因地制宜制定联合稽查实施细则，实现了稽查机构、重点任务和工作事项联合稽查全覆盖。2017年全国省、市、县三级国税地税部门共建立联合稽查工作领导小组及其办公室2130个，设立联合稽查工作台账，对工作任务实施“销号”管理；建立各类专项工作小组1942个，设置联合稽查联络员加强工作联络会商；召开专题会议2148次，研究解决联合稽查中的具体工作问题。省、市两级509个单位建立联合随机抽查机制，建立共同管辖纳税人名录库489个。联合稽查工作机制不断完善，联合稽查工作格局初步形成。

（二）堵漏增收工作取得新进展

按照税务总局统一部署，各地将税务稽查随机抽查、专项稽查、行业和区域专项整治全面纳入联合稽查工作内容。通过联合选定稽查对象、联合入户检查、协同案件审理、协同案件执行，形成“共选、统查、共处、协执”高效工作模式。2017年全国国税、地税共开展联合稽查70428户，其中同步立案检查23632户，共同督导自查46796户，联合稽查户数占比达到24.82%；联合稽查查补入库收入403.42亿元，占全国稽查收入比例达到27.56%；协同税收保全和强制执行127户。国税、地税发挥各自专业优势，凝聚查处合力。如北京国税、地税稽查部门统筹协调稽查力量，对17家重点税源企业开展联合随机抽查，查补入库税款20.84亿元。

（三）纳税人减负效应持续释放

国税地税联合稽查大大压缩了纳税人配合检查的时间成本及人力资源，较大程度规避了以往纳税人因国税、地税重复检查而抵触或拒不配合的现象，进一步优化了营商环境，真正实现了“同进一家纳税人、联办两家稽查事”。全国税务稽查部门共建了1917个联合查账室，配置了专用的办公场地、查账设备，有效解决了纳税人稽查过程中多头跑路、多头配合的问题。在税务总局2017年10月“减少税务检查次数”工作调研中，北京、天津、山东等地纳税人代表普遍反映联合稽查整合了检查任务，统一了工作要求，有利于企业降低应对成本。广东、深圳等地国税、地税稽查部门在重点稽查对象抽查过程中，同步检查有效缩短检查时间，赢得纳税人点赞。吉林、湖北等地国税、地税稽查部门开展联合稽查“春风行动”，共同开展自查辅导，帮助企业防范税收风险，进一步优化了税收执法软环境。

（四）联合监管威慑力不断增强

2017年各地国税、地税部门协同发布“黑名单”和开展联合惩戒1529户，通过双方对税收失信者信息的共同曝光和联合惩戒，更加有力地震慑涉税违法行为，推进社会信用体系建设，营造了“一处失信，处处受限”的社会氛围。吉林、黑龙江、湖南等地国税、地税稽查部门将联合惩戒工作纳入本省诚信体系建设重点任务予以推进落实，共同推动省政府各单位建立组织保障、信息推送、落实反馈的长效合作机制，并在省政府网站建立“重大税收违法案件公示”“信用查询”等专栏。陕西国税、地税稽查部门联合开展“黑名单”联合惩戒成效在央视新闻频道报道。广东国税、地税稽查部门通过《南方日报》等媒体联合曝光联合查处案例，邀请知名法律专家对案例进行点评，扩大联合惩戒的威慑力和影响力。

（五）监督制约新机制初步形成

强化国税地税联合稽查是建立新的执法监督模式的重要方式。实施联合稽查在案源选取、信息情报、检查过程、处理尺度等方面的合作，使稽查案件的办理过程更多地展现在外部门面前，使工作内容更加透明，针对同一事项的处理尺度接受纳税人的统一考量。四川省某市国税、地税稽查部门在对某企业联合稽查过程中，由于双方对处罚尺度不能达成一致意见，直接上报省级联合稽查工作领导小组裁决，最终由领导小组办公室向双方下达执法意见书，统一了双方处罚尺度。联合稽查对于进一步加强规范执法，减少诉讼风险发挥了积极作用。

二、主要做法

2017年，税务总局稽查局加强国税地税联合稽查工作指导和部署，压实工作任务，各地稽查部门持续跟进，不断完善执法合作模式，多措并举提高联合稽查工作质效。

（一）上下联动，推动联合稽查制度落实

税务总局稽查局对联合稽查工作着眼于“抓早”，年初即对工作作出全面规划和总体部署；着力于“做实”，将工作任务细化为“机制建设”和“案件查处”26个工作点，逐一开展绩效考核；着重于“创新”，鼓励各地在工作中不断改进联合稽查方式方法，不断丰富联合稽查内涵；着手于“畅通”，两次开展联合稽查集中督导和调研，全面掌握工作开展情况，及时研究解决存在的问题，确保国税地税联合稽查制度的落地生根。各地国税、地税稽查部门根据本地实际，在信息共享、检查计划制定、对象确定、经验交流、案情反馈、情况通报和有关问题协调等执法合作事项上，统一思路和步调，实现工作任务同部署、同落实、同督导。湖北、贵州、天津、河南、吉林等地国税、地税稽查部门不断探索创新联合稽查机制，在联合决策、信息共享、案情会商、绩效考评、第三方信息采集等方面建立了相关单行制度，不断推进联合稽查由“面宽”向“点精”发展。

（二）全面覆盖，强化涉案信息共享

各级国税、地税稽查部门依托联合稽查机制，构建查前、查中、查后全流程的信息交换和共享平台，对案件查处和处理处罚决定等涉及对方的信息实行定期交换，对属于对方管辖的涉税检举等涉案违法线索实行限时交换，拓展了情报信息来源，极大地提升了信息资源共享质效。如江苏“5·18”专案，即由国税稽查部门接到某房地产企业接受虚开发票举报线索后，迅速推送至地税稽查部门开展联合稽查，共计查补税款2.2亿元。2017年全国各级国税、地税稽查部门共交换案源信息14596次，推送案件线索27455条，接收方据此立案10010件，实现稽查查补收入37.22亿元。同时，各地积极探索创新信息查询和数据支持新方式。如湖北、广东等地国税、地税稽查部门通过优化涉税信息软件，打造联合稽查“云平台”，实现数据无障碍查询。青岛国税、地税稽查部门利用网络软件采集互联网涉税案源信息，极大提升了案源信息获取能力。

（三）突出重点，压实联合稽查工作任务

税务总局稽查局将联合稽查与稽查重点工作深度融合，不断提升联合稽查工作针对性和适用性。一是联合实施随机抽查。税务总局稽查局向各地压茬布置了全国40户重点稽查对象随机抽查，通过“总局统一下发、地方甄选上报、联合重点抽查”的方式开展联合稽查，提升重点稽查对象查办的广度、深度和质量。二是联合开展专项稽查。税务总局稽查局对双方征管业务联系紧密、税种关联度高、税收风险较大的行业和项目，优先纳入联合稽查工作任务，在全国范围内开展了“营改增”相关行业、医药行业、股权转让企业等专项稽查任务。三是自选案源开展行业和区域专项整治。各地结合当地的经济税源结构，以联合稽查增强精准打击能力。如内蒙古国税、地税稽查部门联合开展矿产品专项整治，吉林国税、地税稽查部门联合开展建安专项整治，云南国税、地税稽查部门联合开展交通运输行业专项整治，堵塞了税收征管漏洞，净化了区域行业税收环境。

（四）规范流程，提升联合执法质效

一是统一步调联合进户执法。国税、地税统一下发联合稽查案源，双方共同选派人员组成项目检查团队，发挥稽查人员业务特长联合实施检查，查前同步开展案头分析、制定联合检查方案，查中协商调取账簿资料、同步提取电子数据、协同调查取证。如吉林国税、地税稽查部门采取“一章六表一账”的方式，全面实现联合稽查全过程痕迹化管理。二是协同审理统一执法尺度。国税、地税共同制定税务行政处罚自由裁量基准，对同一违法事项统一审理时间、统一法律适用、统一处罚尺度。三是以查促管提升纳税遵从。国税、地税加强对联合查处稽查案件的剖析，共同查找行业管理薄弱环节和政策漏洞，将征管建议分送国税、地税征管部门，发挥以查促管作用。湖北襄阳国税、地税稽查部门及时反馈征管建议300余条，医药、农商行等行业税收贡献率由0.5%提高到3%。

（五）整合资源，探索联合稽查管理创新

各地国税、地税部门根据稽查体制现状，因地制宜整合执法资源，努力实现联合稽查效能更优。一是重点行业联合稽查“项目化”。如重庆集中全市70余名国税、地税稽查业务骨干，开展重点行业“团队式”“专业化”联合稽查。二是联合执法管理集约化。如吉林、江苏、宁夏等地成立国税、地税虚拟稽查机构，固化双方人员组合，开展联合稽查实体化运作，实现稽查案件各税统查。河南、陕西、浙江等地国税、地税稽查部门建立联合举报中心或联合办案中心，试点合署办公，集成双方办公环境和网络环境，提升联合稽查工作开展效率。三是联合案件组织智能化。广东、青岛等地国税、地税稽查部门在全国率先使用实时执法记录系统，对执法现场发现的关键书证、电子数据等进行远程传输，对多点检查、跨地区检查进行远程统一指挥、统一调配人力资源，提高了联合进户执法的指挥协作、应急应变能力。

（六）密切协作，推动多部门综合治税

各地国税、地税部门联合推动公安部门派驻税务机制，建立常态化税警联席会议制度，实现税务、公安涉税信息及时交换、有效共享。如吉林国税、地税部门主动协调公安部门，搭建税警数据专线，实施国税地税数据深度分析与公安部门经营布控相结合，成功查处虚开发票案件。在此基础上，各地国税、地税部门积极拓展协作部门，建立健全社会涉税信息交换机制，形成工商、金融、国土、城建、房管、公安、纪委等部门协税合力。如广东国税、地税部门联合查处检察院转办的某园林机械公司偷税案，税、警、检三方紧密协作、信息共享，税务部门查处疑点，公安配合查找相关责任人，检察院协助对相关人员做笔录，仅用28天查处结案，国税、地税部门共查补税款、滞纳金1135.25万元，大大提升了案件处理质效。

（七）拓展渠道，丰富联合稽查工作内容

各地国税、地税部门积极探索加强稽查管理合作和强化队伍建设合作，不断拓宽联合稽查合作渠道，丰富工作内容，采取多种合作形式服务于税收执法工作全局。如河南、辽宁、四川、浙江等地国税、地税部门定期互派稽查干部挂职锻炼，着力培养复合型人才；北京、天津、河北、安徽等地国税、地税部门常态化联合开展稽查业务培训和知识竞赛，营造“比学赶超”工作氛围；宁夏、新疆等地国税、地税部门联合开展稽查案例评析共享，发挥指导示范作用；广东、大连等地国税、地税部门联合组织“稽查执法讲堂”活动，树立联合执法宣传品牌；吉林、重庆等地国税、地税部门共同选拔稽查业务骨干成立联合稽查人才库，共同培养锻炼联合办案主力军和突击队。国税、地税稽查部门深度交流，为联合办案工作开展奠定了坚实的基础。

三、存在问题及对策

各地税务机关探索实践国税地税联合稽查工作取得了明显成效，但也存在一些问题：一是个别地区和人员对联合稽查工作的认识还不到位，积极性不够，工作开展还不均衡，联合稽查“上热、中暖、下凉”现象一定程度上存在。二是部分地区国税、地税部门面临双方稽查机构难以匹配、工作重心难以统一、任务进度难以同步等现实困难，存在联合稽查重形式轻实质、重数量轻质量等情况。三是缺少全国统一的国税、地税数据交换信息化平台，各地涉税数据共享力度不一，涉案信息线索交换不够及时、便捷。四是部分地区进户检查深度联合不足，各税统查、节约人力资源的工作优势尚未充分发挥。

针对上述问题，一是强化统筹，加大联合稽查工作力度；二是优化资源，探索联合稽查模式创新；三是加强支撑，大力推进联合稽查信息化；四是夯实基础，加强联合稽查教育培训；五是调研督导，推动联合稽查整体发展。

着力提升协查质效 精准服务稽查案件
全面推行要素协查方法

2017年3月，税务总局制发了《国家税务总局关于进一步改进和规范税收违法案件协查工作的通知》（以下简称《通知》），开始普遍推行要素协查新方法。《通知》指出要素协查是委托方、受托方依托协查要素开展税收违法案件协查的方法，主要由协查要素、协查要求、协查报告三个关键部分组成；并重点就普遍推进要素协查方法的必要性及操作规范进行了介绍，以及对双方的责任作了进一步的明确规定。要素协查的提出，从协查工作理论到如何开展该项工作的实践，与以往相比都有了新的要求，意味着这一新思路、新制度、新方法将对稽查工作的开展和成果产生积极深远的影响。

一、推行要素协查的必要性

（一）深刻理解要素协查意义

一是有助于重新定位协查工作，充分发挥协查职能。基于协查的原有概念和协查系统的网络优势，结合当前的“双打”形势，要素协查对协查定义做了调整，主要是将协查的范围由原有的发票协查调整为针对案件的协查，目的是让协查真正服务于稽查，服务于案件。

二是有助于创新协查工作方法，提高协查质量成效。要素协查不仅仅是针对走逃（失联）企业的协查工作要求，其他企业也包括在内；不仅仅是对受托方检查取证的要求，也对委托方的检查取证提出了明确要求；不仅仅是针对增值税专用发票的协查要求，对增值税普通发票、海关票、电子发票等也纳入其中，从而更有效地开展协查工作。

三是有助于规范协查工作流程，统一协查工作标准。要素协查作为一种新的协查方法，明确了委托方和受托方协查工作的重要内容、步骤和关键节点。同时针对双方应尽的职责，对需要检查取证的协查要素进行了分类和细化，明确指出了六大项20小项的协查要素具体内容，对于指导和规范要素协查工作具有重大意义。

（二）深入领会“四个转变”

一是实施要素协查，转变协查方法。要素协查明确提出了发起委托协查必先立案的前置条件，提出“对照要素、逐项核查、严格把关”的工作思路，协查成为稽查案件查处的重要手段和方式。还要求受托方切实树立“全国协查一盘棋”的思想，把协查看成是委托方为自己提供的重要案源，把协查地当作案发地，把对涉案企业的发票检查变为有针对性的案件检查，以六大协查要素（20小项）为指引，予以尽职查办。

二是实施分级分类，转变管理方式。要素协查更为严格地规定了委托协查的发函方式及审批程序。首先，明确指出凡可通过协查系统发出的协查，一律不再以纸质方式发起协查，解决纸质协查回函质量不能及时有效监控的问题；其次，根据涉案发票价税合计金额、委托方与受托方是否属同一省等具体情况实行分级管理；最后，根据案件的不同来源实施分类管理，进一步明确各级税务机关的责任划分，逐步规范协查管理方式。

三是聚焦稽查主业，转变工作重点。稽查局的主要职责是依法对纳税人、扣缴义务人和其他涉税当事人履行纳税义务、扣缴义务情况及涉税事项进行检查处理，以及围绕检查处理结果开展其他相关工作。要素协查指出协查工作不仅仅是协查部门的工作，而是整个稽查局的工作，特别是检查部门将在协查工作中担任重要角色。在案件查处过程中紧紧围绕相关协查要素逐项展开核实，扩大调查的广度和深度，转变协查工作重点，发挥协查聚焦案件的作用。

四是明确双方职责，转变协查理念。要素协查明确了委托方和受托方的责任。对委托方提出立案才能发起委托协查的要求，实质上是为了避免随意发函增加工作量，转变委托方“案件突破靠协查”的片面观念，提高其对待协查工作的谨慎性；对受托方提出将协查案源作为己方重要案源来对待的要求，转变“就票查票”的守旧观念，转变受托方对外协查工作取决于本地能否产生查处成果（税款）的本位观念，变“个体”检查为“互补”检查，把协查工作看成是多地共同查处的一起稽查案件，对委托方提出的协查要求尽责对待。

二、要素协查的推行过程

要素协查实施以来，税务总局稽查局通过开展质量核查、集中调研、集中培训等多种形式，推动要素协查执行到位、落地生根。

（一）开展协查质量核查

2017 年 4 月，税务总局稽查局组织人员对各地国税机关通过协查系统落实要素协查工作情况进行了核查。共核查委托发函 279 笔，受托回函 112 笔，统计出委托协查主要存在 5 类 9 小项问题、受托协查主要存在 3 类 8 小项问题。针对核查结果，要求各省根据核查的具体情况，建立责任清单，制定时间表，逐一对照整改。同时要求各省进行深入核查或实地调研，发现问题要及时分析原因，制定整改措施，确保要素协查工作落到实处。各地国税机关根据要求，积极开展要素协查质量的自查工作，共抽查协查函件 7000 余份，针对自查发现的问题，逐一整改、销号，逐步规范了要素协查工作。如：天津国税局稽查局制定“一函一查”12 项自查核查步骤，确保自查过程无死角全覆盖；江苏国税局稽查局编发了《要素协查工作要点汇编》，从委托和受托两个角度为具体操作提供了简化模板；宁波国税局稽查局制作了《协查系统制作电子证据资料清单》，明确了应附送电子证据的标准，增强了协查效能；甘肃国税局稽查局认真分析问题原因，自行编制《操作注意事项》，以清单提示的方式，防止协查岗位人员操作失误。

整改结束后，税务总局稽查局于 2017 年 7 月进行了第二次质量核查，加大了核查力度，共核查委托发函 524 笔，受托回函 1612 笔，存在问题的协查函数量明显减少，特别是随函没有《委托协查情况表》《受托协查情况表》《委托协查要求表》的情况有了明显改善，电子证据上传量也大幅提高，要素协查工作整体质效有所提升。

（二）深入基层开展调研

为掌握要素协查贯彻执行情况，税务总局稽查局于 2017 年 5 月和 7 月分别赴江苏、湖北两地开展协查工作集中调研，了解掌握部分省要素协查工作落地执行情况和执行过程中遇到的困难和问题，以及目前协查工作面临的形势和存在的问题。通过调研，收集到基层针对改进协查工作和优化协查系统的若干有益意见。针对两次参加集中调研省份的不同，特别是存在问题的差异，税务总局稽查局分别提出针对性的工作要求，推动了要素协查的进一步落实；同时结合打击骗税和虚开工作实际，提出了具体要求，强调要将要素协查和“双打”工作统筹起来，共同推进，进一步改进和规范案件协查工作，提高协查工作质效，巩固和扩大“双打”成果。一方面，“双打”工作离不开协查。对于有疑问类型的案件，需要依托协查系统和要素协查工作取得补充性的关键证据资料，依法合理定性；对于确定虚开类型的案件，通过向下游发出协查挽回国家税款损失，体现出“双打”的成果。另一方面，协查工作也离不开“双打”。各地骗税虚开案件的查处力度和开展情况将直接影响协查工作的成果，也可以检验协查工作的质效，反映出要素协查的优势和在推行过程中存在的不足。

（三）组织协查业务培训

为进一步推动要素协查工作落实到位，充分发挥要素协查对“双打”工作的促进作用和对稽查案件的服务作用，确保“双打”工作取得实效，税务总局稽查局2017年8月中旬在山西省税务干部学校组织举办了一期税收违法案件要素协查培训班。培训对象主要是全国各地国税机关稽查局负责协查工作的一线业务骨干，参训学员共130人，为期5天。培训主要内容包括要素协查的落实与推进、协查系统操作培训，以及打骗、打虚和稽查风控对协查工作的要求。其中对要素协查新方法的讲授从制度和操作两个层面进行了详细讲解，特别是对近两次税务总局稽查局核查中发现的共性问题进行了集中纠正。

通过精心设计课程、有序开展教学、严格管理学员，培训实现了预期目标，取得了良好培训效果。一方面，培训对象广泛，面向负责协查工作的一线业务骨干，使要素协查新方法真正实现上下贯通、一通到底，帮助基层协查人员了解该方法的要义和操作办法及如何预防执法风险，通过培训强化了干部队伍的业务素质。另一方面，培训目的明确，紧紧围绕要素协查新方法展开，落脚于“双打”工作，进一步规范协查系统操作，推动要素协查落实到位，全面提升协查工作质效，促进案件查办特别是“双打”工作取得实效。

三、要素协查实施成效

2017年3月1日起实施的税收违法案件要素协查新方法，统一了协查标准，理顺了协查流程，细化了协查责任，规范了协查操作，明确了委托方、受托方的协查工作责任，显著提高了协查工作质量。

（一）协查聚焦案件作用明显

要素协查新方法实施后，各地国税机关绝大部分协查节点都能严格按照要素协查方法要求，根据“立案协查、要素协查”两项前置条件，发出委托协查函件，开展案件协查工作。委托方协查取证要求针对性明显提高，证据资料提供充分确凿，大量未立案案件、异常发票核查等与稽查案件关联不大的协查任务被有效疏解，很大程度解决了委托发函随意、发票不加甄别筛选、案件准备不够充分等问题，协查服务案件的作用得到进一步体现。截至11月，全国平均发票协查选票准确率为96.22%，同比提高了0.27个百分点。

（二）协查函件质量持续提高

要素协查新方法实施后，委托方提出的协查要求照搬模板“漫天要价”现象有所好转，协查取证要求的针对性明显提高，附函提供证据资料的情况有所增加；受托方收到的有价值的案件线索更为清晰明了，对查明违法事实真相促进作用明显。各地国税机关绝大部分协查节点能够严格按照“要素协查，查的就是要素”的要求，做到委托发函指向明确、要素完备、目的明确；协查回函及时准确，逐条回应，真实可靠。

（三）协查执法风险逐步降低

2017 年，在协查问题类型为“确定虚开”的受托协查中，回复“正常”结果被提示为“执法风险”的单位有 3 个，比以往年度总量明显减少。针对税务总局稽查局质量核查结果，各地国税机关强化问题意识，认真开展自查，建立责任清单，制定时间表，逐条对照整改，最大限度地避免了执法风险情况的发生。

四、持续深入推进要素协查

实施要素协查的目的就是进一步改进和规范案件协查工作。由于新的协查系统从开发、测试到上线运行还需要一定时间，因此在新的协查系统上线运行之前，全国各级税务机关应紧紧依托要素协查新理念，继续强化工作措施，不断创新方式方法，理解好、运用好、落实好要素协查新方法，真正使协查工作成为打击税收违法活动的“利剑”。

（一）提高责任意识，强化责任考核

各地在推行和落实要素协查时，应结合自身协查工作实际，进一步建立和完善工作责任制、绩效考核制，严明岗位责任，实施责任追究，逐级督导落实，使要素协查新方法与现有协查系统实现有效衔接，确保要素协查工作落实到岗、分解到人、执行到位。

（二）实施内控管理，降低执法风险

各地在协查工作中，应加强协查风险内部控制，严格贯彻落实协查工作各项规定，做到委托发函指向明确，要素完备；受托回函及时准确、真实可靠。切实提高委托协查的必要性、针对性和受托协查的合法性、实效性，有效防控税务稽查风险。

（三）树立集成理念，助推案件查处

各地应充分利用要素协查的优势特点，合理调配现有稽查力量，有效发挥区域协作优势，系统集成各方面资源，实行链式协查，实现案件链条式、穿透式打击，全面提升协查工作质效，以协查促检查，以协查促案件查处质效提升。

第二篇

重要文献

深化改革　提升质效
持续推进税务稽查现代化

——在全国税务稽查工作视频会议上的讲话

孙瑞标

（2017 年 3 月 9 日）

同志们：

这次全国税务稽查工作会议的主要任务是，总结 2016 年税务稽查工作，分析税务稽查工作形势，部署 2017 年税务稽查任务。刚才，王学东同志传达了国家税务总局局长王军对税务稽查工作的重要批示。王军局长在批示中，对过去一年税务稽查工作取得的成绩，特别是打击涉税违法犯罪行为、推进稽查体制机制改革等工作给予充分肯定，对做好 2017 年税务稽查工作提出了明确要求。我们要认真学习，深刻领会，坚决贯彻落实。下面，我讲三点意见。

一、改革创新，攻坚克难，2016 年稽查工作成绩显著

2016 年，面对严峻复杂的经济税收形势，全国各级税务稽查部门坚决落实总局党组的部署要求，全力打击涉税违法犯罪活动，扎实推进税务稽查改革，不断加强干部队伍建设和党风廉政建设，努力提高稽查工作质效，税务稽查工作呈现新面貌、取得新业绩。

（一）堵漏增收成效明显

各级税务稽查部门牢牢抓住打击骗取出口退税、虚开发票、偷逃税行为和综合整治发票违法行为四条主线，以税收风险管理为导向，以落实随机抽查制度为抓手，重拳打击各种涉税违法犯罪活动，切实整顿规范行业和地区税收秩序。全年共检查和督导纳税人自查 36.35 万户，查补收入 1914 亿元，入库收入 1892 亿元，严厉打击骗取出口退税和虚开发票行为，2016 年出口退税减少 1058 亿元，为完成全年税收收入任务做出了积极贡献。上海、广东、北京、江苏、山东国税局，广东、四川、江苏、山东、河北地税局稽查查补收入总额高；黑龙江、青海、河南、陕西、重庆国税局，四川、吉林、宁夏、河北、山西地税局稽查查补收入贡献率高。

（二）打击骗税虚开再创佳绩

依托部门协作机制，实施大数据精准选案，创新专案检查方法，加大案件行政查处力度，完成了近年来规模最大、层级最高、部门最多、区域最广、效果最为明显的打骗打虚专项行动。全国共查处涉案企业 4.57 万户，移送公安机关 6104 户，打骗工作挽回税收损

失177.05亿元，是2015年的1.85倍；打虚工作认定虚开税额1024.7亿元，是2015年的3.16倍。成功查处深圳“铁锹”、上海“成涛”等一大批系列骗税案件和广东“6·26”、江苏“2·26”等重大虚开案件。按照税务总局（以下简称总局）要求，北京、河北、辽宁、上海、浙江、福建、江西、河南、湖南、广西、重庆、四川、甘肃、青岛、宁波、厦门国税局和江苏、浙江地税局选派了18位处级干部担任总局打骗打虚工作组组长，抽调各省市620名业务骨干派驻重点地区直接查处骗税虚开案件。广东、深圳、福建、厦门、重庆、辽宁等国税局提早谋划、精准选案、强化协作、多措并举，打击骗取出口退税取得较好成效；山西、江苏、江西、陕西、湖北、河南、甘肃国税局认真研判虚开特点，创新工作方法，压实督导考核，集中力量查处大要案件，打击虚开取得明显效果。

（三）综合整治硕果累累

各地持续开展打击发票违法犯罪活动，全年共查处各类发票违法犯罪案件12.39万起，缴获非法发票1522.54万份，查补收入248.82亿元。相继部署开展了“7·03”医药行业、地方石油炼化企业、金融服务业等“营改增”高风险行业、“雪豹2016”农产品发票虚开等专项检查。其中，“7·03”医药行业专项检查共检查企业1629户，查补收入197.11亿元；专项检查地方石油炼化企业2661户，查补税款39.04亿元，山东、辽宁、广东、新疆国税局检查效果明显；在“雪豹2016”专项行动中，重庆、四川、贵州、云南、西藏国税局（地税局）团结协作，检查企业365户，查补收入14.71亿元；检查“营改增”高风险企业1.01万户，查补税款50.72亿元；对“营改增”后的金融服务业开展专项调研，深入分析税负变化情况及原因，积极提出风险防控建议。

（四）稽查改革扎实推进

按照《深化国税、地税征管体制改革方案》要求，统筹规划，大力推动改革任务落地。

一是积极探索稽查体制机制改革。总局稽查局积极研究提出关于完善稽查机构设置、强化稽查职责的改革建议，制定出台配套制度办法，进一步健全稽查运行机制。各地在推进稽查体制机制改革中，因地制宜地进行了积极探索。

二是稳步实施随机抽查制度。认真落实国务院关于推广随机抽查、规范事中事后监管的要求，制发案源管理办法和两个名录库管理办法，进一步完善了随机抽查制度体系，提升了执法效能，体现了执法公平。全年随机抽查纳税人11.65万户，查补税款1096.71亿元。其中，总局部署的第一批26户企业集团随机抽查已按期收尾，共查补税款172亿元；第二批40户企业集团，自查阶段查补收入58.83亿元。

三是大力推进国税地税联合稽查。制发联合稽查工作办法，规范和推进国税地税稽查执法合作。全国共开展联合稽查2.06万户次，查补税款190.83亿元。

四是切实规范稽查业务流程。制发和落实《全国税务稽查规范（1.0版）》，涵盖了13类730项稽查事项和307个风险点，形成了完整的税务稽查执法和业务管理的规范和标准。

五是建立健全警税合作新机制。税务总局会同公安部制定了联络机制运行暂行办法，公安部派驻总局联络机制办公室挂牌成立，全国共建立公安派驻税务联络机制办公室540个。江西、浙江、安徽、青岛等省市联络机制完善，运行顺畅，作用显著。

六是完善举报受理工作。整合服务资源，开展部门协作，建立12366纳税服务热线直接受理涉税违法举报和快捷处理通道，优化举报办理程序，提高了工作质效。

（五）“黑名单”制度持续发力

认真贯彻落实《国务院关于建立完善守信联合激励和失信联合惩戒制度　加快推进社会诚信建设的指导意见》，税收违法“黑名单”制度的作用得到进一步发挥。

一是完善《重大税收违法案件信息公布办法（试行）》。统一了公布标准，体现执法公平；调整了公布方式，方便公众查询，提高社会影响力；增加了信用修复机制，体现税收执法刚柔并济。

二是联合惩戒实现“双扩围”。在发展改革委等部门的大力支持下，与相关部门签署了对税收违法“黑名单”当事人实施联合惩戒的新的合作备忘录（2016 年版），联合惩戒部门从 21 个扩展到 34 个，联合惩戒措施从 18 项扩展到 28 项，实现“双扩围”，在社会信用体系建设中起到了积极作用。

三是联合惩戒作用进一步彰显。截至 2016 年底累计公布“黑名单”案件 2974 件，及时推送相关部门实施联合惩戒。其中，公安部门阻止欠税人出境 879 人次；工商部门限制 1390 名当事人担任法定代表人等企业高级职务；金融机构对 1796 户当事人削减授信额度、提前收回贷款。在“黑名单”制度的强大压力下，2016 年有 735 户“黑名单”当事人主动缴清税款、滞纳金和罚款共 48. 37 亿元。在落实“黑名单”制度工作中，北京、河北、天津、黑龙江、山东、内蒙古、甘肃国税局，北京、吉林、青岛、浙江、安徽地税局尤其措施得力、成效突出。

（六）信息化支撑作用有效发挥

牢牢把握金税三期工程在全国推广上线的契机，大力推进稽查信息化建设，发挥信息化的支撑保障作用。

一是强化总体设计。按照总局数据治理工作部署，深入开展稽查信息化建设顶层设计研究；优化金税三期稽查模块功能，依托总局大数据云平台，探索监控全国税务稽查总体情况，动态展示稽查成果。

二是提升工作质效。建设“双随机、一公开”工作平台，实现税务系统“双随机、一公开”的信息化支撑；建立稽查大数据选案分析机制，聚焦“双打”任务，实现精准选案；升级完善重大税收违法案件公布信息系统和协查系统，有效提高了“黑名单”制度落实工作和案件协查工作质效。山东、湖北、厦门、天津、广东国税局，陕西、深圳、山东地税局重视推进稽查信息化应用管理，推动稽查模式向数字化跨越。

（七）稽查队伍建设持续加强

全国税务稽查部门认真落实主体责任，强化“一岗双责”，坚持党风廉政建设与稽查业务工作同部署、同落实。

一是注重发挥党建引领作用。稽查部门全体党员干部积极投身“两学一做”学习教育，受到深刻的党性教育和锤炼。在打骗打虚专项行动中，总局派出的 20 个工作组都建立了临时党支部，扎实开展“两学一做”学习教育，不断增强“四个意识”，严格遵守中央八项规定，为顺利完成工作任务提供了有力的政治保障。

二是积极推进内控机制建设。总局稽查局研究起草了税务稽查内部控制制度和操作指引，明确岗责，制约权力，提高质效，防范风险。全国税务稽查部门严格落实“一案双查”制度，转交“一案双查”案件 1538 起。

三是大力加强人才培养。注重培养稽查领军人才，加强稽查人才库管理，认真组织稽查“岗位大练兵、业务大比武”活动，努力打造高素质能攻坚的稽查干部队伍。甘肃、四川、吉林、黑龙江、大连等国税局，重庆、湖南、江苏、深圳、安徽等地税局在税务稽查业务大比武中取得了优异成绩。

回顾过去的一年，在总局党组正确领导下，全国税务稽查部门围绕现代化目标，认真履行职能，奋力拼搏，开拓创新，在实践中积累了宝贵经验。

第一，完善制度是做好稽查工作的坚实基础。经过协同努力，稽查规范、案源管理、随机抽查、国地税联合稽查、税收“黑名单”及联合惩戒等基本制度渐次建立，基本涵盖了从案源管理到执行管理，从内部管理到外部协调等税务稽查的全过程、各环节，在实践中发挥出重要作用，为稽查工作的有序推进打下了坚实基础。针对案件查处定性难、结案难等问题，我们不等不靠，主动作为，积极协调解决走逃企业虚开发票认定处理及检查问题，为加大行政处理力度奠定了制度基础，解决了多年来想解决而没能解决的难题。

第二，强化手段是确保案件查处的有力支撑。注重发挥稽查信息化在案件查处中的关键作用，注重集合和运用大数据精准选案，注重提高协查工作的质量效率，注重寻求有关部门的协作配合，这些手段的运用和加强，有效提高了选案准确率，增强了案件查处力，加大了打击震慑力。

第三，不断创新是提升工作质效的强力驱动。在工作格局上，进一步巩固和拓展部门协作范围，深化完善联络协作机制，形成统一指挥、纵横连通、紧密协作的一体化工作格局。在组织方式上，实施“团队化”作业，推行“链条式”打击，采取“过程化”控制，聚力攻坚，突破串案。在区域协作上，分别建立了京津冀和西南地区税务稽查协作机制，整合了优势资源，发挥了协作效能；进一步加大了涉案地的配合查办力度。在工作方法上，积极探索确定案源、查办案件、协查合作、行政处理等方法手段，有效突破了一些工作难点。这些稽查实践中不断推出的创新举措，极大地提升了稽查工作质效。

第四，集聚人才是推进稽查事业改革发展的重要保证。充分发挥好稽查队伍中领军人才、业务骨干、岗位能手的带动作用，积极创造条件让他们深度参与制度建设、稽查改革、打骗打虚、信息化应用等重点工作，有力促进了税务稽查任务的完成。以上做法和经验，在今后的稽查工作中要进一步推广借鉴、发挥作用。

上述成绩的取得，离不开总局党组和各级税务机关党组的高度重视和大力支持，离不开各级税务稽查部门的开拓创新和大胆实践，更离不开全体税务稽查干部上下一心的努力拼搏。在过去一年的税务稽查工作中，特别是在总局派出的20个工作组中，涌现出许许多多感人事迹。在这里，我代表总局党组，向大家并通过你们向全体税务稽查干部，向所有关心和支持税务稽查工作的各级领导和同志们，表示诚挚的慰问、衷心的感谢和崇高的敬意！

在充分肯定成绩的同时，我们也要清醒认识到，当前税务稽查工作仍然存在一些不容忽视的问题。一是稽查现代化建设的系统性、集成性需要进一步加强；二是稽查工作中信息化应用的潜力远未挖掘出来，需要进一步探索；三是防范执法风险还有大量工作要做，亟须从制度和管理层面进一步强化；四是稽查干部队伍还不能完全适应稽查现代化和从严治队的新要求，政治和业务素质需要进一步提高，作风纪律建设要进一步加强。这些问题严重影响稽查质效的提高，必须在今后的工作中认真加以解决。

二、注重集成，提质增效，坚定不移推进税务稽查现代化

去年底召开的中央经济工作会议，透彻分析了当前国内外经济形势，明确了今年经济工作方针和主要任务。3 月 5 日，李克强总理在《政府工作报告》中对实现“双随机、一公开”监管全覆盖，推进综合行政执法提出明确要求。在全国税务工作会议上，王军局长对当前税收工作进行了全面部署，强调扎实推进税收现代化，必须把深化改革、注重集成作为主攻方向，树立集成理念，融汇改革要素，集成改革经验，鼓励集成创新，以点带面加以推进。全国税务系统党风廉政建设工作会议对贯彻落实党的十八届六中全会和中纪委十八届七次全会精神，推动税务系统全面从严治党作出部署。这些都对税务稽查工作提出了新的任务和要求。归纳起来，主要有以下几点：

一是服务中心工作，要求稽查部门切实发挥职能作用。当前，我国经济发展进入新常态，呈现缓中趋稳、稳中向好的态势。中央要求，今年要继续坚持稳中求进工作总基调，深化供给侧结构性改革，实施积极的财政政策和稳健的货币政策，预算安排要适应推进供给侧结构性改革要求。根据上述要求，今年税收服务经济社会发展的任务十分繁重。税务稽查在服务税收中心工作，尤其是在堵漏增收、加强监管、维护经济税收秩序方面的职能作用更加凸显。组织收入是税收工作的首要任务，堵漏增收是税务稽查的重要职能。各级税务稽查部门要紧紧围绕税收中心工作，以打击虚开骗税为重点，通过严厉打击涉税违法犯罪活动，切实整顿规范税收秩序，集成发挥好以查促收、保证完成预算任务的职能作用，为经济社会发展提供强有力的支持。

二是净化税收环境，要求稽查部门持续加大打击力度。当前，虚开骗税、偷逃国家税收的涉税违法犯罪形势仍然严峻复杂，涉税违法犯罪活动出现了一些新特点。如一些地方为了调整经济结构，出台了招商引资的区域性优惠政策，并以优化招商环境为名放松监管，为涉税违法犯罪活动造成可乘之机。又如深入推进简政放权、放管结合、优化服务，以及大力推进大众创业、万众创新，新产业、新业态不断涌现，税收管理面对新课题新要求相对滞后，难免产生一些管理漏洞；全面推开“营改增”试点后，交通运输、房地产、建筑业、服务业等成为不法分子虚开骗税的新领域。各级税务稽查部门要进一步认清形势，坚定决心和信心，出利剑挥重拳，狠狠打击各种涉税违法犯罪活动，有效遏制涉税违法犯罪活动的猖獗势头。

三是深化稽查改革，要求稽查部门进一步开拓创新。按照《深化国税、地税征管体制改革方案》部署，总局党组明确了税务稽查改革的整体思路和基本框架，当前的主要任务是抓好落实。要围绕税务稽查现代化的目标和任务，抓住稽查体制、机制、质效三项关键内容，更新理念，创新思维，稳妥推进，逐步到位。在体制上，实现机构设置合理，职责界定清晰，人员力量集约；在机制上，实现规章制度健全，过程管理科学，手段支撑有力；在质效上，实现工作目标明确，稽查成效凸显，考核评价客观。在推进改革过程中，既要抓认识更要抓落实，既要抓制度也要抓方法，既要抓过程也要抓结果，三项关键内容要在目标取向上相互配合，在实施过程中相互协同，在工作措施上相互融合。

四是全面从严治党，要求稽查部门切实带好队伍。在推进税务系统全面从严治党的新形势下，总局党组对从严治队的要求更严，标准更高，各级税务稽查部门要认真贯彻落实，

不折不扣执行。要切实落实全面从严治党主体责任，把党建工作摆在更加突出的位置，确保稽查干部队伍不断坚定理想信念，增强“四个意识”，坚持“四个自信”。要牢固树立执纪必严、违纪必究的纪律观念，加强对执法权力行使的监督，坚持不懈抓好党风廉政建设。要持续转变工作作风，严格落实中央八项规定精神，紧盯出差、会议、年节、假期等重要时间节点，杜绝违纪问题发生。要坚决反对“四风”，防止“四风”反弹。要增强责任意识，敢于利剑出鞘，提升素质能力，锻造一支政治坚定、清正廉洁、敢于担当、依法履职的税务稽查铁军。

总局在2016年提出了“十三五”时期税务稽查工作的总体思路，其核心要义是“改革、机制、质效、数据、能力”五个关键词。2017年要继续围绕这五个关键词开展工作，具体要求是：

（一）提升稽查站位，促进经济社会发展

支持经济社会发展是税务部门的重要职责，稽查工作要服从这一职责。去年，王军局长就经济发展新常态下对涉税案件分类处理问题作出重要批示，其中心思想是以促进经济社会发展为目的，将稽查打击的重点放到有意偷逃漏税的重大涉税违法犯罪行为上。王军局长的批示对案件稽查具有重要的指导意义。我们应当认识到，新形势下衡量税务稽查能力和水平的高低、税务稽查成绩的大小，不能只看是否依法查处涉税违法犯罪行为，还要看是否促进了经济社会和税收事业持续健康发展。要牢固树立稽查执法新理念，提升稽查工作站位，把服务经济社会发展大局摆到突出位置。要按照总局进一步做好涉税违法犯罪案件查处工作的要求，把“正向打，反向促，侧向扶”集成起来，把打击涉税违法犯罪行为和促进经济社会发展有机结合起来。要根据稽查对象的不同形态和违法情节实行分类处理，该宽则宽，当严则严，宽严相济，宽严有据，确保打击涉税违法犯罪活动和促进经济社会发展的协调统一。对新产业、新业态和初创企业应主要引导遵从；对纳税信用级别较高的纳税人应主要鼓励自纠；对一般性非故意涉税违法的纳税人要罚当其责；对故意偷逃骗抗税、严重破坏经济税收秩序的要重点查处，毫不留情地严厉打击。

（二）突出稽查主业，狠抓重大案件查处

税务稽查部门的主业，就是依法查处涉税违法犯罪案件，打击涉税违法犯罪行为。在全国税务工作会议上，王军局长要求把“收、防、减、查”集成起来，做到“四个坚决”。税务稽查部门要按照这一要求，集中力量，坚决打击偷逃骗抗税，特别要抓住骗税、虚开等严重违法犯罪行为，运用高风险应对、随机抽查等方法，坚决有力地实施打击，做到打骗与打虚并举，打击与防范并重，检查与建制并推，总局与地方联动，久久为功，善作善成，坚决遏制严重涉税违法犯罪的势头。要按照集成理念查处案件，把各个重点领域、重点方向的打击整治行动整合起来，把案发地的稽查和涉案地的协查统合起来，把稽查主力军作用和法规、税政、信息化、综合保障等部门协作作用结合起来，把税务和公安、海关、人民银行等有关部门的各自优势汇合起来，把打击违法犯罪和增加税收收入、堵塞管理漏洞、防范税收风险、建立规章制度、促进廉政建设契合起来，最大限度地提升稽查打击效果和发挥案件查处作用。

（三）调整稽查角度，依法加强行政处理

在以往的税务稽查工作中，一些稽查部门习惯于依赖公安部门的配合，认为税务稽查缺乏有力有效手段，离开公安部门将一事无成，这种看法是片面的，不利于激发税务稽查部门查办案件的主动性积极性，也不符合税务稽查部门的工作定位。根据税收征管法及相关法规、部门规章和规范性文件的规定，在查办涉税违法犯罪案件方面，税务稽查部门绝不是难以作为、不能独当一面的，关键是我们要勇于担责履职，充分用足用好法律法规赋予税务稽查部门查办案件的行政执法手段和方法。为有效打击涉税违法犯罪活动，当前，各级税务稽查部门迫切需要更新理念、改变习惯，转为主要立足自身行政职能，依靠行政执法的手段、方法和程序来查办案件，认真解决“取证难、定性难、处理难”的问题。长期以来，在骗税、虚开及其他重大涉税案件查处过程中，一些案件查不下去或者查无结果，其中一个重要原因就是没有充分依托行政执法手段，案件查办质量不高，行政处理力度不足，导致税务稽查部门的执法效果和执法形象受到影响。各级税务稽查部门要认真汲取教训，积极担责履职，充分发挥主观能动性，主动探索、大胆创新，走出以行政检查、行政取证、行政定性和行政结案为主的新路子。当然，我们强调行政执法为主，并不是否定或者削弱与公安部门的合作，相反，强化行政执法更需要注重加强与公安部门协作，密切行政刑事衔接，对经过行政处理认定符合犯罪特征、达到移送刑事处理标准的案件，一律依法移送，以达到严惩涉税犯罪的目的。

（四）深化稽查改革，夯实稽查现代化基础

深化稽查改革的目标和任务已经明确，关键是要抓好落实，通过持续深入开拓创新，促使改革任务落地。要深入落实稽查体制改革方案，增强税务稽查执法的独立性，避免执法干扰，提升税务稽查站位。要进一步完善稽查制度体系，强化稽查制度支撑，实现稽查工作制度化规范化。要认真落实总局发布的11项稽查管理制度，全面推行“双随机、一公开”，大力推进国税地税联合稽查，深入落实税警协作联络机制，充分发挥税收“黑名单”制度和联合惩戒机制作用。要按照“两升级一融合”要求，研究制定稽查信息化应用管理的指导意见，全面提升稽查大数据管理和应用水平，争取获取第三方数据等方面的法律支持，突破制约稽查执法的制度障碍，强化稽查执法手段。

（五）从严管理队伍，打造税务稽查铁军

要进一步落实主体责任，切实履行“一岗双责”，学会在约束中工作，习惯在监督下干事。总局要抓紧出台税务稽查内部控制制度和操作指引，全系统要积极落实总局“制度+指引”的稽查内控体系，切实加强内控管理，建立科学的运行机制和考核办法。要通过加强内控机制建设，做到流程规范、过程留痕、全程可查，有效防范稽查执法廉政风险。要根据形势变化和工作发展需要，尽快充实稽查业务骨干和查账能手，强化稽查专项经费等各种保障，为稽查工作办实事解难事。要把负向约束与正向激励结合起来，一方面严格要求干部，坚决惩处害群之马；另一方面善待爱护干部，特别是对工作中表现出色的优秀干部，要采取政策允许的激励措施给予鼓励表彰，形成风清气正的工作环境，促进稽查干部队伍建设和党风廉政建设，切实调动广大稽查干部的工作积极性。

（六）着力提高质效，建立科学考评体系

近年来，总局和各级税务机关在提升稽查质效上进行了有益的探索实践，积累了许多经验。为了进一步提质增效，有必要进一步强化质效考评，研究制定稽查质效管理办法，建立科学实用的考核体系，统筹纳入绩效管理之中。衡量稽查工作质效水平的高低，重点是要科学设计考核指标，主要标准是查办案件的质量和效率。要突出重大案件查处，把重大案源的清分下发、案件查办的组织方式、过程管理、查处结果、成果应用等，一并纳入质效管理，建立以稽查案件查处质效为重点、涵盖整个稽查工作过程的考核评价体系。对总局布置的重大案件实行项目制和责任制，把任务和责任落到承接案件部门的稽查局局长、具体办案的专案组组长和检查人员的头上，压实责任，促其挑起担子，以工作质效论高低看功绩，形成鼓励真抓实干、干事创业的明确导向。

三、求真务实，开拓创新，全面完成2017年工作任务

今年是实施“十三五”规划的重要一年，是落实《深化国税、地税征管体制改革方案》的关键之年，做好税务稽查工作意义重大。今年税务稽查工作的总体要求是：深入贯彻落实党的十八大和十八届三中、四中、五中、六中全会及中央经济工作会议精神，深入学习贯彻习近平总书记系列重要讲话精神和治国理政新理念新思想新战略，按照全国税务工作会议、全国税务系统党风廉政建设工作会议和绩效管理工作会议部署，围绕税收中心工作，严厉打击骗税虚开等各类涉税违法犯罪行为，持续深化稽查改革，健全稽查运行机制，推进稽查信息化，强化干部队伍建设和党风廉政建设，提高案件查处的支撑保障能力，实现稽查工作质效和稽查现代化的新跨越。总局已经印发了今年税务稽查的重点工作安排。下面，我就贯彻落实好总局党组工作部署要求，全面完成2017年稽查工作任务，再强调几点：

（一）奋力完成堵漏增收目标

受国内外经济形势影响，今年税收收入形势依然复杂严峻，各级税务稽查部门要勇于担当，外查内促，实现稽查堵漏增收目标。

一要明确责任，做好任务分解。对总局确定的稽查部门堵漏增收任务，各级税务稽查部门要作为政治任务，结合税源结构和案源分布，科学分析预测，做好任务分解和落实工作。查办案件要将追缴税款、滞纳金和罚款作为一项重要工作目标，尽最大努力提高入库率。

二要抓住重点，加大随机抽查力度。总局稽查局在做好第二批40户企业集团重点稽查对象随机抽查的基础上，将继续压茬部署重点税源随机抽查任务。各级稽查部门也要按照既定的抽查比例、频次，妥善协调安排好案源，开展本地重点税源企业的随机抽查工作。地税稽查部门还要重点做好企业所得税和个人所得税的检查，总局拟统一选取360户企业纳税人案源和部分自然人案源，下发各级地税稽查部门开展重点检查。

三要保证质量，规范稽查收入统计口径。去年总局对纳税人按规定开展自查的查补收入文书、入库数核算等进行了规范，今年要把稽查查补收入的核算和统计纳入金税三期工程，各级稽查部门要以金税三期工程数据为准，认真核算和统计稽查查补收入，这是保证查补收入结果与案件查办实际一致，入库数据统计与稽查执法过程一致的重要措施，也是准确反映稽查工作成绩，保证稽查查补收入统计质量的重要保证。

（二）强力打击涉税违法犯罪行为

要进一步延伸拓展打击涉税违法犯罪活动的链条，保持打击涉税违法犯罪的高压态势。

一是进一步加大打击骗税虚开力度。要继续依托七部委部际联席会议制度和四部门协作机制，以总局直接组织查处，主要案发地省级国税局牵头、涉案上下游企业所在地协同联动查处相结合的工作方法，实施链条式“串案”查处和打击，着力止损挽损，压实打击

成效。总局对直接组织查办的10起、主要案发地省级国税局牵头查办的20起上游虚开和下游骗税重点“串案”，以及下发的500户骗税案源、1000户虚开案源，实行项目制管理，建立台账督办，要求件件有落实、个个有结果，绝不允许“泥牛入海无消息”。各省市要按照总局要求，充分利用大数据，在辖区内统一选取重点“串案”进行深度打击，如“串案”涉及较多省市且数额巨大，可经总局同意转为总局直接督办案件。要坚持“打、研、改、防”四位一体的原则，努力构建打击骗税虚开的立体管控机制。今年打骗打虚成果要力求好于去年。

二是深入开展行业和区域性税收专项整治。要进一步加大对医药、电子产品、农产品经销以及利用海关完税凭证、黄金票、成品油变票等抵扣和虚开的查处力度。今年总局将统一部署开展四个行业、四个区域专项整治，同时针对建筑安装业、房地产业、生活服务业及交通运输业等行业，统一选取720户“营改增”行业虚开案源，下发各地组织检查。各地要针对“营改增”后出现的涉税违法新动向，因地制宜，抓住重点，组织开展行业和区域专项整治，严厉打击阻碍改革的涉税违法犯罪行为。

三是继续开展打击发票违法活动。各地要将综合整治发票违法犯罪工作与打骗打虚专项行动、行业和区域税收专项整治及各类税收检查有机结合，提升工作站位。要专题向地方党委政府汇报，争取理解和支持，充分发挥打击发票违法犯罪活动协调小组及其办公室的职能作用，形成政府主导、部门参与、齐抓共管、综合治理的新局面。总局要研究修订综治考评细则，切实发挥考评“指挥棒”作用，促进打击发票违法犯罪活动的工作。

（三）聚力落实稽查改革举措

各级税务机关要进一步贯彻落实《深化国税、地税征管体制改革方案》，把稽查各项改革抓实抓好。

一是深化稽查体制改革试点。科学调整、合理划分各级稽查机构工作职责，落实建立跨区域税务稽查机构，积极推进市、县两级稽查机构改革，集约稽查力量，提升执法层级，优化资源配置，提高工作质效。试点地区要按照总局批复的改革方案，继续推进改革步伐，积极大胆地探索创新，认真总结形成可复制、可推广的经验做法。非试点地区可以按照总局提出的改革路径，对不需要经过总局审批的改革项目大胆探索，在穴位上发力，在紧要处突破，积小胜为大胜。各省市税务机关要积极做好调研论证，对市、县级稽查机构的设置和调整，积极提出意见建议。地税系统的稽查机构设置和职能调整，可以按照总局提出的改革方向，积极研究提出方案，取得地方党委和政府的支持，加快推进步伐。

二是全面实施“双随机、一公开”。充分依托“双随机工作平台”，实现从总局到县局四级税务机关随机抽查业务的贯通，确保随机抽查运行透明、痕迹可查、效果可评、责任可追。除涉嫌偷逃骗抗税和虚开发票等涉税违法犯罪行为直接立案查处外，其他待查对象均须以随机抽查方式开展稽查，确保随机抽查工作全覆盖、出实效。要认真落实“一公开”的要求，将抽查情况及查处结果及时向社会公开。

三是大力推进国税地税联合稽查。国地税稽查工作要在整合资源、提升质效上做“加法”，在进户检查、降低税户负担上做“减法”，以总局部署和各地自选的重点稽查对象、上级交办督办的重大案件检查为抓手，集成共享涉案信息，实现国地税共管案源联合稽查全覆盖。要共同谋划、互通信息、彼此支持，增强共管案源联合稽查的计划性和科学性，促使联合稽查模式更加成熟，执法成效更加显著。

四是做实公安派驻税务联络机制。今年要基本实现县级及以上各级税务局公安派驻税务联络机制全覆盖，尚未建立税警联络机制的县以上税务机关要抓紧工作，确保今年完成此项工作。要主动会同公安部门建立健全联络机制的各项制度，尽快实现联络机制常态化、制度化和规范化运作。要以案件查办的实战要求为导向，强化税警协作、发挥各自专业优势为核心，不断探索联络机制运行的有效模式，丰富联络机制工作内容，共同查办大要案件，推动联合机制作用最大化。

（四）合力推进社会诚信体系建设

进一步贯彻落实好国务院关于建立完善守信联合激励和失信联合惩戒制度，加快推进社会诚信体系建设的部署要求，不折不扣落实税收违法“黑名单”和联合惩戒制度，有效震慑涉税违法犯罪行为，促进纳税遵从。

一要提高“黑名单”公布质效。各地要严格落实《重大税收违法案件信息公布办法（试行）》，将虚开发票、骗税、抗税和其他重大涉税违法犯罪案件当事人一律列入“黑名单”，确保所有符合公布标准的案件全部按规定向社会公布，多部门、多领域、多手段实施联合惩戒，绝不留情。

二要确保联合惩戒措施落地。各级税务机关要主动协调当地其他33个联合惩戒部门，促使他们认真落实《联合惩戒合作备忘录（2016年版）》，将28项惩戒措施全部执行到位，把联合惩戒措施和联合惩戒部门“双扩围”落到实处。

三要提高联合惩戒的社会效应。进一步加强“黑名单”制度与联合惩戒工作的宣传力度，扩展宣传途径，丰富宣传内容，提高传播力和影响力，营造“一处失信，处处受限”的社会氛围。

四要加强监督考核。各省市税务局要按月统计并向总局报送公布“黑名单”和实施联合惩戒的情况。总局要对各地落实“黑名单”制度和实施联合惩戒的情况加强监督检查，逐步从金税三期工程中提取符合公布案件的信息，据此严格监督和考核各省市国、地税局公布情况，并将检查考核结果纳入绩效考核。

（五）全力夯实稽查法制保障

要立足规范执法行为、强化执法手段、增强执法刚性、提升执法质效，逐步夯实促进税务稽查事业长远发展的法制基础。

一要推动加强稽查执法法律保障。继续参与税收征管法及其实施细则修订工作，在明确骗税和虚开的定性要素、细化金融机构税收协助义务、明确税务强制检查权等方面，全力争取立法机关的理解和支持。积极探索反逃骗税、反洗钱的行政执法合作方式，取得法律途径上的有力保障。配合修改完善涉税刑事司法解释，力促有效解决涉税犯罪定性处理难题。

二要修订完善稽查规章制度体系。抓好《全国税务稽查规范（1.0版）》的执行，跟踪落实情况，及时总结评估，适时优化完善。修订《税务稽查工作规程》，完善稽查工作程序，强化监督制约机制。完善《税收违法行为检举管理办法》，落实与12366纳税服务热线的对接和快捷通道制度，规范领导批办、纪检监察转办、实名检举案件等内部运转和反馈机制。进一步改进和规范案件协查工作，普遍推行要素协查、分级分类协查。完善稽查经费管理使用办法。

三要完善行政查处工作制度。根据加大税收行政执法力度，充分运用行政手段开展案件查处的导向和要求，尽快完善与之配套的行政查处工作制度，规范行政调查、行政取证、行政定性、行政处理工作，并做好与司法程序的衔接。各地在这方面也要主动作为，积极实践，善于总结，建言献策。

（六）大力加强科技信息支撑

牢牢把握“金三后”数据大集中、业务全覆盖的新机遇，进一步推进稽查信息化应用管理，推动稽查制度体系、执法活动过程和稽查信息化深度融合。

一要规范稽查信息化应用管理。制定下发加强税务稽查信息化应用管理的指导文件，依托金税三期工程勾画稽查信息化整体框架，切实加强稽查信息化应用管理，更好支撑和推动税务稽查现代化建设。

二要优化金税三期工程稽查模块功能。以稽查规范（1.0 版）为依据，完善稽查业务域现有内部流程，拓展随机抽查、联合稽查、联合惩戒、检举管理等新增业务流程，探索建立稽查办案过程指挥协调平台，构建稽查信息化主干系统。

三要加强稽查大数据分析应用。进一步强化稽查大数据拾取挖掘，重点推进稽查选案大数据分析支持机制、全国稽查工作统计监控分析平台建设，探索建立重大税收违法案件企业和涉案人员信息库。进一步协调推进从第三方获取涉税信息的途径和方法。

四要研发推广稽查应用软件。按照总局统一的技术和业务标准，积极研发和推广应用选案分析、电子查账、电子取证、移动办公、办案指挥协调等稽查应用软件，做好与金税三期稽查业务模块的规范对接，满足稽查工作实际需要。

五要改造升级协查系统。扩大增值税抵扣凭证的协查范围，增加协查要素，引入电子签章，确保回函的真实性、有效性，使协查系统更适合稽查工作需要。

（七）努力打造廉洁高效队伍

铸造税务稽查“铁军”，要求我们花大力气、下狠功夫、坚持不懈地抓好稽查干部队伍建设。今年稽查干部队伍建设的着力点：

一是进一步加强思想政治建设。各级税务稽查部门领导要切实担负起全面从严治党主体责任，敢抓敢管、常抓常管、严抓严管、善抓善管。坚持以党建工作为龙头带动干部队伍建设，坚持和完善查办案件工作组成立临时党支部的做法，积极探索临时党支部发挥作用的形式和方法。加强思想政治工作，促使每个稽查干部，特别是党员和党员领导干部坚定理想信念，树立正确世界观人生观价值观，自觉提高“四个意识”“四个自信”，保持清正廉洁。

二是强化作风纪律建设。坚决贯彻从严治队要求，把强化纪律观念、从严执行纪律贯穿稽查工作的始终，确保系统上下令行禁止、步调一致，规范执法、文明执法、廉洁执法，坚决杜绝随意执法行为。认真落实“一案双查”办法，对检查中发现的内部人员违法违纪线索及时报告，积极配合相关部门开展调查工作，坚决惩处稽查人员以权谋私、跑风漏气等违法行为。规范和加强稽查办案经费使用管理，切实做到专款专用、合规列支，保障稽查办案执法。

三是加强稽查内控机制建设。进一步修改完善后下发税务稽查《内部控制制度》和《内部控制操作指引》，明目标、建机制、强保障，规范和加强稽查内控管理，强化重点环节、重点岗位、关键人员的监督制约，实现对具体风险点的有效管控，保证稽查工作内控有力、考评有据、高效运转。

四是改善稽查队伍结构。紧紧抓住改革契机，科学设置稽查人员的准入资格，以素质和能力建设为目标，调整优化稽查干部队伍的年龄和专业结构，以适应日益艰巨繁重的稽查工作需要。

五是组建专业精英团队。充分发挥领军人才、人才库人才和各类优秀人才的引领作用，组建术有专攻、业务精湛、敢打硬仗、能打胜仗的稽查专门团队，这些团队应该分别成为某一行业和领域的稽查专家团队，能够有效查处重大骗税虚开案件，参与案源管理分析、重点税源随机抽查、重大复杂案件审理、干部队伍建设等工作。要完善人才激励机制，用好人才，留住人才。

六是提高教育培训针对性。健全分级分类培训机制，举办打骗打虚、“双随机、一公开”、联合惩戒、稽查体制机制改革、稽查人才库等业务培训班，进一步增强培训内容的针对性和有效性。

同志们，今年的税务稽查工作任务艰巨、使命光荣，全国各级税务稽查部门和广大税务稽查干部要进一步振奋精神，敢于担当，迎难而上，努力实现税务稽查工作质效新跨越，奋力推进税务稽查现代化，不辜负总局党组的重托和厚望，以优异成绩迎接党的十九大胜利召开！

2017 年税务稽查重点工作安排

2017 年税务稽查工作的指导思想是：深入贯彻落实党的十八届六中全会及中央经济工作会议、全国税务工作会议精神，按照税务总局党组总体要求和工作部署，围绕税收中心工作，严厉打击各类税收违法行为，全面推进“双随机、一公开”监管，持续深化稽查改革，推行和健全稽查运行机制，加快稽查信息化建设，强化稽查队伍建设和党风廉政建设，增强稽查案件查处支撑保障能力，实现稽查工作质效的新跨越。努力将税务稽查打造成有效震慑涉税违法行为的铁拳，切实促进经济和税收秩序的进一步好转。

2017 年税务稽查重点工作安排是：

一、依法严厉打击各类税收违法行为

各地税务机关统筹落实各项专项行动，提高行政办案能力，加大行政定性和结案力度。税务总局稽查局以绩效考评为抓手，实行项目制管理，压实下派案源的查处效果，要求每案必复。

（一）严厉打击骗取出口退税违法行为

继续在七部委部际联席会议机制统一领导下，依托公安、海关、人民银行和税务总局四部委协作机制，开展打骗专项行动。

1. 税务总局稽查局选取并组织查处 30 起上游虚开和下游骗税重点“串案”。其中 10 起跨区域、案值较大、团伙性较强的“串案”，由税务总局稽查局直接组织查办；其余 20 起“串案”由主要案发地省级国税局稽查局牵头，相关涉案地区协同查处。

2. 税务总局稽查局针对纺织、服装、家具、手机、黄金等行业，统一选取 500 户骗税案源，下发各地组织检查。

3. 税务总局稽查局在五个口岸地区选取 5 户外贸综合服务体企业，开展摸底式检查，提出征管建议，规范行业发展，防范骗税风险。

（二）严厉打击虚开增值税专用发票违法行为

4. 税务总局稽查局根据组织查处 30 起骗税“串案”涉及上游虚开企业情况的需要，及时动态选取、延伸下发相关虚开案源。

5. 税务总局稽查局针对黄金票、海关完税凭证、农产品发票、成品油发票等情况，统一选取 1000 户虚开案源，下发各地组织检查。

（三）创新开展综合整治发票违法犯罪工作

6. 充分发挥全国打击发票违法犯罪活动工作协调小组多部门协调作用，将综合整治发票违法犯罪工作与打骗打虚专项行动、行业和区域税收专项整治有机结合。协调小组办公室研究修订考评细则，切实发挥综合整治考评的引导作用，争取地方党委和政府对各项打击专项行动的重视和支持。

（四）开展行业和区域性税收专项整治

7. 税务总局稽查局针对建筑安装业、房地产业、生活服务业及交通运输业等行业，统一选取720户“营改增”行业虚开案源，下发各地组织检查。

8. 继续在部分省市开展地炼企业检查工作，在消费税抵扣政策调整前，继续加大对石油石化商贸企业变票行为的查处力度。

9. 税务总局稽查局组织开展以下区域专项整治：一是以西藏、安徽等地为重点地区开展医药医疗行业专项整治；二是继续在西南地区开展农产品区域整治；三是以查处黄金票为重点，在广西、贵州等地开展专项整治；四是针对北京等地新办商贸企业走逃严重的状况，选择部分区域开展虚开专项整治。

（五）统筹地税机关开展重点检查工作

10. 税务总局稽查局统一选取360户案源，每省10户下发地方税务局，开展企业所得税为主的检查。

11. 税务总局稽查局以股权转让、投资公司、基金、证券、演艺公司等行业和领域为切入点，统一选取30名企业高管、演艺明星，下发地方税务局，开展个人所得税及相关联的企业所得税检查。

（六）严厉查处涉税违法重大案件

12. 对高风险纳税人开展定向稽查，落实重大案件报告制度、重大案件督办管理办法，各级税务机关集中力量查办一批有影响力、威慑力的涉税违法重大案件。

（七）发挥稽查职能作用服务经济大局

13. 认真落实全国打击侵犯知识产权和制售假冒伪劣商品工作领导小组、全国打黑除恶专项斗争协调小组、打击经济犯罪协调会商机制、纠正医药购销和医疗服务中不正之风部际联席会议办公室等部署的各项工作任务，积极开展和配合相关工作，发挥稽查部门打击涉税违法职能作用，增强稽查影响力，服务经济大局。

二、全面推进“双随机、一公开”监管

14. 抓重点。各地税务机关按照统一部署，不折不扣落实好重点税源企业随机抽查任务。按时完成第二批重点税源企业随机抽查工作，税务总局稽查局压茬部署第三批重点税源企业随机抽查任务。

15. 全覆盖。各地税务机关科学安排本地税务稽查随机抽查工作计划，妥善协调征管部门和大企业管理部门安排好案源，避免多头重复检查。除线索明显涉嫌偷逃骗抗税和虚开发票等税收违法行为直接立案查处外，所有待查对象均须以随机抽查方式开展稽查，确保随机抽查工作全覆盖、出实效。综合运用“黑名单”和联合惩戒措施，提升稽查威慑力。

16. 建好库。各级税务机关全面完成包括本级随机抽查对象名录库（含异常对象名录）和执法检查人员名录库的“双名录库”建设，并向社会发布。

17. 推平台。推广应用金税三期稽查“双随机工作平台”，安排部署实现从总局到县局四级税务机关随机抽查业务的贯通，实现数据流自动推送、过程即时监控、成果自动统计。

三、深化和落实稽查改革任务

18. 抓好机制制度落实工作。各地税务机关采取有效措施，抓好稽查运行机制的落实。税务总局稽查局开展文件解读宣传，辅导培训，加强跟踪问效，发现解决问题，及时完善制度办法，持续优化改革举措，提高稽查工作质效。

19. 落实体制改革工作。落实《深化国税、地税征管体制改革方案》要求，税务总局稽查局配合有关部门完成稽查体制改革任务，明确稽查工作职责定位，提升税务稽查管理层级，合理划分各级稽查机构工作职责。落实建立跨区域稽查机构任务，积极推进市、县两级稽查机构改革，科学合理设置机构，集约力量，提升执法层级，优化稽查资源配置，提高稽查工作质效。

20. 全面推进联合稽查工作。各地税务机关以税务总局部署和各地自选的重点稽查对象随机抽查和上级交办、督办重大案件检查为抓手，共享涉案信息，实现国地税共同管辖案源联合稽查全覆盖。加强组织领导，统筹计划安排，共同进户检查，协同审理案件，统一处理处罚标准，建立定期报告制度，统计分析联合稽查成果。

21. 坐实公安派驻联络机制。健全省级公安派驻税务联络机制，加快推进地市级联络机制建设。各级联络办以案件查办实战要求为导向，因地制宜建立健全联络机制各项制度。税务总局稽查局针对税务行政执法与公安刑事执法衔接中的突出问题，会同公安部经侦局开展联合调研，强化税警协作。

四、提升“黑名单”和联合惩戒质量

22. 提高“黑名单”公布质效。各地税务机关落实《重大税收违法案件信息公布办法（试行）》，做好重大税收违法案件公布工作，确保所有符合公布标准的案件全部按规定进行公布，确保公布案件信息的真实准确，确保依照规定程序开展已公布案件撤出工作。

23. 扩大联合惩戒范围。落实《关于对重大税收违法案件当事人实施联合惩戒措施的合作备忘录（2016 年版）》，争取社会信用体系建设牵头单位的支持，推进联合惩戒措施和部门的“双扩围”。积极协调 34 个联合惩戒部门，促进 28 项惩戒措施落实到位，进一步提高对失信纳税人的惩戒力度，促进纳税遵从。

24. 提高联合惩戒的社会效应。加强“黑名单”与联合惩戒工作的宣传力度，扩展宣传途径、丰富宣传内容，提高传播力和影响力，营造“一处失信，处处受限”的社会氛围。对虚开发票、骗税、造假账恶意偷逃税的涉税违法犯罪团伙，一律列入“黑名单”，与多部门联合惩戒，重拳打击，绝不留情。

五、推进稽查信息化应用管理和大数据应用

25. 规范指导稽查信息化应用管理。税务总局稽查局研究下发进一步加强税务稽查信息化应用管理的指导意见，制定稽查应用软件技术和业务标准，指导各级税务稽查部门规范、有序开展稽查信息化应用管理工作。

26. 优化金税三期工程稽查模块功能。以《全国税务稽查规范（1.0 版）》为依据，全面优化金税三期工程稽查模块业务需求，完善稽查业务域现有内部流程，拓展随机抽查、联合稽查、联合惩戒、举报管理等新增业务流程，为规范执法流程、支撑稽查改革、转变工作方式提供信息化支撑。

27. 加强稽查大数据应用。进一步强化稽查大数据挖掘应用，重点推进稽查选案大数据分析机制和全国稽查工作总体统计监控分析平台，探索建立重大税收违法案件涉案企业和涉案人员信息库。各地税务机关切实提高稽查精准度，提升稽查案件管理和稽查成果统计分析水平，实现精准制导、定向打击。

28. 有序研发应用稽查应用软件。以满足稽查工作实际需要为出发点，按照税务总局统一的技术标准和业务标准，积极研发推广应用选案分析、电子查账、电子取证、移动办公、办案指挥协调等稽查外挂软件，确保与金税三期系统相关稽查业务模块规范对接，不断提高稽查信息化应用水平，不断提高稽查工作质效。

29. 改造升级协查系统。税务总局稽查局对协查系统实施改造升级，扩大增值税抵扣凭证协查范围，增加协查要素，修改回复结果代码。规范协查发函，普遍推行要素协查，增强发函的必要性。优化系统操作，增加业务操作个性化定制功能。引入电子签章，确保回函的真实性、权威性，使协查系统更适合稽查工作需要。

六、完善稽查制度，增强对案件查处支撑保障能力

30. 落实稽查规范化建设。抓好《全国税务稽查规范（1.0 版）》的落实，组织开展全员培训，推动规范落地执行。税务总局稽查局跟踪落实情况，及时总结评估，适时优化完善。

31. 推动稽查执法法律保障工作。税务总局稽查局继续参与《中华人民共和国税收征收管理法》及其实施细则修订工作，在明确虚开和骗税的定性要素、细化金融机构税收协助义务、明确税务强制检查权等方面，积极争取立法机关的理解和支持。配合修改完善涉税刑事司法解释，力促其有效解决涉税犯罪定性处理难题。修订《税务稽查工作规程》，进一步完善稽查制度体系。

32. 落实完善行政查处工作制度。税务总局稽查局研究制定文件，进一步做好税收违法案件查处相关工作，改进和规范税收违法案件协查工作，充分发挥税务机关在打击涉税违法犯罪活动中的积极性和主动性，加大对虚开和骗税犯罪团伙的查处力度，确立不立案不委托协查的原则。各地税务机关切实加大税收行政执法力度，充分运用行政手段积极开展调查取证工作，坚持用行政方法和手段查处税收违法案件的导向，认真做好行政定性、行政处理工作，并做好与司法程序的衔接。

33. 推动资金查询的法律保障工作。积极参与和探索反逃骗税、反洗钱行政执法合作方式，寻求法律途径上的有力支持，在资金流查询上力求突破，从而获得案件查办直接依据。

34. 完善案件协查制度。各地税务机关做好税收违法案件要素协查工作，改进协查方式。明确案件协查发起条件，规范委托协查行为，实施分级分类协查，优化协查资源。加强协查结果回复质量监控力度，提高协查回函质量。继续实施协查工作月度通报，进一步

开展协查系统数据分析，逐步规范失控发票协查工作，充分发挥协查服务案件、服务稽查作用。

35. 完善举报工作制度和管理机制。修订《税收违法行为检举管理办法》，落实与12366的对接和快捷通道制度，规范领导批办、纪检监察转办、实名举报案件等案件内部运转和反馈机制，完善金税三期系统举报信息子系统升级工作。

七、打造高效廉洁专业稽查队伍

36. 加强稽查内控机制建设。税务总局研究下发关于税务系统稽查风险内部控制的相关制度和操作指引，在试点的基础上全面实施。各地税务机关全面落实和推进稽查工作内控有力、考评有据、高效运转。

37. 组建专业精英团队。充分发挥领军人才、人才库人才和系统各类优秀人才的引领作用，组建专门团队，直接组织查处一定数量的重大骗税和虚开发票案件，安排稽查人才参与案源管理分析、重点税源随机抽查、队伍建设等稽查重点工作。

38. 强化作风纪律建设。各地税务机关要充分发扬稽查敢于担当、迎难而上的优良传统，确保系统上下令行禁止、步调一致。以落实《税收违法案件“一案双查”办法》及补充规定为抓手，对检查中发现的涉及税务内部人员违法违纪线索及时报告，并积极配合相关部门开展工作。

39. 提高教育培训的针对性。税务总局稽查局举办稽查处级干部落实深化稽查体制机制改革培训班、稽查人才库培训班、双随机和联合惩戒培训班、打虚打骗培训班、领军人才稽查业务培训班，注重不断增强培训内容的针对性和有效性。会同教育中心研究制定五年培训规划，以提高稽查业务技能为主，建立分级分类培训机制，促进稽查人员工作水平不断提高。

40. 加强稽查办案专项经费管理。税务总局稽查局配合财务司研究下发关于税务稽查办案专项经费管理使用的补充规定，统一专项经费使用的政策口径。各级税务机关必须严格稽查办案经费日常使用管理，保证专款专用，合规列支；督促经费预算执行进度，保障稽查办案执法，促进稽查职能作用的充分发挥。

41. 进一步健全稽查质效考核体系。税务总局稽查局研究制定稽查质效管理办法，建立健全质效考核评价体系，与绩效考评有机结合，进一步改进和细化绩效考评指标，确保各项稽查重点工作任务落到实处，取得实效。

第三篇

全国税务稽查工作

全国税务稽查工作综述

【概述】　2017年，全国税务稽查部门学习贯彻落实党的十九大精神，坚决贯彻税务总局党组的部署要求，按照全国税务稽查重点工作安排，全面推行“双随机、一公开”监管，严厉打击涉税违法犯罪行为，全力查处税收违法案件，推进稽查机制体制改革，取得较好成效。2017年全国各级税务稽查部门共立案检查和督导纳税人自查31.6万户，稽查查补收入1921.7亿元，比上年同期增加7.6亿元，查补入库收入1770.3亿元，全年查补入库收入总额占全国税收收入比重为1.3%。

【打击骗税和虚开专项工作】　2017年，税务部门继续联合公安、海关、人民银行等四部门共同开展打击骗税和虚开专项工作，各级税务稽查部门强化问题导向，运用集成方略，凝聚工作合力，大力推进重点领域整治，全力查处骗税虚开违法案件，推动打击骗税和虚开专项工作取得显著成效。共检查涉嫌骗税的出口企业2577户，立案检查1468户，移送公安机关立案检查167户，配合公安机关抓捕犯罪嫌疑人196人，共计挽回税款损失207.26亿元；共检查涉嫌虚开的企业6.60万户，其中立案检查户数4.92万户，移送公安机关8040户，配合公安机关抓捕犯罪嫌疑人4183人，已认定对外虚开和接受虚开增值税专用发票及其他增值税可抵扣凭证584.23万份，涉及税额1205.45亿元。各地税务稽查部门重拳出击，查大案、办铁案，强震慑效果明显增强。如税务总局直接组织查处35起跨区域骗税团伙“串案”、天津“12・01”专案、厦门“18・02”案件、浙江“11・24”案件、辽宁“1・07”等案件打击成效显著。

【“双随机、一公开”监管】　为深入贯彻落实国务院深化“放管服”改革工作要求，根据税务总局党组工作部署，总局稽查局在重统筹、抓规范、建平台、促创新等方面狠下功夫，持续推进税务系统“双随机、一公开”监管工作，确保实现全覆盖目标，取得明显成效。全国税务稽查部门共随机抽查纳税人15.79万户，查补收入1390.41亿元。税务总局压茬部署第二批40户重点稽查对象随机抽查工作，辅导重点税源企业集团成员单位3.6万户开展自查，立案检查0.85万户，查补税款466.14亿元。

【“黑名单”和联合惩戒】　2017年，税收违法“黑名单”公布及联合惩戒工作完成制度修订完善，实现了联合惩戒制度部门和措施的“双扩围”，通过持之以恒地扎实工作和不断创新，税务部门的“黑名单”公布及联合惩戒在全国社会信用体系建设工作中处于较为领先的地位。各级税务机关公布“黑名单”案件4228件，其中虚开案件3436件，占比81.27%；偷税案件415件，占比9.82%；骗税案件63件，占比1.49%。各级税务机关按照《联合惩戒合作备忘录（2016版）》规定，将全部税收违法“黑名单”案件当事人全部列入纳税信用D级范围，依法采取更严格的发票管理、出口退税审核和高频次税收检查等措施，同时将所有“黑名单”公布案件当事人信息全部推送给参与联合惩戒部门，由相关部门对税收违法案件当事人依法实施联合惩戒共计64226户次，对不法分子形成了强大的威慑，显现了政府各部门联合监管的制度威力，促进了税收秩序和市场经济秩序的持续好转。

【稽查制度建设】　一是全面推行《全国税务稽查规范（1.0版）》，及时指导，跟踪执行成效和问题，坚持依法行政，持续推进执法规范化进程，在推行中注重收集整理修改意见和建议，建立工作责任制，确保稽查规范落实到位。二是落实税务总局局长王军“五种形态”重要批示精神，制发关于进一步做好税收违法案件处理有关工作的通知，开展宣传、解读和工作指导，在税务稽查部门树立税务稽查根据案件的不同形态实施分类处理的新理念，切实做到宽严相济，宽严有据。三是各级税务稽查部门用足、用好、用实国家税务总局公告2016年第76号、税总发〔2016〕172号文件和税总发〔2017〕30号文件，推动税收违法案件查处、定性和结案工作，充分发挥稽查威慑力。四是通过积极参与修订税收征管法及其实施细则、持续配合修改完善涉税司法解释、推进行政执法和刑事司法的衔接、深入推进和完善公安派驻联络机制建设、配合有关部门完善反洗钱、反恐怖融资、反逃税监管体制机制建设等多领域法律法规建设，不断加大多部门协税护税联合执法的力度，加强信息共享、资源共用、集成执法的效果，推动完善稽查执法法律保障。五是推动公安派驻联络机制实体化运行。2017 年全国省级单位全部实现派驻，建立省、地市、区县级派驻联络机制 2376 个。

【稽查信息化建设】 一是做好稽查信息化总体规划。强化顶层设计，明确方向任务，规范指导实践，制发实施《国家税务总局关于加强税务稽查信息化应用管理的指导意见》，完整规划稽查信息化应用管理工作的目标、原则、任务、要求，为全国税务稽查部门积极稳妥地推进稽查信息化工作提供遵循。二是优化核心征管稽查业务域。以《全国税务稽查规范（1.0 版）》为依据，优化金税三期稽查业务域功能，将双随机工作、稽查内控体系、质效评价、“黑名单”管理、协查管理、违法案件检举等工作任务纳入金税三期核心征管稽查业务域，逐步上线和不断完善，使稽查重点工作全部信息化、规范化、标准化。三是着重打造数据应用管理平台。抓紧建设“税务稽查案件管理平台”和“稽查大数据选案及案情研判系统”，探索“稽查案件视频指挥系统”，不断深化数据集成应用，为案件查办工作提供有力支撑。

【稽查队伍建设】 继续发扬税务稽查干部敢于担当、迎难而上、能“啃硬骨头”的优良传统，通过稽查管理体制建设和人才培养队伍建设两方面发力，明显提高稽查队伍素质、改进工作作风、严明工作纪律、提高各地稽查部门在案件查处中的执行力，确保系统上下令行禁止、步调一致。一是加强教育培训。先后举办了打击骗税虚开、综合业务、稽查人才库、稽查局长和领军人才稽查业务培训班，共计六期培训班，400 余人次参加培训。二是分类培养使用。加强对稽查领军人才等各类人才的实践锻炼和考核评价，对首批稽查领军人才进行了实践锻炼考核。三是优化人才库结构。对税务总局稽查人才库进行了子库扩充和人员动态更新，将其扩大为综合调研、案源管理、检查、审理、信息化等 5 个子库，调整增补人员至 504 人。同时，严格落实“一案双查”制度。按照《“一案双查”办法》《“一案双查”工作补充规定》要求，以涉税案情或线索为抓手，以履行税务检查职责为核心，配合开展“一案双查”工作，取得了“以查促廉”的较好成效。

（牟悦宁）

税务稽查制度管理

【概述】 2017 年，税务总局稽查局根据《深化国税、地税征管体制改革方案》以及推进税收立法和制度建设总体安排，参与修订《税收征收管理法》；全面推行《全国税务稽查规范（1.0 版）》；落实“三项制度”；完善重大案件督办内部规定；开展相关法律、法规及政策研究；健全公安部派驻税务总局联络机制，会同公安部经济犯罪侦查局联合印发《案件信息协助调取工作规范（试行）》《案件会商工作规范（试行）》；加强与中国人民银行、公安部、国家外汇管理局、银监会等部门的工作联系和协调配合。

【稽查规章制度】 不断加强税务稽查执法制度建设，积极参与《税收征收管理法》修订，研究推行税务稽查工作规范，全面落实“三项制度”，健全公安部派驻税务总局联络机制，进一步规范税务稽查行为，提高了稽查执法质效。

参与《税收征收管理法》修订工作。协调税务总局征管科技司与国务院法制办积极争取，保留现行《税收征收管理法》第十一条，即“税务机关负责征收、管理、稽查、行政复议的人员的职责应当明确，并相互分离、相互制约”。就第七十七条税收强制检查权问题提出修改意见，即“税务机关调查税收违法案件时，对与案件有关的情况和资料，可以实施查封、扣押、拍照、录像、复制、鉴定、勘验、制作询问笔录、抽样取证、先行登记保存等证据保全措施”。该修改意见被国务院法制办基本采纳。

推行《全国税务稽查规范（1.0 版）》。认真抓好《全国税务稽查规范（1.0 版）》的贯彻落实，组织开展绩效考核，建立工作责任制。指导各

务机关和主要执法事项。特别是针对每一个风险点的控制措施一旦失效、风险事件发生的情形，进一步制定了对应的风险处理补救方案，尽可能避免和减少由此产生的影响，增强了内控的有效性，确保了稽查内控的全流程和立体化实施，从而在实体和操作两个层面实现了对稽查内控的制度规范。

实现了与税务总局内控机制的衔接。税务总局稽查局与督察内审司密切协作、共同研究，既在制度起草过程中实现了基本制度和专项制度的相互借鉴，又严格落实税务总局内控监督管理的总体要求。税务总局稽查局先后全程派员参加总局内控监督平台的测试工作，积极参与内控监督平台税务总局机关试运行和四级联试工作，对优化稽查内控管理功能设计提出了意见和建议。

二是注重内控信息化实现，推进内控规范化和内生化。按照“两覆盖、两优化、两提升”目标要求和内控信息化总体部署，税务总局稽查局充分发挥内控主责部门职能作用，与督察内审司协调配合，着力抓好稽查内控信息化实现。

依托信息化提升稽查内控的有效性。2017 年以来，税务总局稽查局大力推进稽查规范化建设，会同总局网信办持续优化金税三期稽查模块，为实现稽查内控信息化奠定了坚实的基础。在稽查内控制度和指引研究过程中，稽查局梳理风险点和制定控制措施时充分考虑信息化实现，减少或消除人为操作因素，同步提升业务流程和内控管理效率。识别的 307 个风险点对应 535 条控制措施，其中信息化手段参与控制的风险点 265 个，信息化参与控制的风险点达到了 86%。

明确稽查内控信息化管理工作框架。根据稽查内控的信息化实现和监控方式，初步形成了“内控内生化 + 案件信息监控 + 内控监督管理”的稽查内控信息化管理工作框架。其中，内控内生化依托金税三期等基础信息系统实现，将过程预警、授权审批等大部分控制措施融入稽查执法业务流程；案件信息监控则是通过稽查案件监控平台，进行具体案件的执法痕迹记录和控制措施运行监控，以强化稽查案件过程管理；内控监督管理则是以税务总局内控监督平台为统领，全面管理和评价稽查内控运行情况。通过对稽查执法流程、案件状态和内控总体情况的管理和监督，确保从多个维度防控稽查风险。

试点推进稽查内控信息化管理。2017 年 4 月，税务总局稽查局专门部署广东、上海税务稽查部门开展稽查内控信息化管理专项试点。由试点单位根据稽查内控制度和操作指引内容，以防控稽查风险和规范执法为重点，全面系统提升风险识别、预警、管理、处理的信息化水平。稽查部门会同督察内审、征管科技等部门组成项目组，集中力量研究推进稽查业务条线风险信息化防控落地。结合本省稽查执法实践，形成了对 307 个风险点的信息化防控实施方案。特别是对 265 个信息化参与控制的风险点，对相关信息化控制措施的实现条件、方式、内容逐一进行研究论证和分类落实；对 42 个人工控制的风险点，结合“三项制度”试点，研究了信息化手段参与控制的可行性和先决条件，为全面推进稽查内控信息化提供了实证基础。

上下联动形成内控内生化工作方案。在试点单位风险点分析成果的基础上，税务总局稽查局对中高风险点和 364 条信息化控制措施进行了详细梳理。从风险点可识别、控制措施可操作的角度，立足于基层实际应用，在分析金税三期工程已有功能的基础上，分类确定了当前稽查内控内生化的实现方式：在金税三期系统当前已具备或者即将具备监控条件的控制措施，直接进入相关工作流程；确认近期可实现的控制措施，通过优化金税三期系统实现监控；确认其余暂不能实现的控制措施，待相关制度、数据条件具备后在中远期实现监控。

三是推动内控机制落地，保障稽查风险防控取得实效。税务总局稽查局领导多次带队赴基层进行内控机制调研，根据稽查执法特点和内控工作要求，不断完善稽查风险防控的思路和措施，部署各地迅速行动、积极跟进，在稽查办案实践中不断落实内控制度和操作指引。

加强领导统筹推进稽查内控管理。各省税务局高度重视稽查执法风险防范，加强对稽查内控工作的组织领导，健全稽查内控岗责体系，强化监督考核。广东国税、辽宁地税、广西地税等多个省局主要负责人对稽查内控工作亲自部署、提出要求，统筹推进风险防控工作专业化、日常化。如广东国税局组建稽查风险分析专业团队，从金税三期、RED 系统等现有信息系统的角度研究风险防控的信息化实现。辽宁地税局多次组织各级稽查、督察、法规等部门共同研究稽查内控落实方案，对近 400 个风险易发稽查执法项目进行风险排查，并增加了部分高风险的个性化风险点。广西地税局结合一级稽查体制，加强对各片区稽查局的统一指导、监督和检查，推行标准化工作模板，促进执法统一有序开展。

结合实际加强制度配套和指标保障。各地稽查局运用稽查内控制度规定的内部控制方法，抓关键、补短板，以内控促进规范落实，以规范细化内控实施，统一重点业务事项的处理流程和操作程序，保障重点风险防控指标落实。如青岛国税局运用集体决策控制方法，细化了案源管理集体审议制度，明确了集体研究决定的疑难案源标准。上海国税局运用流程控制方法，建立了执法清单制度，以稽查听证、复议、诉讼典型案例为参鉴，将常见、易漏的执法风险点在执法清单中清晰展示，在执法流程中加以控制。青岛地税局紧抓执法过程和案件推进，制定了稽查案件时间节点控制要求，规范了36个关键执法节点及特殊问题的执法手段和执法过程记录。

依据指引开展稽查案件“回头看”。各地稽查局以稽查内控制度为总纲，以操作指引为标尺，既对新增案件进行风险防控，又对以前案件进行问题排查和整改。如海南国税局组织对2016年稽查案件开展自查和重点督查，重点梳理查找了5个方面26个重点问题，建立台账、边查边改、逐项销号。广西地税局分析抽取2016年部分查结案件开展复查，实行“每案有反馈意见，每案有整改报告”，发现和整改了6类共38个问题，发挥了稽查内控自查自纠、改进质量和降低风险的重要作用。

【稽查案件质效评价】 税务总局稽查局紧紧围绕税收工作大局，探索建立税务稽查案件质效评价体系，包括《税务稽查案件质效评价办法（试行）》（以下简称《办法》）和依托金税三期大数据应用平台建立的税务稽查案件质效评价指标库（以下简称指标库）。评价体系的主要特点是聚焦主业、指标科学、量化可考、客观公正、便捷高效、监督激励。

质效评价体系的建设情况。2017年，作为落实《深化国税、地税征管体制改革方案》的创新举措，按照税务总局局长王军的批示要求，总局稽查局着手研究稽查质效评价相关工作，设计研究评价机制、评价指标和评分方法。随着总局税务稽查随机抽查、案源管理、联合稽查、执法规范等制度建设成果的不断取得，以及基层积极开展探索实践，质效评价的内容不断丰富，评价的依据不断健全，评价的信息化支撑不断夯实。特别是税务总局稽查局制发稽查规范统一了稽查执法事项、文书和工作流程，制发稽查内控专项制度强化风险防控，持续优化打击骗税虚开等稽查专项工作的组织方式，各地也大力推进稽查改革举措落地，在稽查办案实践中积累了丰富的经验和做法，为完善稽查质效评价内容分类、推进质效评价的标准化实施奠定了坚实的基础。

税务总局稽查局紧扣案件查办主责主业，以稽查案件查办实践为依据，以基层工作需求为导向，致力于对稽查主观努力程度和客观工作成效进行考量。多次召开专题研讨会，并通过座谈、发文、调研等多种形式广泛听取省市税务稽查部门和部分领军人才的意见和建议，在反复征求意见的基础上，不断修改和完善稽查案件质效评价办法，初步形成了全面、系统、客观的评价体系，《办法》从制度和操作层面对案件质效评价工作均进行了规范。

质效评价体系的主要内容。一是明确了“评价什么”的问题。《办法》适用于税务总局稽查局对驻北京、重庆、广州特派员办事处稽查机构和省（区、市）及计划单列市国家税务局稽查局、地方税务局稽查局（以下统称省级稽查机构）实施税务稽查案件质效评价。税务总局稽查局对稽查质效评价的内容进行了深入研究论证和合理分类，按照案件的查办流程分为案源管理质效、案件查处质效、案件组织质效和联合惩戒质效，包括了案件任务管理、规范化执法过程、案件查处成果、部门协调合作和防范稽查风险等多方面内容，全面反映了稽查案件执法和管理的质量和效能。二是明确了“用什么评价”的问题。税务总局稽查局根据评价内容设置税务稽查案件质效评价指标，并明确了各项指标的政策法律依据、适用范围和具体含义。经过多方征集、提炼，并逐一研讨和审定，指标库中共有各类评价指标208个，税务总局稽查局将根据不同评价内容和目标的需要从中抽取特定指标进行评价并对指标库实行动态管理。评价指标的相关数据来源于案件执法和管理各个环节和阶段产生的工作数据，主要通过金税三期等税收信息化系统实现数据采集。三是明确了“如何进行评价”的问题。税务总局稽查局每年制定和发布对省级稽查机构的税务稽查案件质效评价方案，从指标库中有针对性地选择部分指标、确定指标分值并明确指标计分方法。税务稽查案件质效评价按照“税务总局稽查局实施评价—初步评价结果发布—被评价单位申诉—税务总局稽查局复核—评价结果公布”的程序进行。四是明确了“评价有何作用”的问题。税务总局稽查局依托半年度和年度税务稽查案件质效评价结果，对省级稽查机构实施绩效考评。根据税务稽查案件质效评价结果或日常监控情况，对被评价单位实施质效督导，可以开展全面质效督导，也可以针对部分质效指标进行专项督导，促进税务稽查工作水平提升。五是明确了“由谁负责评价”的问题。税务总局稽查局设立税务稽查案件质效评价工作小组，统筹部署和指导案件质效评价工作。省级稽查机构设立税务稽查案件质效评价管理岗，配备案件质效评价管理员，负责与税务总局稽查局相关处室的工作联络，配合落实案件质效评价有关工作，对评价指标落实情况开展自我评价。

【稽查人才队伍建设】　强化教育培训提升稽查队伍素质。税务总局稽查局先后举办了打击骗税虚开违法行为、稽查综合业务骨干培训班，以及稽查局长综合业务培训班、稽查人才库资本交易业务培训班和领军人才稽查业务培训班，共计6期专题培训班，400余人次参加了培训。重视培养使用高级专业人才。按照税务总局领军人才培养的工作要求，积极做好税务领军人才稽查专业学员等各类专业人才实践锻炼的组织实施和考核评价工作，指导稽查专业学员在实践锻炼中提升业务水平。优化税务稽查人才库结构。将税务总局稽查人才库细化不同专业，进行子库扩充和人员的动态更新，扩大为综合调研、案源管理、检查、审理、信息化等5个子库，调整增补人员至504人。加强了优秀年轻干部的发掘和培养，增强了稽查干部队伍的活力。

【参与部门协作配合】　积极发挥税收职能作用，加强与中国人民银行、公安部、商务部、国家外汇管理局等部门的沟通与协调。一是配合中国人民银行反洗钱局做好反洗钱金融行动特别工作组（FATF）互评估有效性相关资料的提供和审核工作；向其提供《中国反洗钱报告（2016）》中涉及税务总局的相关事项。二是落实《公安部派驻国家税务总局机制暂行办法》，发挥公安部派驻国家税务总局联络机制办公室职能，整合数据资源，实现精准打击涉税违法犯罪。完善警税联席会议制度，全面推进警税协作。三是配合商务部积极落实与打击侵权假冒工作相关的税收工作任务，结合区域和行业税收纳税遵从状况，深入开展车用燃油领域税收专项整治，重点查处了虚开增值税专用发票、骗取出口退税和严重偷逃税违法行为；结合税务工作职能，就《2018年全国打击侵权假冒工作要点》提出修改意见，在共同打击侵权假冒行为、规范市场秩序和推进社会诚信体系建设等方面发挥了重要作用。四是配合国家外汇管理局加强对跨国公司关联交易利润水平监控，开展跨部门信息共享和监管合作，强化措施加强跨境业务真实性税收监管，做好对外支付税务备案管理，以风险为导向加强境外税收管理，简政放权推进贸易投资税收便利化，认真开展对异常外汇资金流动的监管和协调工作。五是配合银监会认真贯彻落实《国务院关于进一步做好防范和处置非法集资工作的意见》精神，协助完善处置非法集资相关法律法规，做好“e租宝”“昆明泛亚”案件相关税务工作，协助做好全国范围内重大税收风险的分析研判和预警提示，积极配合牵头单位，开展防范和处置非法集资工作的综合治理。

（廖　超　宫　怡）

打击发票违法犯罪活动

【概述】　2017年，为深入贯彻落实全国打击发票违法犯罪活动工作协调小组第五次会议工作部署和要求，全国打击发票违法犯罪活动工作协调小组各成员单位担当履职，开拓创新，扎实推进相关工作，始终保持打击发票违法犯罪活动的高压态势，取得明显成效。据各地协调小组办公室上报情况统计，全年全国共查处各类发票违法犯罪案件14.72万起，查获非法发票1836.5万份，抓获犯罪嫌疑人8878人，税务机关查处违法企业14.3万户，涉及非法发票1820.2万份，查补收入648.4亿元。

【集中整治制售非法发票】　税务、公安部门密切配合，全年共捣毁制售非法发票窝点1765个，打掉作案团伙1584个，收缴作案机器2814台，查获各类非法发票1836.5万份。

【持续治理发票违法信息】　通信管理、公安、税务等部门继续强化发票违法信息源头治理，相互配合封堵发票违法信息传播渠道，有效遏制发票违法信息的蔓延扩散，共治理发票类违法短信息1107.5万条，关停手机号码6049个，治理短信群发器895台，关停整顿登载发票违法信息网站373个。

【严厉查处虚开违法犯罪】 立足“打团伙、抓重点、强震慑”的工作思路，采取“精准化打击、链条式检查”的工作方法，严厉查处虚开发票违法犯罪行为。税务部门共查处对外虚开和接受虚开增值税专用发票及其他增值税可抵扣凭证584.23万份，涉及税额1205.45亿元，成功查处一批重大虚开发票案件。同时，各地积极开展高风险领域专项整治，规范了部分行业和地区税收秩序，提升了企业纳税遵从度。

【加大用票情况检查力度】 税务部门共出动执法人员8.65万人次，对19.36万户用票企业开展检查，共查处违法企业14.3万户；涉及非法发票1820.2万份，查补收入648.4亿元。重点对交通运输、房地产、建筑安装、金融保险等13个行业发票使用情况进行了检查，共查处违法企业8.9万户，涉及非法发票1565.1万份，查补收入472.4亿元。同时，各地结合当地行业经济特点和发票违法实际，自行选取问题多发的行业和区域开展重点检查，有效净化了税收经济环境。

【强化联合惩戒震慑效用】 税务部门注重发挥税收“黑名单”威慑效力。2017年，各级税务机关公布“黑名单”案件4228件，其中，发票类违法案件3436件，并及时向相关联合惩戒部门推送信息。相关部门及时对违法案件当事人采取评定D级纳税信用等级、阻止出境、限制授信、不得参与评先评优、禁止部分高消费行为等联合惩戒措施，产生了极大的警示震慑作用和社会影响力。公安、检察院、法院等部门联合惩治发票违法犯罪人员，2017年，全国公安机关共立案8511件，抓获犯罪嫌疑人8878人；向检察院移送起诉3491起；法院审判案件1475起，判决1837人。

（智　行）

税收违法“黑名单”制度和联合惩戒

【概述】 2017年，为贯彻落实党的十八大、十八届三中、四中、五中全会和十九大提出的加快推进社会信用体系建设，依法依规运用信用激励和约束手段，构建政府、社会共同参与的跨地区、跨部门、跨领域的守信联合激励和失信联合惩戒机制的总体要求，依据国务院《社会信用体系建设规划纲要（2014—2020年）》、中央文明委《关于推进诚信建设制度化的意见》、国务院《关于建立完善守信联合激励和失信联合惩戒制度加快推进社会诚信建设的指导意见》（国发〔2016〕33号）以及《国家发展改革委　人民银行关于加强和规范守信联合激励和失信联合惩戒对象名单管理工作的指导意见》（发改财金规〔2017〕1798号）文件精神，税务总局不断加强税收违法“黑名单”管理，持续开展制度创新，取得良好工作效果。

【案件公布】 全年全国各级税务机关共计公布“黑名单”4228件，比2016年增长218.85%。2014年制度实施以来至2017年底，全国各级税务机关已累计对外公布“黑名单”案件7294件。公布的内容既包括这些案件的违法事实、法律依据、处理处罚情况，也包括违法当事人的名称、代码等基本信息。定期主动的曝光使得市场能够自动淘汰信用记录不良者，维护良好的交易秩序，促进经济运行效率的提高。同时，信用修复机制实施以来，全国已公布的税收违法“黑名单”案件中，共有998户“黑名单”案件当事人主动缴清税款、滞纳金和罚款后撤出公布。信用修复机制为失信纳税人提供了亡羊补牢、改过自新的机会，也大大提高了纳税人的税法遵从度，减小了税收行政成本，实现了征纳双赢。

【联合惩戒】 2017年1月，税务总局等34个部门重新签署的《关于对重大税收违法案件当事人实施联合惩戒措施的合作备忘录（2016版）》（发改财金〔2016〕2798号）正式印发，将参与联合惩戒的部门由21个增加到34个，联合惩戒措施由18项增加到28项，实现了联合惩戒制度的“双扩围”和“提档升级”，加大了对失信纳税人惩戒力度与范围，成为各部委当中唯一完成两轮制度更新的单位，进一步释放了税收违法“黑名单”制度威力。2017年，各级税务机关推送多部门联合惩戒6.42万户次，同比增长153%。其中，公安部门共配合税务机关办理阻止出境边控信息1551人次，实际阻止80人次；5473名“黑名单”当事人被工商部门、市场监督管理部门限制担任企业的法定代表人、董事、监事及经理职务；5903 户当事人被金融机构限制融资授信；5776 户当事人在政府采购活动中受限；5240 户当事人通过企业信用信息公示系统向社会公示；5514 户当事人被强化检验检疫监督管理；5882 户当事人被财政部门限制政府性资金支持；等等。税务总局持续参与联合惩戒各部门之间的信息共享、协同监管和联合惩戒，深度参与社会信用体系建设立法调研和培训工作，与国家发展改革委签订《信用联动合作框架协议》，进一步完善了联合惩戒工作机制。多部门联合惩戒对税收违法行为起到了强有力的震慑作用，加大了失信成本，促进了市场公平竞争，显现了政府监管的效力，培育了社会诚信风尚，推动了纳税诚信和社会信用体系建设进一步发展。

【强化管理】　税务总局强化“黑名单”工作督导，组织专人聚焦案件公布、推送等关键环节，利用信息技术手段进行实地督导检查，以质效促绩效，以督导促落实，确保案件应公布尽公布，持续推进“黑名单”制度落到实处。同时，注重总结经验，积极推动“黑名单”公布和联合惩戒技术创新工作，鼓励各地在税务总局顶层设计的总体框架下因地制宜探索创新措施。部分地区启动开发了“联合惩戒智能信息系统”，实现了内部惩戒措施落实情况的实时监控，还将海关、商务厅、法院及工商等外部信息传输共享，实现了内、外部联合惩戒信息平台“全贯通”。针对走逃失联企业日益猖獗的现状，税务总局组织开展了部分地区将走逃失联企业纳入“黑名单”及联合惩戒体系工作调研并进行了初步探索。

【强化宣传】　“黑名单”工作的生命力在于广泛传播。税务总局与中央电视台合作拍摄播出《税收违法“黑名单”里的罪与罚》专题片，该片得到了全国税务系统的高度重视并产生了广泛持久的社会影响，许多欠税人观看专题片后当即缴清了陈年旧欠，许多拒不配合的被查企业也转变了态度，“黑名单”制度威力持续释放，产生了深刻的社会影响。同时，税务总局积极与国家发展改革委主办的《中国改革报》《中国信用》合作，发表《税收失信联合惩戒实现“双扩围”》《纳税服务“信”时代——税务领域开展守信联合激励和失信联合惩戒工作纪实》等多篇报道，在全国社会信用体系建设工作领域产生了广泛影响。各级税务机关也积极强化新闻宣传和典型案例曝光工作，据不完全统计，2017 年共有 63 家单位在宣传媒体上对“黑名单”工作进行宣传 1056 次，43 个省国税、地税系统共计曝光典型案例 168 次。这些工作产生了广泛的社会影响，税收违法“黑名单”公布及联合惩戒制度在促进税收治理、社会信用体系建设和国家治理现代化三个层面的综合效应正不断扩大。

（张一培）

税收违法案件检举

【概述】　2017 年，全国各级税务机关共受理税收违法检举案件 59585 件，查结 28511 件，查补税款 48.41 亿元，罚款 10.02 亿元，加收滞纳金 6.71 亿元，合计 65.14 亿元。2017 年各级国税、地税税务机关共支付检举奖金 151.33 万元。

【检举受理】　全国各级国税、地税税务机关共受理税收违法检举案件 59585 件，与 2016 年同期的 32429 件相比增长 83.74%，其中税务总局稽查局举报中心直接受理 1110 件，较 2016 年的 855 件相比增长 29.82%。

【检举案件查处】　受理的 59585 件涉税违法检举案件中，查结 28511 件，查补税款 48.41 亿元，罚款 10.02 亿元，加收滞纳金 6.71 亿元，合计 65.13 亿元，比 2016 年的 42 亿元增长 55.10%。

【检举案件特点分析】　从案发地看，受理的检举案件主要集中在地（市）级税务机关，其次是省级税务机关。2017 年全国共受理检举案件 59585 件，其中地（市）级机关受理 35746 件，占总数的 59.99%；省级机关受理 15034 件，占总数的 25.23%。

从被检举企业的所有制性质看，除其他行业外，以有限责任公司、私营企业和其他企业居多。在全国受理的各种类型企业的检举案件中，有限责任公司检举案件 23003 件，占受理总数的 38.61%；其次为私营企业 11475 件、个体经营检举案件为 8292 件，分别占受理总数的 19.26%、13.92%。

具体情况如图1所示。

从行业上看，除其他行业外，受理的案件最多为批发和零售贸易、餐饮业，共有18935件，占总数的31.78%；其次为制造业和社会服务业检举案件，分别有6296件和6009件，占总数的10.57%和10.08%。具体情况如图2所示。

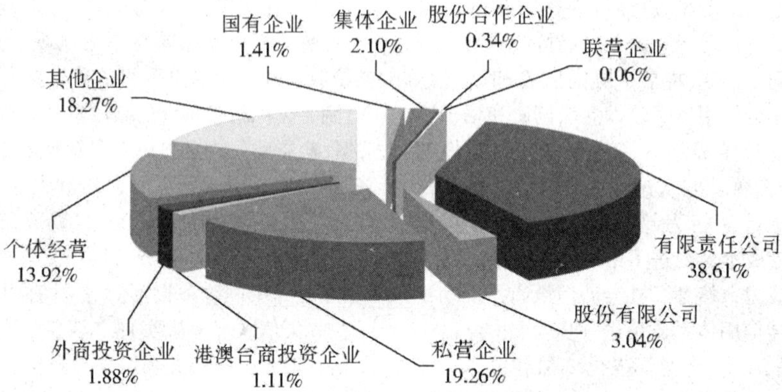

图1　举报案件受理数企业类型分析

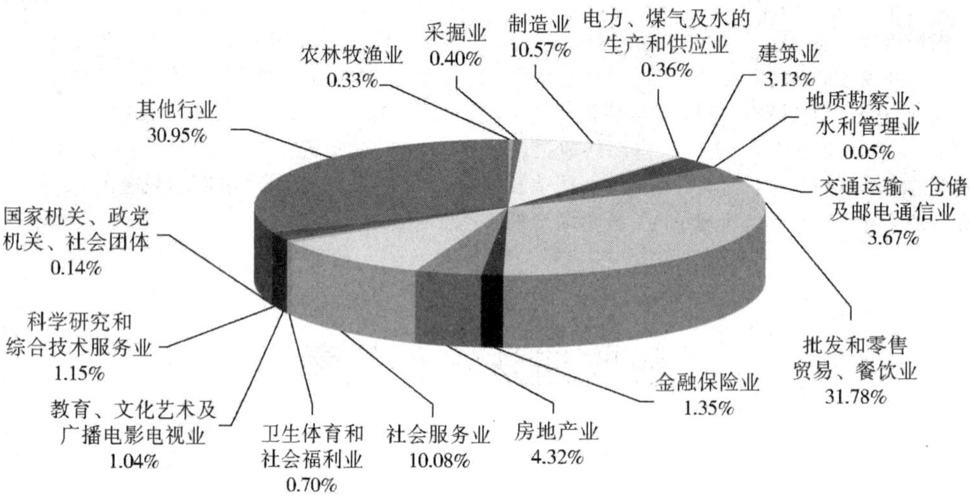

图2　举报案件受理数行业分析

从税种上看，以增值税、个人所得税和企业所得税为主。全国共查处检举案件28511件，其中，以增值税违法问题为主的案件15648，占总查处案件数的54.88%；其次是以个人所得税和企业所得税违法问题为主的案件，分别为4148件、2932件，分别占总查处案件数的14.55%、10.28%。

从违法类型看，除其他违法类型外，被检举人涉及发票违法和偷税所占比重最多，分别为10851件和7987件，分别占查处案件总数的38.56%、28.01%。

从检举人类型看，检举人与被检举企业有经济往来的占有较大比重。2017年，共受理此类举报案件26297件，占举报案件受理总数的88.89%。

【检举奖励】　2017年全国查处的检举案件中，应计奖案件1123件，占检举案件查处件数总数的3.94%；应计奖案件入库税款金额为11.23亿元，入库罚款金额为1.23亿元。全国各级税务机关共支付检举奖金151.33万元。

（李恺阳）

行业和区域专项整治

【概述】 2017年，税务总局稽查局统筹布置了医药行业、废旧物资行业、西南地区农产品收购行业（“雪豹2号”）、地方石油炼化行业、部分“营改增”行业专项整治，股权转让检查专项行动等工作，取得了重大战果。

【医药行业专项整治】 全国各地共查处医药企业3198户，查补入库税款48.42亿元，共向公安机关移送涉嫌刑事犯罪的案件111起，公安机关控制犯罪嫌疑人62名。

税务总局稽查局根据近年来查处医药企业发现的涉税违法特点及规律，拟定选案计划和选案指标，初步筛选出存在重大涉税违法疑点的企业1445户（其中：安徽和西藏为重点专项整治区域，两地共下发案源129户；其他省份共下发重点案源33户、非重点案源1283户），并对每一户企业的疑点数据进行进一步分析，逐户将疑点归纳为“药品有进无出、药品无进有出、药品亏本销售、非药品有进无出、非药品无进有出、非药品亏本销售、违规取得进项发票、违规开具销项发票”等八类，并对疑点数据做出详细说明，连同疑点线索数据、票流数据下发至各地税务稽查局，明确了案件查处方向和查处重点。经检查，各地共入库税款38.85亿元，共向公安机关移送涉嫌刑事犯罪的案件82起，公安机关共控制犯罪嫌疑人61名。

各地在认真落实税务总局稽查局下发案源的同时，结合本省的工作量，自行组织检查医药企业1753户（含税务总局下发案源延伸的协查案件），巩固医药行业专项整治成效，各地查补入库税款8.06亿元，向公安机关移送涉嫌刑事犯罪的案件29起，公安机关共控制犯罪嫌疑人1名。

根据税务总局领导的批示精神，税务总局稽查局在前期组织开展专项整治的基础上，结合“两票制”政策的要求，从上述案源中选取100户药品流通企业，拓展检查期限、追加检查要求，重点核查在“两票制”政策逐步落地过程中企业是否存在涉税违法问题和违规开票问题，各地共查补入库税款1.51亿元。

【废旧物资行业专项整治】 税务总局稽查局部署开展废旧物资行业税收检查工作，全国各级税务稽查部门高度重视、迅速响应，立足行政职能做好税收检查工作，依托税警联络机制合力打击虚开行为。通过近几个月的努力，查处了一批虚开企业，规范了行业税收秩序，基本摸清了废旧物资行业虚开现状，各地共检查认定虚开企业1070户，认定对外虚开增值税专用发票17.42万份，金额208.37亿元，税额34.87亿元。移送公安机关368户，抓捕犯罪嫌疑人148人。

通过开展专项检查工作，部分重点省市废旧物资行业入库收入异常增长的态势得到有效控制，废旧物资行业入库收入环比持续下降。安徽、江苏、天津、湖北11月全省（市）再生资源回收行业入库收入与6月相比分别下降75.7%、90.59%、39.37%和33.7%。

在开展专项检查工作过程中，各级国税机关及时向党委政府汇报和沟通有关情况，部分省市政府和财政部门逐步清理废旧物资行业的财政奖返政策。安徽省有1市和3个县区取消了对该行业的奖返政策，7个县区准备取消，其余17个县区正在研究取消。江西、浙江等省国税局也在提请省政府对废旧物资行业的财政奖返政策进行规范清理。

【西南地区农产品收购行业专项整治】 2016年西南地区税务稽查合作机制（以下简称西南合作机制）正式建立，税务总局稽查局以该机制为平台，开展了2016年西南地区打击虚开农产品增值税扣税凭证专项行动，代号为“雪豹2016”，取得了较好成效。在取得成绩的同时，也发现西南地区虚开农产品增值税扣税凭证的作案手法以跨区、流窜、团伙形式为主，案件涉及面广、单个涉案企业金额小、涉案人数多，查处难度较大，深刻认识打击虚开农产品增值税扣税凭证行为绝非一朝一夕的事。2017年，税务总局稽查局顺势而为，继续对西南地区开展虚开农产品增值税扣税凭证专项整治，代号为“雪豹2号”。“雪豹2号”是继“雪豹2016”之后依托西南合作机制开展的第二项重大专项整治行动，在西南各有关局的不懈努力和密切配合下，取得了显著成果，有力打击了西南地区虚开农产品增值税扣税凭证的高发态势，有效维护了西南地区税收秩序。西南各税务稽查部门共检查发票118.57万份，涉及金额710.05亿元，税额109.98亿元；共认定虚开增值税专用发票及其他可抵扣凭证28.4万份，涉及金额147.15亿元，税额21.78亿元，累计查补收入13.58亿元；采取刑事强制措施141人，打掉虚开团伙13个，在打击虚开违法犯罪方面取得了显著成效。

【地方石油炼化行业专项整治】 为严厉打击通过商贸流通企业改变商品名称偷逃缴纳成品油消费税的违法行为，维护正常的石油炼化行业税收征管秩序，税务总局稽查局部署25省（市）开展了成品油商贸企业和地方石油炼化企业消费税税收检查，全年共检查成品油生产、经销企业302户。其中：税务总局下发案源260户，各地自选及延伸检查案源33户，审计署移送专案涉及15户（其中6户与专项检查案源重叠）；共认定虚开发票5.49万份，涉及金额391.67亿元，税额67.19亿元，已追缴入库税款18.1亿元，涉嫌犯罪移送公安机关71户，公安机关立案56起，控制犯罪嫌疑人92人。

【部分“营改增”行业专项整治】 按照2017年全国税务稽查重点工作安排，税务总局稽查局部署了部分“营改增”行业（建筑安装业、生活服务业、交通运输业、商贸业）的专项整治工作，下发了400户案源，查实问题企业233户，认定虚开发票3.42万份。涉案金额43.47亿元、税额1.69亿元；入库总额1.58亿元，移送公安机关53户，配合公安机关抓捕嫌疑人9人。

【股权转让检查专项行动】 2017年，税务总局稽查局组织各地税务稽查部门开展了针对股权交易的税务检查，共检查1173户企业，查补税款171.15亿元，其中股权交易事项查补总额为160.28亿元：税款145.99亿元（其中：营业税55.04亿元、增值税1.52亿元、企业所得税89.44亿元）、滞纳金9.87亿元，罚款4.4亿元；检查中发现的非股权交易涉税事项查补总额10.87亿元：税款8.95亿元（营业税1.36亿元、增值税0.15亿元、企业所得税7.44亿元）、滞纳金1.22亿元、罚款0.7亿元。通过此次检查，纠正了个别地区地方政府违法设置税收优惠招商引资的行为。同时，部分地区对“营改增”后企业股权转让行为涉及增值税的问题进行了有力查处并纠错，为今后的“营改增”检查提供了丰富经验。

（牟悦宁整理）

打击骗取出口退税

【概述】 2017年，税务总局稽查局根据“体制打骗、机制打骗、方法（大数据）打骗”的整体思路，在四部委打击骗税和虚开工作领导小组配合下，采用项目制管理新模式，对重点区域、重点行业开展实地检查行动，遏制了骗税违法活动高发态势。2017年，全国共检查出口企业2577户，查处骗税和违规退税挽回税款损失207.26亿元，比2016年增长30.21亿元，增长17.1%；联动检查出口企业上下游相关企业3602户，查实对外虚开增值税专用发票及其他可抵扣凭证62.35万份，涉及税额128.75亿元。

【案件查处】 查处一批典型案件。一是异地虚开收购发票案。河南“12－04”毛发制品骗税专案涉及虚假收购金额6.99亿元，涉及税额0.82亿元，退税款0.51亿元。二是“买单配票”骗税案。厦门“18－02”服装骗税专案查实骗税1.28亿元、违规退税0.55亿元，累计挽回国家税款损失3.56亿元，已抓捕犯罪嫌疑人4人。三是新型手机骗税案。湖南欧拓集团骗税案，涉及金额4.41亿元，涉及税额0.74亿元，其中用于骗取出口退税0.32亿元，共对18名犯罪嫌疑人采取刑事强制措施，批捕6人。四是跨区域团伙作案。浙江“12－12”纺织服装骗税专案涉嫌骗取出口退税5375万元，涉及虚假结汇1.7亿元，现已成功抓捕犯罪嫌疑人10人，网上追逃2人。

部门协作发挥效用。2017年4月下旬，税务总局牵头公安部、海关总署、人民银行成立四部委打击骗税和虚开工作领导小组，负责统一部署、指挥、协调和督导工作。全国各地相应成立领导小组，从制度上保证了打骗打虚工作落到实处。湖北“18－07”特大骗税虚开“串案”被公安部列入“云端行动”实施全链条打击，该案涉及金额60.39

亿元、涉及税额10.26亿元，涉嫌骗取出口退税1.46亿元，抓捕犯罪嫌疑人8人。宁波“12－03”骗税案在宁波国税、公安、海关、人行四部门的配合下，该案涉及金额2.32亿元、税额3957万元，涉嫌骗取出口退税2632.5万元，成功抓捕犯罪嫌疑人2人。

开拓创新革新方法。税务总局稽查局对下发的骗税案源首次实行项目制管理，下发骗税案件查处工作指引，在业务步骤上实行案头分析和实地检查两大步骤，在过程控制上实施案件质效考核，台账跟踪管理，保证了案件查处质量和水平。各地通过建立案源管理台账，做好案件查处任务的分解和落实，明确了每个案件的负责人和经办人员，逐案跟踪、逐案督导，保证了检查成效。同时，根据项目制管理台账情况对各地工作开展质效考核，真正实现了督到实处，取得了良好的反馈效果。

曝光宣传形成震慑。税务总局稽查局根据建立的定期公布重大骗税案件制度，公布了河北天一商贸有限公司等3户企业骗税案、河南许昌晶莹工艺品有限公司骗税案等多起典型骗税案件，有效维护了正常的税收秩序，有力营造了公平公正的营商环境。结合税收“黑名单”等工作，指导各地加大对骗税违法犯罪联合惩戒力度，震慑不法分子。同时，根据各地查处的典型骗税案例，提炼工作经验和工作特色，积极编写工作简报和工作动态，供各地参考借鉴。

【案件特点分析】 团伙作案趋势明显。从骗税专案查处过程中不难发现，骗税的主体已经由以往的单一个人，发展到团伙化、职业化作案，且案件跨区域、规模大、链条长。涉案企业往往蓄谋已久、体系完备、分工明确、操控娴熟。如湖北“18－07”特大骗税虚开“串案”，上游虚开公司实际控制人超过15人，按需求方要求开具发票，交给前来取票的人或直接寄往上海、天津、深圳、西安等下游虚开和骗税企业；浙江“12－12”纺织服装骗税专案，上游涉及11个省市87户企业，经分析发现，涉及该案的多数企业股东、会计或为同一人，或交叉为同一人，有明确职责分工。

涉农骗税势态扩大。由于农产品收购发票可以自开自抵，不法犯罪分子在异地获取农产品收购发票，再通过自行控制的供货企业向出口企业大量虚开，进而用于骗取出口退税。河南“12－04”专案，涉案企业虚假抵扣以人发、棉花为主的农产品收购发票，涉及骗税5588万元；大连“12－08”专案，供货企业接受皮毛等收购发票和少量羽绒棉、辅料等服装原材料，虚假抵扣再向大连两户出口企业大量虚开用于骗取出口退税2000余万元。

国有企业参与骗税。在查处的骗税专案中，部分信誉度较高的国有企业也参与到骗税违法犯罪活动中，既有为提高考核业绩的国有企业业务员，也有踏入出口骗税陷阱的国有外贸企业法人。天津“12－01”专案，案件主体属于国资委下属企业，为了提高营业收入，明知某些业务员的业务为代理业务，利用虚假海运提单且在上游供货企业无相应生产能力的情况下，把代理业务当成自营业务违规退税，最终暴露出“假自营、真代理”的骗税真相；上海“18－16”专案，主犯徐某看中两家国有企业的背景，利诱、诓骗公司关键人员为其代理出口虚假业务，利用国有企业资金充裕可垫付出口退税资金、出口退税审批流程快的优势，累计骗取出口退税款8700万元。

骗税手段日趋隐蔽。在持续强化发票管理和严厉打击骗税违法犯罪行为的高压态势下，不法分子不断升级作案手段，通过打时间差、地域差、政策差、管理差等，逃避监管打击。骗税手段由过去的“假票、假单、无货、无资金流”向单证形式合法但内容虚假的“真票、真单、有货、有资金流”转变。广东“12－06”纺织品骗税专案，主犯黄某等人控制上下游企业进行“买单配票”骗税2.29亿元；厦门“12－02”专案，涉案企业为了躲避税务机关的检查，在操作资金回流时，很少将款项打回到本企业法人代表账户上，而是通过法人亲戚、股东、员工等人员的个人账户实现回流，总额超过2个亿，回流率达到80%以上。

【采取措施】 组织部署有序得当。在全面总结以往查处经验和广泛征求各地意见的基础上，税务总局稽查局分层次筛选并下发了35起跨区域骗税“串案”和500户高风险重点案源。下发查处骗税工作暂行安排，明确了工作要求和具体任务，推动各地尽早进入新的工作状态。同时，组建了35个专案组，以涉嫌骗税出口企业所在地为主案地，上游涉嫌虚开企业所在地作为联动地，各自调配本地资源开展检查。

案头分析扎实有效。2017年，税务总局稽查局首次大规模组织各地集中对接骗税案源，现场明确任务和职责，各地在现场提前与其他地区沟通案情，共商案件查处方向和思路。各地在案源对接后迅速抽选业务骨干，集中人力，在45天内完成对骗税案源的数据分析，理清案件脉络、涉案地区和犯罪团伙架构，制定出详细的案件“路线图”“关系图”和“作战图”，认真分解工作任务，为后期实地检查奠定基础。

实地行动统筹兼顾。2017 年 6 月中旬，税务总局稽查局统一召开 35 起骗税专案实地检查行动部署会，为期 10 天的实地检查战役正式打响。各地稽查局和专案组在前期缜密的案头分析基础上，集中做好外围摸排、制定计划、物资配备、人员筹备等各项准备工作；积极遵循行政检查、行政定性处理的案件查办思路，严格依照行政执法程序，实施执法全过程记录，确保规范进户、文明执法，避免出现群体性事件和社会舆情。整个行动涉及人员 6118 人，公安部门配合行动 904 人，累计对 2841 户企业实施实地检查。

横向联动各负其责。35 起骗税专案的主案地和联动地坚持“一盘棋”工作思路，在案头分析、实地检查、定性处理工作中，相互分工，实时联动，实现信息共享、难题共商、成果共享，有效解决了以往案件协查中各地配合不紧密、推诿扯皮“磨洋工”的问题，极大提高实地行动工作效率，实现“强攻一点、揪出一串，横扫一片”。截至目前，专案联动地完成联动检查 2771 户，完成率达到 96%，查实对外虚开增值税专用及其他可抵扣凭证税额 115 亿元。

严督实导主动作为。2017 年 7 月底，税务总局稽查局向全国通报了各地查处骗税专项工作情况，鼓励先进、督促落后。8 月中旬，稽查局成立督导组，集中对 20 个案源和联动任务集中的地区开展实地督导，统筹协调重大案件查处和收网行动。9 月底，召开案源工作推进会，集中解决 10 个地区案件未能取得实际性突破的症结。10 月初，稽查局再将派员赴天津、河北等地对个别重点案件进行专项督办，确保查深查透、查出成效。

（刘　扬）

打击虚开增值税专用发票违法行为

【概述】　2017 年，全国税务稽查部门全面贯彻落实打击虚开增值税专用发票专项工作部署及要求，充分发挥稽查职能作用，全力推动打击骗税和虚开专项工作深入开展，取得一定成效。

【工作成效】　全国税务稽查部门共检查企业 6.6 万户，其中立案检查 4.92 万户，以其他方式检查 1.68 万户；共查处虚开增值税专用发票 584.23 万份，涉及税额 1205.45 亿元。

【主要做法】　明确工作目标，做实协作机制。根据全国税务工作会议精神，为做好 2017 年打击虚开增值税专用发票违法犯罪工作，税务总局稽查局 2017 年 3 月 29 日下发《关于 2017 年查处虚开增值税专用发票违法活动专项工作暂行安排的通知》（税总稽便函〔2017〕72 号），成立领导机构，制定工作目标，提出工作要求，明确工作步骤。按照打击虚开和打击骗取出口退税“一盘棋”的原则，继续会同公安部、海关总署、中国人民银行等有关部门做实四部委合作机制，增强部门间工作合力，建立健全打击虚开工作组织保障、涉案信息查询、联合办案协同和线索移交反馈四个机制。

科学精准选案，确保案源质量。为高效精准地完成选案工作，税务总局稽查局抽调专业选案人员，充分依托金税三期和增值税发票管理新系统，将稽查专业经验与云平台数据有效结合，确保下发检查项目的案源质量。从虚开案源中选取 1000 户案源作为四部委打虚打骗重点案件统一部署查处。组织开展重点案源线索研判工作，陆续筛选重点案源及可疑资金交易线索，分批下达各地深入查处，助推专项行动取得实质性突破。

实行项目管理，推进工作落地。稽查局对下发的重点案源全部实行项目制管理。税务总局层面对重点案源定期限、定目标、定要求，实行“逐户建档、逐件点评、逐案考核、逐月反馈”的推进链条，对案件查办过程实施痕迹化管理、实时化监控；省以下层面对重点案源定人员、定计划、定措施，明确主体责任，层层传导压力，确保每项工作有单位承担、有小组推进、有专人负责。继续推行工作成果半月一报制度，结合各地工作实绩定期进行排名和通报，鼓励先进、督促落后。会同四部委领导小组成立 4 个督导组赴 16 个重点地区开展专项督导，统筹协调重大案件查处和收网行动，督促各地进一步加大工作力度，确保查深查透、查出实效。

集成优势资源，查办大案要案。立足“打团伙、抓重点、强震慑”的工作思路，采取“精准化打击、链条式检查”的工作方法，税务总局稽查局与公安部经侦局紧密配合，指导协调各地税务、公安部门连续破获一批虚开发票大案要案，同时推动多部门齐抓共管，“查大案、办铁案、强震慑”效果明显增强，有力打击了虚开犯罪分子的嚣张气焰，整顿规范了部分行业和地区税收秩序。2017 年，各地成功查办了江苏宿迁“4·19”虚开案件、深圳“海啸 1 号”专案、广东珠海“1·05”专案、上海“7·05”专案、安徽“5·13”专案、贵州“12·19”黄金票专案等一系列重大案件，其中，江苏等 16 省市共同开展“4·19”虚开案件集中收网行动，抓获犯罪嫌疑人 234 名，查实虚开发票价税合计超过 300 亿元；深圳“海啸 1 号”专案，摧毁 10 个团伙和 27 个犯罪窝点，涉案虚开金额 502 亿元，涉及退税款 4.7 亿元。

关注重点行业，整治虚开行为。税务总局稽查局将打虚工作由个案查办的“点上发力”向行业、地区专项整治的“面上打击”推进，选取虚开重点行业、区域开展专项整治，及时治理整顿医药、废旧物资、地炼企业、“白糖票”等高风险行业税收秩序，化解部分地区涉税违法案件高发频发的税收风险，有效提升了行业和区域企业的纳税遵从，为相关行业、区域的规范健康发展提供了保障。

（张　涵）

“双随机、一公开”监管

【概述】　2017 年，税务总局稽查局深入贯彻落实国务院深化“放管服”改革工作要求，根据税务总局党组工作部署，在重统筹、抓规范、建平台、促创新等方面狠下功夫，积极推进税务系统“双随机、一公开”监管工作，确保实现全覆盖目标，取得一定工作成效。

【工作举措】　推行“双随机、一公开”监管是加强事中事后监管的重大创新性举措，税务总局稽查局牢牢把握“既要确保上级要求落实到位，又要结合税收实际、体现税务特色”的工作思路，多措并举，狠抓落实，扎实推进税务系统“双随机、一公开”监管工作。

重统筹，形成工作合力。妥善解决上下级税务机关随机抽查任务、税务机关内部各部门工作安排、税务机关与地方党委政府工作要求有效衔接问题，努力推动形成工作合力。科学制定计划和方案：压茬部署税务总局两批列名企业集团随机抽查工作任务，督促指导各地税务机关按范围、按比例、按频次开展本地区随机抽查工作，保证随机抽查覆盖面，防止检查过多和执法扰企。强化部门配合和组织领导：协调征管科技司、大企业管理司等部门，加强风险分析与随机选案的紧密衔接，确保风险应对任务与随机抽查任务并行不悖，避免多头重复检查。加强联合稽查和执法协作：指导各地国税局、地税局建立健全联合随机抽查工作机制，推动解决税务总局和地方党委政府随机抽查工作要求的衔接问题，加强平台、信息的互联互通和多部门联合执法协作，提高执法效能，扩大执法影响。

抓规范，健全工作机制。严格落实“一个实施方案 + 两个名录库管理办法 + 三项配套制度”，不断健全随机抽查工作机制。细化工作要求：制发《国家税务总局关于进一步做好税收违法案件查处有关工作的通知》《国家税务总局关于进一步规范和改进税收执法工作的通知》《国家税务总局办公厅关于进一步推进“双随机、一公开”监管工作的通知》三个文件，为稽查立规、为企业减负、为市场降成本。加强考核督导：将各地推行“双随机、一公开”监管工作纳入年度绩效考核项目，从部署总结、自查检查、平台应用、规范公开、协助税务总局工作等多个维度开展考核考评，确保任务落地。加强工作调度和政策指导，确保工作进度和检查质效。全面开展督导调研，及时了解工作中存在的问题和建议，提高随机抽查工作的针对性。

建平台，统一工作流程。依托金税三期工程，建设统一操作平台，实现全流程信息化管理，同步建立两个名录库。搭建统一平台：2017 年 6 月，“金税三期税务稽查双随机工作平台”（以下简称“双随机平台”）全面上线运行，实现了检查对象的随机抽取、执法检查人员的随机选派以及随机抽查成果统计分析等功能，确保了随机抽查全程跟踪记录、运行透明、痕迹可查、效果可评、责任可追。建立两个名录库：各级税务机关依托“双随机平台”建立了随机抽查对象名录库和执法检查人员名录库。截至2017年底，税务总局随机抽查对象名录库企业600户，省、市两级重点稽查对象名录库企业120325户，市级全面建立非重点稽查对象名录库和异常名录，实现了随机抽查待查对象全覆盖；税务总局执法检查人员名录库人员1400人，省、市检查人员名录库人员21313人。持续优化提升：“双随机平台”运行后，适时上线“双随机补录”模块，组织开展信息补录，确保随机抽查对象信息完整可用。积极做好系统运维，整理32项业务需求提交开发，优化平台功能，提升运行效果。

促创新，拓宽工作思路。积极借鉴外部门经验，鼓励各地发挥主观能动性，收到良好效果。“一公开”方面：走访工商总局、质检总局等单位，座谈交流，借鉴经验，推动各级税务机关普遍开设“双随机、一公开”专栏，扩大宣传效果。落实税务总局“三项制度试点”工作任务，与四川地税、广东国税等单位，专题研究“双随机”抽查情况及查处结果公布的社会影响，为进一步规范“一公开”机制探索新路。随机案源分配方面：大连国税局、江苏地税局、广西地税局等单位通过“竞标”方式，将案源派发给“想办案、能办案”的检查团队，以竞争机制激发内在动力。吉林国税局、浙江地税局等单位组织开展异地交叉随机抽查，对查补税款按比例分摊计算为检查单位和企业所在地单位的稽查任务数，有效调动了办案单位的工作积极性；信息集成应用方面：各地税务机关探索将自行开发的选案、查账、指挥、执法记录等专业软件与“双随机平台”对接，开展数据分析和案情研判，提高稽查精准性。北京国税局、青岛国税局等单位应用“爬虫软件”“机器学习算法”等大数据工具，将互联网信息融入“双随机平台”，丰富了平台信息内容。

【工作成效】 2017年，税务总局稽查局持续推进税务系统“双随机、一公开”监管工作，对内转方式、对外促发展，取得了规范执法行为、提升执法效能、促进纳税遵从、优化营商环境等良好效果。全年各级税务稽查部门共随机抽查纳税人15.79万户，查补收入1390.41亿元。

规范执法行为。实施分类管理，将随机抽查对象划分为重点抽查对象、非重点抽查对象、非企业纳税人和异常纳税人四类，分别规定不同的抽查比例和频次，实现了随机抽查执法事项和执法对象的全覆盖。对随机抽查对象，鼓励其自查自纠，对主动、如实补缴税款、缴纳滞纳金或者配合税务机关检查、没有造成危害后果的，依法从轻、减轻或免于税务行政处罚，引导诚信纳税。开发应用金税三期核心征管系统稽查业务域随机抽查自查补税功能，明确自查补税税款属性，自动生成应征凭证，自动计算滞纳金，规范纳税人自查补税流程。开发运用“双随机平台”，实现随机抽查执法的全流程痕迹化管理，杜绝“双随机”过程中的人为因素干扰，确保“双随机”抽取结果的公平公正。

提升执法效能。2017年税务总局统一部署的第二批40户重点税源企业随机抽查，查补税款466.14亿元，与2016年第一批26户重点税源企业随机抽查相比，查补税款总额增长177.46%，户均（以集团为单位）查补税款增长80.39%，以查促收效果明显。同各级税务稽查部门切实落实宏观分析、个案分析、稽查建议等工作机制，在随机抽查工作中，认真总结行业共性问题和稽查应对方法，详细分析税收违法新动向、新趋势，及时向征管和政策部门提出意见建议，强化随机抽查成果的增值应用，税务稽查“以查促查、以查促管”职能作用得以更好发挥。

促进纳税遵从。对重点税源企业，引导纳税人正确理解，实施精准政策辅导，促进企业自我修正，被查对象的主要精力由以往推诿拖延、寻求外界干预转向积极说明情况、提供证据资料，配合度显著提高。落实“一公开”要求，规范有序地公开随机抽查事项和结果，增强纳税人和社会公众的认知度和透明度，保障纳税人和社会公众的知情权和监督权，使遵从税法成为纳税人的自发选择。

优化营商环境。通过政务公开和宣传引导，实现“阳光稽查”，杜绝选择性执法，消除纳税人疑惑顾虑。严格进户执法计划管理，简并入户执法事项，注重随机抽查与风控管理的工作衔接，加强国地税部门联合稽查，切实减轻企业负担。运用大数据做好查前案头分析工作，提高执法效率，压缩检查时间，有效降低纳税人成本。注重涵养新税源，对新产业、新业态、初创公司，在随机抽查中以风险导向下的定向抽查为主，适当降低抽查的比例和频次。公平对待内外资企业，保障市场主体权利平等、机会平等、规则平等，促进统一开放、竞争有序市场环境的建立。

（张达光）

协 查 工 作

【概述】 2017年，全国各级税务局稽查局以“要素协查”为中心，以打骗打虚（以下简称“双打”）案源为载体，坚持问题导向、强化措施、多点发力，提高了协查工作质量，促进稽查案件查处提质增效。

【协查系统运行】 委托发出情况。各地国税机关稽查局通过协查系统发起委托协查发票271.69万份，涉及企业9.96万户（次），金额3946.98亿元，税额659.30亿元；移送司法机关案件1793起。委托协查发票量前六位依次是江苏、北京、浙江、贵州、广东、湖北国税局稽查局，共占全国总量的50.42%。通过协查系统体现的委托协查查补收入入库前六位依次是广东、宁波、四川、天津、江苏、青岛国税局稽查局，共占全国总量的58.84%。

受托收到情况。各地国税机关稽查局通过协查系统收到受托协查发票270.49万份，涉及企业15.52万户（次），金额3957.66亿元，税额662.06亿元；累计回复发票275.44万份，累计按期回复率为100%；移送司法机关案件1325起。受托协查发票量前六位依次是广东、上海、北京、河北、江苏、深圳国税局稽查局，共占全国总量的46.23%。通过协查系统体现的受托协查查补收入入库前六位依次是河北、广东、山西、山东、浙江、河南国税局稽查局，共占全国总量的48.92%。

受托回复情况。（1）全国平均受托协查回复“有问题”发票占受托协查发票的比例为96.18%，青海、新疆、重庆、河南、吉林、大连等21个单位此项工作质量高于全国平均水平。其中，在协查问题类型为“有疑问”的受托协查中，全国平均受托协查回复“有问题”发票占受托协查发票的比例为70.30%，24个单位的此项工作质量高于全国平均水平，前六位依次是青海、新疆、甘肃、黑龙江、吉林、湖南国税局稽查局。在协查问题类型为“确定虚开”的受托协查中，全国平均受托协查回复“有问题”发票占受托协查发票的比例为99.92%，24个单位的此项工作质量高于全国平均水平，其中比例为100%的是北京、大连、吉林、宁波、厦门、海南、四川、陕西、青海、新疆国税局稽查局。（2）全国平均受托协查回复“正常”发票占累计回复发票的比例为3.57%，21个单位此项工作质量高于全国平均水平。其中，在协查问题类型为“有疑问”的受托协查中，全国平均受托协查回复“正常”发票占累计回复发票的比例为22.28%，23个单位的此项工作质量高于全国平均水平，前六位依次是青海、新疆、贵州、甘肃、吉林、黑龙江国税局稽查局。（3）全国平均受托协查回复“无法核实”发票占累计回复发票的比例为6.72%，22个单位的此项工作质量高于全国平均水平。其中，在协查问题类型为“有疑问”的受托协查中，全国平均受托协查回复“无法核实”发票占累计回复发票的比例为24.96%，25个单位的此项工作质量高于全国平均水平，前六位依次是新疆、青海、内蒙古、广西、黑龙江、宁夏国税局稽查局。在协查问题类型为“确定虚开”的受托协查中，全国平均受托协查回复“无法核实”发票占累计回复发票的比例为3.31%。26个单位的此项工作质量高于全国平均水平，前六位依次是青海、大连、海南、西藏、四川、新疆国税局稽查局。

【绩效考核指标统计】 绩效考核指标统计情况为：(1) 发票协查选票准确率。各地国税机关稽查局通过协查系统委托协查收到回复发票270.11万份，已确定协查结果发票259.76万份，其中有问题发票250.59万份。全国平均发票协查选票准确率为96.50%，前六位依次是内蒙古、重庆、新疆、宁夏、宁波、吉林国税局稽查局。(2) 受托协查质量回复“正常”率。在协查问题类型为“确定虚开”的受托协查中，全国平均受托协查质量回复“正常”率为0.08%。其中回复“正常”率为零的是北京、大连、吉林、宁波、厦门、海南、四川、陕西、青海、新疆国税局稽查局。(3) 协查函按期回复率。全国协查函按期回复率为100%，表明各地国税机关稽查局受托协查都能够按期回复协查结果。(4) 纸质协查情况。全年未接到以纸质发起协查代替协查系统发起协查的报告。

【协查工作管理】 行政执法力度加强，协查成果显著提高。2017年，全国国税机关稽查局通过协查系统发起委托协查起数、委托协查发票份数和涉及企业户（次）数同比分别增长23.28%、19.71%和12.47%，通过协查系统体现的委托协查查补收入同比增长212.32%，移送司法机关起数同比增长514.04%；收到受托协查起数、受托协查发票份数和涉及企业户（次）数同比分别增长16.13%、1.98%和12.52%，通过协查系统体现的受托协查查补收入同比增长125.13%，移送司法机关起数同比增长194.44%。表明了全国协查工作任务大幅增长，各地国税机关稽查局行政执法力度明显加强，协查服务案件稽查和税款损失挽回效果更加突出。

普遍推行要素协查，协查质效多点提升。2017年3月开始普遍推行的要素协查新方法，统一了协查标准，理顺了协查流程，细化了协查责任，规范了协查操作，总结了6大项20小项协查要素具体内容，明确了委托方、受托方的协查工作责任，使得委托发函更加严格，受托回函更具针对性。2017年，全国平均发票协查选票准确率同比增长0.5%；受托协查回复"有问题"的比例同比增长5.76%，回复"正常"的比例同比下降53.33%，回复"无法核实"的比例同比下降57.08%。表明要素协查新方法实施以来，协查指标改善效果显著。

上下联动多措并举，发挥协查助推"双打"作用。要素协查新方法实施以来，税务总局通过开展系统核查、责令限期整改、开展集中调研、组织集中培训、实地督促指导等多种形式，推动要素协查相关制度执行到位、落地生根。各地国税机关也纷纷打出"组合拳"，采取自查整改、加强培训、优化流程、整合力量、划清责任和强化考核等一系列措施，认真落实要素协查新要求，提高了协查工作质效，推动了全国"双打"工作的开展。在2017年"双打"工作中，各地国税机关稽查局积极配合，联动协作，在协查工作中严格执行要素协查新方法，转变工作思路和工作方法，全年累计对10.94万户（次）企业的293.92万份发票发起委托协查，涉及金额3534.12亿元，税额585.81亿元，促进了案件查办与定性和税款损失挽回。

坚持管理创新并进，各地工作亮点频现。湖北国税局稽查局采取问询制、智能化固化协查责任，提高案件质效，以全方位推进要素协查落地生根的做法，得到了税务总局领导的肯定；山东国税局稽查局增值利用发票协查数据，构建高风险人员名录库，应用于发票风险防控、稽查选案、实名办税、信用评定等方面；陕西国税局稽查局积极实施"减、并、集"工作，减少基层负担、合并协查节点、集成运用协查数据，深化协查体制改革；江西国税局稽查局以监控督导为抓手，以"双打"案源为重点，通过常态化监控、苗头式约谈、异地交叉复核、尝试审理前置等方式，推动整体协查工作开展；河北国税局稽查局增加5个考核指标，加大考核力度；内蒙古国税局稽查局创新协查系统监管方式，推行"四提醒、三查看"制度；天津、重庆国税局稽查局探索协查发票数据导入新方法，自主开发智能化工具，提高发函效率和准确性；福建、甘肃国税局稽查局自行编制要素协查操作注意事项，防止协查岗位人员操作失误；河南、四川国税局稽查局加强查前要素比对和信息互通、查中内查外调、查后管查互动，确保协查工作实效。

（俞闽敏）

稽查信息化应用管理

【概述】 2017年，税务总局稽查局严格遵循税收信息化建设总体要求，牢牢把握"金三后"数据大集中、业务全覆盖的重要机遇，以支撑和保障各项业务工作为出发点和落脚点，统筹规划，突出重点，稳妥有序，积极推进稽查信息化应用管理，取得较好进展。

【工作思路】 深刻领会税务总局局长王军在全国税务工作会议上提出的运用集成理念，从"推进信息系统升级融合""深化数据集成应用""改进提升安全管理"三方面，进一步推进税收信息化建设，促进税收工作提质增效的讲话精神，形成并实践"五抓五促"的稽查信息化工作思路，有力推动了工作进展。

抓顶层设计，促进统筹推进。严格落实税收信息化总体规划要求和稽查工作实际需要，通过抓好顶层设计，明确目标、方法、任务和时间表，妥善处理规范与创新、集成与分散、发展与安全的关系，促进稽查信息化工作有条不紊地统筹推进。

抓系统升级，促进规范执法。金税三期核心征管系统稽查业务域是实现稽查执法全过程信息化操作的基础系统。持续优化升级稽查业务域功能，是稽查信息化工作的一条主线。通过抓好稽查业务域的完善升级，更好实现稽查执法的流程化、智能化、痕迹化管理，促进税务稽查规范执法。

抓数据应用，促进重点任务。金税三期工程全面运行实现税收数据大集中，开启了税收大数据应用的进程。通过落实税务总局局长王军“继续运用大数据提高稽查选案质量，实现精准制导、定向打击”的指示精神，探索稽查大数据选案方法和机制，为打虚、打骗、股权转让等稽查重点任务提供精准靶向和数据支撑。

抓平台建设，促进业务管理。实现税务系统“双随机、一公开”监管信息化管理，加强稽查任务和案源的跟踪问效，提高服务领导决策水平，都要求建立信息化工作平台。通过金税三期管理决策支持系统，以总局和省局两级部署、总局到县局四级应用为基本架构，抓好平台建设，促进相关业务信息化管理水平。

抓工作机制，促进部门合力。信息化工作是系统工程，必须集合部门之力、凝聚众人之智加以推进。横向上，稽查部门加强与信息化主管部门的协调配合，在信息化主管部门的指导支持下做好稽查信息化应用管理工作；纵向上，加强总局、省局两级稽查部门的资源统筹，以项目制管理推进重点任务落实。

【工作落实】　强化顶层设计，制发指导意见。制发《国家税务总局关于加强税务稽查信息化应用管理的指导意见》（税总发〔2017〕54号，以下简称《指导意见》），完整规划稽查信息化应用管理工作的目标、原则、任务、要求，为各级税务稽查部门积极稳妥地推进稽查信息化工作提供遵循。

落实规范要求，升级金税三期系统。开发“重大税收违法案件信息管理”模块：根据重新发布的《重大税收违法案件信息公布办法（试行）》，编写业务需求，在金税三期核心征管系统新增“重大税收违法案件信息管理”模块。全面升级核心征管系统稽查业务域功能：以《全国税务稽查规范（1.0版）》为依据，3月，完成优化金税三期稽查业务域功能的需求编写工作；5月，提交业务需求；8月，优化版金税三期稽查模块上线应用。完善稽查风险内控管理功能。为确保《税务稽查风险内部控制制度》落地，以上海和广东为试点，对364条防控措施进行梳理，对尚未在金税三期系统中实现信息化防控的144条措施提出了优化金税三期稽查模块功能的建议，并完成了需求编写和审核工作。

服务管理决策，开发工作平台。依托金税三期决策支持系统，开发建设贯通四级税务机关的信息化工作平台，支撑相关业务工作信息化操作，提升服务管理决策水平，是税务总局稽查局推进稽查信息化应用管理的核心工作。推广应用双随机工作平台：为贯彻落实国务院深化“放管服”改革、全面推行“双随机、一公开”监管决策部署，税务总局稽查局与总局网信办密切配合，开发建设了“金税三期税务稽查双随机工作平台”（以下简称“双随机平台”）。该平台包括稽查案源档案、企业集团档案、随机抽查对象名录库、执法检查人员名录库、随机抽取稽查对象程序、随机选派人员程序以及查询统计功能，基本涵盖了随机抽查的所有需求。6月11日，“双随机平台”在全国税务系统正式启用。编写“稽查案件监控管理平台”业务需求：为提高稽查案件管理质效，提升服务领导决策能力，打通总局到省局信息高速公路的“最后一公里”，实现从总局到县局稽查部门稽查案件信息的上下贯通，按照年度重点工作安排和稽查局领导要求，10月底至11月初，抽调部分稽查业务骨干，完成“税务稽查案件监控管理平台”业务需求编写工作。

开展大数据选案，提高稽查精准度。2017年，稽查六处组建稽查选案专业团队，与总局征管科技司合作，依托总局金税三期大数据云平台，利用全国全量税收数据，通过计算机智能与人工分析相结合的方式开展大数据选案工作，共选取骗税团伙35个（涉案企业2678户），骗税案源500户，虚开案源1000户，医药行业案源1445户，农产品发票案源340户，股权转让案源310户，“营改增”虚开案源400户，个人所得税案源76人，为全年重点稽查工作任务落实奠定基础。提供案件查办数据支持。3月税务总局集中选案案源下发后，稽查六处持续不断为各地案件查办提供数据查询支持，全年共向各地提供涉及4.5万户企业的1.2亿条发票信息，以及9000多张发票流向图和6000多户选案分析报告。

注重机制建设，形成工作合力。建立与总局征管科技司的全面合作机制：2017年初，与征管科技司订立合作协议，成立联合工作组，基于金税三期云平台开展税收大数据分析合作，建立健全稽查大数据选案支持和协作机制，为后续选案、数据支持和数据分析工作奠定了坚实基础。建立稽查信息化团队工作机制：为保证工作质量、提高工作效率，采取项目团队化作业方式，抽调稽查业务骨干和信息化专业人才组成工作组，集中攻坚，加快进度。2017年，稽查六处先后抽调系统骨干150余人次，参与相关项目的需求编写、系统测试和试运行等工作。通过团队化作业模式，集系统之力、合骨干之智，为稽查信息化工作顺利推进提供了最重要的保障。

加强规范引导，推动基层创新。以《指导意见》为指引，规范指导各地稽查信息化应用创新。为确保稽查应用软件与金税三期主体应用系统互联互通，以广东和上海为试点，研究起草了《稽查应用软件业务标准、数据标准和接口标准（初稿）》，力争推动稽查应用软件和金税三期主体应用系统的无缝对接。

（刘春辉）

北京市地方税务局稽查处

2017年10月19日，北京地税局召开2017年第3次重大税务案件审理会

2017年3月10日，北京地税局通过视频会议的形式组织召开2017年全系统税务稽查工作会

2017年，北京地税稽查系统在市局党组、税务总局稽查局的坚强领导和有力指导下，以查办大要案为重点，以提高案件查办质量为目标，将稽查力量向重点企业、重点税源、重点涉税违法案件集中，夯实工作基础，细化案件管理，积极主动发挥税务稽查职能作用，较好地完成了各项工作任务。全年完成对1211户纳税人的税务稽查，完成对2309户纳税人的督导自查，查补合计48.99亿元，同比增长8.22%，入库46.06亿元，与上年持平。案件有问题率98.8%，查补入库率94.02%，较上年均有大幅提升。

2017年5月5日，北京地税局稽查处组织开展专题培训会

落实重点检查任务。落实国务院关于“放管服”工作要求，全面实施“双随机、一公开”，应用“双随机”平台，完成税务总局重点稽查对象、省级重点稽查对象、异常对象、执法人员名录库建立。组织开展税务总局重点稽查对象随机抽查工作，查补合计11.05亿元。完成对111户股权转让企业立案检查，查补合计3.96亿元。对18户企业所得税在地税管辖的医药行业企业开展专项整治。高度重视督办案件查办工作，成立26个专案组，精心部署，快速推进，顺利查办8件督办案件，查补合计1.17亿元。

强化案源管理。制发《北京市地方税务局税务稽查案源管理办法》，进一步提高税务稽查的科学性、公平性、针对性，规范税务稽查案源管理。落实税务总局相关要求，深化专项改革试点，以金税三期为依托，充分应用云计算、大数据等现代信息技术，以横向协作和外部合作为基础，拓宽案源渠道，精准识别高风险纳税人。深入总结高风险纳税人定向稽查工作经验，制发《北京市地方税务局关于深入推进高风险纳税人定向稽查专项改革试点工作的通知》，被税务总局评为2017年专项改革试点示范单位，相关经验成果在全国推广，并得到IMF专家的肯定。

打票、检举、协查齐头并进。依法履职，加大税务行政处理力度，全力打击涉税违法犯罪行为。全年查处存在虚开发票、非法取得发票等违法行为的企业691户，查处非法发票15000余份，查补合计3.79亿元，圆满完成了税务总局下发的打击发票工作任务。依据实名检举线索，组织查办“3·21”专案，对4家涉嫌虚开巨额地税发票的走逃企业开展立案检查，以受票单位业务的不真实性反向认定开票单位虚开事实，涉案金额23.4亿元。通过对北京地区307户受票企业开展三轮突击检查，查补合计2.1亿元，并向市公安局法制总队移交13户企业虚开发票线索。全年共受理涉税检举案件1983件，其中百万元以上案件14

件，查补合计3.19亿元。全年受托协查292户次，协查发票663份，委托协查182户次，协查发票1114份，均已按期回复。

2017年2月10日，北京国税地税稽查部门联合召开2017年第一次高风险纳税人定向稽查工作推进会

强化制度保障。推进《全国税务稽查规范（1.0版）》全面落地实施，先后实施培训1600人次。修订完善稽查制度体系，制发检查、审理、执行、调查取证、案件移送等9个制度，提升稽查执法规范化水平。做实公安派驻税务联络机制，深入开展税警联合，联合查办案件成效显著。加快重大税务案件审理，2017年累计审结案件15件，同比增加60%，查补合计9.28亿元，同比增加24%。完成税务稽查执法车辆和稽查调账箱的更新、设计工作，更新执法用车22辆，配备稽查专用调账箱132个，配备执法记录仪43个，制定下发《关于进一步加强执法记录仪应用工作的通知》，加强稽查调查取证工作的规范化、信息化建设。

强化“黑名单”和联合惩戒。全方位构建联合惩戒工作体系，不断提升执法刚性。将符合条件的案件予以公布，以公函形式向联合惩戒单位函请依法进行有效惩戒。全年对15户欠税企业法定代表人采取阻止出境措施，分8批对企业法定代表人进行续控189人次，通过采取阻止出境措施，累计清缴税款、滞纳金共计3123.17万元。加大宣传力度，配合税务总局拍摄《黑名单中的罪与罚》专题片，与市国税局召开联合惩戒新闻发布会，助推首都信用体系建设。高度重视以案释法工作，积极创作、拍摄税案追踪系列节目，主动参与税收公益广告创意活动和税收宣传手册编写，在各类媒体刊发稽查案例、宣传稿件百余篇。

国地税联合稽查。树立合作共赢理念，深入落实税务总局国地税联合稽查工作办法，结合工作实际，制发《联合稽查工作实施细则》，规范并推进联合稽查向纵深发展。成立联合稽查工作小组，商定年度工作计划、检查对象范围、检查时间安排、检查实施方式，及时交换检查成果，积极总结联合稽查办案经验和方法，形成执法合力。全年确定联合稽查对象1732户（含自查），联合立案244户，查补合计25.52亿元，同比增长102.8%。加大信息共享力度，全年互相推送重大税收违法案件涉税线索35条、发票违法线索325条，交换一税两费、企业所得税等涉税信息500余条，提高工作效率。

服务首都经济社会发展。积极发挥稽查“利剑”作用，配合市委、市政府完成涉及首都综治、社会维稳、意识形态领域的联合执法案件5件。参与房地产市场调控，组织查办了某房地产公司涉税案，涉及金额巨大，打击了企业涉税违法行为，维护了经济社会秩序。协助做好出席党的十九大、市第十二次党代会等会议代表以及全国道德模范等候选人的涉税协查工作。按照市委、市政府对服务非首都功能疏解的工作要求，加强税源管理，保持税源稳定，分两批对减收幅度较大的40户企业、可能存在转移利润情形的20户企业进行专项稽查，查补合计2443.53万元。

北京国税局、地税局联合召开税务总局重点稽查对象随机抽查工作动员会

强化干部队伍建设。持续加强干部队伍建设，注重稽查人才培养，实施分类分级和国地税联合培训，加强与中央财经大学、中国公安大学合作，组织赴扬州税院开展业务培训，全力打造税务稽查铁军，得到税务总局领导肯定性批示。通过直接招录、遴选等方式增强市级稽查力量，共计为直属稽查局补充干部62人。通过强化干部队伍建设，稽查质效稳步提升，人均增加135.4万元，户均查补增加220.92万元，较上年均提高30%以上。

河北省国家税务局稽查局

河北国税局局长王满平（左二）出席2017年全省稽查工作会议

2017年，在税务总局稽查局和省局党组的正确领导下，全省稽查系统扎实落实各项工作部署，牢固树立服务税收中心工作、服务税收改革发展的理念和意识，以优化税收环境、规范税收秩序为目标，以提升稽查质效为主线，以深化体制机制改革为动力，深入推进稽查现代化建设，进一步彰显稽查职能，增强执法威力，严厉打击各类涉税违法犯罪行为，力促社会经济秩序持续向好。全年检查纳税人1.1万户，查补税款36.9亿元，入库税款36.5亿元。总局副局长孙瑞标批示表扬河北省稽查工作；总局稽查局全年各类形式通报表扬稽查工作23次。

履职尽责，各项稽查重点任务成果丰硕。一是打骗打虚工作精准开展。打击骗税和虚开系列工作包括查处虚开和骗税、医药行业专项检查、废旧物资行业专项检查、张家口“2·25”专案等工作，各级稽查部门精心组织、主动作为，有力推动了案件查处工作，取得了优异战果。全年共检查案源企业4758户，定性虚开发票份数23万份、金额303亿元、税额48亿元，定性骗税税额40万元、违规退（免）税税额9200万元。查补税款10.5亿，入库税款3.04亿元。移送公安115户，查获虚开团伙11个。二是随机抽查检查进展顺利。持续做好总局和省市重点税源“双随机”检查工作，取得了挽回巨额税收流失、

国家税务总局组织检查三处领导到河北省督导重点税源检查工作

提升纳税人税法遵从度、完善随机抽查机制等多重效果。检查纳税人408户（其中总局重点稽查对象26个集团147户企业，省市两级重点稽查对象2016年、2017年合计261户企业），查补税款13.1亿元，入库税款8.8亿元，调减亏损额1亿元，冲减增值税留抵税金1747万元。省局第一稽查局较好地完成了检查工作任务，全年入库税款1.8亿，调减留抵2.7亿，综合稽查成果达4.5亿，有力地促进大企业的纳税遵从。三是案件协查管理不断加强。全力落实要素协查制度，切实加大协查工作力度，精准助力“双打”工作，推进重点案件协查。受托协查9174户，发票份数20.6万份，金额311.9亿元，税额52.7亿；委托协查2269户，发票份数6.88万份，金额74.5亿元，税额12.5亿。经过对有问题发票的处理，查补税款7.17亿元，入库税款5.36亿元，同比增长5倍。四是打击发票违法持续发力。遵循“打防结合、标本兼治”原则，统筹推进打击骗税、打击虚开和打击制售非法发票“三位一体”工作布局，严厉查处发票违法案件，坚决遏制发票违法犯罪活动高发态势，查处违法企业3899户，涉及非法发票25.24万份，同比增长228%；非法发票涉及金额163.5亿元，同比增长100%；查补税款20.9亿元，同比增长272.5%；罚款6.2亿元，增长29倍；向公安机关移送案件138件，曝光案例36件。五是督办、举报案件管理有序。把依法查办、严格落实上级督办要求、有效防范执法风险、提高案件查办质量作为出发点

和落脚点。省局督办案件数量16件，涉及35户企业。已结案件9件，涉及虚开发票案件7起，涉及发票5069份、金额5.54亿元、税额9419万元，已全部移交公安机关。已结案件查补税款3750万元、罚款1874万元。全年受理涉税检举案件454件，立案查处354件，结案338件，结案率95%，同比增加18.42%，查补税款6786万元，入库税款1325万元。

2017年河北省国税稽查打击虚开骗税工作对接会议现场

谋求创新，各项稽查改革事项持续推进。一是围绕"双随机一公开"，建立健全了随机抽查制度和案源管理制度。建立"河北省税务稽查对象名录库"和"税务稽查执法检查人员名录库"，将省市两级981户重点税源企业纳入税收"双随机"监管软件中，监控税源占全省总量86%；将533户企业列入随机抽查重点稽查对象名录库，通过定向与不定向随机抽查相结合的选案模式，选取106户企业作为省市两级重点企业检查对象。二是围绕税收风险管理，普遍推行先开展案头风险分析评估查找高风险纳税人再开展定向稽查的模式。将案头风险分析工作纳入河北国税稽查综合软件模块，在选取案源时，运用各项风险指标进行分析；对总局随机抽查稽查对象名单中涉及147户企业进行分析研判，通过案源清分整理，依法开展检查；对总局动态选取的骗税"串案"涉及上游虚开企业情况开展串联分析，为精准打击打牢基础。三是围绕国地税合作，深入开展联合稽查。省市县三级实现国地税联合进户执法。在重点税源企业专项检查、医药行业专项整治、废旧物资行业专项整治、打击骗税和虚开工作、黑名单和联合惩戒中开展深度合作。国地税联合检查纳税人2413户次，查补税款3.08亿元。四是围绕部门协同，进一步推进税警合作。完成省市两级公安派驻国税、地税工作，103个县级联络机制办公室挂牌。税警双方以打击骗税和虚开案件为重点，严厉打击涉税违法犯罪行为，全省税警联合查办案件数量574起，打掉团伙数量29个，抓获犯罪嫌疑人150人，曝光联合查办典型案例20起，为国家挽回税款损失5.07亿元。围绕提升稽查震慑力，做好"黑名单"和联合惩戒工作。向社会公布重大税收违法案件69起，向省局内设部门推送信息84起、向35个省级部门推送税收"黑名单"信息72起，共同实施联合惩戒。主动配合河北省公安边防总队办理26个法定代表人阻止出境手续，成功阻止出境3人。

倾情带队，稽查队伍素质稳步提升。一是坚持抓培训提升素质。开展4次稽查业务培训，涵盖全省国税稽查系统的各级领导和业务骨干，490名稽查干部通过培训，业务水平、综合素质能力得到显著提升。二是坚持抓党建力促发展。深刻学习领会好十九大精神，不断推进党建工作的创新和发展，使党建工作和稽查业务工作同频共振，共同发展。省局稽查局组织支部党员大会12次，主题党课教育活动3次，党支部主题组织生活会2次，及时传达省局党组的会议精神，努力提升每名党员干部的思想水平。三是坚持抓廉政筑牢底线。各级稽查部门严格落实党风廉政建设"两个责任"，完善稽查部门内控机制，以廉政承诺书和查后回访规定等制度为重要抓手，严格按照法律

稽查局党支部开展"支部书记上党课"活动

法规的要求依法稽查，防范执法风险，使各级稽查干部"能干事、干成事、不出事"。四是坚持抓绩效从严管理。发挥绩效"指挥棒"的作用，对"税务稽查质量"指标考评细则优化调整为60条具体考评项目，"打击骗税和虚开"指标考评细则优化调整为13条具体考评项目，绩效考评进一步细化量化，相对更加科学合理，对各市考评更加公正、公平。

山西省地方税务局稽查局

2017年，山西省地税局稽查局认真贯彻落实国家税务总局稽查局一系列工作部署，充分发挥以查促收、以查促管的稽查职能作用，严厉打击各类税收违法行为，大力整顿和规范税收秩序，全面加强队伍建设和党风廉政建设，较好地完成了各项稽查工作任务。2017年，全省各级地税稽查部门共立案检查和督导纳税人自查2252户，实现入库查补收入11.11亿元。

全省地税系统稽查工作会议

“双随机、一公开”实现全覆盖。大力推行“双随机、一公开”监管模式，建立健全“一单、两库、一细则”工作机制，制定并公布“随机抽查事项清单”，建立“随机抽查对象名录库”和“随机抽查执法检查人员名录库”，出台“随机抽查工作细则”，“金税三期税务稽查双随机工作平台”成功上线运行，做到了工作制度化、规范化、流程化。2017年，全省各级地税稽查部门共随机抽查企业1594户，查补入库收入7.02亿元。其中，对税务总局随机抽选的26户企业集团中的265户分支机构开展了重点检查，共查补收入2477.98万元。组织开展了资源税、企业所得税重点税源企业定向随机抽查工作，随机抽取893户资源税、企业所得税重点税源企业，自查补缴各项税费1.68亿元，加收滞纳金2547.62万元。对其中213户企业开展重点检查，查补入库收入8351.63万元。

稽查精准化打击效应彰显。一是行业税收专项整治工作扎实开展。组织开展了税务总局下发的11户企业股权交易涉税事项专项检查工作，查补收入1.27亿元；组织开展税务总局下发的3户医药企业行业专项整治工作，查补收入160.15万元。二是大要案件查处工作效果显著。全年共查处千万元以上案件4件，百万元以上案件28件，查补入库收入1.76亿元，在《山西日报》等媒体对18起税收违法典型案件进行公开曝光，有力地打击和震慑了涉税违法犯罪行为。三是联合打击发票违法犯罪活动工作取得良好成效。结合“营改增”后发票违法犯罪活动的新趋势、新特点，与国税部门联合开展打击发票违法犯罪活动工作，共组织企业自查169户，补税128万元；查处违法企业310户，非法发票1470份，涉及金额7951万元，查补收入1507万元。四是税收“黑名单”及联合惩戒工作落实有力。通过《山西日报》等新闻媒体广泛宣传相关政策，在省地税局门户网站“重大税收违法案件信息”专栏公布5起“黑名单”，并推送省国税局、省公安厅等33个部门实施联合惩戒，促进营商环境的进一步优化。

税务稽查双随机工作平台培训

稽查现代化建设扎实推进。在巩固近年来取得初步成果基础上，继续创新稽查管理模式，深化金税三期优化版应用，成功上线税务稽查“双随机”工作平台及税收“黑名单”业务，将落实税务稽查规范与信息化管理深度融合，实现稽查管理的流程化、规范化、痕迹化。不断深化电子查账软件应用，积极推进网络版升级工作，数字化稽查水平和取证能力进一步提升。加强稽查信息化人才队伍的建设和管理，努力使人员素质、装备水平与稽查现代化建设工作相适应。

吉林省地方税务局稽查局

吉林地税局稽查局局长睢立军（左一）勉励获得荣誉的稽查干部们再创佳绩

2017年，吉林地税稽查部门深入学习贯彻党的十九大精神，全面落实税务总局、省地税局党组决策部署，坚持以“四强四提”为引领，统筹推进税务稽查现代化建设；坚持改革创新，提升稽查管理质效；坚持依法行政，打击税收违法行为；坚持严管善待，锻造“执铁纪，办铁案”的稽查铁军，圆满完成全年各项工作任务。累计荣获“全国五一巾帼标兵岗”等省级以上集体荣誉5项、“全国巾帼建功标兵”等个人荣誉9项，为全省地税系统争得了宝贵荣誉。

稽查职能作用充分发挥。全年组织实施重点税源企业检查、股权转让专项检查、医药行业专项检查，重点打击发票违法犯罪，共立案检查企业1596户，实现稽查收入19.42亿元，入库收入18.28亿元，稽查入库率达95%。

稽查管理改革持续推进。一是深化“双随机”异地交叉检查。对长春经开区、高新区和白城3个区域11户企业实施“双随机”交叉检查，查补收入3631.82万元。二是深化国地税联合稽查。构建以“创新办案措施、创新融合方式、创新联合理念”为核心的联合稽查新格局，实现了“1+1＞2”的联动效应。三是深化税警联合机制。全年查办案件97件；打掉犯罪团伙24个；直接挽回国家税款损失2.33亿元。稽查管理改革成效赢得了税务总局局长王军的充分肯定。

稽查执法能力稳步提升。一是实施执法质量检查。对全省13个市（州）稽查局2015—2016年度执法工作涉及的248项内容进行检查和评定。二是加强案件闭环控管。对税务稽查案件从立案、检查、审理、执行到归档销号环节，实行全流程闭环式监控管理，有效解决“积案”“丢案”等问题。三是深化积案清理。对2013—2016年的42户未结案件，分类处理，入库税款1.09亿元。

稽查党建工作深度融合。创新实施党建《一线工作法》，针对稽查党员干部长期在异地执法办案，无法落实规范化的组织生活制度的实际，在每个“双随机”异地检查组中成立临时党支部，创新开展支部活动，有效发挥了党员干部的先锋模范作用。该做法被税务总局评为党建特色项目，同时被吉林省直机关工委作为典型经验在全省推广，并拍摄制作成工作专题片在吉林卫视新闻综合频道播出。

吉林地税局稽查局与国税局稽查局共同举行庆祝建党96周年党员重温入党誓词仪式

稽查队伍建设不断加强。一是提升干部队伍活力。完成22名科级干部由虚职转为实职工作，5名优秀干部被选拔充实到中层岗位上，实现人员科学配置。二是提升核心业务能力。面向全系统开展分级分类培训，选拔了一批优秀稽查领军人才。三是提升绩效管理水平。坚持正向激励为主，注重考核结果运用。四是提升文明创建水平，用思想和文化引领和激发干部队伍的内生力和凝聚力，锻造了一支政治坚定、清正廉洁、敢于担当、依法履职的稽查铁军。

安徽省地方税务局稽查局

2017年，安徽地税稽查部门深入贯彻落实税务总局、省局工作要求和相关部署，创新方法，强化管理，认真抓好各项重点工作任务落实，共查处各类税收违法案件4005件，查补入库收入19.26亿元。其中立案检查1508户，查补收入13.83亿元，占稽查查补收入的71.8%。

深入开展大要案检查。保持对税收违法犯罪活动的高压态势，集中力量查办一批有影响力、威慑力的重大案件，在大要案攻坚克难上，取得明显成效。全年重大案件堵漏增收效果明显，位列全国第9，其中“肥西车船税”案两次受到税务总局副局长孙瑞标肯定性批示。

全面推进“双随机、一公开”工作。一是按照党中央、国务院、省委、省政府要求，将随机抽查扩大到税务登记、认定管理等检查事项，建立“一单两库一细则”，开发征管执法项目双随机抽查系统，实现地税执法事项“双随机”抽查。统一随机抽取检查对象24751户，匹配3604名执法检查人员，下发各地进行检查，并及时公布抽查情况及查处结果。二是按照税务总局要求，在全省推广应用税务总局金税三期稽查“双随机”功能，认真完成前期业务培训和上线准备工作，省局稽查局和16市已完成两个名录库建设工作及实现案件在线双随机抽查。

2017年3月16日，召开全省地方税务稽查工作会议，安徽地税局巡视员洪晓建（主席台中）出席会议并讲话

稳步推进稽查改革。一是着力做好《全国税务稽查规范（1.0版）》（以下简称《稽查规范》）落实。因地制宜，组织开展师资培训和案源管理、大企业检查等专题培训，推进规范落地生根，充分利用外部网站、微信群、QQ群等方式，搭建平台，广泛宣传规范落实意义，总结交流经验做法，并坚持学以致用，严格按照《稽查规范》的各项要求，规范稽查执法行为，充分发挥其稽查“百科全书”的作用。二是深入推进国地税联合稽查。建立健全国地税稽查合作机制，研究确定《国地税合作规范》稽查合作事项任务落实措施。开展国地税联合进户检查工作，调研分析国地税执法差异，提出完善稽查机构设置、细化裁量基准、统一定性标准、实现协调审理建议。三是继续加大惩戒力度。严格落实税收违法“黑名单”制度和联合惩戒措施，在省局网站公布“黑名单”，向省信用平台传递“黑名单”信息，协调相关部门实施联合惩戒。

2017年8月1日，安徽地税局局长胡春武（左排右四）主持召开“双随机、一公开”工作推进会

进一步强化稽查队伍建设。一是扎实推进“两学一做”学习教育常态化制度化。将“两学一做”学习教育列为组织生活会、民主生活会等党内政治生活的重要内容，开展支部书记讲党课、普通党员干部结合工作实践谈感受系列活动，有效发挥党建引领作用。二是举办全省各类培训班，开展专业化、差别化干部培训，努力提高稽查人员综合素质。三是严肃纪律，完善机制，认真落实“一岗双责”“一案双查”，持续加强党风廉政建设。在重点税源企业检查、落实“双随机、一公开”等工作中，邀请省纪委驻省局纪检组和省局法规处、纳服处等部门参与过程监督，努力提升稽查执法水平，防范稽查执法风险。

福建省地方税务局稽查局

专项检查研讨会

2017年以来，福建地税局稽查局根据税务总局股权转让专项整治工作的总体部署，结合前期对非金融企业转让金融商品专项检查案头分析和重点检查的工作经验，开展股权转让事项定向随机抽查，共计选取重点稽查对象31户，查补税款、滞纳金、罚款共5.54亿元，案均查补金额超1700万元，成果斐然，此项工作专报得到税务总局副局长孙瑞标批示，并被税务总局作为2018年全国税务稽查工作视频会议的经验交流材料予以刊发。

深挖案源线索，做好检查预案。确定被转让股权所属上市公司及股权持有时间，利用新浪财经、巨潮资讯网、证券交易软件等第三方公共信息平台，查询上市公司相关公告、年报、招股说明书等资料，收集相关上市公司在其股权持有期间的股价变动、分红送配、增资配股、资产重组、股权分置等情况。逐项匡算被查对象所持有股权的减持收益，对照相应企业的纳税申报记录，甄别可能存在的涉税问题，逐案制作检查预案。

梳理违法手段，制定检查方案。一是在限售股解禁流通后未按照税务总局规定的价格确定股票转让买入价；二是企业减持股票时，持有期间现金红利未能从买入价中扣除，少申报纳税；三是企业持有二级市场股票时间不足12个月取得的权益性投资收益计入了免税收入，少申报纳税；四是企业以不合理低价转让上市流通股，少申报纳税；五是企业隐匿股权转让收入，不进行纳税申报。

解析政策判例，扫清执法障碍。认真学习研究税务总局稽查局制发的文件和转发的广州德发诉广州地税再审行政判决书等司法案例，解决了长期困扰基层的关于股票解禁后买入价确定、财税〔2003〕16号文是否适用于非金融企业问题、转让价格明显偏低标准、稽查执法核定权等问题。

丰富取证方式，坐实证据链条。一是直接取证，直接从被查对象取得相关证据资料；二是金融机构外调，从被查对象证券账户开户券商、与证券账户挂钩的银行账户开户行，调取被查对象股权转让明细和银行账户资金流水，核实被查对象股权转让收入情况；三是辖区内上市公司外调，从被查对象持股上市公司调取被查对象持有期间上市公司的分红、送配、增发等重大事项情况；四是协查，对被查对象由于参与辖区外上市公司重组等原因取得股权，向上市公司所在地主管税务机关委托协查；五是以上市公司公告作为证据，对事实较为清晰，不存在重大争议的事项，由被查对象签章确认方式，与企业账户资料形成相互印证的证据链。

强化组织管理，提供综合保障。结合福建省经验，通过“以老带新”方式认真开展查前培训工作。同时，实行省稽查局领导分片挂钩督导制度，督导、巡查各地检查工作，及时掌握各地检查进度。福建地税局稽查局将收集的各类问题，提交福建地税局相关业务处室集中研讨，出台了《“股权转让”检查有关政策适用问题》，统一全省政策执行口径。查结后，逐户审核《拟处理意见报告》和《结案报告》，归集其中具有代表性的案件，编制典型案例供将来案件处理参考借鉴。

湖南省国家税务局稽查局

2017年以来，在税务总局和省局党组的坚强领导下，湖南国税稽查系统紧紧围绕“坚决查处税收违法案件”中心任务，锐意进取，狠抓落实，攻坚克难，奋斗拼搏，稽查工作取得了许多新成绩，多项工作得到税务总局和省委、省政府的高度肯定，共获得肯定性批示11篇，省局稽查局连续2年在省局机关绩效考评中进入优秀行列。

湖南国税局局长刘明权（右三）视察稽查业务考试现场

服务税收大局，堵漏增收成效明显。坚持服务税收中心工作不动摇，坚决落实组织收入任务，全力以赴查处重大涉税违法案件，堵漏洞、增收入、强征管，切实把好税收最后一道关口，稽查收入持续增长。组织全省稽查系统“学业务 提素质”活动，全省2035名稽查干部不分级别、不分年龄统一参加业务学习和验收考试，提升服务大局的能力。2017年以来，全省国税系统稽查部门共立案检查5205户，累计查补入库各项税收收入42.44亿元，同比增长12.19%。

突出大要案查办，“亮剑1号”行动效果突出。聚焦查大案、办要案，瞄准“两套账”偷税行为，组织实施“亮剑1号”专项行动，针对房地产、食品药品、贵金属等偷税风险较高的行业，集中选定15户案源，实施异地突击检查，共查处账外账案件7户，查补各项收入3.1亿元，单项行动查补税款、户均查补税款、千万元以上案件占比、账外账案件占比均创历史新高。“亮剑1号”行动取得良好效果，有力带动各地主动作为，积极开展自选案源检查，成功查处了一系列大案、要案。2017年以来，全省国税系统稽查部门共查处亿元以上案件4件，千万元以上案件72件，百万元以上案件469件，立案查补入库收入、查处百万元以上案件数量、重大案件查补收入占稽查总收入比例均在全国排名前列。加强正面引导，鼓舞干部士气，对在2016年查办重大案件中表现突出的相关人员进行表彰，记三等功8人，嘉奖32人。组织召开帝曼龙涉嫌偷税行政处罚案听证会，是省局近年来直接办理的第一起行政处罚听证会。

湖南国税局2017年全省稽查工作会议

聚焦主责主业，三位一体查处斩获颇丰。坚持把打击骗税虚开作为重点工作抓紧抓好，加强与公安、海关、人民银行联动协作，运用大数据分析，实施精准打击。强化组织领导、提升站位，由省国税局党组书记、局长刘明权任湖南省打骗打虚专项行动工作领导小组组长，四厅局副厅级领导任副组长，累计检查出口企业61户，暂停出口退税4.41亿元。其中税务总局“25–11”骗税专案虚开增值税专用发票22份，金额956万元，税额162万元；100份海运提单与船运公司签发不一致，涉及出口额1.04亿元，出口退税款1668.49万元。公安机关已立案侦查。刑事拘留2人。扎实做好税务总局下发虚开案源查处工作，组织查处一批以衡阳“12·28”案为代表的“通过中介注册、暴力虚开即走逃”的新型犯罪手法案件，成功查处长沙“11·25”案、怀化“5·30 ”案、湘潭“鹏辉科技”案等系列虚开增值税专用发票案，全省国税系统累计查实虚开企业839户，移送公安立案195户。以“海啸1号”为重点，扎实做好案件协查工作，通过协查系统挽回税款损失2.7亿元。打击骗税和虚开成果丰硕，骗税、虚开蔓延势头得到有力遏制。扎实开展打击制售假发票专项行动，配合公安机关查处双峰“10·31”案、衡阳“6·22”案、怀化“6·15”案等系列制售假发票案，成功打掉犯罪团伙35个，缴获假发票120.48万份。

湖南国税局稽查局组织每月业务学习

开展专项整治，税收秩序不断优化。开展重点税源企业专项检查，累计检查237户，查补收入2.39亿元。开展医药行业专项整治，共计检查医药企业67户，查补收入9.2亿元，其中，重点检查企业取得关键性突破，“潇湘人医药公司约14亿元的白糖有进货、无销售和发票开具记录，博瑞新特药公司取得近6亿元虚开发票”等违法事实全部得到落实，冻结涉案资金8089万元，湖南省副省长向力力对专项整治给予肯定性批示。开展废旧物资行业税收专项整治，累计检查废旧物资企业57户，查实虚开4户，移送公安机关4户。集中清理积案，已清理183户（其中结案129户，办结54户），尚未清理72户，清理率71.76%，超过税务总局30%的目标要求，入库收入3.65亿元。

强化协调配合，“黑名单”制度落实有力。加大“黑名单”制度实施力度，积极做好联合惩戒双扩围工作。2017年以来，公布并推送198户税收“黑名单”到相关部门开展联合惩戒，推送数量同比翻番。加强联合惩戒部门协作，省局与省边防总队联合下发规范边控手续文件。加大税收“黑名单”宣传力度，制作3期以税收“黑名单”和联合惩戒为主题的以案说法节目在湖南经视频道“钟山说事”栏目中播出，取得良好社会反响，上百户偷税企业为了避免惩戒，主动补缴了税款和罚款，税收“黑名单”和联合惩戒工作得到税务总局充分肯定。

湖南国税局稽查局与基层稽查局共同开展主题党日活动

广东省国家税务局稽查局

2017年，广东国税局稽查局认真贯彻落实上级工作要求，充分发挥稽查职能作用，稳步推进各项重点工作，重拳打击税收违法行为，全年共查补收入164.52亿元，同比增长41.37%，稽查工作成效明显提升。

广东国税局稽查局召开稽查工作专题调研会

打虚开，查骗税。依托集体智慧和多方力量，构建“团队化、精细型、链条式、项目制”的全方位打击骗税虚开模式。在打击骗税方面，全年共立案查处骗税企业127户，打骗工作共挽回国家税款损失27.86亿元，同比增长18.66%；在打击虚开方面，全年共立案查处虚开企业5243户，定性虚开发票34.04万份，价税合计462.07亿元，同比增长69.6%，挽回国家税款损失37.02亿元。

严执法，办大案。牢牢抓住查办大要案的主线，重拳打击各种涉税违法犯罪活动。全年共查办税款百万元以上案件340宗，千万元以上案件45宗，亿元以上案件4宗，合计实现稽查查补收入32.9亿元，大要案查处成效显著。相继成功查处佛山“飓风38”系列虚开案、茂名“12·26”虚开案等一系列重大案件。

促合作，提质效。在全省逐步推广以建立一套机制、统一一个标准、建设一个中心、共查一批案件、同建一个基地的“五个一”联合稽查模式，全年共开展国地税联合稽查4183户次，联合查补税款合计33.29亿元。全省挂牌成立公安派驻国税联络机制办公室106个。研发应用“税警直通信息软件”“广东警税协作信息快查系统”，打通了税警信息壁垒。税警全年共联合查办案件数量635个，打掉涉税犯罪团伙65个，抓获犯罪嫌疑人562名，挽回国家税款损失30.51亿元。联合审计署广州特派办、人民银行广州分行，启动“税审银”三方合作机制，深化税务机关与审计、银行的信息传递和沟通协作。

严惩戒，强震慑。与广东省发改委牵头住房和城乡建设厅、环保厅、水利厅等12家相关单位共同签发联合惩戒文件，使联合惩戒部门由23个扩大到35个，惩戒措施由18项扩大到28项，实现联合惩戒措施和部门“双扩围”。全年共公布税收违法“黑名单”案件192宗，在各级新闻媒体曝光案件80宗。

建机制，抓内控。高质高效完成税务总局交办的稽查风险内部控制信息化管理专项试点工作。研发并推广应用“税务稽查综合管理平台”，确保稽查四环节分离与互相监督制约，推进了执法监督信息化。与省局监察室联合出台《广东省国家税务局税收违法案件一案双查实施办法（试行）》，强化了“一案双查”工作的可操作性，提高一案双查的工作质量和效率。2017年，全省国税稽查部门联合监察部门共开展“一案双查”265起，对153名税务人员执法过错进行责任追究。

广东国税局稽查局专案组人员查办“12-06”跨区域骗税专案

广东省地方税务局稽查局

2017年3月31日，广东地税局局长吴紫骊（前排左三）到广州市地税局稽查局指导广州市国税局、地税局联合稽查指挥中心建设

2017年，广东地税稽查部门在广东地税局党组和税务总局稽查局的正确领导下，深入开展稽查体制机制改革，充分发挥稽查职能作用，严厉打击涉税违法行为，切实开展好各项重点工作任务，取得了显著成绩。广东省各级地税稽查部门（按税务总局统计口径不含深圳，下同）共立案检查纳税户1317户，督导自查户数10343户。全省查补收入总额95.46亿元，同比增长14.36%，入库总额90.54亿元，同比增长10.98%。

突出履行办案职责，维护税收公平正义。探索自然人税务稽查新路子。运用大数据分析精准选取了广州市、东莞市各一名疑点自然人纳税人开展检查，其中广州3天内查补8300万元，东莞查补入库1.2亿元。同时，将分析出的2000多名疑点自然人纳税人信息移交相关部门，有力推动以查促管。联合推进医药行业专项整治。采取国地税联合进场、多层次多部门联手突击的方式，同步推进17个地区医药行业专项整治，共查补4064.1万元。抓好“4·21”系列案件查办，立案检查省内36户涉案企业，预计查补收入3.5亿元。加大发票违法犯罪活动打击力度。查处违法企业1343户，查补收入近2.5亿元。深入开展全省地税稽查积案清理。共清理积案963户，清理入库10.1亿元，清理率达92.6%。

落实“放管服”改革，优化税收治理环境。提升执法效能，规范执法行为，落实重点税源企业随机抽查。除税务总局下发案源外，共组织省市两级随机抽查89次，对3267户企业开展检查，查补收入6亿元。规范全省地税稽查案件定性处罚。开展专题调研检查15次，有效统一全省稽查执法尺度，全省稽查案件处罚率显著下降。推进“黑名单”和联合惩戒工作。录入税务总局协查系统“黑名单”案件有效信息27宗，依法撤出14宗，推送联合惩戒案件9宗。强化信息宣传，制定加强和改进稽查信息宣传工作意见，出台稽查系列信息宣传工作管理办法，为完善稽查信息宣传工作打牢制度基础。

推进稽查改革，构建税务稽查工作新格局。进一步推进稽查体制改革。采用案源竞标方式组织20个市（区）局稽查局开展团队交叉式检查，查补税款1.4亿元。进一步完善“双随机、一公开”监管机制。做好“双随机工作平台”上线应用和管理，统筹建立省市两级随机抽查三类名录库，并按要求开展好“一公开”工作。进一步加强国地税联合稽查工作。互查涉税信息1541次，推送案件线索3400

2017年3月30日，全省地方税务稽查工作会议在佛山召开

2017年6月28日，广东地税局稽查局党支部与梅州市地税局稽查局党支部结对开展党建共建活动，党员就如何加强党建提升稽查工作质效及争做合格党员谈做法和体会

2017年7月19日，广东国税局稽查局、地税局稽查局，珠海市国税局稽查局、地税局稽查局，珠海市高新区国税局、地税局“三级六方党建共建”基地揭幕仪式举行

条，交换案源信息1659次；联合督导自查4692户，查补收入20.8亿元；同步分别立案3277户，联合进户检查查补收入14.8亿元。进一步落实公安派驻地税联络机制。经联络机制办公室统筹协调，国税、地税、公安三方联合查办案件215件，打掉犯罪团伙165个，抓获犯罪嫌疑人410个，挽回国家税款损失超44.9亿元，曝光联合查办典型案例7个。进一步深化“两法衔接”工作。在“两法衔接”平台录入案件信息共100宗，涉及税款、滞纳金、罚款共计11.5亿元。

夯实工作基础，力促稽查执法统一规范。抓好《全国税务稽查规范（1.0版）》的落实。全省共举办培训班30场次，参训人数2396人，参训率100%，并开展调研督导7次，确保新规范落地生效。组织编写稽查取证工作指引。开展稽查案件质量检查。采取各市之间交叉检查的方式，共检查2016年度稽查案件184宗，梳理和发现各类问题119个。积极推进稽查风险内部控制。严格执行税务总局《税务系统稽查风险内部控制制度（试行）》，研究编写广东地税稽查风险内控制度和指引文档。在广州开展风控信息化管理试点工作。积极发挥绩效“指挥棒”作用。及时跟进税务总局三次绩效调整，同步改进各项工作要求，定期分析稽查绩效指标的落实情况，及时查找短板和规律。

深化信息管税，增强稽查信息化支撑。构建移动稽查工作新模式。基于移动稽查专线网络，开发和完善移动稽查App，实现一户式涉税数据查询、发票核查、现场执法记录、专家在线答疑等功能。推进信息化试点项目。指导东莞市等地建设稽查指挥中心；在广州市、佛山市试点建设互联网涉税数据挖掘应用系统。保障稽查数据安全。在广东地税局信息中心的支持下，拟制《移动稽查应用体系实现方案》，为及时调整安全策略，保障系统内外网数据传输安全提供了路径。

强化党建引领，筑牢稽查组织和人才保障。扎实推进管党治党。积极推进“两学一做”学习教育常态化制度化，将党的十九大精神和习近平总书记对广东重要指示批示精神贯彻落实到日常工作中。落实好谈心谈话制度，及时了解和掌握干部思想状况。积极开展融合式党建。开展党支部、党小组立体式结对共建，广东地税局稽查局党支部分别与梅州、韶关市局稽查局党支部开展党建共建主题活动，在珠海市高新区开展“三级六方党建共建”活动，把党建共建推向深入。

2017年11月9日，广东地税局稽查局与韶关市地税局稽查局在南雄梅岭举办党建共建活动

广西壮族自治区地方税务局稽查局

2017年，广西地税稽查部门深化集成、统筹部署稽查各项工作，有效发挥自治区一级稽查体制优势，充分发挥税务稽查职能，严厉打击涉税违法犯罪，为维护公平公正的经济秩序做出积极贡献。广西国地税联合开展重点税源企业随机抽查工作、地税"双随机、一公开"工作、一级稽查管理体制实施成效等工作先后3次获得税务总局副局长孙瑞标的批示肯定。

广西地税局副局长（兼稽查局局长）黎海君汇报工作

稽查堵漏增收能力持续增强。坚持聚焦主业查办案件，有效服务经济发展大局，稽查质量"三创新高"：一是稽查查补收入创广西地税成立以来新高，稽查以查促收能力明显加强。全年共检查和督导纳税人自查2134户，稽查查补总额20.48亿元，同比增长7.29%，查补总额创新高。二是立案查补收入创广西地税成立以来新高，稽查直接检查力度和打击涉税违法力度明显增强。共立案检查企业550户，立案查补收入10.73亿元，占稽查查补总额的52.39%。三是重大案件查补收入创广西地税成立以来新高。共查处百万元以上涉税案件69件，查补收入5.83亿元，占同期立案查补收入的54.33%。

广西地税2017年双随机抽查仪式

稽查体制机制持续优化。一是建立集中解决涉税疑难问题工作制度。定期收集新体制实施以来稽查执法中遇到的问题，归类梳理4类64个问题，通过集体研究，下发《关于稽查执法中政策问题的指导意见》，为稽查执法办案提供必要指引。二是形成多部门典型案件现场研讨工作机制。牵头召集广西地税局法规处、征科处、各税种管理处、各片区稽查局等部门和单位对稽查典型案件集体把诊问脉、对症下药，下发《关于部分案件涉税问题的指导意见》，进一步统一执法标准、执法尺度。三是完善联合惩戒工作机制。建立国地税联合惩戒长效合作机制，实现联合惩戒措施和部门"双扩围"。联合推送6户"黑名单"企业，联合公开曝光30起典型案例，联合开展"黑名单"警示教育。四是搭建平台深化执法合作。与自治区高级人民法院签订《税费征缴、司法协作合作协议》，切实保障国家税收及时足额入库，减少税款流失。

打击涉税违法持续发力。一是全面实施"双随机"。动态维护随机抽查"双名录库"，创新建立抽查对象"黑白名单"，公平公正实施稽查选案，避免多头重复检查。共随机分派检查人员261人，组织检查随机抽查企业1534户，占同期检查总户数的71.88%，同比提高33.55个百分点；累计查补收入9.8亿元，占稽查查补总额的47.85%，同比提高26.48个百分点。二是认真组织开展税收专项检查。压实税务总局下派检查任务，通过开展2016年重点稽查对象随机抽查，共组织涉及29户集团1320户企业开展自查，对108户企业开展重点检查，累计查补收入2.36亿元；通过开展2017年度股权转让检查，对税务总局下派的12户案源全部开展立案检查，共查结11户，发现有问题6户，查实应补税款1.35亿元。三是严厉打击发票违法犯罪。共组织查处发票违法企业户数515户，完成税务总局下发任务数300户的171.67%，查处非法发票18047份，累计查补收入8744.56万元。

2017年广西打击发票违法犯罪新闻发布会

稽查执法基础持续夯实。一是积极推进《全国税务稽查规范（1.0版）》落地执行。共举办相关业务培训10个班次，累计培训师资50人次，轮训一线稽查干部853人次。开展专题知识测试，共772名稽查干部参加，及格率达99.35%。二是积极推进稽查执法标准化建设。逐一梳理稽查“四环节”执法风险点，制作了《稽查工作模板》《稽查实施环节必要基本程序》等，为稽查工作提供规范的操作指引。三是积极开展稽查案例分析和编撰工作。编撰21起税务稽查典型指导性案例，重点明确案件具体定性标准和处罚幅度。分析整理涉及稽查的12起行政复议、诉讼案件，持续提升执法专业性。四是积极开展税务稽查案件复查工作。出台《稽查案件复查暂行办法》，复查内容覆盖执法全程，对12起涉税违法案件展开复查，发现6类38个问题，有效加强稽查执法监督和制约。

信息支撑水平持续提升。一是应用信息技术提升查账效能。共配备稽查辅助查账软件共760套/个，一线检查人员配备率达100%。全年应用电子查账系统处理案件共517户，建案比例达94%。二是优化金税三期系统稽查模块功能。测试通过270余个稽查模块功能升级，解决各稽查局上报问题共354个，拓展跨区税源登记稽查税款入库等新增业务流程，确保税务稽查双随机平台6月1日按期正式上线、数据迁移到位。三是加强稽查对象电子数据信息管理。下发《稽查电子数据信息安全管理办法（试行）》，规范稽查对象电子数据信息的保密和安全管理。

队伍能力建设持续加强。一是分级分类开展稽查业务培训。举办多期专题业务培训班，有效提高稽查干部的业务能力和业务素养。二是组织开展稽查岗位练兵。2017年6月、9月先后两次举行稽查业务考试，共计1053人次参加，考试及格率分别达81.91%和99.35%，稽查干部岗位履职能力明显提高。三是组建稽查专业团队。成立税务稽查法律法规团队等9个税务稽查专业团队，共选拔首批65名稽查专业团队骨干，有力发挥稽查专业团队的骨干支撑和专业引领作用。

广西地税稽查业务大练兵

重庆市国家税务局稽查局

2017年，重庆国税稽查部门认真贯彻全国税务稽查工作会议、全市国税工作会议和全市国税系统全面从严治党工作会议精神，紧扣“抓基层、打基础、提质效”的工作主线，全力实现稽查工作质效新跨越。在税务总局2017年上下半年绩效考评中，重庆国税“税务稽查质量”被评为“优秀”等次。在市局机关绩效考评中，市局稽查局在23个机关处室中排名第1位。

国地税公安税警联络机制工作协调会

砥砺奋进，成绩斐然。2017年，全市国税稽查部门查补税收收入31.13亿元，入库30.33亿元，同比增长21%，占全市入库税收收入的1.84%，双双迈上30亿元大关。案件查处力度空前，立案检查2183户，同比增长82%，审结2025户，同比增长1.2倍；且大要案查处数量增长迅速，百万元以上大要案189件（含千万元以上大要案件15件），同比增长66%。同时，远郊区县稽查查补入库收入6.37亿元，占全市国税稽查查补入库收入的21%，比上年提高3个百分点，稽查工作质效不平衡的状况有了较大改观。

聚焦主业，严厉打击。立足“打早、打准、打狠”，持续保持打骗打虚高压态势。立案检查骗税案源34户，认定骗取出口退税6672万元，认定违规申请退税2亿元，追回已退税款1.72亿元，成功查处了“5·04”等骗税大案。立案检查虚开案源579户，定性虚开发票6.22万份，挽回税款损失14.96亿元，移送公安案件线索192件，抓捕犯罪嫌疑人63名。专项整治卓有成效。开展房地产行业专项检查160户，查补收入12.6亿元。高效组织税务总局股权转让专项检查13户，查补税收收入3.6亿元。扎实开展医药行业专项整治，立案检查101户，查补税收收入2.13亿元。大力推行项目制团队式检查。完成税务总局及市级重点稽查对象随机抽查1410户，查补税收收入11.8亿元，调减以前年度亏损2.09亿元。

持续创新，深入改革。市局直管模式成效凸显。针对开州县改区后国税局不设稽查局的新情况，率先探索区县国税稽查业务市局直管新模式，管理层级由原来的市局、区局、稽查局三级压缩为市局、区局两级。开州国税稽查执法更加规范，案件质量明显提升，查补入库收入同比增长44%。全链条管查互动更加紧密。市局在全国范围内率先建立异常增值税扣税凭证税收风险快速应对机制，细化16项具体措施，走逃失联企业及增值税异常抵扣凭证核查案源同比下降93%。稽查信息化取得新进展。积极推广电子底账系统查询运用，开发稽查案头分析软件，积极协调外部机构获取涉税信息，做大稽查数据仓库。

强化协作，合力共治。国地税联合稽查再上新台阶。全年共召开联席会议142次，成立专项工作小组40个，共同确定联合进户稽查对象354户，开展联合督导自查861户，联合稽查立案数占总立案数的72%，联合稽查查补国税收入12.59亿元。坐实税警协作机制。人员派驻、经费保障和信息共享实现实体化运作。全年向公安机关移交涉税案件204件，对173户企业进行联合立案检查，查处一系列大案要案。其中，“云阳4·18案”受到公安部通令嘉奖。

“5·04”专案临时党支部集中学习

四川省国家税务局稽查局

2017年，四川国税局稽查局认真贯彻落实税务总局要求部署，紧紧围绕税收中心工作，以规范税收秩序、促进纳税遵从为目标，勇于担当、主动作为，各项工作取得显著成效。

真抓实干，堵漏增收再创佳绩。坚持以查促管、以查促收，上下联动，全省稽查部门全年累计立案检查纳税人4032户，完成稽查查补收入41.81亿元，同比增长20.35%，圆满完成税务总局稽查局和省局下达的收入工作任务。

利剑出鞘，违法打击又立新功。充分发挥“拳头”作用，切实加大行政处理、行政结案力度，严厉打击涉税违法犯罪。全年查办骗税和虚开案件2589户，认定接受虚开增值税抵扣凭证13.84万份、金额103.81亿元、税额15.90亿元；认定虚开增值税专用发票及其他抵扣凭证14.72万份、金额144.12亿元、税额24.12亿元；查补税额17.66亿元，入库7.38亿元；检查出口退税企业5户，应追回已退税款3.31亿元，暂停退税1.01亿元，全年发起“云端行动”8起，摧毁职业犯罪团伙18个，抓获犯罪嫌疑人386名；迅速查处成都市龙商汇、兆丰昌，达州市“4·26”，南充市“富文”“筑龙”等团伙虚开发票案。

夯基筑本，执法保障愈加有力。深入推进国地税联合稽查工作纵深发展，全年累计查补收入12.34亿元；“双随机、一公开”平台全面上线运行，建成两级重点稽查对象名录库、三级稽查执法人员库，抽查企业3583户，查补收入22.59亿元；完善警税联络机制，全省成立派驻机构66个，派驻工作人员182人，税警联合查处涉税案件80余件，查补税款4.2亿元；省局及各市（州）稽查部门均设立了举报中心和检举接待场所，仅省局稽查局举报中心全年接收举报案件363件，受理343件，暂存待查20件；联合全省36个部门成立“四川省对重大税收违法案件当事人实施联合惩戒办公室”，将45件重大税收违法案件当事人纳入“黑名单”，实施联合惩戒。

四川国税局局长刘建国（正排中）出席全省国税稽查工作年中推进会并讲话

严管善待，内生动力全面迸发。优化稽查专业化团队建设，以“项目+行业”模式，加强“1个精确选案团队、8个检查（打击）团队、1个执法执纪监督团队”的“1+8+1”专业化核心团队建设，构建精确分析、精准打击、全面监督的稽查业务闭环；采取“培训+实战”方式提升稽查人员业务素质，充分发挥骨干引领作用，推荐18人进入税务总局检查人才库，建立省本级100人的执法骨干人才库，市、县两级实现一线执法人员全覆盖；推进“两学一做”学习教育常态化制度化，全年举办主题活动4期，开展支部共建活动5次，取得良好效果；各地充分发挥基层党支部的战斗堡垒作用和党员干部先锋模范作用，涌现出以绵阳江油稽查局为代表的一大批先进典型。

四川国税局稽查局党支部到会理县开展扶贫村助学活动

云南省地方税务局稽查局

2017年国地税稽查工作联席会

2017年，云南地税局稽查局按照税务总局和省地税局的总体部署，不断深化稽查改革，大力推动集成创新，健全稽查运行机制，提升干部队伍能力，着力强化堵漏增收，严厉打击涉税违法犯罪，净化税收经济秩序，助推云南经济发展。

稽查查补收入。2017年，全省地税稽查部门查补收入18.51亿元，入库18.18亿元。其中：全省地税稽查部门立案检查949户，入库税款2.83亿元、滞纳金5685万元、罚款3517万元，合计3.75亿元，同比增长8.14%；督导自查3804户，入库税款12.52亿元、滞纳金1.92亿元，合计14.44亿元。全省地税稽查部门综合入库率为98.27%。

“双随机、一公开”。2017年6月1日，全省地税系统正式启用“双随机平台”，动态管理税务稽查随机抽查对象名录库19个，录入全省重点稽查对象名录5812户；动态管理税务稽查随机抽查执法检查人员名录库19个，录入税务稽查执法检查人员921人；通过双随机平台录入税务稽查随机抽查方案34个，共通过平台随机抽取检查对象224户，随机选派检查人员343人。

重点税源企业检查。根据税务总局下派的40户重点稽查对象企业名单进行重点税源随机抽查，自查补缴地方税费6117.10万元；重点检查阶段中涉及17家企业集团、65户成员单位，查补地方税费3962.35万元。

重大税收违法案件查处。2017年，全省地税稽查机构查补百万元以上案件41件，查补入库收入1.21亿元；查补千万元以上案件5件，查补入库收入1.06亿元。

打击发票违法犯罪活动。全省地税稽查机构对1169户纳税人使用发票情况进行检查，查处违法企业326户，涉及发票6516份，涉及金额2.84亿元，查补税款滞纳金罚款3012.7万元，组织企业自查860户，自查补税3760.73万元；云南国税、地税部门会同公安机关端掉制售窝点12个、打掉犯罪团伙35个。

“黑名单”制度。全省稽查机构共确认4户重大税收违法案件信息，接收省国税局30户联合惩戒信息并及时推送实施联合惩戒。

联合稽查。全省共成立联合稽查领导小组及其办公室138个，成立专项工作小组128个，建立共同管辖纳税人名录库12个，建立联合随机抽查工作机制18个，建立工作台账121个，建立联合稽查办公场所124个，交换案源信息408次，接收方利用案源信息立案检查53户，查补税款481.48万元，推送案件线索信息107条。

演示稽查管控平台

案件协查。2017年，全省地税稽查机构共办理受托协查25起，发起委托协查15起。

案件检举。2017年全省地税稽查机构共受理税收违法举报案件187件，查补税款滞纳金罚款1103万元，入库953.2万元。

案件复查。组织启动税务稽查案件复查工作，对昆明等5个州市稽查局查结的13户案件进行复查。

队伍建设。遵循人才成长规律，按照从业年限、业务综合能力等分为4类不同的培养对象制定不同阶段的培养方案，配套相应激励与考评措施，同时注重培养稽查兼职教师团队，使学员教育与师资建设双促进。

陕西省国家税务局稽查局

召开全省打击虚开和骗税专项工作推进会

“双打”专项布置会

2017年，陕西国税局稽查局践行“六个一”发展思路，以“干好稽查、带好队伍”双轮驱动为目标，取得了显著成绩。

始终将依法行政、改革创新贯穿于税务稽查各项工作。一是坚持多核驱动堵漏增收提质效。围绕“打、研、改、防”的工作思路，会同公安、海关、人民银行、审计署西安特派办等部门，打造数据化模式、协同化平台、团队化作业、链条化打击的稽查新模式。全年累计立案检查3396户，审结案件3393户，发现有问题3387户，实现稽查收入总额22.91亿元，平均入库率100%，选案准确率100%，结案率99.9%。二是坚持创新发力打虚打骗与联合惩戒破难题。全年查处违规出口退税4873万元，筛选本地高风险虚开案源350户，涉及发票份数1.2万份，查补收入3.56亿元，移交公安机关27户。从“案件定性、虚开确认、移送公安、一案双查、失信名单”等十个方面，创新探索走逃（失联）企业检查指引，及时将782户企业纳入“黑名单”并推送联合惩戒，工作成效被中央电视台新闻频道专题报道，得到税务总局领导表扬。三是坚持聚焦深化征管体制改革和稽查体制改革勇担当。印发《陕西省国家税务局深化税务稽查体制改革实施方案》，围绕“做强省级、做大市级、集约县级”的总体思路，以“转职能、转方式、转重点”为方针，以“三个一级”为发力点，按照“稽查机构扁平化、稽查方式集约化、稽查手段信息化、稽查队伍专业化、稽查管理规范化”的“五位一体”工作要求，全力打造稽查铁军。统筹推进打击骗税、打击虚开和打击制售非法发票“三位一体”工作布局，深入重点行业、大型集团整治行业顽疾。做实国地税联合稽查，切实减轻企业负担，共同提高核心业务能力，共同督导自查1650户，同步立案666户，实现查补收入14.6亿元。四是坚持统筹协查“减、并、集”和执法制度规范强支撑。采取“减轻基层负担、合并协查节点、集成协查方法”三项措施，强化协查数据利用、挖掘加强案件流向、发案趋势研判，集成推进落实要素协查，连续35个月累计按期回复率保持100%。编写《稽查规范800问》，编印《陕西国税

陕西国税局局长席七万接受电视台采访介绍陕西国税打击涉税违法案件情况

稽查案例选编》《税务稽查行业指南》，帮助基层稽查人员易学、能懂、会用。细化明确设备经费立项、实施、采购、付款任务清单和时间表，先后购买电子取证魔方、电子查账软件、执法记录仪等办案装备。设置检举接待场所，配备监控设施和专人从事检举工作，共受理举报案件468件，实现查补税款 846.63万元。

陕西省地方税务局稽查局

2017年，在陕西地税局党组和税务总局稽查局的正确领导下，陕西地税局稽查局紧扣全面从严治党各项要求，按照“十三五”税务稽查“改革、机制、质效、数据、能力”的总体要求，全面落实《全国税务稽查规范（1.0版）》规定，不断完善“双随机、一公开”监管，认真开展税收检查和重点税源企业税收检查，严厉查处大要案件；不断深化国地税联合稽查

举办“双随机、一公开”集中抽取仪式

和警税联络机制，增强执法互助合力；建设实施数据稽查平台项目，提升精准打击效能；以“稽查能手”竞赛选拔为引领开展岗位大练兵活动，提升稽查队伍素质。全省地税稽查部门共检查纳税户3915户，查补地方各税17.59亿元。一是积极推进数据稽查建设。紧紧抓住金税三期和数据管税平台的数据大集中、业务全覆盖的新机遇，整合开发了数据稽查平台，建立了智能选案、网络电子查账、在线审理和决策支持四大系统和稽查人员信息库、稽查案件数据库等11个稽查数据资源库，共运用1.77亿条数据资源信息，利用数据稽查平台的智能选案功能，进行对比分析、穿插利用、建立模型，重点选择整体税负偏低等数据分析可疑、征管漏洞较大的案源，全省选案准确率平均保持在99%。二是重大案件查处有力。坚持把查处大案要案作为彰显稽查作用的重点，制定了具体的考核指标和落实要求。根据经济形势和高风险涉税分析，高度关注各类税收违法活动的新动向、新方法、新手段，不断提高对案件的分析能力，探索有效破解疑难问题的规律性方法。三是国地税联合执法机制不断完善。提出“五同一联，双降一赢”（同部署、同立案、同进户、同审理、同文书，联席会议；降低纳税人和稽查工作成本，实现纳税人和稽查部门共赢）措施，进一步加强信息互通、数据共享，先后召开6次联席会议，确定联合稽查任务、形式、制度、考核等多项内容，统筹安排稽查工作计划，每季度召开一次联席会议，联合选案、共建信息共享平台、联合开展发票打假工作，进一步推进国地税联合稽查工作。与省国税局、省公安厅、海关、人民银行召开五部门联席会议和联合表彰会议，推动五部门联合执法协作制度化、规范化、常态化。四是“双随机、一公开”监管有序推进。建立随机抽查名录库，实施“双随机”选案，省、市、县三级稽查机构已全面推广应用了金税三期“双随机”选案功能，做好对外公示。五是队伍素质不断提升。以“稽查能手”竞赛为载体，深入推进稽查队伍素质提升工程，先后采取全员培训、先行选拔、推荐上报，选拔240名干部参加现场竞赛。

召开国地税联合培训班

全省地税稽查系统举办“稽查能手”竞赛

甘肃省国家税务局稽查局

2017年，甘肃国税稽查部门认真贯彻落实税务总局稽查局和省局党组部署要求，大力整顿规范税收秩序，着力提升稽查工作效能，取得了新的工作成效。

入库稽查收入同比稳中有增。全年共对1688户纳税人组织自查、实施检查，合计入库稽查收入7.53亿元，同比增长16%，调减增值税留抵税金5100万处元，调增应纳税所得额4.57亿元。

查处打击税收违法行为取得新突破。开展织网式选案，参与联动检查，打团伙、端窝点、办大案、查串案，打虚、打骗工作实现三个新突破。共查实虚开案件183起，查处违法发票1.71万份，涉及税额3.85亿元，查补入库税收8700万元；查办了5起骗取出口退税典型案件，查实骗取出口退税6191万元。对税务总局筛选下发的19户“线索清晰、疑点重大”医药企业实施检查，查实违法金额5.5亿元，查补入库税收3036万元。优化“三位一体”打击发票违法犯罪活动工作格局，全省共查处发票违法案件1095起，查处违法发票4.09万份，打掉犯罪团伙5个，公安机关立案73起，抓获犯罪嫌疑人67名，4人被判处有期徒刑，税务部门查补入库税收1.66亿元。

“双随机、一公开”监管工作形成新格局。建立由506名稽查人员组成的检查人员名录库、1712户纳税人组成的重点稽查对象名录库、5906户纳税人组成的异常对象名录库。6月1日起在全省国税系

甘肃国税局稽查局与“双随机”重点稽查对象工商银行共同开展“两学一做”学习教育活动

甘肃国税局副局长向宇（右七）参加第七次全省诚信“红黑榜”新闻发布会公布红榜企业和黑榜企业名单

统成功上线运行“金税三期税务稽查双随机工作平台”，全年通过“双随机”模式对346户纳税人实施检查，查补入库税收1.54亿元。

部门协调配合取得新进展。在全省范围内倡导警税协作联合办案，推动警税实质性合作，省局以深入查办“4·06”骗税案件为契机，带头探索与公安部门同步取证、突击检查等高效查办案件的方法，收效良好；借助海关报关管理系统，提升没有备案单证案件的查办效率；利用人民银行提供涉税违法线索，深度查办虚开案件；与地税部门联合对重点税源、医药、股权交易和废旧物资疑点企业等实施检查，促收成效明显。

打防并举作用得到新体现。在全国范围内率先开展清理稽查积案专项行动，清理积案336起，清理查结300起，入库税收1.99亿元。通过甘肃省企业信用信息公示系统、“信用甘肃”网站联合惩戒专栏、省局门户网站、“5·15”打击和防范经济犯罪集中宣传日等载体和时机，公布13起重大税收违法案件，发布红榜企业355户，黑榜企业11户，加大震慑力度。起草工作细则，落实国家发改委等34个单位共同确定的28项联合惩戒措施备忘录。

稽查基础建设工作有了新提升。自2017年3月起，在全系统推行要素协查法，做实做细5.0版稽查绩效考评指标，用数据说话，让实绩评判，体现公平公正。

青海省国家税务局稽查局

2017年，青海国税稽查部门把认真学习贯彻党的十九大精神做作为首要政治任务，教育引导广大干部深刻领会党的十九大精神的重要意义，全面准确把握党的十九大精神的思想精髓、核心要义，着力增强稽查干部政治责任感和历史使命感，通过改进工作作风、转变思想观念，把力量凝聚到新时期青海国税现代化发展事业中各项任务中。在省局党组的正确领导和税务总局稽查局的指导、支持下，

全省国税稽查工作会议

服从服务税收中心工作任务，深化税务稽查改革，抓好重点执法工作、强化内部制约管理、提升专业队伍素质，注重执法成效管理，把握重点、依法行政，有效增强稽查税源监控力度，严厉查处涉嫌偷、逃、骗税以及虚开发票等税收违法行为，深入整顿和规范税收秩序，累计查补税收5.92亿元，同比增长76.7%，查补率实现2.39%，完成年度计划的159%。其中以有力查处重点“串案”为突破口，坐实警税联络机制，与公安、海关、人行组织联合行为，集中优势力量，深入开展“蓝盾2017”、建安行业虚开普票整治等专项行动，把打票、打骗、打虚与行业、区域税收专项整治有机结合，实现案源信息集成，追根溯源，捣毁制售假发票窝点13个，查处违法企业333户，查实非法发票2.91万份，收缴假发票8.95万余份，假公章2500余枚，挽回税收损失3736万元，抓获犯罪嫌疑人24人，有力震慑了不法分子的嚣张气焰，为维护全省市场公平秩序和促进经济社会健康发展提供有力支撑。同时，注重执法效能管理，立足发展、勇于实践，有效加快稽查改革发展进程，通过结合本省经济和税源结构特点以及税收管理、稽查工作现状，紧紧围绕“组收”和“惩戒”两大稽查职能，以做强省局稽查局为目标，对省会西宁市国税局第三和第四稽查局进行改革试点，组建直接行使省级稽查局执法权，与企业集团化、税源集中化的趋势相匹配，与税收违法大要案件跨区域的新动向相匹配，与区域产业特征和新兴业态发展相匹配的跨区域“组收局”和“重案局”2个改革试点稽查局，自9月正式开展工作以来，累计查补税收5160万元，其中：“组收局”查处百万元以上大要案件7起，查补税收2460万元；“重案局”与公安等部门密切配合紧密协作，查办“7·20”虚开案件、税务总局“5·23”专案和“海啸一号”等重大案件11起，涉及金额4亿元，查补税收2700余万元，抓捕犯罪嫌疑人6人，稽查改革工作已初现成效，有效发挥了税务稽查职能作用，严厉打击了各类涉税违法行为，为青海国税事业发展和规范经济税收秩序做出了积极贡献，开创了青海国税稽查现代化发展新局面。

青海国税局稽查局与公安部门联合捣毁制售假发票窝点现场图

厦门市国家税务局稽查局

2017年，厦门国税稽查部门围绕中心、服务大局，积极发挥稽查工作职能，以查处重大税收违法案件和堵漏增收为重点，健全稽查运行机制，加快稽查信息化建设，大力推进稽查队伍建设，有效整顿和规范了税收秩序。全年共立案检查企业1148户，查处企业606户，查补总额共计17.86亿元，入库总额共计4.85亿元。稽查效能取得新突破、稽查工作实现新跨越。

聚焦主业，打击涉税违法犯罪成绩突出。以集成理念为指导，依托“四部委”打骗打虚协作机制，采取项目制管理模式，共对560户企业开展检查，跨地区地开展了“12-02”“18-02”等专案专项行动。全年打骗打虚工作定虚挽损总数38.30亿元，是2016年同期的6.18倍，其中打骗工作成果32.90亿元，打虚工作成果5.4亿元。落实重大案件报告制度、重大案件督办管理办法，按税务总局要求集中力量查办一批有影响力、威慑力的涉税违法重大案件。其中厦门SL进出口有限公司、厦门QR贸易有限公司、厦门GLD贸易有限公司等3起重大骗税案件，涉及出口退税查补总额达5.74亿元。

提升质效，稽查体制机制持续完善。一是不断健全公安派驻税务联络机制，实现联合侦查、联动办案。厦门市、区两级各联络办成立以来，通过税警协作，共联合侦办案件68起，打掉犯罪团伙8个，抓获犯罪嫌疑人45人，挽回国家损失共计5.7亿元，税警联合打击涉税违法犯罪取得了“互信、互助、互联、互赢”的效果。二是完善依法治税制度建设，探索行

2017年9月，“四部委”到厦门国税局稽查局督导“双打”工作

厦门国税局稽查局召开2017年全市国税稽查工作会议

政查处，加快清理积案。坚持依法行政，成立积案清理工作领导小组，由“一把手”亲自担任领导小组组长，统筹结案和清理工作，建立《陈年旧案结案和清理台账》和案件准期结案制度，进一步完善积案结案清理体制。三是实现联合惩戒双“扩围”。以平台的升级做到了信用信息“一站式”即查即现，以部门的深化协作推动了阻止出境、削减融资授信额度、限乘高铁飞机等一系列惩戒措施的落地，以“入脑入心”的宣传扩大了联合惩戒工作的警示和震慑作用，有力地推动了纳税信用体系建设。已累计将56户企业列入“黑名单”，实施各项联合惩戒措施390户次。

严管善待，以党建引领队伍建设。一是严格管理抓廉政。将监督执纪工作紧密嵌入案件检查全过程，坚持挺纪在前，落实主体责任，以专题党课和纪律教育等活动强化干部廉洁自律意识。二是人才培养助成长。坚持“实际、实用、实效”的原则，全年共组织实施各类培训30余场，培训总人次达896人；优化税务稽查人才库结构，加强人才库科学化、精细化管理；充分发挥市局稽查局指导全市国税稽查部门的职能作用，以集中培训和上挂锻炼的方式，引导培养对象在学习、交流、实践中实现能力提升，有效解决基层单位稽查人才缺乏的现状，强化“市—区”二级稽查整体人员力量。三是稽查文化强精神。创新开展读书分享会、稽查干部表彰大会等活动，培育和弘扬“勇担当、敢作为”的稽查文化，激发了干部干事创业活力动力，展现了良好的精神风貌。

青岛市国家税务局稽查局

青岛市涉税联合惩戒机制双扩围运行仪式

2017年，青岛国税局稽查局按照税务总局的工作部署，认真履行稽查工作职能，努力提高稽查队伍整体素质，持续提升稽查工作质量和效率。全年共立案检查2019户纳税人，查补入库总额8.26亿元。查处百万元以上案件31起，税务总局督办大要案件5起，移交公安机关涉税案件86起，打掉发票团伙35个，抓捕犯罪嫌疑人22人。实施税收违法“黑名单”联合惩戒等三项工作得到税务总局副局长孙瑞标的肯定。

打击骗税、虚开违法犯罪活动成效显著。统筹落实打击骗税、打击虚开和打击制售非法发票“三位一体”工作布局，持续保持打击各类税收违法活动高压态势。积极组建打击骗税、打击虚开案源工作小组，借助公安、海关、人民银行四部门打击骗税、打击虚开工作机制的支撑，加强工作统筹协调，形成打击合力。查办了税务总局“18-15专案”“青岛某贸易有限公司”“某国际贸易有限公司”等一批重大骗税虚开案件。对以前年度查处的“徐某某”案、“山东某国际贸易有限公司”等一系列案件继续向纵深开展。查处发票违法犯罪案件779起，缴获非法发票13000余份，捣毁窝点3个，缴获作案机器2台，打掉团伙35个。

“黑名单”和联合惩戒工作质量有效提升。青岛国税局与青岛市发改委联合召开青岛市涉税联合惩戒机制双扩围运行仪式，使联合惩戒成员单位由23个增加至33个，惩戒措施由18项增加至28项，在全国税务系统率先打响联合惩戒“双扩围”的第一枪，得到税务总局副局长孙瑞标表扬。全年共发布重大税收违法“黑名单”29件，涉及相关责任人33人，公布案件数量创历史新高。相关信息已向青岛市中级人民法院、青岛市发改委等联合惩戒成员单位进行推送，在融资授信、职务担任、政府招投标等重大领域进行严格限制。中央电视台《一线》栏目以《税收违法“黑名单”里的罪与罚》为题，对近年来青岛国税局等3个省市税务机关落实税收违法“黑名单”及联合惩戒工作取得的成效予以了报道。

稽查信息化建设再上新台阶。基于“互联网+税务”思维，按照“扩容提能”的发展思路，对互联网络信息抓取及分析应用工具——“爬虫软件”进行升级，扩展关联网站范围，实现了在扩大信息抓取范围、快速确定纳税主体、适应“营改增”税制改革三个方面的新突破。利用“爬虫软件”获取的信息，触及了合伙企业的征管“盲区”，查处的青岛某合伙企业一案，补缴税款200余万元。《“爬虫”软件在青岛国税又先“爬”了一步》一文在税务总局稽查局主办的《中国税务稽查》发表，在全国稽查系统发出了青岛国税声音。

税务听证

深圳市地方税务局稽查局

2017年，深圳地税局稽查局深入探索稽查数据化管事模式改革创新实践，充分发挥稽查职能作用，严厉打击涉税违法行为，稳步落实“双随机、一公开”工作，积极落实税收“黑名单”制度和联合惩戒，充分发挥税务稽查以管定查、以查促管、以查促收的职能作用，各项工作取得新成绩。全年共组织检查997户，查补收入37.95亿元，其中立案检查199户，查补收入8.35亿元，组织企业自查798户，查补收入29.60亿元。

广东地税局局长吴紫骊（左二排中）一行到深圳地税局调研

深入推进稽查数据化管事模式改革。2017年，深圳地税局稽查局全力推进稽查数据化管事模式改革，以构建风险选案传导反馈机制为突破口，立足稽查历年查案成果，探索建立稽查特色指标体系，大力开展两级风险选案实践，依托金税三期系统和深圳地税特色软件，全面推进稽查风险选案传导反馈、稽查案件项目管理、稽查审理清单化、稽查执行标准化以及稽查业务绩效考核管理等信息化系统建设，形成覆盖稽查业务全链条、全过程的信息化支撑。

落实“双随机、一公开”工作。完成金税三期系统“双随机工作平台”上线应用。印发稽查随机抽查实施方案等相关制度办法，建立多个稽查对象名录库，推动随机抽查长效机制的建立。按要求在深圳地税局门户网站向社会公示随机抽查事项清单，提高行政执法透明度，加强社会监督。有序开展重点税源企业“双随机”抽查，组织对27户在深全国重点税源企业开展自查，查补收入1.31亿元，对141户省级重点税源企业开展“双随机”检查，查补收入1.93亿元。

落实税收“黑名单”制度和联合惩戒。开发数据接口，推动税收违法“黑名单”实时自动推送，提高信息共享质效。联合惩戒合作备忘录2017版正式签署，联合惩戒部门从17个增加到30个，惩戒措施从17个增加到27个。全年累计录入重大税收违法案件13宗，滞补罚合计超过2.41亿元，已入库2.28亿元，其中向社会公布并推送给联合惩戒部门1宗。

深圳地税局组织召开稽查数据化管事模式改革动员会

稽查队伍建设再上新台阶。完善党风廉政建设领导小组工作机制，落实监督执纪“四种形态”，细化廉政责任清单，落实“两个责任”，履行“一岗双责”。严格落实“三会一课”制度，扎实开展“两学一做”学习教育，组织党员干部到井冈山、古田等地参加党性教育培训，赴陆丰市高美村开展结对共建，走访对口扶贫困难户，开展送温暖活动。全年共组织各类培训80余场，开展金税三期系统、网络版电子查账软件等信息系统培训，组织32名业务骨干参加“岗位大练兵、业务大比武”竞赛活动。

上海市国家（地方）税务局第五稽查局

2017年3月7日，上海国家（地方）税务局第五稽查局召开2017年度工作会议暨党风廉政建设工作会议

2017年，上海国家（地方）税务局第五稽查局围绕“提升站位、落实制度、扬长补短、稳中求进”的工作思路，高标准、严要求，坚持依法行政，增强风险防范，促进税法遵从，提升核心能力，各项工作取得佳绩。

全面从严治党，提升工作站位。落实主体责任。党组率先垂范，加强示范引领，以“请进来”“走出去”、联组学习、党员领导干部讲党课等多种形式加强学习。细化班子分工、落实责任清单，担好一岗双责，筑牢廉政底线。

落实监督责任。认真开展领导干部落实党风廉政建设责任制情况的民主测评，抓好执纪问责，严格执法督察。落实基层巡察，先后3批次对6个基层党组织开展巡察。创建巡察品牌，加强“三察”人才队伍建设。

创新工作模式，提升稽查质效。精准靶向稽查。切实抓好“双打”“双随机、一公开”等各项稽查工作，深入打击虚开增值税发票和出口骗税，全年查补收入合计1.90亿元，入库收入合计1.78亿元，入库率93.38%，圆满完成了稽查任务。

改进过程管理。按照“优前、紧中、试后”的思路创新工作。优化案前分析，通过选案团队和信息化稽查团队开展集中选案、集中分析；紧凑查中时效，针对难点、堵点，制定了《走逃（失联）企业涉嫌虚开增值税专用发票的稽查建议》，加强部门协同，推进审理前置，加快案件进度；尝试稽查后端，与征管分局商定催缴流程，打通执行堵点。

探索稽查方法。改进案源管理，制定分局《案源管理集体审议制度》。对举报案件实行分级管理和实名举报案件台账管理，提高重大实名案件查处的优先级。

加强税警协作。联合公安经侦，推动自选票案获突破，“12·29”虚开增值税发票案，一举摧毁了两个虚开团伙，涉案金额3亿元。

扬长补短强基，优化行政保障。完善绩效考核。把绩效与分局各项工作同部署、同推进、同落实，引入考评核查机制，落实真考真评。

提升法制水平。建立法律顾问定期沟通例会制度，安排公职律师参加税务案件集体审理会议。结合税收热点问题加强税法宣传，开展税法宣传“八进”活动。

加强财务管理。严格落实部门预算执行责任制，科学编报用款计划并严格执行。

注重安全运维。统筹网络安全、信访、举报、舆情等安全维稳工作，建立协同工作机制。

严管厚爱并重，夯实队伍根基。强化思想引领。深入开展“两学一做”，发挥先进典型的示范作用，认真做好发展党员工作，严格党员管理。

规范队伍管理。严格落实领导干部选拔工作程序，开展科级后备干部选拔工作。加大干部教育培训力度，开展分层次、形式多样的培训活动。

加强群团工作。通过丰富的工会活动关爱职工身心健康。关心青年干部成长，在35周岁以下青年中开展“五年学习成长计划”。

2017年4月26日，上海国家（地方）税务局第五稽查局在打浦桥街道建中社区开展“税收宣传进社区”活动

上海市嘉定区国家税务局稽查局

2017年，上海市嘉定区国税局稽查局聚焦主业，主动出击，积极探索，勇于担当，取得了出色的成绩。

深入挖掘，开展“双打”专项工作。在打虚打骗工作中，嘉定区国税局稽查局有着自己的独到之处，几乎年年出新招，年年收奇效。许多自选项目瞄准了区域经济的特点、热点，一击而中，反响热烈，形成了一些可复制、可推广的经验，相关案例年年都在市局的案例评比中名列前茅。

2017年8月7日，嘉定税警联手出击，抓获一个跨区域开票犯罪团伙

2017年，嘉定稽查部门联合公安经侦部门，查获了一个跨区域的开票团伙。在处理一个发票协查案件时，跨区跟踪其上下游企业及相关人员的资金流向，发现了隐蔽的资金回流现象，怀疑其中涉及虚开增值税专用发票的犯罪团伙。于是迅速将相关线索提供给嘉定公安经侦。经过数月跟踪调查，警方锁定了四名核心人员。8月，税警联手出击，一举破获虚开专用发票的犯罪团伙，抓捕20人，共有16家企业涉嫌虚开专用发票，涉案金额7.6亿元，涉及增值税1.29亿元。此案例在2017年的上海税务稽查案例评比中荣获二等奖，并被上海国税局列为当年“双打”精品案例报送税务总局。

集成联动，提升稽查效能。集成联动是嘉定税务稽查工作的又一特色。通过内外合作，上下联动，打破界限，形成集成效应，不仅提升稽查质量，更实现了以查促管的最终目的。

外部联动。与公安经侦的密切合作是嘉定稽查保持了多年的优良传统，通过税警“联合取证、同步办案”的紧密型办案模式，发挥各自优势，展示了整体作战的合力。

内部跨部门联动。嘉定区国税局稽查局一直非常注重与兄弟部门的合作与联动，力求发挥集成效应，提高稽查质量。在跨部门的合作过程中，嘉定稽查也非常关注信息的反馈，及时归纳总结稽查中发现的风险指标，第一时间提供给风控、征管等部门，便于他们及早应对。

2016年底，嘉定稽查局在日常稽查中发现了“暴力”虚开发票呈跳跃式增长的趋势，马上向区局发出稽查警报，并认真总结稽查中发现的问题和风险点，及时提出征管建议。区局主要领导高度重视，要求由稽查部门牵头，召集区局、货劳科、征管科、风控中心等相关部门研讨对策建议，迅速推出“六大对策”：一是新办企业进行分级分类管理；二是签订《增值税发票风险告知书》；三是制定增值税发票风险管理意见；四是加强数据分析；五是加强征管基础资料的审核；六是加强招商管理。多部门的齐心协力，产生了良好集聚效应。自2016年12月实施这些措施以来，嘉定的“暴力虚开”案件呈现明显下降趋势。从2016年最多时的每月走逃失联100多户，到2017年3月的18户和4月的13户，已下降近80%。

内部人力资源集成。嘉定稽查局成立以来，组织机构从分散到集中，在稽查人员的调度使用方面也进行了积极探索。

组建选案团队。专门成立了选案团队，由综合科牵头，成员包括了科室领导、检查所骨干以及业务科室、管理所骨干力量。当稽查部门决定对某个行业开展专项整治时，会临时将选案团队的人员集中起来，发挥各自优势，听取各方意见，使选案更具针对性和可操作性。

成立重案组。从三个检查所挑选精兵强将，组建重案组。平时分散在检查所开展日常检查，遇到大要案，直接抽调上来，由科室直接指挥，人员、物资、车辆统一安排调度，确保在最短时间内完成任务。

临时组建团队。只要有大型案件发生，嘉定稽查就组团行动，跨部门支援。以团队作战的形式，将优势兵力集中起来，实现跨科所的联动。通过临时性创建一个跨部门的精英团队，应对突发、大型案件，既缓解了人手不足的矛盾，又促进了稽查人员之间的交流学习，有利于提高信息化稽查整体水平。

2017年1月22日，嘉定稽查员在江苏杨中市向一企业送达税务文书时，对方避而不见，为此，首次采用警方见证下的税务文书送达方式

勇于探索，试行执行新制度。2017年针对执行中遇到的困难，嘉定税务稽查推出了两项新制度：一是由公安见证下的文书留置方式。针对被查对象极度不配合，始终避而不见的现象，采取拨打“110”的办法，请当地警方以执法记录仪拍摄下文书送达的所有场景，由警方作证，确认文书送达，以此有效解决此类极端回避税务稽查带来的执行困难，确保整个稽查流程顺利运行；二是签字确认文书送达地址制度。在首次检查时，由被查单位责任人签字确认文书送达地址，若无改动，以后所有的涉税检查文书均送达至该地址，并确认为送达。这一制度的实施，可以避免不少文书送达方面的争议。无论当事人是否走逃，相关税务文书都将送至被查单位当初确认的地址，并视为文书送达。随后，可以进入下一阶段的稽查流程。这一制度是嘉定稽查借鉴法院的做法，在上海市税务系统内的首创。

着眼大局，落实稽查改革举措。根据税务总局文件，以及孙瑞标局长的讲话精神，嘉定税务稽查及时调整稽查角度，提高稽查质效，顺应征管改革的“四个转变”的要求，落实稽查改革措施，合力推进诚信体系建设。

分类处理，区别对待。对A类纳税人采取自查为主的检查方式，对一些新兴产业，扶持引导，对偷、抗、骗税行为严厉打击。2017年，嘉定税务稽查在开展网络直播行业专项整治时，考虑到该行业尚处于起步阶段，为此，采取温和的手段，召集该行业所有经营者，宣传相关税收政策，辅导他们正确进行账务处理，同时要求自查自纠，主动到管理所补交相关税款。通过这种方式，既达到了规范的目的，又有效地促进了新兴产业的发展。2017年，辖区内的9家网络直播企业自查补税124.94万元。通过宽严相济，罚当其责，宽严有据，充分发挥税务稽查职能作用，合力推动区域经济发展，推进诚信体系建设。

突出主业，依法履职。嘉定稽查将充分运用信息技术，利用税务数据大集中和增值税发票管理新系统的优势，深度分析疑点信息，提升选案精准度。2017年下半年，通过金税三期的选案模块，正式启动“双随机”选案，随机选取房地产企业开展检查。同时，对于一些涉税违法案件的处理，制定出一些具体的操作办法。2017年，拟定了《查处走逃（失联）企业涉嫌虚开增值税专用发票的操作办法》，对如何处理这些企业做出了具体的规定。

深化合作，提高效率。在面对税收征管方式的“四个转变”过程中，嘉定税务稽查与各相关部门密切合作，横向互动，纵向联动，借助各方力量，提高稽查随机选案的针对性和有效性，探索风险导向下的定向稽查模式。此外，特别关注与纳税服务部门的沟通联系，着力做好两方面的工作：一是协助纳税服务部门做好大企业的审计工作；二是及时向纳服部门反馈稽查处理处罚信息和税收“黑名单”，为评定纳税信用等级提供参考。

杭州市国家税务局稽查局

2017年，杭州市国税局稽查局围绕“深入推进税收现代化”的目标要求，以打虚打骗、重点税源企业随机抽查等重点工作为抓手，全面落实从严治党主体责任，有效提升干部队伍整体素质，各项工作取得了显著成绩。全市共自查企业695户，重点检查1451户，累计查补入库12.73亿元，查处税额100万元以上大要案件74件。年度绩效考核在全省稽查序列中排名第1，获当年杭州市局机关绩效管理先进单位称号，为全市、全省国税事业向现代化迈进做出了积极的贡献。

2017年7月，杭州市国税局稽查局领导走访杭州滨江区高新企业

深入落实“双随机、一公开”制度，组织召开省局重点稽查对象随机抽查工作自查布置会，开展辅导，帮助企业做好自查工作

夯实党建，从严治党格局牢固树立。稽查局坚持把党建作为业务工作的引领，以党的十九大和“两学一做”学习教育为中心议题，不断强化从严治党新格局。严格落实“三会一课”制度，组织党员开展理论学习，利用好每月固定活动日，分批次谈学习体会，每次交流均由支部书记进行点评。通过这种学思结合的方式，真正做到对党的十九大精神学习入脑、入心、入行，以理论指导岗位实践。同时积极丰富主题党日活动形式和内容，组织党员赴习近平总书记曾经联系蹲点的淳安下姜村、杭州“五四”宪法纪念馆等地开展专题教育活动。连续两年通过问卷调查、实地走访、组织召开税企座谈会等形式，开展“千名党员服务万企”活动，提升党性修养。持之以恒抓好廉政及作风建设。对稽查纪律作风进行专项督查，定期开展案例警示教育；及时推送节假日、干部婚丧嫁娶廉政提醒信息，敦促干部常怀警戒之心；规定检查人员下户必向被查纳税人发放廉政监督卡，以此督促一线稽查干部规范执法行为、文明稽查。在2017年“公述民评”活动中，稽查局参评干部的测评优秀率达到98.64%。

聚焦主业，稽查重点任务扎实推进。有效落实税务总局下达的地炼企业、股权转让、医药行业等专项检查任务。严厉查处虚开骗税违法行为，做到打击骗税、打击虚开和打击制售非法发票“三位一体”全面展开。开展打骗打虚专项检查，打骗联动检查，废旧物资联动检查及专项整治、部分行业“营改增”专项、武义移贵案、岱山案、白糖案、“3·24”辽宁专案、“海啸1号”协查行动等13项检查任务，共检查发票虚开案件1391户，查补收入3.68亿元。集中

2017年5月，组织全体干部和纳税人代表收看央视“黑名单”宣传片，并召开“黑名单”制度座谈会，邀请纳税人畅谈意见建议

开展打击利用发票违法犯罪的“春雷专项行动”3批次，检查企业179户，查补收入3267.28万元。确保税收违法“黑名单”制度落地实施，全年55户企业对外公告，企业纳税信用级别直接降为D级。多项举措的共同出台，有力地震慑了违规企业，净化了市场环境。杭州市局受到四厅局表彰，被评为“2017年度全省打击骗税和虚开工作先进集体”。

为建设完备人才梯队，稽查局注重青年干部培养，举办青年干部业务考试

凸显亮点，稽查现代化进程迈向纵深。“双随机、一公开”工作全面开展。完成双随机市级重点稽查对象名录库和全市执法检查人员名录库建设，落实总局、省局、市局三级重点稽查对象随机抽查企业自查辅导，通过宣传政策，引导企业主动配合检查。稽查信息化应用进一步普及。借助举办电子查账软件集中培训班、青年干部学习会、稽查专业化团队交流等形式，使干部在学习和实践中磨炼提高了电子查账水平。在全省稽查电子查账业务大比武中，杭州市局代表队荣获集体二等奖，得到省局通报表扬。通过对各县区局电子查账使用情况进行督查，完成税务总局、省局重点稽查对象随机抽查电子查账使用率达到60%的现代化目标责任要求。国地税联合办案不断深入。2017年国地税联合发布《打击发票违法犯罪活动工作实施方案》，联合检查组采取联合进户的方式，统一调账、统一询问、统一取证，减轻企业负担，提升工作效率。全年双方共对167户企业实施了联合检查，查补收入1490.8万元。

依法治税，稽查执法行为更加规范。全面推广《全国税务稽查规范（1.0版）》，举办4期专题培训班，对全市稽查干部全员培训。强化稽查风险内控监督工作。组织相关科室集中调研梳理稽查各环节风险点，配备各科室风险内控联络员，明确风险责任的归属，落实责任到人。强化对内控监督业务的引导宣传，有计划地开展业务培训和学习，全面培树干部的内控意识，确保内控监督平台平稳上线。发挥案件复查工作的作用，抽调全市业务骨干组成10个复查小组，抽选20件案件进行严格审查，集中研讨和通报发现的问题，严把案件质量关。

打造队伍，稽查干部素质不断提升。针对稽查年轻干部逐年增加的特点，专门制定《杭州市局各稽查局年轻干部培养工作方案》，多管齐下，为年轻人搭建学习提升、干事创业的良好平台。“每周一学”和定期考试使年轻干部把学习作为习惯；“说写提升”强化交流授课和专题写作，使一批同志脱颖而出，2017年有4名年轻干部在《中国税务报》上发表文章；文体平台为干部提供了活力的舞台，在全市“喜迎十九大，党在我心中”歌咏比赛中，稽查代表队荣获一等奖。组建全市税收稽查专业化团队，定期集中召开业务研讨会，结合“走逃（失联）企业稽查风险应对”和“《全国税务稽查规范（1.0）版》实施衔接”两项重点工作，进行立项策划并撰写调研文章，为稽查工作的实施提供有效政策理论支持。稽查局年轻干部培养工作获得省局、市局主要领导的批示表扬。

宏图已绘就，踏歌起征程。在走向新时代的征程中，杭州市国税局稽查局全体干部将始终坚持不忘初心，牢记使命，志存高远，脚踏实地，不断提振精神状态、改进工作作风、提升服务效能，为税收事业发展和税收现代化建设做出新的更大贡献！

稽查局支部坚持从严治党，组织全体党员赴烈士纪念馆开展主题党日活动

广州市地方税务局稽查局

2017年，广州市地税局稽查局扎实干事创业，大胆改革创新，科学练兵带队，打造出优秀的稽查业绩和高效的稽查队伍。

聚焦主业，稽查业绩再创新高。2017年，广州地税稽查部门共查补34.56亿元，同比增长34.7%；入库32.64亿元，同比增长35.9%，立案查补收入18.22亿元，同比增长101.7%；百万元以上案件数量89宗，同比增长1.23倍；“长江案”查补总额达8.9亿元，创广东地税单案查补金额纪录，3天查办全国首宗自然人限售股股权交易案；紧紧把握营业税关键追征期，严守最后一道关口，全年共查补营业税6.4亿元，同比增长2.7倍；开辟对自然人尤其是高净值人群的稽查新领域，共对37个自然人立案检查，查补个人所得税2.21亿元，同比增长35.6%。开展限售股转让专项检查，对34户企业立案检查，查补6.5亿元；“双随机”抽查工作取得实效，对506户企业开展抽查，对78户企业开展重点立案检查；全年共受理检举线索4962条，查补税费合计逾7亿元。2017年广州地税稽查立案查补收入占全省62.7%，百万元以上案件数量占全省的54.3%。最高人民法院对“德发案”作出判决，税务总局局长王军、副局长孙瑞标给予批示肯定。

协同共治，优化税收执法环境。深入推进国地税稽查合作，全年国地税稽查合作检查907户，同比增长114.4%；立案查补收入21.14亿元，同比增长74%。增强税警合力，2017年联合公安经侦部门共同打击售卖假发票窝点4个，全年查处涉票违法问题企业342户，打击发票违法工作连续3年被税务总局通报表扬；持续推进国地税警“联合指挥中心”建设，构建稽查联合执法“云平台”；连续14年成功举办国税、地税、公安、检察院联席会议，完善案件移送、提前介入和案件交流机制，推动“两法衔接”再升级；“广州某人力资源有限公司、某建筑劳务有限公司虚开劳务发票案”获2015—2017广东省“两法衔接”优秀案例。

锐意进取，改革创新卓有成效。优化稽查工作机制，首创重大案源竞标派案，发挥国地税联合指挥中心的作用，联合指挥首战告捷；全年对321宗案件开展说理式执法，扩展新型执行手段，推动建立“税银互动”的“查冻扣”专线工作模式；强化与市中院清产庭的合作，创新通过税务机关作为债权人申请企业破产清算的方式清缴欠税；尝试通过非诉执行的方式清缴欠税，破解清欠难题；积极落实税收违法“黑名单”及联合惩戒政策，按照税务总局要求完成积案清理工作任务，入库11.59亿元。

勤练内功，队伍建设亮点纷呈。举办稽查系列青年论坛，派遣14名业务骨干到正中珠江会计师事务所跟班学习，组织全系列3批共219名人员赴辽宁、重庆等地税务干部培训学校进行委外培训；统筹执法力量，成立青年突击队，全年共调配了87人次组成12个专案组，成功查办了“长江案”“肖某案”等大案要案。承担税务总局稽查局稽查风险内控信息化试点，形成完备的稽查业务内控信息化系统。税务总局副局长孙瑞标连续3年回信肯定广州地税稽查工作。将党风廉政工作融入日常工作，以“恬园”文化基地为核心，以党员、青年、妇女、职工“四个家”建设为主体，打造“四园一家”党建文化基地。打造稽查“家文化”品牌，选案科获评广州市“青年文明号”。

广州市地税局稽查局举办“初心伴我前行活动”

延安市地方税务局稽查局

延安市地税局稽查局成立于1996年9月，副处级建制。全局内设综合科、管理科、稽查一科、稽查二科、稽查三科、审理执行科6个科室，其中，综合科下设举报中心，同时负责纪检监察和党建工作。主要负责指导县（区）地方税务稽查工作；负责省、市企业和市内重点税源的税务稽查工作；受理税务违法案件举报；组织、督办、协调、查处重大涉税违法案件；负责与公、检、法等部门联系协调处理税务稽查中的司法工作；负责全市地方税收专项检查；参与税务稽查人员培训工作；承办市地方税务局交办的其他事项。

延安市地税局稽查局局长贺建强（右二）、稽查一科科长贺世耀（中）、管理科科长任延红（左一）做客陕西地税在线访谈栏目

警税联络办揭牌仪式

税务稽查是打击涉税违法行为、堵塞征管漏洞、促进税法遵从的有力手段。建局22年以来，延安地方税收稽查工作在市局党组和省局稽查局的正确领导下，在历任局长的带领下，坚持以整顿和规范税收秩序为己任，以组织税收专项检查，查处涉税违法案件和打击发票违法犯罪活动为重点，进一步规范稽查管理，创新稽查模式，加强队伍建设，充分发挥了税务稽查“以查促收、以查促管、以查促查、以查促遵”的职能作用，为延安地税事业的发展和促进地方经济健康发展做出积极贡献，22年来，累计检查纳税人2882 户，查补收入达21.76亿元。严肃查处大案要案63起，涉税金额3.37亿元。先后破获“7·03”“2·02”“7·25”“8·17”“4·28”“12·26”“8·10”“9·08”等制造贩卖假发票案件，缴获假发票66.7余万份，打掉团伙9个，捣毁窝点9处，收缴作案设备18台，印制假发票模板11张，缴获假印章121枚，涉票金额高达936.55万元。

先后荣获市级、省级精神文明创建先进单位，2008年被省政府授予“文明单位标兵”称号，多次被省局授予全省地税系统稽查工作“先进单位”，被市局授予“优秀基层领导班子”、落实党风廉政建设责任制“先进单位”、绩效管理与目标责任考核“示范单位”等荣誉称号，连续5年被延安市宝塔区委、区政府授予“包建新农村先进集体”。一名干部被国家税务总局授予“打击假发票违法犯罪先进个人”，8名干部被共青团延安市委授予“延安市优秀青年卫士”光荣称号，多名干部被市局授予“思想政治工作先进个人”“先进工作者”称号，累计获得各类团体荣誉41次，个人获得荣誉累计超过90人次。充分彰显了稽查队伍不忘初心，牢记使命，坚定航行，勇立潮头，在开拓进取中争当新时代奋斗者的铁军风采。

表彰先进

第四篇

各地税务稽查工作

北京市

北京市国家税务局稽查局

【概述】　2017年，北京国税局稽查局攻坚克难，堵漏增收，以查促管，全面发挥稽查职能作用，坚持不懈打击涉税违法行为，推进稽查改革，以人为本提升干部素质，完善队伍建设，创新工作方式方法，优化资源配置，各项工作齐头并进，稽查质效再上新台阶。

【稽查现代化建设】　一是稽查观念现代化。以服务大局为理念，紧密结合经济发展走势，认清执法和案件形势，有力查处税收违法犯罪行为，发挥稽查最后一道防线的屏障作用，切实维护社会经济安全稳定。二是稽查方式现代化。紧跟网络发展速度，面对重大违法案件频发，违法手段职业化、网络化、团伙化的态势，大力推进稽查信息化建设，合理运用第三方分析服务，利用锁定IP地址等方式破获重大案件，全面加强多部门联合办案、异地办案，全面提升稽查打击犯罪活动的精准性和震慑力。三是稽查装备现代化。为保证科学执法、法治执法，在全市范围内配备执法记录仪，及时补充更换复印机、传真机等一体机，台式电脑、笔记本电脑、数码照相机、摄像机等电子化设备，以及积极开发电子查账软件，全方位提升稽查现代化工作水平。

【稽查体制机制改革】　一是深化税警检协同合作。注重行刑衔接，搭建培训平台，组织市公安局、市高级人民法院、市检察院、市国税局、市地税局等单位进行联合培训，理顺工作衔接流程。建立税警交流机制，提请公安机关提前介入，邀请市公安局经侦总队共同举行案情研判会，取得丰硕成果。二是深度开展国地税联合稽查。联合北京地税局制发《北京市地方税务局　北京市国家税务局联合稽查工作实施细则（试行）》，开展“联合惩戒助推首都诚信建设”新闻发布会；联合开展国地税稽查培训2次合计400人次。在重点税源随机抽查、高风险纳税人定向稽查、股权转让检查，以及打击发票违法犯罪活动等方面取得较大成绩。

【稽查查补收入】　2017年，全市稽查立案4439件，查补收入58.74亿元，同比增长12.77%，实现入库57.04亿元，同比增长9.29%。主要呈现以下特点：一是结案案件数量较上年有所增长，2017年结案案件1523户，同比增长50.49%；二是增值税查补税款较上年有所增长，2017年增值税查补税款6.64亿元，同比增长119.98%。

【案件查办】　2017年，全市稽查立案4439件，审结千万元以上案件（含亿元案件）28件，同比增长21.74%；百万元以上案件80件。

【案件特点分析】　2017年，稽查案件主要呈现以下特点：一是按所属行业统计，主要集中在批发和零售业、金融业、房地产，查补收入分别占比20.39%、18.16%、17.97%；二是按违法性质统计，主要集中在偷税案件，占违法案件户次的28%；三是从查补税款规模看，2017年稽查收入实际入库户数1488户，其中补缴税款在1亿元（含）以上的企业6户，补缴税款在1000万元（含）以上1亿元以下的企业22户，补缴税款在100万元（含）以上1000万元以下的企业80户。

【重大案件查处】　2017年，加大对税务总局督办案的管理力度，梳理统计2009—2015年立案的未结督办案件共15件，涉案企业共34户。截至2017年12月，尚有5件税务总局督办案件未办结，涉案企业5户。其中检查环节3户、审理环节2户。

【打击骗税虚开专项行动】　与货劳处、征科处等部门通力协作，有效遏制虚开蔓延势头，实现北京地区虚开企业户数、开票份数、开票金额、户均虚开额、单份发票金额、企业存活期限等指标的环比六连降。全年立案检查企业3526户，定性虚开及接受虚开发票37.15万份，金额546.32亿元，税额92.4亿元，查补税款、滞纳金、罚款合计7.51亿元，入库3.6亿元，抓捕犯罪嫌疑人328人。

【行业和区域税收专项整治】　在医药行业、

新办商贸企业、全国废旧物资等一系列专项整治中，先后成功破获房山“1·12”、昌平“6·29”、怀柔“8·04”等14起重大税收违法案件，税警联合开展“11·01”专案二号行动，成果显著。

【“双随机、一公开”监管】 按照税务总局统一部署，搭建稽查双随机工作平台，积极组织全市进行“两库”维护，全市抽取双随机稽查对象653户，按照规定通过门户网站、办税服务厅等途径予以公开。督促全市稽查局及时完成本年度稽查随机抽查计划，确保2017年双随机工作计划准时完成、方案准确落实。

【重点稽查对象随机抽查】 深化“项目式管理、团队化作业”模式，推进40户集团重点稽查对象随机抽查工作，对税务总局部署的1129户企业开展辅导自查，入库11.05亿元，对其中159户进行立案检查，涉及税款27亿元。2017年，市级重点稽查对象随机抽查（轮查）案源选取并立案99户，查补税款6895.85万元。

【打击发票违法犯罪活动】 全年检查企业5103户，查处违法发票2.69万份，查补税款、滞纳金、罚款合计6.22亿元，入库4.98亿元；税警联合出动检查人员1700余人次，打掉团伙72个。

【税收“黑名单”制度和联合惩戒】 全年推送重大税收违法案件42件，延长阻止出境12批次，延期布控186人次，在市区两级门户网站曝光42件重大税收违法案件信息，因阻止出境，促使欠税人缴纳欠税、滞纳金及罚款合计297.7万元。持续强化联合惩戒力度。

【涉税违法案件检举】 全年统一受理全市各类检举案件4185件，形成有效检举1706件，其中接收市地税局稽查局转来检举信76件，向工商、地税、公安、海关、打假办等部门移交转办36件，向税务系统内其他部门转办62件。根据税务总局要求，制定并下发《北京市国家税务局稽查局关于税收违法行为检举管理工作的指导意见》（京国税稽便函〔2017〕13号），规范全市涉税检举管理工作。

【案件协查】 全年发起委托协查1.71万起，涉及企业1.79万户次，发票35.97万份，金额484.38亿元，税额82.17亿元。收到受托协查1.12万起，涉及企业1.20万户次，发票21.49万份，金额332.28亿元，税额56.01亿元。共查补税款、滞纳金、罚款合计1.26亿元，入库1.24亿元。

【稽查制度建设】 北京国税局稽查局制（修）订、下发《对重大税收违法案件当事人实施联合惩戒措施工作方案（试行）》《税务稽查电子账务数据管理办法（试行）》《关于进一步做好重大税收违法案件信息公布的通知》《打击发票违法犯罪活动工作实施方案》《打击虚开增值税专用发票和骗取出口退税工作实施方案》等一系列稽查工作制度，规范稽查工作方法和流程。

【稽查系统建设】 2017年，北京国税稽查系统共有机构22个，其中省级4个、地市级18个。全市稽查干部1209人，年龄35岁以下占26.45%，35～45岁占15.53%，45～55岁占50.77%，55岁以上占7.25%。为进一步加强打击偷骗税力度，将北京市西站地区国家税务局机构职责调整为稽查相关职能，与第一、第二稽查局并列实行专业化团队检查，增强稽查的威慑力，发挥稽查组织收入职能。

【稽查队伍建设】 一是加强党的建设。紧密围绕中心任务，强化政治理论与税收业务相互融合，扎实推进“两学一做”学习教育常态化制度化。二是强化廉政建设。严格落实党风廉政建设相关制度，提高风险防范能力。三是建立学习制度。每月至少组织1次涵盖党风廉政、税收业务、公文写作等多方面内容的学习，着力提升稽查人员综合素质。

【稽查人才库建设】 一是选拔优质人才。2017年，北京国税局稽查局2名干部成功考取全国税务领军人才，2名干部考取北京国税“青年才俊”稽查骨干。截至2017年底，全市稽查系统累计选拔“青年才俊”稽查人才84人。二是全面培养人才。分阶段对业务骨干进行培训及考核，注重日常学习及实践，打造业务精湛、特长突出的稽查人才。三是发挥引领作用。统筹骨干人才在全市范围内稽查各重点岗位进行交流实践，充分发挥稽查人才带动引领作用。

【稽查业务培训】 会同市公安局、市高级人民法院、市人民检察院、市地税局举办首期涉税违法案件查处协作业务培训班。组织全市稽查系统举办《全国税务稽查规范（1.0版）》、信息化操作、涉税检举、审理业务、数据仓库应用、案例讲评等一系列专题培训10余次，累计参训近千人次。结合京津冀协作，密云国地税稽查局组成代表队，同天津市蓟州区、河北省承德市国地税稽查局代表队，联合开展《全国税务稽查规范（1.0版）》业务知识竞赛活动，提升稽查人员业务素质。

【稽查信息化建设】 一是完善制度保障。围绕技术、数据、业务“三大支撑”，在全国税务稽查系统率先制定涵盖五大方面16项内容的省级稽查信息化工作规划。二是完善系统保障。结合业务需求，对金税三期稽查域提出优化建议。三是推进软硬件保障。部门协作，打通金税三期系统后台数据获取绿色通道。四是提升数据获取效能。拓宽数据来源，挖掘内外网数据价值，应用大数据技术和统计学方法，搭建数据分析体系，制定指标模型，试点网络爬虫、机器学习算法等软件。五是为基层配备执法记录仪，更新稽查办案设备，完善软硬件保障。

【稽查宣传】　注重日常专报报送和媒体宣传，围绕重点工作，向税务总局稽查局报送工作动态25篇，被采用9篇，先后获得税务总局、北京国税局领导表扬性批示14次。有关稿件分别被《经济日报》《北京新闻》等多家媒体采用22篇。通过北京电视台宣传“黑名单”及联合惩戒工作，与市地税局联合召开联合惩戒新闻发布会，在中国网等主流网站刊登宣传稿20篇。

【稽查调研】　紧跟大局经济形势，深入调研，积极探索，形成了《税务稽查信息化的现状及展望》的高质量调研报告，为提高稽查信息化水平提供有力参考。

【稽查工作会议】　2017年3月16日，北京国税局稽查局在北京税务学校召开全市国税系统业务培训会议，会议除总结2016年全稽查工作，部署2017年工作外，还结合税务总局最近出台的《全国税务稽查规范（1.0版）》，对全市各区（地区）国税局主管稽查领导、稽查局长、有关科室领导及第一、二稽查局所有局领导进行全面培训学习。会上，结合贯彻税务总局稽查工作会议精神，北京国税局明确了2017年“增强五种意识，推进五化”的工作思路，按照落实税务总局工作的要求，详细列明了2017年17项重点工作任务，为北京国税完成2017年稽查工作奠定了基础。

【工作建议】　一是加强各局间交流。搭建平台，开展稽查领导、干部、党支部等多层次交流，提升稽查工作水平。二是细化稽查工作要求。建议出台稽查案件取证指引，进一步规范案件调查取证工作；进一步规范检举案件受理和查处结果的答复工作，防止缠诉案件产生。三是增强部门间协作。将税务和公安、海关、人民银行等有关部门紧密协作，充分发挥各自优势，最大限度地提升稽查打击效果。

（娄　婷）

北京市地方税务局稽查处

【概述】　2017年，北京市地税稽查系统坚持以办案为中心，推进体制改革，夯实工作基础，清理未结案件，深化部门协作，强化监督考核，发挥税务稽查职能作用，确保全市任务完成。

【稽查查补收入】　全市地税稽查系统完成对1211户纳税人的税务稽查，完成对2309户纳税人的督导自查，查补合计48.99亿元，同比增长8.22%，入库46.06亿元，与上年持平。案件有问题率98.8%，查补入库率94.02%，较上年均有大幅提升。

【稽查体制机制改革】　制定《北京地税系统稽查体制改革实施方案》和业务衔接方案，完成第一批6个区（分）局的试点改革，151名稽查人员调整至风控、税源管理等部门，加强了基层征管力量。同时，通过直接招录、遴选等方式增强市级稽查力量，为直属稽查局补充干部62人。通过改革，稽查组织结构更加科学，稽查力量调配更加灵活，稽查质效稳步提升，人均查补增加135.4万元，户均查补增加220.92万元，较上年均提高30%以上。

【重大税收违法案件查处】　按照中纪委、北京市委市政府、税务总局等上级机关部署和要求，依法开展重大案件的查办工作。共受理各级部门督办（交办）案件18件。组织各级税务稽查部门聚焦重大税收违法案件，查处百万元以上案件146件，查补收入23.63亿元。

【“双随机、一公开”监管】　全面实施“双随机、一公开”，应用“双随机”平台，完成重点稽查对象、省级重点稽查对象、异常对象、执法人员名录库建立，组织开展2016年税务总局重点稽查对象随机抽查工作，查补收入11.05亿元。对17户市属重点集团及其在京共计821户企业开展随机抽查，入库收入1.77亿元。对纳税信用评定为C级、D级企业、网络直播平台、高尔夫球场、私募基金、私立医疗机构等开展定向随机抽查，随机抽取产生197户随机对象，实现查补收入0.6亿元。对111户股权转让企业立案检查，查补3.96亿元。对18户企业所得税在地税管辖的医药行业企业开展专项整治。组织骨干力量先后成立26个专案组，顺利查办8件税务总局督办案件，查补金额合计1.17亿元。积极发挥稽查“利剑”作用，配合市委、市政府完成涉及首都综治、社会维稳、意识形态领域的联合执法案件5件，参与房地产市场调控、非首都功能疏解等专项工作，维护首都经济社会秩序。

【高风险纳税人定向稽查】 北京地税局稽查局作为高风险纳税人定向稽查专项改革试点单位，深化专项试点改革创新，制发《北京市地方税务局关于深入推进高风险纳税人定向稽查专项改革试点工作的通知》，与著名高校合作，以金税三期为依托，充分应用云计算、大数据等现代信息技术，以横向协作和外部合作为基础，拓宽案源渠道，进行以机器学习算法为代表的数据分析挖掘，精准识别高风险纳税人，高风险纳税人定向稽查工作查补税款15.7亿元，户均查补1500万元。

【国地税联合稽查】 树立合作共赢理念，深入落实税务总局国地税联合稽查工作办法，制发《北京市国税、地税联合稽查工作实施细则》，规范并推进联合稽查向纵深发展。成立联合稽查工作小组，商定年度工作计划、检查对象范围、检查时间安排、检查实施方式，及时交换检查成果，总结联合稽查办案经验和方法，形成执法合力。全年确定联合稽查对象1732户（含自查），联合立案244户，查补25.52亿元，同比增长102.8%。加大信息共享力度，全年互相推送重大税收违法案件涉税线索35条、发票违法线索325条，交换一税两费、企业所得税等涉税信息500余条，提高工作效率。第六稽查局积极探索国地税联合稽查工作机制、联合查办大要案取得实效。

【打击发票违法犯罪活动】 全面落实税务总局对“稽查工作五种形态”的要求，依法履职，加大税务行政处理力度，全力打击涉税违法犯罪行为。全年共查处存在虚开发票、非法取得发票等违法行为的企业691户，查处非法发票15000余份，查补3.79亿元，完成税务总局下发的打击发票工作任务。依据实名检举线索，组织查办“3·21”专案，对4家涉嫌虚开巨额地税发票的走逃企业开展立案检查，以受票单位业务的不真实性反向认定开票单位虚开事实，涉案金额23.4亿元。通过对北京地区307户受票企业开展三轮突击检查，查补2.1亿元，并向市公安局法制总队移交13户企业虚开发票线索。

【涉税违法案件检举】 全年共受理涉税检举案件1983件，其中百万元以上案件14件、查补合计3.19亿元。

【案件协查】 全年受托协查292户次，协查发票663份，委托协查182户次，协查发票1114份，均按期回复。

【稽查制度建设】 推进《全国税务稽查规范（1.0版）》全面落地实施。一手抓培训，一手抓制度配套。扎实开展学习，先后实施培训1600人次。修订完善稽查规章制度体系，先后制发随机抽查、税务稽查案源、检查、审理、执行、调查取证、案件移送、案卷归档、检查证管理9个制度。

【税收“黑名单”制度和联合惩戒】 全方位构建联合惩戒工作体系，不断提升执法刚性。将符合条件的3件案件予以公布，以公函形式向联合惩戒单位函请依法进行有效惩戒。全年对15户欠税企业法定代表人采取阻止出境措施，分8批对企业法定代表人进行续控189人次，通过采取阻止出境措施，累计清缴税款、滞纳金共计3123.17万元。加大宣传力度，配合税务总局拍摄《“黑名单”中的罪与罚》专题片，与市国税局召开联合惩戒新闻发布会，打击涉税违法行为和联合惩戒相关工作被20余家媒体报道，助推首都信用体系建设。高度重视以案释法工作，积极创作、拍摄税案追踪系列节目，主动参与税收公益广告创意活动和税收宣传手册编写，在各类媒体刊发稽查案例、宣传稿件100余篇，在税务总局《稽查工作动态》上刊登各类文稿、信息10篇。做实公安派驻税务联络机制，深入开展税警联合，全年移送公安机关涉税违法案件、线索20件，公安机关提前介入1件，联合查办案件成效显著。加快重大税务案件审理，累计审结案件15件，同比增加60%；查补9.28亿元，同比增加24%。完成税务稽查执法车辆和稽查调账箱的更新、设计工作，更新执法用车22辆，配备稽查专用调账箱132个，配备执法记录仪43个，制定下发《关于进一步加强执法记录仪应用工作的通知》，加强稽查调查取证工作的规范化、信息化建设。

【稽查业务培训】 持续加强干部队伍建设，注重稽查人才培养，实施分类分级和国地税联合培训，加强与中央财经大学、中国公安大学合作，组织赴扬州税务学院开展业务培训，全力打造税务稽查铁军，得到税务总局领导肯定性批示。第五稽查局坚持以税收大讲堂的形式促进干部教育培训工作，提高稽查干部工作水平。

【稽查调研】 完成《信息化手段支撑下税务稽查案源选取及管理工作研究》《关于加强国地税联合稽查的实践与探索》《借鉴日本经验完善我国自然人税收管理工作》3篇调研报告的撰写工作。

（白 洁）

天津市

天津市国家税务局稽查局

【概述】　2017年，天津国税局各级稽查部门坚决贯彻落实国家税务总局、天津国税局党组的各项工作部署要求，充分发挥稽查职能，坚决遏制涉税违法犯罪行为，做到打骗与打虚并举、打击与防范并重，全面推行“双随机、一公开”，大力推进国地税联合稽查，深入落实税警协作机制，充分发挥税收违法“黑名单”制度和联合惩戒机制作用。坚持严管善待，围绕抓班子、带队伍、正作风、强稽查，积极改进工作作风，不断提高稽查干部队伍的凝聚力和战斗力。

【稽查现代化建设】　不断测试完善稽查选案软件、查账软件及任务执行系统，保证稽查的选案准确率。推进税务稽查综合管理平台建设工作。建设增值税发票大数据查询分析系统，依托增值税电子底账系统，通过汉字和数字信息比对分析，迅速发现疑点问题，为提高税收稽查和征管工作提供助力。

【稽查体制机制改革】　一是持续深化国税地税征管体制改革。主动对接深化国税地税征管体制改革，进一步加强部门间合作。联合制定稽查工作计划，联合建立“双随机、一公开”3个名录库，联合下发重点检查任务，联合组织稽查业务培训，联合开展税收宣传教育。针对税收违法行为的新情况、新动向、新手段，及时沟通交流，商讨相应对策。交换案源信息3551次，联合查补税款13.56亿元。推送案件线索1716条，联合查补税款1.46亿元。二是不断完善税警联络机制。继续深化税警协作方式，不断完善税警协作机制，定期召开联席会议，研究重大涉税违法案件；定期开展业务轮训，提高税警干部业务水平。同时，积极探索税警协作新路径，建立税警合成作战指挥中心，实现对涉税犯罪的主动、精确、集约打击，推动信息化条件下打击涉税犯罪工作改革升级。

【稽查查补收入】　全市开展立案稽查4764户，辅导纳税人自查1117户，查补收入21.09亿元，完成年初收入指标的117%，查补入库16.86亿元，查补入库率94.4%（不含调减留抵、弥补亏损等其他收入），选案准确率100%。

【案件查办】　进一步加大涉税案件查办力度，达到税务总局备案标准的案件28件，完成公安、审计、海关等部门16批次移交线索查处回复工作。与公安部门联合查办案件214起，摧毁犯罪团伙30个，抓获犯罪嫌疑人134名，为国家挽回税款损失48618.01万元，曝光联合查办典型案例数量102个，摧毁犯罪团伙数、抓捕犯罪嫌疑人数、查处违法发票数均创历史新高。

【打击骗税虚开专项行动】　对3351户对外虚开和接受虚开案源企业开展检查，定性虚开825户，涉及发票121546份，涉及金额211.8亿元，涉及税额35.61亿元，共抓捕犯罪嫌疑人134人，成功破获南开“韩××”团伙虚开发票案和东丽“4·19”虚开发票案。打骗工作查处税额共计3.22亿元，其中涉嫌骗取出口退税额1018.13万元、违规退税2.82亿元、不予退税62万元。在税务总局稽查局统一部署下，仅“12·01”一案追缴骗取出口退税1018.13万元，违规退税2.44亿元。

【行业和区域税收专项整治】　开展医药行业、地炼企业、废旧物资回收行业、股权转让、融资租赁行业、“营改增”行业专项整治等6个专项检查。医药行业检查查补4.3亿元，地炼企业专项整治应补缴税款9.57亿元，股权转让专项检查查补收入3.87亿元。

【“双随机、一公开”监管】　积极做好税务稽查“双随机”平台上线应用工作。成立“金税三期税务稽查双随机工作平台工作小组”，完成系统权限和虚拟检查部门设置、人员信息维护、业务流程测试以及人员培训等工作。加强“双随机”平台管理维护工作。在“双随机”平台中建立并维护各级随机抽查对象名录库和执法检查人员名录库信息。实现除线索明显涉嫌偷逃骗抗税和虚开发票等税收违法行为直接立案查处外，所有待查对象均通过“双随机”平台采取随机抽查方式从税务稽查对象分类名录库和税务稽查异常对象名录库中抽取。

【重点稽查对象随机抽查】 与天津地税局稽查处共同开展税务总局重点稽查对象随机抽查工作和2017年度市级重点稽查对象随机抽查工作。税务总局重点稽查对象随机抽查工作共辅导纳税人开展自查620户，自查查补收入5596.76万元，冲减增值税留抵税金23.05万元，调减亏损1809.88万元。开展立案检查154户，查补收入3520.98万元。冲减增值税留抵税金76.05万元，调减亏损2595.77万元，查补入库2139.96万元。市级重点税源企业随机抽查，共对316户企业开展检查，其中自查查补收入4528.53万元，冲减增值税留抵税金284.74万元，调减亏损额200.32万元；检查查补税款2.82亿元，其中增值税1475.25万元，消费税30.21万元，企业所得税2.24亿元，滞纳金4303.16万元，罚款71.22万元，冲减增值税留抵税金16.66万元，调减亏损额1.29亿元。

【打击发票违法犯罪活动】 查处违法使用发票企业5141户，查处非法发票416434份，涉及金额341.61亿元，查补税款、罚款、加收滞纳金17.45亿元，没收违法所得283.79万元，向公安机关移送案件152起。对“交通运输、房地产、建筑安装、金融保险、餐饮娱乐、商业批发与零售、药品与医疗器械、中介机构、广告传媒等十三个行业”开展发票使用情况检查工作，共查处违法使用发票企业3732户，查处非法发票340301份，涉及金额256.77亿元，查补税款、罚款、加收滞纳金共计14.45亿元，没收违法所得283.79万元。

【税收“黑名单”制度和联合惩戒】 规范“黑名单”工作流程，建立工作管理台账，定期开展业务培训，提高工作实战性。严把重大税收违法案件录入关，不定期在全市开展录入案件情况自查，做到应录入尽录入。严把重大税收违法案件公布关，对公布的税收违法“黑名单”数量、内容、金额等信息进行核对，做到应公布尽公布。严把重大税收违法案件撤出关，对偷税、逃税当事人在缴清税款、滞纳金和罚款后停止公布并从公告栏中撤出，做到应撤出尽撤出。共录入“黑名单”案件210件，配合税收违法“黑名单”，实施联合惩戒，加大涉税违法案件的曝光力度和处罚力度。

【涉税违法案件检举】 严格落实检举案件管理办法，实行分类管理。对重大检举案件予以督办管理，定期开展业务培训。将所有检举案件纳入《税收违法检举案件管理系统》管理，及时录入案件受理、审批、结案、入库、归档等环节信息，实行电子化跟踪管理。实行绩效管理，制定科学的考核指标，优化考核方法，以信息化数据为来源，严格遵循公开透明的评价过程，全市税收违法检举案件管理水平不断提升。

【案件协查】 各级稽查部门通过协查系统发起委托协查发票7.43万份，涉及企业6733户（次），金额105.47亿元，税额17.71亿元，移送司法机关案件3起。通过协查系统反映的稽查查补收入3667.61万元，入库3667.50万元，发票协查选票准确率91.77%。通过协查系统受托收到协查发票16.29万份，涉及企业8492户（次），金额294.34亿元，税额49.30亿元；累计回复发票16.61万份，按期回复率100%，全市通过协查系统体现的受托协查查补收入14565.71万元，入库5437.35万元。

【稽查制度建设】 制发《天津市国家税务局稽查局案源管理集体审议委员会组建方案》，规范税务稽查案源管理工作，提高税务稽查质效，确保案源管理实现依法依规、风险导向、统筹协调、分类分级、动态管理。2017年6月23日，制发《关于做好“金税三期税务稽查双随机工作平台”运行管理工作的通知》，确保平台上线平稳运行，全面支撑全市税务稽查随机抽查工作。

【稽查队伍建设】 坚持严管善待，围绕抓班子、带队伍、正作风、强稽查，积极改进工作作风，不断提高稽查干部队伍的凝聚力和战斗力。发挥党建引领作用，抓实党风廉政建设。严格落实“一案双查”及廉政回访，对税收执法规范性、廉洁性进行监督检查。强化绩效成果运用，将绩效考核结果与干部队伍建设相结合，充分发挥绩效管理的激励奖惩作用。

【稽查人才库建设】 按照税务总局及天津国税局相关工作要求，对税务总局及市局稽查人才库进行更新调整，并向税务总局稽查局申报相应调整材料，确保稽查人才库的科学化、精细化管理。

【稽查业务培训】 以“干好税务，带好队伍”为核心，以“比武练兵”为抓手，以人才培养为引领，以业务培训为依托，完善人才培养机制。组织天津市国税系统稽查业务培训7批次，参训612人次。同时，重视青年干部培养，采取“传帮带”方式，帮助新任干部尽快熟知稽查业务。定期组织青年干部集中学习，轮流进行课题讲解，形成“比学赶超”良好氛围。

【稽查宣传】　税收宣传月期间，开展以“健全纳税信用体系，打击涉税违法犯罪”为主题的税收宣传月活动，设立多块展板，利用“大屏幕”滚动播出税收违法有关涉税违法行为宣传信息，由专人讲解关于发票防伪及识别虚假发票的相关知识。公安经侦、国税、地税稽查部门共出动人员30人次，发放宣传材料1000余份。通过多形式、多层次宣传税务稽查成果，共计在省级以上媒体曝光案例15次。

【稽查调研】　组织人员对天津市电动自行车行业发展现状和税收征管情况进行调研，查找存在的税收风险问题，撰写《天津市电动自行车行业经济税收状况及税收风险问题调查》，通过提出针对性的税收管理措施，促进产业健康发展。对大企业税务稽查工作进行调研，分析其难点及工作建议，撰写《浅析天津市大企业税务稽查难点及对策》。

【稽查工作会议】　召开2017年全市国税系统稽查工作会议。市局总会计师窦伟出席会议并讲话。窦伟在讲话时，充分肯定了天津市国税局稽查局2016年各项稽查工作的成效，高度评价了全市稽查干部攻坚克难、锐意进取的稽查精神，并要求全市国税稽查系列2017年要在市局党组和税务总局稽查局的正确领导下，继续发扬迎难而上、顽强拼搏、骁勇善战的优良作风，事不避难，志不求易，以更大担当实现稽查工作新跨越，以更大作为奋力推进稽查现代化，以优异成绩迎接党的十九大胜利召开！

（殷佳宁）

天津市地方税务局稽查处

【概述】　2017年，天津地税局各级稽查部门深入贯彻市委、市政府和全国税务工作会议要求，按照税务总局《2017年税务稽查重点工作安排》，全面落实市局党组统一部署，不断增强“四个意识”，紧紧围绕“服务税收中心工作，推动征管体制改革措施落地落实”工作主旨，创新举措，主动作为，严厉查处税收违法行为，努力夯实稽查执法规范，稽查工作质效明显提升，稽查职能作用充分发挥。

【稽查查补收入】　共检查纳税人2372户，查补入库17.4亿元。其中，直接检查纳税人860户，查补入库4.2亿元；组织企业自查1512户，自查入库13.2亿元。稽查查补收入占全市税收总体收入的1.7%，稽查贡献率稳步提升。

【案件查办】　各级稽查部门不断锤炼队伍，提升技能，有力推动了重大税收违法案件查处工作，查结税收违法案件860起。其中，百万元以上大要案件29起，查补税款1.1亿元；千万元以上大要案件6起，查补税款2亿元。2个市级稽查局及滨海地税稽查局，下大力气开展税务总局交办重大案件的查处工作，有效遏制了重大税收违法活动的蔓延势头。

【行业和区域税收专项整治】　股权转让等重点行业专项整治效果突出。按照税务总局工作安排，天津地税局稽查部门会同市国税稽查部门，专门成立联合检查领导小组，组织市级稽查部门对24户股权转让企业开展立案检查，累计查补3.1亿元，其中股权交易查补总额2.2亿元、非股权交易查补总额0.9亿元。联合国税稽查部门完成30户医药企业的专项整治工作，查补收入818.7万元，其中自查阶段查补收入73.4万元、检查阶段查补收入745.3万元。

【“双随机、一公开”监管】　按照《国务院办公厅关于推广随机抽查规范事中事后监管的通知》（国办发〔2015〕58号）和《国家税务总局关于印发〈推进税务稽查随机抽查实施方案〉的通知》（税总发〔2015〕104号）要求，坚持以风险管理为导向，稳步推进“双随机”抽查工作，提高税务稽查选案公平性和规范性。以“金税三期税务稽查双随机工作平台”上线为契机，在建立税务稽查对象分类名录库、异常对象名录库和执法检查人员分类名录库基础上，基本实现税务稽查对象与执法检查人员的双向随机抽取，有效防止“任性”检查。对303户纳税人开展随机抽查，查补收入5.2亿元。其中，自主实施随机抽查方案34个，涉及加工制造、建筑安装、餐饮、广告、现代服务等行业的重点稽查对象145户，查补收入0.4亿元。努力探索“一公开”开展方式，不断规范稽查执法公示程序，累计公示随机抽查方案12件，涉及纳税人61户。同时，通过政务网站、主流媒体、征收大厅滚动屏幕等手段，公开、宣传税务稽查“双随机”有关事项，努力扩大群众对“双随机”工作的认知度。

【重点稽查对象随机抽查】　按照税务总局对重点税源企业开展随机抽查工作部署，在深入分析前期自查结果的基础上，对分属于中国工商银行股份有限公司、中国人民保险集团股份有限公司、中国铁建股份有限公司等28个集团的156家重点税源企业实施重点检查，共实现查补收入4.8亿元。

工作中，切实加强日常督导，定期听取检查阶段性报告，对连续两周及以上未取得明显成效的案件直接问询案件查办单位。对个别重点案件，采取专项督导方式，专门研究案件疑难节点，及时制定解决方案，共同推动检查工作及时推进。同时，注重对行业涉税问题的归纳梳理，通过业务交流，经验分享，促进了检查成果的增效运用。

【打击发票违法犯罪活动】 充分发挥打击发票违法犯罪活动领导小组办公室职能作用，协调各成员单位认真落实全国打击发票违法犯罪活动工作协调小组第五次会议精神，按照“打击与建设相结合、治标与治本相结合”的原则，通过加强合作联动，科学合理分工，有力打击发票违法犯罪活动“买方市场”“卖方市场”。全年累计查处接受违法发票企业3431户，查获涉案发票1.7万份，查补收入3.1亿元；破获发票违法犯罪案件127起，移送起诉42起，抓获犯罪嫌疑人154名，打掉团伙30个，捣毁窝点44处，依法缴获各类虚假发票5.2万份，查获作案机器21台；有效拦截发票违法短信3.7万余条，遏制了发票违法信息的传播。

【涉税违法案件检举】 切实做好税收违法检举案件全流程管理。顺利完成检举案件新老系统过渡，进一步完善检举案件管理流程，切实解决工作中遇到的难点问题，不断提高检举案件查办质效。在受理环节设置事前沟通机制，明确举报方式、涉税线索和答复需求；区分轻微税收违法行为与一般税收违法行为，按7类线索处置方式进行准确处置；加强案件督导检查，对业务类、政策类和风险类问题进行协商解决。受理各类涉税违法行为检举案件185件，查结率70%以上，充分调动了人民群众协税护税的积极性。

【案件协查】 认真落实《国家税务总局关于进一步改进和规范税收违法案件协查工作的通知》（税总发〔2017〕26号）要求，加强理论培训，强化措施管理，深入推行要素协查方法。接受外省市税务部门和本市国税部门协查35件，回复35件，回复率100%；共向外省市税务部门和本市国税部门发送协查80件，收到回复70件，回复率96.12%；共收到税务总局协查1件，回复1件，回复率100%。

【国地税联合稽查】 与国税部门的稽查执法合作实现深度融合。在国地税联合进户稽查工作领导小组的指导下，全面落实《天津市国地税联合进户稽查管理办法》。双方累计交换案源信息3551次，查补税款13.6亿元。在税务总局的统一部署下，两部门先后联合开展重点稽查对象随机抽查自查及重点检查、市级重点税源企业随机抽查、融资租赁、股权转让专项稽查，以及医药行业专项整治等工作。检查中，两部门发挥各自优势，实施全方位检查，有效避免了检查死角与漏洞。

【稽查三项制度建设】 认真贯彻落实《国家税务总局关于印发〈税务系统推行行政执法公示制度执法全过程记录制度重大执法决定法制审核制度试点方案〉的通知》，以及市政府有关文件要求，按照“全面梳理、集成创新、系统优化、统筹推进”原则，主动将全面规范稽查执法融入三项制度建设工作。制定“税务稽查执法公示制度基础清单范本”，对稽查执法人员基础信息、稽查执法权限、税务行政处罚、“双随机”抽查，以及重大税收违法案件信息五大事项的公示环节、公示内容、范围渠道、公示时限和法律依据进行全面梳理，并在天津地税门户网站搭建“依法行政公示平台”统一公布。全面梳理执法文书和执法流程，制定案卷标准，进一步加强文字记录管理。依托金税三期系统，实现将执法程序、执法文书的系统流转制发和自动记录。制定《音像记录事项清单》《音像采集设备使用管理办法》等制度，并将执法记录仪与标准化执法场所应用相结合，通过音像记录有效解决取证难问题，提高了行政执法效能。按照“稽查审理视为法制审核”的要求，重点审核稽查执法主体是否合法、执法程序是否规范、事实认定是否清楚、证据是否充分确凿、行政裁量权运用是否合理、法律适用是否适当等，确保稽查审理质量，保证稽查执法决定经得起法律和实践的检验。

【稽查业务培训】 以建设高素质、专业化稽查铁军为目标，针对不同岗位特点，将培训与工作紧密结合，搞好集中培训和个别调训。按照税务总局稽查局“增强执法能力，组建专业团队”有关要求，在全市范围组织开展岗位轮训活动，先后组织全市开展“双随机、一公开”、调查取证、电子查账等专题培训。按照各稽查局推荐和市局选用相结合的原则，采取集中到市局或在原单位参与专项工作的方式，从全市范围内分期、分批选调稽查人员开展实训，为稽查人员提供实训平台，从而达到全方位、多渠道、深层次地提高稽查干部岗位技能和业务素质的效果。以“大比武、大练兵”工作为契机，对稽查人员的综合素质、专业知识、实战能力进行全方位的培训演练，进一步充实稽查后备人才。

【稽查工作会议】 2017年3月，天津地税局税务稽查工作会议召开。各单位主管稽查工作的局长及各稽查局有关人员参加会议，市局副局长高秋丰参加会议并讲话。会议全面总结了市局2016年税务稽查工作，分析了稽查工作存在的问题，对如何贯彻落实好税务总局会议精神和全年工作要点提出明确要求，即：围绕税收中心工作，严厉打击各类税收违法行为，全面推进“双随机、一公开”监管，持续深化稽查改革，推行和健全稽查运行机制，加快稽查信息化建设，强化稽查队伍建设和党风廉政建设，增强稽查案件查处支撑保障能力，实现稽查工作质效的新跨越。努力将税务稽查打造成有效震慑涉税违法行为的铁拳，切实促进经济和税收秩序的进一步好转。会议同时对税务总局稽查局关于“双随机、一公开”、税收违法“黑名单”，以及联合惩戒工作的新部署、新要求，进行了重点部署、讲解。

（魏冠媛）

河北省

河北省国家税务局稽查局

【概述】 2017年，河北国税局稽查局扎实落实税务总局各项工作部署，牢固树立稽查服务税收中心工作、稽查服务税收改革发展的理念和意识，严厉打击各类涉税违法犯罪行为，进一步彰显稽查职能，增强执法威力，力促经济税收秩序持续向好。全省国税稽查机构共检查纳税人1.1万户，查补税款36.9亿元，入库税款36.5亿元。

【稽查现代化建设】 加强“互联网+”思维和大数据的应用，完成河北国税稽查综合软件基本功能设计，选案系统在全省范围内试用；初步完成电子查账系统设计，开展试点推行；初步运行各级稽查报表的统计和审核上报功能，成功测试稽查月报表、重点稽查对象月报表、举报案件台账、双打案件统计表等。

【稽查体制机制改革】 国地税联合检查纳税人2413户次，查补税款3.1亿元；加强与省公安厅、省地税局三方协作，整合凝聚执法合力，共同打击涉税违法犯罪，全省税警联合查办案件数量574起，打掉团伙数量29个，抓获犯罪嫌疑人150人，曝光联合查办典型案例20起，为国家挽回税款损失5.1亿元；持续推进京津冀协同发展，建立密切交流渠道。

【稽查查补收入】 全省国税稽查机构共检查纳税人1.1万户，同比下降0.2%；查补税款36.9亿元，同比下降7.1%；入库税款36.5亿元，同比下降7.9%。

【案件查办】 全省国税稽查系统不断加大案件查办力度，依法履行稽查职能，共检查纳税人1.1万户，在打击骗税和虚开工作、重点税源企业检查、重点区域和行业专项整治等各类检查工作中效果明显，依法查办一批大案要案，对涉税违法犯罪行为起到较强的震慑作用，进一步维护税法尊严。

【案件特点分析】 重点税源企业违法特点以政策理解不到位、内部交易不规范为主要特征；重大案件查处以虚开、骗税为主，呈现出金额大、手法翻新、犯罪智能化、网络化、查办难度大的特点；专项检查违法特点呈现出明显的行业共性特征。

【重大案件查处】 督办重大涉税违法案件16件，涉及35户企业，7件涉嫌对外虚开增值税专用发票，定性虚开发票5609份，金额5.5亿元，税额9419万元，案件全部移送公安机关。重新编制重大税收违法督办案件管理台账，将原44项管理内容扩充到120项，为进一步加强痕迹化管理、实现有效评价查处质量奠定基础。

【打击骗税虚开专项行动】 全省打击骗税和虚开工作检查案源4758户（虚开案源4703户、骗税案源55户），其中税务总局下发案源457户（虚开案源450户、骗税案源7户）。定性虚开发票份数23万份，金额303亿元，税额48亿元，查补税款、罚款、滞纳金6.7亿元；定性骗税税额40万元，违规退（免）税税额7338.6万元，查补金额3.9亿元。移送公安115户，查获虚开团伙11个。

【行业和区域税收专项整治】 对税务总局下发的72户医药企业全面开展自查和重点检查，查补税款2.2亿元；地炼企业专项检查查补税款677.8万元，入库税款857.5万元，待核减抵扣消费税5708.3万元，调减亏损4828.5万元。

【“双随机、一公开”监管】 完成税务总局稽查双随机平台的省级部署，完善稽查对象名录库及稽查人员名录库的设置工作和税务总局、省级、市级三级稽查对象名录库、异常对象名录库、执法人员名录库的建设工作；完成2017年度随机抽查案件的信息补录；在省局网站建立“双随机、一公开”专题栏目，分4个专题（事项清单、抽查情况、抽查结果、地市上报）进行对外公开。

【重点稽查对象随机抽查】 税务总局部署的2016年全国重点稽查对象随机抽查工作涉及26个企业集团147户，查补税款3.4亿元，入库税款1.2亿元；2016年省市级重点稽查对象涉及158户，查补税款5.9亿元，入库税款4亿元；2017年省市级重点稽查对象涉及104户，查补税款2亿元，入库税款1.9亿元。

【打击发票违法犯罪活动】 统筹推进打击骗税、打击虚开和打击制售非法发票“三位一体”工作布局，查处违法企业1995户，涉及非法发票12.9万份，增加5.2万份，同比增长67.8%；非法发票涉及金额101亿元，增加19.4亿元，同比增长23.8%；入库税款10.9亿元，增加5.3亿元，同比增长94.1%；向公安机关移送案件77件，曝光案例7件。

【税收“黑名单”制度和联合惩戒】 向社会公布重大税收违法案件68起，向省局内设部门推送信息84起、向35个省级部门推送税收“黑名单”信息68起，共同实施联合惩戒。主动配合河北省公安边防总队办理22个法定代表人阻止出境手续、办理15个法定代表人续控手续，成功阻止出境3人。

【涉税违法案件检举】 受理涉税违法检举355件，立案查处329件，结案124件，查补税款466.8万元，入库431.7万元，移送公安机关1起。

【案件协查】 发起委托协查发票6.8万份，金额74亿元，税额12.5亿元，选票准确率98.9%。查补税款233万元，入库税款199.5万元；受托协查发票17.6万份，金额277.5亿元，税额47亿元，累计按期回复率100%，移送司法机关案件43起。查补税款3亿元，入库税款2.2亿元。

【稽查制度建设】 建立京津冀协同发展联席会议制度，确定每半年召开一次六方联席会议，遇重大事项可随时召开，旨在协调解决双方合作中出现的重大问题；建立省局稽查局若干行政管理制度，进一步改进工作作风，提高工作效率；持续完善河北省公安厅派驻河北省国家税务局河北省地方税务局联络机制办公室各项制度机制，促进警税协作更加常态化、制度化、规范化。

【稽查系统建设】 发挥绩效管理“指挥棒”作用，对税务总局考核指标明确专人负责，建立与税务总局的定期报告制度和信息专报制度。不断强化稽查干部廉政教育，增强稽查干部的廉洁自律意识。谋求内控机制建设创新，进一步落实上级领导要求，加强在稽查机构中配备纪检监察机构和专职人员的呼吁力度，为完善稽查部门内控机制、加强反腐倡廉建设提供组织保障。

【稽查队伍建设】 坚持解放思想、实事求是的工作思路；深刻学习领会党的十九大精神；立足稽查工作本职，扎实工作，严格依法稽查，规范执法标准；省局稽查局党支部召开党员大会12次，主题党课教育活动4次，党支部主题组织生活会2次。

【稽查人才库建设】 持续完善省级稽查人才库建设，把全省最优秀的人才选进人才库，为查办重大涉税违法案件储备坚实力量。以人才库建设为先导，构建高素质稽查队伍，逐步形成全省税务稽查骨干人才梯次结构。

【稽查业务培训】 组织稽查信息化综合选案、骗税和虚开发票研究、税警协作、文字材料撰写、增值税发票系统升级版数据运用等课程等4次大型培训，累计人次490人次，邀请税务总局稽查局、公安部经侦局、人民银行反洗钱中心和省局相关处室领导授课，参训人员业务水平和综合素质能力得到显著提升。

【稽查信息化建设】 积极探索“互联网+”在稽查信息化方面的应用，用大数据思维分析和实践信息化路径，提升数据的抓取和增值应用水平，集结精干力量持续完善河北国税稽查综合软件。进一步深化稽查成果应用，统计分析近年来较大数额涉税案件信息，整理查处违法问题，分行为、分类型建立税收违法问题库；研发稽查成果应用软件（手机APP），该软件将实现多维度搜索、查询、统计、应用等功能，方便各级检查人员使用，用以更好指导全省稽查部门办案。

【稽查宣传】 主动拓展信息宣传渠道，编制《稽查动态》《稽查要情专报》等机制，进一步宣传稽查干部和稽查成果。全年共向税务总局上报《稽查动态》、专项信息和各类工作报告130余篇。

【稽查调研】 深入开展稽查工作调研，在《河北国税调研》专刊上连续刊发《税收“黑名单”联合惩戒制度的调查与思考》等6篇专题调研文章。

【稽查工作会议】 2017年3月21日—22日，2017年全省国税稽查工作会议在石家庄召开。会议主要任务是：贯彻落实全国税务稽查工作会议和全省国税工作会议精神，总结2016年稽查工作，分析当前稽查形势，部署2017年稽查任务；进一步振奋精神、鼓舞士气、锐意进取、改革创新，推动河北国税稽查工作新发展。

【工作建议】 建议明确省级稽查部门组建技术科，负责对企业经济信息和财务数据的跟踪分析，特别是进入企业突击调账检查时，发挥技术手段作用，快速提取企业管理系统、财务信息等相关数据，有效获取不法纳税人偷骗税证据信息。

（张腾飞）

河北省地方税务局稽查局

【概述】 2017年，在税务总局稽查局和省局党组的正确领导下，河北地税局稽查局深入贯彻落实党的十九大精神，认真贯彻落实上级各项工作部署，紧紧围绕税收中心工作，充分发挥稽查打击和震慑作用，严厉打击各类税收违法行为，积极推进稽查体制机制改革，狠抓稽查管理质效提升，全面落实从严治党要求，着力加强全省稽查干部队伍建设和党风廉政建设，圆满完成了全年工作任务。

【稽查体制机制改革】 进一步深化稽查组织管理模式改革，沧州市局“一级稽查”管理模式深入推进；衡水市局大胆探索实施“一级稽查”，在整合人员、机构和经费使用管理等方面探索创新；张家口、承德等市局实施统筹利用稽查人力资源，缓解了基层稽查人员不足和老化等问题。

【稽查查补收入】 全省共检查纳税人2079户，查补总额36.39亿元，其中四环节稽查收入19.08亿元，同比增长36.28%，创历史新高。四环节人均查补金额64.26万元，同比增长41.39%；四环节户均查补金额91.77万元，同比增长49.28%。查处百万元以上大案要案269件，百万元以上案件查处率同比增长14.47%。

【案件查办】 集中全省稽查骨干，对省内跨区域经营的重点税源企业集团和重大税收违法案件开展检查，组织企业自查100户，立案检查20户，实现查补收入4.1亿元，其中入库自查收入1.6亿元。全省国税局稽查局、地税局稽查局联合督导企业自查2141户，联合自查收入1.87亿元，共同确定联合进户稽查对象530户，联合立案272户，立案检查查补收入1.21亿元。

【重大案件查处】 全省各级稽查部门把大案要案查处作为衡量稽查工作成效的重要指标，将大案要案查处率列入全省绩效考核，大力提高大案要案占稽查案件数量的比重，并把大案要案查处工作与税收专项检查、区域税收专项整治、重点税源企业检查等工作紧密结合，严厉查处各类大案要案，进一步强化稽查执法刚性，加大对税收违法行为的打击力度，大案要案查处工作取得实效。全省稽查系统共查处百万元以上大要案269件，查补总额14.81亿元，其中千万元以上案件25件。

【行业和区域税收专项整治】 全年共完成7户金融保险企业专项检查、15户股权转让企业税务检查、2户保险代理企业检查，以及24户线索清晰、疑点重大医药企业的自查和重点检查工作，实现查补收入1.25亿元，其中24户医药企业自查收入382.65万元。股权转让企业检查工作被税务总局作为典型经验登载在《中国税务稽查—厉风》向全国推介。

【“双随机、一公开”监管】 全省建立健全省市两级“双随机平台”、稽查对象名录库和执法检查人员名录库，全省稽查对象名录库入库2000余户，执法检查人员名录库入库700人。全省“双随机”抽查1370户，查补收入近12亿元；探索建立国地税联合稽查共同管辖纳税人名录库，加大联合双随机检查工作力度，避免多头检查、重复检查。

【重点稽查对象随机抽查】 积极部署落实税务总局第二批重点稽查对象随机抽查工作，对涉及河北省的27户企业集团中的1634户纳税人联合国税局进行自查辅导，实现自查收入6980.73万元。重点检查阶段立案涉及27家企业集团及成员单位共303户，其中国地税联合选取101户，实现查补收入3476.32万元。

【打击发票违法犯罪活动】 认真部署落实辽宁抚顺“3·24”制售虚假发票违法行为专案检查

工作，全省共核查41个受票单位334份发票。会同公安、国税部门加大对制售非法发票违法犯罪活动的打击力度，以重点地区为突破口，通过打源头、端窝点、摧网络，带动非法发票“卖方市场”专项整治行动。对交通运输、金融保险、商品批发与零售、药品与医疗器械、中介机构等13个行业发票使用情况进行检查，全省共检查企业1734户，有问题949户，完成税务总局下达任务的289%，查处非法发票20997份，涉及金额3.12亿元，实现查补收入2894.37万元。

【税收“黑名单”制度和联合惩戒】 一是多渠道多途径多方式宣传税收违法“黑名单”制度和联合惩戒的作用和意义，展示联合惩戒的强大威慑力，全省公布“黑名单”案件3件，涉税金额3356万元，罚款814万元，将其中2户符合条件的企业进行信息公布及推送，实施联合惩戒；二是按照税务总局关于进一步加强“黑名单”公布及联合惩戒工作通知要求，对全省符合撤出条件的案件进行梳理，撤出案件信息6件；三是组织人员编写“黑名单”制度和联合惩戒制度题库，分级分类组织考核，不断提升稽查人员执法水平。

【涉税违法案件检举】 认真贯彻落实《税收违法行为检举管理办法》，坚持依法行政、分级负责、属地管理、严格保密的原则，加强税收违法举报案件管理，加大重大税收违法案件查处力度，适时分析税收违法案件发案规律，税收违法案件查处工作收到良好效果。全省各级税务违法案件举报中心共受理税收违法举报案件303件，查补税款4474.63万元，加收滞纳金936.55万元，罚款2071.92万元，合计7783.1万元。

【案件协查】 落实税务总局《税务稽查案件协查管理办法》《要素协查方法操作指引》等协查工作制度，普遍推行要素协查方法，提高协查工作质量和效率。加强协查管理，建立协查台账，扎实开展调查取证和资料比对工作，确保调查资料的准确性和完整性。注重加强税务机关之间的合作，牢固树立“协查地就是案发地”思想，查处跨行政区域的税务违法活动。全省共协查各类案件12件，其中委托协查5件、受托协查7件，协查函按期回复率100%。

【稽查制度建设】 全省大力推进稽查制度建设，扎实推进全系统《全国税务稽查规范（1.0版）》落地执行、行政执法内控机制建设，以及《内部控制监督平台》测试、培训、上线、试运行及“三项制度”试点工作。制发《全省地税系统稽查重大税收执法事项集体审议办法》《全省地税系统稽查案源管理集体审议办法》，编写印发全系统《税务稽查证据证据采集样本》《金税三期税务稽查操作实务及疑难解析》，统一和规范稽查工作标准，提升税务稽查软件操作水平，加强行业性稽查工作业务指导。

【稽查系统建设】 坚持全面从严治党，加强党风廉政建设。认真学习贯彻党的十九大精神，坚持用习近平新时代中国特色社会主义思想武装头脑，扎实推进“两学一做”学习教育，狠抓党的政治建设、思想建设、组织建设、作风建设、纪律建设，加强全面从严治党；落实“一岗双责”，强化“两个责任”落实，努力构建内外并举的党风廉政监督管理体系，把党风廉政建设和反腐败工作引向深入。

【稽查队伍建设】 各级稽查部门坚持党建引领，全面加强稽查干部队伍建设，干部队伍的活力充分激发，干事创业的氛围更加浓厚，高素质专业化稽查队伍逐渐形成。在邢台召开全省地税稽查系统班子队伍建设工作经验交流会议，总结成绩，分析不足，交流经验，推进全省地税稽查系统班子队伍建设及内控机制建设，为促进稽查系统全面从严治党、从严治队，加快全省地税稽查工作现代化奠定了干部队伍基础。

【稽查人才库建设】 一是持续推进省级稽查人才库建设，强化人才配置和管理，按照“择优入选、定期考核、统筹调配、规范管理”的原则，选拔78名骨干人才进入省局稽查人才库。二是鼓励稽查干部在职在岗参加各种非学历教育和注册会计师、税务师等资格考试，着力打造一支精通稽查信息化技术、多专业协作配合的稽查专家型队伍。三是充分发挥人才库人才及各类优秀人才的引领作用，在开展大案要案查办、专项检查、重点税源企业检查等工作时，抽调业务骨干领办指挥，充分发挥人才集聚优势。

【稽查业务培训】 全年全省共举办各类培训班80多个，培训干部2300余人次。省局举办全省地税公安联合执法培训班，300余人次参训，覆盖省市县三级公安、地税联络机制办公室业务骨干，强化了联合执法技能与情报互通衔接水平，增强了公安税务联合执法能力；举办《全国税务稽查规范（1.0版）》培训和“双随机平台”系统操作、金税三期及内控软件培训，全省四环节业务骨干120余人参训。

【稽查信息化建设】 全面推进电子查账模

式，省、市两级共配备使用电子查账软件240套，使用效果逐步显现；利用分析软件等数据系统进行选案，信息化手段进一步丰富；承德市局《稽查质效管理系统》进一步完善并在全省推广，稽查综合管理信息化水平取得新进展。

【稽查宣传】　在《河北日报》曝光3起重大税收违法案件，并在省局门户网站公布，有力震慑了税收违法案件当事人。在省局内网，通过图片新闻、简讯、信息及简报等多种形式宣传稽查工作动态和工作成效，同时积极参与各种形式的税收宣传，让广大税务干部和纳税人充分了解税务稽查工作，扩大了税务稽查工作的社会影响。

【稽查调研】　坚持问题导向，深入基层加强调研，全面听取各方意见建议，对基层提出的问题能当场解决的就当场解决，疑难问题及时研究解决或向上级反映。全年省局到基层调研20余次，解答政策、软件等问题3500余人次，现场解决市局疑难案件10件，有力推动了工作开展。

【稽查工作会议】　2017年3月16日，全省地税稽查工作会议在省局召开，省局稽查局中层以上干部、各设区市局和省直管县局稽查局长参加会议。会上，各单位汇报了2016年主要工作完成情况及2017年重点工作安排。省局稽查局局长崔玉清作题为《敢于担当　狠抓落实　努力做好新形势下的税务稽查工作》的主题讲话，并结合贯彻落实全国税务稽查工作会议和全省地税工作会议精神，全面安排部署了2017年稽查工作。

【工作建议】　建议税务总局出台稽查人员准入制度，把好稽查人员“进出关”，稳定稽查业务骨干队伍；组织省际间稽查工作交流，推进稽查工作水平普遍提高。

（宇文峰　刘彬彬　彭保东　赵翠芳）

山西省

山西省国家税务局稽查局

【概述】　2017年，山西国税局稽查局主动作为，攻坚克难，充分发挥稽查职能作用，严厉打击涉税违法行为，全力提升稽查工作质效，稳步落实税务稽查改革要求，实现了稽查工作质效和税务综合治理水平的全面提升。

【稽查体制机制改革】　进一步深化稽查体制机制改革。对全省稽查体制机制改革的落实情况进行评估，总结梳理改革中存在的问题和困难，提升“稽查中心”站位，强化省局稽查局的主导作用，牢固树立全省稽查“一盘棋”理念，在“市级一级稽查”体制和“全省稽查一体化”机制的基础上，合理确定职责权限，提升稽查管理层级，优化全省稽查资源配置，改革属地稽查方式，创新稽查方式方法，完善“集中选案，统筹检查，主体审理，属地执行”的集约化稽查业务模式，提高全省稽查质效，整体推进新时期山西省税务稽查现代化建设。

【稽查查补收入】　山西国税稽查系统共检查和督导纳税人自查1972户，查补收入18.07亿元，比上年增加21.57%。其中：立案检查1250户，有问题户数1200户，结案户数1120户，查补收入10.75亿元；督导自查722户，查补收入7.31亿元。

【打击骗税虚开专项行动】　聚焦主业，以打击虚开骗税为重点，在巩固深化2016年工作成果的基础上，围绕税务总局领导提出的“打、研、改、防”总体思路，坚持力度不减、节奏不变、依法依规从严从快查处。依托“全省稽查一体化”集约化模式，统筹调度全省稽查力量，实现案件查处“全省一盘棋”。健全多部门协作机制，进一步深化与公安、海关、人民银行等部门的协作内容和协作领域，发挥公安派驻联络机制优势，推行公安提前介入同调查、共享信息同研判、集中行动同收网、统一标准同取证的多部门一体化作战新模式，实现对各类涉税违法犯罪案件实施全链条、一体化打击，并充分依据现有法律法规对涉案企业作出行政处理，最大限度地挽回国家税款损失，案件查处工作取得明显成效。打骗和打虚专项工作共立案查处215户虚开案源企业，认定接受虚开发票6.4万份，涉及税额8.45亿元；认定对外虚开发票4.6万份，涉及税额8.5亿元，移送公安机关69户，公安机关抓捕犯罪嫌疑人25名，有效发挥了税务稽查规范税收秩序、维护公平正义的职能作用。

【行业和区域税收专项整治】 按照税务总局开展医药和废旧物资行业专项整治工作要求，全省以“查实个案企业，指导行业整治、规范行业管理”为目标，开展医药和废旧物资行业税收专项整治工作，共查处涉案企业33户，落实税务总局下发问题线索金额82791.51万元，查补收入共计17767.99万元，入库收入1992.68万元。在完成税务总局部署案源的同时，自主选择孝义市辖区51户生产销售铝矾土风险企业及涉嫌取得虚开增值税专用发票企业开展区域税收专项整治，查补税款3856.98万元。

【“双随机、一公开”监管】 以《深化国税、地税征管体制改革方案》为指导，按照税务总局关于实施随机抽查工作的部署，进一步完善随机抽查制度体系，制定下发《山西省国家税务局“双随机、一公开”工作实施办法（试行）》，建立随机抽查对象名录库、执法检查人员名录库，顺利上线运行金税三期税务稽查“双随机、一公开”，实现省、市、县三级业务推送全面贯通。不仅从源头上规范了事前、事中、事后的监管行为，解决了“想查谁、就查谁”“想让谁查、就让谁查”等执法随意、执法不公的问题，而且为社会有效监督税务稽查公正执法提供了崭新的公开互动，标志着山西省国税系统深入落实“放管服”改革，加强税务执法行为的事中事后监管进入实质性轨道。

【重点稽查对象随机抽查】 通过集成“要素+机制”，努力探索重点稽查对象随机抽查工作的新途径、新思路。一是以“四化”为要素，打通检查“堵点”。即采取团队化检查模式，打造尖刀部队；实施项目化检查方式，实现检查成果共享；注重过程化控制，细化节点考核；应用信息化查账方法，提升检查质效。二是落实“两个机制”（依托系统内协作机制，努力实现快查快审；践行联合稽查机制，避免执法扰民），为检查保驾护航。全省各级稽查部门认真完成税务总局2016年随机抽查工作，针对涉及山西的26户集团的876户成员单位企业特点，结合全省稽查一体化体制机制改革，抽调33名检查人员组成8个检查团队，通过采集分析企业数据，注重发现行业典型问题及涉税疑点，制作四大类32个风险点的银行业项目化检查模板，七大类63个风险点的保险业项目化检查模板，采取跨区域稽查和项目化检查的方式开展检查，共实现查补收入9538.04万元。

【打击发票违法犯罪活动】 坚持“打防结合、标本兼治”原则，一手抓“买方市场”，一手抓“卖方市场”，强化与地税、公安、海关、人行、通信等部门协作，充分发挥各自执法优势，统筹推进打击骗税、打击虚开和打击制售非法发票“三位一体”工作布局，形成对发票违法犯罪活动进行严厉打击的高压态势。注重事前预防，以“便民办税春风行动”和税法宣传月等节点为契机，加强宣传教育，按时对外公布重大税收违法案件信息，依法实施联合惩戒措施，强化税务稽查警示教育威力，提高纳税遵从，努力提升发票综合整治工作效能，取得显著成效。全省共查处涉案企业1330户，查处非法发票8.75万份，查补总额14.92亿元；移送公安机关案件77起，联合公安机关查办案件237件，公安机关立案254起，抓获犯罪嫌疑人205名。

【税收“黑名单”制度和联合惩戒】 认真贯彻落实《国务院关于建立完善守信联合激励和失信联合惩戒制度 加快推进社会诚信建设的指导意见》，联合省级联合惩戒成员单位进一步健全省级重大税收违法案件联合惩戒协调机制，实现联合惩戒双扩围，进一步推进“黑名单”制度和联合惩戒制度向纵深发展。全年累计在省局门户网站、“信用山西”等平台对外公布税收违法“黑名单”信息92件次，与联合惩戒相关责任单位交换信息48件次，充分利用报纸、广播、电视、网络等各种媒体对联合惩戒工作进行宣传报道60多次。形成“一处失信，处处受限”的强大合力，稽查打击震慑作用得到有效发挥，推进社会信用体系建设与税收征管整体效能的整体提升。

【涉税违法案件检举】 为了更好地落实税务总局《税收违法行为检举管理办法》，进一步完善《税收违法行为检举工作规范（试行）》，开展部门协作，建立与征管、纳服、办公室协同处理违法举报事项快捷通道，优化举报办理程序，做好对日常来访、来信、来电及省局门户网站检举案件的受理和办理，全面规范税收违法行为检举事项受理、处理、检查、案卷归集及考核考评工作，提高工作质效。对各类批办的重点案件做好分析研判，按照案件的违法性质及时进行办理，全省共受理税收违法检举事项589件，税收违法检举案件查补税款、滞纳金、罚款共计5314.04万元。

【案件协查】 持续深入推行要素协查，省局分管局长就要素协查的贯彻落实，多次深入基层调研督导，全省统一协查标准，理顺协查流程，细化协查责任，规范协查操作，明确协查要素具体内容，委托发函更加严格，受托回函更具针对性。全省通过协查系统委托协查收到回复发票62565份，其中有问题发票60113份，委托协查选票准确率99.06%，受托协查回复“正常”率0.06%，全省协查函按期回复率100%，未发现以纸质发起协查代替协查系统发起协查的情况。

【稽查队伍建设】　一是建立稽查人员动态补缺机制。坚持“稳定存量，优化增量”原则，凡新增人员原则上采取遴选方式，保证稽查干部质量，切实把好稽查人员的入口关。二是建立稽查人员培养机制。通过实施分级分类培训机制、差异化人员管理机制、构建精英人才养成机制，重点培养一批在选案分析、重大案件查处、数字化检查等方面独当一面的检查人才。三是建立激励约束机制。推行科学评价机制，严格工作考核，在公开、公平、公正的原则下，经过考试、考核、评价等方式对每个稽查干部进行个人绩效管理；完善激励机制，实行主、协办稽查员制度，特别是对工作突出，连续3年被聘用主办稽查员的，在评先评优、年度考核、提拔使用等方面，按照数字人事的管理要求，给予适当考虑。四是探索完善稽查执法内控机制。围绕保证权力正确行使、促进廉政建设目标完善和落实稽查执法内部监控机制，探索实行主查责任制、双随机抽查制、必查项目制、案件跟踪制、案件复查制等稽查执法内控机制，突出对税务稽查内部工作环节的监督制约。

【稽查工作会议】　2017年3月22日，山西省国税稽查工作会议在太原召开。会议传达全国税务稽查工作会议精神、总结回顾2016年全省国税稽查工作、分析当前稽查工作面临的形势、安排部署2017年全省国税稽查工作任务。省局副局长范扎根作题为《深化改革　狠抓落实　加快推进全省税务稽查现代化建设》的工作报告。会议还邀请省公安厅、省人行等部门相关负责人参加。会议提出了山西省2017年国税稽查工作的总体要求：深入贯彻落实全国税务稽查工作会议和全省国税工作会议精神，按照税务总局和省局党组总体要求和工作部署，围绕税收中心工作，严厉打击各类税收违法行为，全面推进“双随机、一公开”监管，持续完善稽查改革，强化稽查队伍建设和党风廉政建设，进一步提升稽查工作效能，加快推进税务稽查现代化建设。

【工作建议】　一是进一步加强税务稽查改革的系统性、集成性，狠抓稽查改革工作建议举措的落实，确保改革取得实效；二是深化部门协作办案机制，拓展协作领域，在增强执法手段、取得第三方数据等方面取得更大突破，破解部门合作上存在的难题，为稽查执法提供有力支撑；三是高度重视稽查成果的转换，充分发挥“以查促收、以查促管、以查促改、以查促查、以查促廉、以查促信”综合化职能，突出稽查成果增值利用；四是建立健全稽查人员动态化补充机制、稽查人员培养机制、主办协办制度、主查责任制、稽查人员激励约束机制等制度，多方位完善专业化管理机制，加强稽查干部队伍专业化建设。

（车凌峰）

山西省地方税务局稽查局

【概述】　2017年，山西地税局稽查局认真贯彻落实税务总局稽查局工作部署，紧紧围绕省局党组“带好队、收好税、造环境、促转型”工作思路，坚持以服务税收工作大局为中心，充分发挥以查促收、以查促管的稽查职能作用，严厉打击各类税收违法行为，大力整顿和规范税收秩序，全面加强队伍建设和党风廉政建设，较好地完成了各项稽查工作任务。

【稽查体制机制改革】　深入贯彻落实《深化国税、地税征管体制改革方案》，全面推行“双随机、一公开”监管，建立健全稽查工作联动机制，大力推进国地税联合稽查，与公安、国税联合建立公安派驻税务联络机制，集约优化稽查资源配置，探索建立与征管、法规、税政、监察、督察内审等部门的良性互动机制，逐步形成了“纵向高效联动、横向良性互动、内外密切配合”的工作格局。

【稽查查补收入】　各级地税稽查部门共立案检查和督导纳税人自查2252户，实现入库查补收入11.11亿元。其中：督导纳税人自查1396户，自查收入8.1亿元；立案检查纳税人856户，入库查补收入3.01亿元。稽查查补收入入库率98.13%。

【重大案件查处】　进一步加大大要案件查处力度，在省范围内实施稽查联动机制，集中稽查力量对突出重点行业和重点问题开展检查，取得了良好成效。全年查处千万元以上案件4件，百万元以上案件28件，查补税款1.76亿元。

【行业和区域税收专项整治】　组织开展税务

总局下发的11户企业股权交易涉税事项专项检查工作，共查补收入1.27亿元；组织开展税务总局下发的23户医药企业行业专项整治工作，其中涉及地税3户，共查补收入160.15万元；组织开展旅游市场税收秩序综合治理工作，共督导671户企业开展自查，自查查补收入552.79万元；对其中122户企业开展重点检查，共查补收入368.12万元。

【“双随机、一公开”监管】 认真组织落实“双随机”检查模式，进一步规范执法行为，减轻纳税人负担，营造公平竞争的发展环境。一是抓好抽查基础工程，有序推进“双随机工作平台”上线。2017年1月，在门户网站发布《山西省地税局关于公布随机抽查事项清单的公告》，公布全省地税随机抽查事项清单。省、市两级建立本级“随机抽查对象名录库”，省、市、县三级建立“随机抽查执法检查人员名录库”。3月，“税务稽查双随机工作平台”试运行成功，实现与金税三期系统的成功对接。4月，举办2期“税务稽查双随机工作平台”业务培训班，对全省地税140余名稽查人员进行培训。6月，根据税务总局统一部署在金税三期系统中导入随机抽查重点对象名录库，“双随机工作平台”正式上线运行。12月，与省国税局共同制定下发《山西省国家税务局　山西省地方税务局税务稽查联合随机抽查工作制度（试行）》，进一步明确和规范联合随机抽查工作。二是转变选案选人方式，严格执行“双随机”抽查制度，认真组织开展各项检查工作，实现“双随机、一公开”全覆盖。各级稽查部门采取摇号、抽签等方式，在本级“随机抽查对象名录库”中随机抽取待查对象名单；采取随机、竞标等选派方式，在各自“随机抽查执法检查人员名录库”中随机选派检查人员，“双随机”检查成为新常态。

【重点稽查对象随机抽查】 全省各级地税稽查部门共随机抽查企业1594户，查补入库收入7.02亿元。按照“双随机”工作要求和税务总局的统一进度安排，全省地税稽查部门对税务总局随机抽选的26户企业集团中的265户分支机构开展重点检查工作，共查补收入2477.98万元。立足山西省实际，组织开展资源税、企业所得税重点税源企业定向随机抽查工作，随机抽取的893户资源税、企业所得税重点税源企业共自查补缴各项税费1.69亿元，加收滞纳金2547.62万元。并根据自查情况对其中213户企业开展重点检查。

【打击发票违法犯罪活动】 积极与省国税局联系，召开专门会议研究部署此项工作，联合制定《山西省国家税务局、地方税务局2017年打击发票违法犯罪活动实施方案》，成立专项行动工作小组，结合“营改增”后发票违法犯罪活动的新趋势新特点，共同组织开展打击发票违法犯罪活动工作。共检查企业492户，查处违法企业310户，查处非法发票1470份，涉及金额7951.46万元，查补税款994.19万元，加收滞纳金201.21万元，罚款311.58万元。组织企业自查169户，自查补税128.08万元。

【税收“黑名单”制度和联合惩戒】 认真执行国家发展改革委会同国家税务总局等部门修订印发的《关于对重大税收违法案件当事人实施联合惩戒措施的合作备忘录（2016年）》，在2014年版的基础上扩大惩戒范围，将联合惩戒部门由21个扩展到34个，措施从18项扩展到28项。山西省地税局明确在门户网站设置“重大税收违法案件信息”专栏，对“黑名单”在确定之日起的次月30日内向社会公布案件信息，并同步推送联合惩戒参与单位。在省局门户网站“重大税收违法案件信息”专栏公布5起“黑名单”，并推送省国税局、省公安厅等33个部门实施联合惩戒，此外还通过《山西日报》等新闻媒体广泛宣传相关政策，促进了营商环境的进一步优化。

【涉税违法案件检举】 山西省各级地税举报中心共受理税收违法举报案件138件，其中税务总局交办7件、省局直接受理74件、各市局直接受理50件、县级受理7件。共查结税收违法举报案件61件，查补税款314.89万元，加收滞纳金140.35万元，处以罚款142.34万元，查补合计597.58万元，入库合计566.79万元。

【稽查系统建设】 制定下发《山西省地方税务局稽查系统工作联动机制管理办法》，在省局与太原市局联动稽查工作机制取得成功的基础上，将联动范围扩大到全省，即省、市稽查局可以根据工作需要集中下级稽查人员开展重点税源随机抽查和专案检查等工作，下级稽查力量不足时可报请上级部门从其他地区选调人员参与稽查，逐步形成上下联动、协调配合的“大稽查”格局。全面加强税警协作，与山西省公安厅、山西省国家税务局联合下发《山西省公安厅派驻山西省国家税务局、山西省地方税务局联络机制运行暂行办法》，在山西省国家税务局挂牌设立“山西省公安厅派驻山西省国家税务局、山西省地方税务局联络机制办公室”，具体负责三厅局联络沟通、组织协调、分析研究、情报研判、督导指挥等工作，全省有9个市建立了公安机关派驻税务机关联络机制。进一步加强内控机制建设，制定《山西省地税系统税务稽查风险内部控制制度（试行）》及操作指引文档并下发全省执行，进一步加强风险防范，强化了规范管理。

【稽查队伍建设】　积极推进“两学一做”学习教育常态化制度化和维护核心见诸行动主题教育活动。制定《2017年省局稽查局干部职工理论学习计划》，组织开展党的十九大精神、习近平总书记系列重要讲话精神、中央和省委相关会议精神、党章党规及党的相关知识等学习活动，全体党员在工作之余认真自学、提升自我，政治素养和理论水平明显提升，执行力不断增强，为做好基层党建工作提供了坚强的保障。每周至少组织一次集中学习，全体党员共同参与，轮流负责，认真做好学习笔记并积极开展讨论，收到良好的学习效果，全年共组织集中学习近50次。严格执行“三会一课”制度，定期组织召开支部委员会、支部党员大会，开展讲党课活动，召开民主生活会，对照“三严三实”等要求开展批评与自我批评。在积极参与省局机关党委组织的党团活动的同时，认真组织开展本局党团活动，先后开展了“唱国歌、重温入党誓词、学习党章、集中缴纳党费”主题党日活动、“健步走”主题实践活动、“六星支部”创建等活动，全员积极参与精神文明创建工作，加强了基层党组织建设。

【稽查业务培训】　2017年1月，举办《全国税务稽查规范（1.0版）》全省稽查系统师资人员培训，共120余人参加培训。2017年4月，举办2期“税务稽查双随机工作平台”业务培训班，对全省地税140余名稽查人员进行培训。2017年7月，举办2期税收“黑名单”相关政策及信息平台系统操作培训班，对全省地税稽查部门具体负责税收“黑名单”工作的120名人员进行培训。

【稽查信息化建设】　深化金税三期优化版应用，在普遍掌握常用业务及查询统计等功能使用的基础上，加强“双随机”工作平台及“黑名单”业务功能应用，并结合内控机制建设要求加大监督考核力度，推进稽查管理工作流程化、规范化、痕迹化。同时，加强对征管大数据和税收风险预警信息的增值利用，进一步提升科学选案水平。继续深化电子查账软件应用，积极鼓励使用取证魔方等现代化手段，提升电子查账能力和取证能力，不断提高稽查信息化水平，以信息化推动现代化。选派骨干人员参与税务总局“稽查案件监控管理平台”业务需求编写工作，为税务总局稽查局稽查信息化建设工作提供有力支持。

【稽查宣传】　通过《山西日报》对18起典型税收违法案件进行公开曝光，发布税收违法案件公告48件。各市局稽查局通过电视台、报纸、网络媒体、税务门户网站等多种方式对涉税违法案件进行曝光，有力地打击和震慑了涉税违法犯罪行为，对净化税收环境和提高纳税遵从度起到重要作用。

【稽查工作会议】　2017年3月28日，召开全省地税稽查工作座谈会。会上，山西省地方税务局副局长刘建光讲话，对2016年全省地税稽查工作进行了总结回顾，就如何做好新形势下地税稽查工作进行了科学分析研判，安排部署2017年稽查工作任务。

（张　惠）

内蒙古自治区

内蒙古自治区国家税务局稽查局

【概述】　2017年，内蒙古自治区国税局稽查局认真贯彻落实全国税务稽查工作会议和全区国税工作会议精神，围绕税收中心工作，以打击涉税违法犯罪为重点，以查处大要案为工作抓手，积极推进稽查体制机制改革，加强稽查队伍建设，全面提升稽查质量。全区国税稽查部门对内抓规范执法，对外重点打击违法，圆满完成了全年各项工作任务。

【稽查现代化建设】　一是进一步充实稽查力

量。全区国税稽查部门通过公务员考录等方式选拔一批知识丰富、勇于开拓、德才兼备的优秀人员充实到稽查队伍中。二是提升稽查队伍的整体素质。通过加强税务稽查干部培训的方式，进一步提高一线检查人员占全体稽查人员的比例，提高了具备独立查账能力人员和电子查账能力人员占一线检查人员的比例。加强对稽查人才库人员的管理使用，建立科学的稽查人才培养长效机制，重点培养复合型和专业型的税务稽查人才。广泛开展岗位练兵和争创稽查能手活动，使稽查队伍的整体素质不断提高。三是提高稽查干部队伍思想政治水平。通过党支部集中学习、专题研讨、专题组织生活会等方式，提高稽查干部的党的思想理想水平，努力打造一支政治坚定、业务熟练、公正廉明、作风优良、敢打硬仗、能打胜仗的专业化稽查队伍。四是提高稽查信息化的水平。加大对稽查信息化投入，以呼伦贝尔市国税局稽查局为试点，研究开发“智慧稽查”信息系统。“智慧稽查”信息系统涵盖稽查各环节、全过程，充分利用大数据平台的优势，整合金税三期等系统的数据，提高稽查工作水平。五是加强稽查部门基层建设。稽查经费进一步向基层倾斜，积极推广应用稽查电子查账软件，更新和配备一批笔记本电脑、录音、录像、数据采集等硬件设备，实现稽查装配的现代化。

【稽查体制机制改革】 转变方式，创新发展，提高稽查检查质量。一是继续深入推进稽查管理模式改革。根据全区地域广阔，稽查人员相对较少，税源分布不均衡，税源结构差异明显等特点，继续在市级稽查局全面推行“统筹人员、统一选案、区域稽查、集中审理、属地执行”的新型稽查工作模式。同时，积极探索稽查新模式，统一部署、发挥优势、整体联动、集中力量查办大案、要案。全区共抽调30名业务骨干，组成若干检查组，分别对重点稽查对象、打虚打骗等工作开展检查，最大限度地发挥了一级稽查的职能作用。二是创新稽查检查方法。不断探索和转变稽查检查思路和手段，在全系统全面推行“延伸稽查”“关联稽查”“阳光稽查”“调研式检查”“审计型检查工作底稿模式”等稽查检查方式方法，还建立了税务稽查案例分析制度，形成行业、税种税收检查指南，不断改进和创新稽查手段，为稽查工作提供新的动力。三是大力推进分级分类检查。进一步完善分级分类稽查管理制度，对各级稽查部门的检查权限进行明确，打破各地各自为战的检查格局，进一步调动各级稽查部门工作的积极性和主动性，创新性地开展稽查工作。

【稽查查补收入】 全区国税系统稽查部门共立案检查纳税人1211户，其中有问题户数1035户，选案准确率85.47%。结案户数1163户，查处案件结案率96.03%。稽查收入合计13.72亿元，入库13.25亿元，入库率96.57%。其中，稽查查补收入4.13亿元，查补税款2.97亿元，加收滞纳金7815万元，罚款3770万元；稽查机构组织企业自查收入9.59亿元。

【案件查办】 不断深化税警协作联络机制，各级国税局稽查局依托公安部门，重拳出击，查处各类涉税违法犯罪行为。依托内蒙古自治区国税局与自治区公安厅、自治区地税局联合成立的税警联络机制办公室，自治区税警双方统一指挥、通力合作，开展涉税违法犯罪案件查办工作。全区国税局稽查部门向公安部门移送涉嫌犯罪企业22户，联合公安经侦部门侦办39户。公安立案检查22户，抓捕犯罪嫌疑人37人。

【案件特点分析】 新形势下，涉税违法犯罪活动对税务稽查部门受理案件的快速性、打击违法犯罪案件的精准性、查处案件的规范性等都提出了极高的要求，这也促使税务稽查部门不断提升工作能力。此外，税务部门应探索建立防范和打击虚开增值税专用发票、骗取出口退（免）税违法犯罪行为的长效机制。

【重大案件查处】 全区国税局稽查部门与海关、公安、人民银行等部门联合开展打击虚开增值税专用发票和骗取出口退（免）税、药业行业专项整治等涉税违法犯罪行为的专项行动。重点对包头市“3·04”虚开增值税专用发票案等276户涉嫌虚开增值税专用发票企业进行检查，其中22户企业移交公安立案侦查。

【行业和区域性税收专项整治】 进一步加大打击虚开发票、骗取出口退税、制售以及购买假发票等涉税违法活动的工作力度。配合税制改革推行，结合自治区国税工作实际，在呼和浩特市、包头市开展区域性税收专项整治，对上述区域医药行业企业和以绒毛等农畜产品为原料的加工经销企业进行重点检查，进一步打击各类涉税违法犯罪活动，规范税收秩序。

【“双随机、一公开”监管】 在全区范围内布置落实“双随机、一公开”工作，依托“金税三期税务稽查双随机工作平台”，结合本地区工作实际，完善制度建设。自治区级重点稽查对象190户，市级重点稽查对象354户，非重点检查对象

1403536户。异常对象名录5746户。全区共维护检查人员609人，其中有税务总局检查人员名录14人，自治区级检查人员名录30人。此外，制定下发《内蒙古自治区国家税务局税务稽查“双随机、一公开”监管办法（试行）》（内国税发〔2017〕77号）。通过制度对全区国税稽查部门“双随机、一公开”的工作做出总体部署，指导双随机工作开展和开展过程中的事后监管。

【重点稽查对象企业检查】 按照“以企业自查为先导、以税务机关重点检查为保障、以组织稽查税收收入及时足额入库为抓手”的工作模式，在全区范围内组织开展重点稽查对象企业检查工作。按照税务总局下发的重点稽查对象企业抽查名单，结合本地区税源实际情况，共对全区867户重点稽查对象企业开展税收核查。组织上述企业对其2015年度和2016年度税收申报缴纳情况进行认真自查。经企业自查，共自查收入8954.91万元。其中，税款7346.63万元、加收滞纳金1608.28万元。

【打击发票违法犯罪活动】 进一步加强虚假发票“买方市场”整治工作，将发票整治工作与税收各类检查工作有机结合，坚持查案必查票、查税必查票、查账必查票，稽查报告中必须将企业发票违法行为单独叙述。对房地产、建筑安装、药品与医疗器械、商业批发与零售、电信、交通运输等行业开展发票使用情况重点检查。将“办公用品”“餐费”发票等列入税务稽查的重点检查内容，逢票必查，查真假，辨虚实，进一步加大查处力度。全区国税系统稽查部门共查处有问题企业931户，查处违法发票77024份，涉及金额12.34亿元，查补税款16505.74万元，加收滞纳金1006.99万元，罚款953.06万元，有17起发票违法案件移送公安机关。全区国税稽查部门积极配合公安部门开展假发票整治行动，缴获假发票15万份。

【打击骗税虚开专项行动】 先后对税务总局、公安部门下发以及自选企业开展打击虚开增值税专用发票专项检查。全区国税稽查部门共对276户企业涉嫌虚开增值税专用发票进行立案检查，结案111户，抓捕犯罪嫌疑人37名。

【税收“黑名单”制度和联合惩戒】 为了将税收违法“黑名单”信息推送工作落到实处，依托“内蒙古国税局大数据管理共享”平台，创新“黑名单”工作举措，依托“大数据”平台，自主开发“税收违法‘黑名单’智能信息系统”，极大地改善了各惩戒部门“碎片化”管理现状。该系统实现“黑名单”信息与门户网站、联合网厅、移动智能终端及相关业务部门的专业系统对接，多环节、多节点提高数据使用效率，完成各信息系统的有效整合，实现联合惩戒各部门之间运程访问和网络对接，及时推送和接收惩戒信息，实现“黑名单”惩戒工作由人工化、平面化向智能化、立体化管理转变，实现税收“黑名单”制度和联合惩戒工作质效的新跨越。进一步细化完善“黑名单”相关制度办法，出台《重大税收违法案件信息闭环管理内部联动工作规范（试行）》，建立结构性、痕迹化管理机制。继而出台《内蒙古自治区国家税务局关于进一步加强重大税收违法案件内部惩戒工作的通知》，进一步明确相关部门职责，落实责任到岗到人，充分发挥部门职能作用。深度整合金税三期系统、纳税服务信用系统和稽查协查等系统数据资源，为完善“黑名单”智能信息系统，做足前期数据准备工作。全区各级国税稽查部门新录入重大税收违法案件信息系统并审批的税收违法“黑名单”企业19户；其中按规定公布信息16户，只录入系统不公布信息3户。公布16户企业的“黑名单”信息由公布信息的稽查部门推送至各级国税机关的纳税服务及相关管理部门，采取相关的内部惩戒管理措施；新公布的7户税收违法“黑名单”企业的相关信息全部通过内蒙古自治区社会信用信息管理平台将信息推送至发改委、公安、法院、银行、工商、交通运输、海关等相关部门。

【涉税违法案件检举】 全区各级国税局稽查局共受理举报案件168件，共查结检举案件52件；查补税款、罚款、加收滞纳金共计6850.64万元；入库5644.11万元，入库率82.39%。共接受税务总局稽查局举报中心交办案件10件。已结案5件。落实税收违法案件举报的各项管理制度，严格执行案件受理程序，提高案件受理水平，依法查处举报案件，优化举报案件管理工作，修订《单纯索要发票举报事项快捷处理办法》。全区各级国税局稽查局举报工作人员努力做到受理一件，解决一件，矛盾不上交，问题不下推，把问题解决在基层、解决在当地。

【案件协查】 全区国税系统稽查部门牢固树立全国协查“一盘棋”思想，强化“协查地就是案发地”观念，积极推行协查工作绩效考核，协查信息管理系统运行平稳。全区国税系统稽查部门共通过协查系统发出委托协查函147起，涉及发票4382份，企业147户（次），金额114586.6万元，税额18543.79万元；共收到全国各地受托协查函

819起，涉及发票16520份，企业1038户（次），金额333565.05万元，税额56625.88万元。

【稽查制度建设】 为贯彻落实党中央、国务院关于深化行政体制改革，加快转变政府职能，推进简政放权、放管结合、优化服务的决策部署，按照税务总局制定的《推进税务稽查随机抽查实施方案》《税务稽查随机抽查对象名录库管理办法（试行）》《税务稽查随机抽查执法检查人员名录库管理办法（试行）》，并结合自治区工作实际，制定《内蒙古自治区国家税务局税务稽查“双随机、一公开”监管办法（试行）》，规范稽查选案，严格检查人员选派，加强“双随机、一公开”监管工作。

【稽查系统建设】 修订《国税稽查文书规范指引》。在全区继续进行国税系统稽查工作管理考评，并与国税系统绩效管理考核衔接，加强考评，强化监督，增强对盟市级国税局稽查局案件的指导。从执法程序、证据审核、文书规范、案件处罚、数据计算、案卷装订管理六方面对各盟市国税局稽查局查处的案件进行指导检查。对检查中发现的部分案件证据不充分、数字计算不准确、法律依据引用不足、文书制作不够规范等问题，各盟市进行及时纠正和整改，并全面落实执法责任制和执法过错责任追究制。

【稽查队伍建设】 全区国税稽查部门按照全区国税系统党风廉政建设工作会议的要求，围绕保证权力正确行使，促进廉政建设目标的实现，加强对税务稽查内部工作环节的监督制约；提高稽查干部廉洁自律意识，完善案件查办中的制约措施，实现科学分权、相互制约、强化流程监督。深入开展廉政教育，提高稽查干部的政治敏锐性，警示稽查干部筑牢反腐倡廉的思想防线。引导稽查人员爱岗敬业，转变作风，增强执法风险意识和廉洁自律自觉性。

【稽查人才库建设】 进一步完善《稽查人才库管理办法》，对政治素质过硬、廉洁律己、业务精湛、专长突出的稽查干部，重点培养，及时入库，大胆使用。实行人才库的动态管理，优化人才专业、年龄结构，全区稽查人才库50多人，形成多行业、多门类、多元化的专家型稽查人才库格局。

【稽查业务培训】 坚持提高综合素质与岗位练兵相结合，积极开展全员岗位练兵活动，狠抓办案业务建设。组织全区国税系统稽查骨干业务培训班；各盟市级国税局稽查局也都通过汇编稽查案例、开展优秀案例评选和案例讲评、组织稽查人员脱产培训、举办查账技能专题培训班等方式，开展形式多样、内容丰富的业务培训和岗位练兵活动。

【稽查信息化建设】 利用大数据平台，整合金税三期等税收数据，以呼伦贝尔市国税局稽查局为试点，研究开发“智慧稽查”信息系统，真正实现科学选案，准确选案，提高相关数据统计质量和分析水平，提高运用信息化手段的检查能力，采用稽查电子数据采集系统与电子查账软件，提高运用信息化手段进行涉税违法行为检查的能力。建立稽查信息共享机制。对内与征管、大企业管理、税政等部门建立信息共享平台；对外与地税、工商、银行、财政、海关、审计、外贸、外汇、国土、房管等部门探索建立信息共享机制、搭建信用信息共享平台。

【稽查工作会议】 2017年3月23日，全区国税稽查工作会议在鄂尔多斯市召开。会议的主要任务是深入贯彻落实全国税务稽查工作会议精神、研究部署全区2017年及今后一个时期国税稽查工作。自治区国税局副局长霍文刚作题为《攻坚克难　砥砺奋进　扎实推进全区国税稽查现代化》的讲话。讲话全面回顾了2016年稽查工作取得的成绩和存在的问题，深刻分析了当前稽查工作面临的形势，从“服务中心工作、净化税收环境、深化稽查改革、全面从严治队”4个方面对稽查工作提出了新的任务和要求，从“完成堵漏增收工作任务、抓好打虚打骗重点工作、进行高风险行业检查、加大行政定性和结案力度及全面推进‘双随机、一公开’监管工作”等12个方面提出了进一步推进国税稽查现代化建设的具体工作要求。自治区国税局稽查局局长郭树安作会议总结。自治区国税局稽查局全体干部、各盟市局分管领导、稽查局局长参加会议，并就如何贯彻落实好2017年稽查工作任务进行了专题讨论。会后，全体参会人员参观了鄂尔多斯市国税局税警联络办公室和国地税联合办税服务大厅。

【工作建议】 加强内控机制建设，严格执行《税收征收管理法》及其实施细则中稽查选案、检查、审理、执行四环节相分离的规定，使四环节相互制约，注重防范稽查执法廉政风险。按照税务系统内控机制总体工作部署，要加强对稽查检查环节的监督和管理，统一规范检查流程，强化检查环节痕迹管理。规范审理环节税务稽查行政裁量权，统一执法尺度，避免处罚不公或越权执法带来负面影响。

（康健全）

内蒙古自治区地方税务局稽查局

【概述】　2017年，内蒙古自治区地税稽查部门认真贯彻落实税务总局和自治区地税局的各项工作部署，紧紧围绕地税中心工作，创新工作思路，加强稽查力度，全力打击涉税违法犯罪活动，扎实推进税务稽查改革，不断加强干部队伍建设和党风廉政建设，努力提高稽查工作质效，各类稽查检查查补收入125700万元。

【稽查体制机制改革】　一是积极实施稽查体制改革。全区地税系统14个盟市级稽查局升格为副处级单位，全面提升稽查管理层级。二是稳步实施随机抽查制度，全面推广应用金税三期稽查“双随机工作平台”，建立95户自治区级的重点检查对象名录库和执法检查人员名录库。三是大力推进国地税联合稽查，制定国地税联合稽查工作办法，设立国地税联合稽查领导小组及其办公室15个，实现共建机构、选取案件、稽查检查、开展宣传、组织培训“五联合”。全年联合督导自查1076户，查补收入27411万元，入库24791万元；实施同步立案检查132户，查补收入6641万元，入库6388万元。四是建立健全警税合作新机制。设立自治区、盟市两级公安派驻国地税联络机制办公室15个，制定《公安派驻国、地税联络机制运行暂行办法》，加强警税协作工作，全区税警联合查办案件16件，抓捕犯罪嫌疑人24人，为国家挽回经济损失1968万元。

【稽查查补收入】　立案检查508户，比上年增加318户，同比增长109.7%，结案户数412户，比上年增加164户，同比增长66.1%，查补收入8.1亿元（督导自查收入5.6亿元），其中：税款1.56亿元、滞纳金5164万元、罚款4164万元。入库收入8.4亿元（督导自查入库6.5亿元），其中：税款9662.4万元、滞纳金5974.9万元、罚款3370.2万元。

【案件查办】　一是充分发挥稽查的服务职能，全面辅导企业自查，按照“以企业自查为先导、以税务机关重点检查为保障”工作模式，辅导企业进行全面、彻底自查。二是科学分类确定稽查对象，扎实深入开展检查，严格按照税务总局重点稽查对象随机抽查工作要求，实行联合进户执法保证执法程序规范统一，形成执法合力，最大限度地减少了对纳税人生产经营活动的影响。对26家集团401户开展立案检查，完成检查阶段工作。

【案件特点分析】　一是有问题户占比大幅降低。从涉税违法行为类型看，有问题户283户，占全部检查户数的比重55.7%，比上年下降37.3个百分点。其中，偷税6户，比上年减少8户，累计查补2773万元；不进行纳税申报41户，比上年减少41户，累计查补8344万元；发票违法6户，比上年减少15户，累计查补19万元。二是采矿业和金融行业查补金额较大。从行业类型看，立案检查户主要集中在金融业（146户）、电力、热力、燃气及水生产和供应为业（78户）、采矿业（38户）、制造业（33户）。采矿业和金融行业查补金额较大，分别查补7578万元和7130万元，占查补总额的30.3%和28.5%。三是查补税款主要集中在个人所得税和营业税。从分税种看，查补个人所得税5657万元，入库2751万元；查补营业税4627万元，入库1711万元；查补企业所得税693万元，入库299万元；查补土地增值税74万元，入库74万元；查补其他税种4596万元，入库4827万元。

【重大案件查处】　一是在全区部署开展金融企业逾期应收未收贷款利息专项检查，截至2017年7月底，共计查补税款2.74亿元，组织入库1.1亿元。二是对内蒙古滨海体育场公司和内蒙古维多利集团及5个盟市下设的维多利企业开展重点稽查，截至2017年7月底，组织入库税款8.26亿元。三是配合纪委、公安厅、审计厅等部门查办交办转办涉税案件10件，查补税款1亿多元。

【行业和区域税收专项整治】　在广泛调研和评估的基础上，结合“营改增”后工作实际，区局将路桥企业确定为全年稽查重点，从自治区级重点检查对象名录库中随机抽取42户路桥施工企业，从自治区级和盟市级两级执法检查人员名录库中随机抽取检查人员102人次，组成33个联合检查组，采取跨区域、跨辖区的异地稽查交叉检查的方式，开展全区路桥施工企业随机抽查检查工作，查补税款44700万元。同时，为了更好地加强对资源税的管理，根据发现的资源税征管中存在的问题及分析，提出征管建议。

【“双随机、一公开”监管】　“双随机、一公开”工作全面展开，并取得初步成效。“金税三期双随机工作平台”在全区全面推广上线，各地依托“金税三期双随机工作平台”系统建立税务稽查重点对象名录库、税务稽查异常对象名录库和执法检查人员名录库，并对纳入名录库中的企业开展随机抽查立案检查。截至2017年12月，“金税三期双随机工作平台”系统共有重点稽查对象：

税务总局2962户、自治区级95户、盟市级200户、异常稽查对象4980户。抽取自治区级重点对象名录库企业41户，盟市级重点对象名录库企业62户，随机抽取执法检查人员名录库193人次开展稽查立案检查。

【重点稽查对象随机抽查】 为提高检查工作效率，成立以主要领导为组长、分管领导为副组长、稽查局及各相关部门为成员的检查工作领导小组，加强对本地区重点稽查对象随机抽查工作的组织、协调、督导。一是做好税收自查工作。按照税务总局要求，自治区国税局、地税局合作部署对税务总局随机抽取的39家重点稽查对象涉及自治区26家集团企业1312户成员单位的自查工作。自查查补收入21726万元，其中查补税款15723万元，滞纳金6003万元；自查查补入库26186万元，其中入库税款19288万元，滞纳金6898万元。二是积极开展检查工作。为做好重点税源企业检查工作，自治区国税局、地税局（稽查局）组建专业检查团队，对省级分公司企业开展现场辅导，企业集团内存在跨地区汇总纳税成员单位的，自治区级机构所在地税务机关与分支机构所在地税务机关建立了工作协作关系。检查中，国地税共享检查信息、证据资料和检查结果，对税务总局下发第二批39家集团企业涉及内蒙古自治区国地税的26家集团企业493户分支机构实行联合进户执法，陆续开展了25家集团企业401户重点稽查对象的重点检查工作。截至2017年11月，重点检查阶段共计查补收入6633万元，其中查补税款3851万元，滞纳金1559万元，罚款1223万元；查补入库收入2757万元，其中入库税款1429万元，滞纳金776万元，罚款552万元。

【打击发票违法犯罪活动】 对7256户纳税人开展发票检查，查处发票违法企业2490户，涉及违法发票计4340份，涉及发票违法金额7249.16万元，共计查补税额1072.76万元，加收滞纳金928.75万元，罚款555.24万元。查补税款入库1079.45万元，入库滞纳金928.75万元，入库罚款552.54万元。

【税收“黑名单”制度和联合惩戒】 进一步加强重大税收违法案件信息公布工作，对2013—2017年的重大税收违法案件进行全面清理自查，在内蒙古人民广播电台新闻综合广播制作关于税收违法案件“黑名单”信息公布和联合惩戒的专题访谈节目，宣传相关税收政策，确保“黑名单”工作落到实处。

【涉税违法案件检举】 积极整合服务资源，开展部门协作，建立12366纳税服务热线直接受理涉税违法电话举报和快捷处理通道，优化举报办理程序，提高工作质效。规范检举案件管理流程，将自治区稽查局受理的检举案件均通过金税三期系统推送到各级稽查部门进行查处，明确各环节具体要求和相关责任。建立检举案件登记台账和查处进度台账，加强全程跟踪和监控，实现动态管理，确保案件及时查处办结。全年受理检举案件96件，立案检查56件，结案26件，查补收入631.69万元，入库631.69万元。

【案件协查】 收到北京地税局第四稽查局、哈尔滨市地税局稽查局寄来的委托协查函2份，均按要求进行检查核实并及时进行了反馈。向四川省地税局稽查局、湖北省地税局稽查局、黑龙江省地税局稽查局发出协查函4份，对方均反馈了结果，为案件的查处起到积极作用。

【稽查制度建设】 不断完善稽查工作制度。制（修）定《稽查异地交叉检查管理办法》《规范进户执法工作办法》《稽查案件复审复核办法》《稽查信息利用办法》4个制度办法，健全稽查运行机制。

【稽查队伍建设】 一是注重发挥党建引领作用。认真落实主体责任，强化“一岗双责”，坚持党风廉政建设与稽查业务工作同部署、同落实。认真开展支部党建工作，深入学习宣传贯彻十九大精神，开展讲党课、主题党日活动，创建标准化党支部。二是积极推进内控机制建设。制定《内蒙古自治区地方税务局税务稽查风险内部控制制度（试行）》，对税务总局《税务稽查风险内部控制指引》中307条风险点进行分类筛选和管理，对“税务系统内部控制监督平台”开展稽查指标测试和系统运行四级联测，对内控机制建设督查指导，确保运行平稳顺畅，强化稽查风险防控。三是大力强化培训学习，努力打造高素质能攻坚的稽查干部队伍。

【稽查业务培训】 2017年1月举办《全国税务稽查规范（1.0版）》师资培训班，3月举办电子查账模拟实战演练培训班，4月举办“金税三期税务稽查双随机工作平台”系统操作培训班，8月开展电子查账软件实战演练活动，10月组织稽查系统“岗位大练兵、业务大比武”活动。

【稽查信息化建设】 一是优化金税三期稽查模块。以《全国税务稽查规范（1.0版）》为依据，优化金税三期工程稽查模块业务需求，完善稽查业务现有内部流程，拓展随机抽查、举报管理等新增业务流程。二是完善信息系统。建设“双随机、一公开”工作平台，实现稽查系统“双随机、一公开”信息化支撑；建立稽查大数据选案分析机制，实现精准选案；升级完善重大税收违法案件公布信息系统和协查系统，有效提高“黑名单”制度落实工作和案件协查工作质效。三是制定信息化应用标准。印发《内蒙古地税稽查信息化应用管理指导意见》，制定稽查应用软件技术和业务标准，指导各级稽查局规范、有序开展稽查信息化应用管理工作。四是提升工作质效。购置电子查账软件100套，开展操作应用培训，提高稽查精准度和稽查效率。

【稽查工作会议】　2017年3月，全国税务稽查工作视频会议结束后，及时将此次会议精神向自治区地税局党组进行专题汇报，并将会议精神传达到各盟市地税局稽查局，形成具体贯彻落实意见上报税务总局。10月25日，召开全区地税稽查工作座谈会，通报前9个月全区地税稽查工作情况，部署下一步稽查工作任务，听取各盟市局稽查体制改革情况及稽查工作经验交流汇报，并进行了案卷观摩和实地观摩。

【工作建议】　一是深入实施异地交叉检查，增强稽查执法的独立性，避免执法干扰，在提升稽查打击效果和发挥案件查处作用方面取得新突破。二是建立风险导向下的稽查检查，建立有效的风险导向下的推送机制。三是继续提升信息化应用及电子查账水平，不断扩大电子查账覆盖面，增强稽查的精准性和威慑力。四是持续加大稽查干部培训力度，在提升稽查人员业务技能上实现新突破，加速培养一批在选案分析、重大案件查处及重点行业检查等方面能独当一面的专业人才。

（呼　和）

辽宁省

辽宁省国家税务局稽查局

【概述】　2017年，辽宁国税局稽查局以习近平新时代中国特色社会主义思想为引领，深入贯彻落实全国税务稽查工作会议、全省国税工作和党风廉政建设工作会议精神，按照税务总局、省局的统一部署和要求，围绕税收中心工作，忠诚履职，务实进取，注重集成，提升效能，严厉打击税收违法行为，持续深化稽查改革，强化干部队伍和廉政建设，努力实现辽宁国税稽查工作的新跨越。

【稽查现代化建设】　全省稳步推行执法全过程记录制度，统一配置执法记录设备，加大对现代化稽查装备的配置，提升现代化装备水平。同时，围绕稽查法制化、队伍专业化、手段信息化、管理扁平化的基本思路，推进稽查现代化建设，开展国地税联合稽查，完善税警协作机制，开展大练兵大比武活动，提升稽查队伍业务水平和整体管理质效。

【稽查体制机制改革】　一是按照抓重点、全覆盖、建好库、推平台的总体要求，落实“双随机”稽查改革事项，所有待查对象均以随机抽查方式开展稽查。二是完善风险分析机制，丰富选案分析数据指标体系和风险分析模型，建立健全工作制度机制，提高稽查打击精准度。三是推进国地税联合稽查工作。以税务总局、省局部署和各市自选的重点稽查对象随机抽查、上级交办督办的重大案件检查为抓手，集成共享涉案信息，实现国地税共管案源联合稽查全覆盖。四是强化公安派驻联络机制。实现省市两级联络机制常态化、制度化、规范化运作。以案件查办实战需求为导向，发挥各自专业优势，查处一批大案要案。五是落实“黑名单”和联合惩戒新要求。对所有符合公布标准的案件及时进行公布和推送，提高对失信纳税人的惩戒力度，促进纳税遵从。

【稽查查补收入】　全省稽查查补总额233003万元，其中立案查补总额109230万元、自查查补总额123773万元。入库总额207849万元，其中立案入库总额84076万元，自查入库总额123773万元。

【案件查办】 全省立案检查4735户次，审结户数3866户，其中审结有问题户数3239户；结案户数4100户，其中结案有问题户数3065户。

【案件特点分析】 从涉税违法行为上看，逃避缴纳税款案件占25.30%，逃避追缴欠税案件占0.32%，骗取出口退税案件占0.05%，编造虚假计税依据案件占1.13%，不进行纳税申报案件占0.05%，发票违法案件占24.24%，其他案件占48.91%，逃避缴纳税款案件和发票违法案件所占比重较大，是全省今后要打击的重点。从查补税种上看，查补增值税占查补税款的54.95%，查补消费税占查补税款的10.74%，查补企业所得税占查补税款34.25%，查补的消费税和企业所得税占比较小，是全省重点检查的方向。

【重大案件查处】 组织查办"1·07"特大利用黄金交易虚开增值税专用发票案（案值500亿元）、"5·02"团伙虚开增值税专用发票案（案值37亿元）和"3·24"特大制售假普通发票案（案值2000亿元），受到税务总局、省政府和省局领导的表扬性批示。

【打击骗税虚开专项行动】 全省高度重视打击骗税和虚开专项工作，紧紧围绕四部委打击骗税和虚开工作领导小组和税务总局工作部署，建章立制，多措并举，建立五部门协作机制，并通过大数据精准选案、案件研判和"项目制"案件管理方式推进专案查处工作，取得良好工作效果。全省共检查虚开骗税企业984户，涉及发票42.67万份，金额2625.15亿元，税额104.79亿元，查补收入7.29亿元；税警协作116件，抓捕犯罪嫌疑人257人。

【行业和区域税收专项整治】 开展废旧物资行业、"白糖票"案件、"营改增"发票检查等专项整治。其中，废旧物资行业涉嫌虚开企业40户，涉及发票7230份，金额74109万元，税额12601万元。"白糖票"案件涉及发票1435份，金额38419.49万元，税额5644.40万元。"营改增"发票检查查补收入21.95万元，走逃1户，已提请公安机关介入。地炼"变票"企业预计应补消费税1242999万元。

【"双随机、一公开"监管】 全省结合纳税人实际情况，采取省局、市局联动方式，运用现代信息手段，建立税务稽查对象名录库和执法检查人员名录库，并利用"双随机平台"随机选取296户企业开展随机抽查检查工作。自查税款11283万元，并全部入库。

【重点稽查对象随机抽查】 全省采用"项目管理组+核心团队+辅助团队"的项目化管理、团队式检查方式，进行2016年度重点税源企业随机抽查检查工作。检查的26集团在辽成员单位共计337户，其中国地税联合立案检查户数230户。查补收入合计33211万元，其中增值税税款2625万元，企业所得税税款29676万元，滞纳金871万元，罚款39万元。入库收入8154万元。

【打击发票违法犯罪活动】 全省查处违法企业2454户，非法发票118806组，涉及金额1116010.39万元，查补税款58978.09万元，罚款11694.48万元，滞纳金1900.88万元，没收违法所得33万元，移送案件104件。

【税收"黑名单"制度和联合惩戒】 全省认真核对符合标准的案件信息。及时公布、撤出及推送案件信息。截至2017年底，公布案件110件，稽查款项缴清后撤出公布并将完税情况通知联合惩戒部门20件。此项工作对于优化营商环境，整顿税收秩序发挥了积极作用。

【涉税违法案件检举】 全省受理税收违法检举案件365件，其中税务总局交办43件、省局稽查局受理66件、市局稽查局及县局稽查局受理256件。查补涉案金额6430万元，其中税款5469万元、滞纳金123万元、罚款838万元。

【案件协查】 全省委托发出协查638起，发票39281份，涉及金额390528.70万元，税额64690.40万元，全年选票准确率97.8%；全省收到受托协查1886起，发票41043份，涉及金额591843.77万元，税额94983.27万元，委托协查信息完整率100%，受托协查累计按期回复率100%。主要采取制定工作指南，规范委托发函和受托回函的业务流程，增加协查在绩效考评权重；建立台账，强化协查案件的实施跟踪监控，大幅提高了受托协查工作质量。

【稽查制度建设】 全省以全面推进稽查现代化建设为目标，建立健全相关规章制度，印发《辽宁省国家税务局关于落实税收违法"黑名单"及联合惩戒工作实施方案》（辽国税发〔2017〕149号）、《辽宁省国家税务局关于进一步加强税收违法案件一案双查工作的通知》（辽国税发〔2017〕159号）、《稽查绩效考评评分方法》（辽国税稽发〔2017〕41号）等制度办法，为相关工作开展提供制度保障。

【稽查系统建设】 全省充分发挥绩效管理的导向作用，将绩效考核、同业务竞赛及稽查工作充分融合，通过优化配置、完善制度、落实指标、严格考评等一系列措施，推动国税稽查系统绩效工作质量提升。一是通过开展培训，明确主体责任。二是细化分解指标，责任到岗到人。三是强化考评分析，督促指标落实。

【稽查队伍建设】　一是积极落实税务总局稽查局《内部控制制度》《内部控制操作指引》等具体规章制度，各级稽查部门建立健全务实管用的干部管控措施，同时结合“两学一做”常态化学习教育，进一步强化作风纪律建设，把强化纪律观念、从严执行纪律贯穿始终，确保系统上下令行禁止。二是认真落实“一案双查”办法。三是组建专业精英团队，充分发挥人才库和各类优秀人才的引领作用，组建业务精湛、敢打硬仗、能打胜仗的专门团队，直接查处重大骗税虚开案件，积极参与案源管理分析、重点税源随机抽查等工作。四是研究制定中长期培训规划，以提高稽查业务技能为主，完善分级分类培训机制，切实提升稽查队伍整体素质和工作水平。

【稽查人才库建设】　对全省稽查干部基本情况进行摸底调查，拟定选拔一批德才兼备的人才，更新管理、综合、选案、检查、审理、执行6个子库的相关人员。

【稽查业务培训】　全省对选案、检查、审理、执行分别培训7次。特别是对全省人才库人员的稽查业务进行高端培训，提升稽查骨干的专业素质，起到稽查战线“领头雁”的作用。

【稽查信息化建设】　全省以《全国税务稽查规范（1.0版）》为依据，完善稽查业务域现有内部流程，完成全省金税三期工程稽查模块初始化配置调整，为规范执法流程、支撑稽查改革、转变工作方式提供信息化支撑。利用自主开发的ETA软件开展数字化检查，不断拓展ETAP应用，充分发挥信息技术手段对检查的强大支撑，提高稽查质效。

【稽查宣传】　全省在第26个税收宣传月期间，围绕“便民办税春风行动”“互联网+税务稽查”为主题开展一系列宣传活动，使税收宣传更加多样化、生动化、亲民化。另外，全省正在公布案件110件，稽查款项缴清后撤出公布并已将完税情况通知联合惩戒部门20件，加大案件曝光和联合惩戒力度，引起了社会的广泛关注。

【稽查调研】　围绕集中选案、联合稽查、金三运维、联合惩戒、强化执行、绩效管理等方面开展广泛调研，为建立或修改完善相关制度办法提供依据。

【稽查工作会议】　2017年3月24日，全省国税稽查工作会议在沈阳召开。省局分管稽查工作领导、省局稽查局领导班子及中层干部、各市局分管稽查工作的局领导、各市局稽查局局长参加会议。会议传达贯彻全国税务稽查工作会议、全省国税工作和党风廉政建设工作会议精神，总结2016年全省国税稽查工作，研究部署2017年工作任务。部分单位进行了工作经验介绍。省局党组成员、总审计师杨荣学在会上作《服务大局　提升效能努力实现辽宁国税稽查工作新跨越》发言。

【工作建议】　建议税务总局稽查局进一步加强税务稽查现代化建设和稽查改革顶层设计，以便更好地指导各省稽查现代化建设和稽查改革。一是大数据拓宽获取第三方信息的渠道，以提高稽查质效。二是从专业角度培养专业型稽查人才，使稽查工作向更高层次发展。

（徐　岩）

辽宁省地方税务局稽查管理处

【概述】　2017年，辽宁各级地税机关稽查机构深入贯彻落实全国税务稽查工作会议和全省地方税务工作会议要求部署，围绕税收中心工作，严厉打击各类税收违法行为，全面推进“双随机、一公开”监管，推行和健全稽查运行机制，推进稽查信息化建设，强化系统管理，规范执法行为，改进执法服务，稽查工作的整体水平进一步提高。

【稽查机制】　全面推行税务稽查规范（1.0版）。组织全省地税稽查干部进行为期2天的《全国税务稽查规范（1.0版）》集中培训；将稽查规范与金税三期稽查模块结合，对部分市局开展辅导。完善稽查内控机制。对省地税稽查所有风险点重新进行梳理，从制度及工作机制上进一步完善防控办法。严格落实“黑名单”制度和联合惩戒。通过后台数据对2014—2017年偷税案件进行梳理排查，未发现应报未报的“黑名单”案件；联合省国税局、省发改委进一步落实《联合惩戒合作备忘录（2016版）》；组织相关市局对金税三期优化版稽查域的“黑名单”模块进行流程及节点配置，并进行测试，开始使用。建立稽查团队化运维机制，向税务总局报送《建立稽查专业团队　探索金税三期运维新模式》专报，受到税务总局副局长孙瑞标的表扬性批示。推进国地税联合稽查机制，以税务总局重点稽查对象检查为抓手，实现共同选案、共同进户、协同审理，联合统计分析，联合报告稽查成果。

【稽查查补收入】 全省各级稽查部门共实现稽查收入（含税款滞纳金、罚款，下同）12.03亿元，组织入库11.11亿元。其中，稽查查补收入8.98亿元，组织入库8.73元；自查查补收入3.05元，组织入库2.38亿元。

【案件查办情况】 全省各级稽查部门共检查10899户。其中：稽查检查4641户，审结3793户，有问题户数2642户，结案户数3629户；企业自查6258户。

【重大案件查处】 全省各级稽查部门查处稽查案件千万元案件10件，百万元案件105件。查处偷税案件73户次，查实收入1393万元。

【行业和区域税收专项整治】 针对近年来辽阳灯塔市举报案件多发、曾经出现集体上访的实际情况，将2017年的省局税收专项整治区域确定为辽阳灯塔市，检查对象确定为所属行政区域内的纳税人和扣缴义务人，检查年度确定为2014—2016年度。首先通过实地调研，对灯塔市地税局辖区内的2201户非自然人纳税人进行排查梳理，确定对1346户企业开展税收专项整治；然后为保证进户执法的规范性，通过金税三期系统双随机工作平台选取符合专项整治条件的纳税人1240户。此项工作查补税费收入近2.1亿元。

【“双随机、一公开”监管】 按照省政府“双随机、一公开”要求，确定税务检查和社会保险费检查两项检查事项清单。建立省级重点稽查对象、市级重点稽查对象名录库和全省稽查执法人员名录库。开展“双随机、一公开”业务培训和“双随机工作平台”操作培训。完成“金税三期税务稽查双随机平台”上线工作，应用此平台开展随机抽查，完成双随机案件信息补录工作。将省局重点稽查对象随机抽查情况在辽宁地税官网进行公开。

【重点稽查对象检查】 对税务总局2016年部署的40户重点税源企业查补收入8512万元，对省局选取的140户省级重点稽查对象查补收入5679万元。对税务总局部署的20户股权转让企业，由省局牵头开展国地税联合检查，查补收入1.82亿元。对税务总局部署的11户所得税在地税的医药行业企业查补收入445万元。

【打击发票违法犯罪活动】 查补发票违法企业626户，非法发票2076份，查补收入1061万元，其中对税务总局部署的“3·24”制售假发票案件受票企业开展检查，查处违法发票1885份，查补税款198万元。

【税收“黑名单”制度和联合惩戒】 实施联合惩戒，是对税收违法“黑名单”当事人采取的一种必要措施。牵头起草，并与辽宁省信用办、辽宁省发展和改革委员会及辽宁省国家税务局联合下发《对重大税收违法案件当事人实施联合惩戒的工作规程》，《中国税务报》《税务总局工作动态》分别介绍了相关情况。公布7件“黑名单”案件，在辽宁省地方税务局官方网站（群）对16户违法企业进行曝光。

【涉税违法案件检举】 做好举报管理工作。坚持“涉税检举无小事”原则，强化服务意识，全省共对226件纳税人举报、上级转办、领导交办案件进行认真查处，查补收入2881万元；落实与12366的对接和快捷通道制度，规范案件内部运转和反馈机制。举办全省12366纳税服务热线接受对纳税人涉税违法举报培训班，对涉税举报案件服务热线基本工作流程、作业标准和政策及常见问题进行讲解；向税务总局报送鞍山天兴置业有限责任公司查处情况报告。

【案件协查】 对四川、北京、贵州发来的协查函，严格按要求转出各地开展协查，并将结果回复委托协查单位。

【稽查队伍建设】 一是开展专业化、差别化培训，强化稽查技能学习，重点开展双随机平台、金税三期优化版业务及操作师资培训；二是编写试题库，配合基层工作处开展稽查人员“大比武、大练兵”工作；三是结合“两学一做”学习教育，加强党风廉政建设，坚决落实税务人员“十五不准”等廉洁自律规定，严格落实《税收违法案件一案双查办法》，对48个案件开展“一案双查”。

【稽查信息化建设】 以建立稽查信息化专业团队为依托，探索建立金税三期稽查域事前、事中、事后运维新模式，推进稽查工作信息化、现代化。一是通过运维团队业务“全面覆盖”，团队信息化工作“连续推进”，稽查域版本升级“系统测试”，组建运维团队，建立事前解决问题的“新模式”。二是通过处室之间的“横向沟通”、系统内部的“交互共享”、系统外部的“协调比对”，建立运维机制，增加事中解决问题的“多渠道”。三是通过操作手册“常更新”、下发文件“常规范”、业务培训“常加强”，形成制度规范，保证运维模式的“闭环管理”。此项工作受到税务总局副局长孙瑞标的表扬性批示。

【稽查宣传】 通过《中国税务报》《辽宁日

报》和其他新闻媒体，多形式、多层次、多批次地宣传税务稽查成果；向税务总局报送辽宁地税第一期稽查专报，受到税务总局副局长孙瑞标的表扬性批示。

【稽查工作会议】　2017 年 3 月 23 日，辽宁省地方税务局稽查工作会议召开，总结 2016 年稽查工作，部署 2017 年稽查重点工作。

（安　宁）

吉林省

吉林省国家税务局稽查局

【概述】　2017 年，吉林国税局各级稽查部门全面贯彻落实全国税务稽查工作会议和全省国税工作会议精神，坚持服务经济社会发展大局和税收中心工作，履职担当，攻坚克难，持续开展打骗打虚专项行动，大力推进国地税联合稽查，全面推广“双随机、一公开”监管，深入实施“黑名单”制度和联合惩戒，完成全年各项稽查工作任务。

【稽查现代化建设】　以信息化技术为手段，以高科技软件为平台，以部门间协作为动力，积极投身稽查信息化建设，与吉林省公安厅、吉林省地方税务局联合打造集成“金税三期征管系统”“增值税发票电子底账系统”“协查信息管理系统”“风云情报信息系统”“涉案账户资金网络查控系统”五大系统的“警税信息共享平台”。

【稽查体制机制改革】　为进一步深化警税协作，有效打击和防范涉税违法犯罪，吉林省公安厅、吉林省国家税务局、吉林省地方税务局联合成立吉林省警税联合联络机制办公室。制定《吉林省公安厅　吉林省国家税务局　吉林省地方税务局联合联络机制运行暂行办法》，大力推进市、县两级建立健全警税联合联络机制，深化警税协作，发挥联合联络机制在打击和防范涉税违法犯罪工作中的重要作用。

【稽查查补收入】　直接检查和组织企业自查合计查补收入 18.3 亿元，入库 18.3 亿元。其中，直接检查企业 1341 户，查补收入 5.6 亿元，入库 5.6 亿元；组织企业自查 604 户，查补收入 12.7 亿元，入库 12.7 亿元。

【案件查办】　强化案件督导管理，提高案件查办质效，全省国税稽查系统共开展检查案件 1341 户，其中税务总局重点税源企业检查 114 户，税收专项检查和区域专项整治 53 户，省局重点税源企业检查 56 户。

【重大案件查处】　查处百万元以上案件 72 件，查补税款、滞纳金和罚款合计 2.45 亿元。

【打击骗税虚开专项行动】　打击骗税工作共检查出口退税企业 6 户，挽回金额合计 6018 万元；打击虚开工作检查企业 641 户，挽回金额合计 9.99 亿元；移送公安机关 32 户，抓捕犯罪嫌疑人 16 人，对骗税和虚开违法犯罪行为起到了有力的震慑作用。

【行业和区域税收专项整治】　一是废旧物资行业案源 10 户，其中 6 户上游开票企业利用抄税到申报期间的时间差，当月开出发票，等受票企业认证完毕，收到卖票款项，然后将开出发票作废，未给国家税款造成损失。4 户废旧物资回收企业共认定虚开发票金额 2307.82 万元，税额 392.33 万元，价税合计 2700.15 万元。二是股权转让 4 户企业均已结案，查补税款、滞纳金及罚款共计 252.59 万元，均全部执行入库。三是医药行业 39 户，全省落实税务总局下发问题线索 12.90 亿元，查补金额合计 2.58 亿元，查补率 20.21%，罚款 6954.33 万元。入库金额 1.55 亿元，入库率 60.27%。

【“双随机、一公开”监管】　严格“双随机、一公开”监管工作要求，截至 2017 年底，“税务稽查对象名录库”现有企业 954 户，“税务稽查异常对象名录库”现有企业 21870 户。在“双随机”平台分级建立税收执法人员名录库，名录库共有人员 610 名。全省稽查部门共随机抽查企业 385 户，达到抽查比例要求，共查补入库税款 11.71 亿元。

【重点稽查对象随机抽查】　严格遵照税务总局布置重点税源企业随机抽查工作的时间安排，认真安排部署，积极组织查处。组织企业自查 306

户，查补税款 1201.18 万元，课征滞纳金 253.66 万元，金额合计 1454.84 万元；立案检查 114 户，查补收入 3281.7 万元，其中税款 2378.95 万元，滞纳金 765.33 万元，罚款 137.42 万元。

【打击发票违法犯罪活动】 严格按照税务总局打击发票违法犯罪活动要求，开展全方位、立体化的打击违法犯罪工作，查处发票违法企业 778 户，其中税务总局下达的 13 个重点行业违法企业 464 户，省自选重点行业违法企业 314 户。查处发票违法份数 20731 份；涉及金额 13.83 亿元，查补税款 1.08 亿元，加收滞纳金 3891.97 万元，罚款 2574.96 万元。组织问题企业自查 65 户，自查补税金额 2246.60 万元。

【税收“黑名单”制度和联合惩戒】 全省各级稽查部门查结的案件符合《重大税收违法案件信息公布办法（试行）》第六条标准的案件共 15 件（偷税案件 4 件、偷税同为虚开增值税专用发票案件 6 件、偷税同为虚开普通发票案件 1 件、虚开增值税专用发票案件 4 件），全部录入重大税收违法案件信息系统；全年共撤出 49 户案件。其中，4 户偷税案件当事人能按照《税务处理决定书》《税务行政处罚决定书》缴清税款、滞纳金和罚款，经实施检查的税务机关决定，履行案件撤出手续；45 户案件因公布满 2 年，对其依法撤出。全年符合“黑名单”联合惩戒标准 11 户案件在省局对外门户网站公布，并将相关信息提供给吉林省社会信用体系建设联系会议办公室及相关的联合惩戒单位实施联合惩戒。

【涉税违法案件检举】 全省各级国税稽查举报中心共受理税收违法检举案件 57 件（含税务总局转办检举案件），查结案件 52 件。共计查补税款 1648 万元，课征滞纳金 589 万元，罚款 1503 万元，查补收入合计 3740 万元，截至 2017 年底，入库 2273 万元。

【案件协查】 通过协查系统发出协查函 578 起，协查发票 19999 份，开票金额 19.52 元。收到相关省份回复发票 15654 份，其中协查问题类型为有疑问的发票 106 份，包括正常发票 12 份、有问题 91 份、无法核实 3 份；协查问题类型为已确定虚开 15548 份，选票准确率 99.92%，查补入库税款、罚款、滞纳金合计 224.79 万元。协查系统共收到受托协查 649 起，涉及发票 7618 份，税额 1.33 亿元。受托回复发票 8899 份，其中协查问题类型为有疑问的回函：正常 103 份、有问题 1211 份、无法核实 364 份；协查问题类型为已确定虚开的回函：正常 0 份、有问题 7140 份、无法核实 81 份。“有问题”发票占受托协查发票的比率 98.78%。查补入库税款、罚款、滞纳金 7972.9 万元，受托协查累计按期回复率 100%。

【稽查制度建设】 制定《2017 年全省国税稽查风险内部控制机制建设实施方案》，强化对税务稽查执法全过程的有效管理和控制，以控促勤，以控促廉，以控促管，规范稽查执法行为，提高稽查执法水平，规避稽查执法风险。

【稽查系统建设】 一是抓好《全国税务稽查规范（1.0）》实施，规范税收执法行为。二是完善案件协查制度，发挥协查服务作用。三是严格办案经费管理，倾向稽查设备现代化武装。

【稽查队伍建设】 一是组建专业精英团队。充分发挥领军人才、人才库人才和系统各类优秀人才的引领作用，组建专门团队，直接组织查处一定数量的重大骗税和虚开发票案件。二是强化作风纪律建设。以落实《税收违法案件一案双查办法》及补充规定为抓手，对检查中发现的涉及税务内部人员违法违纪线索及时报告，并积极配合相关部门开展工作。三是提高教育培训的针对性。会同教育中心研究制定 5 年培训规划，以提高稽查业务技能为主，建立分级分类培训机制，促进稽查人员工作水平不断提高。

【稽查人才库建设】 高度注重人才培养，致力打造高素质、专业化稽查人才队伍，精心组织考试，从 169 名稽查人才库成员中，选出全省稽查岗位能手 85 名。

【稽查业务培训】 立足于税收稽查工作实际，按照税务总局培训规划，积极开展“需求式”“专业化”培训，提高教育培训的针对性和实用性。以提升稽查业务技能为目标，配合重点工作、专项检查等重点加强“模拟查账”实战演练，切实提高稽查人员的实务操作能力。鼓励参加领军人才、人才库人才和系统各类优秀人才的专业培养，发挥专业人才主力军作用，做好“传帮带”，培养优秀师资力量，提高团队整体战斗力。举办各类培训班 168 次，累计培训人员 2981 人次。

【稽查信息化建设】 研发稽查电子网络查账平台，网查平台以“资源集成、实时共享、在线查账、服务实战”为设计理念，将被查企业的各项会计资料，通过采集软件提取后，导入网络平台，由稽查检查团队在线开展查账，对疑点难点问题由专家进行网络远程会诊和远程培训，达到时空整合最优化、时间成本最小化、检查质效最大化。

【稽查宣传】　全省各级稽查部门积极开展稽查宣传活动，普及税法知识，宣传稽查成果，曝光典型案件，努力营造良好的舆论氛围，不断扩大稽查工作的社会影响。

【稽查工作会议】　2017 年 3 月 16 日，全省国税稽查工作会议在长春召开。会议全面总结 2016 年稽查工作，统筹部署 2017 年稽查工作任务。会议宣读了省局局长梅昌新对税务稽查工作的批示："2016 年，全省各级稽查部门紧紧围绕税收中心工作，立足全局，履职尽责，敢于担当，勇于亮剑，充分发挥稽查职能作用，重拳打击各类税收违法犯罪，查补收入再创新高，'双随机、一公开'有序推进，国地税联合稽查不断深入，税警协作紧密加强，绩效考核成绩优异，各项稽查工作成绩斐然。在此，谨向全省国税稽查战线的同志们表示衷心的感谢和亲切的慰问。在新的一年里，希望全省稽查干部牢记使命，不忘初心，以开局就是决战、起跑就是冲刺的紧迫感和必胜心，撸起袖子加油干，严厉打击各类税收违法行为，深入推进'双随机、一公开'监管，大力加强国地税联合稽查，有效减少对纳税人的稽查频次，上下同欲、砥砺奋进，全面完成各项稽查任务，为吉林国税 5A 级税收现代化大厦建设做出新的贡献!"省局副局长易凯作题为《抓好绩效　服务大局　全面推动税务稽查工作迈上新台阶》讲话。从堵漏增收再创历史新高、打虚打骗工作成果显著、重点税源企业随机抽查工作有序开展等八个方面对 2016 年全省稽查工作取得的优异成绩给予充分肯定。对 2017 年工作提出要求：一是把握绩效管理主线，实现查补税款入库任务和稽查执法软环境建设的目标。二是提升行政执法办案的能力，强化打击虚开骗税和重点行业（区域）的涉税违法犯罪。三是落实"双随机"抽查事项清单和抽查结果的公开，推进稽查对象的随机抽取和检查人员的随机选派。四是深化稽查体制改革，构建税收"黑名单"工作机制和落实全国税务稽查规范机制。五是夯实制度建设基础，推动稽查信息化建设和稽查队伍建设。

（魏　兵）

吉林省地方税务局稽查局

【概述】　吉林地税系统各级稽查部门深入贯彻落实全国税务稽查工作会议、全省地税工作会议和稽查工作会议精神，积极适应经济社会发展新变革，主动融入供给侧结构性改革、"放管服"改革和税收征管体制改革，科学调整工作重心和方位，围绕服务税收工作大局，充分发挥稽查职能作用；坚持依法行政，严厉规范打击税收违法行为；坚持稽查改革创新，高效提升综合执法水平和稽查效能；坚持厚植干事氛围，合力锻造"坚守职业良知、维护公平正义、恪守忠诚担当、奉献创新发展"稽查铁军，稳步提高地税稽查工作整体水平，统筹推进税务稽查现代化建设。

【稽查查补收入】　实现稽查收入 19.42 亿元，入库收入 18.28 亿元，全省稽查入库率 95%。其中，组织纳税人自查 1984 户，补税 10.70 亿元；立案检查企业 1596 户，查补收入 8.72 亿元，户均查补额 54 万元。全省稽查贡献率 3.25%。

【稽查现代化建设】　各级稽查部门坚持以全面深化税收改革为目标，以稽查体制机制改革为核心，以稽查信息化建设为手段，以稽查制度建设为支撑，以稽查干部队伍建设为保障，调整职能定位，优化资源配置，重构业务流程，整合稽查要素，做实做强省市稽查，完善稽查治理体系，提升稽查治理能力，推动稽查现代化建设。

理顺机构设置，构建稽查体制。一是持续做实做强省级稽查，提升执法和管理能力。二是完善"市一级稽查"体制，提升机构层级和执法刚性。

强化系统管理职责，推进检查方式改革。一是省市两级稽查局强化对系统稽查业务管理、指导、考核和监督，对系统稽查执法办案的指挥协调，确保政令畅通、指挥有序、运转协调、步调一致、信息共享、组织高效。二是提高信息化水平，在全省推进数字化稽查，推动省内集约检查。三是优化资源配置，在全省推行"双随机"异地交叉检查、随机抽查和高风险纳税人定向稽查，推进稽查管理方式创新。四是率先探索实现国地税联合检查，推进税收执法整合创新。五是深化税警合作，推进税警联络机制创新；加强各省稽查协作，推进省际联合稽查创新。

强化信息手段，完善金税三期系统稽查模块。一是提出稽查综合管理系统与金税三期工程系统稽查模块的衔接需求，统一技术标准和接口标准，重点开发应用选案分析、电子工具、管理监控、成果应用等稽查应用管理信息系统，形成覆盖稽查管理和执法工作的综合信息化平台。二是建立重大案件涉案人信息库，及时向相关部门推送信息，发挥以查促管职能和联合惩戒威力。三是立足"互联网+税务"和大数据应用，建立使用稽查数据库，为选案分析、随机抽查、重大案件综合分析等提供支持。四是逐步探索建立稽查案源管理信息系统、预警模型分析系统。五是应用协查信息管理系统，提升协查案件管理效能。

加强队伍建设，提高依法行政能力。一是坚持以人为本，推动落实税务总局、省局总体要求和相关文件精神，稽查人员配置与税源结构、案件查处匹配度不断提高。二是坚持人才强税，落实稽查人才培养战略规划，注重培养稽查领军人才、高素质人才，打造和组建稽查选案、检查、审理等专业化团队。三是强化业务实战培训，增强干部发现、检查和处理涉税违法行为的核心业务能力，为履行职责提供保障。

【稽查体制机制改革】 按照《深化国地税征管体制改革方案》部署和上级要求，围绕稽查现代化建设，各级部门扎实推动稽查管理机制、管理方式、税收监管模式创新。

深化实施“双随机”异地交叉检查。一是制定《税务稽查随机抽查管理办法》《选案工作制度》等制度性文件，从双随机实施机制和程序、抽查比例和频次、社会监督、案件跟踪、分析推送、公开办法、结果运用等方面进行解释和细化，进一步明确随机抽查的内容、步骤和方式方法。二是深化信息应用，全面推行大数据选案，以税收大数据为支撑，利用现代信息化手段，对税收征管数据与社会公共数据进行高效采集、有效整合，建立风险案源名录库，进一步提高选案针对性和稽查精准度。三是深化主动公开，明确事后公开的范围、内容、方式、时限、程序和公开期限，确保每一项应公开的执法结果都及时向社会主动公开。通过持续推行“双随机”异地交叉检查，实现了稽查管理方式、执法层级、选案审理运行机制等多项创新和突破。

创新推行项目团队化稽查。一是整合稽查人力资源，取消主查、副查机制，打破科室壁垒，突出不同稽查人员业务专长和特点，注重以老带新，做到优势互补，激发团队工作合力实现最大化；协调个人与集体、小组与项目组之间的关系，既提倡发挥每个检查人员、每个小组的知识经验和创造精神，又强调团队意识，发挥集体智慧，把团队化检查作为共同学习和提高的过程。二是提高岗位实战技能，项目团队个人的工作经历、岗位业务范畴不同，可以根据行业的经营核算特点、内控方式以及政策规定，从不同角度提出更具针对性的检查意见，直中要害，事半功倍，起到将稽查人才综合智慧成果转化为稽查办案生产力的水平作用。

全面实行国地税联合稽查。一是创新办案措施，在联合稽查中，与省国税稽查局建立“六统一”的联合办案模式（统一选案口径、统一制定检查预案、统一进户时限、统一信息共享、统一处罚标准、统一执行措施），从根本上解决长期以来形成的“稽查各自为政、多头进户检查、执法尺度不一”难题。二是创新融合方式，通过建立信息共享机制、交换涉税信息线索、移送涉税证据资料、推送“黑名单”联合惩戒等方式，充分挖掘和利用信息共享带来的“数据金矿”，有效提升联合办案能力和水平。三是创新联合理念，一方面全省各级国地税稽查部门在联合稽查中实现同步阅账、同步取证、同步组卷，实地检查时间缩短了近1/3，稽查效率大幅提升；另一方面国地税稽查采取联合约谈、联合辅导、联合宣讲等方式加强对纳税人政策的宣传，让纳税人交明白税、放心税，稽查工作实现由“查处打击型”向“执法服务型”转变。

【稽查查补收入】 稽查部门共组织稽查收入18.28亿元。督导纳税人自查1984户，自查补税10.70亿元；立案检查企业1596户，查补收入8.72亿元，户均查补额54.63万元，其中查补百万元以上案件67件，查补2.59万元，户均查补386.9万元。全省稽查选案准确率98.6%、结案率99.6%、入库率100%、查补贡献率3.25%。

【案件查办情况】 全省地税稽查部门共查结各类税收违法案件1596起，查补收入共计19.42亿元，入库18.28亿元。其中：查处百万元以上案件67户，查补收入2.59亿元；千万案件11户，查补收入1.96亿元；亿元案件1户，查补收入1.31亿元。

【案件特点分析】 全年重点检查了股权转让、房地产企业、建筑安装、公务员培训等行业。主要特点：一是股权转让案件隐蔽性比较强，缺乏监控措施，业务复杂，税收管理难度较大。二是房地产企业成本结转、费用支出随意性大，不及时按配比原则进行会计核算。三是建筑安装行业存在发票使用不规范，违规开具虚假发票，开具大头小尾发票等现象，发票开具、接受的不规范直接导致税收流失。四是服务行业仍然存在不按税法规定的纳税义务发生时间和合同签订的结算方式确认收入，造成少缴税款或税款滞后缴纳。

【重大案件查处】 重点查处了房地产、建筑安装、医药经销、股权转让、公务员培训机构等行业发生的一批重大税收违法案件，其中查处千万元以上的案件11件，查补税款1.96亿元，入库1.96亿元。

【行业和区域税收专项整治】　开展全省异地交叉检查工作，抽调全省36名稽查业务骨干，其中地区16人、省局稽查局20人（包括检查人员11名；局领导、审理及保障人员9人），对白城市和长春市高新区、经开区3个区域11户企业开展异地交叉检查，有问题户100%，没有“白表卷”，查补收入3631.82万元，其中查补税款3174.96万元、加收滞纳金456.86万元。

【“双随机、一公开”监管】　全面落实国务院推进“放管服”改革和推行“双随机、一公开”监管，实现双随机全覆盖。将“双随机、一公开”工作与推进“放管服”改革、法治政府建设等重点任务相结合，规范完善公开标准，将“双随机、一公开”工作全程置于社会舆论监督之下，营造全社会共同关心、关注和支持“双随机、一公开”监管工作的浓厚氛围。全省“双随机”自查1910户，有问题户数750户，查补税款10.24亿余元，双随机检查1125户，查结899户，有问题企业845户，查补收入合计7.6亿多元。

【重点稽查对象随机抽查】　根据税务总局精神和省局领导指示，采取“省局牵头、上下联动、国地税合作、随机抽选检查人员”的集约检查方式，查补收入3704万元。其中：对755户分支企业组织自查，查补收入1587万元；对114户企业进行检查，查补收入2117万元。

【打击发票违法犯罪活动】　全省地税系统共对972户企业的发票使用情况进行了重点检查，查处违法企业364户，完成全年查处300户任务的121%；查处非法发票2428份，涉及金额4.34亿元，查补收入1.5亿元，其中查补税款1.23亿余元，罚款480.52万元，加收滞纳金2085.82万元，没收违法所得70.68万元。全省地税系统累计查处发票违法案件167起；查处非法取得发票107起；虚开发票60起；税务、公安联合办案11起；地税机关出动执法人员199人次；缴获发票252份；移送公安机关2起，立案1起；查获犯罪嫌疑人11人；移送起诉11人；检察机关起诉11人，判处有期徒刑以下9人；发票教育宣传20次。

【税收“黑名单”制度和联合惩戒】　在2016年扩大联合惩戒成员单位、增加新的惩戒领域和内容等“双扩围”基础上，积极落实《吉林省关于对重大税收违法案件当事人进行联合惩戒措施的实施细则》《关于对重大税收违法案件当事人实施联合惩戒措施的合作备忘录》，加强对失信主体和行为的行政性、市场性、行业性、社会性的约束和惩戒。吉林地税局稽查局与纳税服务、征管等部门共同落实税务机关内部惩戒措施，将吉林地税局的所有“黑名单”企业（2017年3户）按照《纳税信用管理办法（试行）》的有关规定，直接判为D级纳税信用级别，并对应严格实施限量供应增值税专用发票、加强出口退税审核、加强纳税评估、提高监督检查频次等税务机关内部惩戒措施。为推进联合惩戒工作开展，落实联合签署合作备忘录和部门联席会议等工作机制，积极与全省30余家部门沟通、研讨，即时交换信息数据，同时了解掌握其他成员部门工作开展情况和典型案例，互通互动。积极协助落实对税收违法“黑名单”当事人的联合惩戒措施。与吉林省国税局、省金融办共同重新起草《吉林省关于对重大税收违法案件当事人进行联合惩戒措施的实施细则》。与吉林省国税局定期召开会议，共同推进联合惩戒的相关工作。两部门积极与吉林省社会信用体系建设牵头单位省金融办协调，将落实《吉林省关于对重大税收违法案件当事人进行联合惩戒措施的实施细则》《合作备忘录》作为本地区社会信用体系建设的重要工作内容，形成合力，大力推进。上报税务总局动态信息6篇。

【涉税违法案件检举】　落实《税收违法行为检举管理办法》《检举纳税人税收违法行为奖励暂行办法》相关规定，坚持“规范税收秩序、保证公平税赋、服务于纳税人、促进经济发展”工作方针，按照分类处理检举案件的原则，依法受理、督办、交办、转办、查办各类涉税检举案件。全年受理各类检举事项102件，为国家挽回经济损失9075.21万元。其中：查补税款8439.71万元、征收滞纳金538.92万元、处罚款96.58万元。

【案件协查工作】　受理协查案件4件，对外发出协查5件。按照税务总局要求，对涉及吉林省的涉案企业进行立案检查，制定《工作方案》，组织抽调人员，召开案件分析会议，对涉案企业依法进行处理处罚，并及时予以回复。

【稽查制度建设】　强化制度建设，规范执法行为，促进依法行政。一是出台《吉林省地方税务局稽查局四环节闭合式运行监控管理（试行）办法》，进一步完善全省稽查系统内部监督制度，规范稽查执法行为，有效防范执法和廉政风险。二是出台《吉林省地方税务局稽查局案源管理集体审议会议制度》，有效规避税务稽查执法风险，强化税务稽查内部控制管理，解决工作中遇到的问题。三是出台《吉林省地方税务局稽查局查办案件时限跟踪管理办法》，为进一步完善闭合四环节的监控管理，落实《税务稽查风险内部控制制度》，加强对查办案件时限“量化和细化”管理。四是为加强税务稽查风险内控制度，充分发挥税务稽查职能作用，结合全省税务稽查工作实际，制定《吉林省地税稽查系统风险内部控制制度（试行)》。五是为提高执行工作的质效、保护纳税人合法权益、降低执法风险，结合执行工作实际，遵循公正、公平、效率原则，对执行工作中所涉及的表证单书、政策依据及工作流程进行归纳，制定《吉林省地方税务局稽查局执行工作指引》。

【稽查系统建设】 落实稽查业务管理职责，坚持全省稽查系列业务工作整体抓、“一盘棋”，提升系统稽查效能。一是召开全省地税稽查工作会议、各类专业会议，传达贯彻上级精神，总结部署工作任务，强化管理指导，指挥协调。二是推行“双随机”交叉检查、国地税联合稽查、警税联络协作机制，整体推动系统稽查改革；巩固完善“市一级稽查”和分级分类稽查，推进稽查现代化建设。三是制定落实稽查计划，统一组织实施。领导带队、相关科室参与，深入市县稽查局开展工作调研督导、案件督办、业务巡讲，及时解决实际问题，推进整体工作开展。四是开展绩效、质效“两个维度”考核，强化稽查业务考核监督，确保系统稽查高效运转。五是举办系统稽查干部培训工作，提高系统稽查干部整体业务能力和水平。

【稽查队伍建设】 各级稽查部门认真落实主体责任，强化“一岗双责”，不断加强党风廉政建设、干部队伍建设。一是扎实开展“两学一做”学习教育。稽查党员、干部认真学习党章、党规，学习习近平总书记系列重要讲话，学习党的十九大精神和习近平新时代中国特色社会主义理论，不断增强“四个意识”，持续改进工作作风，为完成全年稽查工作任务提供有力保障。省局稽查局在办案组中成立临时党小组，同步开展学习教育的“一线工作法”被税务总局评为党建特色项目。二是扎实开展业务培训。省局组织全省稽查干部集中培训班5期，各地采取课堂学习、在线学习，以老带新、以师带徒，请进来教、走出去学等办法和措施，提升干部核心业务能力；以案件查处、交叉检查、联合稽查等工作为实战载体，推进“岗位大练兵、业务大比武”，增强干部办精案、办铁案的实战技能。三是扎实推进团队化建设。各级稽查部门以省局“四强四提”为主线，着力培养稽查领军人才、高素质人才，扎实推进稽查团队化建设。吉林地税局稽查局检查六科荣获“全国五一巾帼标兵岗”殊荣、检查一科获得省直工委“三八红旗集体”荣誉称号；省局稽查局宋践为在被抽调开展2017年度全国医药行业专项整治工作中凭借优异表现受到税务总局稽查局通报表扬；吉林地税局稽查局党总支被省局评为“先进党支部”，1人被评为“优秀党务工作者”，6人被评为“优秀共产党员”。全省地税系统各级稽查部门累计荣获省级以上集体荣誉5项、个人荣誉9项。

【稽查人才库建设】 高度注重人才培养，致力打造高素质人才、领军人才。注重发挥入库人才作用：一是抽取人才库人员参加“全省双随机异地交叉”检查工作，实现省局稽查局对全省稽查资源的整合，也锻炼和检验了稽查人才队伍；二是担任兼职教师，在全省“大课堂”与局内“小课堂”中系统传授会计基础知识、稽查实务等课程以及查前辅导等检查业务知识，引导青年干部迅速成长。通过人才库建设，提升系统管理水平和稽查工作质效。

【稽查业务培训】 一是以对税务总局、省局教育培训落得“实”的工作思路，开展分级分类培训，将全体干部分为“高级、中级、初级”三类，按稽查选案、检查、审理、执行4个岗位，开展岗位培训。二是开展练兵比武，提升队伍素质。按照省局“岗位大练兵、业务大比武”活动实施方案，以省局岗位竞赛活动为载体，制定全省稽查系统业务培训计划，建立培训学习长效机制，坚持按需施教，注重实战能力，按照学以致用、逢训必考的培训原则，实行系统化、专业化、差别化的分级分类培训。系统培训工作有序、规范开展。全年组织开展5期系统培训班，极大提高了各级、各类稽查干部的业务素质和综合能力；纳入省地税系统专业骨干称号3人、岗位能手18人。

【稽查信息化建设】 完善金税三期系统稽查模块，提出稽查综合管理系统与金税三期工程系统稽查模块的衔接需求，统一技术标准和接口标准，重点开发应用选案分析、电子工具、管理监控、成果应用等稽查应用管理信息系统，形成覆盖稽查管理和执法工作的综合信息化平台。建立重大案件涉案人信息库，及时向相关部门推送信息，发挥以查促管职能和联合惩戒威力。立足“互联网+税务”和大数据应用，建立、使用稽查数据库，为选案分析、随机抽查、重大案件综合分析等提供支持。逐步探索建立稽查案源管理信息系统、预警模型分析系统。应用协查信息管理系统，提升协查案件管理效能。

【稽查宣传】　全省各级稽查部门积极开展税法宣传活动，普及税法知识，宣传“营改增”、供给侧改革、国地税联合稽查、“黑名单”制度和联合惩戒措施，曝光典型案件，加强法制基地建设，营造良好的舆论氛围，提高纳税人的税法遵从度和全民社会信用体系建设，不断扩大稽查执法工作的社会影响力。利用广播、电视、报纸、网络等新闻媒体和散发宣传单、宣传册等形式，大力宣传、报道税收专项检查、案件查处、打击发票违法犯罪和“黑名单”及联合惩戒措施等方面的工作情况。通过短信、微信、公众号等灵活便捷的方式，向纳税人宣传税收政策、传播税收知识，解答税收难题。利用信息简报、机关网站及《稽查园》杂志、稽查工作宣传短视频及检查工作中向重点税源企业发送《温馨提示》服务手册等载体形式，宣传税法及稽查成果，反映工作动态，加强对全省稽查系统的组织管理。

【稽查调研】　围绕重大改革项目开展调研。组织全省稽查开展科研课题研讨及论文撰写工作。共上报优秀论文12篇，其中1篇刊发在省级刊物上、4篇获省国际税收研究会年度优秀论文奖。省地税局稽查局组织撰写的论文《浅析税务稽查内控机制建设》获得省级二等奖。

【稽查工作会议】　一是全省地税稽查工作视频会。为贯彻落实全国税务稽查工作会议精神，总结2016年全省地税稽查工作，部署2017年工作任务，全省地税稽查工作视频会议于2017年4月20日召开。省局副局长刘胜学莅临会议并讲话。深入贯彻落实全国税务稽查工作视频会议精神。他明确全省地税稽查要紧紧围绕依法治税这个核心，“树立五个意识”“强化五个重点”“处理好五个关系”“实现五个突破”。他要求全省地税稽查要着力抓好今年稽查重点任务落实，组织好稽查收入，完成计划任务；要规范稽查执法，防范执法风险；要用绩效考核手段，统领系统建设；要加强对稽查工作宣传，扩大稽查影响，展示稽查形象。

二是全省地税稽查局长工作会议。为全面推进全省地税稽查方式转变，提高稽查效能，强化稽查执法，有效化解和防范执法风险，及时解决全省稽查工作存在的问题，统一思想，明确阶段目标任务，确保全省稽查工作再上新台阶，实现新跨越，2017年8月25日，召开全省地税稽查局长工作会议。省局副局长刘胜学出席会议并讲话。

（张立君）

黑龙江省

黑龙江省国家税务局稽查局

【概述】　2017年，黑龙江国税局稽查局坚决服从服务于组织税收工作大局，以全面推进“双随机、一公开”监管为重点，以实现国地税深度合作为目标，以落实税收“黑名单”和联合惩戒为抓手，紧紧围绕打虚打骗，大要案查处，打击发票违法犯罪活动，重大税收违法案件查处等工作重点，积极发挥税务稽查打击震慑利剑作用，为全省经济秩序平稳持续健康发展保驾护航。

【稽查现代化建设】　牢牢把握金税三期后数据大集中，业务全覆盖的新机遇，进一步推进稽查信息化应用管理，推动稽查制度体系，执法互动过程和稽查信息化深度融合。一是优化金税三期工程稽查模块功能。以《全国税务稽查规范（1.0版)》为依据，提出全面优化金税三期工程稽查模块业务需求，完善稽查业务现有内部流程，拓展随机抽查、联合稽查、联合惩戒、举报管理等新增业务流程，为规范执法流程、支撑稽查改革、转变工作方式提供信息化需求。二是有序推广应用稽查应用软件。按照税务总局统一的技术标准和业务标准，积极推广应用选案分析、电子查账、电子取证、移动办公、办案指挥协调等稽查外挂软件，确保与金税三期系统相关稽查业务模块规范对接，不断提高稽查信息化应用水平，不断提交稽查工作质效。

【稽查体制机制改革】　按照《深化国税、地税征管体制改革方案》工作要求和税务总局统一部署，积极推进全省“一级稽查”体制改革工作。一是分别起草省、市两级稽查机构调整建议报告，对“一级稽查”体制进行初步规划。二是先后召开不同层面座谈会，听取试点单位经验介绍，广泛征求改革意见，针对稽查机构调整中遇到的问题、机构调整的必要性、机构调整模式的确定、内设机构的设定，市地稽查局与跨区稽查局职能分工等问题进行了深入具体的研究，形成省市地级一级稽查改革进展情况报告，为领导做出决策提供依据。三是“一级稽查”改革工作启动并全面展开。通过科学优化稽查资源配置，提升税务稽查管理层级，各级稽查机构工作职责划分更加合理，稽查四分离工作机制得到进一步理顺，切实提高了稽查工作质效，减少了执法风险。

【稽查查补收入】 组织检查户数3527户，其中立案检查户数1312户、督导自查户数2215户。查补总额13.04亿元，入库总额12.82亿元，其中直接查补入库6.75亿元，比上年增加3.95亿元，增幅140.69%。依法向公安机关移送案件66起，检察机关起诉案件175起，涉案310人，经审判机关审判案件126起，判处有期徒刑197人，为全省组织税收收入和整顿规范税收秩序做出了积极贡献。

【重大案件查处】 一方面积极争取税警联合和内部配合，另一方面采取挂牌督办、异地稽查、联合检查等检查方式，成功查办一批涉案金额巨大、性质恶劣的涉税违法案件。大庆市国税稽查部门历时6个月的艰苦奋战，成功查处大庆中蓝石化有限公司虚开增值税专用发票、偷逃税款案，共查补税款、罚款、滞纳金合计2.98亿元，查处哈尔滨中昌环保能源开发有限公司、鹤岗市鑫海化工有限公司等2户地炼企业偷逃消费税及虚开发票案，涉及税额13.4亿元。查处大庆市高新区“1·18”15户企业涉嫌虚开增值税专用发票案，涉案金额合计5.7亿元。省大要案查处工作受到上级领导的高度肯定，哈尔滨虚假发票车辆购置税专案受到税务总局副局长孙瑞标的批示表扬，成品油专项整治工作受到黑龙江省委常委、副省长贾玉梅的批示表扬，大庆中蓝石化偷逃税款案受到税务总局稽查局领导及省局党组书记、局长刘伯羽的肯定表扬。

【打击骗税虚开专项行动】 按照税务总局打骗打虚工作总体要求，省局党组高度重视，迅速成立以分管局领导为组长，稽查局局长为副组长的工作领导小组，全面部署和指导全省打击虚开和打击骗税违法犯罪活动。同时，下发《黑龙江省2017年查处骗取出口退（免）税违法犯罪行为专项行动工作方案》《黑龙江省2017年查处虚开增值税专用发票违法活动专项工作方案》，明确打击重点，部署工作任务。全省双打工作共检查企业137户，结案108户，发现涉嫌虚开税额38.48亿元，查补入库税款3.49亿元。

【行业和区域税收专项整治】 一是按照税务总局稽查局关于对股权转让税收专项检查的工作部署，由国地税共同制定下发股权转让检查工作方案，明确专项检查的任务、目标和要求，并以地税为主导联合开展对全省6户企业的专项检查工作，共查补企业所得税72.47万元。二是积极开展废旧物资行业税收专项检查工作。依托金税三期平台选取部分案源，下发工作方案并召开全省专项工作会议，全面部署相关市、地稽查局开展检查。通过采取外调取证及实地检查相结合等多种方式对6户企业开展检查。经查4户企业转为“非正常户”，其余2户查补税金11.56万元。移交案件线索1件，涉案近亿元。三是根据省委、省政府关于开展成品油市场专项整治工作电视电话会议精神和总体工作安排。自6月1日起在省委、省政府的统一部署下，结合税务总局关于对部分成品油地炼企业的专项检查及相关成品油生产企业涉税举报线索，全面开展成品油涉税违法专项整治。专项整治工作共出动省国税系统检查人员326人次，组成134个检查组，对省内705户成品油企业进行自查、纳税评估和税务检查，共查补税款、罚款、滞纳金3.08亿元。

【“双随机、一公开”监管】 按照税务总局工作部署，在全省继续推进金税三期稽查“双随机工作平台”推广运行工作。从抽查范围上，结合2017年全省稽查工作任务，重点选取金融保险、投资管理、物流、建筑安装业、房地产业、生活服务业和交通运输业等主要涉及“营改增”的行业，电力、热力，医药生产销售企业，农产品生产、加工、收购等行业企业，大型连锁商业零售（大宗商品交易），以及3年以上未检查企业，营业税负明显偏低，长亏不倒企业，无合理理由税负下降明显企业等开展督导随机抽查，点面结合，务求实效。从运行方式上，严格按照随机抽查方案要求，科学确定随机抽查方式和频次，对随机抽查名单中所有待查对象，均通过摇号方式，从税务稽查对象分类名录库中随机抽取，随机抽查执法检查人员随机选派产生。要求全省国税稽查部门除线索明显涉嫌偷逃骗抗税和虚开发票等税收违法行为直接立案查处外，所有待查对象均须以随机抽查方式开展稽查。全省依托双随机工作平台共随机摇号产生2327户检查名单，查补入库税款62349万元。

【打击发票违法犯罪活动】 继续将发票检查纳入税收检查总体工作中。重点对发票违法问题高发、频发的房地产、建筑安装、药品与医疗器械、商业批发与零售、电信、交通运输等发票违法问题高发、频发行业开展发票使用情况重点检查，确定全年计划查处750户违法受票企业的总体目标（税务总局任务指标为600户），并将“办公用品”发票等作为税务稽查的重点内容之一。截至2017年底，全省打击发票违法犯罪活动工作共检查企业1082户，查处违法企业户数854户，查处非法发票份数2.6万份，涉及金额33.5亿元，查补总额合计1.1亿元，入库总额合计5734.43万元。自查有问题企业20户，自查补税1162.25万元。2项合计入库税款6896.68万元，较好地完成了税务总局部署的查处任务。

【税收“黑名单”制度和联合惩戒】 大力推行税收“黑名单”及联合惩戒制度。充分利用政府公共信用信息平台和报纸、广播、电视、网络媒体等途径，全方位、多角度、多层次开展宣传报道，有效实现监管水平持续增强，税收失信者“一处失信，处处受限”的氛围日渐浓厚，社会综合效应越来越好。共有14件案件录入重大税收违法案件系统，其中13件达到公布标准被列入“黑名单”。

【案件协查】 始终树立协查地就是案发地的理念，强化对委托发起及受托检查质量的跟踪和监控力度，努力提高协查委托发函质量和受托检查、受托回函质量和效率。全省通过协查系统共发起委托协查479起、661户次，发票1.4万份，涉及金额17.4亿元，税额2.7亿元，入库总额134.78万元。受托协查746起、840户次，发票2.3万份，涉及金额22.4亿元，税额3.6亿元，累计回复发票22469份，入库总额262.29万元。委托协查选票准确率94.48%，合规率100%；受托协查按期回复率100%，受托协查质量回复“正常”率0.67%。

【部门协作机制】 进一步巩固和拓展部门协作范围，深化完善联络协作机制，逐步形成统一指挥、纵横连通、紧密协作的一体化工作格局，稽查打击力度显著增强。一是通过全方位推进国地税联合稽查，进一步增强执法合力。4次召开国地税稽查联席会议，联合举办2期国地税稽查业务骨干培训班，共交换案源信息70次，利用案源信息查补税款940万元，推动案件线索90条，查补税款43万元。国地税共确定联合进户稽查对象292户，联合督导自查512户，在开展联合进户稽查中实现同步分别立案255户，实现查补收入合计45999.42万元。二是通过坐实公安派驻联络机制，实现税警联合办案常态化。公安派驻联络机制实现全面覆盖，自派驻机制挂牌运行以来，全省税警共联合查办案件88件，打掉犯罪团伙14个，抓获犯罪嫌疑人72人，曝光联合查办典型案例数量4个，挽回国家税款损失近3561万元。

【稽查队伍建设】 一是注重民主型班子建设。处处以大局为重，敢于坚持原则，注重协调配合，充分调动副职和干部积极性，坚持重大问题集体讨论、集体决策，增加共识、减少分歧，班子成员分工负责，抓好贯彻落实。二是注重和谐型团队建设。广泛倾听和采纳干部职工意见，经常开展谈话谈心活动，关心干部疾苦，理顺工作关系，为稽查局营造心齐气顺的工作环境。三是注重争优型团队建设，对上级部署的工作任务抢先抓早、认真执行，确保各项稽查工作任务高质高效完成。

【稽查业务培训】 加大培训力度，结合稽查层级结构、知识结构，有针对性地对全省国税稽查干部进行分级分类培训。从师资配备上，既聘请国内一流专家，又力邀税务总局专业处长及省局稽查局主管业务科长，为学员们倾囊相授、指点迷津，尤其对重点行业的重点问题均给予权威解答。从课程设计上，授课内容紧贴稽查工作实际，同时触及一系列稽查重点难点问题，既涵盖建筑安装、房地产企业财税政策及稽查方法，又囊括“营改增”稽查实务、稽查规范以及强化执法风险和廉洁自律意识等国地税共同涉及的稽查业务知识，有效提高了省稽查干部队伍的综合素质和实战能力。4月10日，召开“随机抽查重点稽核动员暨查前培训会”，5月8日，举办全省国税系统“稽查双随机平台”系统操作培训班。并分别于7月23日及11月20日，与省地税局稽查局联合举办为期1周的全省稽查业务骨干培训班。

【稽查工作会议】 2017年3月30日，召开由市、地及试点县（市）国税局分管稽查工作的局领导、稽查局局长以及业务骨干参加的2017年全省国税稽查工作会议。会议全面贯彻落实全省国税工作会议和全国税务稽查工作会议精神，总结2016年全省国税稽查工作开展情况，并分别从完成全年稽查查补收入任务，狠抓“五项”重点检查，积极落实稽查改革举措，合力推进社会诚信体系建设，加快稽查信息化建设步伐，提升干部核心业务水平，着力强化党风廉政建设等七方面进行了工作安排部署。

（高　楠）

黑龙江省地方税务局稽查局

【概述】 2017年，黑龙江地税局稽查局全面落实税务总局和黑龙江省地税局工作部署，适应稽查工作新形势，以绩效考核为牵动，突出主业，提高稽查质效，提升工作站位，充分发挥稽查部门职能作用，严厉打击涉税违法行为，进一步规范执法，不断加强队伍建设，全面完成各项工作任务，在税务总局稽查局绩效考核中位列一档，工作成绩得到黑龙江省地税局局长臧国忠充分肯定。

【稽查查补收入】 全省稽查查补收入9.9亿元，入库收入8.8亿元，入库率88.85%。入库收入占当期税收收入比重1.4%，其中，入库税款5.2亿元，同比下降56.5%；入库滞纳金和罚款2.6亿元，同比下降0.7%。金税三期工程和“双随机、一公开”制度有效加强对征纳双方税务监管，“黑名单”及优化营商环境等举措从正反两面提高纳税遵从度，加之“营改增”政策性因素影响仍在，全年收入同比降幅较大。全省稽查工作及时作出调整，收入降幅呈明显收窄趋势。

【案件查办情况】 检查企业2034户，有问题企业1238户，选案准确率60.9%，结案1745户，结案率85.8%。百万元以上案件查补收入1.9亿元，千万元以上案件查补收入2199.0万元。督导自查1351户，督导自查查补收入3.8亿元。查办案件中符合条件移送公安机关28件，通过省局门户网站和诚信黑龙江网站公布重大税收违法案件6起。

【行业和区域税收专项整治】 按照税务总局要求，开展医药行业税收专项整治及股权转让专项检查工作。组织自查及重点检查35户医药行业企业，查补收入1356万元，入库收入1007.5万元，打击了医药行业违法犯罪活动，维护了医药领域税收管理秩序。对6起股权转让案件实施检查，查补税款3685.9万元，滞纳金及罚款1000.3万元，有效规范此类经济业务税务管理方式。

【“双随机、一公开”监管】 按照税务总局要求和黑龙江省地税局工作部署，强化平台支撑，2017年4月完成平台搭建和2个名录库维护工作，提前1个月“金税三期工程双随机软件平台”正式运行，实现“双随机、一公开”监管全覆盖。构建长效机制，组织平台培训和工作交流，修订《黑龙江省地方税务局稽查局税务稽查随机抽查工作细则（试行）》《黑龙江省地方税务税务局税务稽查随机抽查公开制度（试行）》。压实责任，成立调研组，深入大庆、黑河等地调研；成立10个督导组，开展督导检查；组织开展“回头看”和自查、自纠，推动工作开展。开展联合抽查，通过执法适度整合，减轻企业负担。完成“双随机、一公开”监管工作，得到税务总局表扬。全省随机选案1787户，随机选派约3600人次，查补入库收入8.3亿元，其中税款5.6亿元、滞纳金和罚款2.7亿元。

【重点稽查对象随机抽查】 对税务总局部署的40户企业集团745个成员单位展开随机抽查，督导企业自查收入3107.5万元。抽取201个成员单位开展随机抽查重点检查，查补收入3650.9万元。抽取102户省级重点税源企业，企业自查与重点检查相结合开展检查，查补收入5141.7万元。督导自查模式使“放管服”改革落地见效，提高了税务稽查执法效能。

【打击发票违法犯罪活动】 根据税务总局要求，以黑龙江地税局副局长于平为组长，实施统一领导。结合全年工作安排，对交通运输、房地产、建筑安装、金融保险等行业发票使用情况开展重点检查。增强整治合力，与国税、通信、公安等部门加强信息交流。全省检查企业1312户，查处违法受票企业437户，查处非法发票1024份，涉及金额3223.0万元，查补收入598.5万元。按照总局部署，组织查办辽宁“3·24”制售假发票案，发现有问题发票数量54份，查补税款189.0万元。

【税收“黑名单”制度和联合惩戒】 将税收“黑名单”制度作为绩效考核重点内容，提高“黑名单”公布质效，确保依规公布、确保公布信息准确、确保撤出工作及时开展。严格落实内部惩戒，对列入税收违法“黑名单”的当事人，直接判为D级纳税信用级别，提高监督检查频次，从重处罚税收违法违规行为。提高联合惩戒社会效应，通过各级政府网站、微信公众号等多种新媒体形式，向社会公开17件重大税收违法案件。审批上报符合标准的重大税收违法案件6件，惩戒税收失信违法行为，提高税法遵从度。

【涉税违法案件检举】 完善检举接待室硬件配备，规范检举制度流程，明确岗责及惩戒措施，实现工作全程痕迹化。加强部门协作，联合相关国税部门共同查处举报案件，落实与12366纳税服务中心信息对接。全省共受理举报案件208件，查补收入2371.2万元（其中税款1126.6万元、滞纳金440.9万元、罚款803.8万元），入库收入1245.74万元。

【案件协查】　根据税务总局要求，改进和规范协查工作，落实要素协查方法，实施分级分类委托协查，提升受托协查回函质量，加大协查工作考评力度。全省委托协查函119件，涉及企业243户，涉及发票249份；受托协查函78件，涉及企业38户，涉及发票545份，全部按照规定程序进行处理，确保协查工作质效提升。

【警税协作】　按照税务总局要求，落实公安派驻联络机制，省、市、县三级地税部门共挂牌成立73个公安派驻税务联络机制办公室。联合制定《黑龙江省公安厅派驻黑龙江省国家税务局、黑龙江省地方税务局联络机制运行暂行办法》。加强行政执法与刑事执法衔接，与黑龙江省公安厅召开警税联合工作会议2次，及时增开案件移送前临时警税联席会议。联合黑龙江省公安厅、黑龙江省国税局，开展打击涉税违法犯罪活动宣传工作。全年完成警税合作案件32件，其中移送公安机关28件，警税联合办案4件，查补税款6853.0万元，罚款3178.0万元，抓获犯罪嫌疑人3人。

【国地税联合稽查】　联合黑龙江省国税局稽查局，开展重点税源企业随机抽查、股权转让检查、医药行业税收专项整治工作，实现国地税共同管辖案源联合稽查全覆盖。牵头召开国地税稽查合作联席会议，协同开展税收“黑名单”联合惩戒，协同发布税收违法“黑名单”19户。共享涉税信息，推送案件线索90条、查询涉税信息164次，处理处罚文书抄送41户。联合开展培训、调研、交流等工作56次。共同确定联合进户稽查对象255户，联合督导自查512户，查补收入6465.0万元，协调案件审理33户，协同案件执行53户。

【一案双查】　与纪检监察部门无缝衔接、密切配合，建立沟通机制，对应该开展“一案双查”案件，全部开展“一案双查”。实施“一案双查”案件3件，其中接收纪检部门移送案件1件，向纪检部门移交案件2件，增强了税务人员廉洁从税、依法依规履职意识。

【稽查制度建设】　根据税务总局要求和黑龙江地税局工作部署，制定《黑龙江省地方税务局稽查风险内部控制制度》及相关指引。各市（地）分别组织培训，落实《全国税务稽查规范（1.0版）》。修订《黑龙江省地方税务局稽查局税务稽查随机抽查工作细则（试行）》《黑龙江省地方税务税务局税务稽查随机抽查公开制度（试行）》。联合黑龙江省国税局印发《联合稽查信息传递制度》。联合黑龙江省公安厅、黑龙江国税局制定《黑龙江省公安厅派驻黑龙江省国家税务局、黑龙江省地方税务局联络机制运行暂行办法》。

【稽查规范管理】　严格执行《黑龙江省税务行政处罚裁量基准》，规范使用行政裁量权。制定稽查风险内部控制制度，加强执法各环节风险防范、控制和事后处理。实现“双随机、一公开”监管全覆盖，严格进户执法计划管理。依托金税三期工程，健全执法文书信息化记录制度，规范执法文书表单。全面落实重大案件报请集体审理制度，提升税收执法公信力。

【稽查业务培训】　联合黑龙江省国税局，举办全省地税系统稽查业务骨干培训班、审理科长培训班，促进稽查干部适应稽查工作新形势。举办“金税三期税务稽查双随机工作平台”系统操作培训班，确保“金税三期税务稽查双随机工作平台”按时保质部署到位、稳定上线运行。开展组织股权转让工作查前培训，保障股权转让检查工作顺利开展。各市（地）局根据工作实际，开展多种形式的业务培训。

【稽查队伍建设】　强化作风建设，落实“两学一做”学习教育常态化制度。加强稽查队伍廉政教育，开展地税系统作风整顿活动和规范税费执法“回头看”工作。建设稽查内控机制，落实绩效考试制度，借助金税三期管理系统，监控案件执法过程、规范执法程序、纠正执法不严、为税不廉行为。针对各项重点工作要求及稽查队伍现状组织业务培训，提高稽查干部执法水平和业务能力。

【稽查工作会议】　2017年3月30日，全省地方税务稽查工作会议在哈尔滨市召开，黑龙江地税局稽查局全体干部及各市（地）稽查局局长参会，黑龙江地税局副局长于平出席会议并讲话。会议全面总结2016年全省地税稽查工作，从“突出主业，充分发挥稽查部门职能作用”“提高质效，全面完成年度稽查工作任务”两方面，安排部署2017年稽查重点工作。各市（地）稽查局局长对2016年稽查工作进行汇报，结合地税稽查工作新形势，对如何进一步强化稽查职能作用等问题进行集体研讨。

（姚洪海　林姗百　谢赉天）

上海市

上海市国家（地方）税务局稽查处

【概述】 2017年，上海税务稽查部门深入贯彻落实市税务工作会议、全国税务稽查工作会议精神，紧紧围绕“全力查处税收违法案件”中心任务，创新稽查管理制度，持续推进稽查信息化建设，实现稽查工作水平的有效提升，圆满完成了各项工作任务。

【稽查体制机制改革】 深化税务总局执法全过程记录制度试点。按照税务总局的统一部署，由第一稽查局具体承担。全面建立规范的制度体系，包括执法全过程记录《实施办法》《管理系统操作办法》《设备使用管理办法》等多项制度。全力推进标准的工作指引，绘制12张工作流程图，拍摄30分钟教学片。全面深化稽查的全过程管理，对46户企业开展执法全过程记录试点工作，初步实现全过程留痕和可回溯管理，显著提升了稽查干部的法制规范意识。落实公安派驻税务联络机制。市公安局、市税务局联合印发《上海市公安局派驻上海市国家税务局和上海市地方税务局联络机制运行暂行办法》，市公安局派驻市税务局联络机制办公室揭牌成立，各项派驻联络事宜得到落实，市税警协作机制进一步健全完善，打击税收违法犯罪长效机制不断形成。

【稽查查补收入】 全年共完成稽查查补收入（入库数）160.8亿元，占全市税收收入（不含证券交易印花税）的1.3%。全年立案检查6262户，较上年增长41.7%；结案4339户，同比增长26.4%；选案准确率90.0%，查补入库率92.4%。

【案件特点分析】 骗取出口退税案件的主要特点：一是团伙化。骗税涉及环节多、链条长，不法分子往往团伙作案，分工明确，从开票、报关、收汇，直至伪造合同、账务处理等环节均有专人负责，利益均沾，形成一张跨地区、跨行业的犯罪网络。通过制造生产假象，虚增生产能力，产品出口前设置多个流通环节，逐层“洗票”掩盖虚开，骗税手法更隐蔽、专业。二是骗税涉案地向内地延伸。不法分子的最终出口报关地一般集中在沿海城市，但中间环节设置虚开的企业则遍布全国，不法分子利用商事登记的便利化，注册企业在短期内大量虚开发票，然后注销或走逃。三是骗税载体多样化，骗税主体多元化。从传统的贸易公司骗税逐渐扩展到报关行、货运代理等中介行业参与违法犯罪活动。近年来，借货出口骗税行为呈逐渐上升趋势，报关行、货运代理企业将出口报关单信息出售给不法商人，通过偷换出口货物报关单信息等手段取得虚假报关单，再通过虚开发票公司获取增值税发票信息进行配单配票，实现骗取出口退税。

虚开增值税专用发票案件呈现跨省市作案、多行业蔓延、手段智能化的特征，其特点主要包括：一是暴力虚开完全虚构业务。不法分子大肆对外虚开增值税专用发票，采取虚假填列申报表一些特定行次的数据或利用漏洞抵扣的他人海关完税凭证增加进项、申报表未开票填写大额红字冲减销项或不申报的手法达到少缴或不缴税款的目的。二是票货分离的产生原因是富余票，即在一些终端用户为不需要发票的个人消费者的行业，如黄金、粮油、加油站等，存在大量富余开票额度，不法分子为谋取利益，利用富余开票额度作为进项源头对外虚开。三是虚开产业链条化。近年来，虚开链条前端为实施暴力虚开或票货分离的企业，作案迅速、流动快、难以定位；链条中端为多层空壳企业完成洗票或虚开配票，中端链条环节多、隐蔽性强、跨省市作案；链条末端为非法用票的企业，达到抵扣税款、申请退税、税前列支的目的，这些案件涉及行业多，企业数量多，金额越来越大。犯罪分子操纵多家公司循环开票，一旦任何一个环节出了问题，即立即对该环节上下游企业实施注销或走逃，将虚开源头与最终受票方的联系隔断，这类案件由于虚开链条较长，加大了固定证据链、深挖幕后主犯的难度。

【打击骗税虚开专项行动】 按照税务总局稽查局工作要求，市稽查部门积极探索项目制管理，压实税务总局下发案源稽查责任，合理调配稽查资源，形成围绕资金流检查为核心，以货物流、发票流检查为辅助，以人员流、信息流为抓手的查处模式，取得良好成效。打击骗税方面，对26户企业进行立案检查，查实骗税税额和违规取得退税额1.85亿元，同比增长55.1%。税务总局25个专案，上海涉及2个，“12－09”专案、“18－16”专案均完成查处任务，取得良好效果。税务总局下发地方检查500户骗税案源，上海涉及12户，其中“12·1”骗税专案等取得重大突破。打击虚开方面，共查实虚开企业490户，抓捕人员221名，确定虚开发票13.8万份，价税合计195.1亿元；接受虚开发票2.4万份，价税合计50.5亿元。

【行业和区域税收专项整治】 检查各类废旧物资企业598户，经检查行政定性虚开169户，涉及增值税专用发票3.5万份，价税合计44.2亿元；146户企业移送公安机关处理。组织股权转让专项检查，采集电子账套，明确检查重点，共立案检查企业117户，查补各类税收收入13.7亿元。开展2017年度医药行业专项整治，对42户企业立案检查，查补各类税收收入1775万元。实施所得税后续管理高风险案源检查，与市风控中心、所得税处密切协作，结合企业所得税汇算清缴后续管理风险数据，逐户开展案头分析，共检查企业99户，查补税收收入6697万元，调减企业所得税亏损5373万元，调增应纳税所得额2244万元。

【“双随机、一公开”监管】 加强本市双随机平台建设。部署应用税务总局统一开发的“金税三期税务稽查双随机工作平台”，完成稽查对象名录库的采集（总局级5536户、市级1954户、区级2441户、其他非重点稽查对象208万户；1.5万户企业列入异常名录库）；完成执法检查人员名录库建设，推荐120名执法检查人员进入税务总局执法检查人员名录库。加大“双随机”抽查力度。通过“金税三期税务稽查双随机工作平台”，按照不低于20%的比例，采用不定向抽取与定向抽取相结合的方法，抽取842户检查对象，开展自查和立案检查，查补收入5.2亿元。实施随机抽查事项公开。通过“上海税务”门户网站、微信公众号、微博等渠道，向社会公开随机抽查事项清单、抽查依据、随机抽查主体、抽查户数、抽查所属期间、抽查方式和查处结果等，其中微信公众号阅读7600余次，点赞近百次，进一步提高了事后监管公平性、规范性和有效性。

【重点稽查对象随机抽查】 统筹税务总局重点稽查对象随机抽查。开拓信息化、审计型、调研式工作新路子，完成税务总局统一部署的36家集团在沪成员企业1146户的双随机抽查任务，自查补税3.64亿元。立案检查250户企业，查实应补税款2.99亿元。

【打击发票违法犯罪活动】 市税务部门共查处发票违法案件6100多起，检查企业1.1万户，查补各类税收收入6.92亿元。市公安部门捣毁发票犯罪窝点909个，打掉犯罪团伙333个，缴获作案机器39台，抓获犯罪嫌疑人945名，查获各类非法发票61.9万份。市通信管理部门对群发1000条以上的123.02万条违法短信息实施封堵。

【税收“黑名单”制度和联合惩戒】 市税务局和市发改委联合制发《上海市关于对重大税收违法案件当事人实施联合惩戒措施的通知》，向社会公布重大税收违法案件信息199件，通过市公共信用信息平台推送给成员单位实施联合惩戒，将5起欠缴税款的重大税收违法案件当事人通知边检部门予以边控。选送第五稽查局的《税警互动出成效　联合惩戒显威力》参加市政府举办的上海市优秀信用案例评选活动，荣获“2017年政府信用建设优秀案例奖”。

【涉税违法案件检举】 市、区两级税务机关共受理税收违法检举案件7972件，查补收入2.8亿元，同比增长34.0%。建立冒用个人身份信息涉税检举快速处理机制。减少内部流转环节，提高处理时效，快速解决老百姓“急难愁”问题，保障市民合法权益，充分整合利用税收资源，提高对该类检举事项的处理效率。

【案件协查】 按照要素协查新要求，通过协查系统完成虚开票核查。全年协查系统共受托协查9303户次，涉及发票共计22.5万份，金额417.3亿元，税额69.8亿元；有问题发票20.8万份，占受托协查发票总数的92.5%。

【稽查制度建设】 制定项目制管理实施办法。提炼总结2017年打虚打骗工作中项目制管理实践经验，印发《上海市国家税务局　上海市地方税务局关于实施税务稽查重点案件项目制管理的通知》（沪国税函〔2017〕104号），从工作范围、组织架构、管理职责、内容与要求等方面进行明确细化。对于税务总局下发不同类型的重点案源实施项目制管理，实现项目导向、问题导向、集成导向。“12－09”专案实行项目制管理，取得积极效果，层层落实责任制，有效整合各类稽查资源，形成跨区域的联动检查合力。完善市“一案双查”

规定。制发《上海市国家税务局　上海市地方税务局关于印发〈上海市税务系统税收违法案件一案双查工作补充规定〉的通知》（沪国税发〔2017〕87号），明确“一案双查”具体数额及金额标准：虚开金额在1000万元以上，偷税、逃税金额在100万元以上；骗税金额在100万元以上。

【稽查信息化建设】　完成税务总局稽查内控信息化试点任务。制定工作方案，成立内控信息化工作小组，对照《全国税务稽查规范（1.0版）》和金税三期稽查模块，充分研究稽查内控信息化各类指标，对307个风险点（535个控制措施）在金税三期系统中进行测试和可行性分析，删除或合并现有控制措施27项，调整风险点等级8个，形成全风险点管控台账；建议新增高风险点17个，圆满完成所有试点工作。在此基础上，制定《上海市税务稽查风险内部控制制度（试行）》。

【稽查宣传】　在“上海税务”网站曝光52件典型案件，在《中国税务报》等媒体曝光3件大要案件。在上海第一财经频道、上海新闻综合频道“东方110”栏目等媒体以案说法，广泛宣传打击骗取出口退税违法行为及增值税专用发票相关政策。编发《稽查情况交流》6期，印发《税务稽查宣传报道工作办法》，展现本市重点稽查工作进展情况，宣传本市稽查工作的创新和亮点。

【稽查工作会议】　2017年4月1日，2017年全市税务稽查工作会议召开，市局副局长曹晖出席。会议学习全国税务稽查工作会议精神，回顾总结2016年工作，具体安排2017年的稽查重点工作。9月14日，全市税务稽查工作推进会召开，市局副局长蒋震平出席会议并讲话。会议要求从树立依法稽查理念、聚焦打骗打虚打团伙主业、依托信息化加强制度建设、发挥绩效考核作用、加强稽查内外协同、全面加强队伍建设六方面落实市局主要领导的工作要求，做好下一阶段的稽查工作。一局、宝山、嘉定等分局进行了交流发言。各区税务局、各直属分局负责人和有关人员，以及稽查处全体人员参加会议。

（梁　丁）

江苏省

江苏省国家税务局稽查局

【概述】　2017年，江苏省共有稽查机构87个，其中省级1个、地级15个、县级71个。共有稽查人员2222人，其中省级15人、地级716人、县级1491人，占全省国税机关人员总人数的10.9%。2017年，江苏国税局稽查局认真贯彻落实税务总局和省局党组的工作部署和要求，严厉打击各类税收违法犯罪，促进堵漏增收，持续推进税务稽查现代化，圆满完成年度各项工作任务。

【稽查体制机制改革】　2017年3月，江苏国税局与地税局联合印发《江苏省国家税务局　江苏省地方税务局联合稽查工作实施办法（试行）》，规范国地税联合稽查执法行为。截至2017年底，省、市、县三级均成立联合稽查领导小组及其办公室，15个地市级稽查局均成立国地税联合稽查办案中心，67个县区稽查局成立联合稽查查账室。国地税共确定联合进户稽查对象870户，联合督导企业自查1411户，督导自查查补入库收入1.59亿元，同步立案检查企业800户，查补收入5.39亿元。

【稽查查补收入】　全省各级国税稽查部门查补税款14.48亿元，滞纳金2.37亿元，罚款3.41亿元，没收非法所得15万元，合计查补收入20.26亿元，比上年增长24.37%。入库17.45亿元，入库率86.13%。

【案件查办情况】　全省各级国税稽查部门共立案检查各类纳税人10251户，查处超千万元以上案件15件，百万元以上案件144件，查处案值超亿元虚开案件130起。

【案件特点分析】　在查处骗税案件中发现，骗税手法不断翻新，查处难度越来越大。骗税分子除了买单、配单、配票以实施骗税这一通常做法外，更普遍地与真实货主或其代理人勾结在一起，从单证源头作假，检查人员在对下游出口环节查证时，往往需要对多达四五级中间环节进行深入探查，才可能发现虚假出口的有效证据；而上游开票环节很多，且中间过票企业往往短时间内即走逃失联，若不联动检查，很难取得突破。

【重大案件查处】 全省各级国税稽查部门成功查处一批骗税虚开重大案件。其中，“8·29”特大骗税案在镇江、深圳两地成功收网，一举摧毁一个利用手机“道具”走私出口骗税的特大职业犯罪团伙，抓获12名主要犯罪嫌疑人，涉及组织道具出口、虚开发票、结汇核销和办理退税等全部犯罪环节；“4·19”特大虚开案由江苏发起，税务总局与公安部联合督办，涉及全国17个省份的2500多家虚开企业，案值合计逾300亿元，全国共抓获嫌疑人496名，主要犯罪嫌疑人全部落网，捣毁虚开发票窝点52处，缴获发票2万余份。

【打击骗税虚开专项行动】 针对骗税、虚开违法犯罪越来越职业化、团伙化、跨区域化的趋势，创新检查思路，改变以往以单户为主的稽查方式，着重在打团伙、打串案方面下大力、出重拳。打击骗税工作共查实骗取出口退税和违规退税8.15亿元，省局稽查局直接组织查处了“12－03”“18－10”2个专案，查实骗税1.29亿元。打击虚开工作共立案检查涉嫌虚开企业5949户，查实虚开4336户，定性虚开和接受虚开发票50.22万份，金额502.96亿元，税额76.67亿元，打掉大小团伙176个，公安机关抓捕犯罪嫌疑人2186名。

【行业和区域税收专项整治】 以税收风险管理为导向，开展税收专项检查和专项整治，整顿规范行业和地区税收秩序。一是按照税务总局稽查局工作部署，开展成品油商贸企业、股权交易企业、部分“营改增”行业虚开发票专项检查，废旧物资行业、医药行业专项整治，以及盗用他人进口增值税专用缴款书信息申报抵扣税款专案检查。二是徐州、盐城等地开展皮革制品、纺织行业等7个税收专项整治项目，查实有问题企业196户，发票3.17万份，涉案金额27.68亿元。三是严厉打击虚开增值税普通发票违法犯罪行为，组织查处猎鼠二号至猎鼠八号、飙风一号至飙风三号等系列专案，定性虚开普通发票1.32万份，涉案金额14.44亿元。

【“双随机、一公开”监管】 税务总局统一开发“稽查双随机工作平台”，江苏省自建的“稽查双随机工作平台”不再使用。3月，完成“稽查双随机工作平台”流程测试，并将“稽查双随机工作平台”在生产环境部署。4月初，在全省范围内开展“稽查双随机工作平台”建设维护、推广应用培训工作。4月中旬，完成税务总局重点稽查对象在苏42户企业集团及其在苏6734户成员单位信息采录工作。6月，全面完成省、市两级随机抽查对象名录库（含异常对象名录）和执法检查人员名录库建设、维护。其中，建设完成1081户省级、3331户市级随机抽查重点稽查对象名录、31989户异常名录库，完成1092名执法检查人员名录库维护。

【重点稽查对象随机抽查】 按照税务总局2016年度重点稽查对象随机抽查工作部署和要求，自查阶段共布置自查企业1282户，涉及34户企业集团，自查查补总额5306.87万元；重点检查阶段采取集中检查与属地检查相结合的方式，积极推行“智慧税务稽查”模式，注重运用电子查账技术，提高检查工作质效，共立案检查企业308户，查补总额11.47亿元。同时，随机抽取1000户省、市级重点稽查对象部署开展随机抽查工作，并按照国地税联合稽查工作要求，对国地税共管户联合开展自查辅导，联合实施检查。截至2017年10月底，自查阶段工作顺利完成，自查补税3.87亿元。

【打击发票违法犯罪活动】 打击发票违法犯罪活动工作坚持“打、研、改、防”四位一体原则，以强化打击骗税、打击虚开和打击制售非法发票为抓手，同时将专项整治融入双打工作深入开展，严厉查处发票违法犯罪案件。截至2017年10月底，共查处违法企业4803户，非法发票39.76万份，金额504.63亿元。其中，打击制售非法发票以公安派驻税务联络机制为载体，以重点地区、重点区域为突破口，全省国税出动执法人员2915人次，联合公安机关打掉犯罪团伙42个、端掉窝点96个、缴获发票122.97万份。同时，为推进打防结合，构建立体管控防线，针对虚开企业“化整为零”态势，及时调整虚开预警模型的“开票时间、金额、品名、受票企业离散度、行业、法定代表人属性”等要素，重新设定条件实时扫描预警，进一步提高虚开发票预警模型监控命中率。

【税收“黑名单”制度和联合惩戒】 落实税收“黑名单”制度和联合惩戒，促进社会信用体系建设。对621户符合标准的案件全部予以公布，并推送省信用办实施联合惩戒，案件公布数量比上年增长5.4倍，位列全国第1。全年共撤出“黑名单”86户，并按要求将相关信息告知江苏省公共信用管理部门。

【涉税违法案件检举】 全省各级国税稽查部门共受理税务违法举报案件3128件，查处2010

件，查处率 64.26%，查结 1828 件，结案率 90.95%，查补收入 1.82 亿元。各地高度重视举报案件查处，通过举报线索查处一批重大税务案件。如：常州通过举报线索查处该市首例特大虚开增值税普通发票案件；苏州通过举报线索查处某新型建材有限公司偷税案，查补税款 1383 万元。

【案件协查】 发挥协查服务案件、服务稽查作用，以全面推行要素协查为抓手，提高协查工作质效。全省各级国税稽查部门通过协查系统发出增值税抵扣凭证委托协查 9296 起，发票 47.87 万份，价税合计 690 亿元；受托协查 9517 起，发票 20.30 万份，价税合计 369 亿元。

【稽查制度建设】 开展《全国税务稽查规范（1.0 版）》（以下简称《稽查规范（1.0 版）》）与江苏实际操作差异分析工作，对税务稽查计划、案源、检查、审理、执行、案卷、国地税联合稽查、部门协作等 13 个方面内容 730 项税务稽查事项进行全面梳理，对实际操作、《稽查规范（1.0 版）》规定及金税三期稽查模块功能操作的三方差异进行比较分析，梳理归纳出各类差异 92 项，在征求各地意见的基础上，形成统一的处理建议与操作标准，并下发通知要求全省贯彻落实，进一步规范税务稽查执法行为，推动《稽查规范（1.0 版）》落地执行。

【稽查系统建设】 按照税务总局专项巡视反馈问题整改要求和税务总局稽查局工作部署，全面梳理全省稽查积压案件，制定清理工作方案，下大力气开展积压案件清理工作。各级稽查局将清理工作责任落实到人，逐户制订清理计划，省局稽查局定期通报全省工作进度，加强跟踪督导。截至 2017 年 11 月底，全省共清理 2013—2016 年立案未结案件 5778 件，积压案件数量大幅下降，稽查执法风险进一步降低。

【稽查队伍建设】 发挥党建引领作用，加强稽查队伍建设。认真学习贯彻党的十九大精神，深入推进“两学一做”学习教育常态化制度化。加强党支部建设，充分发挥党支部的战斗堡垒作用，在打骗打虚专项行动中，江苏省“18－10”“12－03” 2 个专案工作组建立临时党支部，为顺利完成工作任务提供有力的政治保障。

【稽查人才库建设】 按照省局人才库管理要求，从全省选拔 20 名稽查精英进入江苏省稽查人才库，及时更新并充实人才库力量。同时按照税务总局要求，对税务总局稽查人才库中江苏省入库人员进行调整。

【稽查业务培训】 举办 3 期共 450 人的稽查全员培训，进一步提高全省稽查干部队伍整体素质。与公安、地税等部门合作，开展各类有针对性、有特色的教育培训活动，先后开展江苏省警税协作业务培训“稽查规范 1.0”国地税联合培训、稽查双随机工作平台国地税联合培训等培训活动。组织开展全省优秀稽查案例交流活动，推广稽查办案先进经验，实现稽查优秀成果的增值利用，促进全省稽查干部办案水平提高。

【稽查宣传】 注重总结税收“黑名单”制度阶段性成果，积极宣传政策内容，扩大制度综合效应，营造失信惩戒的社会氛围。中央电视台对苏州市国税局利用联合惩戒倒逼企业遵从税法、重视信用的做法进行了拍摄和采访，于 7 月 19 日在新闻频道《朝闻天下》播放《聚焦社会信用体系建设》专题节目，首次向社会发布全国城市信用评价报告。《中国税务报》税收法治专刊于 2017 年 12 月 26 日刊登《事发营改增前后——苏州查获房地产企业偷税大案》一文，全面曝光剖析昆山四户房地产企业的偷税案件。

（刘德维）

江苏省地方税务局稽查局

【概述】 2017 年，江苏地税系统各级稽查部门在深化税收征管体制改革、完善“1＋5”税收治理格局中，紧紧围绕“规范＋质效”的工作思路，积极履职，创新奋进，充分发挥稽查职能作用，严厉打击税收违法行为，不断深化稽查管理改革，全力提升稽查工作质效，稳步推动稽查各项工作取得新成效，在全国地税稽查条线绩效考评中位居前列。

【稽查现代化建设】 按照税务总局局长王军提出的“积极推进税务稽查现代化建设”要求，继续探索以风险管理为导向，以分类分级稽查为核心，统筹全省稽查人力资源，合理划分各级稽查部门职责，统一执法程序，加强信息化支撑、人才支撑和装备支撑，创新绩效考评机制，构建资源共享、应对高效、打击有力的稽查新格局，大力推进税务稽查现代化建设。

【稽查体制机制改革】 加快推进稽查体制机制改革进程。赴吉林、广西等地专题考察学习，提出稽查体制改革的意见及建议，着手启动省局区域稽查分局实体化改革工作。鼓励各地探索深化设区市一级稽查，一级稽查改革理念深入人心，一级稽查运行模式初具雏形。

【稽查查补收入】 各级稽查部门共查补税款66.33亿元，入库收入69.42亿元，收入总量位居全国地税第2位，较好地发挥了稽查以查促收的职能作用。

【案件查办情况】 各级稽查部门直接立案查处各类税收违法案件4112件，查补收入38.11亿元，同比下降20.41%；督导高风险企业开展自查5304户，自查户数同比下降45.05%，自查收入31.31亿元，同比减少2.77%。

【案件特点分析】 江苏省地税系统各级稽查部门共立案检查企业4112户，其中，制造业和房地产业分别检查1695户、613户，占检查总户数的56.13%；共稽查入库收入38.11亿元，其中，房地产业入库16.91亿元，占全部入库收入的44.39%。分行业案均入库收入前四位的为采矿业、房地产业、租赁和商务服务业、电热燃气和水生产供应业，分别为282.82万元、257.84万元、207.70万元、171.69万元。其他行业案均入库收入均小于100万元。

【重大案件查处】 各级稽查部门坚持把查办涉税违法重大案件作为发挥稽查职能作用和提升税务部门影响力的重要抓手，集中优势力量，突出重点打击，查处和曝光一批大案要案，增强稽查的威慑力，维护税法尊严，促进了税收和经济秩序的持续好转。全年查处百万元以上案件331件，其中千万元以上案件61件。

【打击骗税虚开专项行动】 配合开展打击骗税虚开专项行动，全省共检查纳税户3074户，发现违法使用发票纳税户1068户，查获非法使用发票28745份，涉及金额20.07亿元，查补收入4.63亿元。

【行业和区域税收专项整治】 配合开展"3·24"制售假发票专案检查，开展以发票为重点的餐饮业、房地产业等行业性和区域性专项整治，有力打击了行业性和区域性涉税违法行为。

【"双随机、一公开"监管】 统筹开展全年随机抽查工作。准期上线运用"双随机"平台，实现信息化监管。建立574万户稽查对象分类名录库和1264人的稽查执法人员名录库，实施分类分级动态管理。探索建立"一公开"规范机制，通过门户网站、12366纳税服务热线等多种形式和渠道对外公布随机抽查事项和结果等相关信息，营造公开公平公正的税收征纳环境。

【重点稽查对象随机抽查】 按照税务总局随机抽查实施方案和案源管理办法要求，江苏地税局稽查局及时研究制定贯彻落实意见，全省共随机抽取5144户稽查待查对象，查补收入13.07亿元，其中重点稽查对象3731户、查补收入10.2亿元。

【打击发票违法犯罪活动】 按照"查税必查票、查票必查税"工作要求，将企业发票使用情况作为必查项目，依法严惩取得并使用虚假发票违法行为。全年共检查纳税人3074户，查补收入4.63亿元。

【税收"黑名单"制度和联合惩戒】 根据江苏省政府《关于对重大税收违法案件当事人实施联合惩戒措施的实施意见》，联合省信用办等34个部门共同推进联合惩戒工作。按季将符合"黑名单"公告标准的企业（包括法人代表、直接责任人）信息传递到省、市两级公共信息平台，累计录入"黑名单"系统11户，对6个涉税违法案件进行公告，进一步发挥税收违法"黑名单"制度的作用。

【涉税违法案件检举】 江苏省地税系统各级举报中心共受理举报案件2672件，查处案件1853件，查处率69.35%，共查补收入3.06亿元。

【案件协查】 收到外省（市）协查函10余份，涉及北京、天津、上海等直辖市和浙江、安徽、广东、江苏（国税）等省级税务稽查部门，转发至各省辖市地税稽查部门协查函60余份。

【稽查制度建设】 坚持以制度建设为基础，大力推进稽查内控机制建设，进一步规范税务稽查管理，着力防范和化解稽查执法风险，全面提高税务稽查工作效能。完善稽查相关制度，进一步增强对案件的支撑保障作用。研究制定《税务稽查预案实施暂行办法》，建立分类型、分行业稽查预案模型，探索稽查精准高效打击。制定《稽查督导自查管理暂行办法》，督导纳税人自查自纠，引导纳税遵从。

【稽查系统建设】 按照税务总局金税三期工程运行要求，持续推进金税三期工程稽查功能模块的完善，保障了稽查信息化系统的稳定运行。

【稽查队伍建设】 严格落实"全面从严治党"要求，坚持党建和业务"两手抓、两手硬"，以干部"能力素质提升工程"为载体，以防范执法和廉政风险为准绳，着力打造"忠诚干净担当"稽查铁军。省局3个"虚拟机构、实体运作"的区域稽查分局将党支部建设在区域检查第一线，以设区市稽查局为单位，成立14个派出人员临时党支部并正常开展组织生活，推动"两学一做"学习教育活动常态化、长效化，涌现一批先进典型。突出党建教育，坚持把党建作为稽查各类培训的必学课程，不断增强稽查干部思想政治教育意识和自我管理能力。同时，坚持人才培养专业化导向，深化分级分类培训机制，不断增强培训内容的针对性和有效性。全省“五师”人数581人，占稽查干部总人数的比例32.70%。

【稽查人才库建设】 注重加强稽查人才库建设，通过业务竞赛、岗位技能大比拼等活动，遴选稽查业务骨干，一批“查案高手”“审理专家”入选省、市两级稽查人才库，其中68人进入省级稽查人才库、12人入选税务总局稽查人才库。

【稽查业务培训】 按照分层分类培训的原则，先后举办稽查规范1.0版、“双随机”抽查、信息化应用、区域分局检查、分行业稽查等专题培训班303次，培训规模超5000人，干部业务素质大力提升，为稽查工作的有效开展奠定了业务基础。

【稽查信息化建设】 积极运用现代化稽查装备，部分单位购置了税务稽查办案箱等硬件设备和网络版查账软件，强化执法手段，提高检查效率，不断加强稽查信息化建设。

【稽查宣传】 继续加大稽查宣传工作力度，全年编发《稽查动态》13期。向税务总局《稽查工作动态》《稽查工作简报》报送信息20余篇，被采用6篇，其中，《先行先试　务实创新　江苏镇江打造国地税联合稽查新样板》《集成创新工作机制聚合力　长效推进积案清理显成效》专题简报受到税务总局副局长孙瑞标的表扬性批示。向各大主流报刊媒体报送宣传材料10余篇，其中，《锁定积案：打响清理欠税的集群战役》被《中国税务报》刊登。

【稽查调研】 深入基层调研，主动走访企业，了解企业生产经营情况，听取涉税难题，征求对稽查工作的意见建议。江苏地税局分管稽查局副局长陈筠走访苏州常熟中利集团股份有限公司及连云港恒瑞医药、康缘药业等多家企业，解答涉税难题30余条，有效化解征纳矛盾。省稽查局先后2次到亨通集团，送服务上门，增进征纳互信，提升工作效能。

【稽查工作会议】 2017年3月29日，江苏省地税系统稽查工作会议召开。会议传达了全国税务稽查工作会议精神，总结了2016年江苏地税稽查工作，部署了2017年稽查重点工作。江苏地税局副局长陈筠在会上作题为《规范引领　改革驱动　努力实现稽查工作新跨越》工作报告。报告提出，2017年全省地税稽查工作的总体要求是：在深化征管体制改革、完善“1+5”税收治理格局中，围绕中心，服务大局，提升站位，积极履职，按照“规范+质效”的思路，依法查处各类税收违法案件，增强稽查的精准性和震慑力，集成发挥稽查以查促收、以查促管，引导税收遵从的职能作用，努力实现稽查工作的新跨越。同时，报告对做好2017年稽查工作作出三大部署：一是以提升质效为核心，集成发挥稽查职能作用；二是以落实规范为抓手，全面夯实稽查工作基础；三是以深化改革为驱动，着力提升稽查治理水平。报告还围绕增强案件支撑保障能力，强调三点意见：一是强化执法，有效发挥稽查职能；二是防范风险，着力提升队伍素质；三是完善机制，合力推进稽查工作。

（万　成）

浙江省

浙江省国家税务局稽查局

【概述】 2017年，浙江国税稽查部门认真贯彻落实税务总局稽查局和省局各项工作部署，以维护税法尊严、提高纳税遵从为目标，围绕打击骗税虚开、重点稽查对象检查及行业性税收专项检查等重点工作，依法行政，锐意进取，税务稽查工作效能得到全面提升。

【稽查现代化建设】 全省各级稽查部门不断加大对信息化装备配置投入，在检查环节广泛应用电子查账软件，积极运用各信息系统数据和互联网信息开展分析研判，探索“大数据”稽查，为稽查干部模拟训练和稽查实战提供信息化平台。2017年10月开始，选取嘉兴、金华为试点区域，试点搭建屏蔽式税务询证工作室和稽查办案可视化指挥中心等信息化办案环境，启动“阳光智慧税务稽查”品牌建设工程，为全面推进稽查信息化建设工作，打下坚实基础。

【稽查体制机制改革】　2015—2017年，全省从55个县（市）中抽调32位稽查局长，按照行业专业化检查团队建设和“风险推送、定向稽查”模式要求，组队对48户省级重点稽查对象开展异地交叉检查，共查补收入3.14亿元，有效排除了地方保护主义和人情干扰，提高了稽查工作效能，得到税务总局领导和省局领导的肯定。

【稽查查补收入】　全省国税稽查部门共检查企业10002户，累计查补收入51.59亿元，较上年同期增长35.37%，实际入库38.47亿元，较上年同期增长10.29%。其中，稽查部门直接立案检查企业户数7020户，有问题户数4865户，查补收入31.32亿元，较上年同期增长103.64%，实际入库18.27亿元，较上年同期增长50.37%，立案查补成效大幅提高。

【案件查办情况】　全省各级国税稽查部门共立案查处税收违法案件7020起，其中，查处税款为亿元以上大要案2件，查补收入9.8亿元，查处税款为千万元大要案13件，查补收入4.99亿元；查补税款为百万元大要案160件，查补收入5.07亿元，与上年相比，大要案的个均查补收入大幅增长。

【案件特点分析】　从违法性质上看，查处的发票违法案件查补总额14.10亿元，占查补总额的27.34%，而上年发票违法查补额只占总额的2.96%，占比数大幅上升。从行业分布来看，2017年稽查税收查处涉及十三大行业7020户企业，从占比情况看，全省依然将制造业作为重点稽查对象，立案检查4442户，共查补11.39亿元，入库10.02亿元。紧随其后的为批发零售业，共立案1561户，查补15.90亿元，入库4.16亿元；制造业、批发零售业户数合计占比85.51%，查补收入占比52.90%。

【重大案件查处】　查处税务总局“12－12”茶叶枕出口骗税专案和“18－11”黄花鱼出口骗税专案，以及舟山煜鑫、煜凯公司虚开增值税专用发票案、龙泉市建城苗木专业合作社虚开发票案、金华武义县移贵贸易有限公司系列虚开案等一大批金额巨大、性质严重的大案要案，为国家挽回了税收损失，惩治了犯罪分子。

【打击骗税虚开专项行动】　在全省范围内开展的“春雷行动”，共检查企业824户，查出问题企业717户，查处问题发票11.29万份，阻止下游企业异常抵扣间接挽回税收损失13.61亿元；阻止企业偷漏税直接挽损4.45亿元；查补收入4.67亿元，移送公安320户，抓捕犯罪嫌疑人143人，有效遏制了骗税、虚开违法行为在浙江的高发态势。浙江国税局、浙江省公安厅、杭州海关、中国人民银行杭州中心支行四厅局合作成立全省打骗和虚开工作领导小组，组织开展多层次系统集成作战。认真落实浙江省政府领导和税务总局领导的批示精神，继续推进“机制打骗”体系建设。

【行业和区域税收专项整治】　根据税务总局下发的地炼企业、医药行业以及企业股权交易专项检查通知要求，全省国税稽查部门积极主动开展检查工作，其中，税务总局下发的医药行业专项整治涉浙企业26户，共查补收入5.56亿元；全国股权交易专项检查涉及我省国税股权转让定向稽查企业46户，共查补收入4.12亿元；地炼行业专项整治涉浙企业12户，查补收入24.91亿元，有6户企业以涉嫌虚开增值税专用发票罪移送公安，并被立案。

【“双随机、一公开”监管】　按照税务总局、浙江省局统一部署，按时完成税务总局布置的第二批重点稽查对象随机抽查工作，科学安排本地国税稽查随机抽查工作计划，除线索明显涉嫌偷逃骗抗税和虚开发票等税收违法行为直接立案查处外，所有待查对象均以随机抽查方式开展稽查，确保随机抽查工作全覆盖。建立省、市两级重点稽查对象名录库，稽查异常对象名录库和执法检查人员分类名录库，从名录库中随机抽取检查对象，从执法检查人员名录库中随机选派执法检查人员，合理确定随机抽查的比例和频次。

【重点稽查对象随机抽查】　全省各级稽查部门坚决完成税务总局2016年第二批重点稽查对象（40个集团企业）随机抽查自查入库及重点检查阶段任务，自查及重点检查收入2.51亿元。省局布置的2017年度重点稽查对象随机抽查198户企业的检查工作也较好地达到了以查促管、以查促收的目标，实现自查及重点检查收入3.92亿元。

【打击发票违法犯罪活动】　全省以重点地区、重点区域为突破口，迅速部署落实打击发票违法犯罪活动。成立由稽查局牵头、各部门协调配合的发票整治工作领导小组，并根据发票案发地实际情况，对各地市下达指令性计划。同时，强化横纵配合，横向上联合浙江省地税局、浙江省公安厅、中国人民银行杭州支行等部门，继续深化部门协作机制，纵向上加强各地市税务机关配合。共查处违法企业3288户，查处非法发票份数163376份，涉案金额269.98亿元，查补收入22.91亿元，移送案件550户。

【税收“黑名单”制度和联合惩戒】 全省建立“公布、推送、惩戒”三位一体的“黑名单”工作机制，自“黑名单”制度推行以来，累计录入税收违法“黑名单”394件，其中对外公布346件，联合在相关领域惩戒809次。同时，进一步推进联合惩戒措施和部门“双扩围”，一方面将“黑名单”企业列入双随机重点异常监控名录库，实行严格监督管理；另一方面，联合《关于对重大税收违法案件当事人实施联合惩戒措施的合作备忘录（2016版）》成员单位实施联合惩戒措施。2017年，全省有53户纳税人主动缴清税款、滞纳金和罚款，占已录入“黑名单”企业的13.45%；因纳税人修复信用入库税款1.92亿元，滞纳金4957万元，罚款9351万元。

【涉税违法案件检举】 全省共受理税收违法检举线索2773件，立案查处963件，查补收入3.63亿元，其中省局举报中心接听举报电话518次，接待举报人29次，正式受理检举案件352起。

【案件协查】 全省委托发起协查3083起，涉及各类发票184745份，选票准确率97.39%；受托协查5021起，涉及各类发票109213份；圆满完成税务总局牵头开展的骗税专案联动检查、废旧物资联动检查、宿迁“4·19”、深圳“海啸1号”等重点案件的协查工作。

【稽查制度建设】 扎实完善落实税务稽查风险内部控制制度，形成具有浙江特色的，含有具体风险点、风险级别、风险应对措施等内容的个性化内控指引。把贯彻落实《全国税务稽查规范（1.0版）》作为绩效考评的重要内容，从税务稽查案源管理、税收违法案件查处、案件审理和执行、稽查综合管理等方面进行考核，进一步规范税务稽查工作，全面提高稽查工作质效。

【稽查系统建设】 继续加强对稽查工作的领导，统筹安排好全省稽查工作，完善稽查体制机制建设，提升稽查系统各项工作质量，并以绩效考核为抓手，持续推进稽查系统建设，实现稽查整体效能大提升，在全国税务系统（稽查）上、下半年绩效考评中均为一档，在省局机关绩效考评中名列第1。

【稽查队伍建设】 把建设高素质的稽查干部队伍作为一项重要工作来抓。一方面抓好作风建设，各地以“两学一做”学习教育常态化制度化为契机，深入学习贯彻习近平总书记系列重要讲话精神，积极开展稽查干部作风建设，进一步增强稽查干部“四个意识”；另一方面抓好廉政建设，在全省范围内筛选13件可能存在风险的税收违法案件进行重点检查，筑牢纪检监察防线。同时，以税务总局巡视整改为契机，积极配合监察部门，对2013年以来符合“一案双查”标准的案件进行梳理，将存在涉及国税机关或国税干部违规违纪线索的案源及时移交监察部门。

【稽查人才库建设】 在全省范围内开展实战练兵形式的稽查业务大比武活动，推广促进全省稽查办案模式由“全面查、查全面”向“风险查、查风险”转变，有效推动省稽查信息化人才的选拔与培养。同时，按照实际工作需要，对全省稽查人才库人员实行动态调整。

【稽查业务培训】 全省以提高稽查人员业务技能为目的，开展专业化、差别化干部培训。举办全省税务稽查协查业务培训班、全省稽查人才培训班、全省国税稽查系统纪检监察员培训班、打骗打虚专题业务培训班和全省稽查局长培训班等，进一步提高稽查队伍整体业务水平。

【稽查信息化建设】 全省国税稽查系统强调以“互联网+稽查”为核心、以数据获取为切入点、数据利用为落脚点的信息化稽查模式，形成以专业化稽查团队和集成化稽查打击模式为主的新型工作形态。特别在“春雷行动”中，紧盯日常申报征管基础数据，提取金税三期、增值税发票电子底账系统等最新数据，摸清排查疑点信息，实现集约化高效打击，取得明显成效。

【稽查宣传】 加大力度开展税收宣传工作。2017年10月12日，中央电视台新闻频道新闻直播间节目重点介绍浙江省国税部门开展多部门联合惩戒工作情况，肯定了浙江省重大税务违法案件联合惩戒工作成效。各地案件查办事迹也多次被《中国税务报》《浙江日报》等多家媒体报道。同时，各级国税稽查部门大力开展发票宣传工作，普及识别发票真伪方法，提高公众依法使用发票意识，增强发票识假拒假能力。

【稽查调研】 全省稽查系统以提升稽查质效为抓手，广泛听取各方意见和建议，吸取先进经验，结合工作实际，组织开展对稽查内控机制试点、舟山跨区域稽查试点、稽查普票协查、“阳关·智慧税务稽查”试点运行、稽查积案清理等多项工作进行实地调研。

【稽查工作会议】　3月，全省国税稽查工作会议在丽水召开。会议对2017年打击发票违法犯罪活动、打击骗税、虚开、重点稽查对象随机抽查、协查及绩效考核等工作进行了具体部署，进一步增强各地稽查工作的针对性。6月，组织召开2017年国地税第一次稽查信息共享合作现场会，要求国地税双方按照实际工作需要，通过多种方式持续加强信息合作共享，并签订了国地税稽查信息共享合作备忘录。12月，召开全省国税系统稽查局长培训班暨稽查队伍建设会议，对贯彻落实党的十九大精神和推进浙江省国税稽查信息化工作作出部署。3月、7月、12月，共召开3次国地税稽查合作工作专题联席会议，深入推进国地税联合稽查工作开展。

【工作建议】　建议税务总局不断加强调查研究，动态推进制度管理，铲除“暴力虚开”土壤，整合现有开票软件和金税三期系统相关资源，实现两个系统实时数据交换，一旦监控发现企业开具发票异常，及时通过金税三期系统反馈到相关人员，做到早发现早预防。

（陈建华　方　倩）

浙江省地方税务局稽查局

【概述】　2017年，浙江地税局稽查局认真贯彻全省地税工作会议和全国税务稽查工作会议的精神，全面深化管理体制机制改革，强化事中事后监管职能，创新监管方式，严格规范执法，加强数据应用，着力发挥税务稽查的“利剑”作用，圆满完成年度工作目标任务。

【稽查体制机制改革】　嘉兴、丽水、衢州、舟山4市相继完成市一级稽查体制转换，职能调整后的4个市地税局稽查局于5月初正式挂牌运行。新体制运行顺畅，稽查独立性得到加强，威慑力明显提升，成效初显。落实税务稽查“正向打，反向促，侧向扶”新定位和“稽查案件分类处理”新理念，印发进一步做好地税稽查案件查处工作的指导意见明确具体操作规范。符合条件的新产业、新业态、初创企业在稽查方式选择上予以支持，重点对IPO、再融资或兼并重组上市公司以及列入浙江省“凤凰行动”计划重点辅导企业清单的企业，除举报等专案检查外暂缓开展立案检查。同时，对指导意见提出不予处罚、不定偷税、首违不罚等原则要求作了具体情形规定，体现“罚当其责”。

【稽查查补收入】　浙江地税稽查部门（不含宁波，下同）共对6966户次纳税人开展检查，占企业正常纳税总户数的0.33%，共查补收入42.58亿元，实际入库33.97亿元，占地税组织税收收入的比重1.29%。其中，由各级稽查局直接实施立案检查的有2752户纳税人，查补收入20.32亿元，立案检查查补收入占全部查补收入的47.7%。稽查案件查结率101.8%，检查人员人均立案检查户数4.76户（含自查12户）、人均查补收入351.5万元（含自查736.6万元）。

【案件查办情况】　全省各级稽查部门共查处大要案324件，查补总金额12.19亿元，占立案检查查补收入总额的60%。其中，单个案件查补金额在500万元以上的案件48件（7000万元以上3件），比上年增加14件。共向公安部门移送涉嫌税收违法案件23件，追究刑事责任1人。稽查听证案件7件，复议案件2件，诉讼案件3件。

【“双随机、一公开”监管】　完成省、市、县各级重点抽查对象名录库和执法检查人员名录库建设工作，确定5000户左右省级重点抽查对象名录库对象，充实省级随机抽查执法检查人员名录库人员。制定《浙江省地方税务局随机抽查对象抽选工作规范（试行）》，引入集体审议制度，规范省局重点企业检查对象的抽选工作。省局直接抽取1282户省局重点税源企业、集团及成员单位分批下发开展随机抽查，各市、县共对1363户市级重点稽查对象、非重点稽查对象及非企业纳税人开展随机抽查工作，及时通过地税局网站等渠道向社会发布随机抽查事项和查处结果。

【重点稽查对象随机抽查】　税务总局第二批重点稽查对象（涉及浙江省30家集团的385户成员单位）重点检查环节查补地税收入1.07亿元。第一批342户省局重点税源企业检查任务累计查补5.14亿元，在其中选取20户实施省市联合检查，查补税款1.18亿元。第二批518户省局重点税源企业任务完成自查阶段工作，查补8.92亿元。省局重点税源集团20个集团421户成员单位完成自查阶段工作，查补8400.4万元。

【打击发票违法犯罪活动】　对交通运输、房地产、建筑安装、金融保险、餐饮娱乐、商业批发与零售、药品与医疗器械、中介机构、广告传媒等社会关注度高、发票违法问题高发的行业布置开展发票使用情况检查，全面整治“买方市场”。全省地税稽查部门共查处发票违法企业633户，查处非法发票15363份，涉及金额8.9亿元，查补收入1.47亿元；自查有问题592户，补税2.23亿元，移送公安部门案件5件。

【行业和区域税收专项整治】 对案源进行数据分析后带疑点下发，组织针对具体涉税疑点问题的定向稽查，实现“快查快处”。迅速推进税务总局下发的股票转让线索稽查，对101户存在股票转让行为的企业实施定向检查，发现63户存在未按规定申报缴纳股票转让相关税收问题，查补收入6.73亿元，并对股票转让价格明显偏低的9户进行核定调整。对国税传递的2016年稽查结果信息进行筛查，将涉及相关附加及企业所得税少缴的1684户企业5167条疑点线索推送实施定向稽查，补缴税费2930.68万元。布置对全省100户房地产中介机构的个人所得税缴纳情况实施定向稽查，查结73户，查补金额309.69万元。稳妥查办税务总局布置的医药行业、保险代理企业、日资企业等专案。

【税收“黑名单”制度和联合惩戒】 按照一个标准、一个平台、一个系统的原则落实“黑名单”制度，组织开展重大税收违法案件信息公布工作督查，并建立事先审核制度，确保“黑名单”信息发布的准确性。重新修订联合惩戒措施合作备忘录，实现联合惩戒单位和联合惩戒措施“双扩围”。全省地税部门新增“黑名单”企业43户，按规定向社会公布17户，对5户企业因信用修复或公示期满撤出“黑名单”。

【涉税违法案件检举】 全面应用金税三期举报信息子系统，规范检举案件的受理、交办，加强案件查办情况跟踪，对未按规定组织查办的单位责令限期改正。全省各级税务违法案件举报中心共受理举报案件780件，查处有效举报案件264件，在查185件，查补税费、滞纳金、罚款共计2.05亿元。为50件实名举报案件的举报人发放举报奖励，奖励金额10.59万元。

【国地税联合稽查】 在全省范围内广泛建立联合稽查工作领导小组及办公室，成立省、市、县联合稽查工作领导小组58个，设立常设“联查办”办公场所38个，为联合查案提供便利条件。省国、地税局联合稽查工作领导小组召开3次国地税稽查合作工作专题联席会议，研究部署联合检查工作，交流打击发票违法犯罪工作开展情况，相互交换2016年双方稽查结果信息供对方开展疑点筛查。对税务总局第二批重点税源企业中200户国地税共管户企业联合共同部署进行联合稽查，并对其中50户由省局重点督导；对国税移交50户随机抽查案源进行国、地税联合随机抽查。全省各级国税、地税部门共确定995户联合稽查对象，对894户纳税人实施联合进户检查，查补地税税款1.73亿元。

【积案清理】 对2016年尚未清理完毕的“积案”持续跟踪，将清理完成情况纳入省局执法大督察内容，对年底仍未按时间要求下达结论性意见的9件“积案”，责令主管单位由地税局分管局领导带队向省局作出专题说明。认真落实税务总局关于做好案件结案工作考核要求，对2017年新增积案开展滚动清理，自8月布置以来截至年底，1年以上未结案件应清理265件，清理126件；逾期未执行案件应清理269件，清理62件，入库5108.47万元。各级地税局案件时效意识显著提高，新增积案数量大幅减少60%。

【稽查制度建设】 组织全省《全国税务稽查规范（1.0版）》师资培训，指导各地以点带面带领全体稽查干部学习规范、应用规范。尝试实施项目化管理，委托有关市局稽查局牵头组织开展相关业务规范的编制工作，形成《团队化检查操作指引》《案源涉税疑点分析指引》《地税稽查业务操作指引》《地税稽查内控指标体系》4项制度，下发各地指导工作。制定《税务稽查业务指引——查前告知》，通过查前一次性告知检查对象，让接受检查的纳税人“尽量少跑一次”。

【稽查信息化建设】 顺利上线“金税三期系统随机抽查工作平台”，省、市两级随机抽查“两个名录库”全部导入平台，应用随机抽选功能开展选案工作。制定以稽查信息数据应用为主的《稽查重点工作举措》，从案件管理和案件检查两个角度开展研究，提出数据应用需求，实现利用金税三期导出的数据对各市县主要稽查质效指标进行分析，指导市县工作。由杭州市局牵头完成查账软件优化工作。组织各市约20人的稽查数据应用专业团队，为信息化稽查和团队化检查提供技术支持。

【稽查系统建设】 建立完善以绩效考核为统领的稽查工作考核办法，将稽查综合考核整合到地税局系统绩效管理考核中，科学分解税务总局绩效管理考核和省政府目标责任制考核要求，发挥绩效考核“指挥棒”作用。研究建立稽查质效评价指标体系，为全方位衡量稽查工作水平提供参考。

【稽查队伍建设】　根据稽查体制改革试点安排，撤销嘉兴、衢州、舟山、丽水4个设区市19个县局稽查局。截至2017年底，全省50家稽查机构共有稽查人员1391人，占全体税务干部人数的12.6%，其中从事一线检查人员578人。省、市、县三级稽查干部分别有16人、619人、756人，占比分别为1.2%、44.5%、54.3%，市级稽查干部占比提高12个百分点。全省35岁以下、35~45岁以及45岁以上的稽查干部分别有201人、261人、929人，占比分别为14.4%、18.8%、66.8%。

【稽查工作会议】　2017年3月23日，全省地税稽查工作会议在杭州召开。会议对2017年度全省稽查工作重点任务作了具体部署。省局常务副局长劳晓峰出席会议，并讲话强调：要大力推进改革，确保稽查体制改革成功；要认真贯彻会议的新思路、新精神；分管领导和稽查局长要有担当精神，破解难题，直面挑战。省局副局长王平作题为《坚定不移推进改革　创新建立地税稽查新体制新机制》的讲话，对促进税收稽查“利剑”作用提出五点要求：一是加速推进改革，创建地税稽查执法新体制机制；二是加大集成力度，提升地税稽查的威慑力；三是提高稽查质效，增强稽查职能作用；四是加强涉税信息数据应用，为案件查处提供支撑；五是提升稽查队伍能力，为稽查作用发挥提供保障。

（翁旭东）

安徽省

安徽省国家税务局稽查局

【概述】　2017年，安徽国税局稽查局先后承接、组织、开展11项专项整治、专项检查和专项行动。全年检查企业5386户，比上年增加1904户，增幅达到54.7%；全年查补收入40.6亿元，比上年增加25.9亿元，增长177%。

【重大案件查处】　坚持以查办大要案为抓手，通过查处重大涉税违法案件，最大限度地发挥稽查威慑作用，起到“查处一起、打击一片、震慑一方”的作用。组织查办76件重大涉税违法案件，查补税款1亿元以上1件、千万元案件7件、百万元案件68件。其中：安徽大蒲贸易有限责任公司虚开增值税专用发票案价税合计超过50亿元，为安徽省历史上破获的最大一起虚开增值税专用发票案件；马鞍山“5·31”特大虚开发票案虚开普通发票24亿元；合肥精益药业特大虚开发票案涉案企业131家，案件特点明显。

【打击骗税虚开专项行动】　贯彻“持续发力、露头就打”的工作方针，抓早、抓快、抓好打击骗税虚开工作。一是不等不靠，主动发起交通运输业及新增“营改增”高风险企业专项稽查。春节后第一周即开展自主选案，瞄准高风险领域和高风险企业，检查交通运输企业134户，核查发票76406份，查补收入1630万元；检查新增“营改增”高风险企业277户，核查发票80334份，查补收入5806万元。二是打击骗税工作靠前指挥，与公安部门紧密协作，完成查前突击调账工作。成立多部门组成的专案组直接办案，赴13省（区）行程1万余公里，外调企业200余户。税务总局下发5户案源共查实涉嫌违规退税3300万元，应追回已退税款3300万元，其他查补税款3257万元；联动检查62户案源查实对外虚开增值税专用发票3490份，税额5010万元；认定接受虚开增值税专用发票283份，税额441万元。三是打击虚开工作，抽调富有办案经验的检查人员成立专案组，深入进行信息搜集、调查、数据分析，实施突击检查。税务总局下发的48户案源目前已全部查结，定性虚开33户，涉案发票合计7564份，票面金额9.09亿元、税额1.54亿元。

【行业和区域税收专项整治】　周密组织废旧物资行业税收专项整治前期解剖式检查，总结出行业经营特点和违法手段；首次采用“大数据”分析比对方法精准选案；对总局下发的48户案源逐户排查，户户有回应；认真做好联动检查，梳理线索数据8万余条，发函回函400余件；创新实施“集中办案”“持续督导”“专案快查”等工作方法，共查实对外虚开增值税专票5481份，金额6.8亿元，税额1.12亿元；认定接受虚开增值税专票9453份，金额10.19亿元，税额1.72亿元；查补收入1.56亿元。

医药行业区域专项整治承接案源118户，占全国任务总量的91%。确立分类整治的工作方案，由省局稽查局和第一稽查局直接查处重点企业；以合肥、阜阳2市为“主阵地”集中开展区域整治；其余各市由市局稽查局直接开展检查工作。集中组织230名稽查业务骨干，对涉案线索逐户比对、逐笔核实，分户建账、项目管理，累计核实线索1000余万条，涉及金额317亿元，查实涉税违法金额131.38亿元，查补收入22.58亿元。

成品油企业税收专项整治注重对企业违法性质研判，明确检查重点，严控各风险点，大胆果断定性，7户企业共定性虚开发票5612份，金额37.5亿元、税额6.48亿元，查补消费税10.06亿元，罚款3.91亿元。“白糖票”企业税收专项整治调查55个异地账户，查获安徽顺鑫盛源生物食品有限公司虚开增值税专用发票505份、价税合计5549万元。

【重点稽查对象随机抽查】 成立联合专门领导小组，提高服务意识，开展团队化、个性化、一对一自查辅导；对企业收入规模、纳税数额、成本利润率等进行综合分析，筛选重点稽查对象；挑选精兵强将，组建“高规格”检查团队；注重稽查“备课”，做实做细查前准备；针对集团企业财务核算高度集中规范的特点，检查时注重发现系统性问题，共查补收入2.46亿元，堵漏增收成效显著。

【打击发票违法犯罪活动】 组织协调全省各级国税、地税、公安、海关、人行、电信等部门，统筹推进打击骗税、打击虚开和打击制售非法发票“三位一体”工作布局。依托部门协作机制，注重区域联动，实施信息管税，以重点行业检查和重点区域整治工作为中心，全力承接税务总局下发的骗税和虚开重点案源，坚持主动作为开展区域专项整治，重点选取交通运输、房地产、建筑安装、金融保险、医药等社会关注度高、发票违法问题高发行业开展发票使用情况重点检查。共查处各类发票违法犯罪企业4083户，查获各类非法发票36.69万份，查补收入27.64亿元。同时，协助公安机关捣毁窝点10个，打掉团伙9个，抓获犯罪嫌疑人191人，判处刑罚38人。

【税收“黑名单”制度和联合惩戒】 做好重大税收违法案件信息公布和清理工作，开展已公布案件的撤出工作，做好“黑名单”宣传工作。累计公布和推送符合标准的重大税收违法案件47起，报送各类图片15张，“黑名单”工作动态19篇，典型案例2篇，社会宣传9起。强化协作机制，将国地税联合抽查作为国地税稽查合作的重要载体，共享涉税信息，累计交换案源信息共计204次，推送案件线索共计79条，开展联合培训、联合调研、联合交流共计131次。共同确定508户企业开展联合稽查，联合督导自查1251户，查补税款1.39亿元；联合稽查同步分别立案（户）499户，查补收入8.2亿元，入库3.77亿元。

【案件协查】 落实要素协查要求，向全省所有协查节点开展操作培训和政策解读。强化工作督导力度，以“市局自查+省局抽查”的方式开展了两轮协查质量检查活动，确保要素协查落地生根，协助“海啸1号”、废旧物资及医药行业专项整治工作，共委托协查2162起，涉及73404份发票，税额18.56亿元；受托协查2848起，涉及85384份发票，税额17.01亿元。

【稽查制度建设】 建立税收违法“黑名单”成果快速运用机制。拟定安徽省《关于对重大税收违法案件当事人实施联合惩戒工作方案》，联系省政府办公厅和省发改委，协调完成34个省直单位会签。牵头召集了各单位联席会议，推动税收违法“黑名单”成果与省社会信用体系建设的深度融合，提升了联合惩戒工作质效。建立了规范进户执法“阻、防、控、联”机制。对税务稽查、纳税评估、反避税调查等进户执法项目进行梳理整合，形成了《安徽省国税局关于规范稽查行政执法的指导意见》和《安徽省国、地税联合稽查工作办法》，初步实现国税局内部进户执法规范化和国地税联合执法同步化。

【稽查系统建设】 规范稽查局党支部日常管理，全面梳理党的十八大以来支部建设的各项任务完成情况和资料归集情况。规范稽查执法行为，对5年来稽查局直接查办的案件“回头看”，从实体到程序进行细致梳理，整改11个执法问题。

【稽查信息化建设】 建立打击涉税违法犯罪税警联动机制，与公安厅、省地税局多次会商，形成了涉税情报交换工作规范。初步完成了税警合作平台架构设计，制作了项目立项书。启动“税务稽查审理智能辅助预测平台”项目开发，与科大讯飞公司探讨合作，以现有稽查工作规程和规范为基础，开发操作性强的智能平台，对税务稽查案件进行证据链初审和审理预判。

（肖　磊）

安徽省地方税务局稽查局

【概述】 2017年，安徽地税稽查部门深入贯彻落实税务总局、省局工作要求和相关部署，创新方法，强化管理，认真抓好各项重点工作任务的落实。全省地税稽查部门共查处各类税收违法案件4005件，查补入库收入总额19.26亿元。其中，立案检查1508户，查补收入13.83亿元，占稽查查补收入的71.8%。

【稽查查补收入】 全省地税稽查部门查补收入总额19.89亿元，同比减少5.96%，查补入库总额19.26亿元，同比减少8.21%，查补入库率96.84%。其中：立案检查1508户，结案1357户，检查查补收入13.83亿元，同比增长25.26%；督导企业开展自查2497户，督查自查收入6.06亿元，同比减少40.06%。

从分税种情况看：营业税3.5亿元，占检查查补的25.36%；企业所得税3.06亿元，占检查查补的22.12%；个人所得税1.72亿元，占检查查补的12.44%；土地增值税0.36亿元，占检查查补的2.60%；其他地方各税2.87亿元，占检查查补的20.75%，滞纳金1.49亿元，占检查查补的10.79%；罚款0.83亿元，占检查查补的6.0%。营业税和企业所得税仍是地税稽查查补收入的主要组成部分，两税种查补合计6.57亿元，占检查查补的47.44%。

从涉税违法类型看：涉及偷税1.44亿元，占检查查补的10.41%；涉及逃避追缴欠税0.14亿元，占检查查补的1.01%；涉及不进行纳税申报5.71亿元，占检查查补的41.29%；其他6.54亿元，占检查查补的47.29%。大型跨区域企业越来越多，采取网络核算模式较普遍，部分纳税人还有专门的团队研究和筹划税收、规避纳税义务，税收违法将越来越隐蔽，税收检查难度也将越来越大。

【重大案件查处】 继续保持对税收违法犯罪活动的高压态势，集中力量查办一批有影响力、威慑力的重大案件，在大要案攻坚克难上，取得尤为明显成效。查处千万元以上案件18户，查补收入4.26亿元；百万元以上案件116户，查补收入4.12亿元，重大案件查补收入合计8.38亿元，占检查查补的60.59%，户均查补625.37万元。百万元以下案件1140户，查补收入5.45亿元，占检查查补的39.41%，户均查补47.43万元。全年重大案件堵漏增收效果明显，位列全国第9。其中“肥西车船税”案两次受到税务总局副局长孙瑞标肯定性批示。

【重点税源企业检查】 全面部署税务总局2016年度40户重点稽查对象随机抽查的自查工作，涉及29户企业集团、1080户企业，自查收入合计3948.10万元。重点检查企业293户（国地税联合检查243户），检查收入7251.88万元。

【行业和区域税收专项整治】 一是以税务总局稽查局下发的企业所得税属于地税机关管辖的26户疑点企业为重点，组织开展医药行业区域专项整治工作。全省共立案检查31户，查补收入1.19亿元。二是和省国税局联合布置开展对35户企业股权转让涉税事项检查，查补收入2.34亿元，入库收入1.85亿元。

【“双随机、一公开”监管】 一是按照党中央、国务院、省委、省政府要求，将随机抽查扩大到税务登记、认定管理等检查事项，建立“一单两库一细则”，开发征管执法项目双随机抽查系统，实现地税执法事项“双随机”抽查。统一随机抽取检查对象24751户，匹配3604名执法检查人员，下发各地进行检查，并及时公布抽查情况及查处结果。二是按照税务总局要求，在全省推广应用税务总局金税三期稽查“双随机”功能，认真完成前期业务培训和上线准备工作，省局稽查局和16市完成两个名录库建设工作及实现案件在线双随机抽查。全省地税稽查部门共对2492户企业进行随机抽查，占检查总户数的62%，查补收入10.41亿元。

【风险评估下的定向稽查】 稳步推行先开展风险分析评估查找高风险纳税人，再开展定向稽查的模式。运用税收征管信息、工商变更登记信息、房产土地交易信息和近几年案发情况开展综合分析，集合和运用大数据精准选案，找出遵从风险高发的领域、环节和纳税人群体，进行定向稽查。完成对水安集团及下属成员单位共26户企业定向稽查选案工作。积极接收风控部门推送案源，全年接收高风险案源136户进行立案查处，查补收入8049万元。

【稽查制度建设】 一是进一步强化警税协作，积极与省公安厅以及省国税局联系，出台相关办法，成立派驻机构。16市和39个县成立公安派驻机构，负责协调当地公安、国税、地税部门的合作事宜，联合办案392件，打掉团伙38个，抓获犯罪嫌疑人182人，挽回国家税款损失8.99亿元，曝光联合查办典型案例数8个。二是会同公安、国税部门加大对制售非法发票违法犯罪活动的打击力度，共检查企业4349户，查处违法企业1586户，查处非法发票1.4万份，涉及金额9.85亿元，查补收入1.44亿元。三是省国税、地税、公安三家联合开发税警协作机制平台，有效解决税警情报交换、案件会商及案件查处情况通报等事项，促进税警深度合作，全方位实现信息共享。

【稽查体制机制改革】 一是着力做好稽查规范落实。对照稽查规范，分析差异点，制定地税系统落实实施方案。因地制宜，组织开展师资培训和案源管理、大企业检查等专题培训，推进规范落地生根。充分利用外部网站、微信群、QQ群等方式，搭建平台，广泛宣传规范落实意义，总结交流经验做法。坚持学以致用，严格按照稽查规范的各项要求，规范稽查执法行为，充分发挥其稽查“百科全书”的作用。二是努力实现国地税联合稽查。召开联席会议，建立健全国地税稽查合作机制，研究确定国地税合作规范稽查合作事项任务落实具体措施。按税务总局要求，开展国地税联合抽取的重点税源企业、股权交易项目的联合进户检查工作。调研分析国地税稽查执法差异，提出完善国地税稽查机构设置、细化裁量基准、统一定性标准、实现协调审理建议。就贯彻落实税务总局《国地税联合稽查工作办法》，与国税局商讨具体落实措施。联合督导1261户开展自查，查补收入1.39亿元；同步分别立案499户进行联合稽查，查补收入8.2亿元。

【税收“黑名单”制度和联合惩戒】 严格落实税收违法“黑名单”制度和联合惩戒措施，在省局网站公布“黑名单”，向省信用平台传递“黑名单”信息，协调相关部门实施联合惩戒。按照税务总局要求，开展重大税收违法案件公布清理工作。全省共有67户纳税人被列入税收违法“黑名单”，新增“黑名单”案件33件，公布18件，公布案件撤出数量21件，交换联合惩戒信息26件，评定D级纳税信用等级36件。

【稽查队伍建设】 一是扎实推进“两学一做”学习教育常态化制度化。将“两学一做”学习教育列为组织生活会、民主生活会等党内政治生活的重要内容，开展支部书记讲党课、普通党员干部结合工作实践谈感受系列活动。丰富学习载体，充分发挥支部微信群的作用，方便党员随时随地开展学习。二是举办全省稽查专业化专家团队、业务骨干、基层稽查人员培训班，开展专业化、差别化干部培训，努力提高稽查人员综合素质。制定方案，印发指引，编写题库，开展演练，组织竞赛，扎实开展练兵比武活动。三是强化学习，严肃纪律，完善机制，认真落实“一岗双责”“一案双查”，加强党风廉政建设。在重点税源企业检查、落实“双随机、一公开”等工作中，邀请省局法规处、监察室、纳服处等部门参与过程监督，努力提升稽查执法水平，防范稽查执法风险。

【稽查业务培训】 开展专业化、差别化干部培训，结合不同的岗位职责和人员层次开展分类教学，增强培训的针对性和实效性，努力提高稽查人员综合素质。省局稽查局先后举办基层稽查税干素质能力提升培训、稽查业务骨干培训、稽查案源工作业务培训、稽查审理业务培训、稽查高级研修班，累计培训时间25天，累计培训250人次。

【稽查工作会议】 年初召开2017年度全省地税稽查工作会议，贯彻落实全国税务稽查工作会议精神和要求，回顾上一年度安徽地税稽查工作完成情况，安排部署2017年度全省稽查工作。年中召开南北片区稽查工作座谈会，从上半年工作开展情况入手，分析全省地税稽查工作存在的问题，积极谋划下半年全省地税稽查工作。

（石卫斌　王莹莹）

福建省

福建省国家税务局稽查局

【概述】 2017年，福建国税局稽查局贯彻福建国税局“抓规范、提质量、树形象”要求，以服务税收工作大局为中心，履行稽查职责，充分发挥稽查职能作用，围绕打击虚开和骗税、重点税源企业检查、行业性税收专项检查等重点工作，持续提升福建国税稽查现代化工作水平，完成了全年工作任务。

【稽查现代化建设】 以稽查现代化建设为主线，积极配合做好金税三期系统运行推广，“双随机、一公开”平台的上线运行。提升基层检查人员“互联网+”思维，以信息技术为支撑，丰富稽查工作方式方法。

【稽查体制机制改革】 一是贯彻落实党的十九大精神，发挥党建引领作用。严格依法行政，严明纪律规矩，狠抓作风建设，强化风险意识。二是规范执法行为，落实三项制度。贯彻落实税务总局稽查局三项制度试点工作部署，重点推动行政执法公示、执法全过程记录和重大执法决定法制审核三项制度。三是盘活县级稽查力量。积极挖掘县级稽查力量，充实省、市稽查力量，统筹调配业务骨干，实现省、市、县三级稽查部门联动，既做到盘活现有人力资源，提升全省稽查工作质效，又做到以查代练，培养一批业务精湛、能独立办案的稽查骨干，向各地输送人才队伍。

【稽查查补收入】 实现查补收入17.29亿元，比上年增加4.02亿元，同比增长30.29%；实现入库查补收入13.38亿元，占查补收入的77.39%，比上年增加0.41亿元，同比增长3.16%。其中：直接查补收入15.63亿元，占收入总额的90.40%；督导企业自查补税1.66亿元，占收入总额9.60%。

【案件查办情况】 全年立案检查企业2272户，审结2245（含以前年度，下同）户，有问题企业2168户，结案1996户。其中：100万元以下案件2040户，100万~500万元案件98户，500万~1000万元案件14户，1000万~5000万元案件14件，1亿元以上案件2件；全年移送公安机关立案查处案件173件，公安立案查处144件。

【案件特点分析】 虚开假发票案件特点分析：一是取消一般纳税人的审批制度和企业申请增值税专用发票（万元版25份以下）为即办事项后，虚开增值税专用发票呈上升态势。二是暴力虚开案件增多。犯罪分子利用系统申报漏洞等进行暴力虚开，肆意伪造农产品收购发票或海关完税凭证进行申报抵扣，而后领购发票顶格开具。大多数作案企业开票后立即走逃失联，“改头换面”后重新实施虚开犯罪，且犯罪分子多为跨区域团伙作案。

【重大案件查处】 以查处虚开发票、骗取出口退税案件为重点，相继成功查处“12-11”“18-03”“5-02”3起跨区域骗税专案、南平建阳“3·13”虚开案、福建万绿欣医药有限公司虚开案、平潭“9·19”重大虚开案等一系列重大案件。其中，平潭“9·19”案查处经验被税务总局稽查局向全国推介。

【打击骗税虚开专项行动】 根据税务总局、公安部、海关总署、中国人民银行四部委打击骗税和虚开工作整体部署，福建国税局稽查局深入开展打击骗税和虚开工作。打击骗税虚开专项行动共挽回国家税款损失23.04亿元。其中：打骗专项工作挽回税款损失12.54亿元、打虚专项工作挽回税款损失10.5亿元，共认定对外虚开发票3.24万份，价税合计120.28亿元；接受虚开发票1.73万份，价税合计20.73亿元，公安部门抓捕犯罪嫌疑人19人。

【行业和区域税收专项整治】 完成10户房地产企业检查，累计查补收入8897万元；对税务总局下发的线索清晰、疑点重大的13户医药企业开展检查，累计查补收入6530.84万元；开展废旧物资行业专项整治，对16户废旧物资企业立案检查，累计查补收入8349.15万元；查结4户地炼企业，定性虚开增值税专用发票7533份，抓捕2名嫌疑人；完成5户企业股权转让检查，查补税款513万元；检查12户"营改增"企业，查补收入362.01万元。

【"双随机、一公开"监管】 贯彻落实国务院深化"放管服"改革、全面推行"双随机、一公开"监管决策部署，做好双随机平台配置及业务测试。按照《国家税务总局关于印发〈推进税务稽查随机抽查实施方案〉的通知》要求，完成省、市、县平台配置、预生产环境和生产环境业务测试；建立省、市、县三级执法检查人员名录库，完成469名执法检查人员的信息采录；建立省、市两级重点稽查对象名录库，涵盖省市级485户重点稽查对象企业。通过双随机平台顺利开展区域医药行业专项整治和省级重点税源企业随机抽查工作。

【重点稽查对象随机抽查】 落实随机抽查制度的监管要求，强化重点稽查，根据《国家税务总局关于开展2016年度重点稽查对象随机抽查工作的通知》《国家税务总局稽查局关于下发2016年重点稽查对象随机抽查重点检查企业名单的通知》精神，对税务总局部署的28户重点稽查对象856户成员单位开展自查自纠，并在自查基础上选取153户企业作为重点检查对象，累计查补收入9578.48万元，比上年增长8.39%。

【打击发票违法犯罪活动】 认真承担打击发票违法犯罪活动协调小组办公室职责，加强部门协作，打防并举，综合治理，遏制发票违法犯罪行为，维护正常税收秩序。查处发票违法企业1511户，比上年增长62.29%。全年累计查处非法发票18.06万份，其中虚开发票89101份、非法取得发票45498份、其他发票违法行为46019份，共涉及金额13.51亿元，移送案件74户。

【税收"黑名单"制度和联合惩戒】 主动联系同级地税部门、地方政府和发改委部门，完成联合惩戒《合作备忘录（2016版）》文件的落实和细化工作。全年共公布216户"黑名单"企业，有3户企业在联合惩戒措施下主动缴清涉税款项1400余万元；有12户偷税企业及时缴清涉税款项7700余万元，免予列入"黑名单"公布。

【涉税违法案件检举】 税收违法案件举报中心共受理税收违法检举案件599件，立案查处案件463件，查结案件490件。共计查补收入10521.86万元，入库3669.86万元。移送公安机关案件2件。

【案件协查】 落实税务总局关于改进和规范税收违法案件协查等相关文件的要求，改变"就票查票"工作方式，强化"协查地就是案发地"思想，依托六大协查要素实施分级分类协查，使协查工作真正聚焦稽查主业。全年累计通过协查系统发起委托协查发票8.73万份，涉及企业2226户（次），价税合计106.67亿元，通过协查系统体现稽查查补收入7546.18万元，入库568.91万元。收到受托协查3256起，涉及企业4510户，发票7.04万份，价税合计96.78亿元，通过协查系统体现稽查查补收入2.47亿元，入库1.77亿元。

【稽查制度建设】 一是推行专案团队项目制管理。落实组长负责制，建立"省局稽查局—专案组—涉案地区国税局"三级联动协调机制和"组长—副组长—检查人员"的三级联动指挥体系，以省局带队、异地建组的做法，抽调60余名稽查骨干组建省局专案组直接查办7起重大涉税案件。同时，建立八大类63小项细化台账，逐户建档、逐案点评、逐项跟踪。二是实行案件预审制。对19户省局稽查局专案组直接查办的案件，由审理人员提前介入，再提交省局稽查局集体审理委员会预审，最后移交当地审理部门审理，从三个层次对案件全面把关，提高案件结案效率。

【稽查系统建设】 深化绩效考评体系，成立福建省国税局稽查局绩效考评委员会和绩效考评办公室，多次召开绩效专题会议和绩效解读会议，实现绩效指标的运转与日常工作的落实有机结合，稽查重点工作的开展与绩效指标的执行无缝衔接。

【稽查队伍建设】 全省国税系统共有稽查机构77个，稽查人员844人，其中：35岁以下117人，占总人数13.86%；35～45岁149人，占总人数的17.65%；45岁以上578人，占总人数的68.48%。研究生以上学历44人，占总人数的5.21%；大学本科学历542人，占总人数的64.22%；专科及以下学历258人，占总人数的30.57%。

【稽查人才库建设】 福建国税局稽查局蔡燕青入选第五批全国税务领军人才。全省国税稽查部门共有4名干部入选税务总局人才库，35位干部入选福建国税局专业人才库。全省国税稽查干部中，具有注册税务师执业资格27人，具有法律执业资格8人，具有注册会计师执业资格6人。同时，完善稽查队伍奖励机制，3个集体、15人次获得各类奖励。

【稽查业务培训】 组织各类培训186次，共有1615人次接受培训。其中：省级培训4次，参训217人次；地（市）级培训44次，参训1006人次；县（市、区）培训138次，参训392人次。

【稽查信息化建设】 适应金税三期工程工作需求，借助金税三期平台，完成省、市、县三级平台配置、预生产环境和生产环境业务测试，“双随机、一公开”平台成功上线运行。完成重点稽查对象名录库建设和执法检查人员名录库建设。

【稽查宣传】 将稽查宣传和重大税收违法案件公布、涉税联合惩戒等工作紧密结合，利用税收宣传月、“5·15”打击和防范经济犯罪宣传日等时机，通过定点集中宣传、编发专题简报等形式，加大税收违法案件曝光力度，促进社会信用体系建设。

【稽查调研】 组织开展稽查机构设置、积案情况摸底、闽厦稽查合作等专项调研工作，由省局稽查局局领导分别带组实地调研。

【稽查工作会议】 2017年3月27日，福建国税稽查工作会议在福州召开。福建省国税局党组成员、副局长林国镜出席会议并讲话。会议就进一步做好福建省国税局稽查局工作提出以下要求：一是眼界决定高度，要在服务大局中提升稽查站位。要敢于亮剑、勇于担当，强化大局意识，分类处理涉税违法问题，既要依法打击涉税违法犯罪行为，又要维护正常的经济活动，实现法律效果、社会效果和经济效果的有机统一。二是思路决定出路，要在依法稽查中加强行政处理。要转变思维、调整思路，强化依法行政意识，提高行政办案能力，加大行政定性和结案力度，把依法维护国家利益和纳税人的合法权益、把坚持实体公正和程序公正并重作为稽查工作的要求贯穿始终。三是正气决定锐气，要从严管理，打造稽查铁军。要大力弘扬“专业、博识、廉洁、担当”稽查文化，坚持能力提升与绩效考核并重，坚持负向约束与正向激励并重，促使全体稽查干部奋发向上、争先创优。

【工作建议】 一是严抓制度建设，着力促进规范稽查。从抓好案源管理、落实规范执法、深化国地税联合稽查三个维度强化制度管理，严格落实税务总局三项制度，规范执法行为，提升执法质效。二是依法依规履责，着力提升稽查质效。要尽责担当，勇于作为，坚持“办大案、办铁案”，做到快查快结，切实预防新案成积案。加大对检查全过程的监督管理，狠抓案件检查实施工作质量和效率，推进案件项目制管理。三是倡导稽查文化，树立稽查队伍良好形象。倡导“忠诚、公正、专业、精准”的稽查文化，以党建工作为龙头带动干部队伍，把强化纪律观念、从严执行纪律贯穿稽查队伍建设，综合考虑队伍年龄结构、查办经验及业务特长，优化组合，以老带新，打造一支高素质能攻坚的稽查队伍。

（林万亮）

福建省地方税务局稽查局

【概述】 2017年，福建地税局稽查部门坚决贯彻落实税务总局、福建地税局党组的部署和要求，依法打击各类税收违法行为，不断推进“双随机、一公开”监管，坚持健全和完善稽查运行机制，强化稽查队伍建设和党风廉政建设，实现案件查处、内控管理、工作质效、队伍建设四方面“相促进、共提升”，为发挥职能作用、服务税收工作中心大局做贡献。

【稽查体制机制改革】 全面落实《深化国税、地税征管体制改革方案》要求，推进税务稽查随机抽查，分层级、建好库、抓重点、求实效；继续实施“案头分析—风险评估—定向稽查”模式，提升稽查办案质效；推行“跨区域稽查”，适度整合稽查资源，采取跨区交叉检查、集中审理的组织模式，提高组织管理和资源配置效率；深化国地税联合稽查，福建省国税、地税稽查部门开展联合进户稽查301户，协同执行案件71件，交换案源信息226次，相互推送案件线索159条。

【稽查查补收入】 立案检查纳税户933户，结案1000户（含前期检查有问题本期结案数）。全年累计组织稽查收入9.42亿元。其中：稽查案件查补税款7.02亿元，罚款7064.34万元，加收滞纳金8955.96万元，没收违法所得1.02万元；督导自查收入8006.72万元。全省稽查收入累计入库8.06亿元，其中稽查案件查补入库7.25亿元，督导自查入库8079.91万元。选案准确率91.8%，结案率107.29%，稽查收入入库率85.54%，稽查入库数占同期税收收入比例为0.77%。

【案件查办情况】 立案检查933件，审结1000户，其中发现有问题户数918户，本期结案1001件，结案件查补总额8.62亿元，入库7.25亿元。采取税收保全措施11户，强制执行10户，移送公安机关处理9户。

【案件特点分析】 在已结案的1000件案件中，涉及采矿业12户，查补1369万元；制造业165户，查补7454万元；电力、热力、燃气及水生产和供应业67户，查补5482万元；建筑业97户，查补5149万元；批发和零售业90户，查补

1245万元；交通运输、仓储和邮政业26户，查补469万元；住宿和餐饮业25户，查补189万元；信息传输、软件和信息技术服务业14户，查补399万元；金融业181户，查补3326万元；房地产业119户，查补4.46亿元；租赁和商务服务业78户，查补1.18亿元；文化、体育和娱乐业19户，查补797万元；其他107户，查补3941万元。在已结案件中，存在偷税行为的25户次，查补收入2296万元；存在不进行纳税申报行为的132户次，查补收入8413万元；存在发票违法行为的216户次，查补收入3037万元；存在其他违法行为的598户次，查补收入7.25亿元。

【重大案件查处】 以大要案查处为突破，严格执行重大税收违法案件报告制度及督办管理规定，注重提高受理案件的反应力、查处案件的打击力、督办案件的结案率和案件曝光的影响力，有力打击税收违法行为。累计查处百万元以上案件75件，较上年减少23件，共计查补10.43亿元（含上年预缴数），其中千万元以上案件11件，较上年减少10件，共计查补7.8亿元，亿元以上案件3件，较上年增加3件，共计查补5.62亿元。

【行业和区域税收专项整治】 省、市均成立国地税医药行业专项整治联合领导小组，加强统筹部署，实施联合稽查。一是共同组织开展税务总局稽查局下发的13户“线索清晰、疑点重大的医药流通企业”案源自查和重点检查工作；二是运用金税三期工程“税务稽查双随机工作平台”，从异常企业名录库中联合随机抽取21户医药流通企业开展行业检查。医药行业专项整治共计查补833.66万元。

【“双随机、一公开”监管】 建立全省重点税源企业稽查对象名录库涵盖3910户企业，建立异常对象名录库涉及8497户纳税人，建立全省稽查执法检查人员名录库合计493人。顺利上线金税三期工程“税务稽查双随机工作平台”，实现“双随机”工作的全程记录和实时监控。探索随机抽查信息公开机制，接受社会监督。

【重点稽查对象随机抽查】 税务总局下达的2016年度重点税源企业随机抽查涵盖40户企业集团共涉及在闽868家成员单位，经自查，上述企业共计补缴税款、滞纳金4603.58万元；对其中264家企业实施重点检查（其中国地税联合稽查91家），查补税费、滞纳金、罚款1100.92万元。此项任务合计查补收入5889.15万元。

【股权转让专项检查】 根据税务总局股权转让专项整治工作的总体部署，结合上年对非金融企业转让金融商品专项检查工作的案头分析和重点检查的工作经验，开展股权转让事项定向随机抽查，选取重点稽查对象31户。通过深挖案源线索，梳理违法手段，制定检查方案，解析政策判例，丰富取证方式，坐实证据链条，专项整治查补税款、滞纳金、罚款合计5.54亿元，案均查补金额超1700万元。工作成效被税务总局作为2018年全国税务稽查工作视频会议的经验交流材料予以展播。

【打击发票违法犯罪活动】 认真部署开展2017年打击发票违法犯罪活动工作，持续完善机制，强化责任落实，严厉查处发票违法犯罪案件。查处发票违法企业423户，发现虚假发票3.55万份，涉及金额4.18亿元，追缴税款、滞纳金、罚款、没收违法所得共计3011.30万元。

【税收“黑名单”制度和联合惩戒】 按照“全省汇总、省级协调、统一公布、平台协作”原则，继续推进税收违法“黑名单”公布和联合惩戒制度落实。将13件案件信息录入重大税收违法信息系统，依照税务总局《重大税收违法案件信息公布办法（试行）》，将其中10件案件信息对外公布并通过“信用福建”平台推送相关部门实施联合惩戒。该项工作得到税务总局稽查局的通报表扬。

【涉税违法案件检举】 全省涉税检举数量依然呈下降趋势，发票类检举大幅减少。各级涉税违法举报中心累计受理各类涉税检举件260件，较上年减少320件，下降55.17%；立案查处40件，较上年减少8件，下降16.67%；查结39件，共查补2947.27万元。

【案件协查】 按照《要素协查操作指引（暂行）》相关规定，发出委托协查，办理受托协查，加强要素审核，做好要素协查工作与现有协查系统的衔接，保障协查工作平稳运行。发出委托协查32件，涉及发票805份，涉及金额8708.74万元，确认有问题发票428份，协查选票准确率达92%。受托协查57件，涉及发票100份，涉及金额514.08万元，均按期回复，受托协查累计按期回复率100%。

【稽查制度建设】 一是健全稽查风险内部控制机制。逐条对照税务总局《税务稽查风险内部控制指引》，逐个排查内部控制风险点，逐项检验内部控制措施有效性；立足福建省地税稽查工作实际，研究省级稽查风险内部控制指标，促进风险内控标准化管理。二是实现联合惩戒“双扩围”。印发《福建省发展和改革委员会　福建省国家税务局　福建省地方税务局转发〈关于对重大税收违法案件当事人实施联合惩戒的合作备忘录（2016版）〉的通知》（闽发改办〔2017〕257号），将联合惩戒部门扩展到37个部门，联合惩戒措施增加至28项，实现联合惩戒制度“双扩围”“提档升级”。三是探索建立执法过程记录制度。采购125台执法记录仪配发全省各地，推广在税收违法案件查办中采用执法全过程记录方式。四是完善“一案双查”工作机制。从“建机制、移案件、促合作”入手，明确各环节工作职责，梳理工作流程，健全责任追究制度，向纪检监察部门转交税收违法案件52件，较上年增加57.58%，移交违法违纪线索5条。四是开展“1+X”专项督查。根据《中共福建省纪委办公厅印发〈关于开展“1+X”专项督查、推动中央八项规定精神深入落实的工作方案〉的通知》（闽纪办〔2016〕56号）、《中共福建省纪委办公厅关于进一步推动“1+X”专项督查工作的通知》（闽纪办〔2017〕38号）的工作要求，开展“1+X”专项督查检查349次，检查单位335个，移送涉嫌违纪违规线索1177条，涉及金额750.95万元，涉嫌违规单位119家，其中9人被纪委部门调查处理。五是扩展公安派驻税务联络机制。公安派驻税务联络机制向区县延伸，10月实现省、市、县三级公安派驻联络机制全省全覆盖，11月福建省打击经济犯罪协调会商联席会议顺利召开。通过联络机制办公室向公安机关移送涉嫌发票犯罪线索11条，涉及虚开增值税发票1.93万份，涉及票面金额约3.15亿元。

【稽查队伍建设】　强化作风纪律建设，进一步加强各级地税稽查局党风廉政教育和廉政风险防控，严格落实“一岗双责”和主体责任、监督责任。加强稽查内控机制建设，防控执法风险。深化稽查规范化建设，促使全体稽查干部将《全国税务稽查规范（1.0版）》条款项目上的规定内化于心，落实到执法的每一个环节、每一道程序、每一项行为中。以支部为单位开展党的十九大精神学习贯彻活动，营造凝心聚力干工作的良好氛围，增强政治责任感，狠抓工作落实。省局稽查局陈建被评选为“全国道德模范与身边的好人——中国好税官”，受到中央文明办、税务总局表彰。

【稽查人才库建设】　梳理优化稽查人才库结构，对全省稽查人才库进行分类调整，将人才类型扩展为综合调研类、选案类、检查类、审理类、信息化类5个类别，加强人才库的科学化、精细化管理。

【稽查业务培训】　组织开展“全省稽查新进岗人员培训”，通过集中学习，促进新进岗人员尽快熟悉稽查工作程序，掌握稽查工作规范，迅速投入工作岗位。从省、市、县逐级开展《全国税务稽查规范（1.0版）》全员培训，推动全面落地执行。灵活运用“查前集中研讨”“稽查优秀案例评审”“现场办公”等形式，立足工作实际抓住重点开展有针对性的各类培训，重视在交流研讨中学习和培训实际效果反馈，通过加强培训实现稽查队伍素质和执法水平的有效提升。

【稽查信息化建设】　做好金税三期系统稽查模块上线运行的测试、运维工作，协助完善“双随机抽查”功能模块上线，加强“协查”“报表”模块的日常管理和培训，保证稽查信息化系统平稳运转，逐步实现稽查工作全流程信息化管理。继续推广电子查账软件和数字化检查工具的使用，提升稽查办案效率。

【稽查宣传】　坚持从稽查工作实际出发，不断夯实税收违法案件曝光工作机制，切实加强税收违法案件宣传和曝光工作力度，提高纳税人依法诚信纳税意识和税法遵从度，推动形成全社会自觉遵守税法和维护税法权威的良好氛围。曝光税收违法案件17起，开展打击涉税违法宣传活动141次。

【稽查调研】　以《全国税务稽查规范（1.0版）》发布实施为契机，在对福建省地税稽查规范化情况调研的基础上，分析稽查规范化现状，探讨稽查规范化存在的主要问题和有效发展途径，撰写论文《税务稽查规范化的探索与思考》。

【稽查工作会议】　2017年3月29日—30日，全省地税稽查工作研讨会议在泉州召开，各设区市局分管领导、稽查局长，省局稽查局领导及科室人员参加会议。会议的主要内容是：传达全省地税工作会议和全国税务稽查工作会议精神；共同学习《国家税务总局关于进一步做好税收违法案件查处有关工作的通知》等若干税务总局印发的重要文件；通报2016年全省地税稽查工作情况；研究部署了2017年稽查工作任务。福州地税局稽查局、厦门地税局稽查局、泉州地税局稽查局、漳州地税局稽查局在会上作了经验交流，福建地税局副局长郑孝真全程参会并讲话。

（曹　蓉）

江西省

江西省国家税务局稽查局

【概述】 2017年，江西国税稽查部门紧密围绕中心工作，积极发挥税务稽查职能作用，依法履责，忠诚担当，采取有力措施，圆满完成各项工作任务。打虚打骗等工作先后得到江西省委书记鹿心社、省长刘奇、常务副省长毛伟明和税务总局副局长孙瑞标的批示肯定。税警协作工作被江西国税局作为示范改革项目向税务总局推荐。

【稽查现代化建设】 健全完善制度，制发稽查风险内控、加强税务稽查意见、规范和改进税收执法、加强和改进税务稽查案源管理等系列制度，规范执法防范风险。推进处理定性，制定全省虚开骗税案件证据标准和法规适用性指导意见以及走逃企业检查取证模板，指引快速调查取证、快速定性处理，突破定性难、处理难瓶颈。强化评估监督，集中评选稽查优秀案例16个，开展稽查案件集中复查28户，实现正向树标杆、反向查问题的双重效果。

【稽查体制机制改革】 对内改革挖潜，推行台账管理、项目管理、团队作战、集成打击、长效管控。对外创新提效，税警联合研判、统一指挥"01・19""12・31"多起专案，推动重大案件快查快办。建立税银涉案账户资金查询机制，查询涉案账户1546个，资金5.84万亿元。开拓税关协作新领域，南昌海关完成67个关区3323份海关缴款书协查，破解关单查询难点。做实国地税联合稽查，联合检查1805户，协同审理145户，联合执行138户，交换信息289次，互推线索129条。

【稽查查补收入】 检查企业3076户，增加411户，同比增长15.42%，查补入库收入17.91亿元，增加2.75亿元，同比增长18.14%。其中：入库500万元以上企业9户共1.15亿元，占比6.42%。单户入库58.22万元，增加1.22万元，同比增长2.14%。审结案件1426户，有问题结案1276户，选案准确率89.48%。立案检查1664户，占比54.10%，同比提高6.8个百分点。

【案件查办情况】 依法查处举报案件183件，查补收入6761.03万元；落实案件协查要求，受托协查2663起、3636户次，受托协查发票8.64万份；打虚打骗工作立案检查978户，累计查处虚开和接受虚开发票131861份，金额147.38亿元，税额24.29亿元，查处骗税和违规退税9481万元，查补入库收入5.89亿元，移送公安机关案件331户。开展打击发票违法犯罪，查处违法受票企业1791户，查处非法发票11.85万份。

【案件特点分析】 从案件关联性看，呈现跨区域、长链条作案的特点。虚开发票涉及生产、销售、退税等各环节，从源头、中间环节到最终用户的虚开链条上形成一个个犯罪团伙，团伙之间联系紧密，在不同地区设立虚开企业，以"接鼓传花"的形式逐层向下虚开，直至虚开到最终用票企业，完成虚开发票流转。从个案看，呈现团伙化、智能化作案的特点。在作案主体上，采取在不同地区注册或者控制多个企业的方式，"化整为零"开票；在作案区域上，选择地方保护强烈或监管打击薄弱的地区设立虚开企业，以方便行事；在作案时间上，一般作案1～2年立即注销走逃，一走了之；在组织实施上，采取伪造、冒用、借用他人身份注册法人代表，雇人负责面上工作，犯罪主谋隐身幕后遥控指挥，逃避打击；在生产经营上，实际从事代加工业务，在账务处理上将代加工业务做成自营业务，营造企业有生产能力假象，掩盖犯罪事实；在犯罪领域上，使用"克隆票""富余票""农产品票""优惠票"等税务机关监管难度大的发票实施犯罪，逃避监管。从虚开发票的指向看，行业性特征比较明显。纺织服装鞋帽、木竹家具等传统行业虚开仍然突出，上游票源一般为农产品票，下游发票最终流向外贸公司；电子产品虚开增长迅猛，上游票源主要为富余电子终端产品票，最终指向外贸企业或生产出口电子产品企业；煤炭、矿产品等大宗商品虚开金额较大，上游票源主要是"黄金票""钢材票"，最终指向大宗商品经销和冶金、电力等企业；医药经销行业虚开问题较为突出，上游票源主要为糖票和保健品，下游最终流向医药批发企业。

【重大案件查处】 税务总局下发督办函的“7·08”专案、“8·25”专案等3起全部查结，做出行政处理，查处结果和处理文书按照规定上报税务总局稽查局备案。税务总局下发视同大要案管理的“12·31”“01·19”“白糖票”“5·23”案基本查结。

【打击骗税虚开专项行动】 立案检查涉嫌虚开案源945户，累计查处虚开和接受虚开发票131861份，金额147.38亿元，税额24.29亿元，查补入库收入5.80亿元，移送公安机关案件331户，公安机关立案侦查案件189户，抓捕犯罪嫌疑人101名。共立案检查涉嫌骗税案源33户，查处骗税和违规退税9481万元，移送公安机关案件5户，公安机关立案侦查案件4户。

【行业和区域税收专项整治】 稳步推进医药行业税收专项整治，查实虚开发票790份，发票金额7841.66万元，查补收入4.58亿元，入库收入3.14亿元，移送公安部门5户，公安部门立案侦查5户。

【“双随机、一公开”监管】 按照《国家税务总局办公厅关于进一步推进“双随机、一公开”监管工作的通知》（税总办发〔2017〕122号）文件部署，落实简政放权、放管结合、优化服务要求，以风险管理为导向，建立健全科学随机抽查机制，规范税务稽查，创新方式方法，努力实现执法成本最小化和执法效能最大化，促进税法遵从。随机抽查共计检查企业1616户，查补收入10.19亿元，随机抽查事项清单均按照要求进行对外公开。

【重点稽查对象随机抽查】 根据《国家税务总局关于开展2016年度重点稽查对象随机抽查工作的通知》（税总函〔2016〕491号）部署，联合地税稽查部门，对“中国工商银行”等全国重点税源企业（集团）在江西省成员单位，以及江西省自选重点税源企业开展随机抽查工作。通过组织企业自查和重点检查，共实现查补收入2.20亿元。通过随机抽查，企业依法纳税、自觉纳税的意识进一步提高，稽查作用得到彰显。

【打击发票违法犯罪活动】 共检查企业1914户，查处违法受票企业1492户，查处非法发票175539份，涉及金额2705335万元，查补税款30753万元，加收滞纳金1436万元，罚款8824万元，没收违法所得2.87万元，移送公安案件165件。

【税收“黑名单”制度和联合惩戒】 对外公布81件查结案件，以江西国税局正式文件加附送光盘的形式，将向社会公告的重大税收违法案件信息推送给成员单位，国税部门将涉及的81户纳税人和涉案直接责任人纳税信用等级直接判为D级，对有关当事人严格实施限量供应增值税专用发票、加强出口退税审核、加强纳税评估、提高检查频次、再次违法不得适用规定处罚幅度内最低标准等惩戒措施。主动与江西省发改委沟通协调，经过与省直35个部门的反复磋商，联合签署《江西省发展改革委等36部门关于印发〈联合惩戒合作备忘录（2016版）〉实施意见》。

【涉税违法案件检举】 各级举报中心共受理检举案件307件，增长38.91%，接收率100%；查处199件，增长17.06%；结案181件，增长18.30%，结案率90.95%。查补收入5250.15万元，其中：税款3378.28万元，滞纳金349.52万元，罚款1522.34万元。入库收入2282.63万元，其中：税款1716.19万元，滞纳金349.52万元，罚款216.92万元。发放举报奖金0.28万元，移送7件。

【案件协查】 扎实推行要素协查，以快制胜，以质取胜，全年委托协查891户次，金额87.46亿元，发票5.75万份；受托协查3953户次，发票10.34万份。办理公安部经侦局、税务总局稽查局联合督办的浙江舟山“11·24”，涉案接受增值税专用发票118份，涉案金额9955万元，涉案税额1299万元，回函结果均为票货不一致或无货交易。办理税务总局稽查局督办的深圳“海啸1号”专案，完成308户企业，发票14276份，涉案金额13.72亿元、涉案税额2.33亿元的协查任务，查补入库税款（含罚款、滞纳金）6408万元。

【稽查制度建设】 制定《关于进一步强化要素协查工作的通知》，规范协查发函和受托协查工作，提升稽协查工作质效。出台《关于进一步加强全省国税稽查工作的意见》，进一步规范案源管理、案件查处、案件审理等方面的工作。

【稽查系统建设】 以绩效为统领，承接税务总局绩效要求，细化江西省稽查绩效指标，实施节点考核。建立稽查工作联系点，省局稽查局领导挂点联系，调研指导和工作督促。统筹经费管理，集中经费保障全省稽查装备采购支出。

【稽查队伍建设】 扎实推进“两学一做”学习教育常态化制度化，定期组织稽查干部开展理论学习，坚持学做结合，引导稽查干部做到“四个合格”。认真开展“讲政治、守纪律、重规矩、作示范”专题教育活动，把纪律和规矩挺在前面，进一步增强稽查干部“四个意识”。推动开展联合表彰。主动走访公安、海关、人民银行等部门，推动江西省四部门对2016年专项工作成绩突出的71个集体和119名个人开展联合通报表扬，进一步表扬先进，弘扬正气。

【稽查队伍建设】 为加快推进江西省国税系统税务稽查审理人才队伍建设，进一步提升审理工作水平，进行综合能力评定择优确定稽查人才入库人选，建立包含36人的江西国税局稽查局税务稽查审理人才库。举办税警联合培训1期、打虚打骗专业化团队培训1期，共培训140人次。

【稽查信息化建设】 开发完成江西省税务稽查电子证据案卷管理系统，推行案卷电子化采集和联合审阅修改模式，优化证据采集方式，提高工作效率。重点采购查账取证、现场执法先进装备，提高信息化硬件水平。

【稽查宣传】 全年编辑刊发《稽查动态》25期，总结推广全省稽查先进工作经验。打击假发票活动、税警协作等工作被《经济日报》《中国税务报》等媒体报道宣传。与地税局联合发布“黑名单”，推送联合惩戒80起，省级媒体曝光典型涉税案件12起。

【稽查调研】 2月，抽调精干力量组成4个工作组，在全省范围内开展2017年稽查工作专题调研，从创新集成、风险防范、提质增效等方面对稽查工作进行全方位调研。充分了解市县两级及干部的需求、面临的困难和有益的经验，形成综合调研报告，为推动2017年稽查工作奠定了基础。

【稽查工作会议】 2017年3月28日，全省国税系统稽查工作视频会议在南昌召开。江西国税局局长胡立升会前对稽查工作作出重要批示，江西国税局副局长胥敏锋出席会议并作大会报告。各设区市、县局分管稽查工作的局领导、稽查局主要负责人和省、市、县局稽查局全体人员分别在省、市、县局分会场参加会议。

【工作建议】 商事制度改革后，市场主体数量持续增长，新常态下不断涌现出新业态，营商结构和方式都在不断改变，骗税和虚开也呈现分散化、小型化、短期化的新特点，这些都对事中事后监管的时效性和精准度提出了更高的要求。新形势下，传统的“人海战术”已经难以高质量地防范打击骗税和虚开，必须做强做大数据分析与增值应用，用信息化、智能化的手段，更加精准地防范和打击骗税虚开违法行为。一是要在现有对以前年度存量信息精准选案分析的基础上，逐步实现对本年度新增疑点信息的实时筛选分析和处置，将防控打击骗税虚开的关口前移。二是要建立案件分析决策模型，准确串并案源信息和案件线索，为集约化打团伙、打串案提供明确靶向。三是要善于以点入面，通过剖析典型案件，开展宏观数据分析，精准总结归纳规律，积极寻求治本之策。

（曾　锐）

江西省地方税务局稽查局

【概述】 2017年，江西地税稽查部门深入学习贯彻党的十九大精神，积极落实全国税务稽查工作会议、全省地税工作会议精神和总局稽查局、省局的决策部署，以全力查办税收违法案件为中心，以“三项建设”（业务建设、信息化建设、队伍建设）为抓手，稳步推行市级“一级稽查”，全面推进“双随机、一公开”监管，深入实施“黑名单”制度和联合惩戒措施，改革创新取得实效，稽查站位显著提升。

【稽查现代化建设】 深入贯彻落实中央《深化国税、地税征管体制改革方案》，在《江西省地方税务局关于进一步加强全省地税稽查工作的意见》（赣地税发〔2016〕100号）的基础上，制定下发《江西省地方税务局稽查局全面推进“二次创业”实施方案》（赣地税稽发〔2017〕2号），提出“改革创新有特色、稽查办案有影响、二次创业有品牌”的“三有”工作目标，积极推进“二次创业”，围绕“重构稽查业务、重建稽查队伍、重塑稽查形象”三大任务，建立五大体系（扁平集中的管理体制、成熟规范的制度体系、高效有序的运行机制、稳固强大的信息系统、专业敬业的人才队伍），促进稽查职能作用充分发挥。

【稽查体制机制改革】 一是积极推行市级“一级稽查”，提升执法层级，各设区市稽查局统一对外执法，形成全省地税稽查“一盘棋”格局，进一步提升稽查管理质效。景德镇、新余、鹰潭等较小设区市局实现全市稽查人员、经费由市局稽查局统一管理，赣州、上饶等较大设区市成立跨区域稽查机构，实行“统一选案、属地或交叉检查、统一审理、属地执行”管理模式。二是持续开展交叉检查，推动落实分类分级稽查，对列入检查计划的重点税源企业，全面实行省局抽调人员集中办案的组织形式，统一执法口径，统一在省局稽查局列支集中办案经费。全年共抽调各地办案人员145人次，组织4批次省局集中办案和异地交叉检查，共检查118户，省局稽查局列支集中办案经费约300万元。三是着力完善“国地税合作、公安派驻、部门协同”的部门协作联动机制，稽查打击威慑力、社会影响力进一步增强。不断深化国地税合作，按照“一次进户、统一检查、分别审理、各自处理”原则，国地税稽查部门共享涉税信息和情报交换，联合进户督导企业自查1805户，自查补缴收入5.8亿元，国地税同步立案检查535户，查补收入10.98亿元。不断强化税警协作，省、市、县三级建立公安派驻地税联络机制办公室39个（其中省级1个、市级11个、县级27个），实现“公安派驻地税”在省、市两级全覆盖。

【稽查查补收入】　全省各级地税稽查部门共检查和督导企业自查2668户（开展检查1024户、督导企业自查1644户），稽查查补和自查补缴收入共计20.84亿元，稽查查补总额占地方税收收入的1.99%，比上年提高0.31个百分点，稽查堵漏增收职能作用得到有效发挥，为完成税收收入任务、促进地方经济社会发展做出了积极贡献。

【案件查办情况】　全省地税稽查部门共立案检查1024户，查补入库收入10亿元，同比增长47.88%。聚焦税务总局下派股权转让检查任务，省局稽查局成立7个检查小组，立案检查45户，查补税款29.2亿元，为历年成效最大的专项检查。

【重大案件查处】　全省各级地税稽查部门共查处百万元以上大要案115起，查补收入6.46亿元，同比增长26.17%。其中，千万元以上大要案15起，有效提高了税务稽查震慑力。

【行业和区域税收专项整治】　根据《国家税务总局稽查局关于开展2017年度医药行业专项整治工作的通知》精神，制定下发《2017年度医药行业专项整治工作方案》（赣地税稽发〔2017〕5号），查补入库收入共计1364万元。其中，对税务总局下派72户案源企业开展检查，查补入库收入956.1万元，九江、宜春等地对自选案源开展检查，查补入库收入407.9万元。

【“双随机、一公开”监管】　省局作为省政府“双随机、一公开”行政执法监督平台的首批试点单位，在平台启动仪式上作典型经验交流发言，得到省政府领导的充分肯定。一是建立完善随机抽查制度。省局和11个设区市局全部建立随机抽查对象名录库和随机抽查执法检查人员名录库，并向社会公开。省局研究制定《江西省地方税务局“双随机、一公开”工作实施细则》（赣地税发〔2017〕52号），对检查对象抽取的比例和方式、执法人员的选派等事项进行规范和明确，随机抽查业务流程更加规范、公正、透明。二是积极开展随机抽查。完成税务总局部署的2批次随机抽查任务，共抽查54户企业集团的1321家成员单位，自查和查补收入共计3.93亿元；部署2批次全省随机抽查，共检查76户，自查及查补收入共计2.86亿元。全省地税系统“双随机”抽查户数占比65%，随机抽查成为案源产生主要方式。

【打击发票违法犯罪活动】　联合省国税局，制定下发《江西省国家税务局　江西省地方税务局2017年打击发票违法犯罪活动工作方案》（赣国税发〔2017〕33号），共同选取交通运输、房地产、建筑安装、金融保险、餐饮娱乐、商业批发与零售、药品与医疗器械、中介机构、广告传媒等发票违法问题高发、频发行业开展发票使用情况重点检查。全年共计检查和督察企业自查1196户，有问题企业588户，自查和查补收入合计5940万元。其中，检查企业807户，查处发票违法企业486户，查处非法发票6584份，查补收入共计4174万元，公安机关立案5起，抓获犯罪嫌疑人6人，检察机关移送起诉案件3起，法院判决3人有期徒刑，规范各类企业发票使用秩序，有效遏制了发票违法犯罪活动的猖獗态势。

【税收“黑名单”制度和联合惩戒】　积极落实“黑名单”制度和联合惩戒备忘录“双扩围”要求，将参与单位从23个部门扩大到36个部门，联合惩戒措施由15项增加至26项。全省列入“黑名单”的重大税收违法案件14个，对其中12个进行了公告，有力促进了社会诚信体系建设。

【涉税违法案件检举】　全省地税系统共受理检举案件86起，立案检查51起，查结44起，查结率86.27%，查补收入5523.31万元，执行入库4157.36万元，入库率75.27%，其中向公安部门移送查处的检举案件2起。省局举报中心向各设区市举报中心交办检举事项14起，督办检举案件2起。

【案件协查】　全省发起委托协查11起，涉及发票17份；收到受托协查19起，涉及发票9份，均按期进行了回复。

【稽查队伍建设】　一是深入推进“两学一做”学习教育常态化制度化，党员干部“四个意识”进一步增强，“四个自信”更加坚定。二是以巡察整改为契机，深入推进全面从严治党，省局稽查局于10月24日—30日，接受省局党组第二巡察组的专项巡察，针对巡查组提出的4个方面15条意见，制定58条整改措施。三是深入开展创先争优活动。推进学习型组织建设，加强地税文化建设，大力营造“四种风气”，全省地税稽查系统多个单位被授予“全国工人先锋号”“全省文明单位”“三八红旗集体”“先进党支部”等荣誉称号。

【稽查业务培训】 2017年8月1日至9月30日，省局在南昌举办为期2个月的全省地税系统稽查业务骨干培训班，首次在培训中加入为期半个月的实战演练环节，增强了培训的针对性和实效性。针对随机抽查、股权转让检查等工作，举办专题业务培训班。开展优秀案例评审、“岗位大练兵、业务大比武”等竞赛活动，以评促查，以考促学。

【稽查信息化建设】 全面贯彻落实税务总局“互联网+税务”行动计划，扎实推进稽查信息化建设，开发建设“江西地税稽查信息化综合管理平台”，并于10—12月在鹰潭、上饶成功试运行。该平台包括案源管理、电子查账网络版、电子查账单机版、案件监控、成果利用五大功能模块235个功能点，实现稽查案源实时监控、网络版与单机版查账软件同步运行、稽查案件综合分析等要求，并与金税三期系统稽查模块全面对接。

【稽查宣传】 编发《稽查工作动态》25期，传达上级指示、部署重点工作、交流工作经验。全省各级地税稽查部门在省部级媒体用稿20篇、省政府政务信息动态用稿1篇、地厅级媒体及省局网站杂志用稿125篇，扩大了稽查工作影响力。

【稽查工作会议】 2017年3月29日，全省地税稽查工作会议在南昌召开，省地税局副局长王显和出席会议，并作题为《履职担当　善作善成　奋力谱写稽查“二次创业”新篇章》的讲话。会议明确了2017年的工作思路，即：围绕“一个中心”（税收违法案件查处），坚持“一条主线”（二次创业），突出“两个重点”（体制改革、“双随机、一公开”），推进“三项建设”（业务建设、信息化建设、队伍建设），努力实现江西地税稽查“三有”（改革创新有特色、稽查办案有影响、二次创业有品牌）工作目标，全面加快稽查现代化建设步伐，并部署了2017年地税稽查重点工作。各设区市地税局分管领导、稽查局局长和综合业务科负责人，省直管县（市）地税局分管领导、稽查局局长，以及省局稽查局全体干部共70余人参加会议。

（罗建媛　吕家旺）

山东省

山东省国家税务局稽查局

【概述】 2017年，山东国税局稽查局围绕税收中心工作，发挥稽查职能作用，严厉打击各类税收违法行为，强化以查促收，以查促管，推进部门协作。全年全省共开展检查和督导纳税人自查业5736户，清理历史积案583件，查补收入52.48亿元。

【稽查现代化建设】 立足新时代，以全面从严治党为统领，不断提高稽查工作站位，准确把握税务稽查工作中心任务，严厉打击涉税违法犯罪活动，深化改革，提升质效，推进稽查信息化建设，加强稽查干部队伍建设，提升服务经济社会发展大局能力，高质量推进稽查现代化建设。

【稽查体制机制改革】 积极推进稽查专业化改革，努力提高稽查工作效能。一是完善稽查案源和审理管理机制，提升案源管理和案件审理层级，推进市以上稽查部门集中选案、集中审理机制。二是完善检查专业化管理机制，结合全省重点税源分布情况，按地域税源特点划分各市稽查局突破行业，组建多个专业化检查团队，分别开展针对性的行业检查，提炼行业模板和检查指引，促进稽查专业化检查水平不断提升。

【稽查查补收入】 全省共检查企业5736户，查补收入52.48亿元。从分地域情况看，稽查查补收入呈现出明显的经济关联性，山东东部沿海较为发达的地区对全省稽查查补收入的贡献较大。

【案件查办情况】 相继开展全省地炼行业专项检查、全省石油化工企业重点检查，以及“3·07”“4·19”等6起专案检查及35起骗税专案检查。同时，不断加大遗留案件查处工作力度，顺利完成“1·29”骗税案、烟台荣骏虚开案等督办案件的结案工作。

【案件特点分析】 一是涉税犯罪活动呈现作案领域更加广泛、作案链条更加专业、作案手段更加智能的发展趋势，涉案金额越来越大，户均案值不断提高，涉案人员越来越多。二是虚开发票及制售虚假发票等涉票案件大幅上升，“暴力虚开”违法行为激增，不法分子在短期内集中开票，迅速走逃，手段简单粗暴，违法成本低廉，打击后迅速反弹。

【重大案件查处】 全省国税稽查部门共查处重大税收违法案件230起，涉及企业278户，涉案金额108.02亿元，涉案税额17.77亿元，查补收入4.89亿元，入库总额1.89亿元；移送公安153起，公安立案137起，抓捕120人。

【打击骗税虚开专项行动】 深入开展打击骗税和虚开工作，按照税务总局部署，与公安、海关、人民银行等部门密切协作，在挽回金额、案件查处、专项整治等各方面均取得明显成效。全省开展35起骗税专案及上游联动检查、500户骗税案源检查、1000户虚开案源检查、医药行业专项整治、废旧物资专项整治等9项查处工作，以及省局扩选、各市自选骗税虚开案源的查处工作，全省共计立案检查1061户，其中税务总局交办案源459户，省市扩选、自选案源602户，查处骗税和违规退税挽回税款损失1.95亿元，认定虚开和接受虚开发票59.93万份、金额249.76亿元、税额39.16亿元，共查补收入23.09亿元；移交公安部门查办644户，抓捕338人。

【行业和区域税收专项整治】 规范行业秩序，行业和区域性税收专项整治成效突出。在继续做好2016年省政府部署的全省成品油行业税收专项检查后续工作的基础上，同步开展全省地炼行业专项检查和石油化工企业重点检查，以及6起专案检查，共查补税款11.88亿元，入库收入4.49亿元。公安部门立案6起，行政拘留11人。重点打击成品油企业通过商贸企业“变票”偷逃消费税的行为和利用虚假“受票”抵扣消费税行为。通过检查，进一步规范税收征管秩序，促进了成品油行业健康发展。

【“双随机、一公开”监管】 认真做好“双随机”平台推广应用工作，利用“双随机”平台积极开展随机抽查工作。依托“金税三期税务稽查双随机工作平台”建立省、市两级重点税源企业名录库成员2316户，建立随机抽查检查人员名录库成员1360人，并按照税务总局部署要求联合地税稽查部门实施随机抽查。同时，在省局门户网站对随机抽查事项向社会进行公开，自觉接受社会监督。

【重点税源企业检查】 全省检查重点税源企业1105户，查补收入13.36亿元。其中，税务总局部署294户成员单位，立案检查287户，查补收入4.85亿元。直接组织对工行、国电、华电等14户省级公司检查，发现各类涉税问题86个，查补收入3.38亿元。同时，按照税务总局统一部署开展15户企业股权转让检查，认真落实税务总局下发信息线索，核查企业股权转让情况，及时固定证据资料，圆满完成检查任务。

【打击发票违法犯罪活动】 按照税务总局打击发票违法犯罪活动工作实施方案要求，制定下发全省2017年“打票”实施方案，同时与省打击发票违法犯罪工作协调小组办公室各成员单位密切配合，通力协作，持续推进打击发票违法犯罪活动工作。全年综合治理各部门共组织自查和查处企业9100余户，查处非法发票211.9万份，查补收入20.98亿元。

【税收“黑名单”制度和联合惩戒】 加大力度，提高税收“黑名单”和联合惩戒工作质效。全年共录入税收“黑名单”案件75起，对外公布案件56起，按规定撤回公布案件14起。依托全省社会信用体系建设联席会议工作机制，向36个部门推送联合惩戒信息56条，共同实施联合惩戒，震慑涉税违法行为，增强了纳税人税法遵从意识。

【涉税违法案件检举】 按照税务总局要求，积极与纳服、征管等部门协作配合，自2017年5月1日起，建立全省涉税违法举报“快捷处理通道”。根据任务分工，及时对接问题，逐步理顺流程，实现受理规范、引导合理、处理及时、责任明确的工作模式，举报人整体服务体验和满意度都有较大提高。全年全省举报管理机构共计受理案件317件，其中税务总局交办案件39件，自行受理检举事项278件。

【案件协查】 全年全省通过协查系统共委托发出协查4630起，协查发票8.83万份，涉及金额143.31亿元，选票准确率95.31%（高于税务总局15%的标准），且无违规发函现象；收到受托协查

6388起，涉及发票13.43万份，涉及金额157.42亿元，受托回复发票13.92万份，按期回复率持续保持100%。按时完成税务总局督办安徽四部委专案、深圳“海啸一号”案件2起大案协查任务和税务总局打骗打虚案源联动协查，医疗、废旧物资等行业性专项整治协查，以及北京“11·01”等来自全国各地的多起大案协查。

【稽查制度建设】 按照“专业化、集约化、扁平化”的原则，因地制宜，明确职责，分类实施，优化配置，试点推进，探索建立科学、规范、简洁、高效的税务稽查管理体制。落实“双随机、一公开”机制，推广应用双随机工作平台，落实国地税联合稽查制度，实现国地税共同管辖案源联合稽查全覆盖，坐实公安派驻税务联络机制，依托全省各级税警联络办公室，完善协作机制，推动税警协作向纵深发展。

【稽查系统建设】 以工作调研、实地督导、信息宣传、经验交流等方式为纽带，密切“省、市、县”三级稽查部门的联动配合，加强上级稽查部门对下级稽查部门的业务指导，推动稽查工作顺利开展，通过建立科学合理的稽查工作考核指标，引导各级高效开展工作。

【稽查队伍建设】 坚持党建与稽查工作融合共进，不断加强党建引领，深入学习贯彻党的十九大精神，强化稽查部门党组织的领导核心作用，不断增强队伍凝聚力和战斗力。探索稽查队伍激励机制，持续增强稽查队伍动力和活力。分级分类开展岗位技能培训和专门业务培训，拓展培训领域，加强综合管理知识技能培训。

【稽查人才库建设】 根据税务总局的工作部署，加强与人事、教育、税源管理等部门的协作，做好全省稽查随机抽查检查人员名录库工作，对稽查人员各类信息进行采集和专业化分类。推进各级名录库的建立和动态管理，加强名录库成员的培养力度，组织定期参加专题培训、稽查业务培训，提高名录库成员的业务水平。

【稽查业务培训】 围绕当前稽查重点工作需求，举办3期稽查培训班，分别对全省稽查局长、业务骨干和信息化人才进行专题培训。各地不断增强培训内容的针对性和有效性，以提高稽查业务技能为主，开展分级分类培训，促进了稽查人员工作水平不断提高。

【稽查信息化建设】 一是积极探索信息化应用模式，完善升级研发的稽查综合信息管理系统，增加成果统计分析和选案功能。二是持续提升信息化辅助稽查能力，采购高性能移动工作站用于数据分析，引入数据分析软件，深化查账软件应用。三是主动服务税务总局稽查信息化建设，总结应用管理、系统研发等方面经验，配合税务总局稽查局建设视频会议系统。

【稽查宣传】 加大媒体曝光力度，并结合“便民办税春风行动”广泛开展宣传报道。突出宣传税收“黑名单”、税收违法案件曝光、规范进户执法等重点，对一些影响恶劣的典型案件在新闻媒体及时曝光，发挥警示和震慑作用。参加全省纳税信用等级评价暨税收“黑名单”新闻发布会，对上年公布的69户案件向媒体进行曝光。

【稽查调研】 积极开展工作调研和稽查改革调研，深入地市了解情况。重点发掘先进典型、总结先进经验并加以深化推广，精选优秀稽查案例供检查人员交流学习借鉴，进一步提高稽查干部实际操作能力和办案水平。

【稽查工作会议】 2017年3月23日，山东国税稽查工作会议在济南召开。山东国税局局长薛建英出席会议并讲话，副局长孙德仁作工作报告。会议强调，各级稽查部门要认真贯彻全国税务稽查工作会议和全省国税工作会议精神，按照省局党组和总局稽查局工作部署，紧紧围绕税收中心工作，充分发挥稽查职能作用，抓住“3+1”工作主线，即突出抓好打击虚开骗税违法行为、行业和区域性专项整治、重点税源企业随机抽查3项重点工作，实现稽查改革取得新突破目标；推进“双随机、一公开”，强化稽查信息化建设，打造专业化稽查队伍，提升稽查服务大局的能力水平，为全省国税事业持续健康发展做出新贡献。

【工作建议】 一是进一步提高稽查信息化应用水平，针对电子商务等新经济模式，充分利用“互联网+概念”，实现税务稽查方式的新突破。二是研究和探寻新形式实现“以查促管”新突破，加强规范化和约束力，切实发挥其促管作用。

（崔伟茹）

山东省地方税务局稽查局

【概述】 2017年，山东地税局稽查局围绕税收中心工作任务，聚焦主责主业，不断开拓进取。全省稽查系统共立案检查和督导纳税人自查7597户，入库查补收入56.09亿元，圆满完成目标任务。

【稽查查补收入】 全省共立案检查和督导纳

税人自查7597户，入库查补收入56.09亿元，同比减少8.44亿元，同比下降13.08%，其中：组织企业自查5416户，自查入库收入26.64亿元，比上年减少25.98亿元；重点抽查2181户，审结2171户，查补入库收入29.45亿元，比上年增加17.54亿元，增幅147.22%；查补入库收入占全省地税收入比重为1.74%。

【案件查办情况】　全省共查处各类税收违法案件2181户，其中：偷税案件203户、编造虚假计税依据案件8户、不进行纳税申报案件550户、发票违法案件308户，其他案件1268户；查补各项税收收入56.09亿元。

【重大案件查处】　全省各级稽查部门共查办百万元以上案件132起，查补各项收入3.97亿元。其中，查办千万元案件29起，查补收入8.85亿元。

【“双随机、一公开”监管】　省、市局抽查对象和抽查执法人员2个名录库全部建成。全省纳入重点抽查对象名录库的纳税人5174户，非重点抽查对象236.6万户，纳入抽查执法人员名录库623人。“双随机”抽查工作平台全部搭建完成，并自2017年6月1日起运行。在工作推进中以问题为导向，以名录库为基础，将随机因素和风控因素有机结合起来，做到随机不随意，不断提高“双随机”运转质效。

【重点稽查对象随机抽查】　对全国性重点税源企业检查任务，会同山东国税局成立联合检查组，对涉及驻山东省的644户分支机构开展重点检查工作。全系统累计检查（自查）认定应补缴地方税收入10亿元。

【打击发票违法犯罪活动】　在全省范围内继续深入开展打击发票违法犯罪活动工作，重点行业发票使用得到有效规范，非法制售、代开虚开发票违法犯罪势头得到有效遏制，发票违法信息得到有效治理，非纳税单位发票使用得到有效整顿。全省共查处违法受票企业1009户，查处非法发票17.04万份，涉及金额26.24亿元，查补税款3.4亿元，罚款1.2亿元；配合公安机关查处制售假发票案件8起、非法出售发票案件3起、虚开发票案件87起，捣毁制售假发票窝点4个，打掉作案团伙4个，收缴作案机器16台，抓获犯罪嫌疑人4人，收缴发票18.3万份；配合财政、审计等部门对13户行政、事业等非纳税单位发票使用情况开展监督检查，涉及非法发票294份，涉及金额526万元。

【税收“黑名单”制度和联合惩戒】　在《重大税收违法案件公布信息系统》中录入案件13起，比上年增加6起，报送案件数量增加1倍。其中3起案件，因纳税人存在逃避追缴欠税行为或虚开增值税发票行为，性质恶劣，推送有关联合惩戒部门实施惩戒。同时，按照社会诚信体系建设要求，将13户“黑名单”企业纳税信用等级降为D级。

【涉税违法案件检举】　全省共受理举报案件257起，查处192户，查补金额10459.07万元，入库金额8953.78万元。

【稽查人才库建设】　实施“领军人才挂帅，组建专家团队，破题攻关”工作策略。使领军骨干人才在实战中得到充分使用和加速培养，并破解相关稽查工作难题，带动全系统稽查队伍整体业务水平不断提升。

【稽查业务培训】　在泰安举办全省地税双随机抽查平台培训和全省地税稽查业务骨干培训。以《税务稽查规范》为教材，组织全员深入开展自学，编制并维护稽查规范业务题库。2017年7月4日，首先组织省局稽查局全体人员参加考试，之后又分别组织全省17市局的考试。全省稽查规范业务考试应参加考试1705人，实际参加考试1696人，参考率99.47%，全省综合平均成绩96.62分。

【稽查信息化建设】　搭建集计算机选案、电子查账、流程监控、增值利用四大系统的稽查信息化平台，涵盖选案、检查、审理、执行各个环节的数据和流程；实现与金税三期工程核心征管系统的对接，将被检查对象的涉税信息全部纳入电子稽查系统中，实现多年数据对比分析；建成电子查账系统“网络+单机”模式，解决电子查账系统对内部网络环境的依赖；借助智能“语义分析”技术，增强电子查账软件分析功能，使各类涉税信息匹配更高效，账套分析更智能更精准；引入大数据技术，搭建纳税人“家族图谱”，理清纳税人经营脉络，为大型企业集团检查提供技术支撑。

【稽查工作会议】　2017年3月16日，全省地税稽查工作会议在淄博组织召开。山东地税局党组成员、副局长李功出席会议并讲话。会议从严厉查处税收违法行为、打击发票违法犯罪、加大检举案件查处、信息化建设、稽查成果增值利用和稽查队伍建设六方面总结2016年以来全省地税稽查工作取得的成绩。会议主要从六方面对2017年全省地税稽查工作进行了部署安排：一是聚焦主业，严厉打击涉税违法行为；二是多措并举，深入开展稽查执法规范化建设；三是强化责任，全面推进“双随机、一公开”监管；四是优化服务，提升稽查工作层次；五是提质增效，进一步抓好工作落实；六是强化措施，着力提高队伍素质。山东地税局稽查局局长王发升分别就税务稽查定位、完成“双随机”抽查任务、落实税务稽查规范、开展“双随机、一公开”“黑名单”等工作进行了部署。

（公晓云）

河南省

河南省国家税务局稽查局

【概述】 2017年，河南国税稽查部门勇挑重担，积极作为，统筹稽查资源，精心组织开展各项税收检查，持续提升稽查整体质效。全年共检查纳税人5869户，查补收入55.69亿元，入库收入42.34亿元。

【稽查现代化建设】 将优化案源管理作为稽查现代化建设的重点工作，通过组建案源分析团队、构建扁平化指挥体系等方式，严格把控查办质量，完善案源查处反馈制度，形成“深化分析、集中查处、督导考核、增值应用”案源管理新模式。

【稽查体制机制改革】 以稽查规范化管理为目标，将2013年以来省级稽查执法一直采用的省市联查模式转变为省局稽查局直查，省局稽查局直接出具执法文书，负责选案和审理环节的相关工作，第一稽查局负责检查和执行环节的相关工作，进一步提升案件执法层级，加大稽查执法力度。

【稽查查补收入】 围绕税收中心工作，积极开展重点税源企业随机抽查、打虚打骗专项行动和行业专项整治，在规范税收执法、发挥稽查打击震慑作用的同时，实现以查促收，稽查收入创历史新高。全省共检查纳税人5869户，查补收入55.69亿元，入库收入42.34亿元，入库较2016年和2015年分别增长10.4%和59.8%，创收入增幅历史新高，查补税收和入库税收首次双突破40亿元。全省查补率1.53%，入库率84.52%。

【案件查办情况】 持续打击各类税收违法活动，共查处虚开骗税案件1704起，认定虚开发票金额222.78亿元，税额34.93亿元，查实骗税及违规退税1.78亿元，入库税收6.43亿元，移交公安机关214起，配合公安抓捕犯罪嫌疑人101人；开展重点稽查对象随机抽查1351户，随机选派执法人员2800余人次，查补收入12.74亿元，入库税收11.39亿元。

【案件特点分析】 河南省虚开骗税案件继续呈增长态势，主要特点有：一是涉案行业比较集中，涉农、涉矿、涉油、煤炭经销、医药等行业依然是虚开骗税案件的高发行业。二是区域特色行业成为虚开骗税的高发领域，如许昌的棉纺、档发行业，南阳的香菇加工出口行业，周口的棉纺、皮毛加工行业等。三是医药经销行业虚开呈上升趋势，医药经营企业虚开和大头小尾开具发票的现象较为严重。四是经济活跃发达区域开始频发虚开增值税普通发票案件，主要集中在“营改增”行业、分类不明确的其他行业和建材批发、广告业、百货、五金零售等传统批发零售行业。五是骗税多集中在高退税率商品所在的行业，且上游购进货物大多为涉农产品。

【重大案件查处】 各级国税稽查部门共计查处大案要案112起，其中达到税务总局标准并上报税务总局备案管理的大要案37起。重点查处“12·04”骗税专案、税务总局督办的龙华医药案、信成医药案、新区“7·21”等多起重大案件，联合公安成功摧毁央批“12·31”、南阳邱旺盛团伙、安阳赵永光团伙等17个犯罪团伙，遏制了涉税违法犯罪，充分发挥出稽查打击威慑作用。

【打击骗税虚开专项行动】 各级国税稽查部门坚决贯彻落实税务总局和省局党组工作部署，勇于担当、务实创新，分工协作、打防并举，集中开展打击虚开骗税“百日会战”。全年共查处虚开骗税案件1704起，认定虚开发票金额222.78亿元，税额34.93亿元，查实骗税及违规退税1.78亿元，入库税收6.43亿元，移交公安机关214起，配合公安抓捕犯罪嫌疑人101人。全省防范和打击虚开骗税工作在全国位居前列，先后受到税务总局局长王军、国家税务总局副局长孙瑞标和省政法委书记许甘露等领导的5次批示表扬。

【行业和区域税收专项整治】 通过经营案件疑点线索，在全省集中开展了医药、废旧物资行业专项整治。全省开展医药行业专项整治检查企业194户，查补税收16.02亿元，入库税收4.67亿元。其中，税务总局下发案源73户企业，查补税收11.12亿元，入库税收3.45亿元；全省自行开展医药企业检查、受托协查查处医药企业121户，查补税收4.90亿元，入库税收1.22亿元。废旧物资行业专项整治检查企业21户，发现有问题进项发票1030份，金额1.24亿元，税额2100万元，虚开发票1463份，金额1.44亿元，税额2403.9万元，查补税收1137.82万元。

【"双随机、一公开"监管】 按照税务总局稽查局推行"双随机、一公开"监管要求，及时开展"双随机、一公开"调研工作，制定下发文件，对公开对象、公开内容、公布时间、公布方式、公示模板等事项在全省范围内予以明确。通过省、市局12366网站、微信官方平台以及办税服务场所，按批次对随机案源抽取、执法人员随机选派结果，按季度对随机案源抽查结果予以公示。

【重点稽查对象随机抽查】 以"重实效、重过程、重培训"为目标，以优化稽查案源管理为契机，以税务总局双随机平台上线为抓手，分层次确定税务总局、省局及地市的重点稽查对象。全年各级稽查部门共开展随机抽查1351户，随机选派执法人员2800余人次，查补收入12.74亿元，入库税收11.39亿元。

【打击发票违法犯罪活动】 按照全国打击发票违法犯罪活动工作协调小组的部署要求，统筹全省资源，强化部门协作，开展打击发票违法犯罪。全省各级国税稽查部门共查处发票违法企业2489户，完成税务总局下发的全年1000户目标的2.49倍，查处和缴获各类非法发票35.69万份，查补税收24.02亿元；全省共治理发票违法短信息21.60万条，关停登载发票非法信息网站356个，捣毁或打掉各类团伙42个，公安机关立案178起，抓获犯罪嫌疑人131人，检察机关起诉49人，司法机关审判16起。

【税收"黑名单"制度和联合惩戒】 与省发改委、省地税局等多部门联合，签署出台新版对重大税收违法案件当事人实施联合惩戒的合作备忘录，将联合惩戒部门由23个扩大到36个，惩戒措施由18项增加到28项，对失信者的惩戒力度和范围实行"双扩围"。全省共公布重大税收违法"黑名单"案件207起，涉及企业法定代表人或负责人219人，负有直接责任的财务人员18人，"黑名单"当事人分别受到金融机构融资授信参考、禁止参加政府采购活动、限制政府性资金支持、不予以授予工会表彰等43项次惩戒。

【涉税违法案件检举】 以"迅速受理、认真查办、按期回复、重点疏导"为要求，建立分类处理、纵横协作的快速查办机制，明确省市两级涉税举报查办专职人员及其工作职责，采取直查、联查、异地交叉检查等方式，开展涉税检举案件管理工作。全省共受理检举案件342件，结案367件，查补税收1.89亿元，同比增长41.69%。入库税收1.52亿元，同比增长71.72%。

【案件协查】 以增值税专用发票协查系统为依托，推行和落实税收违法案件要素协查，加大协查结果回复质量监控力度，持续提高协查回函质量。全省共通过协查系统委托发出协查信息5004起，涉及发票9.40万份，税额18.60亿元，收到协查结果10.85万份，选票准确率99.72%，委托协查信息完整率99.90%；收到受托协查5060起，涉及发票11.38万份，税额20.80亿元，回复发票12.46万份，有问题发票占受托协查发票的比率98.80%，受托协查信息完整率99.82%。完成税务总局重点海啸1号、张家口"2·25"专案、安徽废旧物资联查等大要案的协查工作。委托、受托协查合计查补税收2.80亿元，入库税收2.37亿元。全年通过查处协查案源达到重大税收违法案件标准的案件7起，涉及发票3025份，涉案税额9702.61万元，入库税收2395.68万元。

【稽查制度建设】 在工作中不断积累，制定完善一系列工作制度和办法。为进一步加大案件查处力度，激发队伍活力，下发《河南省国家税务局税收违法案件查办奖惩办法》；为及时将查处过程中发现的涉嫌违纪违法问题移交纪检监察部门，起到以查促廉、以查促管的作用，联合监察部门制定《税收违法案件一案双查移送管理办法》；根据虚开骗税案件的新形势、新手段，持续修订《虚开、骗税案件检查指南》《虚开发票案件检查、定性、处理指引》。

【稽查系统建设】 持续以绩效考核为抓手，按照"税务总局指标全覆盖，针对问题立项目"的原则设置考核指标体系，充分发挥绩效考核指挥棒的作用，在保证覆盖税务总局考核要求的基础上，把案件管理纳入年度绩效考核，其中打虚打骗单独考核。在全省各级稽查部门的共同努力下，各项工作指标均达到税务总局绩效考评要求。

【稽查队伍建设】 以“抓党建、强堡垒、促稽查”工作目标，健全“三会一课”制度，将日常党建活动与稽查业务工作深度融合，全年共开展支部书记讲党课活动12次。同时，按照“下抓两级、抓深一层”党建工作机制，在税务总局专案组、省局检查组、地市检查组中成立临时党小组，吸收被查企业财务部门党员为临时党小组的成员。在进驻检查期间，实现党组织内党员之间平等交流，在党小组会上相互开展批评与自我批评，使纳税人认识到配合检查是一名党员应尽职责和义务，使检查人员公正公平执法，推动稽查工作顺利开展。

【稽查人才库建设】 以建设随机抽查检查人员名录库为契机，补充完善省级稽查人才库人员信息，在原有分类的基础上，添加所学专业、专业资格证书、稽查工作经历、近年业绩信息等详细类目，并直接录入金税三期进行动态维护，提高省级人才库的结果运用效率。

【稽查业务培训】 坚持在办案中历练队伍，通过理论培训和实战训练相结合，采取培训和实战交叉进行的方法，加强业务培训。年初根据检查计划针对重点业务进行培训，专项行动临近结束再开展检查总结和经验交流培训，通过省局专项行动为全省稽查工作树立样板，促进稽查实战能力。

【稽查信息化建设】 充分利用数据集中优势，抽调人员组建案源分析团队，对所有流经省局的案源进行二次分析，分析出每个案件的疑点线索、涉案金额、涉案税额，并以此作为目标引领、督导抓手、结案标准和考核标准，建立完整的信息化案源管理机制。

【稽查宣传】 对外宣传方面：通过省级12366门户网站的“重大税收违法案件公布栏”公告“黑名单”。共公布达到税收违法“黑名单”标准的案件207起，涉及企业法定代表人或负责人219人，负有直接责任的财务人员18人。内部宣传方面：强化稽查动态信息的提炼和发布，在绩效考核中加入对上报稽查信息的考核指标，积极向税务总局、河南省委省政府、主流媒体等推送各类专报，其中10篇得到税务总局领导和省委领导的表扬性批示。

【稽查调研】 坚持在实践中历练和认知，开展一系列专题调研。对内督导调研方面：以案源分析数据为依据，有计划、分批次地对重点案件进行督导调研，实时监控案件进展，及时解决案件查办中发现的问题。对外学习调研方面：根据税务总局巡视组提出的整改建议，组织专人赴外省开展学习调研，形成关于稽查规范化管理的调研报告。

【稽查工作会议】 2017年4月12日，河南省国税稽查工作会议在郑州召开。省局副局长齐群跃作《持续发力　提升质效　稳中求进推动全省稽查工作新发展》讲话，从完成堵漏增收目标、打击涉税违法行为、落实稽查改革任务、推进稽查信息化建设、加强稽查规范化管理、加强稽查队伍建设六方面对2017年稽查工作重点任务进行安排部署。各省辖市局稽查局和郑州新区局稽查局的局长和综合科长、省局稽查局和第一稽查局全体人员、省局相关处室人员参加了会议。

【工作建议】 针对虚开骗税等税收违法行为越打越多的猖獗势头，坚持打防结合，一方面强化法制观念，增强稽查执法刚性，建立起良好的外部门协作和内部查管互动机制，形成相互协调配合、统一重拳发力的工作机制，充分发挥稽查打击震慑职能；另一方面要建立预防机制，针对打虚打骗中发现的征管漏洞，及时形成经典案例和以查促管建议，发挥以查促管职能。

（孔晓飞）

河南省地方税务局稽查局

【概述】 2017年，河南地税局稽查局深入学习贯彻党的十九大精神，全省各级稽查部门认真落实各项决策部署，紧紧围绕税收中心工作，以充分发挥稽查职能作用为出发点，履职尽责，突出稽查工作质效、信息化建设、内控机制建设、队伍建设等重点工作，不断推进税收稽查现代化，稽查职能作用得到更好发挥，全年共立案检查纳税人616户，组织6454户纳税人开展纳税自查，查补入库税款、滞纳金、罚款共计35.7亿元。

【稽查现代化建设】 探索开展“查前分析”，创新大数据应用税务检查方式方法，采取“团队对集团＋项目制”方式，开展对16户重点企业集团“查前分析”工作。使用电子查账软件采集企业账套数据，对被查纳税人涉税信息数据进行全面分析比对，查找税收风险疑点，经现场核实，确定问题风险点142个，税款7680万元，风险点和税款准确率分别达到72%和65%，从而有效解决了对大型企业集团检查“不敢进”“进去出不来”问题；上线运行金税三期二阶段税收风险管理子系统稽查管理模块，实现稽查案件办理流程化、平台化，积极推广应用单机版电子查账软件和网络版稽查管理软件。

【稽查体制机制改革】　落实以风险管理为导向应对高风险任务的要求，从过去侧重系统管理转变到系统管理和案件查办职能并重上来，全年应对高风险户5起，完成税务总局督办案件4起，自办案立案检查25户并全部稽查完毕。转变观念推进税收违法案件结案工作，贯彻《国家税务总局关于进一步做好税收违法案件查处有关工作的通知》（税总发〔2017〕30号文件）精神，组织召开全省法制审理工作专题座谈会，多次宣讲，专题解读，根据案件的不同形态实施分类处理，解决了多年来稽查案件定性难问题。

【稽查查补收入】　全省稽查部门共查补收入35.73亿元，入库35.70万元。其中，立案查补税款1.7亿元，滞纳金0.53亿元，罚款0.31亿元，自查收入33.19亿元。结案率96%。全省处罚率18%，滞纳金加收率31%，入库率99.92%。

【案件查办情况】　全省地税稽查部门2017年累计检查7070户，其中立案检查616户、督导自查6454户、有问题户546户，查结案件591户；全省曝光案件43件，移送司法机关案件23件，发挥了税务稽查“以查促收、以查促管、以查促改”的铁拳职能作用。

【重大案件查处】　围绕规范执法行为，发挥稽查威力，以提高办案质量为着力点，加强部门协作，抓住关键环节和重要节点，狠抓大案要案查处，大要案查处取得重大突破，查处百万元以上案件20件，查补税款7172万元。

【行业和区域税收专项整治】　开展税务总局部署的双随机重点税源企业检查、股权转让交易行业的重点检查、医药行业专项整治等重点工作，严厉打击各种涉税违法行为，进一步整顿规范了全省经济税收秩序，查实入库税款3.04亿元。

【“双随机、一公开”监管】　河南地税局稽查局作为全国四个试点单位之一，全程参与税务总局金税三期决策二包稽查双随机工作平台定版测试和试点应用工作，全省各级稽查部门的双随机平台全部上线运行。组织开展2017年度省级重点稽查对象随机抽查工作，运用双随机平台抽取106户企业予以开展重点检查。同时，在河南地税局外网公布“河南省地方税务局税务稽查双随机抽查事项清单”，公布随机抽查依据、主体、抽查对象和内容，接受社会监督。

【重点稽查对象随机抽查】　积极贯彻落实税务总局稽查局重点稽查对象随机抽查工作，对涉及河南29户集团企业下的1177户分支企业，除去非独立核算单位外，561户企业进行了自查，共自查入库税款2910.44万元；运用双随机平台抽取106户企业开展重点检查，通过双随机平台设定抽查比例为21.2%，通过摇号方式抽取税务稽查执法检查人员；全省双随机抽查58批次，双随机抽查552户，双随机抽查检查人员471人，查补收入7.5亿元。

【打击发票违法犯罪活动】　拓展河南警税海关协作的深度和广度，联合开展重点行业发票检查工作。同时，将打击发票违法犯罪活动工作与税收随机抽查、行业和区域专项整治、举报案件查处、发票协查等工作相结合，重点选取交通运输、房地产、建筑安装等社会关注度高、发票违法问题高发行业开展发票使用情况检查。检查发票使用企业3253户，查处违法使用发票企业823户，超税务总局分配任务600户37%，查出违法票据共计22631份，查补入库收入2140.43万元。

【税收“黑名单”制度和联合惩戒】　根据税务总局稽查局要求，与河南省国税稽查局联合制定《河南省国地税协同发布税收违法“黑名单”和联合惩戒工作实施方案》，进一步明确工作目标和原则，细化任务职责，完善组织体系，强化督导考核，将联合惩戒工作落到实处；全省国地税两部门累计对146户企业实施11种不同方式的联合惩戒，7户重大税收违法案件当事人慑于“黑名单”及联合惩戒的威力，主动补缴税款、滞纳金、罚款合计3932.1万元。

【涉税违法案件检举】　落实“举报畅通，有案必查”原则，畅通举报案件的受理、查处、回复、奖励渠道，郑州市稽查局联合建设国地税举报中心，洛阳市稽查局建立涉税违法智能举报中心，提升了涉税举报管理服务工作水平；全年共受理税收违法举报案件235件，组织查处205件，查补入库税款、罚款、滞纳金共计3089.15万元。

【案件协查】　共收到省内外税务、公安部门委托发票及来人涉税案件协查28起，均按照委托方协查函和来人协查要求落实了协查案件检查，针对委托方协查要求及时进行了回复，并对在协查中发现涉税问题的纳税人作为新案源，进行全面检查，提升协查增值利用效果。

【稽查制度建设】　树立税收规范管理理念，确定2017年为“稽查规范落实年”，以规范化管理为主线，在全省地税稽查部门全面开展“稽查规范、系统管理、绩效管理、队伍建设、“双随机、一公开”、查前分析、案卷管理”7个专项行动。制定《河南地税稽查规范（1.0版）》，全面实行；同时，制定出台省、市、县三级《地税稽查工作指引》，明确三级工作职责、岗位设置和稽查工作部门工作流程，为稽查业务工作定位及操作起到指导作用。

【稽查系统建设】 召开全省地税稽查内控机制座谈会，出台《关于进一步加强税务稽查内控机制建设的指导意见》，编写《河南省地方税务局稽查风险内部控制制度》《河南省地方税务局稽查风险内部控制指引文档》等制度规定，梳理出稽查各环节5大类307项风险点，初步形成以“查前教育、查中巡访、查后回访”为主线的稽查内控监督制约机制。

【稽查队伍建设】 落实全省地税系统政治生态建设总体安排，制定《河南省地方税务局稽查局打造地税稽查铁军攻坚实施方案》，采取多种措施全力打造一支“忠诚、干净、担当”的地税稽查铁军；稽查机构改革中，通过优化稽查机构设置，在干部使用上向稽查一线倾斜，为适应新征管模式下稽查发展需要提供了人才支撑。

【稽查人才库建设】 结合稽查机构改革，完成案例评选专家库人员调整；以案件查办为依托进行实战训练，特别是通过对省级银行业税务检查实战，为全省地税稽查部门培养一批近50人的能查前分析、会使用查账软件的税务稽查人才。开展“岗位大练兵、业务大比武”竞赛，29个省辖市局及直管县局的87名选手参加考试竞赛，19名优秀稽查人员纳入全省地税稽查人才库。

【稽查业务培训】 着眼于稽查人员素能提升，积极开展分类分层次培训，在全省组织开展为期3个月以“学制度、学规范、学业务、学廉政”为主题的“春季培训”活动，举办以稽查规范、信息化、查账实践操作、案例评选等为主要内容的专题培训，全省各级稽查部门共举办培训班78个，培训稽查人员1891人次，稽查人员业务水平明显提升。

【稽查信息化建设】 牢牢把握数据大集中、业务全覆盖的新机遇，加强金税三期稽查模块使用状况调研，梳理需求和建议，并进行落实反馈，推动使用稽查工作云平台，全年立案查处的616起案件全部上线运行，实现案件检查流程化平台化；在全省地税稽查部门推广应用单机版查账软件和网络版查账软件，全省稽查系统配备单机版查账软件450套，对164户企业开展电子查账。

【稽查宣传】 2017年3月21日，《中国税务报》以《偷逃巨额税款　饱尝失信苦果》为题，报道河南省重大税收违法案件联合惩戒工作；4月10日，与国税局联合召开新闻发布会，通报全省地税部门发布的6起重大税收违法案件。2017年，各级新闻媒体共刊发河南地税稽查部门的信息48篇，其中：《河南地税“团队+数据”开展“查前分析”探索风险管理导向下的检查方法》被税务总局稽查局第38期《稽查工作简报》刊发。

【稽查调研】 按照河南地税局“干中领，做中带”要求，组织开展廉政约谈，深化调查研究，对查处案件预先审核导致的案件审理周期长、工作效率低等一系列问题，给予妥善解决；以税务总局30号文件出台为契机，化解违法行为定性难和积案多的难题；组织督导调研服务，撰写《督导服务工作报告》，制定《督导调研服务基层反映问题反馈台账》，以内网通知形式对15类问题进行集中回复；向省局上报《主动作为　积极应对　不断提升高风险推送案件查办质效》《省稽查局认真开展督导服务》专报，反馈高风险任务应对、信息化建设、金税三期系统滞纳金等问题，服务省局决策，受到省局领导的表扬批示。

【稽查工作会议】 2017年4月14日，河南省地方税务稽查工作会议在郑州召开。省局副局长何娟出席会议，省辖市局（郑州新区局）分管领导、稽查局局长、稽查局综合科科长和省直管县局分管领导、稽查局局长参加会议。会上，副局长何娟作题为《规范提升　担当实干　实现稽查工作质效新跨越》的主题报告，总结回顾了2016年稽查工作情况。会议对全省地税稽查工作优秀单位、先进单位等进行了表彰；交流了工作经验；安排部署了2017年稽查工作任务。

（王利芳）

湖北省

湖北省国家税务局稽查局

【概述】 2017 年，湖北省各级国税稽查部门坚持服务经济社会发展大局和税收中心工作，精准把握新方位，履职担当，攻坚克难，大力开展打骗打虚专项行动，精心组织发票专项整治，持续推进国地税联合稽查，全面推广“双随机、一公开”监管，深入落实“黑名单”制度和联合惩戒，堵漏增收屡创佳绩，队伍素质持续增强，内部管理得到优化，工作质效不断提升，改革创新成效显著，为推动全省国税事业健康发展做出了积极贡献。全省国税稽查工作先后荣获省以上表彰 5 项，获税务总局、省委、政府领导表扬性批示 8 次；省局稽查局连续 2 年位居全国稽查绩效考核第一档、省局机关绩效考核第 1 名；9 个市州稽查局在所在市州局的绩效考核中位列第一方阵。

【稽查现代化建设】 推进“大数据 + 打骗打虚”智能化分析系统创新项目建设，实现人工检查分析到智能化分析的转变。全省组建打骗打虚专案组和专业化精英专业团队 80 余个，成立专案检查数据恢复组、发票梳理组、账簿分析组等协作小组，恢复数据 4900 余条，梳理可疑发票 8637 份，大大提升了稽查执法的刚性和成效。武汉市国税局创新打造“四主 vs 两重”跨区域专业化稽查团队，采取“市局稽查局主导、直属稽查局主抓、骨干工作室主担、专业化团队主查”的“四主”组织方式，围绕“重点税源轮查、重大违法案件查处”两个重点，发挥了龙头的尖刀引领示范作用。

【稽查体制机制改革】 深化国地税联合稽查，加强执法资源和执法事项的整合，全省成立联合稽查领导小组及其办公室 82 个、专项工作小组 82 个，重点在建立联合稽查名录库、重点税源随机抽查等在内的 14 项内容上加强合作，全年联合确定进户稽查对象 4951 户，同步分别立案 3904 户，联合稽查选案准确率 99%，联合查补收入 42.64 亿元；加强信息共享，国地税相互反馈征管建议 4500 多条，促进税收后续管理。全省 17 个市州完成市级公安派驻国税联络工作办公室设立，增强了税警合力。

【稽查查补收入】 全省国税稽查系统立案检查各类纳税人 4138 户，查结有问题户 3703 户，其中案值千万元以上案件 14 件、百万元以上案件 102 件；查补入库总额 40.33 亿元，同比增收 4.82 亿元，增长 13.56%，占同期国税收入的 1.34%。武汉、宜昌、荆州、荆门、孝感等地，查补收入总额位居全省前列，堵漏增收效果尤为明显。同时，组织开展全省稽查收入差异分析专题调研，制定出规范稽查收入统计分析的措施，保证了稽查收入统计的准确性。

【案件查办情况】 全年共立案检查各类纳税户 4138 户，有问题 3477 户（其中千万元案件 14 户、百万元案件 103 户、偷税案件 678 户），结案 3462 户，查补收入 16.35 亿元，入库收入 16.31 亿元；组织纳税人自查查补并入库 14.38 亿元。

【案件特点分析】 从作案主体看，流通型企业虚开现象普遍。流通型企业具有经营范围广、经营周期较短、经营成本低等特点，正好适应了当前发票虚开行为“短、平、快”的要求，成为虚开发票和接受虚开发票的高危企业。从作案方式看，“暴力虚开”更加普遍。违法分子未领购农产品收购发票，直接在增值税纳税申报表附表二其他扣税凭证中的农产品收购发票或者销售发票栏填列数据抵扣进项税额。从作案地区看，再生资源企业在政策更为优惠的地方虚开金额更大。从作案手法看，团伙化趋势增加。违法分子注册多家公司对外虚开，降低户均涉案税额，延迟税务机关发觉的时间，快速走逃，逃避检查。

【重大案件查处】 以组织开展四部委部署的工作为重点，全年共查结税收违法案件 3462 起。其中：案值在百万元以上的案件 117 起，查补税款 6.71 亿元；公安机关提前介入及联合办理案件 38 起，移送司法机关处理案件 497 起。武汉市警税协作成功查处的虚开增值税专用发票团伙案

（“18-07”专案），得到了公安部、税务总局、省局领导的高度肯定。

【打击骗税虚开专项行动】 立案检查1156户，结案578户，查补收入共计8.6亿元；检查出口单证610份，涉及问题单证516份，检查银行账户1392个；与公安联合侦办327户，移交公安机关立案检查327户，抓捕犯罪嫌疑人45名。

【行业和区域税收专项整治】 部署开展医药行业专项整治、再生物资行业整治、地炼企业及成品油经销专项检查、盗用海关完税凭证检查、“营改增”行业虚开发票专项检查等工作，全年共检查税务总局下发的169户企业，查补收入合计5.70亿元。编写的《湖北再生资源回收与批发行业税收整顿和规范工作检查指引》得到税务总局稽查局的高度肯定并被推广至全国。

【“双随机、一公开”监管】 上线金税三期“双随机平台”，将8148户重点稽查对象和788名执法人员分别纳入稽查对象名录库和检查人员名录库。抽取省级重点稽查对象491户、各地抽取市级重点稽查对象366户、抽取非重点稽查对象2户、抽取异常对象5户；随机选派人员412人、定向选派人员114人，查补收入8.54亿元。同时，确保操作规范，将“双随机”抽查成果通过微信、微博、电视节目、办税厅电子显示屏等多平台、多渠道、多途径向社会公开，自觉接受社会监督。

【重点稽查对象随机抽查】 组织实施税务总局定点联系企业和重点税源企业在鄂成员单位税收检查，全年共组织自查2011户，重点检查相关企业403户，查补收入合计8.54亿元，冲减增值税留抵税金0.10亿元，调减亏损额3.01亿元。编写金融保险、能源发电、建材物质3个行业稽查指引。

【打击发票违法犯罪活动】 打击发票违法犯罪活动检查企业31298户，查处违法企业27320户，查处非法发票612.33万份，涉及金额217.75亿元，查补税款25.27亿元，加收滞纳金9.83亿元，罚款4.12亿元，入库收入合计39.22亿元；组织企业开展发票违规问题自查154户，其中自查有问题92户，自查补税2224.61万元；移送案件90起。

【税收“黑名单”制度和联合惩戒】 针对税收违法犯罪活动的新特点和新趋势，全省各级国税机关集中力量查处影响突出的虚开增值税专用发票案件和金额较大的偷税案件。录入案件数量185件，公布案件数量131件，公布案件撤出数量73件，联合惩戒信息交换数量131件，评定为D级纳税信用等级数量128件。

【涉税违法案件检举】 全省国税系统举报中心共受理举报案件343件，其中省级139件、地（市）级194件、县级10件。查处案件279件，其中省级15件、地（市）级查处127件、县级查处137件。结案173件，其中地（市）级40件、县级133件。全省举报案件共查补税款3135.52万元，滞纳金178.47万元，罚款208.63万元，合计金额3522.62万元。

【案件协查】 全年通过协查信息系统发起委托协查3267起，涉及发票10.2万份，涉及金额151.99亿元，税额25.73亿元，发票协查选票准确率99.69%；收到受托协查1948起，涉及发票3.23万份，涉及金额72.78亿元，税额12.16亿元，按期回复率100%，协查合规率100%。探索推行税收违法案件协查工作问询制，确保要素协查工作落地生根，得到税务总局副局长孙瑞标的肯定和表扬：“湖北国税落实要素协查的举措实、动真格，成效明显，再一次证明事在人为，关键是认真不认真、负责不负责。其经验值得各地借鉴。”为提高协查效率，配套推出协查发票信息导入分析软件-发票导入“小助手”，通过智能化手段，加快协查信息的导入速度，有效提升了案件办案质效。

【稽查制度建设】 修订《湖北省国家税务局税务稽查办案专项经费分配方案》；以“三项制度”试点为突破口，建立健全随机抽查制度和案源管理制度；规范自由裁量权使用，分行业、分类别建立执法案件取证、案件定性和审理标准，为案件查办提供指引；结合纳税风险典型案例、企业纳税遵从、税收风险、税收优惠等情况，编印《税务稽查工作建议汇编》《税务稽查案例汇编》等。多项制度的建立健全，较好地规范了稽查重点工作。

【稽查系统建设】 严格加强进户执法计划管理，合并进户执法事项，严格进户程序，凡进户必审批，并在襄阳等地开展“三项制度”改革试点工作，推进执法规范化建设。科学分解税务总局绩效管理中涉及稽查工作的指标，确保各项指标落实有力，同时减轻基层国税稽查部门负担。对案件查办实行项目制管理，对税务总局分配案源重点查，对自选的案源快速查，并组建专班，细查严办快结。对积压案件开展清理，共清理2015—2017年积案687件，清理比例94.24%。对重点环节、重点岗位、关键人员的监督制约按规定落实到位，实现对具体风险点的有效管控。

【稽查队伍建设】　坚持党建与稽查业务齐抓共融，探索推行“链式”工作法，认真落实“三会一课”，开展“两学一做”学习教育、“主题党日”等活动。推进稽查人才“115”工程建设，组织开展稽查类“岗位大练兵、业务大比武”活动。武汉市国税局创新打造跨区域专业化稽查团队，荆州设立“海燕稽查工作室”，咸宁开设“蓝色训练营”培养年轻人才等，提升了队伍素质，涌现出雍世卉、刘海燕、陈峻岭等先进典型，5个集体、22名干部荣获省级以上荣誉。

【稽查人才库建设】　加强国税稽查人才库建设，实行动态管理，及时更新，调整充实。修订全省国税稽查人才库管理办法，选拔15名人才组建首批全省稽查专业化团队。全省国税系统有14人入选税务总局专业人才库人才，40人入选省局领军人才，121人入选湖北省国税稽查人才库。

【稽查业务培训】　建立健全“分级分类培养+业务师资”培养机制，建立专业化师资力量60余人，分层级、分类分岗举办落实《全国税务稽查规范（1.0版）》、“双随机、一公开”、骨干人才、要素协查等稽查业务培训。全省各级国税稽查部门共举办各类培训班230余期，培训4790余人次。

【稽查信息化建设】　以“湖北税务数字稽查平台”（国地税通用）为依托，持续深化大数据分析与增值应用，查深查透涉税违法案件。推广应用湖北税务数字稽查平台，将数据应用到稽查选案、分析、查处和结果运用中，通过排查涉税疑点，实施案头分析，提高案件查办精准度和稽查工作质量，入库收入7.78亿元。查办的“12·05”、黄冈千禧珠宝虚开案等一批大案要案被央视《新闻联播》报道，得到税务总局副局长孙瑞标批示：“这项工作开展得有条不紊、有声有色。”

【稽查宣传】　编发稽查简报32期、国税专报40篇，刊发经验文章30余篇、经典案例23篇、工作动态110余条，实时维护稽查工作信息或图片200余条。先后在《中国税务报》《湖北日报》等主流媒体上发表稽查工作宣传报道30余篇；落实税收违法案件曝光工作，《中国税务报》法治版报道了湖北国税典型案例《受惩戒方知后悔　记教训依法补税》，央视《新闻联播》的《实施税收联合惩戒　构建社会主义和谐诚信体系》节目采用省税收“黑名单”工作素材，报道税收“黑名单”和联合惩戒相关工作。节目播出后，税务总局局长王军在《税收舆情》上作了表扬性批示。

【稽查调研】　召开稽查工作调研会，就2017年全省国税稽查重点工作开展专题调查研究，5地市局稽查局局长在会上先后发言。省局领导带队分别赴武汉、鄂州、宜昌、黄石、黄冈等地调研，听取和了解国税、公安等部门关于“18－07”专案及其他税务总局部署的34起专案涉及湖北省的检查情况，并实地走访再生物资回收与批发行业企业，了解企业检查进展情况。成立由局领导带队的4个督导检查组，就2017年重点案源和案件查结情况，分别深入全省各市（州）国税局稽查局开展督导检查，及时了解和掌握各地重点案源检查工作开展情况及存在的问题，协调解决各地办案难题，督促各重点地区加快工作进度落实。

【稽查工作会议】　2017年3月17日，全省国税稽查工作会议在武汉召开，省局党组成员、总经济师刘卫明出席会议并作题为《鼓足精气神续写新篇章　为加快湖北税收现代化建设再做新贡献》的主题报告。省局办公室、政策法规处、货物和劳务税处、进出口税收管理处、征管和科技发展处、信息中心等打击骗税和虚开领导小组成员单位代表，以及各市州、省直管市和林区国税局分管稽查工作的局领导和稽查局局长等参加了会议。武汉、十堰、荆州、咸宁4个单位作了经验交流发言，并进行了集中讨论。

【工作建议】　一是优化绩效管理体系。注重绩效管理的指标设定和策略应用，细化绩效考核指标，确保稽查工作压力传导不递减。二是加强稽查基础保障。加大在稽查办案工作经费、人力、技术等方面的保障力度，对稽查工作完成较好的地区，适当给予稽查干部外出培训便利、稽查办案分配经费倾斜等，提高稽查干部干事创业激情。三是深化科技应用支撑。深化“互联网+税务稽查”，强化科技应用能力建设，提高稽查工作打击力和精准度。

（李　俊）

湖北省地方税务局稽查局

【概述】　2017年，湖北地税稽查部门坚决落实全面从严治党要求，深入开展“两学一做”学习教育，聚焦职能职责，深化履职尽责，狠抓稽查规范，各项工作成效显著。共立案检查和督导纳税人自查3238户，查补地方收入22.65亿元，实际入库22.50亿元，加收滞纳金1.44亿元，罚款

5657万元。

【“两学一做”学习教育】 按照“党委带支部，支部带基层”党建工作思路，省地税局稽查局党委出台《稽查局党委2017年党风廉政建设工作要点》《稽查局2017年党建工作要点》，明确党风廉政建设12项总体要求和党建工作13项工作重点，将责任压实到领导班子成员、职能部门和各个党支部。党委、党支部上下贯通，将党委中心组学习和专题学习范围扩大到各支部书记，同时党委委员以普通党员身份积极参与稽查局4个支部的党建活动，带头学廉政纪律，讲廉政专题党课，促进支部工作规范化、制度化。省地税局稽查局党委全年开展专题学习13次，各支部共开展支部主题党日活动52次，强化党委带支部的牵引作用。推进“两学一做”学习教育常态化制度化，以党建工作为纽带，加强与共建支部的业务联动，了解基层稽查制度执行情况和工作实情，实现党务与业务工作的紧密结合和相互推动提高。将党建工作纳入稽查业务调研内容，省局稽查局党委全年开展专题调研20余次；坚持党务稽务同调研、同检查，推进基层党务稽务同步发展。

【稽查查补收入】 实现稽查查补收入总额22.65亿元，减少16.89亿元，同比下降42.7%。查补税额在亿元以上企业1户，千万元以上18户，百万元以上的企业128户，有效打击了重大涉税违法行为，促进了纳税遵从，为完成组织收入任务发挥了重要作用。其中，立案检查1152户，减少96户，同比下降7.7%；查补税收收入14.10亿元，增加6344万元，同比增长4.7%；平均单户查补122.4万元，增加14.5万元，同比增长13.4%。督导自查2086户，增加772户，同比增长58.8%；督导自查收入8.54亿元，减少17.53亿元，同比下降67.2%。加收滞纳金1.44亿元，增加9620万元，同比增长200.25%；罚款5657万元，增加1945万元，同比增长52.40%。涉及偷税、逃避追缴欠税69户，增加54户，同比增长360%。

【案件特点分析】 房地产业、制造业、金融业三大产业立案检查504户，占全年立案检查户数的43.8%，查补税收收入9.34亿元，占全年立案查补收入的66.2%。其中，检查房地产业194户，查补税收收入7.36亿元，平均单户查补379.5万元，增加130.9万元，同比增长52.7%；检查制造业160户，查补税收收入1.15亿元，平均单户查补71.9万元，增加34.4万元，同比增长91.7%；检查金融业150户，查补税收收入8231万元，平均单户查补54.9万元，增加9.4万元，同比增长20.7%。这是由于近年来房地产市场去库存效果明显，武汉、襄阳、宜昌等地市场交易量不断攀升，制造业、金融业受“三去一降一补”影响恢复良性增长，带动了稽查查补收入增长。

【“双随机、一公开”监管】 在全省全面推行税务稽查“双随机、一公开”抽查制度。一方面，指导市（州）地税局稽查局调整完善相关名录库信息，制定湖北地税稽查系统《2017年度税务稽查随机抽查方案》，夯实数据和制度基础；另一方面，严格按照“双随机、一公开”要求进行稽查选案，加大信息公开力度，主动公开“双随机”的依据、主体、内容、方式、抽查情况及抽选结果。全省17个市（州）地税局稽查局实现“双随机”监管工作全覆盖，开展随机抽查26次，随机选取检查对象603户，随机选派执法检查人员560人次，查补税款7.78亿元。

【税务总局部署税收检查】 深入开展重点税源企业、行业税收专项检查，对各类税收违法行为重拳打击，严格执法。组织对湖北省内重点稽查随机抽查对象1980户企业开展自查，自查查补入库收入共1.29亿元。在自查基础上，对纳入地税系统检查范围的394户企业进行立案检查，结案378户，查补收入8818.43万元。联合省国税稽查局对24户企业股权转让进行检查，查补税款2.16亿元。对税务总局下发的75家医疗行业涉税疑点企业，将企业所得税由地税征管的10户列为重点检查对象，查补税款329.41万元。

【打击发票违法犯罪活动】 服务市场经济发展，与国税部门联合开展发票专项整治，组织对交通运输业、房地产、建筑安装、餐饮娱乐、广告传媒等社会关注度高、发票问题高发行业发票使用情况进行检查，提高发票打假的针对性，有效净化了市场经济发展环境。税务总局下达查处发票违法企业检查任务户数600户，全省地税部门检查企业1356户，检查有问题户数688户，查处非法发票份数2474份，查补税款5089.35万元，加收滞纳金312.20万元，罚款197.32万元。

【税收“黑名单”制度和联合惩戒】 全省公布税收“黑名单”企业信息21起，全部向省信用办、省工商局等部门推送。通过多领域、跨部门联合，共同采取惩戒措施，共有6户涉案纳税人缴清税款、滞纳金和罚款共计2000多万元。其中，武汉市地税局稽查局通过采取限制出入境等惩戒措施追缴欠税1097万元；鄂州市地税局稽查局通过对

2户企业实施联合惩戒，追缴税款合计688万元。稽查执法刚性不断增强，有效促进了纳税遵从。

【国地税联合稽查】　按照“服务深度融合、执法适度整合、信息高度聚合”工作思路，全省地税稽查部门在打击发票违法犯罪活动、税务总局部署重点税源企业检查、税收专项检查中不断深化合作，发挥了国地税稽查联合执法威力，提升了工作效率，减轻了企业负担。全省国地税稽查系统全年开展案源信息交换397次，接收方利用案源信息立案检查188户，推送案件线索123条次，接收利用案件线索立案检查74户，累计查询涉税信息224条次。国地税稽查部门相互推送税收违法“黑名单”企业95户，分别实施惩戒措施，提升了惩戒成效。对441户共同管辖企业实施联合进户稽查，国地税总计实现查补收入39.94亿元。

【举报案件管理】　强化举报、交办案件查处，全省共接收、办理涉税举报违法案件279起，查补税款、加收滞纳金、罚款共计7801万元。对群众高度关注的税收热点、情节严重的偷税行为以及税收征管盲点进行重点稽查，积极兑现举报奖励，营造协税护税的税收共治环境。不断扩大稽查职能作用，加大对纪检转办、交办案件查处力度，全省地税稽查部门受理纪检部门转办、交办疑难重大涉税案件40余件，查补税款1900多万元，其中省局3件，全部按要求及时办理。

【稽查质量专项检查】　组织开展2017年度履职尽责督促检查开展作风问题专项治理，制发《省地方税务局稽查局关于开展税务稽查质量专项检查的通知》，动员全省稽查力量集中精力开展履职尽责全面自查，将稽查选案、检查、审理、执行及综合管理5个环节涉及的共34个执法和廉政节点纳入自查自纠内容，不留死角，不留盲区。同时，组织5个专项检查小组，对17个市（州）地税局稽查局进行督导检查，并对部分县级地税局稽查局执法情况进行了抽查。各级地税局稽查局针对自查和检查出来的问题，建立问题清单，列出整改措施，共自查整改执法不规范问题231个。全省采取查封扣押、强制银行扣款等强制执行措施46户次，移送公安机关或司法机关13户次，列入税收“黑名单”20户次，共追缴入库税款7.20亿元，消除积案235户，成效突出，极大彰显了稽查执法刚性，提高了税收遵从度。

【稽查工作规范】　全面推进落实《全国税务稽查规范（1.0版）》（以下简称《规范》），坚持抓培训、抓跟踪、抓落实的工作思路，组建师资队伍，实现全员覆盖无遗漏。按季重点抓好跟踪问效和监督检查，保证《规范》的全面实行。省地税局稽查局把《规范》贯彻执行情况纳入全省稽查质量专项检查和全省稽查案卷评查，组织对各地2016年查结的29户稽查案卷进行集中评查，对稽查取证、稽查实施、案件审理、案件执行、案卷归档等环节的不规范20类问题在全省进行通报，督促整改落实，确保稽查执法规范。

【稽查内控机制建设】　对省地税局稽查局岗位职责进行细化明确，在各处设立内部控制管理员。健全岗位职责制度体系，制定《湖北省地方税务局稽查局重大税收执法事项集体审议制度》，形成环环相扣、有效制约的管理链条。各市（州）地税局稽查局对稽查各环节风险点进行梳理排查，建立工作风险点清单，确定风险等级，明确应对措施，定期开展风险自评，加强了对税务稽查工作风险的事前防范、事中控制、事后监督和纠正。

【稽查作风建设】　注重稽查队伍作风建设，组织全省130名稽查干部开展稽查业务培训，将党的十九大精神学习和廉政建设纳入培训内容，增强稽查干部责任意识、廉洁意识和担当意识。注重廉政风险防控，坚持抓早抓小，早提醒、早防范。严格执行稽查进户查前廉政谈话制度、“两书一表”工作制度、查后回访工作制度，全年共发出“两书一表”1050份，开展廉政回访135户次，增强了被查纳税人对稽查执法工作的信任和监督，确保了稽查执法廉洁。

【稽查工作会议】　2017年3月27日，全省地税稽查工作会议在武汉举行。会议全面贯彻落实全国税务稽查工作会议和全省地税工作会议精神，总结2016年稽查工作，交流稽查工作经验，部署2017年稽查工作。省局副局长肖厚雄作《规范管理　强化执行　持续推进地税稽查现代化》主题报告。省局稽查局局长吴鸿对2017年稽查重点工作进行了安排。8月10日，全省地税稽查业务会议在武汉举行。会议总结了1—7月全省地税稽查工作，学习了《国家税务总局关于进一步做好税收违法案件查处有关工作的通知》（税总发〔2017〕30号），布置了下一阶段稽查重点工作。

（罗　文）

湖南省

湖南省国家税务局稽查局

【概述】 2017年，湖南国税系统各级稽查局紧紧围绕“坚决查处税收违法案件”中心任务，锐意进取，狠抓落实，攻坚克难，奋斗拼搏，稽查工作取得了新成绩，多项工作得到税务总局和省委省政府的高度肯定，省局稽查局、第一稽查局在省局机关绩效考评中进入优秀行列。

【稽查现代化建设】 以稽查现代化为目标，以“选案精准化、办案高效化、审理法制化、执行严格化、制度规范化、管理扁平化、人才专业化、考核常态化”为支点，大力推进稽查现代化建设。抽调业务骨干集中选案，严格落实双随机方案，购置网络版查账软件、执法记录仪、取证魔方。以风险管理为导向，定向实施突击检查。创新检查组织方式，实施项目制管理，通过集中办案、异地检查、下查一级等方式，提高检查质效。

【稽查体制机制改革】 全面推行分类分级稽查，合理配置稽查资源，充实一线检查力量。强化省局稽查局在工作指导和大要案督导职能。部分市州局稽查局与跨区稽查局的职能进行了调整优化，检查力量进一步得到强化，省市局对大要案的指挥控制能力得到进一步提升。

【稽查查补收入】 全省国税系统稽查部门共立案检查3767户，累计查补入库各项税收收入28.52亿元，同比增长24.49%，收入总量再创新高。其中，入库税款24.46亿元，加收滞纳金3.50亿元，处以罚款0.56亿元。入库增值税12.55亿元，入库企业所得税11.85亿元。

【案件查办情况】 共结案3580户次。其中，偷税案件936户，查补收入40743万元；逃避追缴欠税案件35起，查补收入2482万元；编造虚假计税依据18户，查补收入12万元；不进行纳税申报18户，查补收入67万元；发票违法573户，查补收入8423万元；其他1998户，入库收入252939万元。

【案件特点分析】 随着事前审批的放开和“营改增”的全面扩围，虚开增值税专用发票案件、骗取出口退税案件呈多发频发态势，涉税违法犯罪明显增多，数额不断增大，手段不断翻新。犯罪分子集团化、专业化、信息化、电子化作案明显，案件查处难度不断增大。

【重大案件查处】 共查处亿元以上案件3件，千万元以上案件46件，百万元以上案件303件，立案查补入库收入、查处百万元以上案件数量、重大案件查补收入占稽查总收入比例均在全国排名前列。其中，怀化“5·30”黄金票案得到税务总局副局长孙瑞标、湖南省常务副省长陈向群等领导的批示肯定。

【打击骗税虚开专项行动】 累计检查出口企业35户，暂停出口退税2.35亿元。累计查实虚开企业321户，认定虚开发票5.57万份，涉及金额76.48亿元、税额12.26亿元，移送公安立案150户。

【重大案件查处】 组织15个检查组180余名稽查骨干对15户企业开展“亮剑1号”行动，共查处账外账案件7户，查补各项收入3.1亿元，单项行动查补税款、户均查补税款、千万元以上案件占比、账外账案件占比均创历史新高。

【行业和区域税收专项整治】 开展医药行业专项整治，共计检查医药企业67户，查补收入9.2亿元。其中，重点检查企业取得关键性突破，潇湘人医药公司约14亿元的白糖有进货、无销售和发票开具记录，博瑞新特药公司取得近6亿元虚开发票等违法事实全部得到落实，冻结涉案资金8089万元，副省长向力力对专项整治给予肯定性批示。开展废旧物资行业税收专项整治，累计检查废旧物资企业57户，查实虚开4户，移送公安机关4户。益阳市整治虚开虚抵专项工作共查补各项税收收入3562.08万元，公安机关对12人采取刑事强制措施，法院判处有期徒刑10人。

【“双随机、一公开”监管】 共采集随机抽查对象名录库2207户，其中纳入随机抽查异常对象名录633户；随机抽查执法检查人员名录库共建立1286人的档案信息。

【重点稽查对象随机抽查】 实施项目制管理，压实主查责任，累计检查237户，查补税款1.91亿元。对平安保险、平安寿险、交通银行3户全部从异地选调稽查骨干组成大兵团检查。发现单个涉税事项查补税款500万以上的重大问题7个，发现新能源汽车地方补贴未计提销项等行业共性问题。

【打击发票违法犯罪活动】 全省国税系统共检查发票使用户数3664户，检查发现有问题户数2688户，查处非法发票8.02万份，涉及金额78.29亿元，查补税款2.56亿元，滞纳金1584万元，罚款3885万元，移送案件79起。配合公安机关查办案件2053个，出动税务执法人员4742人次，捣毁窝点16个，打掉团伙31个，缴获作案机器66台，缴获假发票117万份。公安机关立案侦查案件109起，抓获犯罪嫌疑人190人，移送检察机关起诉45起。检察机关起诉案件21起79人。人民法院审理案件15起，判决57人。开展各种形式的发票宣传689次。先后有4则简报被税务总局采用编入《全国打击发票违法犯罪活动工作简报》。

【税收“黑名单”制度和联合惩戒】 在4月税收宣传月和12月宪法宣传月开展集中宣传，公布并推送149户税收“黑名单”到相关部门开展联合惩戒，推送数量同比增长292%。加强联合惩戒部门协作，省局与省边防总队联合下发规范边控手续文件。加大税收“黑名单”宣传力度，省局制作以税收“黑名单”和联合惩戒为主题的以案说法节目在湖南经视频道“钟山说事”栏目中播出，取得良好社会反响。

【涉税违法案件检举】 严格落实相关制度，畅通案件举报渠道，热情接待群众来访，对交办各市州局的案件实行全程跟踪督办。对检举案件实行全面绩效考核。设立单独举报接待室。

【案件协查】 以“海啸1号”为重点，扎实做好案件协查工作。通过协查系统发起委托协查发票14367份，涉及企业869户（次），金额16.07亿元，税额2.69亿元。通过协查系统收到受托协查发票26960份，涉及企业1400户（次），金额34.45亿元，税额5.58亿元。全年累计回复发票26231份，累计按期回复率100%；移送司法机关案件17起。全省平均受托协查回复“有问题”发票占受托协查发票的比例97.78%。在协查问题类型为“有疑问”的受托协查中，全省平均受托协查回复“有问题”发票占受托协查发票的比例90.04%；在协查问题类型为“确定虚开”的受托协查中，全省平均受托协查回复“有问题”发票占受托协查发票的比例99.83%。全省平均受托协查回复“正常”发票占累计回复发票的比例2.06%。全省平均受托协查回复“无法核实”发票占累计回复发票的比例6.97%。通过协查系统委托协查收到回复发票13184份，已确定协查结果发票12943份，其中有问题发票12686份。全省平均发票协查选票准确率98.01%。在协查问题类型为“确定虚开”的受托协查中，全省平均受托协查质量回复“正常”率0.17%。全省国税机关稽查局通过协查系统发起委托协查起数和涉及企业户（次）数同比分别减少40.66%和41.95%，但委托协查发票份数同比增长17.15%，通过协查系统体现的委托协查查补税款同比减少46.39%，但罚款和滞纳金收入同比分别增长1194.03%和670.59%。收到受托协查起数、受托协查发票份数和涉及企业户（次）数同比分别减少15.61%、40.10%和19.63%，通过协查系统体现的受托协查查补收入同比增长115.07%，移送司法机关起数同比增长30.77%。

【稽查制度建设】 开展三类案件和久拖不决案件的清理，3次通报全省各类案件的办理情况，下发《湖南省国家税务局税务稽查内部风险控制制度（试行）》《关于加强稽查案件延期审批管理的通知》《湖南省国家税务局稽查局关于加大税务行政处理力度，提高稽查执法质效的通知》等文件，切实抓好工作任务落实。

【稽查系统建设】 对接税务总局稽查绩效考核指标，多次征求市州局的意见，精心确定稽查绩效考核指标，制定相应的考核细则。组织多次全省督导，全面推动工作深入开展。多次开展信息化、现代化调研分析、培训，配备一批现代化执法工具，推进稽查系统现代化建设。

【稽查队伍建设】 全省稽查部门现有人员2035人，同比减少2.86%。其中男性1444人、女性591人；研究生以上学历91人，大学本科学历1410人；党团员1611人；具有注册会计师资格的21人，具有注册税务师资格的122人，具有法律职业资格的20人，计算机高级程序员以上2人。35岁以下的199人，35～45岁的562人，45岁以上的1274人。省局稽查部门补充正式干部24人，在编人员增长67.5%，省局一线执法办案力量得到增强。加强正面引导，鼓舞干部士气，对在

2016年查办重大案件中表现突出的相关人员进行表彰，记三等功8人、嘉奖32人。

【稽查人才库建设】 全省具有税务总局稽查人才库人员6人、省局稽查人才库人员49人。突出稽查人才库人员的培养，在税务总局和省局稽查人才库人员中开展岗位练兵活动，让他们在实战中不断成长。

【稽查业务培训】 突出培训班的基础作用，全省共组织了稽查工作规范、“营改增”稽查业务、审理人员、双随机选案、稽查骨干人员等培训班，培训稽查人员5000多人次。

【稽查信息化建设】 省局统一购买执法记录仪80台、取证魔方6套，完成查账软件网络版的招标和上线。信息化预算占省局机关办案费总预算45.87%，有力促进了稽查信息化建设。

【稽查宣传】 围绕“服务科学发展、共建和谐税收”工作主题，统一思想认识，加强组织领导，不断加强稽查宣传工作。全省共上报各类稽查信息229篇，稽查调研31篇，为省局工作部署决策提供重要参考。全年共获得表扬性批示9篇，其中税务总局局长王军肯定性批示1篇。

【稽查调研】 围绕稽查管理方式改革、“互联网+”、稽查精准选案、项目化管理、稽查信息化建设、稽查人才库建设等方面开展多方位、多层次的调研。

【稽查工作会议】 2017年3月24日，全省稽查工作会议在长沙召开。各市州局分管稽查工作的局领导、稽查局局长、跨区稽查局局长，省局办公室、政策法规处、货物和劳务税处、进出口税收管理处、所得税处、征管和科技发展处、督察内审处、监察室、大企业税收管理处负责人，省局稽查局、第一稽查局科室全体人员等119人参加会议。省局党组成员、总经济师孙险峰作了主旨讲话。

【工作建议】 建议税务总局根据当前经济形势和稽查工作需要进一步修改完善稽查办案费使用办法，进一步明确稽查信息化、现代化建设的步骤、方式，进一步明确稽查案件的结案标准，进一步修改完善对稽查办案人员的激励办法和机制。

（何勇飞）

湖南省地方税务局稽查局

【概述】 2017年，湖南地税稽查各级部门紧紧围绕“三个地税”目标愿景，认真落实“一稳两全”工作思路，全年组织入库各项收入1292.33亿元。收入总量、增幅在全国地税分别排名第13位、第7位，获得省部级领导表扬性批示32次。全省地税稽查部门认真落实税务总局和省局工作部署，坚持依法稽查、精准稽查、高效稽查，积极推进稽查规范化建设，堵漏增收、联合稽查、联合惩戒等工作得到副省部级及以上领导批示4次。

【稽查查补收入】 在“营改增”后地税主体税种缺失、收入规模缩减、征管手段弱化的情况下，全省地税稽查部门坚持立足主业、依法履职，全年共立案检查2081户，查补各项收入42.67亿元，较上年增加18.5亿元，增长76.54%；入库各项收入41.56亿元，较上年增加18.06亿元，增长76.85%，实现稽查收入超常规增长。

【重大案件查处】 坚持把查办大要案件作为全省地税稽查工作的重中之重，进一步健全“抓重点、查透彻、扩影响、严稽内”为主要内容的大要案查办长效机制。全省地税稽查部门共查补千万元以上案件35起，案值11.2亿元；百万元以上案件269起，案值8.69亿元。

【异地稽查】 坚持把异地稽查作为优化资源配置、增加稽查收入、保障执法刚性的有效手段，积极构建异地稽查常态化机制，充分运用系统集成思维和集中调配模式，整合分散的稽查力量，扩大跨行政区域、跨税收征管辖区的异地稽查范围。从各市州局抽选56名稽查骨干组成8个检查组，对全省48户股权转让和房地产企业开展为期1个月的异地稽查，共查补税款3.43亿元。

【“双随机、一公开”监管】 通过精心筹备和构建，“双随机工作平台”于6月9日顺利上线运行，建立省级重点稽查对象名录库241户、省级执法人员名录库99人；各市州局稽查局共建立市级重点稽查对象名录库1326户，市县区一级执法人员名录库431人，并及时通过门户网站等渠道向社会公布。随着名录库的建立完善和重点税源企业随机抽查工作的推进，稽查成果逐步体现，全年共开展随机抽查1088户，查补入库稽查收入15.71亿元。

【重点税源企业检查】 对税务总局稽查局确定的27户企业集团的537户在湘成员企业开展重点检查，其中由省局稽查局直接检查4户，在检查补证阶段，查补税费1000万元左右；各市州局组织自查533户，入库收入4796.49万元。组织各市州局对税务总局选取的重点税源企业161户进户检查，截至12月底查结156户，查补收入10632.75万元，入库8338.63万元。按照税务总局要求组织开展2017年医药行业专项检查，共计检查医药企业70户，查补地方税费1761.88万元，入库1919.22万元。

【打击发票违法犯罪活动】 重点加强对交通运输、房地产、建筑安装、金融保险、餐饮娱乐、商业批发与零售、药品与医疗器械、中介机构、广告传媒等行业及涉税行政事业单位发票使用情况检查。全年累计开展发票检查1521户，查处违法企业716户，占税务总局下达全年工作任务的114.17%，查处非法发票67848份，涉票金额35270.1万元，查补税款5435.1万元，加收滞纳金919.5万元，罚款644.05万元，向公安机关移送发票违法案件2起。

【税收“黑名单”制度和联合惩戒】 通过组织纳税人观看《税收违法“黑名单”里的罪与罚》专题片，进一步加大对税收违法“黑名单”制度的宣传力度，扩大了“黑名单”制度的威慑力和影响力。全年共录入省级重大税收违法案件公布信息系统新案件3起，其中2起对外公布并推送相关部门实施联合惩戒，1起因税款、滞纳金、罚款缴清只录入重大税收违法案件，公布信息系统不对外公布。

【涉税违法案件检举】 坚持涉税案件检举“有报必应、有应必查、有查必果”原则，进一步加强案件管理，提高案件受理、转办、查处、督办工作质效。全年共受理举报案件31起，截至12月底反馈查处结果13起，其中4起立案检查并结案，查补税款96.26万元，罚款1.26万元。

【案件协查】 进一步健全协查案件管理台账，严格协查期限，切实加大协查案件督办力度。全年共受理协查案件11起，回复11起，协查回复率100%。

【案件执行】 加大对遗留案件的执行力度，采取列入税收违法“黑名单”、实施联合惩戒、依法银行划缴等有效措施，全系统共清结遗留案件16户，入库98605.48万元，其中税款82056.24万元、滞纳金16497.85万元、罚款51.39万元。

【国地税联合稽查】 强化国地税稽查合作，以税务总局部署和省局自选的重点稽查对象随机抽查及上级交办、督办重大案件检查为抓手，依托涉案信息共享机制，全面推进国地税稽查深度合作。全年共计开展联合稽查326户，其中地税立案检查查补收入17912.39万元，入库收入15356.36万元。

【税警协作】 在挂牌成立税警联络办的基础上，以案件查办实战要求为导向，因地制宜地推进各市州联络机制建设，充分发挥税警联络办在畅通交流渠道、信息共享增值、公安提前介入、联合打击犯罪等方面的作用。省、市、县三级共成立派驻机制51个，联合查办案件25起，挽回国家税款损失2202万元。

【一案双查双报告】 持续加大“一案双查”工作力度，严格按“一案双查”规定的程序反馈、提交相关单位在征收管理、政策执行、廉政风险、执法程序等方面存在的问题，做到一案一报告、一案一整改，确保“稽内查外”贯穿稽查办案始终。全年共有1395起案件实施“一案双查”，提交征管建议4422条，59人次被追责问责。

【稽查系统建设】 以《全国税务稽查规范（1.0版）》颁布实施为契机，全面理顺稽查各环节的岗位职责和业务流程，把依法稽查理念贯穿于稽查各个环节，并通过国地税联合举办师资培训、开展“稽查规范之我见”征文等活动，促使稽查干部学好规范、用好规范、守好规范。同时，制定《湖南省地方税务局稽查局关于印发2017年度稽查部门绩效考评指标标准细则的通知》（湘地税稽发〔2017〕2号），进一步加强对查补收入及入库率的监控分析考评，提升绩效考核导向作用。

【稽查队伍建设】 坚持以党建带队建、以党务促业务、以党风正作风，立足党建工作为统领、稽查业务为基础，党员骨干为关键、支部建设为保障，进一步夯实党支部标准化建设基础。积极推进“两学一做”学习教育制度化常态化，开展异地稽查临时党支部、党小组建设，全面加强日常廉政教育和警示教育，加重节假日等重要时间节点廉政监管，实现党务业务齐头并进、党风作风持续转优。湖南省地税局稽查局党支部被评为“全省地税系统基层党支部标准化建设示范点单位”，《标准化建支部　融合式抓学做》经验材料在《湖南地税》杂志刊发。同时，进一步调整充实稽查队伍，要求各级稽查人员配备“三师”比例应高于同级税务机关平均水平的5%以上，要求省、市州两级“稽查能手”等青年业务骨干非提拔因素一般不得调出稽查岗位，以确保稽查骨干队伍稳定，办案力量充足。

【稽查业务培训】 立足解决稽查实战问题，提升稽查查账技能，建立稽查分类分级培训机制，开展稽查人才“阶梯式”培养。省局稽查局先后组织“双随机”工作平台操作培训、异地稽查业务培训和电子查账培训等；各市州局也同步加大稽查业务培训力度，全面提升稽查队伍综合素质。

【稽查案卷管理】 严格推行稽查案卷规范化、标准化管理，积极配合省委巡视组和税务总局执法督察组检查，共清理稽查案件152户，案卷资料519本，形成报告类、决定类文书照片文档5753个，重点对定案证据、执法程序、政策依据、稽查文书等进行“回头看”，及时查漏补缺、自查自纠，进一步提升案卷管理水平。

【稽查信息化建设】 认真贯彻落实税务总局稽查信息化工作思路，依托金税三期工程，积极搭建税务稽查信息化工作平台，推进案源库建设以及电子取证、电子查账应用，促进信息技术和执法管理的有机融合。为适应当前企业信息化发展形势和稽查工作需要，10月，在厦门举办为期1周的全省地税稽查系统电子查账培训班，共60余名稽查骨干参加，通过以点带面的辐射作用，提升全系统电子查账软件的应用水平和稽查信息化水平。

【稽查宣传】 立足以案释法、以案宣法，编辑出版《税务稽查案例精选60例》，编制《剑舞三湘——湖南地税稽查2015》《剑舞三湘——湖南地税稽查2016》画册，编发《湖南地税稽查通讯》4期。在省地税局门户网站发布稽查工作动态、理论调研等276篇，其中关于堵漏增收、“稽查规范之我见”征文活动的信息材料被税务总局稽查局《稽查工作简报》推介。

【稽查工作会议】 2017年3月22日，全省地税系统稽查工作会议在长沙召开，各市州局分管稽查工作的局领导、市州稽查局局长、综合业务科科长以及省局稽查局全体成员参加会议。会议对2016年度稽查工作绩效考核先进单位、第八届稽查能手、全省地税系统优秀稽查案例等进行了表彰。省局党组成员、副局长郑惠出席会议并对2017年稽查工作提出四点要求：一是围绕中心、服务大局始终是稽查部门最重大的职责；二是查办案件、打击违法始终是稽查部门最核心的业务；三是依法稽查、规范执法始终是稽查部门最基本的要求；四是提升能力、树立形象始终是稽查部门最长远的任务。

（贵飞翔　周妍汐）

广东省

广东省国家税务局稽查局

【概述】 2017年，广东国税局稽查局全面落实全国税务稽查工作会议和全省国税工作会议要求，主动作为，接力攻关，以党的建设为总抓手，以稽查体系建设为主线，全面服务税收中心工作，严厉打击各类涉税违法犯罪行为，切实增强稽查案件查处支撑保障能力，大力加强稽查队伍专业化建设，全面提升稽查工作质效，稽查工作呈现新面貌、取得新业绩。

【稽查现代化建设】 以现代化管理理论为指导，将体系理念、基础制度、合作机制、“放管服”措施和科技形态作为主要切入点，全面加强稽查基础管理、狠抓执法质量、推进执法公正公开、强化创新驱动、构建税收共治格局、加强队伍建设等工作，逐步构建立体完备的稽查工作模式。

【稽查体制机制改革】 坚持系统集成理念，将深化稽查改革与广东国税体系建设工作统筹推进、紧密结合，形成制度机制和信息化措施77项，积极打造广东稽查专项改革的2.0版本，加强和完善稽查运行机制，加快稽查信息化建设，强化稽查队伍建设。整合现有稽查资源，通过推广以建立一套机制、统一一个标准、建设一个中心、共查一批案件、同建一个基地的“五个一”国地税联合稽查模式，创新发展构建税警“五同”一体化作战新模式，全国首创“税审银”三方合作机制等一系列措施，不断提升稽查发展层次，全力推动改革任务落地见效。

【稽查查补收入】 紧紧围绕稽查查补收入目标，积极采取切实可行的措施，把堵漏增收工作抓在平时、抓在日常，以税收风险管理为导向，以落实随机抽查制度为抓手，通过科学选案、强化检查、加快审理执行等手段，认真抓好稽查查补收入工作，顺利实现了工作目标。全年共立案检查和督导纳税人自查 3.01 万户，实现稽查查补收入 164.52 亿元，同比增长 41.37%；入库查补收入 153.32 亿元，同比增长 34.40%，再创历史新高。

【案件查办情况】 共组织检查各类纳税人 3.01 万户，其中稽查部门直接立案检查 9627 户，同比上升 68%。审结户数 6909 户，有问题户数 6806 户，选案准确率 99%，稽查查补入库率为 93%，均高于税务总局稽查局相关绩效考核指标要求。移送司法机关案件 564 宗，增加 379 宗，同比增长 205%。税务与公安机关联合办案 273 宗，增加 102 宗，同比增长 216%，税警联合办案质效得到进一步增强。

【案件特点分析】 从税种分布来看，立案检查共查补税款 32.90 亿元，其中企业所得税 15.94 亿元，占 48%；增值税 16.93 亿元，占 51%。从违法性质来看，立案检查查补总额 42.53 亿元，其中偷税案件查补总额 9 亿元，占比 21%；其他违法查补总额 30.59 亿元，占比 72%。从行业分布来看，立案检查共查补总额 42.53 亿元，其中制造业查补总额 16.28 亿元，占比 38%；其次是批发和零售业查补总额 10.64 亿元，占比 25%。

【重大案件查处】 按照“查大案、办铁案、带全面”工作思路，查处一批典型重大涉税案件，打掉了职业犯罪团伙的嚣张气焰。全年共查办税款百万元以上案件 340 宗、千万元以上案件 45 宗、亿元以上案件 4 宗，合计实现稽查查补收入 32.9 亿元，相继成功查处佛山“飓风 38”系列虚开案、茂名“12·26”虚开案等一系列重大案件。

【打击骗税虚开专项行动】 充分依托全省国税稽查部门上下集体智慧和系统内外多方力量，通过紧抓案源分析精准到位、专业化团队组建到位、项目制管理落实到位、实地督导推进到位、党建引领攻坚到位的“五个到位”，构建“团队化、精细型、链条式、项目制”全方位打击模式，推动打击骗税和虚开专项工作取得突出成效。在打击骗税方面，全年共立案查处骗税企业 127 户，成功破获“12-06”“18-09”等多起跨区域骗税专案，挽回国家税款损失 27.86 亿元，同比增长 18.66%；在打击虚开方面，全年共立案查处虚开企业 5243 户，定性虚开发票 34.04 万份，价税合计 462.07 亿元，同比增长 69.6%，挽回国家税款损失 37.02 亿元。

【行业和区域税收专项整治】 加大行业税收风险分析力度，依据经营规模、纳税申报、违法记录等情况，进行行业重点税收风险排序，相继开展了医药行业、废旧物资行业、部分地炼企业、“白糖票”“海关票”等 7 个行业和领域的税收专项整治行动，共对 163 户医药行业、133 户废旧物资行业、6 户地炼企业、48 户涉嫌“白糖票”虚开企业开展检查，实现查补收入 2.7 亿元，提升了行业和区域企业的纳税遵从。

【“双随机、一公开”监管】 全面实施“双随机、一公开”监管，依托税务总局“双随机工作平台”，实现从省市两级随机抽查业务的全贯通，归集国家级、省级、地市级重点税源 7897 户，确定 200 户企业作为省级重点稽查对象名录，分类分级建立 850 名稽查执法人员组成的检查人员名录库，按照案源特点合理选配稽查力量。在省国税局门户网站设立“双随机、一公开”信息专栏，搭建公示平台，向社会公示随机抽查情况和抽查动态。全省开展随机抽查 3604 户次，实现查补入库 27.54 亿元。

【重点稽查对象随机抽查】 通过采取项目制管理、集约化检查、全方位协作、购买第三方涉税服务等措施，打造高效、低扰的重点税源企业检查模式，全省重点税源企业随机抽查比例 23.47%，共组织部署对 2987 户重点税源集团企业开展检查，查补税款、罚款、滞纳金合计 12.34 亿元。

【打击发票违法犯罪活动】 坚持将发票检查作为税收检查的必查环节和必查项目，重拳打击虚假发票“买卖”两个市场。全年共查处发票违法企业 1.64 万户，查获非法发票 270.99 万份，移送司法机关涉嫌犯罪案件 316 宗；配合公安部门打掉制售假发票窝点 60 处，抓获犯罪嫌疑人 561 名。

【税收“黑名单”制度和联合惩戒】 做好“建机制、抓惩戒、扩影响”三篇文章，与广东省发改委牵头全省 12 家相关单位共同签发联合惩戒文件，使联合惩戒部门由 23 个扩大到 35 个，惩戒措施由 18 项扩大到 28 项，实现联合惩戒措施和部门“双扩围”。积极参与“广东省信用公共服务平台”建设，将重大税收违法案件信息嵌入“广东省政府网上办事大厅”后台数据库，实现联合惩戒信用信息“一网式汇集、一键式查询、一站式分析”。全年共公布税收违法“黑名单”案件 192 宗，全部推送相关部门共同实施联合惩戒。

【涉税违法案件检举】 通过整合服务资源，开展部门协作，建立 12366 纳税服务热线直接受理涉税违法举报和快捷处理通道，优化举报办理程序，提高工作质效。全年共受理检举案件 1.31 万件，共查结1.07万件，查补税款、罚款、滞纳金合计2.45亿元。

【案件协查】 全面推行要素协查，实现协查观念、工作主线、监管模式、协查方式“四个转变”，提高协查工作质效。全年共发出委托协查发票11.99万份，涉及企业6200户次，选票准确率94.06%，委托协查发票量全国排名靠前；收到受托协查发票23.6万份，涉及企业1.84万户次，受托协查发票量全国排名第1，累计按期回复率100%。

【稽查制度建设】 持续建立健全稽查执法制度体系，积极推进行政执法三项制度试点，下发《广东省国家税务局 广东省地方税务局关于联合推行稽查税收执法说明理由制度的通知》，全面推行“以说理式税务稽查文书为主，口头说明理由为辅”的稽查税收执法说明理由制度。制定《广东省国家税务局“一案双查”管理办法》，全面提高“一案双查”工作质效。

【稽查系统建设】 强化绩效考核工作，修订完善稽查类绩效管理考评指标，分解落实年度重点工作，落实到岗到人，确保指标任务落实到位；强化对基层的业务指导，通过基层调研、案件指导等方式，促进上下级的工作联动。

【稽查队伍建设】 全面发挥党建引领作用，深入学懂弄通做实党的十九大精神，联合省地税局稽查局，与珠海市国地税稽查部门、珠海高新区国地税联合构建“三级六方”党建共建格局，通过举办“党课共享大课堂”等系列活动，推动党建工作与稽查工作精准融合。在打骗打虚专项行动中，成立3个专案组临时党支部，为专案查办提供强有力的思想政治保障和组织保障。全面强化内控机制建设，高质高效完成税务总局交办的稽查风险内部控制信息化管理专项试点工作，充分运用自主研发的“税务稽查综合管理平台”，确保稽查四环节分离与互相监督制约。

【稽查人才库建设】 完善分级分类人才培养使用机制，加强稽查人才库管理，培养一批在选案分析、重大案件查处及重点行业检查等方面业务精湛，适应一线稽查工作，敢打硬仗、能打胜仗的优秀人才，发挥专家型人才的引领作用。

【稽查业务培训】 大力推进人才培养，举办稽查规范、12366纳税服务热线涉税检举、要素协查、双随机工作平台、税务稽查综合管理系统、打骗审理工作6个稽查线条业务培训班，以点带面强化能力建设。积极探索推进实战化培训，开展4批重点工作轮值轮训，结合打击骗税和虚开专项行动实施“以查代训”，采用1对1帮扶等形式进行实战演练，取得良好效果。

【稽查信息化建设】 顺利完成税务总局交办的稽查风险内部控制信息化管理专项试点工作，积极推广应用“税务稽查综合管理信息系统”，实现稽查业务管理、数据处理和移动执法指挥三大功能；利用金税三期、增值税电子底账系统、金税协查系统等大数据平台，多维度开展稽查案件查前分析；联合公安部门搭建税警专用数据网络，研发应用“税警直通信息软件”“广东警税协作信息快查系统”，打通税警信息壁垒。

【稽查宣传】 与《南方日报》《广州日报》等省级媒体加强合作，设立“以案说法”专栏，全年在各级新闻媒体曝光案件80宗。举办“与时代同步 与企业同心 与税法同行”执法大讲堂活动，邀请100多位地方党政领导、企业代表、媒体代表参加，充分展示税务稽查形象。编制《广东国地税“以案说法”宣传册》，举办多场执法讲堂活动，积极向纳税人宣传税法，取得良好社会效果。

【稽查调研】 针对重点地区重点案件查处等问题，21次派员分赴广州、东莞、惠州等重点地区开展专题调研。形成《关于进一步推进打击虚开增值税专用发票违法犯罪工作的报告》《关于国税地税稽查新型合作模式的思考》等调研报告。

【稽查工作会议】 2017年3月15日，广东省国税系统稽查工作会议召开。会议传达了省国税局局长胡金木对全省国税稽查工作作出的重要批示精神，通盘部署了2017年稽查工作的重点任务。

（王 洋）

广东省地方税务局稽查局

【概述】 2017年，广东地税局稽查局团结和带领全省各级地税稽查部门，全面贯彻落实税务总局、省局布置的各项任务，服务税收工作大局，积极发挥稽查职能作用，认真履行职责，深化改革创新，全面推进稽查现代化建设，为打造公平良好的广东营商环境贡献正能量，为推进供给侧改革和经济持续健康发展提供新助力。

【稽查现代化建设】 稳步推进稽查体制改革，积极推动“市一级”稽查体制改革。深化国地税稽查合作，加强制度建设，强化执法合作，共享稽查信息，实现联合稽查新突破。进一步加大税警联合执法力度，整合行政执法资源，实现税警合作机制新突破。大力推进稽查信息化建设，构建移动稽查工作新模式。主动开展专题调研，积极推进稽查现代化进程。

【稽查体制机制改革】　积极推进稽查管理体制改革。全省各地积极落实《深化国税、地税征管体制改革方案》精神，持续完善稽查体制机制，进一步推进稽查体制改革。强化省局稽查局对全省稽查业务的统筹管理和组织协调，制定稽查集中办案等工作机制，促进省市两级稽查快速高效联动；积极推动“市一级”稽查体制改革，提出市县级稽查机构改革建议，向稽查机构扁平化、管理集约化、人员精干化目标稳步推进。

【稽查查补收入】　共立案检查纳税户 1317 户，督导自查户数 10343 户。全省查补收入总额 95.46 亿元（不含深圳，下同），同比增长 14.36%；入库总额 90.54 亿元，同比增长 10.98%。组织企业自查收入金额 66.25 亿元，入库金额 64.74 亿元。稽查查补入库收入占全省地税收入比例为 2.36%。

【案件查办情况】　审结纳税户 1477 户，其中有问题户 1387 户，同比增长 41.1%。全省共立案 1317 户，比上年增加 227 户，同比增长 20.83%。全省立案查补收入 29.21 亿元，比上年增加 14.81 亿元，同比增长 102.85%，占查补收入的 30.6%。案均查补金额 197.76 万元，同比增长 45.41%。

【重大案件查处】　查补税款 100 万元以上的案件 164 宗，查结数量是上年的 2.41 倍；查补金额 233187 万元，查补总额是上年的 2.96 倍，占总立案查补金额 79.84%。其中：查补税款 100 万～1000 万元以下案件 131 宗，查补金额 55110 万元；查补税款 1000 万～1 亿元以下案件 31 宗，查补金额 115231 万元；查补税款 1 亿元以上案件 2 宗，查补金额 62846 万元。

【行业和区域税收专项整治】　积极组织开展医药行业专项整治。采取国地税联合进场、多层次多部门联手突击的方式，同步推进 16 个地区医药行业专项整治。全省地税部门查补收入共计 4028.48 万元，入库收入 3841.51 万元。

【“双随机、一公开”监管】　统筹推进省市级“双随机、一公开”工作，明确全省税务稽查随机抽查的各项工作流程和具体工作要求。落实国地税联合随机抽查工作制度，通过执法适度整合，减轻企业负担。抓实抓好“一公开”工作，在广东地税局网站公布《广东省地方税务局税务稽查双随机抽查事项清单》《广东省地方税务局 2017 年度随机抽查事项公示》，全省各级地税局的“一公开”工作有序铺开。全省地税系统共组织开展省市级随机抽查 88 次，对 3126 户企业开展随机抽查，实现查补收入 4.07 亿元。

【重点稽查对象随机抽查】　积极做好国家税务总局第一批重点税源企业随机抽查结案工作，共组织 1190 户企业开展自查，自查补缴税费及滞纳金共计 14276.27 万元；立案检查重点税源企业及其成员单位 475 户，查补税费、滞纳金及罚款共 8534.42 万元。扎实推进税务总局第二批重点税源企业随机抽查工作，组织全省各级稽查局对 2328 户企业开展自查、对 193 户重点检查企业开展立案检查。截至 2017 年底，共查补税费、滞纳金及罚款共计 12747.39 万元，入库 12399.65 万元。

【打击发票违法犯罪活动】　规范有序开展 2017 年打击发票违法犯罪活动。全省地税系统共检查企业 3724 户，查处违法企业 890 户，查处非法发票 26869 份，涉及金额 141741.77 万元，查补税款 11617.35 万元，加收滞纳金 4753.94 万元，处以罚款 3579.44 万元，查补税费、罚款收入合计 19950.73 万元。

【税收“黑名单”制度和联合惩戒】　积极推动联合惩戒机制的落实，主动协调参与联合惩戒的单位，建立工作衔接机制，确保各项措施有效落实。全省共录入国家税务总局协查系统“黑名单”案件有效信息 14 宗，依法撤出 12 宗，向 34 个单位推送联合惩戒案件共 8 宗。进一步提升了税警执法协作的深度和广度，形成警税全面协作的制度规范，充分发挥警税协作在大要案查处中的重要作用，广东省地税、国税、公安三方联合共查办案件 215 件，打掉犯罪团伙 165 个，抓获犯罪嫌疑人 410 个，挽回国家税款损失 44.88 亿余元，曝光联合查办典型案例数量 7 个。

【涉税违法案件检举】　2017 年，共受理检举线索 6655 件，其中省级受理 104 件，地市级受理 5875 件，县级受理 701 件；共查处案件 1263 件，查补金额 81240.29 万元，其中税款 51322.92 万元、滞纳金 8325.74 万元、罚款 21591.63 万元；执行入库金额 78438.1 万元，其中税款 49269.34 万元、滞纳金 8050.64 万元、罚款 21118.12 万元；向公安机关移送案件 2 件。

【稽查队伍建设】　认真落实税务总局和省地税局的工作要求，始终坚持党建引领，推进全面从严治党，严管善待干部，构筑稽查实用型人才培养高地。严格执行“三会一课”“三册一表”制度，积极推进“两学一做”学习教育常态化制度化。积极开展融合式党建，促进稽查业务与党建融合、省市两级党建融合、国地税党建融合、税企党建融合。严格实施稽查人员上岗资格考试，明确稽查人员“逢进必考、依考发证、持证上岗”原则，切实加强稽查队伍的建设，有力提升稽查队伍整体执法水平。

【稽查人才库建设】 坚持以人为本，加强全省稽查专业队和稽查岗位能手的管理和使用，继续培养和选拔熟练掌握选案分析、重大案件查处及重点行业检查技能的会计、法律、电子查账等稽查专业人才加入全省稽查专业队，2017 年广东省地税局稽查专业队共有队员 38 人。

【稽查业务培训】 共组织 576 次培训，培训人数 12023 人次，内容覆盖资本交易、房地产企业稽查、行政诉讼应诉技巧、国外税务稽查经验借鉴等内容，为稽查履职提供智力保障。

【稽查信息化建设】 继续增强稽查信息化支撑，构建移动稽查工作新模式。搭建移动稽查专线网络，开发移动稽查 APP，实现办案现场任务推送和处理、稽查一户式涉税数据查询、发票核查、互联网涉税数据查询分析等功能。夯实数据应用基础，将全省稽查数据分析平台作为数据存储、分析、加工、利用的大数据仓库，先后导入金税三期系统数据、国税交换数据、个人所得税数据、社保数据，该平台数据达 19T。继续推进信息化试点项目，东莞市地方税务局建设稽查远程指挥中心；在广州、佛山试点建设互联网涉税数据挖掘应用系统，采集、筛选、分析和存储互联网的海量涉税信息，与核心征管系统数据比对，辅助税务稽查工作。

【稽查宣传】 完善信息宣传工作机制，出台稽查系列信息宣传工作管理办法，积极采编和报送了大量稽查工作动态信息，编发 18 期《广东地税稽查简报》，向《中国税务报》《南方日报》等主要新闻媒体报送新闻，共报道 15 次，取得良好宣传效果。

【稽查调研】 主动调查研究，发挥参谋助手作用，根据时任广东省常务副省长林少春关于国地税联合稽查存在问题的批示要求，深入调研分析，向广东省委呈报《关于国地税稽查相关问题的情况汇报》；针对广东省内上市公司限售股减持涉及的税收跨区域（跨省）转移问题和加强个人限售股个人所得税征管问题，分别上报了《广东省上市公司限售股减持税收跨区域转移调查报告》《大数据视野下我省限售股个人所得税征管情况调研报告》。

【稽查工作会议】 2017 年 3 月 30 日，全省地税稽查工作会议在佛山召开，及时传达贯彻全国税务稽查工作会议和全省地税工作会议精神，部署各项工作。广东地税局副局长苏振钿出席会议并讲话，省局稽查局和相关处室领导、各市局分管稽查工作的局领导、各市局稽查局局长等参加会议。与会人员还开展了分组讨论，就深化体制改革、强化稽查队伍建设、夯实稽查基础工作、推进对自然人的税收征管与稽查监管等多方面问题进行了深入探讨。

（张雯莹）

广西壮族自治区

广西壮族自治区国家税务局稽查局

【概述】 广西国税稽查部门认真贯彻落实税务总局稽查局和自治区国税局党组的统一部署和要求，以维护税法尊严和提高纳税遵从为目标，以坚持依法稽查和深化改革为主线，以查处重大税收违法案件和打击虚开骗税行为为重点，以提升队伍素质和强化作风建设为保障，充分发挥税务稽查职能作用，稳步推进稽查各项工作，顺利完成预期目标。

【稽查现代化建设】 一是提高稽查软件、查账软件在税收专项检查的运用程度。二是提高金税三期稽查模块操作技能和“双随机”平台功能运用。三是提高协查系统的运用，推行要素协查新方法。四是加强稽查大数据管理和应用，通过大数据加强案件查前分析，选定案件疑点。

【稽查体制机制改革】 实施“一次进户、各税统查、信息共享、分别处理”的国地税联合稽查模式，确定联合进户稽查对象303户，联合督导自查1016户，督导自查查补收入3.19亿元，督导自查入库3.19亿元。同步分别立案211户，立案检查查补收入1.89亿元，立案检查入库1.89亿元。

【稽查查补收入】 紧扣打击虚开发票、骗取出口退税、偷逃税行为和综合整治发票违法行为4条主线，发挥以查促收、以查促管职能作用，为税收中心工作提供强有力的支持。立案检查企业2233户，督导企业自查2418户，合计查补总额17.11亿元，入库总额15.96亿元。

【案件查办情况】 共检查企业4651户（含上年未结案件203户），其中，督导企业自查2418户，立案检查企业2233户，有问题企业1392户；全年查补总额17.11亿元，入库总额15.96亿元，选案准确率97%，入库率93%。

【案件特点分析】 一是作案人员团伙化、集团化。犯罪分子作案手法向团伙化、专业化、现代化发展，组织严密，分工明确，谋划周密。二是作案手段智能化、专业化、职业化。作案人往往都具有一定的财会、税务知识，熟悉增值税的征收过程。三是跨地区多环节虚开。税务部门不能及时掌握企业上下游开受票企业相关信息，使虚开行为难以被发现。四是冒用他人身份信息，大量注册空壳企业短期开票后走逃。五是涉案金额巨大。

【重大案件查处】 查办大要案件462起，查结案件201起，查补税款2.23亿元，滞纳金4487.85万元，罚款8054.89万元，合计3.48亿元；入库税款1.17亿万元、滞纳金1774.48万元、罚款1244.41万元，合计1.47亿元。移送公安机关94起，公安机关立案44起，抓捕犯罪嫌疑人115人。一是破获“18－14”骗税专案。二是侦破河池“6·09”和柳州“5·03”虚开增值税普通发票系列案。三是破获玉林“2·16”虚开发票医药企业系列案。实现“查大案、办铁案、强震慑”工作目标，有关领导和部门给予高度评价和充分肯定。

【打击骗税虚开专项行动】 打击虚开方面：立案检查虚开案件1124起，认定虚开及接受虚开增值税专用发票11.07万份，查补税款、滞纳金、罚款合计2.21亿元。打击虚开增值税专用发票力度和成效逐年提升，立案数、认定虚开及接受虚开发票份数、税额均成倍增长。打击骗税方面：检查出口企业92户，立案检查31户，查处骗税和挽回税款损失1.67亿元，有力保障了广西出口贸易的协调发展。

【行业和区域税收专项整治】 整合重点领域、重点方向的打击整治行动，深入开展行业和区域性税收专项整治。开展“黄金票”“白糖票”、走逃（失联）企业、医药行业、废旧物资行业、套用海关完税凭证虚开等专项整治行动。各项税收专项整治行动共立案检查企业582户，涉及金额51.92亿元、税额11.13亿元。

【“双随机、一公开”监管】 制定《全区国税系统推进税务稽查随机抽查工作方案》等4项相关制度文件，按照税务总局的统一部署，搭建“税务稽查双随机工作平台”，建立“税务稽查对象名录库”“稽查执法检查人员名录库”，公布“税务稽查随机抽查清单”、随机抽查方案和随机抽查结果，营造公开公平公正的税收监管环境。

【重点稽查对象随机抽查】 加强与地税合作，运用“四个联合”，联合构建工作机制、联合开展税收分析、联合成立专业团队、联合实施现场辅导，双方精诚合作，协同组织，联合组织自查1320户，查补收入总计1.43亿元，入库1.43亿元，冲减增值税留抵税金76.31万元，调减亏损额84.44万元。重点检查企业125户，立案检查98户，查补税款、滞纳金、罚款合计8977.59万元，入库税款、滞纳金、罚款合计1632.64万元，冲减增值税留抵税金10.76万元，调减亏损1.12亿元。

【打击发票违法犯罪活动】 立案查处发票违法企业1504户，查处非法发票9.46万份，查补税款、加收滞纳金、罚款合计3.24亿元。过去5年共查处发票违法企业6006户，涉及非法发票31万份，涉及金额146.72亿元，查补税款、加收滞纳金、罚款合计7.92亿元；移送公安机关立案312件，缴获发票416.9万份，抓获犯罪嫌疑人348名；全区开展发票教育宣传1923次，曝光发票违法案例261件。

【税收“黑名单”制度和联合惩戒】 一是定期公布、曝光重大涉税违法行为，按月推送重大税收违法“黑名单”，通过各级国税局门户网站的“重大税收违法案件信息公布专栏”对外公布案件75起。二是联合惩戒，发挥协同监管威力。向参与实施联合惩戒的34个单位推送案件信息，按照

《关于对重大税收违法案件当事人实施联合惩戒措施的合作备忘录（2016版）》，对重大税收违法案件当事人实施有效惩戒。其中，有6户企业在接受惩戒后主动联系税务机关咨询“黑名单”的相关政策，部分企业主动补缴查补税款、滞纳金、罚款，联合惩戒措施的效果和社会效应凸显。

【涉税违法案件检举】 认真贯彻落实《税收违法行为检举管理办法》等规定，坚持“举报畅通，有案必查”，抓好检举管理工作，取得较好成效。受理涉税违法检举案件199件，其中税务总局交办案件8件、自治区国税局本级受理并转下级交办66件、市局受理125件。全年共查结案件26件（含以前年度交办案件），共查补税款1238.81万元，加收滞纳金716.24万元，处以罚款640.59万元，合计查补总额2595.64万元。

【案件协查】 全面推行要素协查方法，发票协查选票准确率96.57%，比税务总局指标要求高81.57个百分点。受托协查质量回复“正常”率0.13%，比税务总局指标要求5%低4.87个百分点。协查函按期回复率100%，涉案发票协查合规率100%，协查工作质效提高。

【稽查制度建设】 根据税务总局工作要求，制发《推行〈全国税务稽查规范（1.0版）〉实施方案》《2017年广西国税打击发票违法犯罪活动工作考核方案》《2017年度医药行业税收专项整治工作方案》等文件制度，提升了稽查工作整体质效、稽查执法能力和工作管理水平。

【稽查系统建设】 全区国税系统共有稽查机构96个，稽查人员1112人，占国税人员总数的9.72%，比上年度减少26人；35岁以下90人、35~45岁288人、45岁以上734人，分别占稽查人员总数的8.09%、25.90%、66%；有“三师”资格人员48人，占稽查人员总数的4.32%。

【稽查队伍建设】 一是严抓思想防线。推进“两学一做”学习教育常态化制度化，通过党支部理论学习会、党支部书记上党课、党员活动日等形式，学习党章党规和习近平总书记关于全面从严治党系列重要讲话精神，引导党员干部不断加强理想信念。二是严树纪律观念。利用正反面典型，引导党员干部敬法畏纪、遵规守矩。举办稽查业务培训班必上党风廉政教育课，召开稽查工作会议必讲党风廉政建设。

【稽查人才库建设】 一是建立稽查专业化团队。整合现有稽查人力资源，成立稽查专家、案源分析、打虚打骗、税警联合办案、房地产及建筑行业检查、电子查账、案件审理7个专业团队，集中优势兵力，发挥专业力量，在查办重大案件中发挥积极作用。二是调整充实全区国税系统稽查人才库。结合全区国税系统稽查人员变动和年龄结构，按照严进宽出、择优选拔的原则，重新确定全区国税系统稽查专业人才库成员102名。

【稽查业务培训】 提高教育培训的针对性，创新“内脑+外脑”模式，内请稽查业务专家、骨干，外聘相关专业领域的专家、学者授课，提高业务培训班的质量。区局层面举办综合业务培训班5期，市局层面举办各类专题业务培训班79期，参训人员2100多人次。

【稽查信息化建设】 一是积极推广应用电子查账软件、电子取证设备。全区外购电子查账软件、取证魔方、税证宝、智能通信终端、执法记录仪等电子办案软件和设备共130套。二是以金税三期为依托，加强选案、检查、案件跟踪、成果统计分析和增值运用等各类稽查信息管理模块的研发和应用，稳步推进税务稽查信息化、现代化管理进程。

【稽查宣传】 通过广播、报刊、网站、自媒体等媒介，宣传税务稽查工作开展情况，及时曝光重大税收违法信息，扩大稽查影响力和提高全社会纳税遵从度。一是每月均在省级以上新闻媒体披露1~2件涉税违法案件，全年共通过《中国税务报》《广西日报》《广西法制日报》、广西电视台等媒体曝光涉税违法案件30件。二是4月由广西壮族自治区人民政府主导，自治区国税局、地税局、公安厅、检察院、法院5部门联合召开打击发票违法犯罪活动新闻发布会，公开曝光10起2016年度查处的发票违法犯罪典型案件。

【稽查调研】 深入基层对打击骗税、打假发票、案件查办等工作开展调查、分析和研究，并形成书面调研报告，为领导决策提供依据，为解决基层疑难、困难问题提供帮助。自治区国税局稽查局覃木荣撰写的《新办商贸企业（团伙）虚开增值税专用发票风险特征及应对初探》论文在税务总局《税务教育　领军人才工作专刊》选登，吴圣旗撰写的《虚开增值税专用发票的政策成因与治理对策》论文在《广西国税调研》选登。

【稽查工作会议】 2017年3月22日，全区国税系统稽查工作会议在南宁召开。会议传达落实全国税务稽查工作会议精神，总结2016年稽查工作的成绩，部署2017年稽查工作，明确要切实抓好稽查核心工作、稽查规范和内控制度、部门合作事项、队伍建设和其他工作的落实。7 月 20 日，在柳州召开年中稽查工作会议，会议总结上半年工作，分析稽查工作形势，研究部署下半年的工作。会议强调要通过主动践行稽查新理念、积极提升稽查站位、全力践行稽查职责、规范稽查执法行为、强化稽查信息化、加强外部协调配合、优化稽查干部队伍、加强党风廉政建设。全面完成全年稽查工作任务。

【工作建议】　一是稽查干部队伍人员紧张的矛盾较为突出，高精尖人才缺乏，建议税务总局加强稽查业务培训。二是建议税务总局开通大数据查询。三是建议税务总局统筹稽查信息化软件开发，统一全国稽查信息化应用，避免各地自行开发。

（王玉蓉）

广西壮族自治区地方税务局稽查局

【概述】　2017 年，广西地税稽查部门有序部署稽查各项工作，夯实自治区一级地税稽查体制执法基础，发挥新体制优势，稽查工作成效明显。广西国地税联合开展重点税源企业随机抽查工作、广西地税"双随机、一公开"工作、广西地税一级稽查管理体制实施成效等工作，先后 3 次获得税务总局副局长孙瑞标的批示肯定，相关工作经验做法被税务总局《稽查工作动态》刊登推介。稽查绩效管理工作在 2017 年全区地税绩效管理工作会议上作经验交流。

【稽查查补收入】　稽查质量"三创新高"：一是稽查查补收入创广西地税成立以来新高，稽查以查促收能力明显加强。共组织检查企业 2134 户，稽查查补收入 20.48 亿元，同比增长 7.29%；入库收入 18.76 亿元，入库收入占同期广西地税组织财政收入的 2.54%，同比提高 0.36 个百分点。二是立案查补收入创广西地税成立以来新高，稽查直接检查力度和打击涉税违法力度明显增强。共组织立案检查企业 550 户，立案查补收入 10.73 亿元，占同期稽查查补总额的 52.39%。三是重大案件查补收入创广西地税成立以来新高，稽查查办大案要案质效明显提高。共查处百万元以上涉税案件 69 件，同比提高 43.75%，查补收入 5.83 亿元，占同期立案查补收入的 54.33%。

【重大案件查处】　下发《自治区地方税务局稽查局关于进一步做好 2017 年督办案件和大案要案工作的通知》（稽查便函〔2017〕25 号），进一步完善全区地税大案要案管理制度，明确大案要案上报的具体标准及工作流程。加大对税务总局和自治区地税局督办案件的督查指导，对符合上报标准的案件，严格按要求上报税务总局稽查局。查处百万元涉税案件 56 件，查补收入 2.12 亿元，入库收入 2.04 亿元；千万元涉税案件 13 件，查补收入 3.71 亿元，入库收入 2.13 亿元。对 1 起税务总局督办案件开展检查并结案，查补收入 0.29 亿元；按规定将符合条件的某水泥有限责任公司等 5 户大案要案的检查情况上报税务总局稽查局。

【行业和区域税收专项整治】　积极组织开展股权转让税收检查，采取案件集约式对口管理，实行"一案一报"，重点报告疑点问题的核实取证、定性处理和处理依据等情况，大力提高办案质效；对税务总局下派的 12 户案源全部开展立案检查，共查结 11 户，发现有问题 6 户，查实应补税款 1.35 亿元。积极配合国税部门开展 2017 年度医药行业税收专项整治，对税务总局下发的 36 户企业名单组织开展自查及重点检查，对涉及国、地税共同管辖的对象，双方共同开展进户检查工作；加强税警联动，对有关涉案人员及时采取有效措施，形成工作合力，共查实应补地方税款 477.4 万元。

【"双随机、一公开"监管】　动态维护随机抽查对象名录库和执法检查人员名录库，创新建立随机抽查对象"黑白名单"。综合考量 3753 户自治区级重点稽查对象日常纳税表现、纳税信用等级等情况，分类建立随机抽查对象"黑白名单"：将 643 户税务稽查异常户列入随机抽查"黑名单"，进一步提高抽查比例；将近 5 年已查企业、近 2 年进行过纳税评估的企业、专项整治企业和 A 级纳税信用企业共 2070 户企业列入随机抽查"白名单"，从抽查对象范围内剔除。自治区地税局通过运用广西地税稽查选案管理系统，现场随机抽选 2017 年首批稽查待查对象 400 户，其中 50% 为重点稽查对象名录库中的重点税源企业，50% 为异常库的"黑名单"企业。同时，主动公开抽查过程、查处结果，广泛接受公众监督。随机分派检查人员 261 人，组织检查随机抽查企业 1534 户（含税务总局随机抽查企业），占同期检查总户数的 71.88%，同比提高 33.55 个百分点；累计查补收入 9.8 亿元，占稽查查补总额的 47.85%，同比提高 26.48 个百分点。

【重点稽查对象随机抽查】　认真组织税务总局 2016 年重点稽查对象随机抽查，压实税务总局下派检查任务，以加强广西国地税合作为抓手，大幅提升检查质效。成立国地税联合稽查工作领导小组，联合开展业务培训，联合成立税务专家团队，全程跟踪指导检查工作开展。组织专家团队深入企业开展现场辅导，针对企业自查过程中遇到的涉税问题给予政策解答，发现并提示企业可能存在的共性涉税风险。组织涉及29户集团1320户企业开展自查，对108户企业开展重点检查，累计查补收入2.36亿元。

【打击发票违法犯罪活动】 国税、地税、公安三部门联合成立2017年广西发票整治工作领导小组，及时将检查过程中发现的重大制售、伪造发票的案件线索，移交公安经侦部门，深挖制售、伪造发票源头，力争查办一批有影响力的发票大案、要案。全区各级地税机关共查处发票违法企业户数515户，完成税务总局下发任务数300户的171.67%，查处非法发票18047份，累计查补收入8744.56万元。联合公安机关共查处发票违法案件8件，抓获人员5人，端掉制售窝点1个，缴获作案机器3台，缴获假发票5797份。5月，南宁稽查局配合公安机关破获1起假发票案，当场缴获伪造的《广西增值税普通发票》4679份，累计可填开数额4.67亿元，伪造面额为500元的《南宁市定额通用发票》600份，累计面额30万元，为广西地税联合公安侦破的首例伪造、持有、销售国家“增值税普通发票”案，缴获假发票可填开数额之大为近年罕见。

【税收“黑名单”制度和联合惩戒】 牵头出台广西贯彻落实《关于对重大税收违法案件当事人实施联合惩戒措施的合作备忘录（2016版）》实施方案，实现联合惩戒措施和部门“双扩围”。建立国地税长效合作机制，将联合惩戒列入深化国税、地税征管体制改革的重要内容。加强涉税信用数据共享，一方面提请自治区发改委将重大税收违法案件信息纳入广西公共信用信息平台，通过信用广西网站向社会统一公布“黑名单”信息；另一方面将诚信守法企业纳入广西地税“银税互动”激励对象，为守法企业实现权益提供便利和支持。通过新闻媒体公开曝光30起涉税违法典型案例，推送3户“黑名单”企业开展联合惩戒。

【涉税违法案件检举】 继续优化广西地税一级稽查体制下全区各级地方税收违法案件检举工作，加强与12366纳税服务热线开展举报工作的衔接，规范工作流程，提高举报案件办理质效。全区地税系统共受理税收违法检举案件242件，查结203件，查补收入2726.74万元，入库1718.85万元，兑现举报奖励金额14.62万元。

【稽查制度建设】 一是积极推进稽查执法标准化建设。梳理稽查“四环节”执法风险点，制作《稽查工作模板》《稽查实施环节必要基本程序》等，为稽查工作提供规范的操作指引。二是积极开展稽查案例分析和编撰工作。分析整理涉及稽查的12起行政复议、诉讼案件，持续提升稽查执法专业性。编撰21起税务稽查典型指导性案例，重点明确案件具体定性标准和处罚幅度。三是建立集中解决涉税疑难问题工作制度。收集新体制运行以来稽查执法中遇到的问题，归类梳理4类64个问题，下发《关于稽查执法中政策问题的指导意见》，有效解决涉税争议事项。四是形成多部门集中研讨典型案件工作机制。牵头召集自治区地税局法规处、征科处、各税种管理处、片区稽查局等6部门对稽查典型案件集体把脉问诊、对症下药，下发《关于部分案件涉税问题的指导意见》，统一执法标准和尺度。

【稽查队伍建设】 严格落实全面从严治党要求。政治理论学习教育常抓不懈，扎实推进“两学一做”学习教育常态化制度化。自觉履行党员义务，广西地税局稽查局党支部确定每月第一个工作日为党费缴纳日，深入陆川县地税局开展支部联建，以党建强基固本促工作。认真执行“一岗双责”，加强党风廉政建设，营造风清气正、干事创业的良好氛围。截至2017年底，全区地税稽查部门共847人，占全区地税总人数的8.76%。其中：大学本科以上学历805人，占稽查总人数的95.04%；具有注册税务师、注册会计师和法律职业资格“三师”人才56人，省级以上各类专业库人才73人，税务总局领军人才1人。

【稽查人才库建设】 成立税务稽查法律法规团队等9个专业团队，选拔首批65名稽查专业团队骨干，有力地发挥团队办案优势。先后2次组织信息化稽查专业团队成员前往江苏、厦门等地学习企业涉税财务数据采集技术、电子数据调查分析技术等，派出4名稽查人员参加全国电子数据分析师认证考试并全部获通过。

【稽查业务培训】 一是分级分类开展稽查业务培训，共举办231期稽查培训班，参加培训4421人次，提高了稽查干部业务水平。重点加强《全国税务稽查规范（1.0版）》师资培训和全员轮训，共举办相关业务培训10个班次，累计培训师资50人次，轮训各岗位一线稽查干部853人次。大力推进查账软件应用轮训，共组织开展5期培训班，参加人数400多人次。二是组织开展稽查岗位练兵，

6月、9月先后2次举行广西地税稽查业务考试，共1053人次参加，及格率分别达81.91%和99.35%。在2017年全国税务系统税务人员执法资格统一考试中，广西地税稽查部门218人参考，占广西地税参考总人数432人的50.46%，通过率81.65%，高出全区地税系统通过率17.76个百分点。其中，钦州稽查局位列全区地税平均分第1，通过率（95.74%）第2，南宁稽查局通过率95%，位列第3。

【稽查信息化建设】　一是大力优化金税三期工程稽查模块功能。先后进行16次金税三期升级测试，测试通过270余个稽查模块功能升级，拓展跨区税源登记稽查税款入库等新增业务流程；解决各片区稽查局上报问题354个，汇总上报税务总局30余个业务需求。重点完善金税三期税务稽查双随机平台，根据广西地税一级稽查体制特点进行特殊权限配置，高效完成系统环境搭建，确保数据迁移到位，网络运行畅通，6月1日按期正式上线。二是持续推广应用税务稽查辅助查账软件。全区地税共配备查账软件760套/个，一线检查人员查账软件配备率达100%。全区地税稽查部门应用电子查账系统处理案件共517户，占同期立案数550户的94%。三是加强稽查对象电子数据信息管理。下发《广西壮族自治区地方税务局稽查电子数据信息安全管理办法（试行）》，规范稽查对象电子数据信息管理工作。

【稽查宣传】　一是5部门联合召开新闻发布会。2017年4月20日，广西地税局、国税局、公安厅、人民检察院、高级人民法院五部门在自治区人民政府新闻中心联合召开2017年打击发票违法犯罪新闻发布会，重点对2016年全区查处的10起发票违法典型案件进行公开曝光。二是国地税联合开展“黑名单”警示教育。5月12日—15日，组织稽查人员与纳税人收看《税收违法“黑名单”里的罪与罚》电视专题片，召开纳税人专题座谈会，共邀请325户企业负责人和财务负责人参加座谈，其中“黑名单”企业38户、欠税企业105户、在查企业182户。三是三部门联合开展广西信用修复教育培训。12月27日，广西地税局与发改委、高级人民法院联合开展广西信用修复教育培训，邀请地税5户“黑名单”及欠税企业参加。四是典型案件曝光常态化。全年在网络媒体上公布涉税违法典型案例共30起。五是加强稽查工作日常宣传。4篇专报获得税务总局、自治区政府领导肯定性批示，5篇稿件获得税务总局稽查局《稽查工作动态》采用。

【稽查调研】　深入开展稽查工作调研，研究的广西地税局课题《税务稽查案源管理研究》《一级稽查体制下的执法基础问题研究》均获得2017年度全区地税系统优秀科研成果三等奖，为持续深化稽查改革、完善稽查一级体制机制奠定理论基础。

【稽查工作会议】　2017年2月17日，全区地税稽查工作会议在南宁召开，会议全面总结2016年稽查工作，部署2017年稽查工作。自治区地税局局长吴云、副局长黎海君出席会议并作重要讲话。会上，吴云对2016年稽查工作给予充分肯定和高度评价，对2017年稽查工作提出四点要求：一是巩固深化改革成果，切实发挥一级稽查体制优势；二是查偷堵漏促收促管，全力服务税收中心工作大局；三是创新稽查工作方法，着力提高稽查执法服务水平；四是严管善待培养人才，全面促进稽查工作实现跨越发展。黎海君作稽查工作报告，回顾2016年度全区地税稽查工作在查补收入、制度建设、查办案件、信息化建设、执法协作、人才队伍建设6方面取得的主要成绩，分析当前稽查工作中存在的主要问题，要求全区地税稽查部门以地税稽查现代化建设为主题，抓好七项重点工作，确保实现2017年稽查工作“提质效、上台阶”的阶段目标。南宁、柳州、钦州、玉林稽查局分别作工作经验交流发言。各片区稽查局局长、综合科科长及自治区地税局稽查局全体人员参加会议。

（谭　红）

海南省

海南省国家税务局稽查局

【概述】 2017年，海南国税局稽查局坚持稳中求进的工作总基调，坚决贯彻执行省局党组“一个总揽、两大理念、三个提升、四大支撑”工作部署，党建引领稽查系统各项工作，深入推进稽查体制改革，全面加强队伍建设，打击涉税违法犯罪工作成效显著，稽查各项工作取得新的可喜成绩。

【稽查查补收入】 组织立案检查各类纳税人177户，结案164户，查补入库收入8.96亿元，占全省国税税收收入的1.4%，比上年增加0.76亿元，增幅8.5%，提前超额完成全年堵漏增收目标，为完成全省国税税收收入做出了积极贡献。

【稽查党建】 一是坚持党建总揽，旗帜鲜明讲政治。始终把学习贯彻习近平新时代中国特色社会主义思想作为首要政治任务，牢固树立政治意识、大局意识、核心意识、看齐意识，自觉在思想上政治上行动上同党中央保持高度一致，切实把党中央、税务总局党组、省局党组的决策部署和推进全面从严治党各项要求落实到稽查工作中，全面统筹谋划稽查工作，不断提升稽查工作站位，有力保障全省稽查各项工作沿着正确的方向行进。二是组织全体稽查干部通过集中收看党的十九大盛况、举办党的十九大专题辅导讲座、开设党的十九大学习专栏、开展党的十九大学习交流活动、撰写学习党的十九大心得体会、深入基层宣讲党的十九大等多种形式深入学习贯彻党的十九大精神，把学习贯彻党的十九大精神贯穿稽查工作始终。三是坚持稽查系统党建工作与稽查各项工作同部署、同谋划、同推进，持续推进“两学一做”学习教育常态化制度化，严格落实“三会一课”制度和全面从严治党各项要求，以推进“两学一做”学习教育常态化制度化为着力点，大力加强稽查系统思想、组织、制度、纪律、作风建设，不断提高党建工作标准化、规范化、科学化水平。特别是稽查改革后，省局稽查局及时调整改选了稽查系统5个党支部，配优配强各党支部班子，加强稽查干部的政治思想教育，确保党的基本理论、基本路线、基本方略得到贯彻落实。稽查系统共召开36次支部委员会议专题研究规范党建工作，组织全体党员集中学习98次，专题研讨13次，开展谈心谈话56次，支部书记带头讲党课6次，撰写心得体会文章人均6篇以上。稽查局第十三党支部被省局机关党委列为省局机关党建工作示范点。

【稽查执法协作配合】 与公安、海关、人民银行、地税四部门探索完善部门间协作方式，不断创新合作形式，拓宽合作领域，形成更为流畅、更有效果的合作管理模式。挂牌成立省级、市县级21个公安派驻税务联络机制办公室，实现公安派驻税务联络机制的全省覆盖，与海口海关签订海关票查询协作制度，与人行构建资金流查询机制，形成打击涉税违法犯罪合力，提升打击涉税违法犯罪案件质效。进一步深化国地税稽查执法合作，强化国地税协同打击理念，与省地税局共同建立覆盖信息交换、下户执法、联合惩戒、风险管理等多领域的国地税协作机制。

【打骗打虚专项工作】 查处涉案企业89户，涉及问题发票31.9万份，发票金额421亿元，涉及税款69亿元；联合公安机关立案查办虚开发票案件19起，捣毁窝点3个，打掉1个犯罪团伙，缴获作案机器4台，抓获犯罪嫌疑人3人，有效遏制了骗税和虚开违法犯罪活动的高发多发势头，改善了营商环境。其中，快速查处16户盗用海关完税凭证虚开案件，查补税款4.9亿元，成果专报得到税务总局副局长孙瑞标的表扬性批示。

【区域税收专项整治】 以海南洋浦和先行试验区等地区为重点，对发票违法问题高发、频发行业开展检查。对洋浦地区855户商贸企业进行全面排查，对271户企业采取限票停票措施，有效挤压了虚开等发票违法行为的生存空间。以先行试验区石化经销企业检查为突破，对“营改增”后违规变票行为进行重点打击。

【医药行业税收专项整治】 通过检查数据分析、数据拆解分类，筛选风险疑点，查询税收相关系统等方式对税务总局下发的33户疑点企业八类疑点信息进行重点核查。对筛选出的29户重大嫌疑企业与地税局开展联合稽查，4户状态非正常的企业开展外围调查。医药行业专项整治工作落实涉税违法金额286564万元，完成税务总局下发疑点线索金额的93.28%，查补税款合计32365万元，查实资金回流涉嫌虚开发票金额1.3亿元，已做异常凭证推送发票金额11.4亿元，有效遏制了医药行业发票违法行为高发态势。

【打击发票违法犯罪活动】 与海南地税局密切合作，多渠道宣传，巩固协作机制，强化风险分析，以海口、三亚等重点地区为突破口，探索打击发票违法犯罪长效机制，通过打源头、端窝点、摧网络，带动非法发票“卖方市场”专项整治行动全面开展。全年共查处违法企业245户，查处违法发票51170份，发票金额710382万元，查补税款108398万元，整顿和规范了重点行业税收经济秩序，优化了营商环境。

【税收“黑名单”制度和联合惩戒】 通过加强制度建设、营造舆论氛围、形成惩戒合力等一系列具体措施，形成对失信惩戒的高压态势，构建“一处失信，处处受限”惩戒格局，警示和震慑作用进一步凸显。将7户“黑名单”企业信用等级下调为D级，对5名欠缴税款的“黑名单”企业法定代表人进行边控；随着联合惩戒措施的实行，以及舆论宣传攻势的开展，曝光后对其企业声誉形成影响，对意图偷、逃、骗、抗的企业形成强大威慑，形成税收遵从的良好氛围。

【稽查绩效管理】 科学分解制定绩效指标，确保各项重点工作部署全面纳入绩效考评，实现税务总局稽查重点工作和省局稽查现代化与绩效管理的“两个有效对接”。认真落实按季通报、按月讲评工作机制，强化过程控制和动态管理，突出进度考核对工作落实的鞭策作用。切实加强绩效考核考评结果运用，充分发挥绩效管理的“指挥棒”“风向标”作用，以绩效管理推进稽查各项工作落实。绩效考核结果位列省局机关一档。洋浦地区税收专项整治、“双随机、一公开”、打骗打虚工作以及警税协作等工作多次得到税务总局、省委省政府、省局领导的表扬性批示。报送的税收工作专报受到上级领导表扬性批示5次。

【稽查风险防控】 注重集成联动，强化风险防控，大力推进税务总局意见征集、专题培训、稽查改革、稽查规范、绩效考核、执法督查“六个结合”，实现稽查执法与风险防控的无缝对接，以及稽查内部控制与稽查执法工作深度融合，充分发挥内控机制全局性、基础性保障作用，着力构建深层次、多角度、全方位、立体式的海南国税稽查系统风险防控体系，得到上级机关的充分肯定。《税务总局稽查工作简报》第40期全文刊发了经验做法。

【稽查机构改革】 坚持周密部署，强力推进，学习借鉴重庆、深圳等兄弟单位的先进经验做法，积极探索稽查机构设置和职责划分，拓宽稽查改革工作思路，印发税务稽查改革方案，稽查改革取得突破性进展，取得超出预期的明显成效。省局稽查局统筹指导和监督职能作用得以强化，8个直属稽查局按照跨区域管理和集约化稽查相结合的原则，对应4个片区分别实施合署办公，检查力量进一步集约化，稽查执法风险内部控制、稽查执法督察评审、管查互动有了依托，干部队伍活力有效激发，稽查工作质效明显提升。改革后4个月内，清理历年案件66个，改革效应逐渐显现。

【“双随机、一公开”监管】 完成税务总局双随机系统工作平台机构岗位设置、业务流程调配、数据初始化、人员岗责配置、3个名录库导入和操作培训，确保系统如期顺利上线，优化随机抽查业务流程，提高随机抽查效率。联合省地税局共同开展2017年重点稽查对象随机抽查工作，联合省地税稽查局利用随机抽查系统平台组织联合检查418户，立案检查失信企业64户，累计联合查补入库金额1.5亿元，实现惩戒失信企业、减轻企业负担，以及减少权力寻租的三重效果，为纵深推进“放管服”改革作了有益探索，有关工作得到税务总局副局长孙瑞标的表扬性批示。

【稽查队伍建设】 加大干部选拔力度，全省稽查系统有多名德才兼备、年富力强的稽查干部走上副处级以上领导岗位，配优配强了省局稽查局和直属稽查局领导班子力量。加大稽查培训力度，举办“我来讲一课”等系列培训和各类稽查业务培训班，全年共举办16期培训班，培训天数36天，参训人数315人次，提升了稽查干部队伍的综合素质与履职能力。加大争创工作力度，积极参与省局各种创先争优活动，参加海南国税税官合唱团、“我为海南添光彩”主题演讲比赛等表现出色，充分展现了稽查干部的良好精神风貌，进一步激发了稽查干部队伍活力。

（于红飞）

海南省地方税务局稽查局

【概述】 2017年，海南地税稽查系统按照税务总局、省局的工作部署，围绕税收中心工作，充分发挥税务稽查职能作用，严厉打击各类税收违法行为，持续推进稽查改革，推行和健全稽查运行机制，加速稽查信息化建设，强化稽查队伍建设和党风廉政建设，增强稽查案件查处支撑保障能力，提升稽查工作质效，全省地税稽查系统全年稽查查补总额12.28亿元，入库总额11.75亿元，为全省税收中心工作任务的完成做出了积极贡献。

【稽查现代化建设】 深入开展国地税联合稽查工作。制定联合稽查工作计划，确定完善国地税合作机制、拓展稽查信息交换渠道、联合实施“双随机、一公开”、协同推进稽查内部控制、联合提升稽查质效和深入落实税收“黑名单”制度等6方面16个合作事项。通过加大与国税稽查部门信息共享的频度和力度，解决隐性税源查处不透的问题，发挥联合稽查的教育惩治职能作用，增强稽查震慑力。同时，对国地税双方的执法任务进行整合，减少进户检查次数，切实减轻纳税人负担。积极强化税警协作，发挥公安派驻联络机制的效应。省、市、县三级公安派驻税务联络办公室共计20个单位完成挂牌工作，对警税协作工作所涉及的组织领导、联席会议、办案协作、信息共享、协作保障等事项细化规范。印发《公安局派驻税务联络机制运行暂行办法》，制定信息传递、联络协调、分析研判、文件会签、联合执法等制度。确定每年至少召开1次联席会议，不定期召开工作例会，交流协作情况及研究完善协作事项，通报最新法律、法规、政策、执法中发现的新情况、新问题。推动涉税信息共享，定期交换信息，精准筛选研判案件线索，及时提请部署开展打击查处工作。同时，将警税协作与《海南省涉税信息传递办法》相结合，确保工作落到实处，发挥打击涉税违法犯罪的效用。

【案件查办情况】 开展土地增值税专项检查，以已核定征收的高风险企业房地产项目土地增值税检查为突破口，将土地增值税专项检查作为2017年头号重点工作来抓，实现以查促收、以查促管、以查促查多重效应。联合国税开展医药行业专项整治，采取自查与检查相结合的方式，自查补税120万元，重点立案检查查补税款7600万元，处以罚款3428万元。开展股权转让检查，查补税款及罚款共计1424.71万元。

【“双随机、一公开”监管】 结合国地税联合稽查的相关工作要求，建立健全国地税稽查联合随机抽查机制，共同制定随机抽查工作计划并组织实施。联合省国税稽查系统共开展具体的“双随机、一公开”选案和联合检查2次，并分别在双方的门户网站上对随机抽查的有关事项进行公开。国地税稽查局联合开展的随机抽查工作主要采取先集中自查后重点检查的方式开展，共组织307户纳税人进行自查，自查收入2890.46万元。立案检查89户，查补收入332.06万元。在查处过程中加强国地税稽查的配合协调，定期召开案情分析和协调会，统一双方处理定性，商讨解决疑难问题。通过双方联合开展随机抽查工作，既保证随机抽查的公平、公正和公开，又进一步整合执法资源，统筹进户执法，切实减轻企业应付税务稽查的负担，减少对企业正常生产经营的干扰，获得广大纳税人理解和支持，实现“1+1>2”的综合执法效应。

【重点稽查对象随机抽查】 全面推进税务稽查随机抽查，体现执法公平，提高执法效能。按照税务总局部署的第二批重点稽查对象开展随机抽查，辅导开展自查257户，立案检查84户，自查和查补收入2432.06万元，实现税务稽查执法方式转变。

【打击发票违法犯罪活动】 查处非法发票4908份，涉及金额5480万元，完成税务总局下达全年查处违法用票企业200户的166.5%，查补税款、滞纳金、罚款共计324万元。

【税收“黑名单”制度和联合惩戒】 强化机制建设，印发《海南省地方税务局稽查局关于“黑名单”及联合惩戒相关事宜的通知》（琼地税稽便函〔2017〕66号），融合《自由裁量权细化标准》，形成“黑名单”细化标准范围。主动参与“诚信海南”建设，与省发改委、省文明办等单位共同草拟《海南省关于对重大税收违法案件当事人实施联合惩戒措施的合作方案》。认真贯彻落实税务总局《重大税收违法案件信息公布办法（试行）》（国家税务总局公告2016年第24号）要求，确定符合标准的案件并及时公布和实施联合惩戒，国地税联合公布“黑名单”案件37户，并将其推送至34家单位实施联合惩戒。

【涉税违法案件检举】 全省共受理检举案件80件，共调查处理45件，转给国税稽查部门2件，转给国税征管局2件，重复举报5件，无调查价值暂存待查25件，1件受理待转办。检举受理查处45件，检查率100%。查结20件，未查结4件，查结率83.33%，查补税款、滞纳金和罚款合计5783.84万元；入库税款、滞纳金和罚款合计2331.16万元。

【稽查制度建设】　严格贯彻落实《全国税务稽查规范（1.0版）》，全面推进税务稽查工作科学化、规范化、标准化，组织开展全员培训和考试，加强贯彻执行情况的检查监督和跟踪问效。修订《稽查审理工作制度》，起草《稽查能级制度实施管理办法》《加强税务稽查成果利用通知的实施意见》。切实推行审理提前介入，积极贯彻执行《审理提前介入实施办法的指导意见》（琼地税稽〔2017〕4号），审理人员及时了解案件查办情况、检查中发现的疑点问题、对检查组政策运用的正确性提供业务支持、规范检查组对各类稽查文书的使用，提高审理效率，促进了稽查办案质效的进一步提高。改进稽查案卷管理，对现行的稽查档案制度进行修订，进一步规范税务稽查案卷整理归档，提高稽查案卷质量。

【稽查系统建设】　强化案件查处保障工作，确保检查组人员稳定，加强检查过程中的政策问题沟通，建立重大税收违法案件疑难问题会商请示机制，建立健全协查工作快速反应机制，加强协查系统监控，提高协查回复质量。

【稽查队伍建设】　花大力气、下狠功夫，坚持不懈抓好稽查干部队伍建设，锻造税务稽查铁军。改善稽查队伍结构，紧紧抓住改革契机，以素质和能力建设为目标，调整优化稽查干部队伍的年龄和专业结构，吸收年轻业务骨干补齐全省稽查系统缺编，以适应日益艰巨的稽查工作需要。创新教育培训形式，在开展土地增值税专项检查的过程中，全面铺开以案代训。加大案例交流培训力度，促进稽查干部素质能力不断提高。加强党风廉政建设，落实全面从严治党，贯彻从严治队要求，认真落实“一岗双责”主体责任和“一案双查”工作制度，确保系统上下规范执法、文明执法、廉洁执法。

【稽查信息化建设】　做好稽查信息化运维，做好地税门户网站、协查信息管理系统、金税三期系统的运维，有效落实双随机系统的上线运行，确保双随机平台在6月根据税务总局统一部署顺利上线。开展稽查数据集市及应用建设，在省局现有的数据仓库基础上，结合稽查的业务需求，将数据按相应规则分类和归集成稽查部门的专项数据集合，即稽查数据集市，数据来源包括金税三期基础数据、外部涉税数据、稽查案源信息档案、第三方涉税信息、互联网抓取信息。

【稽查工作会议】　3月28日，海南省地税局稽查局组织召开全省地税稽查工作会议，贯彻落实2017年全国税务稽查工作会议精神。海南省地方税务局副局长陈如军作了题为《注重集成　提质增效　持续深入推进税务稽查现代化建设》的报告，省局稽查局局长黄坚及分管副局长对2017年全省稽查工作做了部署和要求。

（赵　娜）

重庆市

重庆市国家税务局稽查局

【概述】　2017年，重庆国税稽查部门认真贯彻落实党的十九大精神，砥砺奋进，攻坚克难，全力推进各项工作，稽查质效显著提升，受到税务总局领导和重庆市领导表扬性批示12次，被税务总局宣传报道14次。尤其是绩效管理成绩喜人，在税务总局绩效考评中，稽查工作质量考核上下半年均被评为“优秀”等次。

【稽查现代化建设】　按照重庆国税局党组提出的“以实施质量、效率和动力‘三大变革’为核心，紧扣‘抓基层、打基础、提质效’工作主线，坚持双轮驱动、持续深化改革、系统集成推进，高质量开拓新时代税收现代化新征程”的工作思路，全市国税稽查干部以崭新的姿态、昂扬的斗志，牢牢把握新时代历史机遇，开启建设重庆国税稽查现代化的新征程。

【稽查体制机制改革】 市局直管模式成效凸显。针对开州县改区后国税局不设稽查局的新情况，重庆国税局充分调研，率先探索区县国税稽查业务市局直管新模式，管理层级由原来的市局、区局、稽查局三级压缩为市局、区局两级。改革后，开州国税稽查执法更加规范，案件质量明显提升，查补入库收入同比增长44%。

【稽查查补收入】 查补税收收入31.13亿元，实际入库30.33亿元，同比增长21%，占全市入库税收收入1649.7亿元的1.84%，双双迈上30亿元大关。

【案件查办情况】 立案检查2183户，同比增长82%，审结2025户，同比增长1.2倍，案件查补收入11.33亿元。

【案件特点分析】 涉税违法犯罪案件多发频发。虚开增值税专用发票违法犯罪形势仍然严峻。“空壳公司”现象突出，“借壳公司”滋生。涉税违法犯罪集团化专业化趋势更明显。犯罪分子的反侦察能力增强。企业集团内部关联交易涉税问题增多。

【重大案件查处】 立案检查百万元以上的大要案189件，其中千万元以上大要案件15件，比上年增长66%，查补税收收入8.03亿元。其中，重庆市綦江区青龙山公墓偷税案被税务总局评为典型案例并获通报表扬。

【打击骗税虚开专项行动】 持续保持打骗打虚高压态势，立案检查骗税案源34户，认定骗取出口退税6672万元，认定违规申请退税2亿元，追回已退税款1.72亿元。立案检查虚开案源579户，定性虚开发票6.22万份，挽回税款损失14.96亿元，移送公安案件线索192件，联合公安部门抓捕犯罪嫌疑人63名。

【行业和区域税收专项整治】 落实市政府工作部署，开展房地产行业专项检查160户，查补收入12.6亿元。高效组织税务总局布置股权转让专项检查13户企业，并延伸检查2户企业，查补税收收入3.6亿元。扎实开展医药行业专项整治，立案检查101户，查补税收收入2.13亿元。部署“雪豹2号”专项行动，立案检查94户，查补税收收入5554万元，移送公安机关立案43户，抓捕35人，取保候审3人，网上追逃9人。

【“双随机、一公开”监管】 积极协调征管和大企业管理等部门，科学制定随机抽查计划。强化“双名录库”建设，建立随机抽查对象名录库2.2万余户，检查人员名录库567人，做好信息维护和更新，实行动态管理。运用金税三期稽查双随机工作平台，开展随机抽查1309户次，随机抽选检查人员组成检查团队开展检查。

【重点稽查对象随机抽查】 大力推行项目制团队式检查，完成税务总局重点稽查对象随机抽查966户，查补税收收入2.04亿元，调减以前年度亏损0.59亿元。完成市级重点税源企业随机抽查444户，查补税收收入9.76亿元，调减以前年度亏损1.5亿元。

【打击发票违法犯罪活动】 以行政定性处理为主，与公安经侦、地税稽查部门协调配合，重拳出击虚假发票“买方市场”，对发票违法高发、频发的交通运输、制造业、商贸等13个行业开展检查，查处各类发票案件1067件，查补税收收入3.61亿元。税警联动，严厉打击“卖方市场”，捣毁制售虚假发票团伙20个、制贩窝点25个，查获作案设备93台，收缴虚假发票123万份；抓获犯罪嫌疑人264名，检察机关起诉56件120人，审判机关审结43件73人。

【税收“黑名单”制度和联合惩戒】 积极协调34个有关部门，促进28项惩戒措施落实到位，实现联合惩戒部门和措施“双扩围”。与市公安边防总队联合签署《警民共建战略合作协议》，在执法协作、信息共享等方面建立常态化协作机制。高举税收“黑名单”联合惩戒利剑，截至2017年底，累计曝光“黑名单”企业343户，向相关部门推送联合惩戒信息265条，实施阻止出境、限制高消费等联合惩戒措施200余户次，追缴税金6000余万元

【涉税违法案件检举】 受理检举228件，其中发票类快捷处理188件，应入税款、滞纳金、罚款共2074.51万元，入库1951.06万元。

【案件协查】 全面落实税务总局要素协查工作要求，规范委托协查，实施分级分类协查，明晰协查要素，发票协查选票准确率99.99%。强化受托协查，对委托方提出的各项协查要素，及时开展调查、取证和回复，按期回复率及协查回函合规率双双达到100%。

【稽查制度建设】 在全国范围内率先建立异常增值税扣税凭证税收风险快速应对机制，细化16项具体措施，走逃失联企业及增值税异常抵扣凭证核查案源同比下降93%，稽查部门得以聚焦稽查主责主业。市局稽查局与风控中心、货劳、所得税、出口退税、信息中心等业务处室群策群力，按照风险管理导向实施科学选案。各稽查单位加强

与风控、纳服、征管等部门协调配合，简并进户执法，减少多头、重复检查。市局稽查局牵头相关业务处室及征收管理局，组织重大涉税案件合议92件，提交市局重审33件，案件定性处理更加准确。落实全面反馈制度，全市稽查部门共向征管部门提交稽查建议191条，收到征管部门建议落实情况反馈190条。

【稽查系统建设】 一是牢固树立绩效思维。优化指标体系，强化跟踪督促、考核通报、结果反馈和持续改进工作，突出绩效考核对全市国税稽查工作的导向作用。二是系统经费保障有力。市局稽查局主动削减统一管理的系统经费，将办案经费向基层单位、执法一线倾斜，坚持工作业绩与办案经费挂钩原则。

【稽查队伍建设】 为5个跨行政区稽查局遴选25名优秀青年干部，充实稽查队伍；选拔任用稽查局长及跨行政区稽查局班子成员34名，配齐配强稽查局长及领导班子。

【稽查人才库建设】 全市国税系统共有税务稽查领军人才2名，全国稽查业务骨干1名，税务总局稽查人才库人员7名，市局稽查人才库人员60名，市局稽查能手20人，具有“三师”等职业技术资格39人（次）。

【稽查业务培训】 全市国税稽查部门开展各类业务培训306次，培训稽查人员3976人次，实现全员全岗全流程覆盖。

【稽查信息化建设】 积极推广运用电子底账系统查询运用，联合信息中心合作开发稽查案头分析软件，主动协调外部机构获取涉税信息，做大稽查数据仓库。采购IBM可视化分析软件，在全市国税稽查部门推广使用。

【稽查宣传】 注重打防并举，综合整治，开展打击发票违法犯罪公益宣传5966次，宣传曝光典型案件128件。加强“黑名单”和联合惩戒宣传，拓展宣传途径，丰富宣传内容，提升“黑名单”和联合惩戒的综合社会效应。

【稽查调研】 针对积案清理工作任务重、要求高、清理难等情况，加强工作调研和业务指导，及时研究解决疑难问题，认真分析积案产生原因，制订清理方案，尽责调查取证、依法定性处理、及时审结案件。

【稽查工作会议】 2017年3月17日，重庆国税稽查工作会议召开，贯彻落实市局党组书记、局长李杰关于稽查工作的重要批示。市局副局长廖忠贤代表市局党组作题为《聚焦主业促发展凝心聚力提质效　奋力推进重庆国税稽查现代化建设》工作报告，全面总结2016年全市国税稽查工作，安排部署2017年全市国税稽查任务。会议要求全市国税稽查部门要聚焦主业，凝心聚力，以深化稽查体制改革为核心优化稽查资源配置，以健全稽查运行机制为手段强化稽查内部管理，以完善稽查组织方式为关键提高稽查办案质效，以加强稽查大数据应用为支撑改进稽查手段方法，以提升稽查队伍能力为抓手夯实稽查执法基础，抓细落小稳中求进与深化改革并举、堵漏增收与以查促管并重、随机抽查与精准打击并行、法治规范与创新发展并存、善待厚爱与问责执纪并进五项原则，努力实现稽查质效新跨越。

【工作建议】 一是进一步完善稽查法制体系。及时整合《国家税务总局关于进一步做好税收违法案件查处有关工作的通知》（税总发〔2017〕30号）、《关于走逃（失联）企业开具增值税专用发票认定处理有关问题的公告》（国家税务总局公告2016年第76号）和《国家税务总局关于走逃（失联）企业涉嫌虚开增值税专用发票检查问题的通知》（税总发〔2016〕172号）的相关规定，提高规范性文件的位阶，完善税务稽查行政结案标准，完善税收违法案件中止、终结检查和执行的条件和标准，以规范基层及时清理未结案件，化解执法风险。二是进一步加强指导调研。2017年底，税务总局驻重庆特派员办事处挂牌成立。按照现行相关法律规定，特派办还不能履行独立执法主体职责，需以辖区稽查局名义对外执法，金税三期相关工作流程配置也不够清晰，这就造成在执法文书审批、案件审理、诉讼应对等方面有很多不明确之处。建议税务总局加强对重庆的工作指导调研，明确特派办及辖区稽查局的工作衔接等事项。

（罗媛媛）

重庆市地方税务局稽查处

【概述】 2017年，重庆地税局积极贯彻落实全国税务稽查工作会议精神，以服务税收工作大局为中心，以持续推进税务稽查改革为动力，以深入推进落实国税、地税征管体制改革和“放管服”改革为抓手，紧紧围绕稽查工作主业，立足于案件查处、规范管理和提升质效，着力推进稽查现代化建设。全年稽查查补入库收入总额33.1亿元，占同期全市地税税收收入的3.1%，为充分发挥税务稽查职能作用，深入推动地方经济社会稳健发展做出了积极贡献。

【稽查工作目标】 为有效提升税务稽查工作整体质效，重庆市地税局明确稽查系统主要执法目标力争实现：稽查总收入占税收收入比重不低于1.5%，立案检查收入占税收收入比重不低于0.6%，稽查案件结案率和查补收入入库率不低于94%，稽查案件综合处罚率不低于8%，处罚面不低于50%，大要案件查处数量不低于2016年水平，税收“黑名单”案件每个直属稽查局不低于2件，每个区县稽查局原则上不低于1件。

【稽查体制机制改革】 不断加大对跨区稽查工作的管理、指导、协调和监督，推进跨区稽查局与征管局、区（县）稽查局之间的协调交流和配合互动，充分挖掘和拓展跨区稽查局的辐射空间和潜力。5个跨区稽查局累计督导自查和立案检查1221户，占稽查总户数的37.52%。查补入库总收入19.72亿元，占稽查总收入的63.41%。立案检查收入8.18亿元，同比增长41.03%，占立案检查收入的62.44%。人均查补收入821万元，为平均水平的1.69倍。

【稽查查补收入】 累计开展督导自查和立案检查3254户，查补入库收入总额31.1亿元，同比增长10.68%，占同期全市地税税收收入的3.1%，为5年以来最高占比。从收入组成类型来看，立案检查收入由上年的9.6亿元增长到13.1亿元，同比增长36.5%，占同期全市地税税收收入和稽查总收入的比重分别为1.2%、42.12%。加收滞纳金2.42亿元，罚款2530万元。从查补收入税种组成情况来看，查补企业所得税7.3亿元，土地增值税5.3亿元，营业税2.9亿元，个人所得税1.8亿元。

【案件查办情况】 立案查处各类税收违法案件，查补收入13.1亿元，同比增长36.5%。累计查处百万元以上案件123件，较上年增长14件。查处千万元以上案件19件，较上年增长9件。查处亿元以上案件1件，偷税案件32件。

【行业和区域税收专项整治】 按照税务总局工作部署和要求，重庆市地税局组建稽查业务骨干团队，采用“团队化办案+跟案”的形式，对23户股权转让纳税人开展税收专项检查，发现超过50%的纳税人存在未申报营业税及附加的问题，涉及税款5亿余元。

【“双随机、一公开”监管】 全面推行“双随机、一公开”监管。持续完善随机抽查对象名录库和随机抽查执法检查人员名录库，科学开展税务总局重点稽查对象和市级重点税源企业随机抽查。共计随机抽查纳税人1827户，占全市地税稽查总户数的61.33%，查补收入10.97亿元，占全市地税稽查总收入的38.92%。公开重大税收违法案件信息25条。

【重点稽查对象随机抽查】 全面完成总局布置的40户集团及在渝成员单位随机抽查工作。辅导自查969户，自查面达到100%。重点抽查320户，抽查面超过30%，查补收入1.28亿元，占稽查总收入的4.5%。

【打击发票违法犯罪活动】 重庆地税局会同重庆市国税局、公安局严厉打击发票违法犯罪活动。共计开展发票专项检查975户，查处违法企业572户，查处非法发票5299份，涉及金额6.04亿元，查补税款5825.89万元，加收滞纳金和罚款共计1895.3万元，重点查办了云阳“4·18”制售假发票等大案要案。

【税收“黑名单”制度和联合惩戒】 坚持以问题为导向，通过强化落实工作责任，积极推动内外联动，逐步拓宽宣传渠道等措施，着力破解案件公布信息质量不够高、联合惩戒渠道不够顺、社会宣传不够广等问题，努力推动税收“黑名单”工作提质增效。全年向社会公布税收“黑名单”案件25件，撤出已公布案件20件，4名纳入税收“黑名单”管理的当事人及时纠正涉税违法行为，万州某公司被纳入税收“黑名单”管理后，被财政部门和银行取消资金补贴以及贷款资格。补充签订《关于对重大税收违法案件当事人实施联合惩戒措施的合作备忘录（2016版）》，实现联合惩戒措施和参与部门双扩围。将税收“黑名单”案件信息纳入重庆市统一公共信用信息平台，实现全市54家行政机关、2家司法机关、1家社会团体、2家企事业单位对税收“黑名单”案件信息的互联互通和共享。选送的典型案例，入选“2017年重庆十大信用典型案例”。

【涉税违法案件检举】 重庆地税局各级税务违法案件举报中心共受理各类群众检举111件，其中市级受理51件，区级受理50件，县级受理10件。累计查结102件，查结率91.89%，查补收入1.02亿元，入库9887万元，入库率97.05%，其中入库税款8854万元、滞纳金420万元、罚款613万元。集中查处了重庆中川建设有限公司涉税案、重庆市鑫鹏物流集团有限公司涉税案等大要案件5件。

【国地税联合稽查】 重庆地税局、国税局大力推进国税、地税联合稽查。制发《联合稽查工作方案》，成立国税、地税联合稽查领导小组及办公室 36 个，召开国税、地税稽查联席会议 134 次，成立专项工作小组 72 个，共同确定联合进户执法稽查对象 1092 户，开展联合督导自查 990 户，督导自查入库税款 2.61 亿元，同步分别立案 2352 户，立案检查收入 12.59 亿元。组成一个联合检查组，对“营改增”的酒店服务业开展专项检查，共同打击发票违法犯罪。

【税警协作】　不断加强与公安部门的沟通联系，推动税警协作向纵深迈进。建立联系会议制度，召开 4 次专题会议，讨论修改《联络机制运行办公室工作规程》，对相关办公设备进行保密检测和加密设置。公安部门协助检查、追逃、执行 116 户次，实现查补收入 4873.69 万元。

【稽查制度建设】　从制度层面发力，进一步强化国地税联合稽查、规范稽查执法和防范执法风险。印发《重庆市地方税务局重庆市国家税务局 2017 年联合稽查工作方案》，明确联合稽查工作责任，规范联合稽查工作环节。建立并推行《全员稽查制度》《审计式工作底稿制度》《执法过程全记录制度》，不断规范税务稽查执法行为。其中，《执法过程全记录制度》得到国家税务局党组成员、副局长孙瑞标的肯定性批示。制定《税务稽查风险内部控制制度（试行）》，加强税务稽查风险内部控制，有效防控税务稽查风险，充分发挥税务稽查职能作用。

【稽查队伍建设】　以打造高素质稽查队伍为核心，努力提升稽查干部政治素养和业务能力。一是注重发挥党建引领作用。全面学习贯彻落实党的十九大会议精神，认真推进“两学一做”学习教育常态化制度化，切实加强基层党的建设和党风廉政建设，引导稽查干部树立“既要做查案先锋，更要做党建模范”的思想，增强“四个意识”，确保稽查队伍的纯洁性和政治定力提升。二是注重稽查局长能力培养。精心组织举办稽查局长研讨培训班，着重培养稽查局长的政治能力、带队能力、专业能力和解决复杂问题的能力。三是注重业务技能培训。积极开展网络版查账软件全员培训、“税务稽查双随机平台”、税收“黑名单”系统操作培训和稽查业务骨干专题培训，稽查队伍综合素质不断提高。

【稽查信息化建设】　强化对稽查工作的过程监控和质量管控，加速推进稽查信息化建设。一是持续推进稽查信息化管理平台建设。组建团队，拟定建设方案和业务需求，协助配合制定技术需求，并基本完成上线试运行。二是推广运用网络版查账软件。分 3 期完成全市地税稽查系统网络版查账软件配置，分 9 批次对全部稽查干部开展培训。三是成功使用专业化电子取证设备。为 5 个直属稽查局配备专业化电子取证设备，并在实战中成功运用。四是按期上线“税务稽查随机抽查工作平台”，及时完成市、区（县）两级平台工作权限配置和岗责设置。

【稽查调研】　积极搭建载体，推动各级稽查部门互通信息、共享成果和经验交流。先后组织编撰《稽查信息》4 期，编辑各类稿件 120 余篇。为了提升稽查成果增值利用水平，围绕查管互动、大要案查处、税收“黑名单”、股权转让专项检查等重点工作撰写专题分析报告 9 篇。《关于大数据时代下重庆地税稽查信息化建设的思考》调研文章获得 2017 年重庆地税系统重点科研课题一等奖。

【稽查工作会议】　2017 年 1 月 13 日，重庆地税局召开全市地方税务工作会议。市局党组成员、副局长徐德中部署“加快稽查信息化建设、管好案，强化稽查案源管理、选好案，加大案件查处力度、查大案，提升整体工作质效、办铁案，构建综合治税格局、共办案，打造税务稽查铁军、能办案”六项重点工作。3 月 9 日，将全国税务稽查工作视频会开至区（县）一级。9 月 7 日—13 日，分 3 个片区召开全市稽查工作片区会，总结各项重点工作开展情况，强调部署下一步重点工作任务。

（蒋　攀）

四川省

四川省国家税务局稽查局

【概述】 2017年，四川国税稽查部门认真贯彻落实党的十九大精神，按照全国税务稽查工作会议、全省国税工作会议部署，以规范税收秩序、促进纳税遵从为目标，严厉查处涉税违法行为，各项工作取得显著成效，稽查质效不断提升。

【稽查查补收入】 进一步提升主观努力水平，多措并举，加大堵漏增收工作力度，全省稽查查补收入41.81亿元，较上年34.74亿元增长20.35%，圆满完成了税务总局稽查局和省局下达的收入工作任务。

【“双随机、一公开”监管】 6月1日，“金税三期税务稽查双随机工作平台”全面上线运行，两级重点库、三级人员库建设完成，扎实推进随机抽查工作全面开展，随机抽查72次，抽查企业3583户，实现查补收入22.59亿元，其中国地税联合抽查853户，实现查补收入3.05亿元。向社会公开发布随机抽查事项清单和查处结果124次，自觉接受社会监督。

【区域税收专项整治】 统一开展建筑安装业、房地产业、生活服务业及交通运输业4个行业的专项整治工作；牵头组织建材行业、机械行业、物流行业和医药行业专项整治；各级国税稽查部门因地制宜选取地方金融等12个行业开展区域整治。区域税收专项整治共计入库21.84亿元，取得较好成效，其中省局稽查局筛选医药行业疑点企业187户、线索45.81万条，开展定向自查，查补税款1.13亿元，入库0.95亿元。

【重点税源企业检查】 不折不扣地落实重点税源企业随机抽查任务，查补总额3.96亿元。其中：冲减增值税留抵税金1.84亿元，应入库2.11亿元，已入库1.93亿元；调减亏损2.01亿元。与省地税局稽查局联合成立重点检查工作领导小组，对各集团企业的检查实施项目制管理，联合布置检查工作。对35个集团1597户税务总局下发重点稽查对象及其成员单位开展自查辅导，自查面100%；选取列入重点检查阶段的成员单位115户，开展立案检查。

【国地税联合稽查】 成立1个省级、21个市级、117个县级联合稽查领导小组及办公室，分级共建联合查账室。全年联合稽查累计查补收入12.34亿元，联合进户稽查立案数占总立案数比例44.1%，联合进户稽查立案查补税款占总立案查补税款比例86.38%，联合进户稽查立案入库税款占总立案入库税款比例39.14%，自选案源开展联合随机抽查立案数比例88.72%。

【打击虚开增值税发票】 加强税警关银协作，充分发挥“拳头”作用，切实加大行政处理、行政结案力度，利剑出鞘，严厉打击涉税违法犯罪。共计查办虚开案件2584户，查实对外虚开578户；认定接受虚开增值税抵扣凭证13.84万份、金额103.81亿元、税额15.90亿元；认定虚开增值税专用发票及其他抵扣凭证14.72万份、金额144.12亿元、税额24.12亿元；查补税额17.66亿元，入库7.38亿元。加强行刑衔接，移送公安机关414户，公安机关立案侦查254户，抓获犯罪嫌疑人386名；人民法院判决虚开案件41件，追究刑事责任101人。

【打击骗取出口退税】 检查出口退税企业5户，应追回已退税款3.31亿元，暂停退税1.01亿元，广安承平商贸骗税案取得重大突破，成功破解利用陆路运输骗税难题。

【要素协查】 严格推行要素协查，协查工作质效不断提升，发起委托协查3405起，涉及纳税户3526户（次）、发票8.65万份，选票准确率98.91%；收到受托协查3211起，涉及纳税户4578户（次）、发票6.63万份，回复“有问题”比率96.91%。协查系统体现查补收入1.73亿元，较上年增长295.33%，受到税务总局通报表扬。

【走逃企业专项整治】 筛选56户金额较大的走逃（失联）涉嫌虚开企业，其中10户由省局稽查局直接组织查处，46户下发各地开展立案查处；各地自选和协查案源401户实施立案检查。专项整治查实虚开397户，涉及增值税发票9.52万份、金额98亿元、税额15亿元，挽回税款损失10亿元；移送公安机关187户，立案侦查136户，抓获犯罪嫌疑人104人，摧毁虚开职业犯罪团伙3个。

【打击发票违法犯罪活动】　与公安经侦等单位密切协作，狠抓大案、要案查处，迅速查处达州“4·26”、攀枝花“5·12”等一批影响较大的重特大案件。全省共检查企业2143户，查办案件1270件，查处违法企业1819户，查处非法发票17.25万份、金额123.98亿元、税款6.83亿元，捣毁窝点11个，缴获作案设备112台、发票7.56万份。

【税收“黑名单”制度和联合惩戒】　全省36个部门联合转发《联合惩戒合作备忘录（2016版）》，成立“四川省对重大税收违法案件当事人实施联合惩戒办公室”，负责重大税收违法案件信息的公布、推送和惩戒管理。对已经公布的437户（次）重大税收违法案件企业通过主要新闻网站向社会公布，利用各类媒体开展税收“黑名单”宣传800余次。对60户重大税收违法案件企业纳税信用级别直接降为D级，出入境管理机关对6户欠缴查补税款企业的当事人实施阻止出境措施。

【公安派驻联络机制】　成立派驻机构66个，其中省级1个、市（州）级21个、县级44个，派驻工作人员182人，查处涉税案80余件，查补税款4.2亿元、罚款4000余万元，抓获犯罪嫌疑人142人，检察机关起诉62人，均被判有期徒刑，税、警、检、法协作取得较好成效。

【涉税违法行为检举】　省、市两级稽查局均设立举报中心，设置检举接待场所，配备专人负责检举接待工作，接收举报案件363件（其中税务总局交办17件，地税转办22件），受理查办举报案件343件，暂存待查20件。

【积压案件清理】　建立工作台账，明确相关责任人，确保排查案件无遗漏、无死角，扎实推进税收违法案件结案工作，清理案件1000件，清理率69%，实现清理查补入库6.21亿元。

【稽查党建】　发挥党支部的核心引领作用，建立“四川国税稽查TED”学习平台，实现党建、业务两手抓、两融合。与支部共建单位甘孜州局稽查局、康定县局联动开展支部活动，互学政治理论、业务知识，取得较好效果。

【专业化团队】　积极探索稽查体制机制改革，完善内设机构，进一步优化稽查专业化团队建设，在3+3稽查专业化团队建设的基础上，组建生产型企业骗税、外贸型企业骗税、虚开发票3个打击团队，交通运输业、制造业、金融业、房地产业及建筑业、医疗教育（培训）等非企业组织等5个检查团队，1个全省案源分析团队和1个执法执纪监督团队。

【党风廉政】　完善内控机制，层层签订党风廉政责任书，把党风廉政建设放在突出位置，与业务工作同研究、同部署、同落实，抓好责任落实。抓优学习教育，采用上廉政党课和“不忘初心　牢记使命”专题党课，组织观看《巡视利剑》系列廉政警示教育专题片、学习《忏悔实录》系列警示教育教材、召开全省稽查执法风险防控视频会议、举办首期稽查执法风险防控培训班等多种形式，筑牢拒腐防变的思想、法纪防线。全面防范稽查13大类730项稽查事项和307个风险点，推广使用执法记录仪等办案设备，实施廉政承诺制、廉政回访制，抓实党风廉政建设。

（张大伟）

四川省地方税务局稽查局

【概述】　2017年，四川地税局稽查局认真贯彻全国税务稽查工作会议和全省地税工作会议精神，深刻把握税务总局和省局各项要求，服务税收工作大局，以稽查改革试点为契机，大力组织开展重点税源随机抽查、打击发票违法犯罪、重大税收违法案件查处等工作，较好地发挥了稽查“以查促收”“以查促管”职能作用，为全省地税事业持续健康发展做出积极贡献。立案检查和组织企业自查10974户，查补收入48.62亿元，入库收入47.29亿元，查补收入占同期地方工商税收的比例2.88%，立案检查和督导自查户数均创历史新高。

【稽查体制机制改革】　贯彻改革试点精神，做好改革举措的全面落实和深入推进。推行“双随机、一公开”监督，促进执法方式改革。实施靶向对接，提高定向精准应对能力。探索资源整合，提升稽查管理层级。坚持依法行政，提升稽查工作质效。抓好协同共进，促进税警协作纵深推进。实现深度融合，推动联合稽查取得实效。强化宣传引导，构建诚信纳税体系。

【稽查查补收入】　共检查纳税人2016户，组织企业自查8957户，实现查补收入总额48.62亿元，同期入库收入47.29亿元，全面完成各项目标任务。

【案件查办情况】 创新稽查思路，规范稽查行为，提高稽查质量，精心组织、集中力量查处各类案件。全省立案检查案件2016件，查补收入13.33亿元。其中：千万元以上案件15件，查补收入5.03亿元；百万元以上案件93件，查补收入3.06亿元；偷税案件18件，查补收入5933万元。

【重大案件查处】 保持对重大案件的查办力度，查办一批在省内有影响的案件，有力打击涉税违法行为，进一步规范税收秩序。成都局查处百万元以上案件34件，查补金额3.21亿元；查处千万以上的案件9件，查补金额2.34亿元。遂宁局查处纪委交办案件6件，“6·19”专案受到市委领导批示表扬。攀枝花局通过“交叉检查+实战培训+清缴欠税”方式，查补税款2322万元，占全年稽查收入的17.86%。眉山局开展税、警、银三方协作，查处该省首例税银协作反逃税案件，查补入库个人所得税4061万元。

【“双随机、一公开”监管】 按照“抓重点、全覆盖、建好库、推平台”思路，创新稽查管理方式，规范稽查执法行为，扎实推进“双随机、一公开”各项工作。全省建立完善“三库”，组织随机抽查企业3803户，查补税款12.58亿元。一是加强领导，提高认识。成立“双随机、一公开”工作领导小组，省局对各地贯彻落实“双随机、一公开”工作情况纳入绩效考核，组织开展督导确保相关工作落到实处，取得成效。二是建立制度，促进规范。制定《税务稽查随机抽查实施方案》，规范指引全省双随机工作。三是建名录库，动态管理。建立健全重点税源稽查随机对象名录库、税务稽查异常对象名录库、执法检查人员名录库。纳入重点税源企业2398户、执法检查人员1102名。四是全面公开，接受监督。通过“事前、事中、事后”全过程公开随机抽查相关工作情况，自觉接受社会监督。

【重点稽查对象随机抽查】 以“抓住重点，行业整顿，全面规范”为目标，组织开展对重点行业、重点企业的检查工作，增强稽查针对性和实效性。按照税务总局部署，完成第二批重点税源随机抽查工作。组织自查阶段，对34个集团1597户重点对象及其成员单位开展自查辅导，自查查补收入1.19亿元；重点检查阶段，对32个集团138户被查企业立案检查，查补收入7477.51万元。

【专项行动】 一是积极开展“雪豹2017”专项行动，查补税款2109万元。二是组织开展对成都、泸州等地5户企业的股权转让检查工作，查补税款7630.3万元。三是组织开展对医药行业的专项整治，查补税款421.73万元。四是按照税务总局要求，开展保险行业专项整治工作，查补税款7400万元。

【打击发票违法犯罪活动】 保持对发票违法犯罪活动的高压态势，结合税收违法案件检查、重点税源企业检查和日常税务稽查，进一步开展虚假发票“买方市场”整治工作。检查企业857户，查处违法企业306户，涉及金额1.61亿元，查处非法发票份数8996份，查补税款1047.15万元、滞纳金399.65万元、罚款443.76万元。各地结合辖区实际开展打票工作，南充局与国税、公安深度合作，查处某企业白条入账184份，移送公安机关处理5人，检察机关起诉4人。南充阆中局在行业专项整治中，查获伪造建筑安装业发票22份，涉及金额1757万元，立案4起并移送公安机关处理。

【税警协作】 联合推动，达成共识。形成联席会议制度、建立信息共享机制、开展国地税、公安部门联合稽查。形成稽查合力，扩大稽查成果，发挥税务稽查在震慑税收违法犯罪活动方面的积极作用。该省累计成立1个省级公安联络室、21个市级公安联络室，国地税联合派驻机构17个；成立区（县）级公安联络室115个，国地税联合派驻机构92个。共出警32次83人，联合查办案件60户，抓获犯罪嫌疑人15名，挽回国家税收损失4120万元，曝光联合查办案经典案例9个。

【联合稽查】 国地税联合开展稽查工作，查补收入12.34亿元。一是联合开展专项整治。一方面在税务总局“雪豹2号”专项行动、“医药行业税收专项整治工作”“股权转让”三项重点任务方面深度合作；另一方面联合开展房地产、建筑业专项整治，实现查补收入3.25亿元。二是联合实施随机抽查。国地税确定联合稽查对象159户，提高检查质效，降低检查成本，优化税收软环境，查后回访调查纳税人满意度100%。三是联合承接税务总局任务。联合部署落实税务总局2016年部署的对在川成员单位的重点检查工作。联合开展对32个集团140户成员单位的检查工作。四是联合组织税收自查。国地税联合召开企业自查辅导工作会及税收专项整治工作会，共组织2138户企业开展自查，自查查补收入2.78亿元。五是联合进户实地稽查。国地税联合稽查进户，减轻纳税人负担，维护纳税权益，形成工作合力，提高稽查质效，得到纳税人认可。国地税联合进户立案检查576户，直接查补收入 9.56 亿元。

【税收"黑名单"制度和联合惩戒】 以落实"黑名单"制度、实施联合惩戒为着力点，促进提高税法遵从。一是推动落实联合惩戒相关机制。国地税联合设立联合惩戒办公室，推动联合惩戒工作机制有序建立。二是落实联合惩戒措施。通过省局网站公布 3 家企业重大税收违法信息并积极推送惩戒。对虽未达到重大税收违法案件公布标准，但在辖区具有一定影响的案件，各地因地制宜开展曝光、惩戒工作。三是启动惩戒税收违法、共筑诚信社会"专项行动，《中国税务报》《四川日报》、四川新闻网、《成都日报》和四川电视台等主流媒体对此进行了宣传报道。

【涉税违法案件检举】 继续加强涉税违法案件举报管理工作，通过提升接访质量，完善政策解答，引导检举行为，严守工作秘密，妥善应对、处置涉税舆情，做好缠诉、缠访案件的矛盾化解、疏导和说服工作。全年共受理举报案件 1157 件，立案查结 151 件，查补入库收入 4200.59 万元，兑付举报奖励 4.1 万元。

【稽查制度建设】 狠抓管理、完善制度、固本强基，积极推进税务稽查规范制度建设，提升执法水平。印发随机抽查、案源管理、税警协作、稽查规范等方面的制度文件，抽调骨干人员编印《典型行政涉税诉讼案件汇编》。

【稽查队伍建设】 一是强化教育培训。通过多种渠道、多种方式提升稽查人才业务水平，鼓励职工参加各类技能比赛和学历教育、资格考试，促进稽查系统勤学精业风气进一步浓厚。二是加强党风廉政建设，围绕"依法稽查、廉洁办案"工作准则，从大处着眼，从细处入手，认真落实党风廉政建设责任制，强化对稽查执法各环节的风险控管。

【稽查队伍建设】 全省 6 人入选税务总局人才库稽查子库，22 人入选税务总局随机抽查人员名录库。通过以老带新、以案代训、网络学习、现场教学等方式，着力提高稽查干部履职能力。组织培训班 40 余期，参与培训 1300 人次。

【稽查信息化建设】 贯彻"科技管税""稽查信息化"要求，深入推进信息管税。大力提升稽查工作信息化程度，加大电子软件查账普及运用力度，提高对信息化管理企业的稽查办案能力。

【稽查调研】 局领导分别率队赴全省 21 个市（州）开展调研，撰写并发表题为《四川省国地税稽查合作研究》等调研课题论文。

【稽查工作会议】 2017 年 3 月 23 日，四川地税系统稽查工作会议在资阳召开，省局副局长黄刚才出席会议，省局稽查局班子成员、各市（州）局分管稽查局领导、稽查局局长，省局相关处室和省局稽查局相关人员参加会议。黄刚才强调，2017 年是全面实施"十三五"规划、全面建成小康社会的重要一年，是推进供给侧结构性改革的深化之年，全省地税稽查系统要进一步增强责任感、使命感和紧迫感，勇于担当、真抓实干、主动作为，奋力推进地税稽查事业新发展。一是勇于担当堵漏增收。二是突出主业查办案件。三是重点攻坚深化改革。

（李佳懋）

贵州省

贵州省国家税务局稽查局

【概述】 2017 年，贵州国税稽查部门坚持稳中求进工作主基调，按照"12345"工作思路，围绕税收中心工作，坚持精准稽查形成震慑，严厉打击各类税收违法行为，全面推进"双随机、一公开"监管，深化和落实稽查改革任务，加快稽查信息化建设，强化稽查队伍建设和党风廉政建设，增强稽查案件查处支撑保障能力，实现稽查工作质效的新进步。相关工作得到税务总局局长王军、副局长孙瑞标等各级领导批示肯定 14 次。

【稽查查补收入】 全省国税稽查部门共检查和组织自查纳税人 4041 户，查补收入 21.07 亿元，同比增长 105%；入库收入 11.56 亿元，同比增长 14%。

【案件查办情况】 各级稽查部门共立案检查纳税人1866户，有问题户数1363户，其中偷税164户，查补收入10070万元；骗取出口退税1户，查补收入103万元；发票违法887户，查补收入85785万元。

【重大案件查处】 查补收入亿元以上案件1件、查补收入千万元以上案件10件、百万元以上案件111件。破获铜仁“武陵税案”、黔南“黄金税案”等特大虚开发票案，严厉打击涉税违法行为，震慑了不法分子。

【打击虚开骗税工作】 按照“强化执法联动，打防结合防范税收风险”工作思路，对外整合公安、海关等部门，对内整合法规、货劳、征管等多部门力量，开展“4+4+10”打击虚开骗税综合治理，即打击利用黄金交易、海关完税凭证、农产品发票、电子产品出口虚开骗税4个项目；贵阳、铜仁、遵义、六盘水4个重点整治地区；具有团伙作案性质的重点案件（“串案”）10个。共检查涉嫌骗税和虚开企业1027户。其中：检查骗税案源22户，认定应追回已退税款0.07亿元，补缴税款3.38亿元，冲减留抵进项税额0.15亿元，弥补以前年度亏损0.02亿元，罚款0.26亿元；检查虚开案源1005户，认定虚开增值税专用发票14.56万份，金额190.99亿元，税额32.06亿元，查补收入10.13亿元，入库收入0.75亿元。

【“双随机、一公开”监管】 明确公开平台，统一公开模板，按月通报情况，加强部门合作，扎实推进“双随机、一公开”工作。成立贵州国地税稽查随机抽查工作领导小组，联合制定稽查随机抽查实施方案，按照“法同执 户同进”原则，随机抽查116次，查补入库5.62亿元，及时公开随机抽查事项清单以及94件次进户执法制度文件、2302户稽查对象、446名稽查执法人员的随机抽取结果、200户查处结果，纳税人权利得到有效保障，稽查执法廉政风险得到有效防控。

【重点稽查对象随机抽查】 成立由50余人组建的国地税检查专业团队，共同拟定方案，明确检查重点、检查思路和检查方法，圆满完成对茅台集团14家成员企业的“兵团式”作战检查。对478户重点税源企业实施稽查随机抽查，累计查补收入5.87亿元，入库4.26亿元，就检查发现的问题及时向主管税务机关提出税收征管和纳税服务建议，实现征纳共赢。撰写的《白酒行业税务检查指引》得到税务总局稽查局充分肯定，拟向全国推广，并作为税务检查指引范本提供给其他省市借鉴。

【打击发票违法犯罪活动】 向党政领导汇报发票整治工作，形成党政领导、部门参与、齐抓共管、综合治理的良好局面。严处罚、出重拳，在全省范围内持续推动形成高压态势，严厉打击发票犯罪活动，共查处发票违法案件1094件，缴获虚假发票31.75万份，打掉违法犯罪团伙27个，公安机关立案262件，查获犯罪嫌疑人123人，移送起诉13件；检察机关起诉28件，起诉人员41人；审判机关审理案件37件，判处有期徒刑62人。共对1074户企业实施发票使用情况检查，查处违法企业1072户，查处非法发票15.26万份，查补收入11.38亿元。

【税收“黑名单”制度和联合惩戒】 主动与地方政府支持和部门配合，严格落实税收“黑名单”制度，与发改委、地税局签订税收惩戒备忘录。将192户企业纳入“黑名单”并开展联合惩戒，同比增长1271%，公布及联合惩戒数量为全国前五位。同时，通过税企座谈会、纳税人讲堂、自查辅导会等方式广泛开展专题宣传，从而使“处处受限、寸步难行”的联合惩戒理念不断深入人心，“黑名单”制度迅速发挥实效。

【涉税违法案件检举】 各级国税机关共受理涉税违法检举案件240件，较上年增加103件，同比增长75.18%。查补收入4771.69万元，与上年减少2166.66万元，同比减少31.23%。

【案件协查】 通过协查系统发起委托协查5376起，协查发票12.44万份，涉及企业5405户（次），金额162.51亿元，税额27.58亿元，移送司法机关案件1起；收到回复发票11.6万份，其中有问题发票11.27万份，选票准确率为98.61%。收到受托协查1153起，协查发票2.62万份，涉及企业1427户（次），金额39.46亿元，税额6.58亿元；累计回复发票2.68万份，累计按期回复率为100%。

【“三项制度”试点】 2017年9—12月，在全省全面推开“三项制度”试点工作，指导各地积极创新，通过开发“稽查执法全过程记录平台”、创建同步录音录像询问室及检举接待室、配备执法记录仪等方式规范执法过程，累计制作稽查电子案卷69卷；对378户企业的执法关键环节记录音像资料1148笔，对直接涉及重大财产权益的现场执法活动和执法场所记录17笔，分别对246户和715户被查对象实施稽查案件审理、税收违法案件稽查集体审理，有效避免执法争议。

【稽查队伍建设】 围绕“硬”字下功夫，打造“敢打硬仗、善打难仗、能打胜仗”稽查队伍。

认真贯彻落实全面从严治党要求，要求流动专案组、国地税联合专案组全部成立临时党支部，把支部建在一线，加强党对稽查工作的领导，切实抓好思想政治工作和理想信念教育，打造稽查铁军。

【稽查人才库建设】 通过实务培训和实战练兵打牢业务基础、培养稽查精英，全省稽查系列取得“三师”及电子取证师资格 79 人，进入总局人才库 22 人，5 人分获全球 ORACLE 数据库认证专家、电子工程师等专业资格，并组建 24 人的信息化数据分析团队。

【稽查信息化建设】 从“数据、装备、人员、机制”四位一体入手，深化“互联网 + 税务稽查”“大数据应用”，持续推进税务稽查信息化应用管理工作。省局整合七大信息系统构建稽查综合数据库，持续改进稽查选案分析系统，组织开展稽查信息化数据分析，精准打击涉税违法犯罪行为；通过技术培训、项目建设、集中调研、跟岗锻炼等形式，提升稽查信息化人员水平，组建稽查信息化数据分析团队。各地深入开展信息化技术手段研究，集成融合研发各类稽查应用软件，毕节市局结合推行“三项制度建设”开发“税务稽查执法全过程记录平台”，六盘水市局搭建“稽查案件指挥平台”，安顺市局开发“税警信息集成共享平台”，贵阳市局开发稽查报表自动生成小软件。

【稽查工作会议】 2017 年 3 月 23 日，全省国税稽查工作会议召开，贯彻落实全国税务稽查工作会议和全省国税工作会议精神，总结 2016 年全省国税稽查工作，理清思路，明确要求，安排部署 2017 年稽查工作任务。省局总会计师赵寿均在会上作题为《稳中求进　提质增效　持续推进我省稽查工作现代化建设》主题报告，提出“突出重点，狠抓落实，从确保完成堵漏增收工作任务等八方面同时发力，持续推进稽查现代化，为全面完成税收工作任务做出新的贡献”的工作思路。

【工作建议】 一是建议加强稽查工作顶层设计，统一部署全国稽查体制机制改革工作。二是建议加大对稽查干部的培训力度，组织分类别，高层次的培训。三是建议在税务总局层面统一构建信息化平台，实现数据的共享，案件的跟踪管理等。

（雷顺玉）

贵州省地方税务局稽查局

【概述】 2017 年，贵州地税局稽查局围绕税收中心工作，严厉打击各类税收违法行为，全面推进“双随机、一公开”监管，落实税务总局深化稽查改革的要求，逐步推行和健全稽查运行机制，加快稽查信息化建设，强化稽查队伍建设和党风廉政建设，增强稽查案件查处支撑保障能力，实现稽查工作质效的新跨越。组织检查纳税户 262 户，组织督促企业开展税收自查 987 户，查补入库收入 8.22 亿元。

【稽查现代化建设】 各级稽查部门大力推进稽查信息化建设，发挥信息化的支撑保障作用。充分利用税务总局在金税三期系统中建立的“双随机、一公开”工作平台，建立稽查大数据选案分析机制，实现精准选案；应用“贵州省地税稽查选案系统”增加双随机抽查功能模块工作。通过重大税收违法案件公布信息系统和协查系统，有效提高了“黑名单”制度工作落实和案件协查工作质效。

【稽查体制机制改革】 纵深推进国税地税联合稽查。从建立制度机制、共同确定稽查对象、联合实施检查、协同案件审理和执行、联合发布税收“黑名单”等方面深入推进国地税联合稽查工作。开展联合稽查案件 152 件，贵州地税系统查补收入 35114 万元。协同审理案件 45 户，联合发布税收违法“黑名单”及实施联合惩戒 169 户。贵州地税局、贵州国税局联合稽查工作得到税务总局领导的批示肯定。切实规范稽查业务流程。认真落实《全国税务稽查规范（1.0 版）》，对照税务稽查执法和业务管理的标准，规范每个稽查案件。建立健全警税合作新机制。与贵州省公安部门联合查办案件 20 件，打掉团伙 1 个，抓获犯罪嫌疑人 3 人，挽回国家税款损失 1442.20 万元，曝光联合查办典型案例 2 个。召开贵州省警税合作联席会议，增强贵州地税局、贵州国税局、贵州省公安厅三部门协作的合力。

【稽查查补收入】 各级地税稽查部门立案检查 262 户，审结 235 户，有问题户数 201 户，督导自查 987 户。共查补收入 8.34 亿元，其中立案查补收入 2.63 亿元（税款 2.09 亿元、滞纳金 3152 万元、罚款 2183 万元），督导自查收入 5.71 亿元。入库收入 8.22 亿元，其中入库立案查补收入 2.51 亿元，入库督导自查收入 5.71 亿元。

【案件查办情况】 查处税收违法案件 262 起。其中，查处百万元以上案件 51 件，定性为偷税案件 17 件，立案查补收入 2.63 亿元；受理举报案件 70 件，查补收入 282.33 万元。

【案件特点分析】 立案查处案件 201 件，查补收入2.63亿元。其中：房地产行业、建筑安装行业共查处67件，占总查处案件33%；查补收入1.27亿元，占稽查查补收入48.29%。偷税案17件，其他涉税违法案件184件。

【重大案件查处】 各级地税机关集中力量查处影响突出、金额较大的偷税案件和重大税收违法举报案件。林泉航天电机有限公司、贵州兴义西南水泥有限公司股权交易涉税案的查处，堵塞税收漏洞，震慑涉税违法行为。

【行业和区域税收专项整治】 在税务总局统一部署下，相继开展“雪豹2号”农产品收购行业专项整治、股权转让、医疗行业的检查。通过采取公开随机摇号的方式选取5户企业集团开展专项检查工作。其中，在“雪豹2号”专项行动中，检查一级下游企业3户，查补收入29.63万元；股权转让检查6户企业，查补收入3730.35万元；医药行业查补收入192.58万元；对5个集团67户企业组织自查，自查收入1294.95万元。

【“双随机、一公开”监管】 全面实施随机抽查制度，不断完善省、市两级的税务稽查对象分类名录库，税务稽查异常对象名录库和税务稽查执法检查人员分类名录库。对税务总局部署的第二批重点稽查对象随机抽查工作，由贵州省国税局稽查局、贵州省地税局稽查局牵头，联合进户实施重点检查，共查补收入25717.51万元。采取公开随机摇号的方式选取7户企业集团，作为2017年贵州省地税系统重点稽查对象。通过贵州省地税局公告、录入贵州省发改委外网“贵州省双随机监管平台”等方式向社会公布随机抽查的结果。强化风险管理，建立税务稽查高风险应对机制。

【重点稽查对象随机抽查】 认真做好2016年度重点稽查对象随机抽查工作。在企业自查阶段，涉及贵州省地税部门27户集团、408户独立核算成员单位，自查税收收入1.06亿元；在重点检查阶段，贵州省地税稽查部门对15户集团涉及137户分支机构开展重点检查，共立案检查80户，查补收入2.58亿元。

【打击发票违法犯罪活动】 重点选取交通运输、房地产、建筑安装、金融保险、餐饮娱乐、商业批发与零售、药品与医疗器械、中介机构、广告传媒、电力生产销售、营利性教育机构等社会关注度高、发票违法问题高发行业开展发票使用情况检查，开展打击发票违法活动专项整治检查企业272户，共查处违法企业218户，查处非法发票295份，涉及金额5608.66万元，查补税款1018.36万元，加收滞纳金58.55万元，罚款182.94万元。

【税收“黑名单”制度和联合惩戒】 完善税收违法“黑名单”各项制度，推动贵州省“联合惩戒双扩围”备忘录实施。11月，贵州省发展改革委、贵州国税局、贵州地税局联合印发《省发展改革委　省国税局　省地税局转发〈关于对重大税收法案件当事人实施联合惩戒措施的合作备忘录（2016版）〉的通知》（黔发财金〔2017〕1716号）。全力做好重大税收违法案件公布及联合惩戒工作。在门户网站公布16起重大税收违法案件信息，并通过纸质函件、网络传递、信用平台等方式向贵州省发改委推送已公布的16起案件信息和案件当事人信息。省发改委通过“诚信贵州平台”“贵州信用信息查询平台”等信息系统将重大税收违法案件信息通报给相关部门和社会公众，实现对重大税收违法案件当事人实施联合惩戒。做好宣传工作。3月，贵州国税局、贵州地税局联合贵州省委统战部、贵州省工商联共同举办贵州省工商联“优秀会员企业家成长计划”培训班，贵州地税局采用授课形式大力宣传税收违法“黑名单”制度。

【涉税违法案件检举】 采取公布举报电话、设立电子举报信箱等方式，明确专人受理群众来信来访，扩大群众举报途径，对群众举报的各种税收违法案件，严格执行保密制度，充分保障举报人的切身利益。贵州地税系统受理举报案件70件，查补收入282.33万元。

【案件协查】 案件协查工作方面，强化对委托发起及受托检查质量的跟踪和监控力度，努力提高协查委托发函质量和受托检查、受托回函质量和效率。贵州地税局稽查局受理省外委托协查案件9件，按照有关规定交相关地区办理。

【稽查制度建设】 完善相关制度，与贵州地税局风险管理部门探索建立高风险应对机制，牵头起草《贵州省地方税务局关于建立税务稽查高风险应对机制的通知》。按照税务总局要求，与贵州省国税稽查部门联合编写白酒行业税务检查指引。

【稽查系统建设】 坚持依法行政、文明执法。注重提高稽查干部队伍素质，发挥骨干引领作用，加强内控机制建设，坚持党风廉政建设与稽查业务工作同部署、同落实。抓好绩效管理工作，加强国地税稽查合作。

【稽查队伍建设】 一是注重发挥党建引领作用。贵州地税稽查部门全体党员干部积极投身“两学一做”学习教育，发挥临时党支部在稽查案件检查组中的引领作用，抓党建，促业务，促进稽查工作开展，为顺利完成各项工作任务提供了有力的政治保障。二是积极推进内控机制建设。制定“贵州省地税系统稽查内部控制制度和操作指引”，进一步明确岗责，制约权力，提高工作质效，防范稽查执法风险。三是大力加强人才培养。注重培养稽查骨干人才，加强稽查人才库管理，努力打造高素质能攻坚的稽查干部队伍。

【稽查人才库建设】　深入实施“人才强税”战略，加强全省地税系统骨干人才队伍建设，强化对稽查骨干人才培养、锻炼，积极参与贵州省地税局骨干人才选拔及培训。

【稽查业务培训】　抓好稽查业务培训，组织实施贵州地税系统稽查局长高级研修班，贵州国税局、贵州地税局稽查业务骨干培训班，共培训100人次。

【稽查信息化建设】　一是加快推进金税三期“双随机工作平台”推广应用工作。根据税务总局部署及工作要求，在金税三期系统部署“双随机工作平台”，建立省（市）级双随机检查部门并配置相应岗位和人员，确保顺利应用双随机工作平台。二是应用“贵州省地税稽查选案系统”增加双随机抽查功能模块工作。对贵州地税稽查选案系统进行升级，在原有系统的基础上增加“双随机抽查”功能模块，通过贵州地税局网络信息办公室的软件验收。

【稽查宣传】　一是向贵州地税局办公室及时报送信息简报，定期向税务总局稽查局报送信息，及时全面反映稽查工作动态，展示稽查工作成果。二是通过12366纳税服务热线、税收宣传月等方式，向纳税人宣传涉税举报、打击发票违法犯罪活动等稽查工作。三是通过贵州地税局门户网站公告重大税收违法案件。

【稽查调研】　着重对贵州省地税系统实施一级稽查体制后，稽查机制、体制的建设，以及人员的配备、经费的管理、案件的查办、存在的问题等基层稽查部门面临的焦点问题进行调研，并借鉴省外部分税务单位的先进经验，探索贵州省地税稽查管理体制的改革路子。按照税务总局要求，与贵州省国税稽查部门联合编写白酒行业税务检查指引。

【稽查工作会议】　2017年3月29日，贵州省地税系统稽查工作会议在贵阳召开。会议总结回顾2016年贵州省地税稽查工作，总结2016年全省地税稽查工作，分析稽查工作面临的形势，部署2017年稽查主要工作任务。贵州省地税局副局长杨军作题为《扑下身子　亲力亲为　努力推动地税稽查工作再上新台阶》主题报告，安排部署2017年贵州省地税稽查的重点工作，分析稽查工作面临的新形势、新任务，并就着力加强稽查现代化建设、发挥稽查职能方面提出新的要求。贵州地税局稽查局局长岳克健通报2016年稽查工作考核评比情况，并对下一步稽查工作进行了安排部署。与会代表紧紧围绕杨军的重要讲话和岳克健的工作部署进行了深入讨论。会议由岳克健主持。贵州地税局相关业务处室负责人、各市州地税局、贵安新区地税局分管局长和各市州地税局稽查局局长、综合科科长以及省局稽查局全体人员参加会议。

【工作建议】　一是税务总局加大培训力度，尤其是对热点行业和热点问题进行及时培训；二是加大对贵州省地税系统经费支持力度。

（李　铭）

云南省

云南省国家税务局稽查局

【概述】　2017年，云南国税局稽查局以党的十九大精神、习近平新时代中国特色社会主义思想为指引，围绕全省国税工作会议，严格按照全省国税系统党风廉政建设工作会议和全国税务稽查工作会议部署，从稽查局自身职能出发，主动适应改革发展新常态，以服从服务于组织收入工作为中心，坚持依法稽查，严厉打击税收违法行为，深化改革创新，持续推进稽查改革任务，全面从严带队，着力加强稽查队伍建设，不断提升稽查治理能力，促进稽查现代化建设，狠抓工作落实，服务税收工作大局，圆满完成了各项工作任务。

【稽查查补收入】 实现稽查查补收入88708万元，比上年增加32601万元，增幅58.1%；实际入库87651万元，比上年增加31589万元，增幅56.3%。其中，督导纳税人自查户数3389户，查补收入33840万元；立案检查户数2072户，有问题户数1356户，查补收入54868万元，实际入库53811万元。

【重大案件查处】 强化与公安、海关、人民银行、地税局等部门的协作配合，以打击骗取出口退税、虚开增值税专用发票和偷逃税为重点，集中人力和时间重点突破，查处一批大案要案。截至2017年12月，申请税务总局结案的税务总局督办案件14件，共涉及企业98户；各州市国家税务局上报大案要案170件，其中结案50件、移送公安机关立案侦查93件，累计查补入库14289万元，其中税款8531万元、罚款2987万元、滞纳金2771万元。

【打击骗税虚开专项行动】 为进一步严厉打击骗取出口退（免）税和虚开增值税专用发票违法犯罪活动，切实加强对内对外工作协作，重拳出击。共检查涉嫌骗税企业39户，定性骗税企业7户，查实骗税金额4039.96万元，移送公安12户；检查涉嫌虚开企业399户，定性虚开企业232户，虚开发票95979份，涉及金额168.15亿元，税额26.93亿元，移送公安208户；查处非法发票90992份，查补收入2.33亿元；查办“12－10”团伙骗税案、云南纳古工贸虚开案、楚雄瑞达利偷税案、“白糖票”案等一批重大案件。

【行业和区域税收专项整治】 按照国家税务总局稽查局对行业和区域税收专项整治的工作部署和要求，加大农产品收购行业、医药行业、废旧物资等行业整治力度，持续整顿规范税收秩序。在西南地区农产品收购行业专项整治中，云南省涉及案源130户，共检查进销项发票44.63万份，涉及金额288.93亿元，涉及税额43.72亿元；在医药行业专项整治中，检查企业65户，其中由省局稽查局重点检查5户，至年末全省查实涉税违法金额55.76亿元，查补税额4.77亿元，对外虚开金额1.45亿元，税额0.2亿元，移送公安立案查处15户；在废旧物资行业专项中，成立废旧物资行业专项整治工作领导小组，通过对2户重点企业开展检查，查实虚开增值税专用发票215份，涉及金额21052万元，税额3578.95万元。

【“双随机、一公开”监管】 严格按照税务总局关于推进税务稽查随机抽查实施方案要求，准确把握工作目标和各阶段工作重点，分步骤有计划地推进税务稽查随机抽查工作。一是强化平台支撑。以“金税三期税务稽查双随机工作平台”上线运行为契机，建立省、市、县三级稽查随机抽查对象名录库和执法检查人员名录库，开展全系统随机抽查师资培训，打牢工作基础，并于6月1日正式启用双随机平台。二是加强平台应用。7月4日，首次在双随机平台中实现对重点稽查对象的抽取工作，按照20%的比例从省级重点稽查对象名录库中随机抽取120户检查对象，随机抽查对象和执法检查人员全部由“双随机平台”产生，抽查方案、检查过程、检查结果在系统留痕，体现执法透明，促进执法公平。三是规范“一公开”操作。稽查局与办公室密切配合，以《云南省国家税务局税收管理事项政务公开规范（1.0）》为载体，在全省范围内规范“公开税务稽查随机抽查事项”，明确公开依据、内容、主体、牵头部门、时限、期限、方式、流程，对各级稽查局实施范本化管理，自觉接受社会监督。

【重点稽查对象随机抽查】 安排990户税务总局第二批重点税源随机抽查对象开展自查，重点检查65户，查补入库30947.02万元，冲抵增值税留抵税额576.69万元，调减亏损额17067.58万元。运用金税三期双随机平台，开展2017年全省重点稽查对象随机抽查工作，组织120户企业开展自查，自查入库1165.70万元，冲抵增值税留抵税额3.63万元，调减亏损额1738.33万元，并确定64户重点检查对象，按工作安排有序开展检查。

【打击发票违法犯罪活动】 统筹推进打击骗税、虚开和制售非法发票“三位一体”工作布局，遵循“打防结合、标本兼治”原则，严厉查处发票违法犯罪案件，坚决遏制发票违法犯罪活动高发态势，开创打击发票违法犯罪活动工作新局面。联合公安部门查办案件1922件，缴获涉案发票568819份；公安机关立案443件、查获犯罪嫌疑人188人、移送起诉32件；检察机关起诉案件8件、人数12人；审判机关审判案件6件、人数10人；治理发票违法手机短信53条、治理信息网站登载信息5条、关停手机号码65个、治理短信群发器15台；曝光案例12件、开展发票教育宣传269次。税务机关检查企业1258户，查处违法企业1025户，查处非法发票90992份，涉及金额1024650.81万元，查补税款17497.17万元，罚款2077.61万元，加收滞纳金3704.09万元。

【税收“黑名单”制度和联合惩戒】 强化联

合惩戒部门协作，筑起涉税失信惩戒之墙。一是积极联络省地税局、省发改委等有关部门，协调“黑名单”双扩围落实工作，经协调与云南地税局、云南省发改委、中国人民银行昆明中心支行联合印发《关于转发对重大税收违法案件当事人实施联合惩戒措施合作备忘录（2016版）文件的通知》，实现联合惩戒合作部门、惩戒措施的双扩围。二是认真开展联合惩戒工作。通过重大税收违法案件公布信息系统向税务总局报送重大税收违法案件37件；对外公布重大税收违法案件30件；向联合惩戒相关部门推送30件，公布案件撤出13件。三是多渠道加大曝光宣传力度。通过主要新闻网站向社会公布32次，社会宣传13次，上报税务总局动态信息6篇、典型案例1篇，通过加强各种形式的宣传影响力度，提升联合惩戒威慑力。

【涉税违法案件检举】　各级举报中心迅速适应新形势下举报工作的变化，共受理涉税违法检举案件1015件，全年举报案件共查补入库金额7567.96万元，其中税款4396.51万元，滞纳金1099.95万元，罚款2071.50万元，全年共支付举报奖励1.15万元。

【案件协查】　高度重视要素协查工作的重要性，不断强化措施贯彻落实税务总局关于全面推行要素协查工作方法的要求，切实做到“全国协查一盘棋”，实现协查观念的转变。共发起委托协查1500起，委托协查增值税专用发票57543份，涉及金额1186651.27万元。统计期内收到回复增值税专用发票60352份，选票准确率为98.36%。查补税款902.65万元、罚款25.9万元、加收滞纳金63.63万元。共收到受托协查的增值税专用发票1288起，受托方户次1508次，涉及39343份增值税专用发票，涉及金额577191.04万元，统计期内累计回复增值税专用发票39563份，累计按期回复率100%，有问题发票占受托协查发票的比率91.35%。查补税款6067.82万元，罚款2235.98万元，加收滞纳金464.67万元，移送司法机关14起。

【稽查系统建设】　一是推进稽查规范化建设。严格贯彻执行《全国税务稽查规范（1.0版）》，落实依法行政要求，深入推进依法稽查，规范税务稽查执法行为。二是完善绩效管理。科学确定绩效考核指标及规则，发挥绩效考核撬动作用，促进工作质量提升。三是落实整改巡视反馈问题。按照标本兼治、重在治本的原则，克服工作困难，对案件未录入金税三期系统、建立国地税共管户名录库的问题进行坚决整改，以整改为契机，严格工作要求，提升工作品位，推动工作开展。四是在四部委的领导下，密切与公安、海关、人行工作协作，集成四部门查处骗税和虚开案件的合力，运用大数据等信息技术开展打骗打虚工作，提高案件查办效率，加大案件查办力度，提升涉税案件打击震慑力。五是建立健全公安派驻税务联络机制。与公安、地税部门联合制定云南省公安派驻税务联络机制运行办法，全省挂牌成立公安派驻国税联络机制办公室123个，其中省级1个、州（市）级16个、县（区）级106个，各级税警联络办积极参与专案检查，助力案件查处，在实践中不断探索完善信息共享、上传下达、联合办案、预防宣传等协作问题，推进警税联络和协作工作再上新台阶。六是全面深化国地税联合稽查。制定国地税联合稽查工作实施办法，建立联合稽查协调机制、涉税信息共享机制，规范联合稽查执法行为，建立市级以上国地税共管名录库，在随机抽查、专项整治、专打行动、打击发票违法犯罪活动等工作中对国地税共管户实施联合稽查，整合国地税执法资源，优化执法组织方式，增强执法合力，避免多头重复检查，切实减轻纳税人负担。

【稽查队伍建设】　坚持从严治队不断激发干部队伍活力。一是以党的十九大精神为指引全面加强党建工作。深入学习贯彻党的十九大精神，深刻学习领会习近平新时代中国特色社会主义思想，围绕学、做、改、查等规定动作，有计划、有步骤地深入推进“两学一做”学习教育常态化制度化工作。积极开展党建结对工作，与澄江县国税局结对为党建共建单位，签订党支部“党建共建”联系责任书，携手共创先进基层党支部。开展主题实践活动、专题研讨、读书活动、书法比赛等党建活动，让每一名党员都能受益其中，实现党建工作与稽查工作深度融合、互促互进。二是加强稽查内控建设和“一案双查“工作。以加强内控机制建设和“一案双查”工作为抓手，落实全面从严治党主体责任、加强党风廉政建设要求。完善内控机制建设，认真贯彻落实税务稽查风险内部控制制度及稽查内控指引，排查易发风险点，编制稽查基层重点风险防范指引，完善内控制度，引导规范稽查干部执法和管理行为，切实防控税务稽查风险。加强与监察部门的协作配合，共向监察室移交“一案双查”重大税收违法案件59件，移交《重大税收违法案件一案双查转交单》57份，移交违法违纪线索2件，积极发挥稽查以查促廉职能作用。

【稽查人才库建设】 筛选统计符合云南省国家税务局稽查局人才库建设要求的稽查人员信息，组建一支由50人组成的业务精湛、技能突出的稽查人才库队伍。

【稽查业务培训】 按照年度学习培训计划，举办全省警税联络机制业务培训班、专职纪检监察员培训班、大连稽查综合业务培训班、长沙税院“营改增”稽查业务培训班、扬州税院稽查局长培训班5期培训班，培训学员250人，不断提高稽查干部队伍业务素质，培养稽查“专精尖”人才。

【稽查宣传】 各级稽查局结合打击发票违法犯罪专项活动积极参与当地“5·15打击和防范经济犯罪主题宣传日活动”，在宣传活动现场，播放《税收违法“黑名单”里的罪与罚》宣传片，同时各级国税局积极通过办税服务厅、各级国税局网站、各地的纳税服务平台宣传发票整治工作成果、曝光查处发票违法犯罪的典型案例，积极营造防范打击发票违法犯罪活动的社会基础和舆论环境。

【稽查调研】 在全省范围内组织开展关于结案相关问题的调研，全面清理2013—2016年未结案件情况，深入分析未结案件原因，并结合工作实际对现有结案相关制度提出工作建议。

【稽查工作会议】 2017年3月23日，云南省国税稽查工作会议在昆明召开，省局总经济师张炳华和省局相关处室、稽查局各科室以及16个州市分管稽查工作的局领导、稽查局局长参加会议。会上，稽查局局长梁丽明传达国税局局长张树学对稽查工作的重要批示。总经济师张炳华作题为《认清形势 真抓实干 努力开创全省国税稽查工作新局面》的工作报告，对做好2017年稽查工作提出了希望，为今后的稽查工作指明了方向。

（陈 霞 王丽娟）

云南省地方税务局稽查局

【概述】 2017年，云南地税局稽查局按照税务总局和云南省地方税务局的工作总体要求和具体部署，不断深化稽查改革，大力推动集成创新，加快稽查信息化建设，健全稽查运行机制，实现全面从严管理，提升干部队伍能力，着力强化堵漏增收，严厉打击涉税违法犯罪，净化税收秩序，助推云南经济发展。

【稽查现代化建设】 为实现“在2020年建成适应时代需要，具有云南特色，符合征管实践，服务全省经济社会发展的云南地方税费体系，实现税收治理能力现代化”总目标，云南地税局稽查局朝着“服务中心工作、净化税收环境、深化稽查改革、全面从严治队”的前进方向，进一步探索深入完善稽查现代化建设，力求在稽查总体站位、制度规范、队伍建设等方面有新突破。

【稽查体制机制改革】 在稽查改革方面：对全省稽查机构设置、稽查职责、人员情况进行全面调研，提出“两集中一优化”的改革思路，即在稽查“四环节”中，可以以州市为单位，集中选案与审理，优化检查，解决当前稽查工作中遇到的困难和问题。在联合稽查方面：截至2017年底，成立联合稽查领导小组及其办公室138个，成立专项工作小组128个，建立共同管辖纳税人名录库12个，建立联合随机抽查工作机制18个，建立工作台账121个，建立联合稽查办公场所124个，交换案源信息408次，接收方利用案源信息立案检查53户，接收方利用案源信息查补税款481.48万元，推送案件线索信息107条。

【稽查查补收入】 查补收入185051万元，减少84304万元，减幅31.30%，入库181847万元，减少85866万元，减幅32.07%。全省地税稽查部门立案检查949户，审结963户（含以前年度立案，本年审结案件39户），入库37488万元；督导自查3804户，入库144359万元。综合入库率98.27%（含以前年度查补收入入库数），为完成全年税收收入任务做出积极贡献。

【重大案件查处】 全省地税稽查机构查补百万元以上案件41件，查补入库收入12114万元；查补千万元以上案件5件，查补入库收入10584万元。

【行业和区域税收专项整治】 在股权转让专项检查工作中，接收税务总局部署股权转让专项检查共13户，并按要求时间和进度完成检查工作，查补收入共计10740.40万元；在医药行业专项整治工作中，涉及重点企业检查户5户，查补收入95.67万元，线索清晰、疑点重大企业60户，自查及检查查补税款417.61万元；在“雪豹2号”专项行动工作中，涉及8户企业的检查，按要求与国税部门进行联合稽查，并根据发现违法案件线索，对1户企业进行延伸检查，查补收入共计123.48万元。同时，配合打击和防范非法集资，配合打击侵犯知识产权和制售假冒伪劣商品，打击稀土违法违规行为专项行动，配合完成打黑除恶工作领导小组、旅游专项整治等部署的各项工作任务。

【“双随机、一公开”监管】　按照税务总局工作部署安排，于6月1日全省启用“双随机平台”，动态管理税务稽查随机抽查对象名录库19个，录入全省重点稽查对象名录5812户，其中，税务总局重点3692户、省级重点71户、市级重点2049户、异常对象名录827户，其余纳税人为非重点稽查对象；动态管理税务稽查随机抽查执法检查人员名录库19个，录入税务稽查执法检查人员921人。自平台启用以来，全省地税稽查随机抽查工作均通过双随机平台进行开展，录入税务稽查随机抽查方案34个，共通过平台随机抽取检查对象224户，随机选派检查人员343人。

【重点稽查对象随机抽查】　根据税务总局选取的40户重点稽查对象企业名单，在自查阶段共涉及29户企业集团990户成员单位，自查阶段查补地方税费合计6117.10万元，在重点检查阶段中共涉及17家企业集团65户成员单位，查补收入合计3962.35万元。

【打击发票违法犯罪活动】　全省地税系统对1169户纳税人使用发票情况进行检查，查处违法企业326户，涉及发票6516份，涉及金额28366.61万元，查补税款、滞纳金、罚款合计3012.7万元，组织企业自查860户，自查补税3760.73万元；会同公安机关端掉制售窝点12个、打掉犯罪团伙数量35个，肃清了假发票来源，净化了社会经济环境。

【税收“黑名单”制度和联合惩戒】　全省稽查系统确认4户重大税收违法案件信息，均录入系统并按程序公开1户重大税收违法案件信息，接收云南省国税局30户联合惩戒信息进行及时推送实施联合惩戒。

【涉税违法案件检举】　共受理税收违法举报案件187件，其中重复件42件，实际受理145件。查补税款及滞纳金、罚款1102.6万元，入库953.2万元。支付举报奖金0.72万元。

【案件协查】　全省地税稽查部门共办理受托协查25起，其中受托省外协查函13起，涉及假发票8份、虚开62份、其他发票违法5份，受理省内协查12起。发起委托协查15起，其中委托省外协查3起、委托省内协查12起，涉及假发票34份，查补税款3万元，加收滞纳金0.88万元，加收罚款5.9万元。受托协查函6份、委托协查函4份，涉及股权交易、经济合同、业务等情况的核实。

【稽查制度建设】　坚持制度引领，夯实制度基础。在案源管理、随机抽查名录库、国地税联合稽查、重大税收违法案件信息公布、公安派驻税务联络机制等具体制度的基础上，进一步修订完善稽查工作基础性规定制度内部控制、廉政回执卡等制度10份；制定执法行为规范类制度3份。

【稽查系统建设】　进一步加强对下的指导、服务和监督工作。一是积极开展相关业务培训，加强上下沟通交流，确保全系统稽查工作如期推进；二是分行业编制检查提纲，指导全省案件查办工作；三是召开季度研讨会，分主题邀请部分州市相关同志参加，共商稽查改革发展对策；四是实行廉政回执卡、“一案双查”等制度，监督全省稽查干部稽查执法行为。

【稽查队伍建设】　根据全省稽查干部摸底情况，按照从业年限、业务综合能力等分为4类不同的培养对象，遵循人才成长规律，对应不同阶段的培养方案，进一步加大对重点对象、新兴产业、电子查账软件等检查方面的培训力度，配套相应激励与考评措施，同时注重培养稽查兼职教师团队，加强不同区域教师团队的互相交流支持，实现学员教育与师资建设双促进。

【稽查业务培训】　制定全省地税系统税务稽查类省级练兵比武实施方案、2017年“岗位大练兵、业务大比武”活动实施方案，组织全省稽查干部参与练兵比武培训；制定云南省地方税务局稽查局干部素质提升方案，采用网络在线学习、脱岗培训等方式大力开展多层次培训。组织内部培训6期，外出培训45人次，网络在线学法等在线学习2000余小时。

【稽查信息化建设】　1月，在昆明市上线推广试点“稽查查账管理系统二期”，平台以金税三期的业务流程和文书系统为基础，在查阅电子账、工作底稿、电子审理、节点管控、稽查成果增值利用等方面拓展应用，与金税三期系统优势互补，提高稽查质效、防范稽查风险。

【稽查宣传】　上下联动，利用办税服务大厅、宣传大屏、门户网站等本职阵地多渠道、多方式、多内容、多层次配合开展宣传，截至6月5日，全省各级地税部门累计开展防范非法集资大型宣传活动65次，组织“五进”活动230余次，参与群众近30000人次，配合开展好防范非法集资宣传活动，营造宣传强大声势。堵截源头，立足税收征管职能，积极与当地“打非办”联系，配合“打非办”做好企业集资风险排查化解工作，引导企业通过正常渠道融资，引导公众理性投资，远离和抵制非法集资。做好沟通工作，在制度、措施及工作安排方面提出地税意见建议。

【稽查调研】 坚持调研当先，筑牢工作基石。一是到昆明地税局开展稽查信息管控平台调研，深入了解运行模式、数据规模、承载能力等关键信息；二是开展案件查处情况实地调研，选取具有代表性的昆明、大理等地重点稽查对象进行摸底调研，掌握查处过程中存在的困难和问题，汇总提炼，及时解决，下发答疑录；三是借助州市力量，开展稽查干部培训、双随机工作调研；四是走访借鉴，开展政府购买涉税中介服务调研；五是积极参与甘肃成品油专项整治工作调研，对调研报告、"云油利剑"专项行动方案提出工作建议。

【稽查工作会议】 2017 年 3 月 27 日，云南省地税系统稽查工作视频会议召开。云南地税局局长唐新民，省局稽查局局长及全体干部在昆明主会场参会，各州市地税局稽查局分管领导及稽查局全体干部在分会场参加会议。会上，唐新民总结 2016 年稽查工作取得的成绩，强调谋创新，求突破，奋力推进稽查现代化建设，同时部署了 2017 年稽查工作重点。

【工作建议】 鉴于云南省经济发展水平在全国排名较为靠后，省内老少边穷地区较多，建议税务总局一是加强对云南地税稽查干部的培训力度；二是加大专项案件办案经费支持力度。

（陈光琼）

西藏自治区

西藏自治区国家税务局稽查局

【概述】 2017 年，西藏国税局稽查局贯彻落实全国税务稽查工作会议及全区税务工作会议精神，紧紧围绕税收中心工作，严厉打击各类税收违法行为，努力提高稽查办案的质量和效率，加强稽查队伍建设。强化稽查基础管理，各项工作取得了较好成绩。

【稽查现代化建设】 以《全国税务稽查规范（1.0 版）》为依据，全面优化金税三期工程稽查模块业务需求，完善稽查业务领域现有内部流程，拓展随机抽查、联合稽查、联合惩戒、举报管理等新增业务流程，为规范执法流程、支撑稽查改革、转变工作方式提供信息化支撑。

【稽查查补收入】 全区稽查部门共立案检查 96 户，查出存在问题 83 户；组织企业自查户数 52 户。全区稽查查补并入库收入总额 24786 万元。其中：税款 14688 万元，加收滞纳金 2965 万元，罚款 3062 万元；稽查机构组织企业督导自查收入 4071 万元，比上年减收 4901 万元，负增长 16.5%。增值税比上年减收 679 万元，负增长 2.11%；营业税增收 5364 万元，同比增长 2055.17%；企业所得税增收 89 万元，同比增长 1.73%；个人所得税减收 5126 万元，同比减少 271.21%，土地增值税减收 405 万元，同比减少 100%，其他类税款增收 440 万元，同比增长 85.6%；督导自查收入减收 6790 万元，同比减少 62.51%。

【案件查办情况】 96 起立案查处案件里，税收规模 100 万元以下有 63 户，查补收入 3353 万元，占立案查补收入的 13.52%；税收规模 100 万～500 万元以下有 12 户，查补收入 3705 万元，占立案查补收入的 14.94%；税收规模 500 万～1000 万元以下有 4 户，查补收入 3418 万元，占立案查补收入的 13.79%；税收规模 1000 万～5000 万元以下有 4 户，查补收入 10239 万元，占立案查补收入的 41.30%；督导自查 52 户里，税收规模 100 万～500 万元以下有 52 户，查补收入 4071 万元，占立案查补收入的 16.42%。

【"双随机、一公开"监管】 按照全国统一安排部署，完成"双随机平台"应用环境搭建测试工作。对"税务稽查对象分类名录库""稽查执法人员名录库"等功能模块进行维护。在税务总局稽查局确定的 310 户重点税源企业基础上，通过征管、收规、纳服等部门资源共享，对自治区、地市两级重点税源企业进行维护，共确定 70 户省级重点税源企业、65 户地市级重点税源企业名录。

同时，建立税务稽查执法人员名录库，全区53名稽查执法人员成功入库，并实施动态管理。

【重点稽查对象随机抽查】 根据税务总局总体部署，在税务总局随机抽查对象名录库中抽取39户集团企业，自治区涉及18户集团共54个成员单位。按要求对其中28户开展自查，实现自查税款、滞纳金共计387.07万元。对自治区涉及7个集团共计14户企业进行重点检查，查补各项税、罚合计311.79万元，全面完成随机抽查重点检查工作。

【打击发票违法犯罪活动】 全区各级税务部门会同公安、工商、检察院、法院等部门，积极主动、多举措地开展打击发票违法犯罪活动工作。共查办135个案件，其中查处非法取得案件30个、虚开发票案件105个。税务部门出动执法人员101人，缴获发票29份，立案39个；查获犯罪嫌疑人2个。税务机关对2122户企业进行发票使用情况的检查，查处涉及发票的违法企业1251户，查处非法发票44567份，查补税款23143万元，加收滞纳金168万元，罚款3787万元。

【打击骗税虚开专项行动】 根据《国家税务总局　公安部　海关总署　中国人民银行关于2017年打击骗取出口退税和虚开增值税专用发票专项工作安排的通知》要求，全区税务机关共立案检查195户，剔除医药行业、西南片区农产品区域整治和年底立案案源，结案率92%，查实虚开增值税专用发票2.66万份，虚开发票金额120.8亿元，虚开发票涉及税额20.23亿元，查补入库税款5814万元，移送公安机关132户，公安立案侦办43户。

【税收“黑名单”制度和联合惩戒】 严格落实《重大税收违法案件信息公布办法（试行）》，做好重大税收违法案件公布工作，确保所有符合标准的案件全部按规定进行真实准确的公布和撤出工作。严格落实《关于对重大税收违法案件当事人实施联合惩戒措施的合作备忘录》，争取社会信用体系建设牵头单位的支持，推进联合惩戒措施和部门的“双扩围”。进一步提高对失信纳税人的惩戒力度，促进纳税遵从。截至2017年底，全区有3户涉税违法企业被列入联合惩戒的“黑名单”，并推送至联合惩戒牵头单位自治区发展改革委员会，由发改委向参与联合惩戒的所有成员单位推送，实施有效的联合惩戒。

【涉税违法案件检举】 坚持“积极落实制度、主动化解矛盾、严肃认真执法、构建和谐西藏”工作原则，严格执行国家税务总局《税收违法行为检举管理办法》《税务违法案件举报奖励办法》，规范工作流程，明确岗位职责，加强监督管理、信息反馈，提高服务质量。全区共受理税收违法检举案件22件，与上年相比增加10件，同比增长83.33%。查补入库税款、滞纳金及罚款共计1807.04万元。其中，各项税款1231.34万元；滞纳金532.59万元；罚款43.11万元。与上年相比减少入库6654.69万元，同比下降78.64%。截至2017年12月底，全区结案11件，其余11件正在检查中。

【案件协查】 全区稽查部门通过协查系统发起委托协查888起，涉及发票26775份，涉及企业905户（次），金额109亿元，税额18亿元，通过协查系统委托协查收到回复发票29733份，其中有问题发票27154份，选票准确率91.33%。全区稽查部门通过协查系统收到受托协查168起，涉及发票5720份，涉及企业195户（次），金额16亿元，税额3亿元；累计回复发票5283份，累计按期回复率100%。

【稽查制度建设】 按照税务总局稽查局的考核指标和内容制定、细化全区稽查部门绩效考核相关指标和实施方案，以全区推进绩效考核工作为契机，加强稽查系统内部管理，及时完成上半年各项工作，同时提高信息报送质量，加大信息上报力度，得到税务总局领导两份表扬性批示，在绩效管理工作中做到认真查找管理间隙与漏洞，明确岗位职责，督促严格履职，并密切上下级稽查机构之间的信息沟通、工作支持及监控，确保绩效工作落到实处。

【稽查队伍建设】 全区各级稽查部门进一步提高稽查队伍综合素质，提升稽查人员执法能力。一是加强稽查内控机制建设。切实把《国家税务总局关于印发〈税务稽查风险内部控制制度（试行）〉的通知》精神落实到日常工作中，降低各类稽查风险点，按科室或工作职责承担的岗位设专人负责稽查风险防范工作，对日常的选案、检查、审理、执行、卷宗归档等工作，及时开展风险识别、排查、评估、应对，及时消除风险因素。认真开展“一案双查”等工作，形成联动机制，及时降低各类稽查风险。二是学习党中央、自治区及区局重要讲话精神及文件精髓，深化对党的重要理论知识内涵的理解，增强自身的党性修养；同时认真查摆自身不足，脚踏实地地进行整改、提升自我素质。

【稽查业务培训】 积极派出干部参加多方

位、多层次的业务培训，全方面提升稽查干部业务技能和专业素养，为提升办案效率提供智力支持和稽查手段现代化的技术保障。全区税务稽查部门共有70多人次在区内外参加稽查、征管、信息化、法律法规等各项培训。同时，各地税务稽查部门结合本地区工作实际，分层次、分类别开展形式多样的稽查业务培训。

【稽查信息化建设】 不断强化科技应用意识，立足于“互联网+税务”和大数据应用，着手建立稽查数据信息库、重大案件涉案人信息库，将金税三期、协查信息管理系统、电子查账软件及时、有效地运用到办案工作中，拓展信息搜集面、强化信息质量、提高办案效率。

【稽查宣传】 一是将税法宣传与日常税收检查相结合，在日常检查中进行税法知识宣讲、辅导教育；二是利用税收宣传月及“5·15”全国打击经济犯罪宣传活动等，散发宣传资料，现场解答群众咨询问题；三是在区国税局税务网站等主流媒体曝光案例、在公众场所LED屏滚动播放税法宣传片等多种形式开展宣传工作。

【稽查工作会议】 为贯彻落实好全国税务稽查工作和全区税务工作会议精神，2017年3月24日，全区税务稽查工作视频会议在拉萨召开。自治区国税局副局长杨承碧，区国税局相关处室的负责人，各地市分管稽查工作的领导及全体稽查干部共100多人参加会议。会议对2016年稽查工作进行总结，安排部署2017年重点稽查工作。

（德　吉）

陕西省

陕西省国家税务局稽查局

【概述】 2017年，陕西国税局稽查局紧紧围绕“改革、机制、质效、数据、能力”工作方针，牢牢把握省局党组“六个一”发展思路，以“干好稽查、带好队伍”双轮驱动为目标，以“六个确保”为总揽，以规范税收秩序为目的，以创新稽查方式为动力，以强化税收执法为路径，以加强绩效管理为抓手，凝神聚力，攻坚克难，各项稽查工作在税务总局上半年和全年绩效考评中全部位列第一档，6次得到税务总局和省局领导的表扬性批示，3次在全国会议上介绍陕西经验，取得显著成绩。

【稽查现代化建设】 将配置现代化稽查技术装备作为创新落实“三项制度”的突破口。在资产管理动态化、标准化、精细化的基础上，购买电子取证魔方、电子查账软件、执法记录仪等装备，切实提升硬件基础，有力提升办案效率。探索试行实体化、信息化的警税协作模式，建设公安专网、税务专网并置平台，立足大数据将刑事执法与行政执法有机结合，形成信息资源共享、案件快速联查、执法敏捷联动机制，进一步推动全省警税协作规范化。组建信息化选案团队，主动参与税务总局选案工作，借助税务总局“案件管理监控平台”“大数据选案及案情研判系统”平台对辖区内实施精准选案，为精准选案、高效办案提供数据和技术支撑。探索设计开发《国地税联合检查平台》，为国地税联合稽查全面深度融合、高度智能便捷、生成电子案卷、方便证据转换、系统无缝对接等进行了有益探索。

【稽查体制机制改革】 围绕“做强省级、做大市级、集约县级”总体思路，系统集成“转职能、转方式、转重点”改革方针，以“两个提高”为方向，以“三个一级”为发力点，按照“稽查机构扁平化、稽查方式集约化、稽查手段信息化、稽查队伍专业化、稽查管理规范化”的工作要求，推进和深化全省稽查体制改革，释放出陕西国税稽查改革最强音。制定《陕西省国家税务局深化税务稽查体制改革实施方案》（陕国税发〔2017〕111号）。13个市局稽查局城区范围内全面实行一级稽查，集约县（区）稽查职能49个。

【稽查查补收入】 全省国税稽查机构累计实现稽查收入229088万元，较上年减少17.46%；组织立案检查纳税人3396户，有问题户数3387户，查实率99.73%，稽查部门组织查补收入86755万元，其中入库税款60271万元，罚款16204万元，滞纳金10280万元；督导企业自查3393户，实现自查收入142333万元，其中入库税款131983万元、滞纳金10350万元。全省稽查平均入库率100%，选案准确率99.80%，结案率99.91%。

【案件查办情况】 始终保持严厉打击涉税违法犯罪活动的高压态势，加大大要案件查处力度，重拳出击虚开发票、骗税行为，强化“黑名单”联合惩戒力度，增强稽查威慑力。以税务总局下达14户案源为主攻点，全面开展打虚打骗、打击发票违法犯罪活动、重点税源企业随机抽查、医药行业专项整治，全省检查3396户，查处非法发票17821份，涉及金额158769.4万元。查补入库税款19.2亿元，加收滞纳金2.1亿元，罚款1.6亿元。

【案件特点分析】 涉嫌虚开增值税专用发票违法犯罪活动集中爆发，涉案企业大量走逃失联，形势严峻。虚开案源主要集中在金属、煤炭、医药、农副产品收购、棉纺行业、废旧物资、电子等行业的虚开，这些行业的虚开呈现短期迅猛增长的态势。出现虚开分子向新办企业管理宽松的地区转移趋势，由此出现一大批无进项、虚假申报进项，短期内大量虚开发票走逃的暴力虚开企业。就虚开趋势特点分析，由于按简易计税方法计税的企业，进项不得抵扣，不愿意开具发票，导致链条下游难以取得发票抵扣（如收派服务、砖、水泥、混凝土），造成“买方市场”需求旺盛。不法分子通过设立“开票公司”“洗票公司”进行暴力虚开，或虚设农产品收购加工企业收取开票费对外虚开。针对“富余票”，采取“票货分离”进行作案。

【重大案件查处】 以税务总局下发的12户打虚线索和“1207”打骗专案2户案源为主攻点，会同公安、海关、人民银行、审计署西安特派办等部门，成立打骗打虚工作领导小组及其办公室。由省局稽查局局长王青山任专案组组长，抽调全省20余名稽查骨干，依托后台数据，运用取证魔方等技术手段，精准分析锁定疑点，固定电子证据5000GB。查处违规出口退税4873万元，确定接受虚开增值税专用发票52份。成功查处“西安11·10”“榆林4·14”“宝鸡庞克锋”“宝鸡鸿洲翔”“延安9·06”等团伙虚开案件。

【打击骗税虚开专项行动】 依托税务总局大数据分析平台，全省国税系统筛选本地高风险虚开案源350户，骗税案源3户，确定虚开25户，涉及发票份数1.2万份，查补收入3.56亿元，追缴入库2.13亿元。从“案件定性、虚开确认、移送公安、一案双查、失信名单”等10个方面，加强对查办走逃失联企业的流程指引、步骤细化，使工作整体思路更明确，打击更有效。移交公安机关27户，税警联合办案16起，抓捕犯罪嫌疑人23人，成功查处“西安11·10”等团伙虚开案件，被公安部列为督办案件，打击成效实现了新突破。

【行业和区域税收专项整治】 联合对股权转让企业信息、医疗流通领域疑点企业开展专项检查，重点开展股权转让专项检查7户，查补收入1750万元；开展医药行业专项检查60户，落实违法金额43.81亿元，查补收入4.51亿元。

【“双随机、一公开”监管】 成立随机抽查工作领导小组，负责全省随机抽查工作的督导、协调和落实。立足税源分布结构、当地税务稽查资源配置等实际，结合企业类型、经营规模、税负率、税收风险等级等数据分析，提高定向随机抽查比例，提高精准打击力度，统筹下达全省随机检查工作计划。以风险管理为支撑，搭建集成化的双随机监控数据平台，实现精准的双随机。建立起省、市、县三级《税务稽查对象分类名录库》《税务稽查执法人员分类名录库》《税务稽查对象异常名录库》等，实施动态管理。对选取的306户待查对象通过门户网站、办税服务场所、信用信息共享交换平台及时对外公示，接受社会监督。

【重点稽查对象随机抽查】 开展双随机工作平台专题培训，确定部分市局作为双随机系统上线试点单位，先行先试，积极摸索，完成双随机工作平台预生产环境模拟操作，确保“双随机工作平台”如期上线并顺利运行。联合省地税局共同检查40户重点税源企业集团在陕单位96户，实现查补收入7700万元。督导自查315户，查补收入7900万元；对省市重点企业随机抽查工作进行统一部署。筛选出151户省级重点税源企业推送全省稽查部门，采取“先自查、后抽查”两个阶段分步实施的方式，实现查补入库收入合计1.46亿元。

【打击发票违法犯罪活动】 重点选取交通运输、房地产、建筑安装等社会关注度高、发票违法问题高发行业开展发票使用情况检查，并对其中开具一定金额以上，内容为“办公用品”“会议费”“培训费”“餐饮费”“材料费”的发票进行重点检查。全省共查处违法企业1469户，督导自查1350户，查处非法发票1.78万份，涉及金额15.88亿元，查补入库3.11亿元，移送公安25户。

【税收“黑名单”制度和联合惩戒】 组织纳税人集中收看座谈《税收违法“黑名单”里的罪

与罚》专题片，演示“‘黑名单’公布事项表”。举办全国“税收违法‘黑名单’里的罪与罚”观后感征文，提升全民对“黑名单”联合惩戒制度的认识。在省局网站率先公布违法案件企业782户，向联合惩戒部门推送778户“黑名单”当事人信息，在全国排名第1，2次受到税务总局局长王军的肯定性批示。中央电视台专程赴陕拍摄报道“黑名单”联合惩戒成效，于10月12日在央视新闻频道“新闻直播间”“朝闻天下”栏目播出，展示联合惩戒对建设“诚信中国”的深刻影响力。

【涉税违法案件检举】 严格按照《税收违法行为检举管理办法》《税务稽查工作规程》要求，设置固定检举接待场所，配备专用监控设施，指定专人从事检举工作。全年受理举报案件468件，实现查补税款846.63万元。

【案件协查】 统筹谋划，采取“减轻基层负担、合并协查节点、集成协查方法”措施，全年串并协查案件14起，实现连续35个月累计按期回复率保持100%、委托协查信息完整率和受托协查信息完整率保持100%，协查选票准确率再创新高，达到99.91%。在税务总局《协查信息管理系统运行情况的通报》中多次受到表扬。

【稽查制度建设】 结合稽查重点工作，研究制定绩效考评细则，添加打虚打骗高风险案源查处、稽查工作宣传等考核内容，从理念上强化督导，从制度上压实责任，确保稽查任务落到实处，提升考核质效；积极探索国、地税合作途径，以“三统一、三共同、三交互、三联合”为抓手，探索出“三分三合”等体现陕西特点的国、地税合作经验和模式，建立健全国地税联合稽查相关制度办法，共同督导自查1650户，同步立案666户，实现查补收入14.6亿元。2次在全国会议上介绍、宣讲，并在税务总局《厉风》杂志、《陕西日报》等省部级以上媒体专题介绍，推广陕西国地税合作经验。

【稽查系统建设】 《全国税务稽查规范(1.0版)》颁布后，对全省13个市局稽查局55名骨干进行师资培训；结合稽查实务，编写《稽查规范800问》，做到基层稽查人员易学、能懂、会用；举办以“规范税务稽查，提升执法水平”为主题的知识竞赛，通过情景短剧、模拟检查场景以及现场邀请纳税人参与的形式，生动活泼地宣传稽查规范，提升规范执法能力。在辽宁税专等与地税联合培训骨干100人，共同提高核心业务能力。

【稽查队伍建设】 积极推进“两学一做”学习教育常态化制度化，严格落实深化巡视整改和全面自查自纠。围绕中心、聚焦主业、主动作为，发挥党风廉政警示教育作用，从严贯彻落实中央八项规定精神。与陕西省浙江商会结对开展“双建双促”，共同举办“庆七一·感党恩”“重温入党誓词，牢记党员使命”等活动，由党组书记、局长王青山讲党课。在革命圣地照金开展“边区税票回边区”主题活动，由纪检组组长、副局长张国栋现场讲党课，激励鼓舞大家继承和发扬边区税务精神。共同开展“不忘初心、牢记使命、永远奋斗”主题党建交流活动，深入学习党的十九大精神和习近平新时代中国特色社会主义思想，打造陕西稽查铁军。

【稽查人才库建设】 积极与教育部门协作，做好第一批稽查标兵人才38人的答辩毕业工作。拟定第三批稽查标兵实践锻炼工作方案，开展第三批稽查标兵人才培养对象的集中培训和实战演练，发掘标兵人才潜力，努力锻造一批善于管理、精通业务的现代化稽查人才。培养第三批稽查标兵人才32人。

【稽查业务培训】 举办《全国税务稽查规范(1.0版)》师资培训、双打税警专项培训、全省双随机工作平台培训、协查操作系统培训、全省税务稽查查账软件培训、全省稽查法制培训及国地税联合稽查等培训班，参训人数超过500余人次。

【稽查信息化建设】 强化数据分析提升案件查办精度。结合信息数据，立足税源分布结构、稽查资源配置等实际情况，结合企业类型、经营规模、税负率、税收风险等级等数据，提高定向随机抽查比例，提高精准打击力度。以大数据背景下的风险管理为支撑，搭建集成化的双随机监控数据平台，建立省、市、县三级名录库，实施动态管理。同时，发挥内控平台风险管控作用，强化对重点环节、重点岗位、关键人员的监督制约，形成层层有责任、人人有压力、工作全覆盖、流程全监控的整体态势。

【稽查宣传】 召开信息宣传专题会议，对宣传报道工作进行研究和部署，使稽查宣传工作与税法宣传普及有计划、有步骤地进行。全年在中央电视台、《中国税务报》《中国税务稽查》、中国税网、共产党员网、《陕西日报》《社会保障报》等媒体刊载新闻报道等70多次。策划开展“税收违法‘黑名单’里的罪与罚”观后感征文活动，深入宣传“黑名单”制度并摘要在《中国税务报》特约刊登，在全国引起反响。将成功查结虚开增值税专用发票案成果在《中国税务报》上刊登，震慑了虚开增值税专用发票行为。

【稽查调研】　省局领导高度重视，带头调查研究稽查体制改革问题。党组成员、副局长王农在安康市局详细了解稽查机构、队伍现状、稽查职能作用发挥情况，确定稽查改革总基调。《陕西省国税稽查管理模式改进研究》调研报告，在全省税收科研成果研讨会上交流。

【精品案例和行业检查模板】　出台《精品税务稽查案例评选工作实施方案》等系列文件，编印《陕西国税稽查精品案例选编》。将撰写《税务稽查行业模板》作为重点项目，在各市区编写的基础上，筛选、分析全省相关数据，制定自来水生产与供应业、科学研究所业、医药行业、打虚打骗、银行业等12个行业的检查模板，有效提升了稽查成果的应用效率。

【稽查工作会议】　2017年3月2日，召开全省稽查工作会议，传达全国税务稽查工作会议精神，总结2016年稽查工作，研究谋划“十三五”时期陕西国税稽查工作发展思路，部署2017年全省稽查工作任务。省局党组书记、局长席七万到会并讲话，省局党组成员、副局长王农作题为《追赶超越　奋勇争先　努力开创陕西国税稽查事业发展新局面》工作报告，提出2017年工作的总体要求。

【稽查经验推广】　2017年3月2日，在全国稽查工作会议上，省局副局长王农介绍陕西国地税联合稽查经验；国地税联合稽查、打虚打骗工作3次得到税务总局副局长孙瑞标的表扬性批示；打虚打骗工作得到省委常委、政法委书记杜航伟的表扬性批示；国地税联合稽查工作被税务总局确定为全国深化征管体制改革专项试点示范项目，其经验在税务总局征科司举办的全国国税地税合作示范视频会上推广。

【工作建议】　建议加强一线监管力量，强化税务稽查随机抽查与社会信用体系相衔接的程度；强化稽查系统管理职能。

（胡　萍　刘西良）

陕西省地方税务局稽查局

【概述】　2017年，陕西地税稽查机关紧扣全面从严治党各项要求，认真贯彻落实全省地税工作会议精神，坚持以推进全省地税工作追赶超越为目标，深入开展“两学一做”学习教育常态化制度化和学习宣传贯彻党的十九大精神活动，按照“十三五”税务稽查“改革、机制、质效、数据、能力”的总体要求，圆满完成全年各项稽查工作重点任务，充分发挥税务稽查职能作用，为全省地税事业发展做出了新的贡献。

【稽查现代化建设】　按税务总局“稽查现代化”建设目标，深入思考，认真调研。由局领导带队分赴外省先进单位开展对标调研、学习考察活动，将陕西地税稽查现代化建设任务分解为“数据化、法治化、规范化、服务化”的“四化”建设。一是打造稽查数据化，着力于数据管税平台信息交互下的数据稽查和精准稽查。二是严格稽查法治化，视法治为稽查执法的生命线。三是完善稽查规范化，以创新式规范和闭环式管理贯穿稽查“四环节”。四是深化稽查服务化，树立新型稽查服务理念。通过实现稽查“数据化、法治化、规范化、服务化”改进工作方法，创新稽查新突破，激发全省稽查队伍战斗力，推动稽查现代化建设步伐。

【稽查查补收入】　全年检查纳税户3915户，查补地方各税17.59亿元，贡献率1.95%，完成全年各项稽查工作重点任务。全年任务的完成主要得益于，全省各级地税稽查部门坚持以推进全省地税工作追赶超越为目标，全面落实《全国税务稽查规范（1.0版）》规定，认真开展税收检查和重点税源企业税收检查，严厉查处大要案件，持续保持打击各类税收违法高压态势；不断深化国地税联合稽查和警税联络机制，增强执法互助合力；建设实施数据稽查平台项目，提升精准打击效能；为确保顺利实现促收目标，各级稽查部门科学分析稽查资源，纷纷制订详细的工作计划，多措并举，堵漏增收，加快检查，加大执行，实现查补收入的均衡稳步增长。

【案件查办情况】　一是开展各类稽查检查。开展税务总局稽查局部署的40户大型企业集团驻陕分支机构和陕西16户上市公司股权转让专项检查；自行组织西安经发集团、西部机场集团和省土地建设集团等三大企业集团检查及197户省级重点税源监控企业税收检查；承办税务总局稽查局交办的大要案件15起；全年国地税稽查机关共对2248户纳税人开展联合进户稽查，对举报案件按期限和程序依法进行检查排查，全年共检查纳税户3915户，查补地方各税17.59亿元，贡献率1.95%。二是清理积案抓痛点求突破。认真贯彻税务总局清理积案工作要求，痛下决心解决长期以来存在的

“欠账、坏账、糊涂账”等问题，将清理积案作为建设“数据稽查”的首个痛点来抓，认真督促全省各级稽查局全面清理积案，对遗留问题进行梳理，充分利用金税三期对接补偿模块对清理入库进行保障，实现自下而上的全面清理和覆盖全流程的技术支持，做到“积案去库存、数据更精准”。各市局稽查局严格贯彻工作要求，高度重视，积极行动，按照稽查案件4个环节及流程对基本信息、台账记录、分配下达和案卷目录逐一核对，对问题进行梳理归类，召开专题会议，提出方案，由分管领导督办，逐一结案，不留死角，清理积案效果显著。

【重大案件查处】 坚持把查处大案要案作为彰显稽查执法威慑的重点，制定考核指标和落实要求，努力在“有影响”“重特大”上下功夫。承办税务总局稽查局交办的“7·04”“8·25”“4·21”等大要案件15起，涉税金额1.37亿元。西安市地税局稽查局对三户企业实施重大税收违法案件信息公告，对4户企业进行司法移送，稽查警示震慑作用充分发挥。汉中市地税局稽查局查办1起该局成立以来最大的偷税案件，该案经法院终审裁决，判处涉案企业逃避缴纳税款罪，并判处法定代表人邓某5年有期徒刑，在社会引起极大关注和反响。各级稽查机关根据经济形势和高风险涉税分析，高度关注房地产、金融信托与高收入个人等各类税收违法活动的新动向、新方法、新手段，探索有效破解疑难问题的规律性方法，严格落实大要案报告制度，坚持重大税收违法案件集体审议制度，大要案件的分析、查办能力不断提升。

【行业和区域税收专项整治】 深入开展整顿和规范税收秩序工作，依法查处重点行业、重点区域存在的税收违法行为。一是落实双随机抽查。坚持以风险管理为导向，实现待查对象和执法检查人员的“双随机”抽取，提高税务稽查选案公平性和规范性。共安排双随机检查案件2248户，累计查补收入12.5亿元。二是网络抓取大股东减持及两融业务信息11万余条，组织企业自行补缴税款4.4亿元，数据应用更加扎实高效；通过数据比对分析，被查企业涉税疑点指向明确，取证路径清晰，证据固定迅速，稽查打击震慑力大为增强。

【“双随机、一公开”监管】 严格按照省局随机抽查及智能选案系统运行要求，全面落实“双随机、一公开”监管。依托金税三期系统和数据管税平台，不断完善各层级“稽查对象分类名录库”“异常对象名录库”“检查人员分类名录库”，及时更新数据，实行动态管理。组织全省首次税务稽查“双随机”公开选取仪式，邀请企业代表、媒体朋友共同参与，贯彻落实税务总局要求，取得了良好的社会效果。各地稽查局组织“双随机”公开选取仪式，按照“一公开”要求，通过本级网站，公开对“双随机”选案结果和涉及稽查行政检查、处罚、强制及奖励的权力清单和责任清单向社会公示，在全省范围形成同频共振，扩大地税稽查社会影响，推动了事中事后监管改革进程，促进了纳税遵从和税务治理。

【重点稽查对象随机抽查】 按照“以企业自查为先导、以科学分析为基础、以重点检查为保障”工作原则，开展总局稽查局部署的40户大型企业集团驻陕分支机构和陕西16户上市公司股权转让专项检查，共查补入库1.64亿元；自行组织西安经发集团、西部机场集团和省土地建设集团等三大企业集团检查及197户省级重点税源监控企业税收检查，共查补入库2.5亿元，以点带面，强化了重点行业、重点税源企业的管理。

【税收“黑名单”制度和联合惩戒】 严格落实税收违法“黑名单”和联合惩戒制度。按照《重大税收违法案件信息公布办法（试行）》规定，深入推进对失信者的信用监督、警示和惩戒制度。特别是在税务总局稽查局专项督导后，全省各级稽查机关再次梳理稽查案件处理情况，并按要求对符合税收“黑名单”撤出企业进行了公告，对骗税、抗税和其他重大涉税违法犯罪案件当事人一律列入“黑名单”。各地按公告规定审核上报了税收“黑名单”企业，其中商洛局曝光1户税收“黑名单”企业。同时，各地还结合“税收宣传月”，加强“黑名单”制度与联合惩戒工作的宣传力度，营造诚实守信的社会氛围。

【涉税违法案件检举】 加强税收违法行为检举管理工作，加强机构建设，实行专人负责，积极受理、办理、查处各类检举案件，做到件件有落实，件件有反馈。通过对涉税违法检举案件的及时查处，打击各类涉税违法犯罪活动，提高纳税人和扣缴义务人税法遵从度，净化税收工作环境，税收违法行为检举工作取得明显成效。全省共受理涉税违法检举案件78件，税务总局督办1件、交办4件，专案组对督办案件向税务总局作了检查情况的专题汇报。全年查结55件，查补入库收入总额1245.04万元，其中查补税款505.73万元、滞纳金351.55万元、罚款387.76万元。

【稽查制度建设】 一是落实《全国税务稽查

规范（1.0版）》（以下简称《稽查规范（1.0版）》）。把学习贯彻《稽查规范（1.0版）》作为加强稽查规范建设、防范执法风险的重要工作，组织多次专题培训。同时，各级稽查局将学习《稽查规范（1.0版）》与强化内部规范管理结合起来，以内部性规范、实用性规范、指引性规范、信息化规范为切入点对本局制度进行全面梳理，确保《稽查规范（1.0版）》落实到位。二是加强国地税联合稽查和多部门执法协作制度建设。在国地税联合稽查方面，提出"五同一联，双降一赢"（同部署、同立案、同进户、同审理、同文书，联席会议；降低纳税人和稽查工作成本，实现纳税人和稽查部门共赢）措施，进一步加强信息互通、数据共享。加强与省国税稽查局交流，先后召开6次联席会议。全年全省国地税对2248户纳税人开展联合进户稽查，较上年扩大34%，扩大检查571户，查补税款12.5亿元，较上年增长19%，增收2亿元。为扩大联合执法效果。加强与执法相关部门的合作，省、市、县三级警税联络机制在建立定期联席制度、信息交换制度等基础上不断深化，进入实体化运行。为进一步拓展执法合力，与省国税局、省公安厅、海关、人民银行召开五部门联席会议和联合表彰会议，交流情况，交换情报，商议机制，加强联合打击经济犯罪活动，推动五部门联合执法协作制度化、规范化、常态化。

【稽查系统建设】 以省局党组第二巡察组巡察工作为契机，将巡察反馈中指出的问题分解为三大类21个问题，深刻剖析，积极认领，全面对照自查整改。为加强稽查重点工作的落实，全年分两次开展全省地税稽查重点工作专项督导，对年初工作会部署的重点工作以及历年未结案件从11个方面进行考核督导，狠抓工作落实。各市（区）稽查局认真落实《稽查规范（1.0）》，固本强基，推陈出新，进一步优化内部稽查管理。宝鸡局在检查环节实行首查责任人负责制，将检查规范和廉洁自律、行风建设同考同评，强化检查环节的责任管理。咸阳局重视执法风险防控，按照"三查两审一整合"方法，查找稽查四环节中20个流程56处执法风险点，以及举报管理、税收保全和强制执行3个业务单元的24处执法风险点，制定内控标准，并编印成册指导日常工作。铜川局探索推行"插件式"管理，通过在稽查四环节插入"主辅查协同""稽查日志和督导问案"等一系列管理措施，稽查工作质效明显提升。延安局建立"立体式选案""专业化检查""精细化管理"体系，夯实管理基础，提升管理实效。榆林局从细处着手、从严上下功，审理、案卷等七方面管理质量不断提高。省局稽查局坚持改革创新不动摇，由局领导带队分别考察外省稽查先进经验，开拓视野，启发思路，形成调研报告，为顺利开局、推进稽查发展提供了决策支持。

【稽查队伍建设】 以加强政治理论学习为先导，开展"两学一做"学习教育常态化制度化活动和学习宣传贯彻党的十九大精神活动，不断提高"四个意识"。落实党风廉政建设责任制，积极落实"一岗双责"，做到党风廉政建设与稽查工作紧密结合、常抓不懈。为加强稽查重点工作的落实，于半年和年底分别开展全省地税稽查重点工作专项督导，对年初工作会部署的重点工作以及历年未结案件从11个方面进行考核督导，狠抓工作落实。

【稽查人才库建设】 按照岗位大练兵暨"稽查能手"选拔整体安排，采取全员培训、先行选拔、推荐上报程序，选拔240名干部参加8月底举行的现场竞赛，通过竞赛选拔，确定全省100名稽查标兵人才，激发了全员学习的热情。

【稽查业务培训】 落实税务总局《稽查规范（1.0版）》，组织稽查干部进行专业化培训。举办《全国税务稽查规范（1.0版）》培训班、全省国地税联合稽查业务培训班、全省地税稽查政务工作研讨培训班、数据稽查平台试点单位业务操作培训班、"稽查能手"竞赛培训等5个班次培训300余人。

【稽查信息化建设】 贯彻省局数据管税总体要求和"加强数据稽查建设"批示精神，紧紧抓住金税三期工程和数据管税平台的数据大集中、业务全覆盖的新机遇，整合开发数据稽查平台，建立智能选案、网络电子查账、在线审理和决策支持四大系统和稽查人员信息库、稽查案件数据库等稽查数据资源库，并开展试点推广。积极推进数据稽查建设，利用数据稽查平台的智能选案功能，进行对比分析、穿插利用、建立模型，重点选择整体税负偏低、零申报、长亏不倒等数据分析可疑、征管漏洞较大的案源，全省选案准确率平均保持在99%。通过数据对比分析、网络抓取大股东减持及两融业务信息11万余条，组织企业自行补缴税款4.4亿元，数据应用更加扎实高效。

【稽查调研】 分赴全国税务稽查工作的先进单位开展对标调研、学习交流活动，开阔新视野，打开新思路，取回"真经"，结合贯彻落实税务总局会议精神，初步确定下一步的工作方向：逐步实现稽查工作“数据化、法制化、规范化、服务化”，全面提升稽查工作质效和水平。同时，在全系统稽查部门开展“数据稽查”研讨活动。活动全力聚焦全省地税工作会议确定的“数据地税”这一主题，组织全体干部职工紧紧围绕如何贯彻落实好全省地税工作会议精神，努力开创稽查工作新局面开展学习研讨。研讨活动注重强调发动干部积极参与，突出“数据地税”的主题，重在解决稽查工作中的实际问题，力求寻找陕西地税稽查未来发展的突破口；注重收集整理研讨成果，在稽查部门掀起“思考数据地税、谋划数据稽查”的热潮。

（史晓泳）

甘肃省

甘肃省国家税务局稽查局

【概述】 2017年，甘肃国税系统按照“122”思路开展稽查工作，即围绕税收中心工作，整顿规范税收秩序，提升稽查工作效能，推出稽查积案清理、警税实质性合作两项亮点工作，开展重点稽查对象随机抽查、打击骗取出口退税专项行动、做实做细绩效考核等17项重点工作，取得较好工作成效。

【稽查查补收入】 查补稽查收入7.53亿元，入库7.53亿元，调减增值税留抵税金0.51亿元，调增应纳税所得额4.57亿元（弥补企业申报亏损额3.47亿元）。入库稽查收入同比增长16%，占同期全省国税入库税收收入总额的0.8%。其中：组织432户纳税人开展自查，自查有问题255户，入库税收收入2.15亿元。对1256户纳税人实施检查，发现有问题1176户，查补入库税收收入5.38亿元。其中，与地税部门联合对重点税源、医药、股权交易和废旧物资疑点企业等412户纳税人组织自查，对393户纳税人联合实施检查，入库税收3.73亿元（国税入库2亿元，占同期国税部门入库稽查总收入的49.54%）。

【案件查办情况】 全省国税系统共立案检查稽查案件1256起，比上年少62起，结案1253起，有问题案件1176起，其中百万元以上案件19起。1176起案件共入库稽查收入5.38亿元，占全年稽查收入总额7.53亿元的71.51%，其中19起百万元案件入库稽查收入1.18亿元。分违法类型统计，偷税案件341户（次），入库收入2198万元；编造虚假计税依据34户（次），入库收入42万元；不进行纳税申报160户次，入库收入1071万元；发票违法232户（次），入库收入619万元；其他违法431户（次），入库收入1107万元。有220起案件没有结案，比上年结存案件多6起。

【重大案件查处】 加强与公安、海关、人民银行等部门合作查办大要案，成功告破涉案金额14.6亿元、骗取出口退税6191万元的“4·06”骗取出口退税案件，抓捕犯罪嫌疑人4名，取保候审1人。该案实现3个突破，即掌握陆路运输与航空运输提单核查方法、备案提单与真实提单信息一致时如何从报关代理公司入手证明提单是伪造的、涉案出口企业无任何备案单证时如何确认真实货主的查办方法。

【打击骗税虚开专项行动】 开展织网式选案，参与联动检查，打团伙、端窝点、办大案、查串案，全年共立案检查虚开专用发票案件371起，涉及发票份数3.39万份、金额44.28亿元、税额7.05亿元；查实虚开案件183起，认定对外虚开发票4480份、金额10.88亿元、税额1.81亿元，接受虚开发票1.26万份、金额13.68亿元、税额2.04亿元，查补入库税收8700万元。对以“4·06”出口骗税案为主的5起骗取出口退税案件立案检查，证实骗取出口退税6191万元。对税务总局统一部署的大连“12·08”、青岛“18·15”和河南“12·04”骗税专案涉及甘肃省内的开票企业和农户开展检查。与公安部门联合侦办涉嫌虚开、骗税案件19起，移送公安部门70起，公安部门立案53起，抓捕30人，移送起诉11人，取保候审11人，网上追逃3人。白银“7·19”、嘉峪关“7·05”、平凉“10·25”等一批团伙虚开案件，被打击和惩处。12月29日，甘肃省内第一起骗取出口退税大案（“7·08”骗税专案）的主犯林某和从犯陈某分别被兰州市中级人民法院一审判处有期徒刑17年、有期徒刑3年缓期4年执行。

【行业和区域税收专项整治】 继续开展2016年开始以定西市为重点的医药行业区域税收专项整治发票信息协查确认工作；选择酒泉、武威等5个重点地区开展医药行业税收专项整治，检查违法企业35户，查处违法发票1.4万份，查补入库税收6500万元；与地税部门联合，对税务总局筛选下发的19户“线索清晰、疑点重大”的医药企业实施重点检查，查实违法金额5.5亿元，查补入库税收3036万元。

【“双随机、一公开”监管】 6月1日起在全省国税系统上线运行“金税三期税务稽查双随机工作平台”，建立由506名稽查人员组成的检查人员名录库、1712户纳税人组成的重点稽查对象名录库、5906户纳税人组成的异常对象名录库。从平台名录库中，随机抽取省市两级重点稽查对象359户、非重点稽查对象215户、异常稽查对象71户。对抽取方式、抽取结果等关键信息，在国家企业信用信息公示系统（甘肃）、省局门户网站等媒介公示。

【重点稽查对象随机抽查】 根据税务总局统一部署，按照“双随机”模式对中国工商银行等28个集团255户成员企业组织自查，选择部分企业开展进户检查。全年通过“双随机”模式对346户纳税人实施检查，查补入库税收1.54亿元。其中，省局从全系统抽调65名稽查骨干，对中国工商银行等12个集团72户成员企业统一组织检查。

【打击发票违法犯罪活动】 省、市、县三级国税部门继续履行全省打击发票违法犯罪活动工作协调小组办公室工作职责，配合公安等部门打击发票“卖方市场”，重点整治发票“买方市场”。全省共查处发票违法案件1095起，查处违法发票4.09万份，打掉犯罪团伙5个，公安机关立案73起，抓获犯罪嫌疑人67名，4人被判处有期徒刑。税务部门查补入库税收1.66亿元。

【税收“黑名单”制度和联合惩戒】 通过甘肃省企业信用信息公示系统、“信用甘肃”网站联合惩戒专栏、甘肃国税局门户网站、“5·15”打击和防范经济犯罪集中宣传日等载体和时机，公布13起重大税收违法案件，借助甘肃省“共筑诚信、德润陇原”诚信“红黑榜”新闻发布会，发布红榜企业355户，黑榜企业11户。落实国家发改委等34个单位共同确定的28项联合惩戒措施备忘录，起草落实细则，探索将走逃（失联）企业的相关当事人纳入涉税联合惩戒范围，对税收违法案件中直接从事税收核算的财会人员给予从业信用惩戒。组织干部和纳税人收看反映涉税联合惩戒工作的电视专题片，引导诚实守信，远离违纪违法。

【涉税违法案件检举】 对举报案件实行分级管理，纳入绩效管理考核问效。开设受理举报的专门办公场所，悬挂标识牌，规范举报管理工作。对税务总局和甘肃省国税局转办的举报案件，由市（州、区）国税局直接查办，不再向下转办。对举报人重复举报、没有查实的案件，要求相关市（州、区）国税局重新检查，并将个别举报案件列为省国税局督办案件。全年共受理税收违法检举案件94起，查结63起，查补入库税收1795万元。

【案件协查】 自3月起，在全系统推行要素协查法，要求委托方做到“不立案不发协查”，受托方坚持“受托地就是案发地”的原则，提高发函和回函质量。共对1.48万份发票发出委托协查，涉及税额3.85亿元，受托协查发票7392份，涉及税额1.42亿元，委托和受托协查共查补入库税收2343万元。委托协查选票准确率、受托协查按期回复率分别为98.19%和100%。

【稽查积案清理】 对2012年以来尚未查结及应查未查的六类案源（上级下达案源、外部门交办案源、协查系统受托案源、举报案源、本级自选案源、同级转办案源）查处情况开展清理，清理出稽查积案336起，清理查结300起，入库税收1.99亿元。

【警税实质性合作】 在全省范围内倡导警税协作联合办案，要求甘南州国税局以外的其他市（州、区）国税局，与公安部门深度协作，查结2起有较大影响的典型虚开或骗税案件，推动警税实质性合作，发挥全省78个公安派驻税务部门联络机制办公室作用。以深入查办“4·06”骗税案件为契机，带头探索与公安部门同步取证、突击检查等高效查办案件的方法，收效良好。借助海关报关管理系统，提升没有备案单证案件的查办效率。全省各级人民银行共协助公安、税务部门对6起涉税案件开展反洗钱调查13次，涉及可疑账户355个，可疑交易27.65万笔，可疑资金190.71亿元，对接收的12笔涉税可疑交易线索，调查分析后分别向税务部门移送或申请上级部门研判。

【稽查绩效考核】 做实做细5.0版稽查绩效考评指标，从实体、程序、案卷等多个角度对稽查收入、打虚打骗、协查、涉税检举等重点工作考核，使指标既能考实工作，又能促进工作，用数据说话，让实绩评判，体现公平公正。同时，考虑每个市（州、区）国税局的税源特点、稽查力量等因素，在确定“打骗打虚案件查处情况”等个别节点的考评标准时，实行区别对待，体现“跳一跳，够得到”的绩效指标设定原则。

【稽查队伍建设】 组织干部学习党的十八届六中全会、党的十九大作出的治国理政的重要决策和理论，提升干部的政治觉悟和理论水平；通过在重点稽查对象“双随机”检查等重点检查工作中成立临时党小组、开展税企联手促党建等活动，加强党员管理教育和党性修养；举办“营改增”行业税收检查培训班、税务稽查项目负责人培训班，派干部参加税务总局举办的信息化税务稽查培训、“营改增”重点行业税务稽查培训等7期培训班，及时更新干部业务知识，提升查账技能。

【稽查工作会议】 2017年3月29日，全省国税稽查工作会议以视频方式召开，总结2016年稽查工作，部署2017年稽查重点任务。全省国税系统506名稽查干部参加会议，其中各市（州、区）国税局分管稽查工作的局领导、稽查局主管业务的副局长，甘肃省国税局办公室、货物和劳务税处等17个相关处（室）的负责人，甘肃省国税局稽查局全体干部在主会场华瑞大厦24楼会议室参会，市、县两级国税局稽查干部在各自的分会场参会。甘肃国税局局长韩月朝会前对稽查工作作出批示，省局副局长向宇出席会议并讲话。

（李昭婕）

甘肃省地方税务局稽查局

【概述】 2017年，甘肃地税局稽查局以持续深化稽查改革为主线，以严厉打击各类税收违法行为为中心，以全面推进“双随机、一公开”监管、提升“黑名单”和联合惩戒质量为重点，以完善落实稽查制度、提升稽查信息化水平、强化稽查队伍建设为保障，充分发挥税务稽查职能作用，努力推进稽查现代化建设，实现稽查工作质效的新跨越。

【稽查查补收入】 各级稽查局认真落实稽查重点工作安排，统筹开展各项工作，依法严厉打击各类税收违法行为。全省共安排企业自查1337户，自查收入2.98亿元，实际入库2.98亿元；立案检查1225户，有问题户数1151户，查补税款、滞纳金和罚款共2.16亿元，实际入库2.14亿元，督导自查和立案检查合计查补收入5.14亿元，实际入库5.12亿元，占全省地税系统地方税收收入的1.63%。受“营改增”等政策因素影响，全省稽查收入总量有所减少，但稽查收入在全省地方收入的比重保持相对稳定。面对主体税种缺失，收入规模缩减的现状，各级稽查局积极探索确定“三个转变”的稽查工作思路，即努力实现稽查重点由营业税逐步向两个所得税和其他地方各税转变，组织形式由独立稽查向国地税联合稽查转变，信息来源由单一来源向多渠道获取转变，不断开创稽查工作新局面，全力完成稽查工作任务。

【“双随机、一公开”监管】 各级稽查局积极探索“双随机、一公开”监管机制，坚持加强事中事后监管，不断提高税务稽查选案公平性和规范性。全面深入推行“双随机抽查”机制，完成“金税三期税务稽查双随机工作平台”的培训和推广上线工作，分级分类建立税务稽查对象名录库、异常名录库和税务稽查执法检查人员名录库，合理确定随机抽查比例、频次开展随机抽查工作，随机抽查1665户（包括随机抽查自查），查补收入3.6亿元，占稽查总收入的70%。同时，注重对稽查成果的增值应用，积极推进与社会信用体系相衔接，将稽查结果及时在办税服务厅、社会信用管理系统网站上予以公开，将税务稽查随机抽查结果纳入纳税信用和社会信用记录，按规定推送至全国信用信息共享交换平台和全国企业信用信息公示系统平台，与相关部门实现信息共享。

【重点稽查对象随机抽查】 按照2016年度重点稽查对象随机抽查工作要求，与甘肃国税局稽查局在完成自查的基础上，联合确定242户企业开展重点检查（国地税共同选户180户）。各级稽查局合理安排检查力量，充分分析企业自查情况和征管数据，有重点地查找涉税疑点问题，采取团队化检查、项目化检查等多种组织形式，严格依法开展重点检查，提高工作质效，重点检查阶段共查补收入7868.67万元。同时，按照开展省级重点税源企业随机抽查的相关安排，继续对选取的1600户省级重点税源企业在4年内有计划地开展税收检查，抽取340户企业开展税收检查，其中开展自查290户，自查收入9796.23万元，开展重点检查303户，检查收入3658.10万元，合计查补收入1.35亿元。

【打击发票违法犯罪活动】 面对新形势新特点，以公安派驻税务联络机制、国地税联合稽查工作机制为载体，紧密结合税务稽查重点工作，合理调配检查力量，统一安排检查任务，继续严厉查处发票违法犯罪案件。全省共进行发票检查987户，查处违法企业273户、非法发票995份，涉及金额10380.6万元，查补收入412.92万元；向公安机关移送案件1起，公安机关查获犯罪嫌疑人2名。加强对社会关注度高、发票违法问题高发行业开展发票使用情况检查，查处违法企业152户，查处非法发票539份，查补收入309.42万元；对加工制造、水电、新能源、服务等行业开展重点检查，查处违法企业93户，查处非法发票421份，查补收入87.89万元；强化发票信息互通，共委托协查发票33份，受托协查发票47份，进行发票鉴定28份；积极开展宣传工作，共开展各类发票教育宣传143次，曝光典型案例3起。

【税收“黑名单”制度和联合惩戒】　严格执行重大税收违法案件信息公布的标准和程序，惩戒严重涉税违法行为，切实做到应公布尽公布、应撤出尽撤出。积极与甘肃省国税局沟通，争取甘肃省发改委的支持，协调全省35个联合惩戒部门重新签订《甘肃省关于对重大税收违法案件当事人实施联合惩戒措施的合作备忘录》。同时，在内部协调纳税服务、纳税评估、征管等实施惩戒措施的相关部门，进一步理顺各部门联合惩戒的工作任务。接收到甘肃国税局推送的12户重大税收违法案件公布信息，均将信息传递至纳税服务处实施税务联合惩戒措施，将其纳税信用等级直接降为D级。

【涉税违法案件检举】　落实《税收违法行为检举管理办法》，坚持“分级负责、属地管理、严格保密”原则，遵循“有案必接、接案必查、查案必结、结案必清”举报案件工作机制，确保“登记、查处、反馈”三落实。不断加大举报案件的督办力度，对积压的举报案件进行全面清理，对办理不及时的下级单位进行催办。做好检举案件的矛盾化解、疏导、说服工作，严格为检举人保守秘密。采取专案汇报制度，对省局交办的重大举报案件，由办理机关进行专题汇报，上下沟通，督促掌握工作进度，研究解决存在的问题，不断提高工作质效。

【联合稽查】　积极推行国税局、地税局联合稽查相关工作，进一步整合稽查资源，提高稽查工作质量和效率，凝聚稽查执法合力。一是依托联合稽查工作领导小组和“联查办”加强联系协作，落实协调机制，共同总结分析联合稽查中存在的问题及好的工作经验，研究部署联合稽查工作；二是联合举办稽查业务培训，实现师资共享、场地共用、费用共担，有效降低了培训成本，提高培训效率，取得“1＋1＞2”的效果；三是加强协作配合，联合部署税务总局重点税源随机抽查重点检查阶段工作、股权转让检查和医药行业专项整治工作，联合召开2017年全省重点稽查对象随机抽查检查阶段工作布置会。甘肃省国税局、甘肃省地税局共同确定联合进户稽查对象528户，联合督导自查412户，入库收入21763.79万元（国税8804.3万元、地税12959.49万元）；联合进户检查393户，入库查补收入15593.32万元（国税11216.74万元、地税4376.58万元）。

【稽查案卷复查】　创新开展稽查案卷复查考核和优秀典型案例评选工作，历经制定实施方案和考核标准、自查准备、实地检查、集中评查、总结表彰等5个阶段，最终评选出案卷复查先进单位9个、优秀典型案例16个。一是利用“双随机”软件，开发增设稽查案卷随机抽查模块，根据案件所属行业、查补金额等指标进行分类随机抽选，确保复查对象的公平性；二是从文书资料完整度、资料内容全面性、税收法制化、税务廉洁性、装订规范性等5个维度建立评分标准，确保复查项目的全面性；三是采用实地考核组现场考核和专家评审组集中评选相结合、现场演示评比和案卷评分相结合的评分“双结合”方式，确保复查结果的客观公正；四是在实地检查阶段抽调业务骨干实行异地检查，在集中评选阶段邀请相关业务处室配合参与工作，充分融合内外交流，实现共同学习的目的；五是对复查考核过程中发现的案卷管理存在的问题，积极开展“一对一”反馈，使问题反馈的针对性更强，整改方向更加明确，实现整改措施有的放矢。通过案卷复查和案例评选使稽查案卷质量得到全面检验，并达到全方位提高稽查案卷管理水平、进一步规范稽查案件执法程序的目标。

【稽查队伍建设】　坚持党建引领，强化理想信念教育，大力推进税务稽查队伍建设。一是严格落实绩效考评，靠实工作责任，评价工作成效，确保各项稽查重点工作任务落到实处，促进税务稽查工作质效整体提升；二是全面贯彻落实税务总局印发的《税务稽查风险内部控制制度（试行）》，牢固树立风险意识，结合岗位职责和工作流程梳理岗位风险点，有效防范执法风险；三是按照“一岗双责、一案双查”要求，确保廉政责任落实到岗位、落实到个人，落实到思想政治、业务工作、作风建设的各个方面；四是加强支部党组织建设，抓好“三会一课”制度，强化党内政治生活，实现党建工作与稽查业务齐抓的目的，强化稽查队伍党性建设。

【稽查业务培训】 结合当前稽查工作的实际需求及人员业务素质水平，以提高稽查业务技能为主，建立分级分类培训机制，采取省、市两级集中培训的方式开展稽查业务培训。一是与甘肃国税局联合举办为期1周的《全国税务稽查规范（1.0版）》及案件查办程序师资培训班，全省共110名稽查干部参加培训，进一步明确了稽查执法程序，提高了稽查工作规范化水平；二是举办“金税三期税务稽查双随机工作平台”系统操作师资培训班，全省共48名稽查干部和信息管理人员参加培训，为深入推行双随机抽查提供了切实保障；三是注重强化稽查干部日常业务能力和工作水平的提升，积极参加全省地税系统稽查业务能手考试，选拔出一批稽查业务骨干，为更好地履行稽查工作职责打下了良好的专业基础；四是各市州、县区举办204次稽查培训，培训1290人次，通过培训使得稽查干部丰富了知识、交流了经验，进一步提升了干部的综合素质和专业能力。

【稽查信息化建设】 加强信息化建设，提升稽查信息化应用水平。一是全面上线金税三期税务稽查检查证管理模块，对全省稽查队伍716名干部的税务稽查检查证进行更换，实现税务稽查检查证管理从申办、缴销、年审、变更全过程的信息化和规范化管理；二是推广上线“金税三期税务稽查双随机工作平台”，分级分类建立税务稽查对象名录库和税务稽查执法检查人员名录库，为深入推行双随机抽查提供了有力支撑；三是优化金税三期税务稽查模块的应用，积极向基层单位征集使用过程中出现问题及优化建议，联系信息部门进行协调维护，不断提升稽查办案程序化、规范化、信息化水平；四是根据实际采购稽查查账软件网络版，进一步充实查账软件的配备，加强查账软件的运用，通过税务稽查信息化手段提高稽查工作效率。

（李碧晓）

青海省

青海省国家税务局稽查局

【概述】 2017年，青海国税稽查系统服从服务税收中心工作任务，深化税务稽查改革、抓好重点执法工作、强化内部制约管理、提升专业队伍素质，努力开创青海国税稽查现代化发展新局面，发挥税务稽查职能作用，严厉打击各类涉税违法行为，累计查补税收5.92亿元，为青海国税事业发展和规范经济税收秩序做出了积极贡献。

【稽查现代化建设】 全力服从服务税收中心工作大局，紧紧围绕查处税收违法案件为中心，深化税务稽查改革，优化稽查管理方式，做强省级稽查局，做实市（州）级稽查局。抓好重点执法工作，逐步构建以税收风险管控为导向的适应税源日益集中和企业跨地区、跨行业经营的稽查资源配置模式和管理机制的改革思路。强化内部制约管理，严格落实规范进户执法制度和税务稽查规范，把稽查内控工作嵌入稽查业务全流程，制定青海国税系统稽查规范指引和省局稽查局规范指引。提升队伍专业素质，坚持分级分类培训制度，着力加大稽查队伍核心业务素质能力建设力度和稽查专业团队培养力度，着力增强稽查队伍执法能力。

【稽查体制机制改革】 结合青海省经济和税源结构特点以及税收管理、稽查工作现状，紧紧围绕“组收”“惩戒”两大稽查职能，以做强省局稽查局为目标，对西宁市国税局第三和第四稽查局进行改革试点，组建直接行使省级稽查局执法权，与企业集团化、税源集中化的趋势相匹配，与税收违法大要案件跨区域的新动向相匹配，与区域产业特征和新兴业态发展相匹配的跨区域“组收局”“重案局”2个改革试点稽查局。改革试点稽查局自9月正式开展工作以来至12月31日，累计查补税收5160万元。其中：“组收局”查处百万元以上大要案件7起，查补税收2460万元；“重案局”与公安等部门密切配合紧密协作，查办“7·20”虚开案件、总局“5·23”专案和“海啸一号”等重大案件11起，涉及金额4亿元，查补税收2700万元，抓捕犯罪嫌疑人6人，稽查改革工作已初现成效。

【稽查查补收入】　围绕税收中心工作任务，处理好稽查执法和组收关系，以风险防控为导向，严厉查处涉嫌偷、逃、骗税以及虚开发票等税收违法行为，深入整顿和规范税收秩序，累计查补税收5.92亿元，同比增长76.7%，查补率实现2.39%，完成年度计划的159%，达到并超过目标要求。其中：查处百万元以上案件56起，查补税收3.42亿元，有效发挥了维护税法尊严、保障税收收入、促进税法遵从的职能作用。

【案件查办情况】　落实稽查选案工作制度，探索、完善分析指标和参数，广泛收集和深度挖掘稽查信息、风险管理推送信息等，进行省局集中选案，提升稽查案源管理水平，实现选案精准化。主要涉税案件查补收入中，通过人工选案和系统定向随机选取的案件查补收入5.02亿元，实现税务稽查执法精准打击。接受税务机关其他部门转办案件查补收入9031万元。

【案件特点分析】　从违法手段看，涉及视同销售行为未按有关规定处理以及发生销售收入未及时计提税金的查补收入4.05亿元，是2017年查处的主要税收违法手段，占主要涉税案查补收入的68%。其余查处的违法手段中：涉及不合理列支成本费用查补收入6570万元，涉及外购货物用于非应税项目未做增值税进项税转出处理查补收入4054万元，涉及发票违法查补收入5136万元，其他违法手段查补收入2893万元。

【重大案件查处】　查处100万元以上案件56起，较上年增加19起，查补收入3.42亿元，较上年增加2.08亿元，增长1.5倍。其中："西宁供水（集团）有限责任公司涉税案"入库查补收入2498万元；"青海盐湖能源有限公司涉税案"入库查补收入1464万元；"青海桥头铝电股份有限公司涉税案"入库查补收入1453万元；"西宁王府井百货有限公司涉税案"入库查补收入1400万元；"中国银行股份有限公司青海省分行涉税案"入库查补收入1027万元。

【打击骗税虚开专项行动】　紧紧围绕打虚打骗工作主线，联合公安机关开展青海省打击虚开专项行动，选定医药、废旧物资等重点行业实施打击整治，对2个重点地区积案实施专项清理。查实虚开发票1.72万份，涉及金额16.29亿元，其中增值税专用发票1.53万份，涉及金额14.43亿元。增值税普通发票0.19万分，涉及金额1.86亿元。累计查补税收1841万元，检查银行账户86户，移送公安机关42户，公安机关抓获犯罪嫌疑人13名，有力遏制了发票违法犯罪源头由沿海发达地区向西部偏远地区转移的趋势。

【行业和区域税收专项整治】　以西宁、海东市、西宁东川工业园区为重点地区，以金融保险业、电力、房地产、建筑、医药等行业为重点行业，对249户企业开展重点检查和专项整治工作，查补税收收入3.21亿元、抵减增值税留抵税金331.75万元、弥补以前年度亏损3.73亿元。

【"双随机、一公开"监管】　依托信息化，以金融保险业、电力、房地产、建筑、医药等行业为重点行业，按照规定的比例和频次开展随机抽查。同时，向青海省编办上报税务稽查随机抽查事项清单并在政府门户网站统一公布。随机抽查企业249户（含分支机构），查补税收收入2.14亿元（入库税收收入1.25亿元）、抵减增值税留抵税金332万元、弥补以前年度亏损3.73亿元。

【重点稽查对象随机抽查】　认真落实随机抽查制度和案源管理制度，积极推行查前辅导、查中约谈，以自查为先导、抽查与重点检查相结合的方式，做到上下联动、政策统一、查深查透，对中国工商银行等重点企业的139户在青成员单位开展轮查工作，累计查补税收1.05亿元，并积极开展涉税事项辅导工作，促进纳税人税法遵从度的进一步提升。

【打击发票违法犯罪活动】　以有力查处重点"串案"为突破口，坐实警税联络机制，集中优势力量深入开展"蓝盾2017"、建安行业虚开普票整治等专项行动，捣毁制售假发票窝点13个，查处违法企业333户，查实非法发票2.91万份、收缴假发票8.95万余份、假公章2500余枚，挽回税收损失3736万元，抓获犯罪嫌疑人24人，震慑了不法分子的嚣张气焰，为维护全省市场公平秩序和促进经济社会健康发展提供了有力支撑。

【税收"黑名单"制度和联合惩戒】　认真落实重大税收违法案件信息公布和对当事人实施联合惩戒工作要求，制定实施《青海省对重大税收违法案件当事人实施联合惩戒合作备忘录（2016版）》，着力加大与多部门联合惩戒力度，对虚开发票、骗税、造假账恶意偷逃税的涉税违法犯罪团伙，一律列入"黑名单"，重拳打击。全年通过门户网站和"信用青海"网站累计对外公布曝光100起重大税收违法案件，向省发改委推送39户涉税违法企业实施联合惩戒，并利用门户网站、12366纳税服务热线、报纸、广播等媒介，加大宣传力度，积极营造“一处失信，处处受限”的社会氛围，促进纳税遵从。

【涉税违法案件检举】 落实《税收违法行为检举管理办法》和相关工作要求，进一步加强税收违法检举案件管理。受理检举案件18起，在查2起，查结22起（包含2016年未结案件7起），累计查补税收1640.67万元，其中：税款898.25万元，罚款247万元，滞纳金495万元，进一步提升了涉税违法行为查处质效，有效整顿和规范了税收秩序。

【案件协查】 认真落实要素协查工作要求，优化协查资源，实施分级分类协查，着力强化对发票协查质量的跟踪和监控力度，加大协查系统数据分析力度，提高预警分析质量，积极为税收征管和案件查处服务。全年委托、受托协查发票1.52万份，按期回复率100%，发现违法企业240户，证实虚开发票1.34万份，涉及金额14.36亿元，委托、受托协查信息完整率分别为98.87%和99.01%，选票准确率99.98%。

【稽查人才队伍建设】 坚持分级分类培训制度，以税务稽查实务、信息化稽查、“营改增”行业稽查实务为主要内容，着力加大稽查核心业务培训力度，先后举办稽查业务骨干递进式培训班等专项培训3期，培训人员170人次，积极派员参加省外专题业务培训班11期，培训人员达86人次，推进稽查队伍整体执法能力不断提高。进一步发挥稽查人才的骨干作用，继续选拔专业能力突出的各类稽查专业人才，积极组建选案分析、稽查执法，以及打击虚开、打击骗税、打击发票违法行为等专业化团队，突出稽查队伍建设专业化、职业化，促进稽查专业化水平进一步提升。

【稽查信息化建设】 组织开发应用“青海国税稽查综合选案系统”，以涉税风险防控为导向，围绕重要领域、重点行业、重大线索，着力提高稽查案源信息大数据处理能力，有效提升了区域涉税风险分析、判别和筛选能力，全年共发现重大涉税风险纳税户50户，发现涉嫌违法线索1.68万条，涉及金额30.84亿元，为查办涉嫌虚开、骗税等重点案件提供了坚实的数据和证据支撑。积极推广应用金税三期稽查“双随机工作平台”，贯通省、州（市）稽查部门随机抽查业务，实现对税务总局重点稽查对象796户、省级重点稽查对象100户、市（州）级重点稽查对象85户、非重点稽查对象27.83万户、异常对象1580户的全覆盖监控，并实现对全省114名执法检查人员的信息化管控，努力打造常态化、规范化、制度化的稽查案源监管新模式。

【工作建议】 加快推进稽查信息技术建设工作，进一步规范稽查信息化应用管理，加强稽查大数据应用。进一步推进部门联合执法惩戒工作，以案件查办实战要求为导向，坐实公安派驻联络机制，健全公安派驻税务联络机制，深化联合惩戒工作机制，积极促进纳税遵从。进一步深化和推进稽查扁平化管理模式，着力增强省稽查部门组收和惩戒职能作用，提升新时期稽查执法工作质效。

（郑中林　樊　娜　王文建）

青海省地方税务局稽查局

【概述】 2017年，青海地税局稽查局认真贯彻落实全省地税工作会议精神和全国税务稽查工作视频会议精神，根据青海地税局党组和税务总局稽查局的工作部署，认真研究工作落实措施和办法，制定《2017年全省地税稽查重点工作安排》，统一布置重点税源企业随机抽查、区域税收专项整治、打击发票违法活动等稽查重点工作任务，制定各项切实可行的工作实施方案，确定检查方向、提示检查重点、明确证据要求、设计应对策略。同时，在实施检查预案的基础上，加大对全省地税稽查工作的监督、指导和协调力度，进一步提升稽查执法能力，提高稽查工作效率，为顺利完成全年各项预定目标奠定了基础。

【稽查体制机制改革】 由于青海省地税稽查体制改革处于探索和规范阶段，综合近年运行情况来看，逐渐暴露出一些诸如跨区域稽查机构的设置还缺少相关法律法规的支持问题；税收征管与税务稽查协调配合工作机制运行中衔接不够，以致税收征、管、查难以形成有效合力等问题。面对稽查体制机制上日益凸显的实际问题，青海地税局稽查局结合《深化国税、地税征管体制改革方案》要求，以及“营改增”后地方税源收紧的实际，为了更加有效地将稽查体制机制改革逐步引向深入，经过对个别跨区域设立稽查机构的市、州局的实地调研，并派人专程赴广西、河南、陕西、宁夏等省区地税部门学习考察稽查体制机制建设和信息化建设的工作经验，通过认真慎重地研究并汲取各局的意见和建议后，向省局领导书面提出实施“集中选案和审理，属地检查和执行”工作模式；搭建省级“一级稽查”管理体制构架；健全完善稽查经费收支管理机制以及理顺税收征管与稽查的职责，提高稽查的有效性和针对性等改革建议报告。

【稽查查补收入】　立案175起，审结171户，其中以前年度案件16户，有问题167户；结案160户，其中以前年度案件20户。查补收入共计9487万元，其中税款7481万元（营业税2425万元、企业所得税331万元、个人所得税1795万元、土地使用税308万元、其他税种2622万元），滞纳金1233万元，罚款773万元；稽查查补入库收入共计15705万元，其中税款6937万元、滞纳金1277万元、罚款319万元。另外，组织督导1225户企业开展税收自查，共计自查补税8031万元，其中滞纳金627万元；督导企业自查入库收入共计7172万元。从稽查报表统计数据来看，全省地税稽查查处涉税违法行为大多是不进行纳税申报等一般性案件，偷逃税等大要案查处力度较弱，而且在案件处理上引用法律依据不严谨，存在应罚未罚情况。从查处的纳税人行业比重来看，主要集中在制造业、建筑业、房地产业以及金融、电力和其他行业，占立案查补总额的92.78%，这些行业在“营改增”前是地方税收的主体行业，营业税未缴或漏缴情况较多。从督导企业自查和重点检查情况来看，个人所得税占查补税款总额的比例较大，达到40%。主要是个别扣缴义务人不严格履行扣缴义务，导致未足额扣缴个人所得税。

【行业和区域税收专项整治】　检查项目安排主要是完成税务总局下达的重点税源企业随机抽查及其他案源的检查。同时，根据《国家税务总局关于印发〈2017年度股权转让检查工作方案〉的通知》要求，对税务总局稽查局分析涉税线索并移交的5户涉及股权转让的企业开展检查，共计查补收入2549万元，其中税款1974万元，滞纳金574万元，罚款1.38万元。按照《国家税务总局稽查局关于开展2017年度医药行业专项整治工作的通知》要求，对税务总局确定的辖区内12户医疗行业安排税收自查，其中实施重点检查8户，查补收入408万元。自选医院、房地产、受理举报、打击发票等各类案件，共计查补收入1095万元；自行组织开展区域税收专项整治，安排督导949户企业开展税收自查，共计自查税金4179万元。

【重点税源企业随机抽查】　根据税务总局下发的2016年重点稽查对象随机抽查重点检查企业名单及关于开展2016年度重点稽查对象随机抽查工作的通知要求，制定2016年度重点稽查对象随机抽查工作实施方案，随机抽查工作分4个阶段，各阶段的时间安排与税务总局要求保持一致，期间成立督导组不定期对工作开展情况进行跟踪监督指导，确保随机抽查工作的顺利完成。并于2016年10月16日至2017年9月30日，对税务总局确定的39家重点稽查对象中，涉及的22家集团企业共264户在青成员单位安排税收自查，自查面100%，共自查收入3777.11万元，入库3685.79万元。自查结束后，筛选对12家集团企业的53户分支机构及子公司进行重点检查，共查补收入1304.28万元。

【打击发票违法犯罪活动】　对交通运输、房地产、建筑安装、金融保险、餐饮娱乐、商业批发与零售、药品与医疗器械、中介机构、广告传媒等社会关注度高、发票违法问题高发行业开展发票使用情况的重点检查，并要求各地将打击发票违法犯罪活动工作与税收随机抽查、行业检查、举报案件查处、发票协查等工作相结合，选定发票违法犯罪问题较为严重的其他行业开展重点检查。积极与国税、公安部门协调配合，采取有效措施，确保打击发票违法犯罪活动工作取得新成效。截至2017年底，全省地税稽查、征管部门共对318户企业的发票取得及使用情况进行检查，查处违法企业102户，查获非法发票316份，涉及金额6773.69万元，查补税款272.45万元，加收滞纳金33.87万元，罚款105.35万元；入库税款121.11万元，滞纳金34.09万元，罚款90.78万元。

【涉税违法案件检举】　按照税务总局《税务违法案件举报管理办法》及相关规定要求，不断加大涉税违法检举案件查处力度，严厉打击涉税违法行为，受理举报案件13件，其中：税务总局交办1件、青海地税局受理8件（受理后转税务其他部门2件、转外省地税局1件）、纪检部门转办2件、网站举报1件，各州、市地税局受理4件。共立案稽查10件，查结9件，查补税款300万元，加收滞纳金90万元，罚款131万元，合计521万元，执行入库352万元。

【税收“黑名单”制度和联合惩戒】　根据《关于对重大税收违法案件当事人实施联合惩戒措施的合作备忘录》“双扩围”情况，与省发改委、省国税共同起草《青海省对重大税收违法案件当事人实施联合惩戒措施合作备忘录（2016年版）（征求意见稿）》，并与36个单位会签《合作备忘录》。将符合“黑名单”标准的案件，在省局门户网站进行公布，并推送省信用体系建设领导小组办公室实施联合惩戒，同时曝光12起涉税违法案件。

【“双随机、一公开”监管】　根据《国家税务总局网络安全和信息化办公室关于推广稽查双随机工作平台和纳税信用等级管理系统（V2.0）的通知》（税总信息办便函〔2016〕340号），加强对抽查工作的组织部署，对除线索明显涉嫌偷逃抗骗税和虚开发票等税收违法行为直接立案查处外，其余所有待查对象均从“金税三期双随机工作平台”随机抽取。按照税务总局的要求建立省、市（州）两级重点稽查对象名录库和执法人员名录库的信息维护，实现双随机平台数据抽取正常、与核心征管业务推送正常和税务总局端的数据交互正常，确保税务稽查随机抽查工作的顺利开展。该平台成功上线后，改变了以往检查对象与检查人员由执法部门单方确定、自主安排、自由裁量，有效防止了“任性”检查及“人情监管”现象的发生。建立国税、地税共管户名录库，避免重复检查，积极推动合作常态化。公开税务稽查随机抽查结果10次，重点税源企业65户和58位检查执法人员信息。

【稽查系统建设】 根据《国家税务总局稽查局关于调研税收违法案件结案相关问题的函》要求，组织各稽查分局就2013年以来税收违法案件结案问题进行全面调研式检查，清理未结案件共计47件，并将形成历史积案的原因向税务总局稽查局作了书面报告。安排各稽查分局充分应用法律赋予的强制措施，加大执行力度，提高执法风险意识。截至2017年底，全省稽查部门已结清以前年度案件共计20件，清理入库欠税2863万元。另外，组织开展首次稽查优秀案例评选活动。对各稽查分局推荐的稽查案卷，从选案的准确性、预案的针对性、检查手段的创新性、案件定性的严谨性、执法流程的合法性、案卷组卷的规范性等方面进行综合评审，最终评选出7个优秀案例，为稽查办案提供有益借鉴，从而减少执法差错，提升执法质量，提高执法效能。

【稽查队伍建设及业务培训】 根据党风廉政建设的具体要求和反腐败各项任务，认真落实“一岗双责”要求，将“一岗双责”责任制分别落实到各领导班子成员分管工作责任之中。坚持“谁主管、谁负责”原则，根据工作分工，按照“一岗双责”要求，明确主要领导是履行党风廉政建设第一责任人职责，对稽查局党风廉政建设负总责，做到与稽查业务及其他重要工作一起部署，一起落实，坚持“重要工作亲自部署，重大问题亲自过问，重点环节亲自协调，重要案件亲自督办”。并通过每半年主持召开一次党风廉政建设和反腐败工作谈话会，加强稽查人员的廉政建设，坚持以防范为主、教育与惩戒相结合的原则，防范不廉行为发生。通过日常谈心谈话等形式，重点掌握干部思想动态，抓好干部素质教育，并与每个干部签订“个人廉洁自律承诺书”，突出自律抓防范。在全省稽查干部执法检查工作中，没有发生被举报和违法违纪的事例。组织全省地税稽查干部通过现场及远程视频方式，全面深入学习《全国税务稽查规范（1.0版）》。省局稽查局组织全省43名稽查干部，赴广东税务学校开展为期10天的业务培训。

【稽查工作会议】 2017年3月31日，全省地税稽查工作会议召开，认真传达全国税务稽查工作视频会议精神。省地税局局长赵念农，副局长师学铁与会，并讲话，着重强调了如何树立好稽查工作新理念，同时指出了全省地税稽查工作的短板问题；并要求全省地税系统各级稽查部门要深入贯彻全国税务稽查工作视频会议精神，认真领会税务总局局长王军对稽查工作的重要批示，以及税务总局关于进一步做好税收违法案件查处有关工作的通知精神，强调要在新的历史起点上不断改进工作方式方法，运用新的稽查工作理念和信息技术手段，落实稽查工作质效。

（刘　琪）

宁夏回族自治区

宁夏回族自治区国家税务局稽查局

【概述】 2017年，宁夏回族自治区各级国税稽查部门认真贯彻落实全国税务稽查和全区国税工作会议精神，以服务税收工作大局为中心，以提高纳税遵从和稽查质效为目标，以精准选案、系统管理、信息化稽查为抓手，以绩效考核、能力建设、改进作风、风险防范为保障，充分发挥税务稽查职能作用，推进税务稽查现代化建设，各项工作取得较好成效。

【稽查现代化建设】 以理论探索、机制改革和方法创新推进全区国税稽查现代化建设，在综合调研的基础上，推进银川地区“一级稽查”集中办公模式。采取授权检查、交叉检查、抽调稽查人才库人员组织集中检查等方式优化人力资源配。推行重大案件项目制管理，成立“18－06”等重大案件专案组，抽调各地精干人员参与全国打骗会战，集中力量查处一批重大案件。

【稽查体制机制改革】 通过充分调研和准备，宁夏国税局以“优化配置、规范管理、精简效能、稳步实施”为原则，在推行银川地区“一级稽查”集中办公。即：在坚持机构规格和机构名称不变，人员隶属关系不变，工资、福利、待遇不变的前提下对银川地区国税稽查资源进行统一优化配置，把宁夏银川地区4个稽查局职能按稽查四环节明确职责，在人员集中基础上实施“统一选案、统一检查、统一审理、统一执行”的集中办公模式。

【稽查查补收入】 全区国税稽查部门共查补收入3.94亿元、入库3.8亿元。查补收入实现高位运行的主要原因：一是税收专项检查成效明显，组织了指令性项目和因地制宜对房地产、医药等行业的检查，查补收入1.03亿元。二是大要案件查处质效提升，全年查处大要案件查补收入增长7800万元。三是存量案件快审快结，审结以前年度案件144起，入库查补收入10546万元。

【案件查办情况】 检查纳税人492户（次），有问题435户（次），按违法性质统计：偷税案件214户次、编造虚假计税依据39户次、不进行纳税申报27户次、发票违法197户次、其他125户次。检查户数比上年减少4户，查补收入同比口径（剔除自查查补收入）基本持平，个案户均查补收入61.57万元，户均查补收入同比基本持平。

【案件特点分析】 一是虚开虚抵案件高发势头明显。虚假信息注册、井喷式虚开、闪电式逃离特点鲜明。二是重大涉税违法案件频发。查处百万元案件持续在高位运行，个别案件案值超过千万元，反映出日常税收管理监管存在较大漏洞。三是发票违法有新动向。“营改增”后建筑业普通发票虚开有蔓延趋势。

【重大案件查处】 从强化查前分析、运用信息手段、联合公安办案、加强管查互动等方面入手，拓展案源渠道，查处百万元以上案件28起、入库查补收入17277万元，其中千万元以上案件3起，入库查补收入7920万元。千万元以上案件查补入库税额比上年增长518.26%，有力打击了各类重大涉税违法活动。

【打击骗税虚开专项行动】 成立领导小组，部署启动2017年打击骗税和虚开工作。实行项目负责制，通过内查资金流向，外调出关和货运信息，成功查办“18－06”专案，证实企业违规退税656万元，虚开农副产品118248万元，虚抵进项税额14609万元。承接并组织税务总局下发虚开发票“串案”及延伸案件查处和开展医药行业专项整治工作，共检查企业59户，证实虚开59户，涉案发票金额216673万元，涉案税款33581万元，抓捕10人，网上追逃1人。

【行业和区域专项整治】 深入开展医药行业整治，对2户医药企业开展检查，对“非药品亏本销售”等八类疑点信息进行逐项核实，分别核实“非药品有进无出”疑点问题6500万元，核实“药品有进无出”疑点问题1.6亿元。扎实推进成品油商贸和地炼企业专项整治工作，专项检查6户地方炼油企业，合计查补税款3549.68万元。

【“双随机、一公开”监管】 全面推开税务稽查“双随机”工作，及时更新各类名录库，除线索明显涉嫌偷逃骗抗税和虚开发票等税收违法行为直接立案查处外，税务稽查对象、执法检查人员均实现随机抽取。将随机抽查公开事项通过官方网站、微信公众号、办税服务厅进行公示，通过各类媒体和渠道，广泛开展宣传报道。随机抽查企业371户，直接立案检查户数150户，共查补收入1.47亿元。

【重点稽查对象随机抽查】 以税务总局局部署和各地自选的重点稽查对象随机抽查和上级交办、督办重大案件检查为抓手，联合地税拟定93户重点抽查企业，共同督导组织企业自查查补收入1769万元，对中国神华宁煤公司等5户税务总局重点稽查随机抽查对象及税务总局下发的4户股权转让企业、2户医药企业同步立案检查，入库税收收入8859万元。

【打击发票违法犯罪活动】 与地税局、公安厅联合印发《2017年打击发票违法犯罪活动工作方案》，多部门形成打击合力，先后查处“5·12”“7·20”、盐池中药材等重大虚开增值税专用发票案件。共查处各类发票违法案件241户，查处非法发票34965份，涉及金额30.14亿元，查补各项收入5721.85万元。抓获犯罪嫌疑人43名、端掉制售窝点2个、打掉制售团伙32个、缴获非法发票25721份。

【税收“黑名单”制度和联合惩戒】 与宁夏发改委、地税局联合转发《关于对纳税信用A级纳税人实施联合激励措施的合作备忘录》《关于对重大税收违法当事人实施联合惩戒措施的合作备忘录（2016版）》，首次将褒扬诚信、惩戒失信工作进行统筹安排，将全部41项激励措施，28项惩戒措施同文转发，进一步助力社会诚信体系建设。全区各级国税部门门户网站“重大税收违法案件信息”专栏，累计公布税收违法案件信息28起并推送至发改委等《备忘录》签署部门开展联合惩戒。

【涉税违法案件检举】 严格执行《税收违法行为检举管理办法》及相关规定，积极做好检举人的疏导和税法宣传工作，将举报中心打造成一个既受理群众检举又为纳税人提供税法咨询服务的窗口。全年共受理检举案件77起、查处52起，结案41起、结案率78.84%，查补税款、罚款、滞纳金合计654.41万元，入库566.11万元。

【案件协查】 严格落实《全国税务稽查规范（1.0版）》和税务总局关于开展要素协查相关规定，开展专题培训规范全区国税系统协查工作，提高案件协查质量和效率。全区共发出委托协查175起，协查发票23396份，涉及金额22.22亿元，税额3.78亿元，平均委托协查信息完整率100%，选票准确率99.95%。受托协查505起，协查发票11414份，涉及金额17.05亿元，税额2.89亿元，累计回复发票11732份，累计按期回复率100%，受托协查信息完整率100%。

【稽查制度建设】 制定《银川地区“一级稽查”集中办公实施方案》和相关考核管理制度，推动银川地区稽查力量的有效整合。全面推行国税、地税联合稽查机制，通过联合下发《2016年度重点税源企业随机抽查工作方案》，联合召开工作部署会议等形式，在重点税源稽查、打击虚开骗税、联合惩戒、人员培训等方面强化协作，形成办案合力。

【稽查系统建设】 发挥建立基层领导联系点工作制度优势，通过电话沟通、实地督导、基层走访、案件指导、联合检查等形式，强化对基层业务指导。以绩效考核为有效抓手提升系统管理工作水平，严格落实各项考核指标，做好日常监控、季度分析、半年自查等各环节工作，促进了各项重点工作任务的落实。

【稽查队伍建设】 各地对稽查人员队伍采取交流、提拔、调整等方式进行充实，优化稽查队伍知识和年龄结构。设立专人专职，对全区已经查结的45户案卷开展案头复查，选定5户进行实地复查，并下发工作通报，对存在的案件处理处罚不规范、稽查文书制作使用不规范等问题进行督导整改。

【稽查人才库建设】 加强税务稽查人才库建设，派员参加税务总局稽查人才库专业培训，按照各地人员变化情况，对全区国税稽查人才库人员进行更新；重视稽查骨干人才的能力建设，在龙江财税培训学校举办2期全区税务稽查骨干人才培训班；注重发挥稽查骨干人才的引领作用，统一抽调开展重点税源企业检查。

【稽查业务培训】 开展全区国税稽查“营改增”专题培训，提升“营改增”后稽查业务能力。按照分级负责的原则，指导各地把握新税收政策法规、查账软件运用等重点，通过业务骨干讲学，行业检查研讨，兼职教师教学等方式，大力开展冬春季培训10余期、培训人员1000多人次，提升了稽查核心业务能力。

【稽查信息化建设】　扩大信息数据共享和深度利用，加强与货劳等部门的横向联系和管理局的纵向联系，积极获取工商部门及互联网等外部信息，收集资本交易、出口退税等各类有价值的信息线索开展选案。依托稽查辅助平台系统、税收综合管理软件、管查联席会议等平台，参考行业预警值、纳税评估参数等指标，提升信息化系统运用成效。

【稽查宣传】　强化对外宣传，编发各类工作信息72条，向税务总局稽查局报送稽查工作要情13期，协调依托宁夏国税信息（稽查专刊）编发5期38条信息，信息专报8期。破获宁夏首起“7·09”骗税大案被国家税务总局和自治区党委、政府领导批示，打击医药行业的做法被国务院内参采用。

【稽查调研】　按照2017年全国税务稽查工作会议确定的“科学合理设置机构，集约力量，提升执法层级，优化稽查资源配置，提高稽查工作质效”的工作目标，在反复多次调研的基础上，提出“集中优势稽查力量，提升稽查管理水平”的要求，探索推行银川地区“一级稽查”集中办公，先后两次就有关工作向税务总局稽查局相关处室和王学东局长进行汇报，于10月底推行银川地区“一级稽查”集中办公模式，整合银川地区国税部门稽查力量。

【稽查工作会议】　2017年3月16日，全区国税税务稽查工作会议在银川召开，传达学习国家税务总局稽查工作会议精神和自治区国税局张曙东局长对全区国税稽查工作的重要批示；纪检组组长车毅明代表区局党组作《深化改革勇毅笃行奋力推进我区国税税务稽查现代化建设》工作报告，对2016年全区国税稽查工作进行总结，对2017年稽查工作进行部署。

【工作建议】　一是联合管理部门推出切实可行的办法，遏制虚开发票的蔓延。二是多牵头举办专项检查经验交流，及时发布指令性检查行业、企业税收违法行为的新动向、新特点以及各省对该行业税收检查的经验做法。三是建立分行业案例库，供各地学习借鉴。

（吴贵忠）

宁夏回族自治区地方税务局稽查局

【概述】　2017年，宁夏地税局稽查局认真贯彻落实宁夏地税工作会议和全国税务稽查工作会议精神，积极开展各类税收专项检查，严厉打击各类税收违法行为，超额完成稽查查补收入。推广运行宁夏地税“双随机”选案分析系统和税务总局开发的金税三期双随机模块。全面启动执法全过程记录制度落实工作，在西部地区率先向宁夏地税局各级稽查部门配发行政执法记录仪、税务稽查执法箱、数据采集存证系统，为有效规避执法风险提供保障。制定《全区地税系统税务稽查风险内部控制制度（试行）》《全区地税系统税务稽查风险内部控制制度（试行）》，开展稽查内部风险控制工作。开展稽查内部风险控制工作，进一步提高税务稽查质效。领会把握党的十九大精神的丰富内涵、思想精髓和核心要义，并将之转化为推动税务稽查工作发展的动力。

【稽查现代化建设】　不断加快稽查现代化步伐，各项工作取得较大进展。一是健全稽查配套制度，先后制定《税务稽查案件质效管理考评办法（试行）》《宁夏回族自治区地方税务局税务稽查执行工作规程》，为稽查选案工作的现代化打下坚实的基础。二是注重稽查风险的防范，制发《全区地税系统税务稽查风险内部控制制度（试行）》，严格落实税务稽查进点公告制度和查后回访制度，确保稽查干部能干事、不出事。三是注重信息化水平的提升。优化金税三期稽查模块功能，认真开展纸质资料推送和金税三期稽查模块环节推送同步工作，实现案件信息与实际工作同步，文书打印、文号生成工作全部利用金税三期软件完成。全面推行宁夏地税“双随机”选案分析系统，全年共通过“双随机”软件系统选案30件，选案准确率100%。四是注重人员素质的提高。全年在全系统开展稽查信息化建设、全国税务稽查规范（1.0版）和税务稽查岗位练兵等3个专题培训，共220人次参加培训学习，提高了稽查队伍素质。

【稽查体制机制改革】　继续推进稽查体制改革。一是做好稽查体制改革准备工作。组织开展稽查体制改革相关调研工作，为稽查体制改革做好准备。二是继续完善随机抽查制度。推广运行宁夏地税局“双随机”选案分析系统和税务总局开发的金税三期双随机模块。三是推进国地税联合稽查。制定《宁夏国家税务局稽查局　宁夏地方税务局稽查局2017年联合稽查工作实施方案》，探索实施“统一确定稽查对象、统一进户检查，统一审理定性，统一案件执行”等“四统一”工作机制，国地税稽查合作取得积极效果，受到税务总局充分肯定，总局副局长孙瑞标在《宁夏地税专报》上作出“宁夏国地税稽查执法‘四统一’的做法好”的批示。

【稽查查补收入】 根据当前经济形势和税收工作，妥善处理执法与收入的关系，进一步提高税务稽查工作质量和效率，严厉查处各类涉税违法行为，充分发挥税务稽查职能作用，稽查查补总额54520万元，入库收入总额37055万元，完成年度稽查目标任务的142.30%。稽查查补入库收入占全区地税系统同期地方级税收收入的2.53%。

【案件查办】 根据宁夏地税稽查实际情况，多措并举推进案件查办工作：一是职能作用充分发挥；二是开拓创新，稽查现代化建设取得新进展；三是稽查干部队伍建设实现大突破，为案件查办奠定坚实稽查人才基础。2017年共检查查处税收违法案件145户，其中有问题户数138户，结案130户。选案准确率98.57%，入库率67.97%。

【案件特点分析】 稽查案件以少缴税款案件为主，造成纳税人少缴税款的原因主要是企业人员对税收政策理解有偏差；企业财务人员工作有疏漏；部分纳税人存有侥幸心理。

【重大案件查处】 查处1亿元以上案件2起，查补税款3.6亿元；查处1000万元以上案件1起，查补税款1065万元；查处100万元以上案件7起，查补税款2904万元。

【行业和区域税收专项整治】 按照税务总局稽查局关于印发《2017年度股权转让检查工作方案》要求，与宁夏国税局稽查局联系沟通联合印发宁夏国、地税稽查局《2017年度股权转让检查工作方案》《2017年度医药行业专项整治工作方案》，共同部署并提出具体工作要求，组织对宁夏涉及的4户企业进行股权转让专项检查，共计查补税费18418.28万元，罚款89.61万元；扎实推进医药行业专项检查。联合宁夏国税局稽查局做好涉税疑点核查工作，及时追缴归谁补缴对应的地方各税共计32.76万元。

【“双随机、一公开”监管】 按照税务总局《推进税务稽查随机抽查实施方案》《自治区地税局关于开展2017年度重点稽查对象随机抽查工作的通知》要求，随机抽取30户重点稽查对象作为宁夏地税系统2017年重点稽查对象，并随机抽取稽查对象，随机选派执法人员。组织随机抽查范围内的30户企业进行自查，自查有问题户16户，共计自查补税2059.24万元。同时，实现“双随机”抽查公开，将宁夏地税局稽查局2017年税务稽查随机抽查的抽查依据、随机抽查主体、抽查户数、抽查所属期间、抽查方式等事项清单在宁夏地税局门户网站及时向社会公开，自觉接受社会监督，实现税务稽查“双随机、一公开”工作目标。

【重点稽查对象随机抽查】 认真组织宁夏地税系统各级稽查部门重点开展税务总局安排的2016年（税务总局稽查局第二批重点稽查对象随机抽查）重点稽查对象随机抽查工作，全年共组织对随机抽查范围内的156户企业开展自查，自查查补税费708.03万元，入库税费708.03万元。对其中的56户企业开展入户重点检查，查补税费5560.82万元，入库税费880.93万元。重点稽查对象随机抽查工作进展顺利。

【打击发票违法犯罪活动】 与宁夏国税局、宁夏公安厅联合下发《2017年打击发票违法犯罪活动工作实施方案》，共同部署打击发票违法犯罪活动工作，创新工作机制，深挖疑点线索，共同开展打击发票违法犯罪活动宣传工作。重点对交通运输、房地产、建筑安装、金融保险、住宿餐饮娱乐、商业批发与零售、药品与医疗器械、中介机构、广告传媒等发票违法问题高发、频发行业开展发票使用情况重点检查。检查过程中，注重加强与国税、公安、通信管理等综合治理发票违法信息的部门加强协作，积极配合财政、审计等部门开展对行政、事业单位等非纳税单位发票使用情况的专项检查工作，确保打击发票违法犯罪工作取得良好成效。组织宁夏地税系统各级税务部门检查发现使用发票有问题户205户，查处非法发票815份，涉案金额12168.25万元，涉案税额312.75万元。

【税收“黑名单”制度和联合惩戒】 落实《重大税收违法案件信息公布办法（试行）》，做好重大税收违法案件公布工作，确保所有符合公布标准的案件全部按规定进行公布，确保公布案件信息的真实准确，确保依照规定程序开展已公布案件撤出工作。5起“黑名单”案件推送至签订联合惩戒备忘录相关单位进行联合惩戒。

【涉税违法案件检举】 规范税务违法检举，营造公平纳税环境。举报中心高度重视涉税违法检举工作，加强对检举案件受理、查处、反馈等各个环节的管理，做好对检举人的疏导和劝解工作。受理各类税务违法检举案件40件（含重复案件1件）。其中：税务总局稽查局交办1件、省级受理4件；市级受理19件，区局交办16件，查结18件（含重复案件1件），暂存待查1件，转税务主管部门处理1件、转国税局稽查局2件，未查结17件，交办下级1件。共计查补税款、罚款、滞纳金总额为355.27万元，其中税款196.54万元。

【案件协查】　积极应对，做好税务稽查案件及发票的协查工作。及时登录协查信息管理系统，根据提示消息对协查工作进行监控和管理。加强税务稽查机关之间的合作，提高协查办案效率。对受理的协查案件，督促及时制作协查回复函并上报协查材料。承接北京市地税局第四稽查局委托协查任务，及时部署、全力配合，准确反馈结果，圆满完成工作任务。

【稽查制度建设】　根据《全国税务稽查规范（1.0版）》等有关规定，制定《税务稽查案件质效管理考评办法（试行）》（宁地税发〔2017〕69号）和《税务稽查案件执行工作规程》（宁地税发〔2017〕73号）。

【稽查系统建设】　集中力量以大要案查处、随机抽查、专项检查为主线，推进系统内规范办案和工作协调，增强系统内部的工作合力。

【稽查队伍建设】　打造高效廉洁专业稽查队伍，严格落实宁夏地税系统税务稽查风险内部控制制度，加大干部教育培训力度，建设学习型稽查团队。狠抓“两个责任”落实，加强分析研判，精心谋划部署，切实担负起主体责任。

【稽查人才库建设】　对宁夏地税稽查人才库人员进行梳理，调减7人，新增11人，现有29人。建立后备人才储备，不断补充、调整人才库人员，形成税务稽查人才梯队。

【稽查业务培训】　3月，对金税三期稽查模块全业务域、全功能域业务操作，双随机选案分析系统总体概述、功能、业务操作，网络版稽查查账软件总体概述、数据采集、软件使用流程等进行培训。4月，对《全国税务稽查规范（1.0版）》重点章节进行解读。6月，在上海财经大学继续教育学院开展宁夏地税系统稽查岗位练兵专题培训。通过学习，不断增长业务本领，增强解决复杂问题的能力，通过学习奠定扎实开展稽查工作的根基。

【稽查信息化建设】　全面启动执法全过程记录制度落实工作，在西部地区率先向宁夏地税局各级稽查部门配发行政执法记录仪、税务稽查执法箱、数据采集存证系统等127台执法装备并顺利投入使用，为规避执法风险提供保障，进一步提高税务稽查质效。继续做好金税三期稽查模块的应用运维工作，不断完善金税三期稽查模块功能。

【稽查宣传】　将宣传工作作为提高税务稽查工作影响力的重要方面。一是开展经常性的税收法制宣传教育。以当前重点、热点政策问题为突破口，经常性的开展税收法制宣传教育。二是曝光税收违法案件。先后在《宁夏法治报》《宁夏日报》设立税收违法案件曝光台，对税收违法案件进行曝光。全年共计曝光税收违法案件14起，其中：《宁夏法治报》曝光6起、《宁夏日报》曝光8起，进一步增强税务稽查的威慑力和社会影响力。三是加大信息宣传报道力度。全年发表各类文章127篇，为推动稽查工作、推进地税文化建设、构建和谐地税发挥了良好的舆论导向作用。

【稽查调研】　组织开展多次专题调研，形成《地方政府支持地税稽查体制改革方式的研究》《关于落实全面从严治党要求　加强党员队伍建设的思考》《稽查局关于深化内控建设　防范税务稽查廉政风险思考》3份专题调研报告，发挥税收科研的作用。

【稽查工作会议】　2017年3月14日，召开宁夏地税局稽查工作会议，贯彻落实全国税务稽查工作会议和全区地税工作会议精神，总结2016年稽查工作，交流工作经验，安排部署2017年稽查工作。宁夏地税局党组成员、总经济师王金平作主旨讲话。

（张迎春）

新疆维吾尔自治区

新疆维吾尔自治区国家税务局稽查局

【概述】 2017年，新疆国税稽查部门认真落实税务总局稽查局和新疆国税局党组的各项工作部署和要求，全面贯彻国务院《深化国税、地税征管体制改革方案》，围绕税收中心工作，提升站位，勇于担当，运用集成方略，凝聚工作合力，大力推进重点领域整治，重拳打击涉税违法犯罪行为，各项工作取得较好成绩。

【稽查现代化建设】 认真落实《深化国税、地税征管体制改革方案》和“放管服”改革任务，健全岗位职责，对接税务总局稽查局机构调整，对内设科室的职责范围和岗位分工进行明确，推行痕迹化管理，流程可控，提高稽查工作效率。全面推进“双随机、一公开”监管工作，结合新疆实际，有针对性开展“双名录库”建设。

【稽查体制机制改革】 在税收风险管理导向下，新疆国税局稽查局明晰稽查职责范围，强化、完善地市一级稽查职能；探索建立兵团城市跨区域税务稽查机构，发挥一级稽查集约稽查力量、提升管理层级的效能；深化和落实稽查改革任务，抓好稽查规范1.0版落实。

【稽查查补收入】 面对艰巨繁重的稽查任务和维稳工作，稽查部门讲政治，勇担当，结合各地税源结构和案源分布，科学分析预测，不断堵塞征管漏洞，全力以赴抓好稽查工作，进一步优化税收环境。全年共立案检查和督导企业自查2565户，累计查补收入15.9亿元，同比增长68.3%；实际入库14.5亿元，同比增长58.9%。

【案件查办情况】 立案检查纳税人1110户，其中有问题1067户，结案1066户；组织801户企业开展税收自查。当年查处千万元案件7起、百万元案件98起、偷税案件182起。努力提升个案检查成效，查准、查深、查透、查实，个案平均查补、入库收入大幅增长，其中百万元案件查处数量增长96%，发挥了税务稽查打击涉税违法、规范税收秩序的职能作用。

【案件特点分析】 一是涉税犯罪呈现的专业化、团伙化新特点，特别是不法分子利用空壳企业进行暴力虚开活动不断猖獗，应用供应链、综合服务平台等新兴业态骗税更加隐蔽；二是利用各项优惠政策和便利条件，不法分子注册虚假企业、“空壳”企业，大量虚开增值税发票，形成“政策洼地”，查处和打击骗税虚开的形势更加严峻、任务更加艰巨。

【重大案件查处】 聚焦重大税收违法案件查办，查处一批有影响力、威慑力的大要案件，如“18－08”团伙骗税专案、中泰欣隆贸易公司虚开发票案、霍尔果斯润丰贸易公司虚开骗税案等。全区查处偷逃税百万元以上案件86起，查补收入4.7亿元。新疆博州地区国税局稽查局查处的中泰欣隆虚开发票案件被评选为全国税务稽查典型案例，受到税务总局通报表扬。

【打击骗税虚开专项行动】 围绕“打、研、改、防”总体思路，充分发挥税务、公安、海关、人民银行四部门协调机制作用，扎实推进打骗打虚工作。对重大骗税虚开案源实行项目制管理，确保责任到人到岗；建立管理台账，严格跟踪监控，抓实抓细案件查处。全年查处“18－08”专案在内的骗税案件47起，查补收入1.8亿元。查处违法虚开企业619户，查实虚开发票3.9万份，涉及虚开金额119亿元，查补收入2.8亿元，入库金额1.3亿元，移送公安案件70起。

【行业和区域税收专项整治】 组织医药企业开展自查，重点检查税务总局下发的疑点案源，核实疑点金额35.1亿元，查补收入4亿元，入库1.5亿元。查处自选案源71起，查实对外虚开金额1.1亿元，税额1840万元；取得虚开发票金额4.7亿元，税额7385万元。严打非法销售成品油行为，对地炼企业开展专项检查，严防危化物品漏管失控，共出动执法人员390人次，查处违法案件7起，移交有关部门5起。对部分“营改增”行业开展虚开发票检查，查实8户企业存在问题，确认虚开专用发票金额1.8亿元，税额507万元。确定阿克苏市为2017年全区税收秩序专项整治重点地区，取得较好成效。

【“双随机、一公开”监管】　按照“建好库、推平台、抓重点、全覆盖”工作思路，健全完善随机抽查对象和执法检查人员两个“名录库”。在稽查、征管、信息及开发单位等部门的分工配合下，金税三期双随机工作平台正式上线运行。

【重点稽查对象随机抽查】　以重点税源企业随机抽查为重点，除线索明显涉税违法的直接立案查处外，所有检查对象以随机抽查方式确定，确保随机抽查全覆盖、出实效。系统纵向联动，征管、税政、督察等部门共同参与，认真开展随机抽查工作。通过企业信息平台、税务门户网站、办税服务厅公示等方式对外公布抽查情况，接受社会监督。全年随机抽查企业856户，查补收入3.7亿元，随机抽查工作成效凸显。

【打击发票违法犯罪活动】　发挥打击发票违法犯罪协调小组办公室的职能作用，积极与公安、通信管理等部门合作，全年查处发票违法案件1137起，完成税务总局部署600起检查任务的189.5%。查处非法发票6.9万份，查补收入8.4亿元。移送公安发票案件85起，联合办案21起，抓获犯罪嫌疑人19人。

【税收“黑名单”制度和联合惩戒】　主动协调地税、兵团发改委等部门，将兵团财政局等34个部门新增为联合惩戒成员单位，全区参与联合惩戒成员单位由原来的34个扩围至68个，推动税收信用体系建设向纵深发展。全年向联合惩戒成员单位推送“黑名单”案件90起，增长130%；在《新疆日报》《新疆经济报》曝光“黑名单”案例22篇。各成员单位积极配合，在阻止欠税乘坐火车和民用航空器、限制融资授信以及政府采购受限等领域取得成效。

【涉税违法案件检举】　持续做好检举案件矛盾化解、疏导、说服工作，妥善处理缠诉缠访事件，不断提高检举案件查处质量。做好与12366纳税服务热线举报工作对接。通过国税举报系统受理检举案件186件，查补收入2443万元，入库2507万元，发放举报奖金案件8件，兑付举报奖金1.85万元，移送公安1件。各级举报中心处理局长信箱、外网检举等检举线索124余起，处理电话举报120余次。

【案件协查】　以要素协查为中心，以打骗打虚案源为载体，坚持问题导向，采取多种措施狠抓质量控制，多项协查指标位居全国前列。在税务总局协查系统运行通报中，涉及排名的12项指标，新疆国税局稽查局有8项排全国前6位。通过协查系统发起委托协查1675起，同比增长107.8%；收到受托协查1055起，同比增长41.6%；移送司法机关案件数量增长80%；通过协查实现查补收入1.31亿元，协查服务案件查办和税款损失挽回的效果更加突出。

【稽查制度建设】　以落实《全国税务稽查规范（1.0版）》为抓手，夯实稽查执法基础，强化流程监控，形成完整的稽查执法和业务管理全环节规范与标准。联合地税组织编写《税务稽查规范业务依据选编》，与规范配套使用。印发《税务稽查风险内部控制制度》和操作指引，鼓励各地结合实际编写操作手册，实现稽查规范与金税三期系统业务操作相互衔接、相互融合，成为稽查工作的操作指南。

【稽查系统建设】　针对薄弱环节采取基层调研、地州间经验交流或集中听取汇报的方式指导各地案件查办工作，协调解决各地工作中面临的问题和困难。积极实践跨区域稽查、联合稽查、委托稽查工作模式。对新成立、未设立稽查机构地区发生的稽查案件，由区局指定邻近稽查部门查办案件，确保工作及时到位。深化国地税联合稽查力度，联合制发工作方案，成立领导小组，开展联合培训，采取有效措施推动稽查工作顺利开展。

【稽查队伍建设】　持续推动“两学一做”学习教育常态化制度化，积极参与“民族团结一家亲”活动。主动开展“机关联系基层、党员联系群众”、支部共建、联合主题党日、参观红色基地等系列活动，提高稽查干部党性修养。加强党风廉政建设，与监察部门联合印发《税收违法案件一案双查工作实施办法》，认真落实“一岗双责”，切实改进工作作风，有效防范执法风险。充分发挥绩效“指挥棒”和数字人事干部的激励约束功能，保障了各项稽查任务的顺利落地，取得实效。

【稽查人才库建设】　注重一线稽查人才骨干的培养，积极参加税务稽查“岗位大练兵、业务大比武”活动，进一步健全专业人才库建设，促进稽查人员队伍素质提升。新疆国税系统稽查人才库人员累计65名，纳入税务总局人才库人员4名。

【稽查业务培训】　结合重点工作内容，自主举办稽查规范（1.0版）师资培训、打虚打骗专项培训、双随机工作平台应用视频培训等；精心选择内地优质培训项目。区局共组织参加各类稽查培训班12个，培训人数513人次。举办形式多样的年初集训、查前培训等，干部业务能力进一步提升。

【稽查信息化建设】 加大稽查信息化硬件投入，保障稽查工作需要。强化稽查大数据分析应用，加强税务系统内部数据信息和第三方数据信息的归集整理，推进稽查选案大数据分析支持机制，整合重大税收违法案件企业和涉案人员信息库，强化稽查大数据拾取挖掘。用足用好现有税务端稽查应用系统及电子查账、电子取证、移动办公等稽查装备，借助信息化手段提高案件查办质效。

【稽查宣传】 加大税收违法"黑名单"宣传曝光力度，全年向联合惩戒成员单位推送"黑名单"案件90起，增长130%；在《新疆日报》《新疆经济报》曝光"黑名单"案例22篇；组织纳税人观看《"黑名单"里的罪与罚》专题片，扩大"黑名单"及联合惩戒的社会影响力、威慑力。积极参加税收宣传月工作，与有关部门联合开展打击涉税违法宣传活动，为地方发展营造良好税收舆论环境。

【稽查调研】 召开北疆、南疆片区案件交流会，进行集中调研，及时发现难点和问题，促进各地相互借鉴，为各地查办案件理清思路，明确目标。同时，为掌握各地稽查工作情况，区局工作组先后赴阿克苏、喀什等8个地州市开展调研，确保全区稽查工作顺利实施。

【稽查工作会议】 2017年4月13日，全区国税稽查工作会议在乌鲁木齐市召开。会议认真贯彻落实全国税务稽查工作会议和全区国税工作会议精神，总结2017年国税稽查工作，安排部署2018年稽查工作任务。新疆国税局局长刘培平在会前对稽查工作作重要批示。省局副局长徐岩在会上作题为《把握新要求　精准抓提升　推进新时代税务稽查现代化建设》主题报告。

（王秋香）

新疆维吾尔自治区地方税务局稽查局

【概述】 2017年，是党的十九大胜利召开、中国特色社会主义进入新时代、在党和国家历史上具有划时代意义的一年，是贯彻落实党中央治疆方略、始终聚焦新疆工作总目标、不断深化改革发展极其关键的一年。一年来，新疆地税稽查系统深刻认识、主动适应、积极引领新疆地税稽查工作新常态，系统性、整体性、协同性抓实各项工作，充分发挥地税稽查"利剑"作用。

【稽查现代化建设】 围绕落实《深化国地税征管体制改革方案》中"提升税务稽查管理层级"的稽查体制改革任务，开展跨区域联合检查；加大推行"双随机、一公开"监管的工作力度，营造有利于创新创业的良好环境；紧跟信息技术变革大趋势，不断强化信息聚集和分析应用能力，实现信息技术和执法管理的有机融合。

【稽查体制机制改革】 探索稽查体制机制改革。一是在总结吐鲁番、哈密地税稽查局跨区域联合稽查试点经验的基础上，修订《自治区地税系统跨区域联合税务稽查工作办法》，进一步扩大跨区域联合检查范围，提升稽查执法层级。二是大力推进国地税联合稽查，通过建立联席会议机制、稽查信息共享机制、合作项目推进机制、联合开展检查机制等4项制度，推动工作向纵深发展。全年共同确定联合进户稽查对象582户，占总立案数52%，国地税联合稽查取得实效。

【稽查查补收入】 新疆地税各级稽查部门共立案检查纳税户1242户，查补总额17.26亿元，入库总额16.21亿元（其中稽查机构立案查补收入12.12亿元、督导自查收入4.09亿元）。选案准确率96.2%、入库率93.9%、结案率127.1%，完成全年税收任务456.37亿元的3.5%。根据税务总局稽查局通报，新疆地税稽查查补收入总额位列全国地税34个单位第9名，入库总额位列第6名。主要采取了以下措施：一是实招促稽查收入；二是服务促企业自查；三是强力促稽查质效；四是重拳促大案突破。

【案件查办情况】 认真学习贯彻落实党的十九大精神和习近平新时代中国特色社会主义思想，始终聚焦"社会稳定和长治久安"总目标，统筹开展税务稽查各项重点工作，面对严峻的组织收入形势，各地、州、市地税局稽查局迎难而上，积极作为，主动担当，采取有效措施，组织稽查收入工作取得显著成效。

【案件特点分析】 积极开展股权转让检查工作，成立国地税联合检查小组，在检查工作方案制定、人员配置、涉税政策、数据反馈方面全程沟通交流。本次股权转让主要存在以下问题：一是协议转让的股权转让价格明显偏低导致少缴税款；二是未正确申报企业所得税；三是按照政府招商投资协议，部分企业适用减免税优惠政策出现偏差。案件特点：一是被查对象多为政府招商企业；二是涉税金额巨大；三是互联网信息在本次检查中起到举足轻重的作用。

【重大案件查处】　强化大要案件和检举督办案件查处力度。抓重点破难点，全年检查百万元以上案件134件，入库查补收入9.19亿元。成功查处了新疆君豪乌五同城、君豪置业、腾亿房地产、金安投资、缔森房地产等一批社会影响较大的案件，有力震慑了涉税违法行为，维护了税法尊严。

【行业和区域税收专项整治】　周密部署区域税收专项整治和行业专项检查工作。对全区91个县、市、区949户企业开展自查，从中筛选93户疑点较多企业开展重点检查。同时，对10个地、州、市的26户股权转让企业开展专项检查。不仅积累了股权转让企业、城投企业、中介机构、建材等行业的检查经验，而且持续规范了征管薄弱环节税收秩序。

【“双随机、一公开”监管】　围绕税务总局稽查局“推平台、建好库、抓重点、全覆盖”目标任务，成功上线推广应用“双随机工作平台”；健全两级随机抽查名录库和执法检查人员名录库；制定工作方案，有序开展随机抽查，除线索明显直接立案检查外，均要求利用平台开展随机抽查，随机抽查事项清单和查处结果及时向社会公开，接受监督。全年共抽取663户稽查对象开展随机抽查，有效促进稽查执法公平、公正。

【重点稽查对象随机抽查】　积极与新疆国税局密切合作，联合发文，对税务总局安排的第二批重点稽查对象随机抽查工作进行统一部署，联合检查，自查企业共924户，立案检查190户，查补收入共0.86亿元，并全额入库；同时全区两级地税稽查局随机抽取133户省级、地（州、市）级重点税源企业开展自查，立案检查118户，查补收入共计2.05亿元。

【打击发票违法犯罪活动】　重拳打击发票违法行为。把“国地税合作”“警税协作”作为主要抓手，把打击劳务派遣行业虚开发票作为重点整治项目，把乌鲁木齐市作为重点整治区域。全年共查处发票违法企业484户，查处非法发票5854份，向公安机关移送案件7件，羁押犯罪嫌疑人5人，法院判决发票违法案件2起。

【税收“黑名单”制度和联合惩戒】　联合兵团发改委、自治区国税局签订联合惩戒备忘录补充协议，使联合惩戒成员单位扩围1倍，有效填补兵团范围联合惩戒空白，得到兵团主要领导表扬性批示。全年公布重大税收违法信息23户，向联合惩戒成员单位推送税收“黑名单”纳税人信息5户，采取取消建筑施工资质、限量供应增值税专用发票、降低纳税信用等级、媒体网站公开曝光等惩戒措施。“黑名单”及联合惩戒制度的落实，有效促进以前年度未结案件清理，全年共清理未结案件296件，清理率86%，远高于56%的全国平均水平。

【涉税违法案件检举】　检举督办案件取得新突破。全区受理检举事项103起，其中区本级受理检举事项47起。全年承接上级交办、督办案件10件。积极配合开展打击侵犯知识产权和制售假冒伪劣商品，防止非法集资和成品油专项整治等，规范市场经济秩序。

【案件协查】　积极改进协查方式，认真落实案件要素协查办法。继续加强对各地稽查局协查信息管理系统运行情况的日常监控和指导；做好税收违法案件要素协查工作，改进协查方式，规范委托协查行为，及时做好本级协查案件的受理、查处和回复工作，受托组织区内外协查案件1起，委托协查案件13起，涉税事项35起。协查回复率100%。

【稽查系统建设】　研究税务总局稽查绩效考评指标，修订考评办法，分解落实各项绩效指标，推行反馈分析制度，明确分阶段工作方向，促进系统业务管理水平和基层各局的稽查工作质效；进一步强化案件复查的监督制约作用，坚持有错必纠，有效解决执法规范不统一等实际问题，有效防控执法风险。

【稽查队伍建设】　持续开展廉洁教育，加强廉洁文化建设，大力开展党章党规党纪宣传教育，做到警钟长鸣。强化党内监督，重点抓住班子成员这个关键少数，突出监督权力集中部门和资金、资源密集领域，使每名党员干部始终处于有效监督之下，着力构建不敢腐、不能腐、不想腐的有效机制。严格落实党组织书记的第一责任、班子其他成员的“一岗双责”。

【稽查业务培训】　组织全区稽查业务骨干进行大企业稽查技能培训；持续开展稽查“岗位练兵比武”活动，组织全系统稽查干部业务考试；根据稽查干部培训需要和计划，举办2期稽查规范1.0培训班和1期稽查科级领导干部更新知识培训班；购买注册会计师、税务师、律师网上学习课件，鼓励干部参加各类执业资格考试教育。通过组织开展大规模、全方位、系统化的专业培训，加快人才队伍的优化和整体专业技能的提升。

【稽查信息化建设】　加强稽查信息化应用及管理，强化稽查大数据的分析应用，建设及应用稽查案件监控监督管理模块及相应机制。到乌鲁木齐、昌吉、石河子等地了解网络版查账软件的使用情况，对今后网络版稽查查账软件在全区上线使用及与金税三期稽查系统衔接发挥金税三期系统强大的大数据功能进行实地调研。

【稽查宣传】 新疆地税局稽查局刊物《新疆地税稽查工作信息》编发7期，《新疆地税稽查简报》编发1期。撰写的《“暖心煤”加深“亲戚”感情》等稿件在《新疆日报》要闻版刊发。撰写的《新疆区地税局不断推进税警协作机制建设贯彻落实公安派驻税务联络机制见实效》《新疆地税、公安破获虚开劳务费发票案》等稿件在《国家税务总局稽查工作动态》刊发。

【稽查调研】 按照税务总局提出深化稽查体制改革的要求，在新疆地税实行省级一级稽查模式，短时期内很难实现。但新疆地税不等不靠，根据实际尝试在互临地区开展跨区域联合税务稽查，先后在条件较成熟的吐鲁番、哈密两地进行调研、推行异地联合稽查工作试点，收到良好效果。

【稽查工作会议】 2017年4月，全区地税系统稽查工作视频会议召开。自治区地税局副局长张英俊作题为《立足新时代　秉持新理念　运用新方法　确保完成稽查各项重点工作任务》讲话，从6个方面全面总结了2017年全区地税系统稽查工作，并将新疆地税稽查工作置身于经济社会发展和机构改革大局、置身于落实新疆工作总目标中进行深入分析，对如何统一思想、找准定位，高质量推进新时代税务稽查现代化进行了强调。从立足新时代，落实全面从严治党政治责任；研判新形势，务实开展地税稽查工作；把准新方向，推进税务稽查现代化；秉持新理念，提升稽查执法服务水平等方面对全区两级稽查部门和稽查人员提出了具体要求。按照税务总局稽查局《2018年税务稽查重点工作安排》，结合新疆地税稽查工作实际，部署了2018年全区地税系统稽查工作任务。

（陈艳荣）

大连市

大连市国家税务局稽查局

【概述】 2017年，大连国税局稽查局勇于担当，攻坚克难，在依法严厉打击出口骗税、虚开发票等工作中，取得重大成果。在案源管理、税警合作、国地税联合稽查、扩大税收违法“黑名单”影响力、落实“放管服”改革、推进税务稽查信息化建设、健全稽查内控制度、强化党建引领、提高稽查干部队伍政治业务素质等方面取得可喜进步，较好地完成了全年税务稽查工作任务。

【稽查现代化建设】 落实稽查转型——由传统稽查向智能稽查转变，建立“法治稽查＋信息稽查”双效机制。着眼纵深推进税务稽查现代化建设，在全国税务系统范围内率先研发系统完备、科学规范、运行高效的稽查数据管控作用平台。在“数据治理”现代化道路上迈出坚实一步。稽查数据管控作业平台拥有用户438个，覆盖全部从事一线稽查工作干部，实践作用在稽查工作中得到充分的发挥和检验。

【稽查体制机制改革】 全面推开执法记录制度，依托对稽查过程的跟踪监控，有效防控执法风险。一是加强硬件建设。根据稽查部门编制规模，统一采购执法记录仪155台，确保每个一线稽查组至少配备1台；组织专门团队研发执法记录专用管理平台，搭建网络服务器，设置数据采集站23个，实现执法相关音视频资料、数据统一管理。二是完善制度机制。制定《税务稽查执法记录仪及相关设备使用工作指引》，围绕使用事项、设备管理、数据存储、资料利用、监督监管等5方面，分别明确职责分工和标准要求，充分释放执法记录的监督效用。

【稽查查补收入】 查补税款5.22亿元，滞纳金6711万元，罚款819万元，查补合计5.97亿元（含自查），入库总额5.55亿元（含自查），入库率93%，户均查补税款35万元，比上年增长30%。全年调减企业所得税亏损额9.8亿元，调减增值税留抵税额1163万元。

【案件查办情况】 检查纳税人 1617 户，审结 1102 户，有问题 944 户。本着打击骗税与虚开工作“一盘棋”原则将两项工作紧密衔接作为 2017 年工作的重中之重，查处一大批特大案件。

【案件特点分析】 通过对虚开增值税专用发票案件的梳理，结合全国查获的虚开增值税专用发票案件的特点，归纳总结出大连市虚开企业特征：一是经营范围基本上都含有“煤炭、矿产品、农副产品、黄金”等项目。二是空壳开票企业的进、销一般都在外地。犯罪分子为隐蔽其不法行径进行跨地区、跨省份作案。三是认证的进项、销项发票金额大都顶额开具，短期内金额激增。四是虚开企业存续时间一般不超过一年。部分空壳开票企业成立 3～5 个月后，终止各项涉税事项，成为“非正常”企业。五是利用增值税申报表，暴力虚开。通过增值税纳税申报表虚假填列的 4 种形式对外虚开增值税专用发票和普通发票的现象，也成为新的违法手段。

【重大案件查处】 查处重大案件（查补税额大于百万）52 件，查补税款 15564 万元，滞补罚合计 18620 万元，其中千万元案件 4 起，查补总额 11006 万元。百万元案件 27 起，查补总额 7614 万元。

【打击骗税虚开专项行动】 以四部门合作机制为依托，持续深入打击虚开及骗税违法行为，成果显著。查处大连国税局建局以来最大 1 起骗税案，发现大连国税局建局以来最大 1 起接受虚开增值税专用发票案，破获大连国税局建局以来最大 1 起团伙虚开发票案，有效遏制了虚开增值税专用发票和骗取出口退税违法行为的高发多发势头，切实维护了国家税收权益和税收秩序。对涉嫌虚开增值税专用发票 968 户企业立案检查，查结 457 户企业，其中对 211 户确定虚开增值税专用发票，涉案税款 86.04 亿元，向外地发出《已证实虚开通知单》1341 份，辐射全国 21 个省市 1351 户企业，协查发票 114940 张，发票金额 348.9 亿元，税额 57.27 亿元。各地挽损税额 5.1 亿元，与上年相比增长幅度 16%。立案查结涉嫌骗取出口退税企业 3 户，应追回退税款 26.1 亿元、暂扣退税款 2210 万元、不予退税 2209 万元，查补税款 20.2 亿元，罚款 20.3 亿元，打骗成果合计 76.1 亿元，与上年相比大幅增长。税务总局副局长孙瑞标在 2017 年全国税务稽查工作会议上，对大连国税在打击骗税虚开专项行动中的工作成效予以肯定。

【行业和区域税收专项整治】 以大连地区某虚开犯罪团伙为突破口，面向大连地区废旧物资行业虚开发票违法行为开展专项整治。涉及的专项整治案件由公安部列为部督案件。专案组对大连市范围内 120 户废旧物资涉案企业立案检查，涉案金额 210 亿元，税款 30 亿元，涉及全国 32 个省市，发票上下游涉及外地企业 1600 余户。发出《已证实虚开通知单》涉及下游企业 564 户，涉及发票 7138 份，金额 7.24 亿元，税额 1.23 亿元。12 月 8 日，采取收网行动，在沈阳和大连两地实施抓捕，成功抓捕 12 人，搜缴大量涉案工具及虚开发票明细账等犯罪证据。

【“双随机、一公开”监管】 推行“双随机、一公开”监管体制改革，按照推广随机抽查机制要求，从“过程、对象、结果”全面落实随机抽查“一公开”工作。确定 981 户随机抽查对象，督导自查 1095 户（含税务总局重点稽查对象），立案检查 544 户。稽查滞补罚合计 45969.51 万元。通过门户网站公开稽查随机抽查查处结果，公示内容包括立案查处户数、立案查补税额、罚款情况等。5 月和 9 月，通过大连国税对外门户网站，全面公开 2017 年随机抽查名单以及抽查的依据、主体、程序、随机抽查对象的产生方式、抽查内容等情况，树立税务机关主动接受监督的良好形象。

【重点稽查对象随机抽查】 一是重点稽查对象名录库建设。税务总局通过“双随机平台”标识大连市范围内的税务总局重点稽查对象名录库 1006 户。二是异常稽查对象名录库建设。成立随机抽查选案团队，分工合作，协同建立异常稽查对象名录库。通过监控模型扫描及人工识别发现的 274 户次涉嫌虚开发票的税收高风险企业，分次进行稽查风险应对的推送。三是国地税共管名单维护。国地税双方协商确定 2017 年度联合稽查随机抽查方案。

【打击发票违法犯罪活动】 检查涉及发票企业户数 1254 户，查处发票违法企业 884 户，涉及非法发票 74465 份，涉及金额 3997821 万元，查补税款 466546 万元，加收滞纳金 1215 万元，罚款 197739 万元。其中，虚开发票案件 320 户，税务公安联合办案 141 户，案件移送 83 户。出动税务执法人员 591 人。联合成立 10 个打虚打骗专案组，获团伙作案 6 起，抓捕犯罪嫌疑人 34 名，网上追逃 5 名。对非纳税单位发票检查共涉及 74 个单位，涉及非法发票 245 份，涉及金额 1653 万元。

【税收“黑名单”制度和联合惩戒】 对外公布重大税收违法案件 50 件，其中虚开增值税专用发票案件49件、偷税案件1件。召开大连市联合惩戒工作“双扩围”会议，标志着大连市税收违法联合惩戒实现“双扩围”。联合惩戒成员单位由原来的20个拓展为32个，联合惩戒事项由18项扩大至28项。联合大连市发改委、文明办、地税局召开全市税收违法“黑名单”专题座谈会，数十位纳税人和多家新闻媒体参加座谈，通过畅谈感受，促进失信惩戒意识内化于心。

【涉税违法案件检举】 新建标准化举报中心接待室，配备录音、录像等设备，群众来访更加便利。加强与大连市地税局举报中心的联系，及时转办检举线索。对国地税共管户，国地税举报中心工作人员共同接待检举人，成立联合检查组，共同下户，共同分析案情，做到同一事项定性一致。举报中心工作的科学规范，有助于缓解社会矛盾，维护社会稳定，创造公平税收环境。大连国税局举报中心共接听检举专线电话700余次，接待来访检举130人次，全年共受理税收违法检举案件371件，较2015年增加218件，增长142%；较2016年增加123件，增长49%。

【案件协查】 充分发挥协查优势，进一步改进和规范税收违法案件协查工作，确保要素协查方法的推行工作落到实处。积极配合废旧物资专项检查工作，对来函信息进行汇总，全方位掌握全国废旧物资行业税收专项整治工作情况。委托协查发出发票119287份，比上年增长9.04%；受托协查发票共31398份，比上年增长19.59%。接待来人协查115次；涉案企业161户次；接待来连协查人员254人次。

【稽查制度建设】 汇编制度指南，编纂成集《税务稽查相关法律制度分类汇编》，供干部在稽查过程中使用。规范稽查文书公告送达。本着服务基层的工作理念，制定走逃（失联）企业集中公告送达制度，对走逃（失联）企业统一公告送达税务文书，集中对外定期发布。规范案件审理，结合《国家税务总局关于走逃（失联）企业开具增值税专用发票认定处理有关问题的公告》（国家税务总局公告2016年第76号）等文件，形成虚开发票案件定性处理的指导意见，制定《关于收到〈已证实虚开通知单〉后对受票方定性处理的意见》，统一执法标准和定性原则，集中解答基层干部普遍反映的共性问题。

【稽查队伍建设】 扎实开展党风廉政教育，严明党的政治纪律和政治规矩，强化责任担当，推进党建规范化建设，始终坚持把党的政治建设摆在首位，坚定“四个自信”，增强“四个意识”；全面加强党的纪律建设，落实中央八项规定。按照税务总局2017年打击骗税和虚开专项工作的统一安排，为保证打虚打骗专案组人员的党组织生活，彰显基层党组织在打击涉税违法犯罪活动中的战斗堡垒作用，成立专案组临时党小组。

【稽查业务培训】 致力于建立稽查人才培养长效机制。组织全系统各类稽查业务专项培训8批14期，合计培训人数1024人次。其中，规范电子数据取证流程学习、执法记录仪使用专项培训、税务稽查数据管控作业平台操作培训达到5批10期，培训人数554人次。为基层局举办打虚打骗取证方法、稽查案卷规范、协查举报、规范执法、内控机制等个性化专门培训，并将实地调研与现场培训有效结合，做到有的放矢，突出实效，提高一线稽查干部的业务能力和水平。

【稽查信息化建设】 为使稽查干部尽快适应信息化时代对稽查工作提出新要求，大连国税局稽查局从设备配置、平台搭建、专项培训三方面着手，充分运用网络数据资源，稳步推进稽查信息化建设。在设备配置方面，全系统共配备单机版查账软件64套（稽查局40套、征收局24套），正在运行网络版查账软件用户共257个，覆盖基层局全部稽查岗位；在专业培训方面，先后组织60人次到厦门进行规范电子数据取证流程专项培训，参训人员全部取得国家级电子数据调查分析师资格证书。

【稽查宣传】 高度重视舆论宣传工作，不断加大宣传教育的力度。利用各种新闻媒体和宣传形式。曝光违法犯罪案件，揭露虚假发票的社会危害性。借助税法宣传阵地，开展大范围、全方位、新形式的宣传教育活动。在辽宁省电视台、大连市电视台、《中国税务报》《中国税务稽查》《大连晚报》等主流媒体宣传发票相关法律和知识，曝光典型案例，多场次、多角度、多部门开展宣传教育活动。专刊“打骗打虚　稽查亮剑”在《大连税务研究》2017年4期整期刊登。

【稽查调研】 在“双随机、一公开”检查中，充分利用税务稽查“一对一、登门服务”工作优势，深入了解企业的“难点、堵点、痛点”，助力企业深刻了解国家税收优惠政策、准确把握运用政策。深入当事企业实地调研，了解案件实际情况。经调研，1户上市公司、2户行业龙头企业虚开增值税专用发票非企业主观故意行为，系内部监管不力，员工个人行为所致，经企业申请、市局局长办公会议审议、税务总局备案等环节，对3户优秀实体企业不予列入税收“黑名单”，受到政府与企业的好评，对大连市营商环境的持续优化起到良性引导的促进作用。

（张云峰）

大连市地方税务局稽查局

【概述】　2017 年，大连地税局两级稽查部门认真学习贯彻习近平总书记新时代中国特色社会主义思想和党的十九大精神，贯彻落实全面从严治党各项部署，以全国稽查工作会议和大连市地税局年度工作会议精神为指引，全力落实“有案必查、有税必征”“强基固本、真抓实干”工作要求，持续推进稽查体制改革，成立大连地税局稽查局，以“一级稽查”为重心的全新稽查体制基本建立，新的稽查体制平稳运行，稽查体制效能充分释放，稽查震慑作用持续增强。

【稽查现代化建设】　深入落实稽查体制改革方案，不断探索研究完善“一级稽查”体制机制。创新制定《案件查办部门联动标准》，按照依法稽查、过程管控、信息共享、有机联动、效能为本、风控为重、责任可溯、优劣可评的理念，对案件分配、初查、详查、提交、审理、执行、案卷管理 7 个阶段工作的完成时限、联动内容、质量要求等作出明确规定，分阶段考核，实现稽查业务全程可控、可视、可查、可评、可比、可溯的闭环管理。

【稽查体制机制改革】　根据《大连市人民政府办公厅关于印发大连市地方税务局主要职责内设机构和人员编制规定的通知》（大政办发〔2016〕76 号），2 月 22 日，大连市地方税务局稽查局成立，适应税务总局“大稽查”架构的稽查体制改革取得实质性进展。出台《大连市地方税务局关于明确各层级稽查机构稽查方向、任务、范围的指导意见》，明确大连地税局稽查局、其他直属稽查局和各征管局稽查部门的稽查职责分工及稽查方向、范围以及任务。

【稽查查补收入】　实现稽查收入 2.94 亿元，入库稽查收入 3.17 亿元。从查补税款的税种构成分析，企业所得税查补额 1.23 亿元，占查补收入总额的 32.3%；营业税查补额 1.21 亿元，占查补收入总额的 31.6%；土地使用税查补额 0.31 亿元，占查补收入总额的 8.1%。从查补税款的行业构成分析，建筑业查补额 1.08 亿元，占查补收入总额的 28.3%；批发和零售业查补额 0.81 亿元，占查补收入总额的 21.2%；房地产业查补额 0.62 亿元，占查补收入总额的 16.2%。

【案件查办情况】　立案检查 1191 件，审结 1317 件（含以前年度立案案件），其中有问题案件 791 件，查处偷税案件 17 件，查办发票违法案件 308 件，调整应纳税所得额 107 户，调整金额 55319 万元。

【案件特点分析】　稽查案件查补税种以企业所得税为主，发现的违法问题主要有：一是不允许扣除或超标准列支成本、费用的案件相对集中。二是房地产建安企业、建筑设计企业未按规定确认结转收入和成本的案件依然普遍。三是利用伪造发票、虚开发票税前扣除成本、费用的案件比重增加。四是出现未按规定申报资产损失，未正确区分应税收入和免税收入的案件苗头。

【重大案件查处】　共查处偷税案件 17 件，查补收入 298 万元。查处查补税款超过 200 万元的重大税收违法案件 17 件，查补收入 1.49 亿元，其中，查补税款超过 500 万元案件 9 件，查补收入 1.19 亿元。移送司法机关案件 1 件。

【区域税收专项整治】　根据区域特点，开展制造业、房地产业、建筑安装业以及涉海企业等 14 项区域行业或项目专项整治，共立案检查 77 户，查结 64 户，查补收入 2370 万元，入库收入 2197 万元。

【“3·24”制售虚假发票违法行为专案检查】　按照税务总局下发的案源线索，共对 862 户涉嫌接受“3·24”案件虚假发票企业开展检查，组织企业自查 830 户，立案检查 114 户。经检查发现虚假发票 972 份，涉及金额 16403 万元，查补收入 2257 万元。

【税务总局交办案源】　按照税务总局统一部署，对 9 户股权转让企业、2 户医药行业专项整治企业、4 户“9·06”专案企业实施检查，合计查补税款 1.3 亿元。国地税稽查部门加强协作，成立国地税联合稽查专案领导小组，分类制定工作方案，挑选业务骨干组成检查团队，建立专项检查管理台账，跟踪记录检查情况，定期听取情况汇报，强力推进检查工作。

【“双随机、一公开”监管】　印发《大连市地方税务局税务稽查“双随机、一公开”工作细则》，部署省市两级“双随机管理系统”。通过“双随机管理系统”共随机抽查立案检查 611 户，随机选派检查人员 100 组。通过市政府门户网站和大连地税门户网站向社会公开双随机运行情况。

【重点稽查对象随机抽查】　按照税务总局关

于第二批重点稽查对象随机抽查的工作要求，制定工作方案，明确职责分工、时间进度以及具体检查要求，与国税局联合成立重点税源企业检查联合督导组，组织24家重点稽查对象的338户成员单位开展自查工作，并对13家集团下属的22户成员单位立案检查，其中国地税联合稽查13户。完成检查21户，其中有问题17户，查补收入565万元。

【打击发票违法犯罪活动】 查处发票违法企业308户，涉及违法发票836组，查补收入合计2786万元，公布发票违法“黑名单”案件4件，向公安机关移送发票违法案件1件。

【税收“黑名单”制度和联合惩戒】 完成本地区新版《联合惩戒合作备忘录（2016版）》修订工作，实现联合惩戒单位和惩戒措施“双扩围”，参与联合惩戒成员单位增至32个，联合惩戒措施增至28项。严格按照重大税收违法案件“黑名单”及开展跨部门联合惩戒的工作要求，对外公布5件“黑名单”案件，并将“黑名单”案件信息全部推送联合惩戒部门，实施联合惩戒措施；将1件符合标准案件撤出公布、解除惩戒。

【涉税违法案件检举】 两级举报中心共接收检举案件230件，除不符合受理条件外，实际受理109件，立案检查61件，查结38件，累计查补收入3668万元。应计发奖金案件12件，全年累计支付检举奖金5900元。

【案件协查】 发起委托协查2起；收到受托协查6起，协查发票10张。

【积案清理】 建立存案跟踪台账，实施分类管理，制定一案一策，分阶段进行清理，要求穷尽税务稽查执法手段和措施。将存案清理纳入绩效考核，定期通报、适时督导。清理以前年度未结案件95件，清理率82.61%。

【稽查制度建设】 依据稽查现行有效制度和《全国税务稽查规范（1.0版）》对稽查工作重点业务进行集中梳理，统一编写大连地税局稽查业务流程图，方便稽查人员查询、掌握具体稽查业务流程、岗位职责、业务内容，并组织文书修订工作，编印《税务稽查案卷范本（2017版）》。

【稽查系统建设】 调整绩效指标设置及分值，降低部分指标考评标准，确保工作任务落到实处。严格落实上级机关考核项目，分级制定承接绩效考核指标方案，层层分工，分解到部门，责任到个人，确保稽查工作质效全面提升。

【稽查人才库建设】 组织开展“税务稽查岗位大比武”，将综合素质高、稽查能力突出的稽查人员扩充到稽查人才库中。培养和锻炼稽查骨干，发挥稽查人才的优势，组织安排参与重大案件检查。

【稽查业务培训】 为了满足更好地开展检查工作、完成稽查任务、打造稽查新模式的需要，组织开展稽查规范、稽查案例、稽查文书、调查取证、税收政策、会计准则和稽查信息化等培训，并通过考试来检验学习成果，达到理解掌握政策、明确业务制度、统一执行标准、熟练运用信息化手段、提高稽查能力的预期目标。

【稽查信息化建设】 重新梳理和配置金税三期系统中的稽查工作流程和岗位权限。部署、测试和调试“双随机”平台，开展相关业务培训，确保“双随机”平台顺利上线运行。加强稽查大数据应用，利用决策分析系统和数据查询系统中的各类稽查数据，统一稽查数据统计分析口径，为稽查决策分析提供及时准确的数据信息。在稽查办案过程中使用执法记录仪，全程录音录像，加强执法监督，确保执法规范，保障税务稽查人员依法履行职责，维护当事人的合法权益。

【稽查宣传】 不断加大对外宣传力度，通过多种途径反映稽查工作开展情况，向税务总局报送工作信息7篇，被税务总局工作动态采纳1篇；向大连市政府报送信息1篇，被市政府《每日要事》登载；在大连市地税网站工作动态栏目登载信息23篇；在各类新闻媒体刊登48篇次工作信息和案件曝光内容。《中国税务报》等媒体集中刊载了大连地税优化税务稽查、助力营商环境建设的系列宣传报道，风清气正的稽查队伍形象进一步树立。

【稽查调研】 局领导带队深入基层单位，对“3·24”虚假发票专案检查工作和《全国税务稽查规范（1.0版）》执行情况分别开展督查调研工作。为联系实际深入研究地方税收工作面临的问题，提升税收研究服务税收工作的效能，全系统开展优秀税收调研论文征集评选活动，经过严格评选，有16篇关于税务稽查工作方面的研究文章获奖。

【稽查工作会议】 2017年2月28日，大连地税局召开2017年度税务稽查工作会议，传达贯彻全国税务稽查工作会议精神，总结2016年税务稽查工作，部署2017年稽查工作任务。大连地税局总经济师梁兵出席会议并作题为《夯实稽查基础、弘扬实干作风》的讲话，强调2017年全市地税稽查工作要在夯实基础、提升效能和深化创新方面下功夫，坚定不移地贯彻落实好税务总局和大连地税局党组的决策部署、贯彻落实好依法治税的工作原则、贯彻落实好从严治党的各项要求，着力在基础建设、案源管理、内控机制、信息化建设、以查促管、国地税联合稽查上求突破，推动新稽查体制下的各项稽查工作实现新提升新跨越。8 月 1 日，召开 2017 年度税务稽查半年工作会议，总结上半年税务稽查工作，部署下半年稽查工作任务。11 月 30 日，召开专题会议，全面部署优化税务稽查、助力营商环境建设工作。

【助力地方营商环境建设】 印发《中共大连市地方税务局党组关于进一步优化税务稽查、助力营商环境建设的指导意见》和 9 个配套文件（简称“1 +9 文件”），引导全市地税稽查系统更好地处理执法与服务的辩证关系，更好地实现执法与服务互促进、共提高，更好地维护公平公正的税收法治环境，进而促进国际化营商环境建设。一是优化稽查服务。坚持把服务的理念与行动体现在稽查执法的全过程。二是更新执法理念。切实做到该宽则宽，当严则严，宽严相济，罚当其责，宽严有据。三是严肃稽查纪律。改进稽查作风，严守廉政纪律和执法规矩。

（荆小迪　杨黎黎）

宁波市

宁波市国家税务局稽查局

【概述】 2017 年，宁波国税局稽查系统认真贯彻党的十九大精神，深入落实全国税务稽查工作会议和全市国税稽查工作会议精神，紧紧围绕税收中心工作，以聚焦主业为基点，以深化改革为着力点，以优化格局为落脚点，发挥税务稽查职能作用，保持打击税收违法犯罪行为的高压态势，圆满完成各项任务。其打骗打虚、大要案查处、专项整治、队伍建设等多项工作得到税务总局副局长孙瑞标和市委市政府领导的多次批示肯定。

【稽查现代化建设】 一是不断完善国地合作框架。在重点税源企业双随机抽查、股权转让企业专项检查、医药行业专项整治、旅游行业专项整治、打击发票违法犯罪专项行动等重点工作中全面推行国地税联合进户执法。二是不断健全税警合作机制。宁波大市 8 家稽查职能单位全部挂牌成立公安驻税务联络室，覆盖率 100%。借助长期驻点的联络室，税警两部门基本实现同进户、同取证、同审讯、同抓捕、快移送、快响应、快介入的“四同三快”合作局面。三是不断深化管查良性互动。6 次召开稽查与法规、货劳、督察内审、出口退税、征管等相关部门的联席会议，及时反馈稽查结果、帮助寻找管理漏洞、提出改进意见建议，最大限度地凝聚工作合力，实现以管促查、以查促管良性循环。

【稽查体制机制改革】 一是实现案件处罚标准口径，细化明确各个处罚档次的具体案情适用类型，统一全市稽查案件处罚的标准口径。二是建立集体审理三级机制，对市区内涉案税额超过 500 万元、100 万～500 万元、100 万元以下的重大案件，分别由市局重案审理委员会、市局稽查局和各跨区稽查局进行审理。三是制定同案同办的一系列操作指引，形成《虚开专用发票案件税务行政处理意见》《出口骗税案件税务行政处理意见》，进一步统一执行规范，规范行政处理。

【稽查查补收入】 查补收入 18.07 亿元，同比增长 31.44%，入库 10.53 亿元，同比下降 16.62%。

【案件查办情况】 检查企业 1961 户，查有问题 1694 户，结案 1880 户。

【案件特点分析】 案件涉案金额持续走高，并日益呈现犯罪主体团伙化、犯罪链条复杂化、犯罪手段隐蔽化、犯罪工具智能化的趋势，空壳企业暴力虚开、平台骗税等新兴犯罪形态也逐渐进入公众视野。

【重大案件查处】 查处一批社会影响广、涉案金额大、违法性质恶劣的大要案。一是查处“11·25”盗取海关完税凭证虚开案成功收网。成功侦破中央批示特大盗用海关完税凭证虚开案，查实犯罪团伙涉嫌盗用 19 份他人海关进口增值税专用缴款书非法抵扣税款并收用虚开专用发票，涉及进项税额1.57亿元，销项税额1.59亿元，成功抓获犯罪嫌疑人3名，捣毁犯罪窝点1个。相关情况得到税务总局副局长孙瑞标的批示肯定。二是NL冷冻虚开骗税案顺利查结。查实涉案企业盗用他人身份证虚开专用发票357份，涉及金额2.26亿元，假报海参出口1.58亿元，骗取出口退税2053.32万元，主要犯罪嫌疑人全部落网。三是拓展查处"6·21"买单配票模板案件。查实犯罪嫌疑人利用多家制衣企业虚开专用发票并以5户外贸公司名义报关出口，涉嫌骗取出口退税2632.5万元，涉及收用虚开专用发票价税合计2.7亿元，对外虚开专用发票价税合计3.2亿元，4名犯罪嫌疑人落网。这起案件是宁波迄今以来最典型、脉络最清晰的买单配票骗税案件，也是四部门紧密配合的范本案例。

【打击骗税虚开专项行动】 宁波市国税、公安、海关、人民银行四部门以查处虚开骗税串案为主要方向，集中火力攻破重点案件，通过深度分析疑点信息、缜密制定检查方案、集中指挥统一联动，打骗打虚战果实现"翻倍式"增长。全市国税稽查系统共检查涉嫌虚开企业1235户，查处虚开及收用虚开发票3.36万份，涉及金额105.83亿元，查补总计2.15亿元，定性虚开及收用虚开发票份数比上年增长5.5倍，查补总计比上年增长3.2倍。

【行业和区域税收专项整治】 在全市范围内针对医药、交通运输、房地产、建筑安装等13个重点行业和重点商品开展专项检查，联合地税开展股权转让专项检查28户，共查补税款2.15亿元，完成税务总局下发及自选医药企业专项整治，共查补税款425.75万元。

【"双随机、一公开"监管】 积极推行"双随机、一公开"监管，不断健全随机抽查制度机制，成功搭建了3个名录库，金税三期双随机平台进入全面应用进程，并依托市局门户网站，在事前、事中、事后3个环节做好随机抽查政策事项清单与阶段性成果的公开工作，主动接受公众监督，杜绝任性执法。

【重点稽查对象随机抽查】 组织税务总局重点税源企业自查301户，重点检查94户，查补收入1390.65万元，组织市级重点税源企业随机抽查自查330户，重点检查24户，查补收入7.18亿元。

【打击发票违法犯罪活动】 统筹推进打击骗税、打击虚开和打击制售非法发票"三位一体"工作布局，着力查处纺织、服装、家具等重点行业存在的涉票违法行为，以打骗打虚大要案件为突破口，积极拓展案源，共查处违法用票企业965户，同比增长105%，缴获非法发票10983份，同比增长163%，查补总额19359.12万元，同比增长142%。

【税收"黑名单"制度和联合惩戒】 根据税务总局部署，积极推动联合惩戒的合作单位与惩戒措施"双扩围"，并牵头制定宁波市联合惩戒工作新规程，扩围后，联合惩戒单位由21个扩大到34个，惩戒事项由18项扩大到28项，进一步增强联合惩戒的叠加效应。全市共公布重大税收违法案件212件，撤出符合条件案件18件，对欠税人员实行阻止出境94人，撤销阻止出境3人。

【涉税违法案件检举】 认真按照涉税检举管理办法开展日常管理，根据税务总局巡视反馈，采取转办、重新启动调查等分类处理措施，集中清理32件暂存档案件。受理税收违法检举事项630件，立案查处238件，查结238件，结案率80.95%，查补收入1.9亿元。

【案件协查】 推行要素协查，实施分级分类协查，规范委托协查发起行为，提高受托协查回函质量。全市协查系统共发起委托协查601起，涉及发票17968份，发票选票准确率99.94%，位列全国第五，委托查补入库6849万元，位列全国第2。

【稽查制度建设】 继续深入贯彻执行各项法律法规与《全国税务稽查规范（1.0版）》、嵌入式管理办法等制度规程，印发《宁波市国家税务局 宁波市地方税务局关于进一步推进"双随机、一公开"监管工作的通知》等相关制度文件和稽查业务管理办法，推动稽查规范化建设。

【稽查系统建设】 对《全国税务稽查规范（1.0版）》全面落地施行。针对其中提出的程序性要求，优化岗位配置，对选案、检查、审理、执行等岗位职责流程进行再明确，并重点对案源集体审议制度、双随机名录库、陈述申辩流程、重大税务案件集体审理、涉嫌犯罪案件移送等工作开展细化研究，查漏补缺，纠改并举，逐步形成分工明确、职责清晰、执法规范的稽查体系，有效提高了稽查日常工作的流程性、规范性和完整性。

【稽查队伍建设】 以稽查队伍的政治素质、业务素质和稽查实战能力、信息化应用能力为着力点，持续推进人才队伍梯级建设。一方面组织举办"营改增"稽查业务、打骗打虚业务、中层干部、ERP、信息化稽查、电子查账等各类培训，分领域、分类别、分层次地开展人才培养，并借助稽查大比武，综合考察全大市稽查干部的理论水平、实战能力和信息系统应用能力，遴选一批业务素质过硬的岗位能手；另一方面有侧重地通过跨区域专案组、大要案查处、专项整治等稽查一线实践，推进青年干部、业务骨干和专业化人才3个梯队建设，高素质专业化的稽查队伍培养初见成效。

【稽查人才库建设】　截至2017年底，宁波国税局稽查系统共有8人入选税务总局稽查人才库人才，43人入选市局各类人才库，其中36人入选市局稽查人才库。

【稽查业务培训】　分领域、分类别、分层次地开展人才培养，在组织稽查干部参加市局举办的各项培训的基础上，自行组织举办"营改增"稽查业务、打骗打虚业务、中层干部、ERP、信息化稽查、电子查账等各类培训，用好用活各类培训，强化干部业务能力。

【稽查信息化建设】　在积极做好金税三期双随机平台上线工作的同时，继续深化自主开发的稽查信息管理系统试点应用，并根据试点反馈意见，添加电子数据采集辅助工具。同时，在打骗打虚等重点案件查办过程中，创新使用资金比对系统、增值税发票蛛网系统和总局大数据平台等特色功能模块，大大节省稽查部门资金比对与票流分析的环节时间，提高了疑点追踪的精准性和有效性。

【稽查宣传】　积极利用"宁波国税"微信公共平台发挥税务稽查的震慑作用，全年总计发布税收违法"黑名单"12期。同时，在《宁波日报》《东南商报》等主流媒体上宣传税收违法联合惩戒扩围措施，强化税收信用体系建设。

【稽查调研】　深入开展调查研究工作，抓好质量，按时完成课题任务。其中《完善出口退税制度支持外贸经济发展问题研究》获得2017年度税收优秀学术研究成果二等奖。

【稽查工作会议】　3月17日，全市国税稽查工作会议召开。各区、县（市）局分管稽查工作的局领导、稽查局主要负责人，市局各稽查局局领导及各科（室）主要负责人，部分区、县（市）局局领导及市局处室相关人员参加了会议。市局局长牟可光对全市国税稽查工作作了重要批示："2016年全市国税稽查系统按照总局、市局的要求，查管并举，措施有力，各项工作取得了较好成绩。望各级稽查部门再接再厉，锐意进取，以更加昂扬的斗志、更加饱满的热情、更加务实的作风投入到新一年的工作中，通过发挥稽查'铁拳'作用，持续净化税收环境，促进合法诚信经营。稽查工作要坚持重点突出，做到大要案查深、查透，其他案件快查、快结；要谋求制度建设，增强稽查执法刚性和规范性；要开阔视野，强化教育培训，进一步提升能力，为推动宁波国税事业持续健康发展做出新的贡献！"总会计师刘绍武作题为《履责担当　主动作为　奋力推进宁波国税稽查现代化建设》的报告，全面回顾2016年全市国税稽查工作取得的成绩，要求各单位紧紧围绕税收中心工作，充分发挥税务稽查职能作用，扎实做好2017年稽查工作：一是继续保持打击涉税犯罪高压态势，抓好打骗打虚和各类专项整治。二是继续深入落实稽查体制机制改革，优化稽查管理层级，落实好双随机、联合稽查、公安派驻联络、"黑名单"联合惩戒等各项改革措施。三是继续加快稽查规范化管理步伐，严格执行《全国税务稽查规范（1.0版）》和嵌入式管理办法，提高行政查处能力，开展好协查和走逃企业检查工作。四是继续强化稽查科技信息支撑，强化信息系统和大数据的应用管理。五是继续打造高效廉洁干部队伍，开展好党建工作、教育培训、内控机制建设、作风建设和巡视整改工作。六是继续抓好绩效管理改进提升，做到早谋划、早作为、常问效。

（史玉婷）

宁波市地方税务局稽查局

【概述】　2017年，宁波地税局稽查系统根据税务总局《2017年全国税务稽查工作要点》和宁波市财税工作会议精神，围绕宁波市税收工作的中心任务，以风险管理为导向，坚持依法行政，实施有效稽查。全市组织纳税人自查和实施重点检查共计986户，累计查补各项收入16852万元，入库16015万元。其中，组织纳税人自查528户，查补收入9293万元，入库9293万元；实施重点检查458户，查补各项收入7559万元（税款5498万元、滞纳金593万元、罚款1468万元），入库6722万元。

【稽查现代化建设】　为尽快适应《全国税务稽查规范（1.0版）》的出台，接轨金税三期系统，选取业务骨干，按稽查四环节轮流进行讲解。培训形式多样、内容丰富。在稽查工作中采取"纸质+电子"相结合的方式，加强执法记录，确保每一项执法行为有痕迹可追溯。在税务稽查进户检查、调查取证、留置送达文书等可能引发争议和冲突的关键执法环节，运用执法仪进行音、视频全记录等，确保执法规范、有据。

【稽查体制机制改革】 根据《国家税务总局关于进一步规范和改进税收执法工作的通知》（税总发〔2017〕107号）要求，专门发文，进一步规范和改进税收执法工作。成立由收规、法规、税政、规费、征管、纳服、风控（评估）、大企业管理、稽查局等部门负责人组成的规范进户执法工作协调小组。地方税务局局长任组长，分管局领导任副组长。协调小组负责制定进户执法管理办法和审批程序；研究确定各部门进户执法工作计划；统筹协调审定各部门进户执法事项及对象；指导下级地税局协调小组的工作开展等工作职责。

【稽查查补收入】 组织纳税人自查和实施重点检查986户，累计查补各项收入16852万元，入库16015万元。其中，组织纳税人自查528户，查补收入9293万元，入库9293万元；实施重点检查458户，查补各项收入7559万元（税款5498万元、滞纳金593万元、罚款1468万元），入库6722万元。查补收入的特点：一是检查户数总体减少，重点检查在加强。全年共组织纳税人自查和实施重点检查986户，与上年1089户相比减少103户，但重点抽查的户数增加132户，重点检查的力度在加强。二是重点检查查补各项收入7559万元，较上年查补收入4702万元增加4338万元。

【案件查办情况】 累计立案检查58户，查补收入7559万元，入库6722万元。其中100万元以上案件8件。一是完成税务总局推送的23户重点税源企业集团368户成员企业自查，其中对11个集团的94户企业进入重点检查，实现1068万元的稽查补税。二是完成对保联保险集团公司的专案检查，重点对保险代理人佣金的税款扣缴情况进行核查，实现税款补缴。抽调稽查力量重点对某税务师事务所偷税案进行专项稽查。三是国地税联合对“3·24”“9·06”专案涉及的宁波企业展开全面检查，对违法发票的源头进行深入挖掘与严格治理，完成税款追缴。四是做好未结案件清理工作。2013年1月1日至2016年12月31日立案的案件中未结案件有35件，截至2017年底，实现结案24件，其中执行完毕16件。未结案件清理率68.57%，入库总额730万元。

【“双随机、一公开”监管】 一是完善市、县市（区）两级随机抽查对象名录库和随机抽查执法检查人员名录库，实行动态管理。二是双随机工作平台正式上线后，按要求完成人员岗位配置、稽查对象名录库维护。在稽查工作实践中实现案源、人员的双向随机抽取。三是通过政府公众信息平台公布对随机抽查案源清单及执法案件处罚决定等信息进行公示，接受社会广泛监督，提高了税务执法透明度。

【区域性税收专项整治】 确定余姚市作为专项整治发票违法犯罪活动的地区。整治工作的重点是打击偷、逃、抗等税收违法行为，特别是发票使用情况，并将“办公用品”“会议费”“培训费”“餐饮费”“材料费”发票及其对应业务的真实性，作为整治的重点内容，结合个人所得税的扣缴、申报情况，开展区域税收专项整治。开展对医药行业的专项整治工作，与宁波国税局联合开展对疑点企业宁波药材股份有限公司的检查。结合行业特性制作“税务稽查项目书”，并着手对疑点问题展开调查，实现税款的及时补缴，规范药企行为，维护医药行业税收秩序。

【重点稽查对象随机抽查】 根据《国家税务总局关于开展2016年度重点稽查对象随机抽查工作的通知》（税总函〔2016〕491号）要求，纳入自查范围的257户，自查阶段应补缴税款3276.17万元，其中税款3027.36万元，滞纳金248.81万元，款项全部入库。自查完成后，最终立案户涉及集团共11家，共计94户，检查企业占比36.60%，入库1068万元。

【打击发票违法犯罪活动】 一是认真开展违法用票企业的检查，将税务总局下达的300户指标任务分解到各级税务机关，并加强对各地检查任务完成情况的督查。全市共查处发票违法企业323户，超额完成税务总局任务。二是做好重点企业发票使用情况的检查，采取查前辅导、查前告知以及约谈督导等方式，引导重点企业主动查找问题，纠正过错，规范用票行为。三是切实开展区域整治工作，重点是打击偷、逃、抗等税收违法行为，特别是发票使用情况。积极与国税、公安等部门联合，加大对区域内整治工作的力度，共查处发票违法企业323户，涉及各类违法发票1559份，涉及金额11496.76万元，查补税款1000.45万元，罚款427.19万元，加收滞纳金188.52万元，没收违法所得36.77万元。

【税收“黑名单”制度和联合惩戒】 一是依托市社会信用工作平台，建立税收违法“黑名单”公布和联合惩戒工作体系，联合惩戒协作单位由21个扩大到34个，惩戒事项由18项扩大到28项。二是根据惩戒工作要求，国地税每月交换税收

“黑名单”企业信息，双方协同发布税收违法“黑名单”210户，131户信用等级直接降为D级，并在发票领用、纳税评估、资料报送等方面加强后续管理。三是及时发布联合惩戒对税收“黑名单”企业措施，曝光税收“黑名单”企业信息及典型案例。每月在《现代金报》等媒体上对影响较大的涉税违法案件进行曝光、公示，共曝光12起涉税案件。

【案件协查】　根据税务总局“发票协查信息管理系统”操作要求，及时联络大市发票协查员，指导协查业务，每季对全市协查情况进行汇总报表，累计收到异地税务机关纸质委托协查函12件，回复协查函12件，协查发票520份。发出协查函5份，协查案件按时完成。配合海南省地税稽查局协查案件。协调广西桂林市地税稽查局调查分布宁波市7个县、市（区）的企业，协查各类发票101份发票，涉案金额678万元。

【稽查制度建设】　根据《国家税务总局关于进一步规范和改进税收执法工作的通知》（税总发〔2017〕107号）要求，印发《宁波市地方税务局关于进一步规范和改进税收执法工作的通知》（甬地税发〔2017〕59号），成立宁波市地方税务局规范进户执法工作协调小组。进一步规范全市地税机关进户执法行为，解决税务机关对纳税人“多头执法”“重复检查”的问题，减轻纳税人和基层地税机关负担。

【稽查系统建设】　开启国地税联合稽查新模式。共同召开稽查工作联席会议，研究部署全市联合稽查工作，统筹协调各项检查。建立工作例会制度，为长期交流合作打好基础。通过共享不属于涉密范围的征管、稽查信息，互相交换税收违法线索和证据，遏制因信息不对称导致的税款流失。与征收管理、风险控制等部门做好进户执法计划管理，尽可能合并进户任务，提高税收执法工作效率。按照税务总局稽查绩效考核要求，细化考核指标。推行分档考核与违规直接扣分相结合的考核模式，考核涵盖重点稽查项目、稽查工作操作流程以及各类重大稽查制度执行情况，内容更加全面。要求考核的每项工作都及时留下痕迹，台账管理，在时间节点的把握上更加精准。通过层层传递压力，激发内生动力，提高全市稽查工作质效。

【税务违法案件举报】　推行涉税违法检举全过程痕迹化管理制度。规范领导批办、实名举报案件等案件内部运转和反馈机制，落实好与12366纳税服务热线举报工作的对接和业务指导工作。建立检举事项电子台账，按时间顺序详细记录检举事项办理流程，从检举材料的接收、受理、处理，到检举案件的转办、交办、督办、催办、奖励等情况均记录在台账中，畅通举报渠道。对事实清楚、证据确凿的税收违法行为，及时、依法做好处理；证据欠缺、事实不清的，及时与举报人做好沟通。三是适时对举报人进行政策宣传与心理疏导，积极反馈举报案进展，举报信息严格保密。宁波市局稽查局及各县（市）、区地方税务局稽查局举报中心共立案查处检举案件24件，查补收入636万元。

【稽查业务培训】　一是组织《全国税务稽查规范（1.0版）》师资培训、双随机平台应用操作培训、学法用法培训和稽查业务骨干培训等专业化培训。二是根据税务总局“岗位练兵”活动要求，制定2017年岗位练兵活动税务稽查模块实施方案，于8月举办“岗位练兵”稽查类比武考试，全面提升岗位技能和履职能力。此外，选送业务尖子参加税务总局组织的业务培训班，加强对优秀人才的培养锻炼，着力提升人才储备。三是创新人才培养模式。通过“以师带徒”结对学习，促进新老同志共同进步；鼓励报考“三师”及在职研究生考试，使干部保持持续学习能力；加强兼职师资培训，发掘内部骨干师资力量领学“金税三期业务模块操作”、稽查规范等业务知识；实践“小班化”学习锻炼模式，分层级给予不同要求的能力锻炼机会。

【稽查队伍建设】　一是重视队伍政治理论学习，采取支部书记上党课、普通党员上讲台、专题学习研讨等形式开展主题学习会，营造良好学习氛围。二是落实好“两学一做”学习教育常态化、制度化和学习型党组织建设的要求，积极拓展党员干部学习教育的途径。定期开展主题党日活动，感悟廉政清风，还以“微心愿”“家规家训”“结对共建”等系列活动巩固和提升教育成果。三是注重干部业务学习，提高业务能力。通过集中学习、在岗自学、专题辅导、业务交流、考试比武等形式，让广大干部树立“终身学习”观念。借助税务总局组织的各种业务培训班，选送业务尖子参加培训，培养稽查骨干人才。

【稽查宣传】　以税收“黑名单”和联合惩戒为主题开展一系列税宣活动，例如，携手轨道交通在地铁站台投放税宣广告，提高税收“黑名单”及联合惩戒措施在社会公众中的认知度和影响力；编制《税务稽查那些事》税宣小册子，联合国税、公安等部门分发宣传，让纳税人了解“黑名单”和联合惩戒相关内容，开启税宣新模式。借助税收宣传月的宣传主题，与税收宣传月工作对接，对“黑名单”制度加强政策宣传与解读。通过《现代金报》对每月影响较大的涉税违法案件进行曝光、公示，全年共曝光12起涉税案件，有力警示和威慑了税收违法行为。

【稽查工作会议】 2017年3月，全市地税稽查工作会议召开，收看国家税务总局召开稽查工作视频会议，确定全市稽查工作任务。4月，召开全市稽查局长会议，传达宁波市财税工作会议精神，布置2017年度重点稽查对象的稽查工作任务。10月，召开全市稽查局长会议，传达学习《国家税务总局关于进一步规范和改进税收执法工作的通知》（税总发〔2017〕107号）要求，进一步规范全市地税机关进户执法行为，解决税务机关对纳税人“多头执法”“重复检查”问题，减轻纳税人和基层地税机关负担。

（王雪松）

厦门市

厦门市国家税务局稽查局

【概述】 2017年，厦门国税局稽查局深入贯彻落实党的十九大精神，聚焦稽查主业，注重集成创新，依法严厉打击各类税收违法行为，统筹部署税收专项行动，分级开展重点税源企业税收检查，健全稽查运行机制，加快稽查信息化建设，充分发挥“以查促管”“以查促改”“以查促查”“以查促收”职能作用。立案检查企业1148户，查处企业606户，查补总额共计17.86亿元，入库总额4.85亿元。

【稽查现代化建设】 围绕税务总局提出的“注重集成、分类处理”工作思路，树立稽查执法新理念，把“正向打、反向促、侧向扶”集成起来，把打击涉税违法犯罪活动和促进经济社会发展有机结合起来，根据稽查对象的不同形态和违法情节实行分类处理，确保打击涉税违法犯罪和促进经济发展的协调统一。

【稽查体制机制改革】 一是不断健全公安派驻税务联络机制，实现联合侦查、联动办案。厦门市、区两级各联络办成立以来，通过税警协作，共联合侦办案件68起，打掉犯罪团伙8个，抓获犯罪嫌疑人45人，挽回国家损失共计5.7亿元，税警联合打击涉税违法犯罪取得“互信、互助、互联、互赢”效果。二是完善依法治税制度建设，探索行政查处，加快清理积案。坚持依法行政，成立积案清理工作领导小组，由“一把手”亲自抓任领导小组组长，统筹结案和清理工作，建立《陈年旧案结案和清理台账》和案件准期结案制度，进一步完善积案结案清理体制。三是实现厦门国税局稽查局、厦门地税局稽查局共同管辖案源的联合稽查全覆盖。共享涉案信息，同步立案检查，全年共确定联合稽查对象110户，互相推送601条发票违法行为线索，共查处非法发票631份，涉及票面金额1.25亿元。通过联合进户检查、协同审理执行等方式，国地税稽查局查补税款合计2.5亿元。

【稽查查补收入】 立案检查企业1148户，查处企业606户，其中亿元以上案件1件、千万元案件20件、百万元案件81件；查补总额17.86亿元，是上年查补总额的3倍，其中查补税款9.46亿元，滞纳金7865万元，没收非法所得1080万元，罚款7.38亿元，入库总额4.85亿元。根据税务总局前三季度稽查收入情况通报，厦门国税局稽查局查补收入总额11.6亿元，同比增加9.6亿元，增长478%，增幅位列全国省级国税稽查部门第1名；共立案检查904户，同比增加590户，增长188%，增幅位列全国省级国税稽查部门第4名。

【重大案件查处】 对高风险纳税人开展定向稽查，落实重大案件报告制度、重大案件督办管理办法，按税务总局要求集中力量查办一批有影响力、威慑力的涉税违法重大案件。其中，厦门SL进出口有限公司、厦门QR贸易有限公司、厦门GLD贸易有限公司等3起重大骗税案件，涉及出口退税查补总额5.74亿元。

【打击骗税虚开专项行动】　以集成理念为指导，依托四部门打骗打虚协作机制，采取项目制管理模式，共对560户企业开展检查，跨地区开展“12－02”“18－02”等专案专项行动。全年打骗打虚工作定虚挽损总数38.30亿元，是上年的6.18倍，其中打骗工作成果32.90亿元，打虚工作成果5.4亿元。

【行业和区域税收专项整治】　严格按照税务总局的部署和要求，实行“项目督导、协同办案”工作机制，强化国税、地税合作，创新稽查模式，相继部署开展医药行业、废旧物资、股权转让和部分行业专项检查。其中，对32户废旧物资企业的专项检查共确认虚开增值税专用发票4389份、虚开金额4亿元。通过“稽查＋管理”协同办案模式，扎实推进专项检查工作，保证案件检查质量，共查补税收收入1065.69万元，有效遏制了发票违法犯罪多发高发的态势。

【“双随机、一公开”监管】　深入贯彻落实全面推行“双随机、一公开”监管工作要求。一是动态管理，不断完善，在市国税局信息中心、征科处的大力支持下，分阶段、有步骤完成“三库”的建设与完善，实现全市税务稽查对象分级分类管理，确保双随机工作的推行与开展。“稽查对象分类名录库”录入重点稽查对象名录库1184户；“稽查异常对象名录库”共建立并完善2333户；“稽查执法检查人员分类名录库”共维护检查人员67名。二是注重培训，持续优化。与地税部门联合开展双随机平台操作培训，为顺利完成随机抽查工作奠定坚实基础。按税务总局要求对上线前抽查企业在“双随机平台”的“信息补录”功能模块进行信息补录。通过分级分类，实现稽查对象随机抽查严格按照规定的抽查比例与频次开展，实现稽查对象随机抽查全覆盖。

【打击发票违法犯罪活动】　充分发挥打击发票违法犯罪活动工作协调小组办公室的作用，将综合整治发票违法犯罪工作与打骗打虚专项行动、行业和区域税收专项整治有机结合，全年共查处发票违法企业862户，同比增长23%，超额44%完成税务总局下达的600户任务数，全面覆盖税务总局要求的13个检查重点；查处非法发票份数70942份，涉及金额共计67.3亿元。

【税收“黑名单”制度和联合惩戒】　以机制的“扩围”实现34个联合惩戒单位的全贯通，以平台的升级做到信用信息“一站式”，即查即现，以部门的深化协作推动阻止出境、削减融资授信额度、限乘高铁飞机等一系列惩戒措施的落地，同时以“入脑入心”的宣传扩大联合惩戒工作的警示和震慑作用，有力地推动纳税信用体系建设。自2015年以来，累计将56户企业列入“黑名单”，实施各项联合惩戒措施390户次，发挥“让诚信者一路绿灯，让失信者步步难行”良好效果。

【涉税违法案件检举】　全年共受理检举案件854件，完成查处561件，查补总额862.38万元，入库税款、滞纳金及罚款合计843.98万元。一是严把检举线索质量关，严格按照《税收违法行为检举管理办法》判断检举内容和违法行为线索翔实程度、案情及涉及范围大小。对不符合规定的检举事项，积极联系检举人补充线索材料或暂存处理，为检举案件查办工作创造有利条件。二是统筹市区两级稽查力量，科学合理分配检举案件查办任务，做到“每个案件有落实，重点案件出成效”。三是分析检举动机，总结归纳重点检举人、职业举报人特点，指导各单位检举部门防范舆情风险。全年未发生复议、诉讼案件，群众对检举管理保持高满意度。

【案件协查】　全面推行要素协查新规，贯彻落实《国家税务总局关于进一步改进和规范税收违法案件协查工作的通知》《要素协查操作指引(暂行)》要求，按照立案在先、要素明确、层级管理、简便易行的原则，明确案件协查发起条件，规范委托协查行为，实施分级分类协查，优化协查资源。加强协查结果回复质量监控力度，提高协查回函质量，充分发挥协查服务案件、服务稽查作用。

【稽查队伍建设】　注重以党建引领队伍建设，认真贯彻落实全面从严治党要求，结合“两学一做”学习教育常态化制度化工作，坚持党风廉政建设和稽查业务工作同部署、同落实。坚持挺纪在前，落实主体责任，将监督执纪工作紧密嵌入案件检查全过程，以专题党课和纪律教育等活动，强化干部廉洁自律意识。创新开展读书分享会、稽查干部表彰大会等稽查文化活动，培育和弘扬“勇担当、敢作为”稽查文化，激发干部干事创业活力动力，展现良好的精神风貌。

【稽查人才库建设】　为优化税务稽查人才库结构，加强人才库科学化、精细化管理，调整厦门市国税系统稽查人才库，择优选取41位稽查干部作为人才库人员。加大对稽查人才库的使用和管理力度，加强教育培训，抽调人才库成员参加大案要案检查和重要课题调研工作，并从库中推荐2名优秀干部为税务总局2017年稽查人才库人选。

【稽查业务培训】 紧跟工作实际，坚持“实际、实用、实效”原则，全年组织实施各类培训30余场，培训总人次896人．针对新入职干部比例大、缺乏专业化培养的实际情况，充分发挥市局稽查局对区局稽查业务的指导作用，由各区局稽查局选派培养对象到市局稽查局上挂锻炼。通过重点专案任务和项目的带动，引导培养对象在学习、交流、实践中实现能力提升，有效解决基层单位稽查人才缺乏的现状，强化“市—区”二级稽查整体人员力量。

【稽查信息化建设】 为充分发挥“尖兵”作用，紧紧抓住“互联网+大数据”契机，依托近年来在互联网、第三方数据应用等方面的积累，不断创新，自主开发的稽查大数据平台进入二期阶段。在2017年的案件查处工作中，充分运用大数据稽查手段，大幅提升案件查办效率和质量，查处工作成效明显。

【稽查宣传】 以稽查大要案、“黑名单”和联合惩戒、税警联络工作机制等为主要内容，全年共在中央电视台法制频道、《中国税务报》《中国税务稽查》等中央级媒体，以及《厦门日报》、“厦门国税微宣传”等平台上刊载、采用各类新闻稿件33篇（次）。其中中央电视台法制频道《一线》栏目播出专题片《税收违法“黑名单”里的罪与罚》，彰显了税务稽查职能作用。

【稽查调研】 为扩大稽查工作成效，强化课题调研对稽查工作的指导作用，厦门国税局稽查局集成一线检查部门、退税审核部门、政策法规部门等人员力量，开展财政政策、以查促管、行政查处等课题调研工作。其中《关于“以查促管”完善出口退税管理的探讨》一文，立体化呈现违法犯罪分子作案模式，提出进一步完善出口退税及税收管理的建议，刊登在《厦门特区税务》；《不同企业成长阶段下企业研发投入的财税激励政策选择》，获得税务总局税收科研课题一等奖。

【稽查工作会议】 2017年3月22日，厦门国税局稽查局组织召开2017年厦门国税稽查工作会议。会上，副局长陈健以《持续深化改革 不断提升质效 开拓进取做好2017年全市国税稽查工作》为题发表讲话，提出要“注重集成、提质增效、坚定不移推进税务稽查现代化”，要求全市国税稽查干部以高度的责任心和勇于担当的精神，围绕稽查中心任务，顾全时代发展大局，全力查处税收违法案件，健全完善案件管理模式，夯实稽查执法制度保障，正风肃纪关口前移，确保各项稽查工作有序推进。

（胡晓琳）

厦门市地方税务局稽查局

【概述】 2017年，厦门地税局稽查局全系统以全国稽查工作会议精神为统领，紧紧围绕地方税收工作中心，毫不松懈抓党建，全面提升局领导班子的政治素养和履职能力，不断健全完善各项工作制度，坚持文明稽查，依法稽查，发挥稽查职能作用，不断提高稽查质效，各项工作成效显著。共检查纳税单位178户，审结169户，有问题161户，结案165户，选案率95.27%，结案率92.7%，组织稽查收入5.46亿元，其中自查3700万元，累计入库税款3.88亿元。

【稽查查补收入】 共组织稽查收入5.46亿元，其中稽查机构查补税款4.34亿元，罚款1100万元，加收滞纳金6400万元，组织纳税人自查收入3700万元。累计入库税款3.88亿元，其中查补收入累计入库3.51亿元、组织纳税人自查收入入库3700万元。全市稽查查补收入占全市同期税收收入数比例为0.86%。查补入库率68.88%，稽查入库率70.98%。

【重大案件查处】 查处100万元以上案件21件（1000万元以上的5件），补滞罚总额2.93亿元。百万元以上案件数占同期查处案件数的13%，查补金额占总查补金额的53.66%。

【积案清理】 集中力量开展一年以上积案清理。一是建立长效机制，加强案件管理。通过建立案件电子台账，加强过程控制，注意源头防范，避免清旧案积新案。二是重点突破疑难案件。对内集中检查、审理等多科室力量，对外加强与法院等外部门协调，采取内查外调，团队作战，集体审理等方式对部分积案时间较长、案情复杂、社会舆情影响较大的疑难积案实现重点突破。三是对案件采取分类管理。遵从“事实清楚、证据确凿、政策依据明确”原则，严格取证，分别采用书面审理、重大会审等办法，加快案件审结进度。共审结1年期以上积案45件，截至2017年底，积案数比2016年相比下降90%以上，补滞罚金额合计4.59亿元，有力维护国家税收权益。

【打击发票违法犯罪活动】 成立“厦门市公安局派驻税务联络机制办公室”，税警合作共同打击发票违法行为；共查处发票违法企业365户，涉及非法发票2.38万份，补滞罚总额1.46亿元，提前4个月完成税务总局下达的任务。

【“双随机、一公开”监管】 顺利上线“金税三期税务稽查双随机工作平台”，依托该平台抽取8户重点稽查对象。

【重点稽查对象随机抽查】 对《国家税务总局稽查局关于下发2016年重点稽查对象随机抽查重点检查企业名单的通知》（税总稽便函〔2017〕36号）确定的66户重点税源企业按规定进行检查，其中国地税联合检查户数50户，检查企业占辖区内自查企业数量的30%，补滞罚合计3100万元。

【涉税违法案件检举】 举报中心累计受理涉税违法检举235件，其中稽查立案13件，转各区局办理的案件147件，转外单位办理36件，重复举报6件，正在排查2件，暂存待查的案件31件。办结立案检查案件13件，补滞罚总额1.45亿元。

【稽查制度建设】 坚持制度引领，稽查工作特色品牌逐步成形。一是完善专业化稽查团队工作机制。继续落实团队稽查，发挥全体干部的聪明才智，开拓检查思路，创新检查方法，防范稽查风险，达到提速增效的目的。二是加强稽查依法行政及执法工作。制定《税务稽查风险内部控制制度（试行）》，应对税务稽查执法风险、行政管理风险和廉政风险。三是制定《厦门市地方税务局稽查局税收执法全过程记录工作指引（试行）》，努力实现稽查全过程留痕和可回溯管理。四是全面推行说理式执法文书常态化应用机制。审结案件112件，审结案件中使用说理式执法文书案件104件，说理式执法文书案件占总案件92.86%，提高了稽查执法水平，保障了纳税人合法权益。

【稽查系统建设】 不断优化稽查资源配置，推进稽查“四个环节”统筹配合，持续提升稽查质效。一是以绩效考评管理为抓手带好队伍。以绩效台账推动组织绩效与个人绩效的衔接，每季开展绩效讲评会，形成“绩效考评促工作”良好局面。二是推行“审理提前介入”制度。制定《稽查审理提前介入办法》，在坚持“查审分离”原则的前提下，在重大税收违法案件或复杂稽查案件查处仍处于检查阶段时，检查人员认为需要审理人员提前介入的，可向审理部门提前申请。领导批准后审理部门根据案件特点，指定专人或抽调骨干组建审理团队提前与检查人员对接。这一做法有效解决了重大违法和复杂疑难案件查处中补充取证耗时长、案件定性难、稽查内部流转环节往复次数多等问题，有力提升了案件查处质效。三是坚持案例分析制度。以定期案例分析会结合小型案例讨论会等形式，深化业务探讨和经验交流。定期编写稽查建议及典型案例，通过不断归纳、总结积案处理的经验和做法，推广典型经验，指导以后工作开展。

【税收“黑名单”制度和联合惩戒】 税务稽查与多部门协作领域不断拓展。一是“黑名单”联合惩戒工作取得突破。向税务总局报送“厦门乾信投资管理有限公司”等3户“黑名单”案件。厦门国地税稽查部门相互报送35条重大税收违法案件信息，在厦门地税门户网站分2批次发布税收违法“黑名单”案件。二是信息公示与多部门信息交换有序开展。做好处罚信息“双公示”工作，在厦门地税门户网站分32批次公示合计86条行政处罚数据信息并推送至厦门市“信用平台”，有力激励诚信纳税的市场主体。同时，加强税务机关与司法机关之间执法、司法信息互联互通，有效整合执法资源、强化法律监督，为诚信社会建设尽责尽力。

【稽查队伍建设】 按照干部选拔任用规定程序，推荐提任处级干部2名、科级干部11名。使领导干部队伍得到进一步的充实，厦门地税局稽查局干部平均年龄45.08岁，比提任调整前45.55岁年轻0.47岁。翔安区地税局稽查局郑光忠（属稽查系列领军人才）被评为“全国优秀领军人才”。

【稽查业务培训】 与厦门国税局稽查局联合开展系列培训。举办“税务稽查规范（1.0版）”培训班，邀请税务总局稽查局《全国税务稽查规范（1.0版）》编写组成员、总编撰人员授课，进一步规范稽查各环节的工作，规避稽查工作风险。开展“金税三期双随机抽查平台”培训，邀请税友公司运维人员对双随机平台的框架、数据来源、操作流程等进行详细的解读。

【稽查宣传】 曝光8起税收违法案件，其中涉案补滞罚总额超千万元的3件、超百万元的4件（不含千万元案件），累计在各类纸质媒体刊发12次，部分有影响力的稿件被人民网、新华网、东南网、福建新闻网、新闽网、新福建APP等新媒体全文转载，其中《两家涉黑企业的资金暗流》《案件查处要“快”“准”“稳”》稿件被《中国税务报》刊发。

【稽查工作会议】 2017年4月28日，厦门地税稽查工作会议召开。会上，厦门地税局副局长王增加对全市2016年税务稽查工作取得的成效给予肯定，并对2017年工作提出三点要求：一是转变思想观念。要努力营造良好的营商环境，更好地为企业发展服务。二是提升稽查质效。继续推进稽查工作“六项制度”，严格落实稽查团队工作机制，认真做好积案清理，制定稽查质效考评制度，建立健全稽查执法办案质效考评体系，切实提高办案质效。三是强化队伍建设。要加强稽查干部队伍管理，激发队伍活力，提升队伍综合素质。

（刘　旭）

青岛市

青岛市国家税务局稽查局

【概述】　2017年，青岛国税局稽查局按照税务总局、市国税局的工作部署，认真履行稽查工作职能，努力提高稽查队伍整体素质，持续提升稽查工作质量和效率。全年共立案检查2019户，查补入库总额8.26亿元。查处百万元以上的案件31起，税务总局督办大要案件5起，移交公安机关涉税案件86起，打掉发票团伙35个，抓捕犯罪嫌疑人22人。

【稽查现代化建设】　进一步发挥稽查“以查促收”职能。深耕消费税等领域检查，做好成品油、医药行业、“营改增”等专项检查。深化国税、地税稽查领域合作，建立“联合进户——一账通查—各税统查——一案共审”深度合作新格局，相互移交案件信息1300余条，相互推送“黑名单”案件65起，并对相关责任人采取纳税信用等级评定为D级、扩大曝光范围等惩处方式。深化税警合作模式，实现市、区县两级税警联动，共成立“公安派驻国地税办公室”13个。

【稽查体制机制改革】　推行稽查工作“项目制”，实现案件查处的“五统一”：“查前统一动员、疑点统一研究、取证统一规范、定性统一标准、进程统一调度”。通过将一级稽查的“一体化”与重点工作的“项目化”相结合，实现大要案查处件数、查补百万元企业户数同比均增长20%以上。

【稽查查补收入】　查补总额82970万元，其中税款73220万元，罚款2871万元，滞纳金5254万元，自查48197万元。入库总额82555万元，其中税款26562万元，罚款2542万元，滞纳金5254万元，自查48197万元，入库率99.5%（不含自查），偷税处罚率3.92%。

【案件查办情况】　检查纳税人2019户，审结1532户，有问题1513户，查实率98.76%。查处百万元以上的案件31起，税务总局督办大要案件5起。

【案件特点分析】　从被查纳税人经济类型看，内资企业、外商投资企业是涉税违法行为主体；按照行业分，批发零售业、制造业以及房地产业是涉税违法行为高发行业；从被查纳税人纳税规模看，非重点税源企业案发率高于重点税源企业。其中，涉及增值税案件主要是实现销售或视同销售未计销项税额，以不符合规定的发票或违法（虚开）发票抵扣进项等问题；企业所得税方面主要是瞒报或账外经营不计应纳税所得，违法列支以及不符合规定结转成本等问题，此外发票违法案件主要是虚开增值税专用发票，以及普通发票、运费发票等假票及非法开具等。

【重大案件查处】　查处符合税务总局大要案标准的重大案件5起，案件性质涉及偷税、虚开增值税专用发票等类型。

【打击骗税虚开专项行动】　密切与公安、海关、人民银行等相关职能部门的配合，采取“共同经营、联合取证、同步办案”工作模式，形成打击合力。共认定虚开案件177起，打掉虚开团伙7个，查获虚开增值税专用发票1.8万份，票面总金额28.87亿元，税额4.91亿元。在查涉嫌虚开152户，涉及发票7000余票，税额14.78亿元，抓捕嫌疑人74名。打击骗税“18－15”专案挽回各项税款损失2.36亿元；“徐某某”案、“某商贸公司”案等案件共追缴以前年度违规退税780万元、批捕7人（次），在押4人，上网追逃6人，取保候审16人。

【行业和区域税收专项整治】　开展以“营改

增”“股权转让”“地炼企业”“医药行业”为重点稽查对象的区域、行业税收专项整治。其中，“营改增”企业高风险案件，共查处295户，涉及交通运输、货代物流、广告传媒、人力资源、劳务服务等行业，查补入库951万元；股权转让检查，借助自主研发的“爬虫”软件，筛选10余户重点案件实施检查，查补税款1333万元、滞纳金167万元。

【“双随机、一公开”监管】 将“双随机工作平台”与自主研发的互联网络涉税信息抓取工具（“爬虫”软件）紧密融合，不断丰富“双随机工作平台”信息内容，推动税务稽查随机抽查机制深入完善。开展对税务总局稽查局确定的青岛市辖区内重点稽查对象随机抽查工作，214户重点稽查对象合计入库查补收入2.08亿元。抽取市级重点稽查对象96户以及非重点稽查对象24户，入库查补收入930万元。案件的抽查依据、随机抽查主体、抽查户数、抽查所属期间、抽查方式等内容，通过互联网络、服务厅和公示栏等渠道进行公示。

【重点稽查对象随机抽查】 将自查工作纳入税收风险管理计划和选案机制，对企业进行税源风险识别、等级排序，确定高风险等级纳税人风险疑点，精确跟进辅导，自查查补入库税款及滞纳金1.59亿元。结合自查反映出的问题，及时将企业自查情况、自行申报情况与第三方信息进行比对分析，借助自主研发的互联网络涉税信息采集工具（“爬虫”软件），对企业涉税信息进行“全景式扫描”。经过前期自查和涉税风险评估，重点立案检查企业64户，涉及24家企业集团，占自查企业总数30%，入库税款及滞纳金共计4861万元，调减留抵税额108万元。

【打击发票违法犯罪活动】 联合公安、地税等部门成立打击发票违法犯罪活动工作协调小组办公室，各成员单位加强协作配合，强化打击骗税、打击虚开和打击制售非法发票“三位一体”工作格局，形成齐抓共管、综合治理的良好局面。运用增值税发票系统升级版数据资源，探索建立信息数据分析系统，形成发票监控、信息分析、风险警示与重点打击有效联通的治理机制，对发现的虚开行为，实施精准打击。共检查用票企业1151户，查处违法企业1121户，查处各类非法开具及不符合规定发票1.61万份，涉及金额26.28亿元；查补税款1.23亿元，罚款1913万元；入库税款1.2亿元，入库罚款1781万元，加征滞纳金2404万元。查处发票违法犯罪案件779起，缴获非法发票1.3万份，捣毁窝点3个，打掉团伙35个，缴获作案机器2台，抓获犯罪嫌疑人72人。全面整治虚假发票“买方市场”，共检查加工制造业问题企业449户，涉及发票3199份，查补税额3001万元，罚款902万元。

【税收“黑名单”制度和联合惩戒】 通过案件公布推送、按税务总局要求，完成案件清理、重新签订联合惩戒备忘录、强化联合惩戒措施、推送典型案例等一系列具体措施，形成对失信惩戒的高压态势，构建“一处失信，处处受限”惩戒格局。一是签订2017版“联合惩戒合作备忘录”，实现联合惩戒成员单位和惩戒范围“双扩围”。共选取“黑名单”案件31起，联合成员单位，通过强化税务管理、融资授信限制、限制高消费等措施，对重大税收违法当事人实施联合惩戒。二是按照税务总局关于重大税收违法案件“黑名单”清理工作要求，清理“黑名单”案件13起，案件性质涉及偷税、逃避追缴欠税、骗取出口退税、虚开增值税专用发票等。三是在各类网站曝光“黑名单”案例33篇，向税务总局提报涉及质监、工商等部门的联合惩戒经典案例6篇，通过《中国税务报》、“大众网”等媒体对联合惩戒情况进行报道。

【涉税违法案件检举】 共受理各类税务违法举报案件578件，其中税务总局交办案件5件。查处224件，暂存及重复案件309件，转市局监察室及地税部门各1件，结案率85.56%，有问题户146户，查实率61.6%，查补入库金额3941万元，发放举报奖金2.54万元。

【案件协查】 青岛国税局两级稽查部门通过协查系统发出委托协查发票2462份，涉及企业174户，金额2.36亿元，税额3973万元，收到协查回复发票2621份，选票准确率93.33%。委托协查查补入库税款3742万元。受托协查1688起，受托户数1966户，受托收到发票2.4万份，涉及金额27.81亿元，税额4.53亿元，累计回复发票2.3万份，“确定虚开”受托协查“正常”发票占“确定虚开”受托协查发票的0.19%，无法核实发票占“确定虚开”受托协查发票的0.86%，累计按期回复率100%，分捡率100%。受托协查入库税款778万元，罚款422万元，滞纳金177万元。

【稽查制度建设】 一是积极推动《全国税务稽查规范（1.0版）》落地生根，组织稽查业务骨干60余人，举行为期1周的师资培训。二是持续加强内控制度建设。在汲取试点工作经验的基础上，针对试点过程中发现的配套制度缺失、指标易流于形式等问题，全力打造严密有效的内控制度体系。三是狠抓记录法核制度落实。与地税局稽查局开展联合试点，下发《青岛市国地税稽查局推行执法全过程记录制度重大执法决定法制审核制度试点工作方案》《青岛市国地税稽查局执法全过程记录制度》《重大执法决定法制审核制度》，建立定期联络机制、信息交换机制，移交地税处理处罚文书211份。

【稽查系统建设】 编发《2017年全市国税稽查重点工作安排》文件，确定年度系统重点工作项目，监督落实工作进展，按季总结。在全市国税系统推广稽查查账辅助工具，提高稽查工作效率，推进全市稽查系统稽查现代化建设。

【稽查队伍建设】 全市两级稽查部门以党建工作为统领，坚持“两学一做”专题教育制度化常态化。严格落实“两个责任”，进一步建立起认识到位、责任明晰、履职尽责的两个责任落实体系，推动“一案双查”转交工作，向市局监察室移交案件7起。

【稽查人才库建设】 在2016年稽查人才库的基础上，及时对2017年稽查人才库进行动态调整，将调出稽查岗位的人员调整出库，吸收新进入稽查岗位的青岛市国税局“331工程”岗位能手和专家人才进入稽查人才库。

【稽查业务培训】 先后派出稽查骨干20余人，参加税务总局稽查人才库培训班、双随机和联合惩戒培训班、打虚打骗培训班、金税三期税务稽查、双随机工作平台系统操作培训班；创新自主培训方式，邀请普华永道、安永等会计师事务所相关领域专家授课。主办1期稽查业务规范师资培训班和3期全市稽查系统业务骨干培训班，共培训200余人次；注重岗位锻炼，在税务稽查案源分析、大要案件查处、组建项目制团队等重要工作中吸收基层局人员参与，发挥引领作用。

【稽查信息化建设】 在稽查四个环节以及稽查管理工作中积极运用信息化手段，完善涉税信息搜集、稽查查账辅助、案件动态管理“三位一体”的稽查信息化建设新格局。一是优化金税三期工程稽查模块功能。以《全国税务稽查规范（1.0版）》为依据，梳理差异，明确岗责体系，保持金税三期与《全国税务稽查规范（1.0版）》的一致。二是加强稽查大数据应用。不断拓宽信息采集渠道，全面对接“互联网+税务”理念，重在对采集信息的深度增值应用，对主体信息的全面性、准确性进行有效补充和验证，有效拓展稽查信息化的适用领域。三是有序研发应用稽查应用软件。以检查工具的智能化为着力点，强化稽查查账辅助软件应用；以管理决策的科学化为目的，升级稽查案件管理系统。

【稽查宣传】 一是积极宣传税收违法联合惩戒工作。中央电视台法制频道《一线》栏目以《税收违法“黑名单”里的罪与罚》为题，对近年来青岛国税局等3个省市税务机关落实税收违法“黑名单”及联合惩戒工作取得的成效予以报道。二是宣传稽查信息化建设成果。《“爬虫”软件在青岛国税又先“爬”了一步》一文在税务总局稽查局主办的《中国税务稽查》杂志上发表，宣传了稽查“互联网+大数据”应用成果。

【稽查工作会议】 2017年3月16日，青岛国税局召开2017年全市国税稽查工作会议，青岛国税局党组成员、总经济师任洪礼出席会议并讲话。会议传达了全国税务稽查工作会议精神和全市国税稽查重点工作安排，并以《注重集成、奋发有为，不断取得税务稽查现代化建设新成效》为题对全年稽查工作进行部署。市局稽查局局长、副局长及相关处室、科室主要负责人和各区（市）国税局分管局长、稽查局或检查科主要负责人参加了会议。

（李　禾）

青岛市地方税务局稽查局

【概述】 2017年，青岛地税局稽查局根据税务总局、省地税局统一部署，认真落实全国税务、全省地税稽查工作各项任务，切实发挥打击震慑、整治规范、促管增收的职能作用，取得新的成效。“黑名单”及联合惩戒、国地税联合检查等工作受到税务总局通报表扬；党建与业务融合和警示提醒监督的做法分别在全省会议上作了经验交流。

【稽查收入与分析】 全市共检查纳税人807户（含税收自查328户），稽查入库16.44亿元，为历史新高，增收6.39亿元，增长64%，达到全市地税各项收入的2.64%。从稽查入库构成看，全市查补入库13.67亿元，查补入库比重由38.06%同比提高到83.15%，查补入库增幅和立案查补入库均排名全国前列。

【案件查办情况】 建立检举案件监控台账，全程跟踪检举案件在四个环节的工作流转，推动检举案件的查处。建立疑难问题登记台账，明确各职能环节的责任，规范管理问题处理解决的全过程。

完善集体审理会议议事规程，组织集体审理25次，规范审议大要案件92户次；清理积案36户、扣缴入库4792万元，提高了稽查效能。

【重大案件查处】 以重点行业、重点税源、重点项目检查为着力点，组建专业化检查团队，科学配置检查资源，拓展稽查方法，强化大要案跟踪指导，规范案件定性，严厉打击虚开，加大对重大涉税违法案件的查办力度。全年全市稽查系统查办百万元以上案件36件，查办千万元以上案件5件，累计入库5138万元，占查补总额的31.8%，凸显执法刚性。

【“双随机、一公开”监管】 统筹考虑上级和本级税务稽查工作要求，立足辖区内税源分布结构、稽查资源配置、税收违法案件数量等实际情况，科学制定税务稽查“双随机、一公开”监管工作计划，既保证上级工作任务的落实到位和抽查覆盖面，又防止检查过多和执法扰企。积极完善“双随机平台”各类数据信息，对随机抽查对象名录库、随机抽查执法检查人员名录库动态维护。充分利用税务总局统一开发的“金税三期税务稽查双随机工作平台”，开展税务稽查随机抽查工作，税务稽查随机抽查对象和执法检查人员全部由“双随机平台”产生。

【重点稽查对象随机抽查】 落实重点稽查对象随机抽查任务。联合市国税局稽查局，组织开展税务总局安排的重点稽查对象企业的随机抽查，完成全部企业的税收自查，入库税款5285万元；并按照30%比例随机确定22家企业集团所属的64户进行立案检查，全部检查完毕，查补入库1.59亿元。

【重点税源企业检查】 按照自查为先导、随机抽查与定向重点检查相结合的工作机制，通过市稽查局牵头、区（市）稽查局联动的检查机制，实施分级分类稽查。在承接上级任务基础上，紧密结合征管实际，采取随机抽查方式，选取建筑安装、房地产、医药、租赁和商务服务等重点行业，组织全市各级稽查部门实施税收专项整治，稽查入库4.19亿元。

【打击发票违法犯罪活动】 在各项税收检查工作中，坚持“查案必查票、查税必查票、查票必查税”原则，把发票整治与重点税源重点行业整治紧密结合，实现信息共享；找准各行业发票疑点问题，形成行业检查模板，提高发票核查质效；与公安、国税、通信等部门密切协作，形成整治合力；查处发票有问题违法单位373户，非法发票8977份，查补入库1660万元，超额22%完成税务总局下达的指令性检查任务。

【查管互动】 以服务日常征管为己任，完善稽查与征管联系制度，组织查管互动座谈会，及时传递“加强征管建议书”；以扩大稽查成果增值利用为重点，定期开展政策效应分析，按季形成《稽查案件查处质量报告》；以风险应对为抓手，实现高风险任务与稽查案源管理有机对接。

【“黑名单”和联合惩戒】 加大对“黑名单”案件的惩戒力度。向社会公布重大税收违法案件“黑名单”40件，当年和累计均在全国名列前茅，多次得到税务总局通报表扬。实现与市工商、财政、海关、发改委、交通委、保监、证监等31个部门联合惩戒“双扩围”，落实了限制性惩戒措施。

【稽查队伍建设】 紧扣党建主题，把学习党的十九大精神和落实“两学一做”学习教育、“纪律行动”与稽查队伍的思想作风实际紧密结合，实行“红色”理想信念教育、“橙色”风险警示教育和“绿色”健康心态教育的“三色教育法”，着力促进稽查队伍的政治思想素质和核心业务能力“双提高”。突出党建核心统领地位，持续深入探索实践党建深度融入制度建设、稽查业务、内控管理等各个方面的方法途径，以党建责任落实引领带动全局各项工作提质效上水平。完善警示提醒，积极践行监督执纪“第一种形态”，切实抓早抓小，把全面从严治党主体责任落地落实落在经常，覆盖队伍管理各个方面。

【稽查业务培训】 为了税收知识与工作实际相结合，把春季集中培训、院校脱产培训、每月业务讲评和日常实战交流紧密结合，开展分类式业务培训，着力促进稽查队伍的政治思想素质和核心业务能力“双提高”。共组织集中培训20余次，培训人员1500余人次；由市稽查局牵头，组织全市地税稽查系统业务骨干外出培训，培训人员50余人次；围绕重点事项，开展绩效管理、财务会计、行政管理等岗位培训，不断提高稽查工作人员的业务水平；全年共组织外出培训20余期，培训人员超过2000人次。

【稽查信息化建设】 结合金税三期系统，充分运用稽查智能平台、审计式查账软件等信息系统，实现对工作过程的“底稿式”记录。探索实践科技化的执法技术手段，提升现代化稽查水平。稽查人员现场执法全程佩带执法记录仪和录音笔记录取证；完善电子取证工具，引入电子取证设备塔，奠定信息采集和大数据分析基础；打造全功能执法约谈室，实现前台约谈全程录音录像，后台实时监控给予业务支持的信息化执法约谈管控模式；建立现场执法远程指挥室，实现前方执法现场与后方指挥中心同步执法场景，增强现场执法机动性和快速处置力，在税务总局专案查处和疑难案件处理中发挥了重要作用。

（李　凯）

深圳市

深圳市国家税务局稽查局

【概述】　2017年，深圳国税稽查系统深入学习贯彻习近平新时代中国特色社会主义思想和党的十九大会议精神，紧紧围绕市局党组“一个愿景、六大工程”工作要求，严厉打击涉税违法犯罪活动，深入推进稽查改革创新，持续提升稽查工作质效，全面加强稽查队伍建设，各项工作取得较好成效。全年立案检查企业10018户，全市稽查系统查补收入18.59亿元，入库税额15.11亿元，其中本局查补收入13.37亿元，入库税额11.85亿元。打骗打虚成果增长，打虚成果位列全国第1，认定虚开价税合计888.3亿元，打骗挽损位列全国第3，累计挽回损失24.3亿元。获税务总局2016年度打击发票违法犯罪活动成绩突出单位，2017年被深圳市委、市政府评为“深圳市先进集体”“深圳市税务系统法治基地”。

【稽查现代化建设】　施行“双随机、一公开”制度。按照深化“放管服”改革要求，推进“双随机、一公开”制度落实，制定《深圳市国家税务局“双随机、一公开”实施操作细则》，完善本级随机抽查“双名录库”。抽选深圳市31户企业开展随机抽查，集中公开一批案件查处结果。大力推进国地税联合稽查。国地税联合开展自查和检查635户次，召开国地税合作会议，联合颁发《关于进一步加强深圳市国家税务局　地方税务局市、区两级联合稽查工作的指导意见》，确定“八大措施”推动国地税稽查合作。推动税收违法“黑名单”和联合惩戒实现“双扩围”。将41户企业录入税收违法“黑名单”，6户企业缴清2.4亿元欠缴款。签署《深圳市对重大税收违法案件当事人实施联合惩戒措施的合作备忘录》，实现联合惩戒“双扩围”。进一步加大宣传曝光力度，税收失信者处处受限的氛围持续增强。

【稽查查补收入】　下派检查任务10018户，处理、处罚有问题企业1168户，立案查补总额7.14亿元，实际入库3.65亿元；组织企业自查595户，查补税款并加收滞纳金11.46元，实际入库11.46亿元。合计实现查补18.59亿元，入库15.11亿元。2017年稽查工作主要特点：立案检查户数和处理、处罚有问题户数增加。全市国税稽查部门大力打击涉税违法犯罪活动，立案检查户数较2016年增加8207户，增幅353.18%；处理、处罚有问题户数较2016年增加183户，同比增长18.58%。

【案件查办情况】　按照税务总局统一部署，继续保持对税收违法活动的高压态势，重点查处虚开增值税专用发票、骗取出口退（免）税和偷逃税案件。共查处查补税款1亿元以上案件1例，合计查补1.46亿元；查补税款1000万元以上5000万元以下案件12例，合计查补2.5亿元；查补税款500万元以上1000万元以下案件8例，合计查补5700万元。打骗挽损全国排名第3，累计挽损24.3亿元；打虚成果全国排名第1，认定虚开价税合计888.3亿元。

【案件特点分析】　共承办税务总局督办案件3起，并根据深圳本地情况自行选案查处多起大要案及专案专项工作，各类案件特点鲜明，一是查处“海啸1号”专案中，发现虚开分子犯罪的几个特点及新的动向犯罪动向。①虚开企业大量走逃；②虚开企业进销项货物严重背离；③虚开犯罪团伙为了规避税务部门的稽核，与上游提供海关票信息团伙相互勾结，提前将空壳企业中文名字冒为货主报关进口货物，获取包含虚开企业名称的“双抬头”海关票，规避现行海关票中文名称比对措施；

④犯罪团伙开始大量注册空壳建材类商贸企业向建安企业虚开发票行为，虚开发票犯罪活动具有向“营改增”建安、房地产行业蔓延的趋势。二是在石油平台的检查中，发现企业进销不一致。三是医药行业检查与“白糖票”专项检查中发现，医药行业由于从生产到最终销售差价巨大，因此很多企业便通过取得虚开发票多抵扣进项，从而达到少缴税的目的。四是在对地炼企业的检查中，涉及的企业普遍都是将消费税应税产品变名为非消费税应税产品。同时，存在经营能力、资金流及货物流方面的疑点。上述专案要案特点在一定程度上反映了近期涉税犯罪的趋势。

【重大案件查处】 查办“海啸1号”“3·23”虚开团伙案件、国盛源药业、广东亿轩药业、龙方公司骗税案等5起重大案件，抓捕嫌疑人68人，捣毁11个团伙。其中，“海啸1号”专案是深圳历年来破获虚开骗税案件规模最大、抓获犯罪嫌疑人最多的案件，行政、刑事查处企业合计658户，涉案虚开金额502亿元，税额85亿元，涉及退税额4.7亿元；通过管查互动推送风控处理企业13995户，挽回税款损失12.4亿元。为全国“双打”专项工作发挥了重点打击的威慑作用。

【重点稽查对象随机检查】 积极推进重点稽查对象随机抽查工作，开展税务总局和市局两级“双随机”工作。一是认真落实税务总局随机抽查工作任务。第二批税务总局重点稽查对象随机抽查工作涉及深圳26个集团，共对524户（合并后为177户）企业组织自查，对38户企业开展重点检查，合计查补税款、滞纳金、罚款42.41亿元。二是主动开展市局随机抽查工作。3月初，邀请4户企业代表和5个稽查单位代表参加随机抽查会议，全程由各稽查单位纪检专员进行监督，通过随机选号的方式选取31户重点税源企业和对应稽查主查人员，自查查补入库2110万元，自查后通过风险分析选取10户开展重点检查。

【行业性税收专项整治】 推进8类行业性税收专项整治计划。一是股权转让专项检查。对40户从事股权交易的企业开展检查，查补总计19023.49万元。二是医药行业专项整治。联合地税局制定方案，对15户企业开展检查，查补税款5462.30万元。三是废旧物资行业专项整治。对7户企业开展检查，其中3户企业定性虚开增值税专用发票，查补税额5247.80万元，并移送公安机关处理。四是制售虚假发票专案。组织23户企业开展自查，查补总计102.22万元。五是“白糖票”虚开专案。对7户企业开展检查，查补税额5384.1万元。六是部分行业涉嫌虚开增值税专用发票专项检查。对建筑安装业、生活服务业、交通运输业3个行业的17户企业开展检查，查补总计1749.23万元。七是地炼企业专项检查。对7户企业开展检查，移送公安机关处理。八是石油平台交易企业专项检查。对18户深油所成员单位开展检查。

【打击发票违法犯罪活动】 严厉打击虚假发票“卖方市场”。严厉打击虚假发票“买方市场”，共检查企业1536户，查处违法受票企业1097户，超额完成了税务总局下达的指令性检查工作任务。共协同公安部门查办打击发票违法专案290件，捣毁窝点185个，成功破获196个犯罪团伙，抓获犯罪嫌疑人225人，缴获国地税虚假发票合计超过50万份。

【涉税违法案件检举】 深圳国税各举报中心共受理检举线索3527件。其中，稽查局举报中心受理532件，各区局、各直属稽查局举报中心共计受理2995件。稽查电子平台于2017年初正式上线运行，并初步实现与金税三期系统对接，提升检举管理工作信息化建设水平。实现各区局举报中心与12366纳税服务热线的对接，进一步提升纳税人行使检举权利的便利性。

【税收“黑名单”制度和联合惩戒】 共录入税收“黑名单”案件41件，对外推送联合惩戒案件信息35件，6户企业缴清2.4亿元欠缴款。有力打击涉税违法犯罪行为，提升纳税遵从度。同时，大力推进税收信用失信修复，引导和鼓励企业“知错立改”，取得良好成效。6月，和市地税局推动全市32家单位联合签署《对重大税收违法案件当事人实施联合惩戒措施的合作备忘录（2017版）》，新增市住建局等12家单位，新增限制参与有关公共资源交易活动等9项惩戒措施，实现联合惩戒的“双扩围”。此外，还参与了税务总局和广电总局联合开展的第二届全国税收公益广告征集活动，精心制作税收“黑名单”系列视频《只有诚信纳税　才能一路畅行》参加评选。

【案件协查】 严格落实要素协查办法，较好地完成了各项协查任务，通过协查系统受托协查7079起，涉及企业11252户次，发票165819份（同比增长20%），涉及金额2051033.72万元，税额347184.41万元，累计回复发票174068份，累计按期回复率100%。

【稽查队伍建设】 积极参与各类人才库的选拔工作，组建深圳市国税局税务稽查人才库。新增

"三师"人数18人，入选各类人才库26人。组织各类培训，累计参训2230人次。按照导师制要求，积极培养新入职公务员，在实践中培养、锻炼干部，稽查干部素质大幅提升。

【稽查制度建设】 加强稽查风险分析。制定《稽查系统风险管理办法》，定期召开风险防控工作会议，研究归纳查办案件中发现的规律性问题和涉税违法犯罪的新趋势和新动向。提出关于小规模纳税人虚报"本期应纳税额减征额"风险、住宿业涉嫌虚开增值税普通发票风险、"增值税纳税申报表"附表二"农产品收购发票或者销售发票"栏次填报异常风险等8项有针对性的工作建议。风控部门共推送6757户风险企业，并采取多项措施，及时堵塞征管漏洞，取得很好效果。优化案源管理工作。进一步规范案源管理，修订《深圳市国家税务局稽查案源管理办法（试行）》。加大稽查执行力度。制定《稽查欠税清理工作方案》，采取分类清欠，做到及时追缴，严格程序，控制新欠，效果明显。

【稽查经验推广】 创造五项可复制、可移植、可推广到全国的经验。建立全国首个"警税通"税务公安情报信息共享平台，实现两部门涉税执法信息的资源共享和协同办案的信息沟通，提升税警合作打击涉税违法犯罪的能力和效率。首次与深圳多家船运公司联合，打造"深圳海运提单协查云平台"，并向全国国税稽查系统开放协查服务，为各省市开展出口单证查验工作提供帮助。充分运用税总发〔2016〕172号的文件精神查处大批量走逃失联企业，积极运用优势证据进行虚开认定，走出行政处理的新路子。首次通过与深圳人行协作统一召集18家商业银行集中查询1500个账户，大大提升了在银行调查取证、资金查询的工作效率。首次开展税务、公安、海关、人行、法院、检察院等六部门联合培训，促进部门间业务的深度交流和提高，此项工作得到税务总局的多次表扬。此外，自主开发的现代稽查电子平台一期上线，优化了案源和检举受理管理过程。与腾讯公司搭建合作框架，规范涉税协查工作。

【稽查调研】 密切联系税务稽查工作实际，科学选题，扎实调研。重点组织人员开展"关于税务稽查促进税收风险管理的研究"，形成1万余字科研报告。同时，在税源风险监控、协查失控发票、高执法风险等专项工作中，组织开展专题调研并形成有建设性意见的调研报告。此外，还紧密结合稽查工作实际，多次组织赴海关、人行、腾讯公司等开展工作调研，促进稽查工作发展。

【稽查宣传】 通过全国各类新闻媒体发布新闻报道17篇。其中，《"深圳警税通情报信息平台"上线》被《中国税务报》头版报道，并且被人民网、新华网等多家主流媒体报道；"海浪3号"被《中国税务报》法制版头条深入报导。

【稽查工作会议】 2017年4月19日，深圳国税局召开全市国税系统稽查工作会议，市局副局长陈捷出席会议并讲话。会议指出，2016年稽查工作在8方面取得成效：堵漏增收成效明显、打骗打虚成果突出、综合整治硕果累累、稽查改革逐项落实、信息化建设有效推进、工作创新持续发力、稽查质效不断提升、队伍建设持续加强。会议从3方面分析了2017年稽查工作面临的主要形势：一是服务中心工作的要求仍然摆在首要位置；二是打击虚开骗税进一步净化税收环境的任务仍然相当艰巨；三是深化改革对稽查工作提出了新的要求。为推动2017年稽查工作再创佳绩，会议强调要抓好8项重点工作：一是注重扎口管理形成稽查合力；二是努力完成堵漏增收工作任务；三是严厉打击各类涉税违法行为；四是大力抓好陈案清理工作；五是深化落实各项稽查改革工作；六是大力推进稽查信息化建设；七是对照巡视整改开展全面自查自纠；八是打造高效廉洁专业稽查队伍。

（杨昕颜）

深圳市地方税务局稽查局

【概述】 2017年，深圳地税局稽查系统坚决贯彻落实税务总局稽查局和深圳地税局党组的部署和要求，深入开展稽查数据化管事模式改革，严厉打击涉税违法行为，稳步落实"双随机、一公开"监管工作，进一步加强深圳市国地税局联合稽查，积极落实税收违法"黑名单"制度和联合惩戒，不断强化税警协助机制，充分发挥税务稽查以管定查、以查促管、以查促收的职能作用，积极探索稽查工作体制机制创新。

【稽查现代化建设】 一是推进深圳地税局稽查数据化管事模式改革特色软件开发建设，完成稽查特色软件系统上线运行。二是完成稽查执法记录系统统一采购，建设集现场执法记录与后台执法支持、指挥于一体的电子执法系统，加强稽查执法过程记录和监控，防范风险。三是加快普及稽查电子查账软件，熟练应用网络版查账软件，推进查账软件从单机版向网络版拓展，进一步提升稽查工作效率与质量。

【稽查体制机制改革】　稽查构建数据化管事模式取得突破性进展。一是加强稽查数据化管事模式改革统筹，成立深圳地税局稽查改革领导小组和各专项改革工作小组，召集稽查系统精英骨干成立稽查数据化管事模式改革统筹办公室，集中力量进行改革攻关，一系列改革举措快速推进，各项改革任务陆续落地实施。二是推动风险选案传导反馈机制全面落地，建立健全两级风险选案机制，成立两级风险选案机构，配备精干选案人员，归口两级案源管理，明确风险任务传导反馈路径，实施专业化风险选案；做大做强一级选案，优化二级选案，以风险指标为基础，开展大数据分析，加大自主风险选案力度；完成稽查历史案卷数据首次挖掘梳理，挖掘近8年2447宗稽查历史案卷数据，归纳行业与税种分布、查补收入、常见风险点等特征，形成216个风险元，开展金融业、房地产业、制造业、高新技术业等四个行业中的细分行业风险指标建设和评审，将指标建设成果应用于风险选案实践；大力开展两级风险选案实践，加大一级风险选案统筹，向深圳地税局第一稽查局至深圳地税局第五稽查局推送一级风险选案任务6批共591户次，深圳地税局第一稽查局至深圳地税局第五稽查局开展二级风险选案54户次，自主选案风险化率达到100%。

【稽查查补收入】　共组织检查997户，查补收入37.95亿元，其中立案检查199户，查补收入8.35亿元，组织企业自查798户，查补收入29.60亿元。

【案件查办情况】　深圳地税局第一稽查局对6户股权转让专项检查企业进行立案检查，查补税款、滞纳金和罚款总计5939万元；深圳地税局第二稽查局通过稽查、征管、公安“三联动”，成功追缴1户失联企业税款6385万元；深圳地税局第五稽查局在房地产业、金融业和保险业专项检查中，完成44户企业查补税款入库6.31亿元。

【重大案件查处】　深圳地税局稽查局在多个上级交办的大要案查处上取得突破，其中对某房地产公司查补税款超过2.3亿元；深圳地税局第三稽查局在对某集团公司股权转让专项检查中，单户补税入库8.84亿元；深圳地税局第四稽查局开展深圳国地税局联合稽查6户，共计查补收入5945.30万元。

【行业和区域税收专项整治】　大规模开展风险选案实践，对房地产业、金融业和保险业300户企业开展专项检查，共计查补税款14.15亿元。

【“双随机、一公开”监管】　完成金税三期系统“双随机工作平台”上线应用；印发稽查随机抽查实施方案等相关制度办法，建立多个稽查对象名录库，推动随机抽查长效机制的建立；按要求在深圳地税局门户网站上向社会公示随机抽查事项清单，提高行政执法透明度，加强社会监督。

【重点稽查对象随机抽查】　有序开展重点税源企业随机抽查，组织对27户在深全国重点税源企业开展自查，查补收入1.31亿元，对141户省级重点税源企业开展双随机检查，查补收入1.93亿元。

【打击发票违法犯罪活动】　对房地产、建筑安装、药品与医疗器械等10多个重点行业开展发票专项检查，全年检查企业681户，查处违法企业453户，查补收入4550万元，超额完成税务总局下达的任务。

【税收“黑名单”制度和联合惩戒】　累计录入重大税收违法案件13宗，均为偷税案件，滞补罚合计超过2.41亿元，入库2.28亿元，其中1宗符合公布条件向社会进行公布并向深圳市参与联合惩戒的所有部门推送；正式签署联合惩戒合作备忘录2017版，联合惩戒部门从17个增加到30个，惩戒措施从17个增加到27个。

【涉税违法案件检举】　深圳地税局税收违法案件举报中心共接待检举来访43批67人次，全年无缠访；检举线索形成案件转办处理175宗。

【案件协查】　共受理外地兄弟单位来函协查案件22宗，涉及企业72户；来人协查案件16次，全部在限期内保质保量完成。

【稽查制度建设】　一是推动“黑名单”和联合惩戒制度“双扩围”，签署《深圳市关于对重大税收违法案件当事人实施联合惩戒措施的合作备忘录（2017版）》，使深圳市税收“黑名单”联合惩戒部门增加到30个、惩戒措施增加到27个。二是联合深圳国税局印发《关于进一步加强市区两级联合稽查工作的指导意见》，将深圳市国地税局联合稽查的重点难点工作进一步细分为七大类32个具体事项，明确具体标准，有效指导市区两级深圳市国地税局联合稽查工作，推动深圳市国地税局联合稽查全面升级提效。

【稽查系统建设】　一是开展综合监管信息服务系统和公共信用信息管理系统数据接口项目建设，严格按照税务总局重案信息公布和联合惩戒工作要求，结合金税三期工程重案公布等模块数据表内容，科学设置数据项和取数规则，开发数据接口，做好金税三期工程重案公布相关模块上线的前瞻性安排，推动实现重案信息实时、自动推送，减少手工操作，提高信息共享工作效率。二是与法院合作追缴欠税，通过深圳市中级人民法院“查控网”对46户欠税企业的资产进行详细清查，有效推动案件执行效率和质量的提升。

【稽查队伍建设】 一是深入学习贯彻党的十九大精神，组织收看党的十九大开幕会、邀请专家解读党的十九大精神、参加市委专题研讨班、支部书记讲授党课，在学懂弄通做实上狠下功夫。二是严格落实“三会一课”制度，扎实开展“两学一做”学习教育，组织党员干部到井冈山、古田等地参加党性教育培训，赴陆丰市高美村开展结对共建，走访对口扶贫困难户，开展送温暖活动。三是完善党风廉政建设领导小组工作机制，落实监督执纪“四种形态”，细化廉政责任清单，落实“两个责任”，履行“一岗双责”，将稽查数据化管事模式改革与廉政风险防控相结合。

【稽查人才库建设】 为加强优秀稽查人才的长效培养和使用机制，开展稽查能手遴选，吸收新的主体力量进入稽查专业人才库，把人才建设贯穿稽查工作始终，着力培育具有业务精湛的稽查工作主体力量，为全面提升稽查工作质量提供有力的组织保障。

【稽查业务培训】 组织各类培训80余场；制订“三年培训计划”，在西南财经大学开展第一年“基础培训”；组织32名业务骨干参加“岗位大练兵、业务大比武”竞赛活动；开展稽查风险选案、执行标准化、金税三期系统、网络版电子查账软件等信息系统培训。

【稽查信息化建设】 数据化管事模式改革信息化项目有效推进，率先上线风险选案传导反馈系统，建成3个模块，实现4项特色功能；完成稽查执行标准化系统建设，建成5个模块，并在金税三期系统嵌入四大类30项执行事项指引，实现手机短信提醒12项功能和系统弹框提醒4项功能；推进稽查案件项目管理系统建设，完成三大项13个功能点开发测试；执法记录系统完成采购、推进部署和系统集成；税警数据交换平台完成立项和需求确认；网络版查账软件优化6项功能，修正7项缺陷；金税三期系统稽查业务域运维和升级优化，建立功能模块操作指引。

【稽查宣传】 加强改革宣传，共编发稽查改革周报19期，稽查改革专刊8期，编印《稽查改革之声》创刊号、《稽查改革一本通》，制作稽查改革之窗展板，举办两场稽查改革全员大讲堂，在《中国税务报》《中国税务稽查》刊发改革报道，激发干部的改革热情，在全国税务系统引起热烈反响。

【稽查工作会议】 3月3日，召开深圳市地税局稽查工作会议，全面贯彻落实全国地税稽查工作会议精神和深圳市地方税收工作会议精神。会议总结2016年税务稽查工作，部署2017年稽查工作任务，提出围绕税收质量提升，以提高纳税遵从度为着力点，以信息化为支撑，以构建稽查数据化管事模式为核心，以建立完善的稽查质量标准体系为抓手，以提升稽查队伍素质为保障，全面实现稽查现代化的目标。

【工作建议】 一是全面推进稽查数据化管事模式改革信息化项目落地，完成稽查四环节信息化建设全覆盖，实现稽查改革目标。二是借力改革项目的落地，充分发挥风险选案靶向性，严厉查处涉税违法行为，开展精准稽查，着力突破一批大案要案；全力完成税务总局交办的检查任务，持续推进“双随机、一公开”工作，提升“黑名单”和联合惩戒质量。三是进一步加强稽查队伍建设。深入学习宣传贯彻党的十九大精神，坚持用习近平新时代中国特色社会主义思想武装头脑，牢固树立“四个意识”，坚定“四个自信”，做到“四个服从”；加大教育培训工作力度，提升干部职工的综合素质，着力打造一支具有良好政治素质和纪律意识，高水平、高技术的复合型稽查队伍；加强党风廉政建设，压实全面从严治党主体责任，将廉政风险防控贯穿于稽查执法工作始终。

（邹飞鹏）

第五篇

重大案件辑要

一、偷税案例

案例 1－1
某典当有限公司偷税案

【案件类别】　偷税案例

【案件所属行业】　金融业

【案件特点】　检查组采取内查外调的方法查实企业存在账外经营、隐匿销售收入的违法行为。

【案件来源】　专案检查

2015 年，Y 州国税局稽查局两名检查人员在 Y 州纪律检查委员会牵头成立的纪检监察、公安、检察、税务等相关部门组成的联合专案组查办案件过程当中，发现某典当有限责任公司有重大偷税嫌疑，随即向稽查局领导汇报了这一涉税违法线索，稽查局领导听取案情介绍后，决定立即对涉案企业展开全面检查。

【基本案情】　某典当有限责任公司成立于 2003 年 3 月，注册资本 1500 万元。经营范围是房地产抵押典当业务、财产权利质押典当业务、限额内绝当物品的变卖、鉴定评估及咨询业务。Y 州国税局稽查局检查组历时 3 个多月的内查外调，查实了该企业采取欺骗隐瞒手段偷逃税款的违法行为。

【违法事实】　该公司采取“账外账”，隐瞒以现金形式收取的利息及综合费用收入；隐瞒通过依法拍卖绝当物品或可执行财产的方式收取的当户拖欠的综合费用和利息收入；隐瞒以实物形式取得的利息及综合费用收入等手段，在账簿上少列收入，进行虚假纳税申报，少缴税款。经计算，2004—2014 年，该公司少计应纳税所得额共计 1958 万元。

【查办过程】　巧借外力，内查外调固定关键证据。检查人员在初步掌握了该公司设置“账外账”以逃避国家税收的违法事实的基础上，面对公司法定代表人、业务人员百般抵赖拒不承认的情况，展开外部攻坚。一是从行业管理数据入手，提取了该公司在“全国典当行业监督管理信息系统”中 2003 年起 10 余年间的业务数据；二是从资金流向入手，调取了与该公司相关联的 87 个银行账户的资金往来信息；三是从心理攻坚入手，与纪检、公安等部门联合，共同对公司法定代表人、财务人员、业务人员进行询问，层层攻破心理防线，使之在大量证据面前不得不承认公司存在“账外账”。

上下合力，政策答疑打通案件难点。在铁证面前，该公司又以金融企业税收政策不适用典当行业、部分典当业务纳税义务发生时间等规定不明确为由，为其违法事实进行最后的辩驳。对此，省局稽查局及时介入，牵头积极协调相关业务部门，陈明案情、提请政策答疑。在得到各业务部门的明确答复后，检查人员又对企业进行约谈、阐明政策，使该公司不得不放弃最后的抵赖。

彰显威力，联合惩戒规范行业秩序。面对巨额税款、滞纳金、罚款，该公司以资金不足为由，试图拖延、拒不履行处理处罚决定。Y 州国税局稽查局拟依法启动税收“黑名单”制度，向各联合惩戒单位进行推送，并在新闻媒体予以曝光，使该公司及其法定代表人面临在社会信誉、融资贷款、纳税信用等级等方面的负面影响。迫于压力，该公司多方筹款补缴了全部税款、滞纳金和罚款，Y 州国税局稽查局依法将其从重大税务违法案件公布栏撤出。

【处理处罚结果】　该案经 Y 州国税局稽查局案件集体审理委员会的集体审理和 Y 州国税局重大税务案件审理委员会审理，最终作出补缴其少缴的企业所得税 493 万元，对其偷税行为处以少缴税款 60% 的罚款 296 万元并加收滞纳金的处理、处罚决定。该公司对上述处理、处罚决定在规定期限内没有申请行政复议和诉讼。税款、滞纳金、罚款共计 1333 万元已全部补缴入库。

【问题分析及工作启示】 本案的成功查处，在当地典当行业中产生较大影响，行业税收较往年大幅提高，起到了税务稽查“正向打、反向促”的积极作用。账外经营是企业常用的偷税手段，侦破此类案件的关键在于外围证据的搜集和第三方证据的获取；对案件争议部分无法形成定论的，须多方论证，积极寻求上级政策解答；此外充分利用“黑名单”制度的威慑力有利于处理、处罚的顺利执行。

（吉林省国家税务局稽查局供稿）

案例 1－2

某公司虚列成本、不列收入偷税案

【案件类别】 偷税案例

【案件所属行业】 制造业

【案件特点】 本案检查人员采用执法记录仪全程录影录像，通过细致的外围调查、全面的突击检查，准确还原了该公司伪造建筑工程、恶意虚开发票虚列成本、房屋出租收入不入账、私设小金库用于股东分红的过程。

【案件来源】 公安机关移送

【基本案情】 该公司成立于1979年1月，注册资金153.77万元。主要经营机械设备、轴承制造及修理和市场设施租赁、市场管理服务等，企业所得税由地税查账征收。2017年3月28日起，江苏省C市地税局稽查局对该公司2012—2015年度纳税情况进行检查，发现该公司存在少申报缴纳营业税、城市维护建设税、教育费附加、地方教育附加、房产税、企业所得税，以及少代扣代缴个人所得税的情况。

【违法事实】 一是不列收入。2012—2015年，该公司现金收取利息、房屋租金、市场摊位费等，在账簿上不列收入140万元，未按规定作相关申报。二是虚列成本。2013年该公司伪造工程，虚开建筑业统一发票483.92万元。虚列拆迁成本，在账簿上多列支出，在企业所得税年终汇算清缴中未调增应纳税所得额。三是现金分红。该公司用伪造工程、虚开发票返回的现金191.71万元进行股东分红等，未代扣代缴个人所得税。

【查办过程】 （1）查前预案，确定重点。检查组接到稽查任务通知书后，详细分析公安机关移送材料，筛选出有价值的涉税信息。同时与公安经侦支队案件负责人接洽，询问案情的具体细节，结合采集的地税信息系统各项数据进行预案分析：

核查工程发票。该单位正常年度营业收入在100万元左右，但是2012年的应纳税所得额超过1000万元，2013年应纳税所得额也有300多万元。申报数据异常，结合移送材料中对伪造工程、虚构资料、取得税务机关代开工程票的陈述，检查组初步确定把核实开票过程作为本次检查的重中之重。

核查固定资产和租金情况。移送材料中对房产出租情况表述前后不一致：前面讲店面房四五十间，后面讲实际是七八十间；一段材料中讲到部分租金未入账，另一段材料中讲还有临时性交款和房租。核实房产和租金的具体、真实情况，该单位是否在正常营业收入之外有不入账的小金库，以及相关税款是否申报是检查的次重点。

核查资金使用情况。移送材料中讲到虚开发票套取的资金扣除手续费后，用于股东的分红、旅游等。核实资金的具体流向，涉及个人所得是否代扣代缴个人所得税，也是检查的关注事项。

（2）外部检查，固定证据。对该公司正式进场检查前，检查组先在外围对举报材料中涉及的两个建筑单位进行核查：

某劳务公司。根据对其负责人的询问，双方工程由其下属项目部负责人张某具体负责，合同等前期资料均由张某提供，劳务公司提供公章。2012年2—6月，双方签订3份施工协议书。但在该项目后续实际过程中，劳务公司未进行跟进，也未派人员到现场查看和监督，对于该工程是否真正发生、实施进展情况等并不知情。2013年8—12月，张某提供竣工验收单、工程造价审订单等资料，劳务公司的财务人员凭上述资料到税务机关大厅交税开票3张，合计367.49万元。劳务公司凭项目部负责人张某提供320万元银行承兑汇票复印件、上交5万元现金、应收42.48万元账款做收入账，劳务用工322.9万元清单复印件做成本账。双方资金结算是由张某个人与该单位之间发生。经过检查人员的耐心劝导，反复工作，劳务公司在几周后提供了项目部负责人张某个人与该单位之间的部分银行往来记录，检查组从中获取到涉税违法证据，从而使本案的查处取得突破性进展。

某工程队。由于该工程队2016年5月已被管理分局认定为非正常户，已无从查找，检查组通过税警合作机制，取得个体工商户负责人虚开工程票的违法证据。

（3）正式进场，全面检查。确定该公司涉嫌偷税的证据后，检查组正式进场检查。经查实，该公司在事先得知市政规划将对其部分沿街用房拆迁的情况下，与劳务公司下属项目部负责人张某联手，伪造了维修下水道、翻建彩钢瓦房顶等零星工程，通过虚构工程合同、工程造价表、工程结算书、项目审定表，开具建筑业发票，增加固定资产等方式，虚列拆迁成本。他们利用税务机关大厅开具建筑业发票流程中仅审核纸质材料，无法去现场查看的管理漏洞，骗取税务机关代开的发票。事后张某扣除约10%的费用后，通过其个人账户分13笔返回436.3万元到该公司财务人员和办公室人员的个人账户中。该公司收到返回的资金后，用于28名股东分红、旅游、消费等191.71万元，结余现金存放在某银行保险箱。

（4）资料缺失，多方取证。根据预案，检查组利用谷歌地图和互联网爬虫技术，绘出该单位全部房产的影像资料，并对该单位所有的房屋一一盘点，绘制出租和自用房产草图。同时多次约谈该公司和承租商户，最终取得出租方和承租方的谈话笔录、收据等在租赁期限金额上相互印证的证据材料。经查实：该公司通过现金收取利息、房屋租金、市场摊位费等在账簿上不列收入的方式，2012—2015年涉税收入合计140万元，未按规定进行纳税申报。

【处理处罚结果】 本案经江苏省C市地税局重大税务案件审理委员会审理，认定该公司未按规定进行营业税、城市维护建设税、教育费附加、地方教育附加、房产税、企业所得税申报缴纳及个人所得税代扣代缴，但未超过《税收征收管理法》第52条规定的追征期，决定追缴少申报缴纳的税款1689468.61元、费3500元，少代扣代缴的税款383410元，罚款1881173.61元，合计3957552.22元。

【问题分析及工作启示】 政策性搬迁业务的税收监管和审核。按照《国家税务总局关于发布〈企业政策性搬迁所得税管理办法〉的公告》（国家税务总局公告2012年第40号）的规定："企业政策性搬迁，是指由于社会公共利益的需要，在政府主导下企业进行整体搬迁或部分搬迁。""企业的搬迁收入，扣除搬迁支出后的余额，为企业的搬迁所得。""企业应在搬迁完成年度，将搬迁所得计入当年度企业应纳税所得额计算纳税。"该公司原来的日常经营以收取市场租金为主，但是市政规划道路拓宽，需要拆迁其部分房屋，从而获得巨额拆迁补偿收入，突发的横财让股东们利令智昏，因此多名"高参"通过伪造虚假工程，开虚假发票，增加搬迁成本的方式抵减搬迁收入，从而达到少交税款的目的。针对企业拆迁过程中出现的虚开发票套取资金的行为，建议管理分局对拆迁备案的企业进行跟踪管理，避免国家税款的流失。

共享大数据，加强税源基础信息分析。本案中，纳税人利用各部门信息的不对称性进行涉税违法活动。首先是税务机关内部，大厅只审核书面材料，管理分局未能就大厅开票信息及时有效进行跟踪管理。其次是税务机关与外部监管部门的信息不畅，从而使得虚假的建筑合同、工程结算书和项目审定表等涉税资料通过审核。在新形势下，持续推进简政放权、放管结合、优化服务，不断提高政府效能，已是大势所趋，地税机关作为职能部门也在逐步改变原有税源管理模式，改审批制度为备案制度，改事前审查为事后管理，这就对我们的基础信息管理提出更高、更严的要求。建议在日新月异的"互联网+"时代，充分共享大数据，打通"信息孤岛"，对"海量"的数据进行清洗、整合和储存，彻底消除税务机关对纳税人信息掌握的不对称情形。

（江苏省地方税务局稽查局供稿）

案例 1－3

某电力安装有限公司购买假发票偷税案

【案件类别】 偷税案例

【案件所属行业】 建筑业

【案件特点】 该公司通过购买假发票用于结算、收取工程款，在账上不列收入，且不如实向税务机关申报纳税，其购买假发票的行为具有明显的主观故意性，构成偷税。

【案件来源】 自选案件

【基本案情】 2016 年 6 月，江西省 S 市 W 县地税局稽查局在对某公司进行检查的过程中，在发票比对时发现某电力安装有限公司开具的一份金额为 75 万元的《建筑业统一发票》假发票的嫌疑较大，后经发票管理所鉴定为假发票。2016 年 6 月 14 日，稽查局决定对该公司进行立案检查。检查组在检查过程中采取了外围调查和重点抽查的检查方法，对该公司相关人员进行了询问，对该公司所涉及的建设单位进行调查取证，查实该公司通过购买假发票收取相关建设单位的建筑安装工程款后，在账上不列收入，也不申报税款，认定其偷逃税款的违法事实成立。

【违法事实】 该公司在经营期间，从林某处（另案处理）购买假的《建筑业统一发票（代开）》，用于向建设单位收取工程款 1139.8 万元，其中 2015 年度收取工程款 440 万元，2016 年 1—5 月收取的工程款 699.8 万元，该金额在账上不列收入，也未向税务机关申报缴税，造成少缴营业税及附加、企业所得税、印花税等税费。

营业税及附加：该公司使用假发票向建设单位结算、收取工程款 1139.8 万元在账上不列收入，且未向税务机关申报缴税，造成少缴营业税 341940 元、少缴城市维护建设税 23935.8 元、少缴教育费附加 10258.2 元、少缴地方教育附加 6838.8 元。

印花税：该公司签订建筑安装工程合同金额 1139.8 万元，未申报缴税，造成少缴印花税 3419.4 元。

企业所得税：该公司使用假发票向建设单位结算、收取工程款 1139.8 万元在账上不列收入，且未向税务机关申报缴税，根据《税收征收管理法》第 35 条、《企业所得税核定征收办法（试行）》（国税发〔2008〕30 号）、《江西省地方税务局关于加强建筑业企业所得税征收管理的通知》（赣地税发〔2013〕55 号）第 1 条第 2 款的规定，核定应税所得率为 10%，核定该公司应补缴企业所得税 284950 元，该公司未申报缴纳。

【查办过程】 制定检查预案。接到检查任务后，检查组召开了案情分析会，对检查中可能存在的困难进行了分析，制定了全面、详细的税务稽查实施方案：一是明确了任务分工。二是明确了工作重点，一方面以票流主线，对开具的发票流向进行全面梳理，通过发票流向进一步查找和掌握认定偷税的相关证据和线索；另一方面从签订的合同入手，进一步查找和掌握可能存在的已开票未入账情况。

收集征管信息。从征管信息系统中取数，将该公司从办理税务登记以来至检查之日止的纳税情况及发票开具情况从系统中导出，分年度、分项目进行整理归类。

实地检查掌握线索。检查人员到该公司生产和经营场所进行检查，责令企业提供所有签订的建筑安装合同及相关协议，结合账簿进行比对。根据已开具的发票信息与相应合同、账簿凭证进行比对，发现合同金额与系统开具的发票不符的 1 户，有合同未开具发票的 2 户。

外调查验证明事实。根据已掌握的线索，检查人员对相关单位进行了外调，发现该公司采取开具假发票或真假票混开的方式结算、取得工程款合计 13295200 元，其中 11398000 元开具了假发票，且取得的工程款 11398000 元未入账，只将部分开具真发票的工程款入账。

【处理处罚结果】 根据《税收征收管理法》第 63 条第 1 款的规定，该公司购买假发票结算、收取建设单位工程款，在账上不列收入，也不申报纳税，已构成偷税，追缴该公司少缴的营业税 341940 元、城市维护建设税 23485.8 元、印花税

3419.4元，对该公司少缴的营业税、城市维护建设税、印花税处以50%的罚款计184422.6元。

根据《企业所得税法》第4条、第49条，《企业所得税核定征收办法（试行）》（国税发〔2008〕30号）和《江西省地方税务局关于加强建筑业企业所得税征收管理的通知》（赣地税发〔2013〕55号）第1条第2款的规定，追缴该公司企业所得税284950元，其中2015年110000元，2016年174950元。

根据《征收教育费附加的暂行规定》（国发〔1986〕50号）第2条及《国务院关于修改〈征收教育费附加的暂行规定〉的决定》（国务院令第448号）的规定，追缴该公司少缴的教育费附加10258.2元。

根据《江西省地方教育附加征收管理办法》第2条、第3条的规定，追缴该公司少缴的地方教育附加6838.8元。

依据《税收征收管理法》第32条规定，对该公司少缴的营业税341940元、城市维护建设税23485.8元、印花税3419.4元、2015年度企业所得税110000元，自税款滞纳之日起至实际解缴之日止按日加收5‰的滞纳金。

【问题分析及工作启示】　违法行为成因分析。一是基于建安企业目前存在项目挂靠、异地承接工程、劳务发生地开票纳税、建账不全等现状，税务机关难以核实企业的真实业务情况、对其开票情况难以有效监管。二是目前制造、贩卖假发票的活动仍然猖獗，未得到有效遏制，出售方提供的假发票品种齐全、种类繁多，几乎涵盖了税务机关管理的所有发票，并且假发票的品质真伪难辨。三是个体私营企业主普遍都不建账或做假账，税务部门采取核定征收的办法征收税款，一些私营企业主为逃避纳税义务，提供应税劳务时尽可能不开或少开发票，或者直接购买假发票。四是对发票违法行为惩治不力，利用发票偷税、逃税现象愈演愈烈。从全国各地查处的偷税、骗税案件来看，发票是犯罪分子进行偷逃税款的最基本工具，也是最有效的工具。因对发票违法行为的危害性认识不到位、打击发票违法行为的职能部门配合难、相关法制建设滞后、发票管理中存在区域主义和部门主义等因素的影响，发票违法行为得不到及时、有效、彻底惩处。

本案的启示。一是查案必查票。税务检查中要注重对发票进行检查。当前，制售假发票的违法犯罪行为依然猖獗，一些纳税人在利益驱使下，向假发票制售者购买假发票，企图偷逃国家税款。因此，税务部门在对企业进行检查时，应注重对发票特别是大额发票的检查，比对真假，发现疑点，做到“查案必查票”。二是一事不二罚。本案纳税人同时违反税收征管法和发票管理办法相关规定，稽查局选择适用法律级次更高的税收征管法有关规定对纳税人进行处罚，符合行政处罚“一事不二罚”的原则。三是加强日常监管。主管税务机关应加强对建筑安装工程项目的巡查巡管，不能仅仅依赖于发票管税，通过严格的税收征管进一步压缩假发票生存的空间。四是加强综合治税。税务机关要加强税警协作，加大对制售假发票违法犯罪行为的打击力度，同时对故意取得假发票的纳税人要依法进行处理。

（江西省地方税务局稽查局供稿）

案例1－4

某公司开具假发票偷税案

【案件类别】　偷税案例

【案件所属行业】　服务业

【案件特点】　在本案中，检查人员通过实地调查、账务印证、外围核查等方法，发现该公司通过开具假发票以及利用个人账户收款的形式隐匿营业收入，偷逃国家税款，为今后处理该类案件提供了一定的参考。

【案件来源】　上级交办

【基本案情】　某公司注册资本30万元，经营范围为清洁服务、清洁用品销售、劳务服务等。该公司共有职工200人。该公司2012年度合计申报缴纳地方各类税费0.73万元。2013年度合计申报缴纳地方各类税费0.42万元。2014年度按小微企业申报，每月为零申报。2015年度合计申报缴纳地方各类税费1.83万元。2016年1—4月合计申报缴纳地方各类税费0.97万元。

2017年2月接到上级交办的该公司案件后，湖北省Y市地税局稽查局根据掌握的线索对该公司2012年1月1日至2016年4月30日的纳税情况进行了全面检查。经查，该公司少缴营业税38.6万元、城市维护建设税2.7万元、印花税0.01万元。根据《税收征收管理法》第63条第1款之规定，定性为偷税。

【违法事实】 该公司2012年1月至2016年4月合计应申报缴纳营业税42.16万元，已申报缴纳3.56万元，少申报缴纳38.6万元；应申报缴纳城市维护建设税2.95万元，已申报缴纳0.25万元，少申报缴纳2.7万元；应缴教育费附加1.26万元，已申报缴纳0.08万元，少申报缴纳1.18万元；应申报缴纳地方教育附加0.84万元，已申报缴纳0.04万元，少申报缴纳0.8万元；少申报缴纳印花税0.01万元。

【查办过程】 案件的前期准备。检查人员为了保证此次专项检查工作顺利进行，做了扎实有效的查前准备工作，在入户检查前对被查对象做了初步调查，并制定了详细的《稽查实施方案》、确定了检查重点和检查方法。检查人员从征管系统调取了该公司的基础资料进行了认真查阅。对该公司的基本情况、财务状况以及申报缴纳的税费情况进行了初步了解和掌握。确定此次检查的重点为审核营业税、个人所得税缴纳情况。检查是否存在未及时结转主营业务收入的行为；检查是否存在发放职工福利未足额代扣代缴个人所得税的行为；检查是否存在发票违规行为。

稽查的方法和手段。根据确定的检查预案，有针对性地对该公司进行了检查。一是实地调查。检查人员进户检查后首先对该公司的股权结构、资产情况、经营情况进行实地了解。根据相关部门交办线索，发现该公司在某市人民医院和该市中医院利用63份假发票收取营业款项194.27万元。对此，检查人员及时通知该公司负责人和财务人员接受询问，并据此了解该公司收款账户和股东账户个人往来的具体情形，将此情形确认为重要疑点之一，为后续检查指明了方向，提高了工作效率。二是账务印证。确立检查方向以后，检查人员随即开展财务账面检查。检查人员主要以查看营业账目、抽查相关合同、核对银行流水、摸排公司与涉税有关的银行账号、从银行账号摸排到其他相关业务单位账簿对应、重点排除疑点的方式开展检查工作。经查，该公司通过假发票收取营业款项不入账，采用公司结算账户以外的其他个人账户收款的方式达到偷逃国家税款的目的，该公司也予以了承认。三是外围核查。针对该公司以提供劳务业务为主的特点，检查人员通过与银行流水有关联的具体业务单位进行了外围调查，对其经营业务的真实性进行了核实。四是实施询问。在初步查清该公司涉税问题后，检查人员依法对该公司的财务人员及负责人进行了询问。在检查人员通报了前期检查情况，出示了已掌握的相关证据资料，宣传了涉税的相关政策后，该公司负责人对检查人员解释的税收政策予以认可，对检查结果无异议。

检查中遇到的困难和阻力。在本次检查过程中，该公司负责人在提供银行流水时以各种借口推诿，未能按检查人员的要求提供相关证据、资料，经检查人员耐心劝导，动之以情，晓之以理，在事实证据面前，该公司负责人终于主动交代了全部违法事实。

执法有温度，依法缓缴罚款。检查结束后，在执行过程中，该公司的法定代表人多次说明企业的特殊情况，并提出了分期缴纳罚款的要求。他表示，目前该公司资金非常困难，而且其配偶因罹患重大疾病，至今还在医院进行治疗，他承担着巨额的治疗费用。在了解以上实际情况后，经过集体研究报上级批准，在履行相关手续后依法批准其分期缴清罚款的请求。

【处理处罚结果】 根据《税收征收管理法》第31条第1款之规定，责令该公司自收到《税务处理决定书》之日起15日内清缴应补缴的营业税38.6万元、城市维护建设税2.7万元、印花税0.01万元。

根据国务院《征收教育费附加的暂行规定》（国发〔1986〕50号）和《国务院关于修改〈征收教育费附加的暂行规定〉的决定》（国务院令第448号），责令该公司自收到《税务处理决定书》之日起15日内清缴应补缴的教育费附加1.18万元。

根据《湖北省人民政府关于征收地方教育附加的通知》（鄂政发〔2009〕14号）和《湖北省地方税务局关于调整地方教育附加征收标准的通知》（鄂地税发〔2011〕13号）之规定，责令该公司自收到《税务处理决定书》之日起15日内清缴应补缴的地方教育附加0.8万元。

根据《税收征收管理法》第63条第1款之规定，对该公司在账簿上少列收入和虚假的纳税申报手段少缴营业税、城市维护建设税、印花税的偷税行为处50%的罚款20.65万元。

【问题分析及工作启示】 通过对该公司本次检查发现的问题进行分析得出的启示是，要加强对财务人员税收业务培训，增强鉴别假发票的能力。不论税务机关代开发票还是纳税人自开票，均要进行严格的真伪比对，把好审核关，堵住假发票的买方市场。税收征管部门应加强对纳税人日常税收征管巡查和监控力度，准确掌握纳税人生产经营及涉税情况，督促纳税人依法足额申报入库。要加强对纳税人财务辅导和税收政策宣传力度，强化纳税辅导，增强相互沟通，准确把握税收政策的执行力，增强纳税人的遵从度。

（湖北省地方税务局稽查局供稿）

案例1－5

某运输有限公司少缴税款案

【案件类别】 偷税案例

【案件所属行业】 交通运输、仓储和邮政业

【案件特点】 一是在账册不全、账表不符、纳税人不配合的情况下，通过第三方机构的协助，取得企业隐藏收入的关键性线索；二是电子技术在稽查取证中的充分运用，通过技术手段对该公司的电子数据进行破解分析，从而获得相关的“账外账”资料；三是优势证据规则在本案中的运用，通过电子技术稽查取得的电子证据资料与账册不全、账表不符的申报资料相比，采用电子数据证据定案更具有优势；四是税警合作取得显著成效，通过公安局的协助，找到了“遗失”的账册，对税务稽查部门提高依法治税、加强税警合作具有一定的借鉴作用。

【案件来源】 公安机关移送

【基本案情】 某运输有限公司，注册资本500万元，成立于2010年6月30日，平均从业人数31人，经营范围包括市际、县际、县内包车客运以及汽车租赁，企业所得税属地方税务部门管辖。2012年申报调整后应税所得额为68.71万元，弥补2011年亏损的66.18万元后，应缴纳企业所得税2.53万元，2013年度亏损256.88万元，2014年度亏损177万元。检查发现，该公司存在将取得的现金收入存入个人账户，隐匿营业收入，未如实申报各项应税收入等问题。

【违法事实】 该公司于2012—2014年度，在办理企业所得税申报时，未按规定如实申报各项营业收入。检查组通过对调取的自营车（挂靠车）收款账务明细表、公交车业务统计表、公交车及代收资金表、资金报表等电子数据进行统计分析，与企业的会计凭证、账册及财务报表进行核对，发现存在以下问题：

该公司2012年度实际取得交通运输收入720.68万元，已申报收入701.71万元，少申报收入18.97万元，少缴企业所得税4.74万元。

该公司2013年度实际取得管理费收入、租金收入、广告收入、停车收入、手续费收入等共计418.23万元，未在账上记载及申报纳税；以前年度取得燃油补贴收入余额297.1万元，未计入应税收入总额；2013年度多摊销保险费用0.45万元，应扣未扣的固定资产折旧52.52万元、应计未计燃油成本4.85万元，调整后的应补税所得额为401.53万元，少缴企业所得税100.38万元。

2014年度取得运输收入、管理费收入、租金收入、广告收入、停车收入、手续费收入等共计466.35万元，未在账上记载及申报纳税；取得燃油补贴收入44.77万元，未计入应税收入总额；应扣未扣固定资产折旧202.21万元，应计未计燃油成本30.50万元，应摊未摊车辆保险费7.18万元，调整后的应补税所得额为94.22万元，少缴企业所得税23.55万元。

【查办过程】 充分查前准备，找准案件突破口。开始检查前，检查人员进行了充分的查前调查和准备，一边从征管信息系统和稽查数据分析平台、发票在线系统等调取该公司各期申报数据进行分析，一边对该公司的营业情况进行实地暗访。通过内查外访收集资料后，对A公司进行了突击调账检查，现场在会计、出纳的工作电脑上调取大量的电子数据和涉税资料。

外围取证，顺藤摸瓜。开始检查后，检查组发

现该公司的账目混乱，原始凭证不齐全，缺少2012年度的会计账册，该公司声称是由于会计人员更换频繁，在交接时不慎丢失了。检查组进而对调取的电子数据进行分析，发现出纳人员的电脑资料里有大量的自营车（挂靠车）收款账务明细表、经营合同、资金报表等电子数据，检查组初步判断，很可能存在“账外账”的情况，通过对出纳人员和财务人员的询问，出纳人员承认这些电子报表记载的数据是公司的现金经营收入报表，由公司班组报账，但出纳人员只负责记账，并没有接手现金，出纳人员也不知道钱到底在哪里，而财务人员则声称不知情。经过统计与分析，这些电子明细表记载了该公司2012—2014年度几乎全部的营业收入，但金额与向税务部门申报的财务报表相差较大，大部分现金收入未在账上反映，那么这些现金到底在哪里？另外，该公司财务人员更换频繁，3年内共更换了6名财务人员，这一异常情况也引起检查组的注意。于是检查组想方设法与这些已离职的财务人员取得联系，向他们了解情况，有部分财务人员认为自己已经离职了，原公司的事务与其无关，不肯配合检查工作。检查人员步步为营、对其晓之以理，最终获得该公司以公司管理人员的个人账户隐藏收入的信息。2015年10月26日，检查组向银行发出查询文书，对该公司银行存款账户和法定代表人窦某、企业负责人王某两人的个人储蓄存款账户进行查询，发现每天或隔天就有一笔现金存入法人代表窦某、副经理王某个人储蓄存款账户，经调查，发现是该公司的班组人员按时把现金收入存入这两个账户。

铁证如山，案件成功告破。在掌握具体的收入证据和个人账户收款的明细数据后，检查人员分别向该公司的法人代表窦某、副经理王某、财务人员李某等人发出《询问通知书》进行约谈，在大量证据资料面前，窦某和王某表示愿意积极配合提供所有相关的账簿、凭证、合同，并承认了在账簿上少列收入、少缴企业所得税的违法事实。

【处理处罚结果】 根据《企业所得税法》第1至第5条、第10条、第41条、第53条，《企业所得税法实施条例》第9条、第10条、第76条和《财政部　国家税务总局关于专项用途财政性资金企业所得税处理问题的通知》（财税〔2011〕70号），以及《国家税务总局关于企业所得税应纳税所得额若干税务处理问题的公告》（国家税务总局公告2012年第15号）第6条、第7条的规定，追缴该公司2012—2014年度少缴的企业所得税共128.67万元。

根据《税收征收管理法》第32条的规定，自税款滞纳之日起至清缴之日止，按日加收5‰的滞纳金。

根据《税收征收管理法》第63条第1款，《广东省国家税务局、广东省地方税务局关于发布广东省税务系统规范税务行政处罚裁量权实施办法》（广东省国家税务局、广东省地方税务局公告2015年第23号）第12条规定，该公司的行为已构成偷税，除补缴税款外，处少缴税款60%的罚款，合计77.2万元。

【问题分析及工作启示】 从本案检查发现的问题可以看出，有部分私营企业的税收遵从度并不高，为了逃避纳税，以个人账户隐匿收入，账册混乱，存在经营中采取“账外账”的办法偷逃税款的情况。随着电子财务软件的普及，两套账由“有形”变为无形，企业将真实的账册通过电脑核算，数据经过加密处理，服务器存放在外地，随时可以通过互联网远程销毁，这些都给税务稽查工作增加了难度，带来新的挑战。面对偷税案件的手段和形式日益隐蔽化，税务稽查若按常规检查方法，就账查账，就资金流查资金流，难以发现违法事实，应树立查深查透的理念，充分使用《税收征收管理法》及其实施细则赋予的检查权限，通过询问、查询个人储蓄账户、突击检查等，特别是充分运用电子技术稽查手段，获取内部资料。税警协作，是本案成功查处的关键。本案在账册不全，账表不符，资料无法核对的情况下，提请公安机关介入调查，公安机关行使刑事侦查权，对主要负责人进行讯问，协助检查组找回了丢失的账册资料，大大提高了案件查办的效率。

（广东省地方税务局稽查局供稿）

案例1－6
某丝绸有限责任公司偷税案

【案件类别】 偷税案例

【案件所属行业】 出口企业

【案件特点】 使用电子查账软件，采取突击检查，成功取得企业账外经营证据。

【案件来源】 专项检查

【基本案情】 2016年5月8日，按照打击骗税专项检查要求，检查人员对某丝绸有限责任公司偷税案2012年1月1日至2016年12月31日的增值税纳税申报情况、出口退税申报情况进行了检查。检查人员进入企业后，使用稽查查账软件采集企业财务数据时发现企业设置有内外两套账。在进一步检查中发现该公司通过设置内账、外账两套账的方式隐匿白厂丝、真丝绸、副产品等应税销售收入，少申报增值税税额4601160.87元。2017年11月15日，Y区国税局稽查局下达《税务处理决定书》《税务行政处罚决定书》，对该企业查补增值税4601160.87元，加收滞纳金2581864.88元，罚款2300580.44元，税务机关应退增值税款172813.28元。

【违法事实】 一是该公司于2014年5月17日收取某厂电费未按规定开具发票，违反《发票管理办法》第19条、《发票管理办法实施细则》第26条之规定。二是该公司通过设置内账、外账两套账的方式隐匿白厂丝、真丝绸、副产品等应税销售收入。以外账相关数据进行纳税申报及缴纳税款，内账与外账差异的部分没有如实申报纳税，造成少申报销项税额4428347.59元。

【查办过程】 摸清企业，做好预案。调阅该公司2013—2015年度征管资料，掌握该公司基本情况、经营范围、纳税申报明细，同时与征管部门进行沟通，摸清企业日常经营和管理模式。经了解该公司经营正常，且使用财务软件进行财务核算管理。制订突击检查实施方案，在下达税务检查通知书时，同时下达调账通知书，第一时间调取该公司纸质财务账簿及财务电子账。

突击检查，发现外账。2017年5月11日到该公司进行税务检查，检查人员在该公司财务负责人的办公电脑上使用“数据采集软件P6”搜索财务电子账账套，经过“数据采集软件P6”自动搜索，发现该公司财务软件存在3个账套。该公司财务负责人起初不肯让检查人员继续调取电子数据，检查组对公司财务负责人开展政策宣传，讲明阻止检查的利害关系，最终检查组成功拷贝及备份3个账套。

分析账套，锁定数据。通过电子查账软件对3个账套分析后发现，该公司通过设置内账（主要用于内部监管，记录该公司的实际销售经营情况，但未计提增值税销项税及进项税，属对外隐匿账）、外账（用于应对税务机关等部门，隐匿及篡改了该公司的部分实际销售经营情况）两套账的方式隐匿白厂丝、真丝绸、副产品等应税销售收入。检查组对该公司2012年1月至2016年12月内外账数据按月进行比对，掌握了该公司隐瞒收入的具体数据。

有针对性地询问，夯实证据。掌握该公司账外经营的有利数据后，检查组向该公司下达《询问通知书》进行询问。该公司财务负责人开始以生小孩为由逃避检查组的询问，后经检查组多次进行说服教育，晓以利弊，最终承认了账外经营隐匿收入的事实，并向检查组提供了该公司内账的纸质财务账簿。

【处理处罚结果】 对该公司通过设置内、外两套账隐匿销售收入未如实申报纳税，造成少缴增值税的行为，根据《增值税暂行条例》第1条、第2条第1款第1项、第2项第5目、第3至第5条，《增值税暂行条例实施细则》第14条之规定，经增值税纳税调整后，应补缴增值税4601160.87元。

对查补入库的增值税4601160.87元，根据《税收征收管理法》第32条，《税收征收管理法实施细则》第75条、第109条的规定，从滞纳税款之日起每日加收5‰的滞纳金，加收滞纳金共计2581864.88元。

根据《税收征收管理法》第63条第1款规定，该公司已构成偷税，偷税金额4601160.87元，根据《广西壮族自治区地方税务局、广西壮族自治区国家税务局关于发布〈广西税务行政处罚裁量权适用规则〉的公告》（广西壮族自治区地方税务局、广西壮族自治区国家税务局公告 2015 第 7 号）第 7 条规定，处所偷税款 50% 的罚款 2300580.44 元。

【问题分析及工作启示】 电子查账技术的运用，是本案成功查处的关键。本案中在合法合规的前提下，采取突击检查，成功调取企业电子数据，并固定证据，使本案取得重点突破。推进电子查账工作，是经济社会发展的客观需要，是税收改革的内在要求，是“数字稽查”的必由之路。因此，一方面，我们必须要统一思想，认清信息化技术在企业管理中的推广与普及对落后的稽查手段所带来的冲击，增强紧迫感和使命感，积极创新工作理念，建立科学、规范、简洁、高效的稽查电子查账方式，努力构建以电子查账为主要支撑的稽查手段信息化体系，加快稽查电子查账专业化和现代化建设的步伐。另一方面，我们要切实做好电子查账基础保障工作。一是成立由稽查局负责人为组长、相关职能部门为成员的税务稽查电子查账工作领导小组，加强对电子查账工作的组织领导，形成领导高度重视，相关职能部门共同参与的工作局面。二是建议在电子稽查专业团队，对电子查账工作深入研究和专业化实施，从而有利于总结经验，培养人才，形成一支相对固定、具有一定专业技术能力的稽查执法队伍。三是完善稽查查账软件推广应用考核机制，进一步细化相关考核指标，并严格执行考核及通报制度，对工作滞后、行动迟缓、成效较差的单位进行督导，确保此项工作取得实效。

积极探索，制定税务电子查账管理制度。创新稽查手段高度信息化，对采用财务软件核算管理的企业实施电子稽查时，要以税务检查取证工作实践结合行政证据规则和工作实际，研究各种行业和电子数据证据的特征，对电子数据信息的调查取证方法和技巧，对有关涉税电子数据信息的收集、固定和保全，以及电子数据证据的使用、保管、归还、存档和检查工具安全性使用等电子查账各项相关工作进行规范，逐步摸索和总结出一套有关电子数据信息证据取证、整理、保存、审查、判断工作程序和要求的规范性制度或规则，以有效指导电子数据信息调查取证工作，并使之规范化、程序化，确保电子数据信息调查取证工作真实合法、有序、高效运行，并进一步推动税务检查工作的深入，提高办案质量。

统筹兼顾，努力提升稽查手段信息化水平。电子查账工作是税务稽查手段信息化的重要表现，其推广应用是一项复杂的系统工程，需要科学谋划、统筹兼顾、稳步推进。一是加大查账软件推广力度，提高稽查科技含量。要从硬件的配备入手，优先完善电子查账基础设施建设，为电子查账队伍配备最先进硬件设施和配置性能好的信息化工具，保证稽查科技手段的持续发展和改善，不断提高稽查管理集约化程度，适应信息化条件下有效打击涉税违法行为的需求。要充分利用征管信息、分析软件和第三方信息，在开展税收专项检查过程中加大推广应用稽查查账软件的力度，有效应对企业利用电子账簿虚假记账、隐匿或销毁电子账册以及互联网和手机通讯等新型支付手段逃避税收。二是借助税收征管互动工作平台，加强征管信息共享。积极推进税收征管互动工作机制的落实，加强征管部门与稽查部门的征管信息交流，通过对纳税人财务核算软件备案情况实施有效的监管，拓展纳税人会计财务软件使用和备案情况采集功能，为稽查部门提供科学选案、案头分析和检查工作提供真实可靠的数据来源。

（广西壮族自治区国家税务局稽查局供稿）

案例 1－7

某石化有限公司偷税案

【案件类别】 偷税案例

【案件所属行业】 制造业

【案件特点】 该案的作案手段隐匿化，偷税行为专业化，违法犯罪集团化。通过对该案的查处，积累了对于石油生产加工行业的丰富的检查取证经验，对今后此类案件的查处有重要的启示意义。

【案件来源】　举报案件

【基本案情】　2016年9月，检查组根据举报线索对某石化有限公司（以下称甲公司）进行立案检查。检查中发现甲公司向税务机关虚假申报购买石脑油加工生产混合芳烃类产品出售，实际是甲公司购买免征消费税的石脑油，通过变换产品名称不进行生产加工直接出售，以实现偷漏、骗取石脑油消费税目的的违法行为。

【违法事实】　2014年1—10月，甲公司购进大量免征消费税的石脑油、芳烃抽余油、加氢裂化尾油；2014年10月至2015年5月，购进大量已缴纳消费税的石脑油及燃料油；2016年3月，申报退还了采购的石脑油及燃料油类产品已缴的消费税；2015—2016年，采购大量的免税石脑油。经查，甲公司购进的石脑油并未加工成混合芳烃类产品，而是用于直接销售。因此，其购进的免征消费税石脑油等产品应征收消费税，已退的消费税应追回。

【查办过程】　案头分析，申报数据疑点重重。接到稽查任务通知书后，检查组立即根据案源信息对举报企业进行案头分析与核查。结合举报线索，检查人员依托征管系统采用比较分析法及控制计算法对甲公司数据进行比对后发现，甲公司产销量巨大，但是2014年及2015年的消费税纳税申报金额均为0，同时2016年申报消费税退税金额较大，申报数据疑点重重。

突击检查，疑点核实一无所获。针对举报信息及案头分析疑点，检查组抽调了8名熟练掌握行业特性、精准把握法律法规、擅长证据调取和证据固定的检查人员，兵分两路对甲公司的办公场所及加工厂进行突击检查。在对办公场所进行检查时，检查人员调取了被查企业2014—2016年的凭证及账簿资料。在对甲公司的加工厂进行检查时发现，被查企业厂房是租赁乙公司油库的土地进行建设的，位于乙公司油库内。甲公司通过租赁和自建共有8个储油罐，1条自建输油管道，工人数名。从企业规模、厂房规格、设备配置和工人数量来看，甲公司的生产场所与其经营性质和备案生产能力相匹配。面对这些情况，检查人员一筹莫展，案件的检查陷入了停滞。

调整思路，检查取得重大突破。面对检查现状，检查组深入审视研讨案情，及时调整检查思路，决定聚焦甲公司的生产加工能力，确定了“结合行业监管确定生产能力，围绕购销业务核实加工事实”的检查方向，将检查人员分为加工能力核实组、销售外调取证组、监管信息调查组3个组，从甲公司仓储码头出入库记录、销售货物名称品目、行业备案的生产能力进行取证，3个组相互配合同步推进，锁定甲公司的违法证据。根据检查方案，加工能力核实组再次奔赴油库所在地对甲公司是否有生产业务进行核实。由于甲公司的厂房位于乙公司的油库，检查人员以乙公司为突破口开展外围调查。乙公司的经营管理部负责人表示由于甲公司位于其公司的油库，所以甲公司生产所需购进原料的购进入库以及油品的销售都必须经过乙公司经营管理部下达的《出入库作业单》才能装卸。但是乙公司提供的甲公司《出入库作业单》却证明甲公司从未购进生产所需原料——石脑油。乙公司的安全技术部负责人表示其部门对甲公司的生产是否影响油库安全进行日常监督，甲公司生产、停产都必须报告乙公司安技部。在检查所属年度，甲公司一直处于停产状态。检查人员通过对乙公司油库主任询问了解到，甲公司有两台大功率空气压缩机，工作时发出较大响声，但是在检查所属年度，从未见到甲公司的工厂有明显的噪声，也未见到甲公司的工厂烟囱冒过烟，未见到甲公司从码头进出过产品。面对突如其来的重大发现，检查人员不禁疑问：乙公司的数据是否准确？有无政府管理部门统计数据可证实乙公司的说法属实？带着这样的疑问，加工能力核实组到海事局以及油库码头管理单位调取了《码头记录本》《往来货船出入记录》，两份资料同样证明甲公司从未购进生产所需原料——石脑油，也未见甲公司在码头装卸过货物。

深入核查，造假手段浮出水面。销售外调取证组通过发函协查以及跨辖区调查的方式，对下游购货公司的记账凭证、商品验收单、增值税发票、物流货票进行取证，发现甲公司通过变换产品名称（实际销售货物为石脑油，发票开具的货物名称为“混合芳烃”）的方式，将购入的免税石脑油未用于生产加工直接对外销售。与此同时，监管信息调查组到安全生产监督管理局调取了行业备案信息，信息显示甲公司在税务机关申报的产量和金额是其行业监管备案的生产能力以及实际生产能力的数倍。

步步追击，多方调查锁定证据。产能和用水用电能耗息息相关，为了确定甲公司的实际产能，监管信息调查组到电力公司进行取证，取证资料显示检查年度甲公司加工厂耗电数量与乙公司《出入库作业单》的数据相吻合，证明在检查年度甲公司基本没有开工生产。

【处理处罚结果】 根据《消费税暂行条例》《消费税暂行条例实施细则》规定，石脑油属于消费税征收项目；根据《国家税务总局关于发布〈用于生产乙烯、芳烃类化工产品的石脑油、燃料油退（免）消费税暂行办法〉的公告》（国家税务总局公告2012年第36号）第23条规定：使用企业将外购的免税石脑油、燃料油未用于生产乙烯、芳烃类化工产品（不包库存）或者对外销售的，应按规定征收消费税。

根据《税收征收管理法》第63条对偷税及罚款的规定和《税收征收管理法》第32条对加收滞纳金的规定，甲公司2014年应补缴消费税193.57万元，2015年应补缴消费税56.31万元，2016年应补缴消费税147.72万元，从滞纳之日起加收滞纳金，并处少缴税款的0.5倍罚款。

【问题分析及工作启示】 此案是石油生产加工行业的偷税案，甲公司通过建造生产场所、虚构财务资料、营造生产加工假象，使其偷税行为更加隐蔽，通过对该案的查处，得到以下启示：

提升税收大数据应用水平，强化异常数据预警。一要构建数据仓库，运用数据分析工具筛选出异常申报数据；二要针对成品油等特殊行业的大宗货物扎紧风险扎口；三要实现本辖区内税务部门间异常申报信息的传递和交换。

稽查人员要深入了解行业特性，使得检查有的放矢。一是要了解特殊行业的税收政策；二是要了解特殊行业的经营管理流程；三是要了解特殊行业的涉税风险点。

外调取证务必做到证据链完整，证据资料相互印证。针对隐蔽性强的偷税行为，一是要从外部调查入手找准突破口；二是要围绕经营流程多管齐下搜集证据；三是要使不同部门间的证据相互印证确定违法事实。

（海南省国家税务局稽查局供稿）

案例1－8

某公墓偷税案

【案件类别】 偷税案例

【案件所属行业】 服务业

【案件特点】 在查处该案过程中，面对个别管理人员的阻挠，检查人员迎难而上，坚持“攻心严查并举、灵活有效应对”的理念，积极与纳税人沟通交流，消除纳税人的不满情绪和抵抗心理，促使纳税人主动配合检查，在案件查处过程中主动预缴税款200万元，并按规定第一时间交纳1倍的罚款，有力地维护了税法尊严。

【案件来源】 自选案源

【基本案情】 某公墓成立于2003年3月11日，登记注册类型为集体企业。经营范围：修建公墓、骨灰安葬、安放，殡仪、殡葬用品生产销售（按许可证核定事项和期限从事经营）。适用小企业会计制度，该纳税人涉及增值税、企业所得税，其中增值税免税，企业所得税适用税率25%。

Q区国税局稽查局通过对该纳税人2013年1月1日至2016年12月31日经营期间的税收情况的仔细检查，查实该企业存在账目混乱、隐匿收入等情况，最终查补企业所得税116.62万元，罚款116.62万元，滞纳金38.08万元，最终查补税收收入合计271.32万元。

【违法事实】 该案检查过程中，该公墓的现场管理人员拉闸断电、并指使他人从检查人员手中抢走电脑，拒不配合检查，销毁电子数据资料，有抗税情节。经多方取证查实，该公墓存在账目混乱、隐匿收入等情况，2013年1月1日至2016年12月31日共计少缴企业所得税116.62万元。

【查办过程】 Q区国税局稽查局在检查该案中，始终按照“依托科技支撑、及时有效应对、坚持依法办案”的思路，强力破除各种干扰，做到证据链条完整，纳税人服气，上级满意。

应用大数据，精准出击。坚持运用科技支撑，进行案头分析，做到精准选案、精准出击。一是用金税三期系统扫描，在选案过程中，Q区国税局稽查局积极与Q区国税局机关协调，运用金税三期系统，对发票领用、开具、税款申报等情况进行扫描，对出现疑点的纳税人进行分类归集，初步扫描出该纳税人发票领用开具多而税款申报少的情况。二是用底账分析，通过调取该纳税人的增值税发票电子底账系统，对开具的发票进行再次归集，深入分析该纳税人发票开具情况，同时，结合日常征管信息，进一步判定该纳税人对收入所得存在隐匿情形。三是用数据对比。通过对发票情况和税款申报情况的两类数据对比分析，明显发现该纳税人有少做收入、偷逃企业所得税的嫌疑。Q 区国税局稽查局依据这一判定，及时立案，并迅速组成检查组于 2017 年 6 月 1 日正式实施检查。

全程强应对，妥善处置。在查处过程中，Q 区国税局稽查局始终坚持案前分析筹划，查处过程中灵活应对。一是事前有备无患。针对该纳税人较多运用电子数据记账的特点，Q 区国税局稽查局在开展检查工作前协调 Q 区国税局专门安排精通计算机的税务干部一同参与检查。事前准备好调取电子资料的文书，并按照规定携带执法记录仪器、摄影摄像等装备，做到有备而行。二是现场有力应对。在检查过程中，检查人员依法出示证件后，按照规定检查该纳税人的办公电脑、进行电子资料调取。但该公墓的现场管理人员拉闸断电、并指使地方青年以追债为由，从检查人员手中抢走电脑。对此，检查人员始终全程克制，第一时间报警，向稽查局领导报告，做到有理有节。三是后期有序处置。面对纳税人拒不配合、电子数据资料被销毁的情形，检查人员果断采取措施。一方面向管理人员讲清抗税危害，要求其主动交出账簿资料；另一方面，在第一时间与当地公安机关取得合作，在抗税行为发生后的 4 小时内，公安机关就依法逮捕了参与抢夺电脑、销毁电子数据的 3 名地方青年，取得了该管理人员的阻挠执法检查的抗税证据。

多渠道取证，强力破阻。Q 区国税局稽查局积极作为，迅速抽调人员，合理细化分工，多渠道依法取证，全力打破僵局，依法查缴税款。一是及时调合同。发生抗税后，检查人员及时对办公现场进行检查，对现场内存放的该纳税人近年来的公墓购置合同、公墓购买登记表、公墓价格表等资料进行了调取，掌握了原始证据。二是快速查账户。稽查局分兵而行，迅速安排人员依法调取该企业的银行账户。检查人员不辞辛劳，连续作战，在抗税行为发生的第二天，就调取完该纳税人在 4 家银行设立的 5 个账户的流水记录。三是耐心数公墓。为进一步保证证据链条的完整性，增强证据力，检查人员按照公墓的等级区分，用 1 天时间，对该纳税人安埋的公墓进行逐一清点统计，进一步保证了核定征收的证据效力。

借势齐攻心，赢取主动。检查人员始终保持克制心态，面对抗税不冲动、不蛮干、理智应对，依法进行调查取证，争取赢得主动。一是赢取上级支持。抗税行为发生后，检查人员及时向 Q 区国税局及市局稽查局领导报告，并通过市局稽查局向公安经侦机关进行反映，各级领导作出明确指示，强调随时响应请求，做好各类支援保障。上级的强力支持，再一次坚定了检查人员办案决心。二是争取政府配合。针对该公墓属地方政府批准租赁的情形，检查人员第一时间向地方政府了解情况，进一步核实了该企业具体租赁时间、运营成本等相关信息。三是攻占法人心理。针对抗税行为，地方民政局领导、Q 区国税局领导以及检查人员对该纳税人法人进行多次税收法规政策宣传，促使该法人深刻认识到抗税的危害，积极配合检查的开展，主动提供各类资料，并在检查中主动预缴了 200 万元的税款。

【处理处罚结果】　根据《税收征收管理法》第 35 条第 4 款之规定，虽设置账簿，但账目混乱或者成本资料、收入凭证、费用凭证残缺不全，难以查账的，税务机关有权核定其应纳税额；另根据《国家税务总局关于印发〈企业所得税核定征收办法（试行）〉的通知》（国税发〔2008〕30 号）第 3 条第 4 款之规定，纳税人具有下列情形之一的，核定征收企业所得税，即：虽设置账簿，但账目混乱或者成本资料、收入凭证、费用凭证残缺不全，难以查账的；另根据国税发〔2008〕30 号文第 4 条、第 8 条之规定核定应税所得率，应税所得率标准确定为 10%。根据《企业所得税法》第 1 条、《企业所得税法实施条例》第 115 条、《税收征收管理法》第 35 条的相关规定，计算应纳税所得额并补缴企业所得税。依法追缴企业所得税 116.62 万元；依法对该企业所偷逃企业所得税处以罚款 116.62 万元；依法对该企业所偷逃和少缴企业所得税按日加收 5‰的滞纳金，共计 38.08 万元。

【问题分析及工作启示】　在本案查处中，面对管理人员的抗税行为，通过有效处置应对，最终依法追缴了税款。通过分析，主要有以下几点启示：

上级的及时支持，是破除阻挠的有力支撑。在本案中，检查人员面对阻挠不放弃、不冲动，及时向上级报告，赢得重庆市国税局稽查局的大力支持和有力指导，保证了坚定把案件办实的信心。

事前的科学筹划，是妥善应对阻挠的有效支

撑。在本案中，检查人员坚持科学筹划在前，保证了面对突发情况不冲动不过激，有理有节处置。

征管的积极辅导，是避免类似行为的有力保证。从本案来看，在税收征管上应进一步加强企业的日常管理，提供优质的纳税服务和纳税辅导，要求企业对账务处理不完善的地方立即予以改正，帮助企业健全和规范财务核算，提高税法遵从度，切实降低税收风险。

（重庆市国家税务局稽查局供稿）

案例 1-9

某房地产有限公司偷税案

【案件类别】 偷税案例

【案件所属行业】 房地产开发

【案件特点】 该案系重庆市N区地税局在纳税评估中，发现涉案公司存在重大偷漏税嫌疑，立即移交稽查，立案查处。涉案公司通过伪造虚假涉税资料，进行虚假纳税申报，造成少缴税款。

【案件来源】 征管移送

【基本案情】 某房地产有限公司成立于2007年9月，法定代表人汪某，登记注册类型为有限责任公司（台港澳法人独资），注册资本5000万美元，主营房地产开发业务。根据重庆市N区地税局移送线索，重庆市地税局第五稽查局对其2008—2015年间涉税情况实施立案检查，发现该公司在2008—2012年期间存在偷逃城镇土地使用税问题。

【违法事实】 该公司于2008—2012年期间，通过伪造虚假涉税资料，进行虚假纳税申报，偷逃城镇土地使用税5594721元。

【查办过程】 一是分析案情，明确重点。C市地税局第五稽查局接到移送案件后，立即组织检查组对该案件进行案头分析，制定检查预案。由于该公司已取得土地，尚未进行房地产开发，因此将检查重点锁定在开发准备阶段的城镇土地使用税、印花税等税种上。二是提取资料，查管互动。检查中，检查组第一时间到该公司主管税务所提取了原始纳税申报、土地备案登记等涉税资料，并与相应税收管理员一道对该公司涉案信息进行梳理，针对检查方案与征管部门交换意见，做到协作共进。三是协调沟通，三方协作。检查组向N区国土房管局发出协查函核实该公司取得土地的交地、办证等相关情况，得到第三方信息支持。四是重点检查，锁定证据。检查组根据掌握的情况对该公司开展实地核查，对相关账簿、土地合同、项目规划等情况进行梳理，对相关人员进行询问调查，锁定相关证据，最终查实该公司通过伪造交地备忘录进行虚假纳税申报的税收违法事实。

该公司于2008年6月30日签订《土地出让合同》取得土地面积94233平方米，2008年9月28日的《交地备忘录》记载实交面积62303平方米（剩余31930.6平方米未查询到国土局交地信息）。2010年7月21日该公司与重庆市N区国土房管局协议对原《土地出让合同》进行了修订，修订内容为增加土地出让面积45111平方米，修订后出让土地总面积变更为139344平方米。该公司2010年5月25日的《交地备忘录》记载实交面积45111平方米，并注明前期已移交土地面积94233平方米。该公司于2012年9月13日取得上述土地的《国有土地使用证》，重庆市N区国土房管局协查证实上述宗地已办证面积为109574平方米，其余部分为公共绿化用地。

重庆市N区地税局提请稽查建议书及附件显示，主管税务所2013年在日常征收管理工作中发现该公司取得的出让土地从未申报缴纳城镇土地使用税，在通知申报后，该公司向主管税务所提供了该地块的土地使用证（办证时间为2012年9月）和伪造的交地备忘录（交地时间为2013年1月25日，经主管税务所与重庆市N区国土房管局比对后确认该交地备忘录与留存档案不一致，留存档案即前述该公司于2010年5月25日取得的《交地备忘录》），该公司据此从2012年10月起计算申报土地使用税。

根据以上事实，检查组对该公司实际财务负责人黄某进行了调查询问。黄某称主管税务所在2016年8月对该公司进行纳税评估，该公司按要求提供了相关资料，9月该公司接到税务所通知，得知本次纳税评估中提交的交地备忘录与2013年该公司首次申报土地使用税时提交的资料不一致，税务所向重庆市N区国土房管局协查发现该公司2013年存在伪造涉税资料的嫌疑。对此，黄某解释：该公司由于项目调规迟迟无法启动，一直无固定工作人员，都是同一母公司下属其他单位的人员代为处理相关事项，而且近几年相关财务人员变动频繁，现有人员是2013年之后招聘的，所以对以前的事情不了解。黄某表示在接到主管税务所的通知后立即将相关情况向总公司进行了汇报，总公司也表示不知情，但要求该公司积极配合税务部门查清事实。他们在此后多次尝试联系当时的财务人员，但一直联系不上，并且询问了2013年时在职的其他部门同事，都不了解具体情况，因此无法说明当时相关人员伪造交地备忘录，进行虚假纳税申报的具体情形。

检查组综合案件证据及询问结果认为，该公司在2008年9月取得国有建设用地使用权后，未及时申报缴纳城镇土地使用税，在主管税务机关通知申报后，该公司向税务机关提供了伪造的虚假涉税资料，并据此从2012年10月起计算申报城镇土地使用税，导致该公司偷逃了2008年10月至2012年9月的城镇土地使用税。同时，对该公司首次出让土地中31930平方米的实际交地时间，由于该公司和C市N区国土房管局均未查询到相关交地信息，因此检查组认为应按合同中关于交地时间的约定处理（在2009年3月31日前，可向国土资源行政主管部门提出N区范围内约31930平方米用地的交地申请），确认2009年3月31日为该地块的城镇土地使用税的纳税义务发生时间。

该宗土地历年城镇土地使用税单位税额为：2008年9月至2012年12月每平方米12元，2013年1—6月每平方米15元，2013年7月至2015年12月每平方米20元。

该公司2008年9月取得土地使用权面积62303平方米，未进行城镇土地使用税纳税申报，应补缴城镇土地使用税186909元。该公司2009年前已取得土地使用权面积62303平方米，同时按土地出让合同约定2009年3月可申请交付土地31930平方米，上述土地未进行城镇土地使用税纳税申报，应补缴城镇土地使用税1035006元。该公司2010年前已取得土地使用权面积94233平方米，同时该公司于2010年5月签订补充协议取得土地使用权面积45111平方米，上述土地未进行城镇土地使用税纳税申报，应补缴城镇土地使用税1446573元。该公司2011年前已取得土地使用权面积139344平方米，未进行城镇土地使用税纳税申报，应补缴城镇土地使用税1672128元。该公司2012年前已取得土地使用权面积139344平方米，其中2012年1—9月未进行城镇土地使用税纳税申报，应补缴城镇土地使用税1254096元。

【处理处罚结果】　一是根据《城镇土地使用税暂行条例》第2至第4条，《重庆市地方税务局关于明确房地产开发企业城镇土地使用税有关政策问题的通知》（渝地税发〔2011〕111号）以及《税收征收管理法》第32条规定，追缴该公司2008—2012年期间少缴的城镇土地使用税5594712元，并从税款滞纳之日起按日加收5‱的滞纳金。二是根据《税收征收管理法》第63条规定，对该公司伪造涉税资料、进行虚假纳税申报的行为定性为偷税，对因此造成的少缴城镇土地使用税5594721元处以50%的罚款，罚款金额2797360.5元。

【问题分析及工作启示】　通过该案件的查处，主要有以下两点启示：一是查管要形成良性互动。日常征收管理工作中发现的涉税违法线索要及时移交稽查部门，稽查部门要积极应对征管部门移送的高风险案源线索，以切实打击涉税违法犯罪活动，规范税收秩序，创造良好的营商环境。二是要强化第三方协作。综合治税是新形势下税务工作应对复杂问题，解决突出矛盾的重要方法，有利于增强执法合力，破解当前税务部门单打独斗的局面。因此，要不断加强与工商、国土房管等部门的协作配合，拓宽第三方信息的采集、分析渠道，并加以深层次利用。

（重庆市地方税务局稽查局供稿）

案例 1 - 10

某焦化有限责任公司偷税案

【案件类别】 偷税案例

【案件所属行业】 制造业

【案件特点】 充分行使税收执法权，依法实施税收强制执行措施，成功查封、拍卖欠税企业可执行财产，确保税款、滞纳金、罚款查补入库，避免税收流失，成功清理历史积案。该案几大亮点：一是时刻关注企业财产情况。该案查处完毕后，企业是停产状态，但稽查局仍时刻关注企业动向，从而了解到企业仍有一批煤炭未处置。二是做好预案处理防止风险产生。在强制执行前，征求多个部门的意见，确保适用的法律法规正确有效。三是精诚合作注重沟通，确保执行效果。执行中与安保、评估、拍卖公司有效合作，并与企业积极沟通，在执行完毕后注重税收效果与社会效果的统一，纳税人对执行情况表示满意。

【案件来源】 人工选案

【基本案情】 某焦化有限责任公司属贵州省P市国税局征管的增值税一般纳税人，企业所得税由地税征管，主要从事焦炭冶炼。2009 年 9 月 1 日至 2010 年 8 月 30 日承包给股东之一耿某贵经营，其间耿某贵使用该公司名称开展经营活动并与公司其他股东产生经济纠纷，在实施检查及执行过程中耿某贵失联；2013 年 6 月，该公司作为被淘汰的落后产能，停产停业至今。检查发现，该公司存在收受虚开增值税专用发票，少缴增值税等问题。

【违法事实】 L 市国税局稽查局 2015 年 9 月对该公司 2010—2013 年度纳税情况进行立案检查。该公司于 2010 年 3 月、4 月期间收受虚开的增值税专用发票 31 份，已申报抵扣增值税进项税额 523103.06 元，根据《国家税务总局关于纳税人取得虚开的增值税专用发票处理问题的通知》（国税发〔1997〕134 号）的规定，少缴增值税 523103.06 元。

【查办过程】 多次催缴，执行未果陷僵局。执行人员于 2016 年 4 月、2016 年 10 月两次向该公司下达《税务事项通知书》，责令其限期缴纳税款。执行人员查询该公司银行账户，发现其账户全部是已销户或存款余额为零的状况。2016 年 10 月，该公司税收违法行为当事人被列入税收联合惩戒“黑名单”，至此，执行陷入了僵局。

明确思路，发现财产现转机。稽查局通过查看企业报送财务报表，发现尚有价值 70 余万元的存货，顺着这一线索，执行人员查找到厂区角落存放的焦炭。该批焦炭实际价值应远高于账面价值，但因原承包人耿某贵同公司其他股东间的经济纠纷，双方互派人员看守均未能处置，焦炭才保留至今。该批焦炭的发现，让执行拍卖货物抵缴欠税有了可能，对某公司积案清理又有了转机。

未雨绸缪，规范执法求精细。L 市国税局从未组织过拍卖财产和货物，执行无实例、无经验可循，面对困难，稽查局制定切实可行的工作预案，精心做好各项准备工作。一是全面梳理案件执行过程。确保时限充足、告知及时、纳税人权利得到充分保障。二是按照流程选定中介机构。在财务、监察等部门的参与下，按询价方式选定具备资质的评估、拍卖、安保公司。三是预判强制执行将遇到的各种问题。税务机关通过外围调查，理顺产权关系，固定相关证据，通过发布公告的方式，巧妙确定了某公司对该批焦炭的排他性权利，有效解决产权争议。同时找相关人员交流谈心、宣讲政策，协调劳动仲裁部门介入，及时解决民工工资问题。四是通关问题。因焦炭属地方政府控制出关产品，企业如不能提供准运凭据，将无法通过各个煤焦检查站，经协调 P 市相关部门，对拍卖缴税特事特办，确保拍卖标的物焦炭顺利通关。

敢于亮剑，强制执行见成效。在做足了各项准备工作后，由 L 市稽查局执行人员、P 市国税局人员、当地公安人员、当地乡镇综合执法人员组成的 10 余人联合执行组到达某公司厂区，在严肃的执法氛围下，查封程序顺利完成，安保、拍卖等工作相继展开。2017 年 11 月 20 日，拍卖公司成功拍卖税务机关查封的焦炭，终以 310 万元落锤成交。2017 年 12 月 2 日拍卖收入全部转入拍卖公司账户，2017年12月6日税款、滞纳金、罚款、加处罚款共计人民币208.33万元全部入库，2017年12月9日支付发生的评估费人民币0.8万元，并将剩余款项100.87万元全部退还某公司。

【处理处罚结果】 根据《税收征收管理法》第63条第1款、第32条，《税收征收管理法实施细则》第75条的规定追缴少缴的增值税523103.06元，从滞纳之日起按日加收5‱的滞纳金。根据《税收征收管理法》第63条第1款的规定，对少缴增值税处1倍的罚款523103.06元。

【问题分析及工作启示】 勇于亮剑，是案件得以执行的关键。尽管《税收征收管理法》赋予税务机关扣押、查封、拍卖等权力，但由于该执法过程矛盾突出、程序烦琐，稍有不慎，就会程序违法，稍有不当，就易引发群体事件。因此，税务机关存在畏难心理，不能有效使用法律赋予的权力；与此同时，被执行人维权意识的增强，案件执行压力的增大，致使案件久拖不结。对该公司成功地采取查封、拍卖措施追缴税款，既维护了税法尊严、彰显了税法刚性，也给当地欠税“老赖”敲响了警钟、形成了压力，让确有能力履责的企业意识到“拖不过，赖不脱”。在对某公司进行强制执行期间，有9户企业相继联系市稽查局，主动清缴欠税、滞纳金、罚款834.77万元。

领导重视，是案件得以执行的保障。在本案强制执行过程中，得到了市局领导在人、财、物方面给予的全力支持，执行人员才能减少顾虑，顺利协调系统内力量，整个执法过程才能平稳推进。

部门联动，是案件顺利执行的重要保证。税收案件强制执行，具体承办部门是稽查局，稽查局与系统内各相关单位和部门有效协作配合，形成执法合力，才能保证强制执行“出拳有力”。另外，地方职能部门的参与，极大减小执行阻力，稳妥解决查封、财物转运中出现的突发性、特殊性事项。本案执行中，税务人员对看厂民工欠薪、标的物运输出关等问题的协调解决，离不开地方政府职能部门（如人资社保局、能源局等）的联动配合。

刚柔相济，是案件得以执行的有效手段。强制执行是刚性执法行为，是保证处理、处罚决定得以实施的有效手段。在此过程中，“强制”当列首位，但如果一味“强制”而不考虑其他，极易激化矛盾。本案中，税务机关在采取税收强制措施的同时，寓“柔情”于强制执行。一方面耐心倾听相关当事人的诉求，协调相关部门帮助解决已拖欠多年的原看厂民工的工资，使其由潜在的阻挠者变为支持者；另一方面对某公司因政策性关停资产损失税前扣除问题进行辅导，使企业感受到税务机关的关心、感受到税务人员的善意，化解了群众矛盾，减少了执行阻力，强制执行取得事半功倍的效果。

（贵州省国家税务局稽查局供稿）

案例1-11

某衡器公司虚开发票偷税案

【案件类别】 偷税案例

【案件所属行业】 批发和零售业

【案件特点】 商品销售代理因其具有一定的行业特性，相关人员编造虚假业务、开具虚假发票等涉税违法行为频发。检查人员锁定“某衡器公司经理窦某利用公司的采购业务将采购资金存入个人账户”的转办线索，通过账证比对，发现疑点，并提取证据，比对原始凭证、银行凭证等，形成完整证据链，确定该公司存在偷税的违法事实。该案偷逃税款动机明显、手段典型，具有一定的代表性和启示作用。

【案件来源】 转办案源

【基本案情】 某衡器公司成立于1998年8月12日，主要从事电子衡器、计量器具、机电产品（不含汽车）、五金交电化工等商品的零售。注册资金200万元，全年平均职工人数50人。2011—2015年年均营业收入388万元，年均缴纳企业所得税58万元。2016年8月，稽查局接到市纪委转办的案件，涉税线索是该公司经理窦某利用公司的采购业务将采购资金存入个人账户。经案源管理部门分析确定对该公司2011—2015年的涉税情况立案检查。

【违法事实】 该公司采取虚构采购业务，用伪造发票在账簿上多列支出，套取现金的方式少缴企业所得税，2011—2014 年发生了 73 笔虚构业务，金额 403 万元。该公司采取虚开发票的手段，在账簿上多列支出，少缴企业所得税的行为，已构成偷税。

【查办过程】 根据转办线索，检查人员决定采取调账的方式并从以下四方面开展检查工作。

账证比对，选定疑点业务。首先，检查人员对线索列举的该公司经理窦某个人银行对账单上的数据进行比对，找出在账面上大致对应的业务，对照账簿凭证查看该业务的内容及凭证，发现业务多为购买钢材，插排插座等。由于线索只是部分业务，针对这种情况，检查人员兵分两路，一组对该公司 2011—2015 年银行存款账进行筛选，凡是支出超过 2 万元，且记载的经济业务与该公司实际主营业务关系不大的（如上述采购行为），全部进行审核。

核实流水，查询资金去向。另一组检查人员到该公司的开户银行及窦某个人账户开户银行调取银行流水，根据提取到的疑点业务发生日期、金额，同调取到的银行对账单逐笔进行比对，使之一一对应，以确定转移资金的证据。提取到的疑点业务大部分都是在库存商品中核算的购买材料业务及部分管理费、广告费，大多是转账支票转出。多数业务发生的时间、金额在对账单中有相似的记录。分析后，检查人员在银行对账单上将这部分支出做标记，到该公司开户行和窦某个人账户开户行调取这些交易的原始凭据（即支票联），以查询资金去向。之所以再次外调，是由于前期调取的银行对账单可以显示汇款业务的收款人名称，但调取的转账支票无法显示收款人。同时由于涉及的业务比较多，部分凭据已查询不到，所以该公司及窦某两方的银行凭据都需调取。

资金进出流向还原业务真伪。取得两个银行记录后，检查人员将企业原始凭据、银行对账单、银行原始凭据全部归集，通过资金进出两个流向，完整再现每一笔疑点业务的资金真实流向。为彻底查清业务的真实性，并使证据更具说服力，检查人员又将查实资金流入窦某个人账户的业务后附的原始发票，到国税、地税进行验证真伪。经鉴定发现，有 49 组国税局监制的发票为伪造发票，1 组地税发票为伪造发票，6 组地税发票为大头小尾填开。考虑到企业可能以采购业务是现金结算为借口推脱，检查人员又将取得的虚假发票和资金转移业务所涉及的所有企业情况在地税 BO 查询系统中进行查询，涉及的 21 家开票方，其中有 18 家已注销，无法联系，经对另外 3 家进行协查，确认无此业务。至此，检查人员认为，企业没有任何证据来说明业务的真实性。

询问相关人员，确定违法事实。检查人员对涉案人员窦某、王某（法定代表人）、郑某（财务人员）进行了询问。据郑某说，所有这些业务均由窦某个人办理，其作为财务人员并不知情。王某因身体健康原因，已多年不管理实际业务。在询问时，窦某提出出于结算方便的考虑，公司销售的一些需要上门安装的产品，销售人员会先行垫付现金，事后由窦某把支票存入销售人员个人账户，这些资金并未挪作他用（检查期间已退回公司）。但窦某无法提供任何证据证明其说法，且检查人员取得的所有证据都指向虚假采购行为。至此，最终确定该公司 2011—2015 年共 73 笔业务涉嫌虚假，合计金额 400 余万元。

【处理处罚结果】 针对该公司虚开发票、多列成本、少缴企业所得税问题，调增 2011—2015 年度应纳税所得额共计 403 万元，补缴企业所得税税款 101 万元，处以罚款 101 万元，加收滞纳金 75 万元。

【问题分析及工作启示】 加强对商品销售代理的关注，有的放矢强化日常监管。这起案件偷逃税款的手段非常典型，方式也具有一定的代表性。通过对案件的分析，需要思考的是在未来的检查工作中如何发现类似线索。本案动机明确、手段简单，即假票、假业务；发生时间是在经济高速发展的时期；业务特点为主营业务的辅助项目；业务相对方都是个体户。通过对上述特点的分析不难发现，出现该问题的行业基本上属于商品代理行业，有行业门槛、有一定的市场占有率、产品售出后需要安装维护。对这种类型的公司，无论从稽查还是征管方面，今后都应该多加留意。

多方取证，确保证据链完整性。本案的证据提取过程比较烦琐，前期对原始凭证、银行凭证的提取量很大。原计划调取到银行流水证明资金回流就可以了，但为了确保证据链的完整性，检查人员又对每笔业务的发票进行了查验。资金回流、发票虚假、对方核实，多个侧面证实业务的虚假，充分考虑各个环节，使证据链能够尽可能还原业务原貌，杜绝了企业的扯皮推诿。

（大连市地方税务局稽查局供稿）

二、少缴税款案例

案例2－1
某公司调减股权转让收入少缴企业所得税案

【案件类别】 少缴税款案例

【案件所属行业】 制造业

【案件特点】 通过将转让股权所得记入“投资收益”“卖出回购金融资产款”等科目造成股权转让所得少申报企业所得税。检查人员除认真核实企业财务账、前往企业进行现场检查外，还注意从外围获取重要信息，如了解股权交易受让方、被转让企业股权交易情况，核实交易价格、股权、公司资产状况、账务处理情况，前往银行调取相关账户交易记录核实资金流情况等。与此同时，积极加强同工商部门、证监会、银监会等部门的沟通与交流，获取第一手股权交易相关信息，及时掌握企业股权交易动态，多部门协作形成合力，防止税款流失。

【案件来源】 税务总局交办

【基本案情】 某公司（以下称甲公司）成立于2006年12月28日，为港澳台商独资经营企业，公司注册资本3亿元。经营范围为建设、经营城市市政工程、生态环境治理工程，相关技术和设备的开发、生产与销售，并提供相关的技术咨询和服务。2013—2014年，甲公司通过账面处理直接导致当期应纳税所得额减少了3.59亿元。

【违法事实】 一是甲公司于2013年2月和2014年5月分两批通过证券交易所的大宗交易系统以每股8.03～9.3元（投资成本为2.76元/股）和每股4.33元（投资成本为1.11元/股）的交易价格将持有的某股份公司（以下称乙公司）共计1.82亿股股票进行转让，交易总金额12.13亿元，获得投资收益8.27亿元，均计入“投资收益”科目。然而，甲公司分别在2013年3月和2014年5月，通过账上借记“投资收益”，贷记“卖出回购金融资产款”的会计处理后，将投资收益科目贷方减少3.59亿元，直接导致当期应纳税所得额减少3.59亿元。二是甲公司存在取得的银行利息未计收入、不符合规定的咨询费列支费用等问题。

【查办过程】 信息搜集，查找案件突破口。根据税务总局提供的甲公司股权转让涉税疑点信息，检查组迅速召开会议讨论案情，制定检查方案，随即对甲公司2013—2015年纳税情况进行立案检查。检查组一方面通过相关网站、微博等渠道搜集涉及甲公司的报道，并对报道内容进行筛选、梳理，寻找有价值信息；另一方面先后多次前往甲公司调取税务检查所属期间的税务登记信息、财务报表、审计报告、股权转让协议等资料及财务电子数据，对甲公司经营情况、业务情况进行全面、详细的检查。在检查过程中，检查人员发现甲公司账上“卖出回购金融资产款”科目反映的业务情况明显不符合常理，通常，“卖出回购金融资产款”科目主要用于核算企业按回购协议卖出的票据、证券、贷款等金融资产所融入的资金，科目发生额仅反映企业融入资金时本金、利息支出的变动情况，但甲公司该科目反映的各期发生额与公司融入资金的金额不匹配，且有的年度金额突增，远超当期融入资金的本金、利息支出总和，这也引起了检查人员的重点关注。

精准发力，发现重大涉税问题。通过对甲公司“长期股权投资”“投资收益”等科目明细账、会计凭证、股权转让协议等资料及财务电子数据进行全面核查，结合“卖出回购金融资产款”科目反映出的异常情况，检查组发现甲公司在两次转让其持有的乙公司股权过程中，存在将股权转让所得少申报企业所得税的问题。

该公司于2013年2月和2014年5月分两批通过上海证券交易所的大宗交易系统以每股8.03～

9.30元（投资成本为2.76元/股）和每股4.33元（投资成本为1.11元/股）的交易价格将该公司持有的乙公司共计1.82亿股股票进行转让，交易总金额12.13亿元，获得投资收益8.27亿元，均计入“投资收益”科目。然而，公司分别在2013年3月和2014年5月，通过账上借记“投资收益”，贷记“卖出回购金融资产款”的会计处理后，将“投资收益”科目贷方减少了3.59亿元，直接导致当期应纳税所得额减少了3.59亿元。

对于甲公司在两次减持乙公司股权过程中，通过卖出回购金融资产款科目将部分股权转让所得从“投资收益”科目中减少的行为，检查组进行了深入的检查、核实，对甲公司涉案的所有业务进行逐笔核对，翻阅大量资本交易相关法律条文，认定甲公司调减“投资收益”科目贷方金额的会计处理与两次股权转让没有任何关系，甲公司股权转让过程中也不涉及卖出回购金融资产业务。

为了进一步固定证据，检查人员前往外省对被转让企业乙公司进行调查取证，发现除初期接受甲公司股权投资外，乙公司没有接受甲公司其他任何资本性投资。至此，甲公司在上述股权转让过程中，股权转让所得少申报企业所得税的问题终于水落石出。

根据《企业所得税法》第6条第3款、《企业所得税法实施条例》第16条、《国家税务总局关于贯彻落实企业所得税法若干税收问题的通知》（国税函〔2010〕79号）第3条规定，甲公司应将从“投资收益”科目中扣减的3.37亿元计入2013年应纳税所得额，补缴企业所得税8417万元；应将从“投资收益”科目中扣减的2200万元计入2014年应纳税所得额，补缴企业所得税550万元。

延伸检查，企业主动配合预缴税款。在对甲公司股权转让业务进行全面检查的同时，检查组通过对相关会计账簿社会保险费、电子数据进行分析以及审查检查账户资金情况，还发现甲公司存在取得的银行利息未计收入、不符合规定的咨询费列支费用等问题。检查组将检查发现的问题与甲公司负责人进行沟通，并耐心、细致地对其进行税收政策宣传和纳税辅导。甲公司负责人认识到香港和内地在会计、税务处理上的差异，意识到问题的严重性，积极主动配合检查组的检查和取证工作，并主动预缴税款8853.04万元。

【处理处罚结果】 依据《企业所得税法》第6条第3项、第5项和第8条，《企业所得税法实施条例》第16条、第18条，《国家税务总局关于贯彻落实企业所得税法若干税收问题的通知》（国税函〔2010〕79号）第3条规定，甲公司应补缴2013年企业所得税84598389.08元，补缴2014年企业所得税3932050.96元，共计应补缴企业所得税88530440.04元。

依据《税收征收管理法》第32条，对上述补缴的企业所得税款按日加收滞纳金53909614.25元。

【问题分析及工作启示】 稽查部门与征管部门应大力推进信息共享，加强对股权交易行为的监督和管理。上市公司股票交易信息比较透明化，但对于非上市公司的股权交易，相关信息披露较少，极易出现偷税漏税行为。对此，主管税务机关应加大对发生股权交易行为的企业的监督、管理力度，发现所辖企业发生股权交易及时进行核查，加强对其会计、报税工作的指导，堵塞税收漏洞，防止税款流失。

扩展检查思路，注意从外围获取重要信息。稽查人员在检查股权交易行为时，除认真核实企业财务账、前往企业进行现场检查外，还应注重了解股权交易受让方、被转让企业股权交易情况，如核实交易价格、股权、公司资产状况、账务处理情况，前往银行调取相关账户交易记录核实资金流情况等，从中可以获取重要线索。外围的检查往往会起到事半功倍的效果，对案件的突破起到至关重要的作用。

积极加强同工商、证监会、银监会等部门的沟通与交流，获取第一手股权交易相关信息，及时掌握企业股权交易动态，早监管、早预防。与此同时，对股权交易事项向上述部门进行借鉴，形成合力，提高纳税人的税法遵从度，降低税款流失风险。

（天津市国家税务局稽查局供稿）

案例 2－2

某钢铁有限公司少缴税款案

【案件类别】　少缴税款案例

【案件所属行业】　制造业

【案件特点】　一是结合企业生产经营，全方位对企业进行分析和检查，对于重点环节采用审计式指标数据提取，对数据的周期性、规律性、关联性进行分类、分阶段对比分析；二是在检查过程中了解企业实际情况，掌握企业经营特点，并有针对性地开展疑点排查和问题检查；三是突破就账查账模式，对企业原始记录、原始资料一并调取，还原企业原始经营状况；四是做好调查取证工作，通过外围走访调查取证，将企业真实情况了解清楚，在证据上做到充分、合法、有效，在政策适用及正确性上严格把关，减少和防止案件后期的复议和诉讼发生。

【案件来源】　随机抽查

【基本案情】　某钢铁有限公司，注册资本338亿元，成立于2006年11月28日，平均从业人数8900人，经营范围为钢铁冶炼、钢材扎制、其他金属冶炼及其他延加工及销售。2012—2014年累计销售收入829.88亿元，缴纳增值税0元，简易办法征收增值税757万元。检查发现该公司存在购进劳务用于非增值税应税项目、购进非增值税应税劳务、抵扣增值税进项税额，以及支付装卸费用取得运费发票抵扣增值税进项税额等问题。

【违法事实】　2009—2014年，该公司在办理纳税申报时，未按规定处理增值税有关事项。检查组对企业提供的账簿、报表、凭证等资料进行审核，发现存在以下问题：

将购进劳务用于非增值税应税项目，购进非增值税应税劳务，抵扣增值税进项税额961万元。2012年1月至2014年12月，该公司将取得的维检费发票统一开具成“某某月维检费”或“维检费费用大包”，据以全额抵扣增值税进项税额。经查发现：该维检费中存在对不动产的维修和检护内容，该公司外购货物和劳务用于建筑物、构筑物的维护和修缮，取得专用发票抵扣增值税686万元。维检费支出的内容还包括一部分场地清扫服务，不属于增值税征税范围中的“修理、修配”劳务，该公司购进场地清扫服务取得增值税专用发票抵扣增值税进项税额275万元。用于不动产的建设、修缮以及场地清扫等支出属于非增值税应税项目的支出，不得抵扣进项税额，该公司已抵扣税进项税额961万元，导致少缴增值税961万元。

支付装卸费用取得运费发票抵扣增值税进项税额225万元。2011年1月至2013年9月，该公司支付的吊车费用、装载机费用取得运费发票抵扣增值进项税额225万元。装卸费不属于可以抵扣进项税额的运费，该公司抵扣了进项税额，导致少缴增值税225万元。

取得未按规定开具的运费发票抵扣增值税进项税额230万元。2011年1月至2013年7月，该公司取得公路、内河运输统一发票，部分发票未记载起运地和到达地，该公司据此抵扣了增值税进项税额。其中，2011年涉及发票11笔，税额6万元；2012年涉及发票6笔，税额12万元；2013年涉及发票48笔，税额212万元。上述发票共涉及增值税进项税额230万元。未按规定填开的运费发票不得抵扣增值税进项税额，该公司将上述运费发票进项税额从当期增值税销项税额中抵扣，导致少缴增值税230万元。

租赁客车运输职工抵扣增值税进项税额46万元。2010年9月至2011年8月，该公司租赁大客车运输职工上下班，支付运费取得运费发票并抵扣增值税进项税额46万元。企业用于职工集体福利的进项税额不得抵扣，该公司抵扣了该进项税额，导致少缴增值税46万元。

购进货物、劳务用于职工福利，抵扣增值税进项税额159万元。2010年11月至2013年9月，该公司为职工购买防暑药品和饮料，取得增值税专用发票抵扣增值税64万元。2010年11月至2014年12月，购买厂前公寓楼的弱电系统设备、净水设备、消防设备、支付公寓楼配套的管道维修费和锅炉修理费、购买食堂用洗碗机等设备、为文体中心和游泳馆等福利部门购进的排风、排水、音响等其他设备取得增值税专用发票，共抵扣增值税 95 万元。用于集体福利的购进货物和劳务不得抵扣进项税额，该公司抵扣了上述进项税额，导致少缴增值税 159 万元。

购进货物用于不动产在建工程，抵扣增值税进项税额 233 万元。2010 年 9 月至 2014 年 12 月，该公司将购进的货物用于办公楼等建筑物建设，抵扣增值税进项税额 233 万元。用于不动产在建工程的购进货物不得抵扣进项税额，该公司抵扣了该进项税额，导致少缴增值税 233 万元。

支付日常软件信息维护服务费抵扣增值税进项税额 171 万元。2011 年 1 月至 2012 年 8 月，该公司取得某信息技术有限公司软件项目的增值税专用发票，并全额抵扣了增值税。其中日常软件信息维护费占一半比例，涉及增值税进项税额 171 万元，当时日常软件信息维护服务属于营业税应税项目。发生非增值税应税劳务费用不得抵扣增值税进项税额，该公司抵扣了上述税额，导致少缴增值税 171 万元。

以应收取水电费抵顶在建工程支出费用，少计销售收入，少计提增值税销项税额 496 万元。2011 年 1 月至 2014 年 12 月，该公司在工程施工项目中，与外部施工单位约定将外购水电提供给施工方使用，水电费由施工方承担，依据施工企业实际耗用的水电数量作价结算水电费。实际结算时，该公司以应收电费抵顶了应付工程款 3101 万元、以应收水费抵顶工程款 394 万元。上述水电费未计收入，未计提增值税销项税额 496 万元。将外购水电提供给外部施工单位使用并抵减工程款的行为属于销售货物，应计提增值税销项税额。该公司未计提销项税，导致少缴增值税 496 万元。

上述违法问题，该公司共计少缴增值税 2521 万元。

【查办过程】 精心准备、分析数据、制定详细预案。为有步骤、高效率、顺利地完成税务稽查工作任务，实施全面税务稽查前，根据对该公司前期外围工作取得的资料和其实际经营情况分析，拟订了税收检查工作预案，确定采取突击调账方式，调取第一手的资料。

突击调账，掌握原始资料。根据企业的组织架构，以及检查组成员各自的长处和特点，分为 5 个小组：技术组、采购组、销售组、生产组、财务文书组，并明确各小组的工作任务和要求。在未通知该公司的情况下，与该公司直接见面，下达法律文书，按预定方案调取该公司账簿资料。各个小组分别同时到达各个部门，取得了第一手原始资料。

大量数据、仔细核对、查找问题、实现突破。根据调取的该公司第一手数据，对几万条数据进行整理、筛选、分析，核对；结合该公司账簿、凭证、报表等资料，从以下几个方面做好细致检查工作。一是销售的检查。对企业财务的销售数据、销售公司的销售数据、质检部的磅房过磅数以及企业的开票明细进行了梳理核对，核查企业是否有隐瞒销售收入、迟计销售收入情况。二是产能测试。经投入产出产能测试，从烧结环节、炼铁环节、炼钢环节、轧钢环节测算投产产出数据和能耗数据，核实企业是否有隐瞒产量、虚报产量、人为调节生产成本，多计成本、多转费用情况。三是抵扣凭证检查。重点审查对象是增值税专用发票和运输发票，特别是汇总填开的增值税专用发票。四是关联业务的检查。通过对重点关联交易往来单位进行对比分析，发现对于后勤服务、技术服务等非主营业务，双方存在不及时结算或未结算的情况。

【处理处罚结果】 针对上述违法问题：补缴增值税 2521 万元，其中 2016 年 2 月 1744 万元，2016 年 3 月 777 万元；并加收滞纳金 526 万元。

【问题分析及工作启示】 本案中，该公司就存在内部管理不规范的情况，对装卸费、维护费个别事项，会计核算上没有按照税法规定执行，而是按照企业自行的理解处理，造成少缴税款的行为；在对租赁费、在建工程支出上按照企业各岗位各自多年的做法，对于税法的规定认识不足，再加上内控把关不严，暴露出许多涉税问题；在关联交易上存在认识误区，认为上下游均开票计算销项税和进项税，与不需开票不用缴纳税款是一样的，因此需要对企业税法及纳税意识进行补课，增强知法、懂法、守法观念。

（河北省国家税务局稽查局供稿）

案例 2－3
某房地产公司少缴税款案

【案件类别】　少缴税款案例

【案件所属行业】　房地产业

【案件特点】　一是深思巧用，创新检查方法。充分发挥新稽查模式下信息技术的高效便捷功能，在稽查案件中活用金税三期工程的大数据查询功能，妙用电子稽查软件的多角度分析功能，对涉税企业账目数据进行调取、对比与剖析，大大缩短了查账时间，提升了检查质量和工作效率。二是多维取证，完整证据破疑点。先后到多部门进行调查取证，并利用卫星定位发现该公司存在占用临时用地的事实。三是多方合力，破难题助力营商。迅速请示，多方合力，12 个小时内解决了注册登记地与项目所在地不同，税款无法入库的问题，开辟绿色通道，审理委员齐上阵，从制作案卷到审理完成，仅用 4 天时间，为企业顺利重组，助力营商提供了保障。

【案件来源】　专项检查

【基本案情】　某房地产公司，注册资本人民币 2 亿元，成立于 2012 年 3 月，平均从业人数 30 人，经营范围为房地产开发、商品房销售、自有房屋租赁。2014 年申报缴纳税款 9636059. 84 元，2015 年申报缴纳税款 14852537. 98 元，2016 年申报缴纳税款 13268312. 56 元，检查发现该公司存在未按规定申报缴纳城镇土地使用税、土地增值税、河道工程修建维护费，以及未按规定开具发票问题。

【违法事实】　检查组对该公司提供的 2014—2016 年度的报表、账簿、凭证、合同等涉税资料进行了检查审核，发现存在以下问题：一是该公司 2014 年、2015 年占用临时土地 13000 平方米，未按规定申报缴纳城镇土地使用税。二是该公司 2014 年、2016 年销售非普通住宅时，均按照普通住宅的标准预缴土地增值税，造成未按规定申报预缴非普通住宅土地增值税；该公司与 H 区政府合作进行棚户区改造，承办回迁户安置工作，收到政府支付的拆迁补偿款时，未按规定的期限申报缴纳土地增值税造成滞纳；该公司与 H 区政府合作进行棚户区改造，承办回迁户安置工作，收到政府支付的拆迁补偿款 79610091. 06 元，未按规定足额申报缴纳土地增值税，造成少缴土地增值税。三是该公司 2016 年取得营业收入 168789579. 2 元，平均职工人数 30 人，未按规定申报缴纳河道工程修建维护费。四是该公司 2014—2016 年收取售房款时，应开具而未开具发票。

【查办过程】　分析数据，利用金税三期系统定方向。涉税环节较多，业务流程复杂、资金流动量大是房地产开发企业的特点，为了找准稽查切入点，提升稽查效率，在接到任务后，检查人员充分利用网络开放迅捷的特点，结合日常检查经验，制定了一套详细的检查预案：首先对该行业常见的违法问题进行总结；其次利用网络对该公司的项目信息进行查询，通过卫星定位初步了解该公司所建项目的位置、面积，搜集该公司的外部数据信息；最后充分利用金税三期系统的强大功能，了解该公司的基本情况，从税收大数据中调取了该公司检查年度内的纳税申报、税收优惠，房产土地等涉税信息，并将调取数据导入到计算机表格中，通过公式计算，对比各年度税负变化，分析企业可能存在的问题，为入户检查、找准稽查切入点打下坚实基础。

深思巧用，电子稽查效率高。入户检查后，检查人员首先利用电子稽查软件对该公司的会计报表、账簿、凭证等资料进行了全面细致的“扫描”，同时将财务数据进行了拷贝，并充分借助查账软件数据处理度快、计算准确率高、统计分析功能强等优势，多功能、多角度对该公司涉税数据进行加工、分析和比对，迅速查找和锁定了该公司存在的涉税疑点。通过电子稽查软件的对比分析、波动分析功能，发现该公司其他应付款的金额逐年增加，截至 2016 年底已超过 3 亿元。往来款中如此重大的余额，引起了检查人员的怀疑，这些往来款是否存在涉税问题？在调取的纳税信息中，预缴的土地增值税税率全部是按照普通住宅缴纳的，但检查前外网的信息显示，该公司开发项目存在非普通住宅，难道外网信息存在错误？根据该公司提供的材料和初步交谈发现，该公司只取得了3块土地，可是检查人员通过卫星地图发现，紧邻该公司地块，还存在另外1块有零星建筑的土地，且方圆1公里内不存在其余的开发地块，这块土地同该公司是否存在关联？在随后同该公司财务人员进行交流的过程中，该公司财务人员在被问及公司的经营业务及土地情况时始终支支吾吾，对非普通住宅的认定标准及预缴率变化的时点也是模糊不清。

多维取证，完整证据破疑点。面对疑点，检查人员采取了多维取证，并取得完整的证据链，终使该公司承认存在少缴税款的行为。一是检查人员先后多次到H区政府、银行、国土资源中心等相关部门进行调档查阅，历经1个月的调查取证后，最终发现，该公司同H区政府确实签订了回迁房购买协议，且该公司已收到了政府支付的购房款项，并一直将该款项计入其他应付款项目，并未对该款项预缴土地增值税。二是按照卫星地图显示的位置，检查人员进行了实地调查，发现该地块确实已被施工占用，地块上矗立的施工广告标牌宣传为该公司项目，通过与项目工程人员核实，该项目确为该公司开发。三是该公司开发项目中确实存在非普通住宅，在进行财务核算时，由于分别核算工作量大，且为预缴阶段，所以均按照普通住宅进行了土地增值税的预缴。针对上述事实，该公司辩称，虽然政府支付了款项，但由于尚未办理交房，并不能确定房产归属于哪一个动迁户所有，因此将该款项计入其他应付款中并无不妥，不作为预缴土地增值税的依据并无错误；至于第4块土地，该公司虽已经签订合同缴纳出让金并临时占用部分土地，但却未取得土地证，无须缴纳城镇土地使用税。检查人员拿出了从相关部门调取的政府回迁房采购协议，明确采购协议双方为政府及该公司，并以极大的耐心将土地增值税、城镇土地使用税的法律法规向企业财务人员进行讲解，并将土地增值税的相关政策进行了整理，制作了普通住宅及非普通住宅的标准、预缴率变化时点、变化内容的对比表格发放给所查公司。在证据面前，该公司承认了存在的违法事实，并对检查人员所作的工作表示感谢。最终检查人员克服重重困难，确定该公司在土地增值税、河道工程修建维护费、城镇土地使用税方面存在重大的涉税问题。

多方合力，破难题助力营商。在查实上述问题后，该公司提出了新的难题，一是由于被查企业是该公司的注册登记地，与项目所在地不一致。所查补的税款应入库到临时税务登记所属的税务机关。就目前的情况，查补的税款可能无法正常入库，造成企业欠税，从而带来一系列税收风险。二是该公司战略结构突然变化，投资主体变更，急需进行重组，为了理清重组前的债权债务关系，该公司提出请求，希望税务机关能快速审结，确保该公司顺利实现重组。三是该公司明确表示资金困难无法正常补缴税款，恳求稽查局解决困难。这让接下来的工作再次陷入僵局。面对这种情况，检查人员积极采取措施，一是迅速请示，多方合力解难题。就企业针对查补税款可能无法入库的现状，检查人员迅速将案件情况进行详细梳理，经向领导请示后，及时会同综合科提请市局稽查管理处，得到了稽查管理处强有力的支持，12个小时内将该公司项目所在地的临时户进行了延伸检查，最终实现了该公司税款的及时入库。二是助力营商。在得知该企业即将重组的事实后，局领导高度重视，召开了由检查人员、审理科参与的会议，开辟了绿色通道，相关部门加班加点，从制作案卷到审理完成，仅用了4天时间，为企业进行重组，助力营商环境的建设提供了保障。三是审理委员齐上阵，运用法律解难题。面对税收执行难的问题，稽查局领导通过座谈、实地走访调查的方式了解了企业存在的困难后，积极组织召开案件审理委员会，鉴于企业积极的态度，在同征管局沟通程序后，组织企业实行税款提前入库，根据《行政处罚法》的相关规定，对企业查补的税款免于处罚，在维护税法刚性的同时彰显出执法的理性。

【处理处罚结果】 针对城镇土地使用税问题，2014年、2015年补缴土地使用税均为136500元，合计273000元。针对土地增值税问题，该公司应补缴非普通住宅部分的土地增值税1433080.42元，2016年收到政府拆迁补偿款时应补缴的土地增值税1194151.37元，合计补缴税款1433080.42元。该公司2016年收到政府拆迁补偿款时，未按规定申报缴纳土地增值税造成滞纳，滞纳金额为168207.25元。针对河道工程修建维护费问题，该公司应补缴河道工程修建维护费168939.58元。针对应开具而未开具发票问题，对该公司该项违法行为处罚500元。

【问题分析及工作启示】 领导高度重视，多方合力，助力营商，为本案成功查处提供了有力保障。本案能够迅速查处，并最终全额提前入库，关键一点在于及时取证，及时汇报，在检查过程中得到了局领导和市局稽查管理处的大力支持，局领导督导督办，组织调度，及时沟通，开辟了审结案件的绿色通道，既维护了税法的权威，又彰显了以法治税的新风尚，为助力营商环境起到示范性作用，对案件快速有效地查处发挥了积极作用。

运用现代技术手段，多方立体取证，使证据链条充分完整是查处案件的关键。电子稽查软件、金税三期系统、卫星地图的使用和外围取证在本案的检查工作中发挥了重要作用，检查人员充分利用金税三期系统进行大数据分析，并运用电子稽查软件捕捉疑点，提高检查的效能性和便捷性，同时配合外围的调查取证，对形成一个完整的证据链、确保高效、准确的完成稽查任务起到了非常重要的作用，严谨细致的取证过程、准确确凿的证据资料、高效的现代技术应用立体交织，最终事半功倍，效果显著。

注重账簿资料与实地走访相结合，不错过细节，态度决定成果。企业财务账簿、凭证、报表等财务资料中记载的信息不能完全反映出被检查单位业务的真实内容，因此检查人员应该在注重账、证、表检查的同时，还要关注被检查单位的相关业务资料，注重实地调查取证，认真分析财务与实际证据的差异，以保证环节查到，税种查全，问题查深查透，从小细节中看出大问题，从小问题中挖大要案，最终实现稽查案件的顺利查处。

加强辅导，注重分享，强化服务，提升企业自查的能力，全面助力营商。由于企业与税务机关对于政策法规实施、变更、废止等信息的接受存在时间差异，势必导致征纳双方在政策法规等执行方面产生信息不对称，这就需要税务机关及征管部门发挥作用。加强对管辖企业在税收政策法规、账务处理等方面的日常纳税辅导工作，通过定期召开座谈会、开通微信公众服务平台等多种服务方式，提高企业合法纳税的意识和定期自查的能力，助力解决实际困难，引导企业诚信纳税，营造良好的纳税环境，引导诚信纳税的和谐氛围。

（辽宁省地方税务局稽查局供稿）

案例2－4

某供水工程公司少缴税款案例

【案件类别】　少缴税款案例

【案件所属行业】　建筑业

【案件特点】　一是查前分析到位，通过查阅相关涉税资料，掌握案情基本情况，合理分工。二是根据建筑业企业特点，从成本核算入手，一针见血。三是通过查账软件快速准确找出大金额疑点问题，设计出科学合理的检查辅助表格，使企业涉税问题无从隐藏。

【案件来源】　随机抽查

【基本案情】　某供水工程公司，注册资本2659万元，成立于1994年9月，国有企业，平均从业人数96人，系某市自来水公司下属单位。经营范围：市政公用工程、公路工程、土石方工程、给水工程、基础工程安装施工；自来水管道安装维修、电器设备安装及钢结构件制作安装销售；汽车运输；机械设备维修；吊装服务。该单位采用独立核算的形式，执行企业会计准则。企业所得税由地税征管，查账征收。2014—2016年3年申报缴纳的地方税收分别为1063万元、868万元、1483万元。检查发现该公司存在如下问题：2015—2016年房产税计税原值少申报，导致两年合计少申报缴纳房产税20万元；2014—2016年应付账款多预估成本5436万元入账未作纳税调整，3年合计少申报缴纳企业所得税1351万元。

【违法事实】　一是该公司于2015—2016年收回出租房产，未并入自用房产申报缴纳房产税。二是2014年多预估成本入账148万元；2015年多预估成本入账1331万元、无法支付应付款项1万元未调增企业所得税应纳税所得额；2016年多预估成本入账3957万元。

【查办过程】　查前分析，精密部署。接到检查任务以后，检查组立即在金税三期工程内下载该公司2014—2016年度的财务报表、按照税款所属期分类的3年税款入库记录、房产税和城镇土地使用税源登记信息、3年的企业所得税年度申报表、系统推送的风险疑点信息等相关资料。根据该公司的实际情况，检查组进行了分工，一组人员着重检查涉税资料，另一组人员用查账软件进行数据分析，发现问题及时汇总交流。

数据比对，迷雾重重。检查组对检查期间3年的相关财务数据与入库记录进行分析比对后，发现该公司2014年、2015年两年利润率均为3%，2016年利润率稍高5.5%，变动较小；成本费用支出变动也貌似正常，且3年期间企业所得税申报均委托税务事务所代理申报，似乎问题不大。

初步检查，发现疑点。检查组按照正常的程序通知该公司，并送达了税务稽查通知书，经批准依照法定权限和程序，对该公司检查所属期间的账簿、财务报表、企业所得税代理报告、固定资产明细账和有关资料进行了调账检查，同时使用稽查查账软件复制了3年的财务数据；因该公司近期要使用检查期间凭证核对往来账款，所以没有调取相关凭证。通过对固定资产明细账以及纳税申报资料的查阅，发现该公司位于本地的房产账面原值1552万元，将其中原值为1150万元的办公用房出租给某自来水公司，租金为50万元。该部分房产于2014年底收回自用，但在2015—2016年没有出租，也没有按照房产原值申报缴纳房产税，两年少申报缴纳房产税20万元。

持续深入，柳暗花明。检查组将复制的账簿数据导入查账软件，结合其他涉税资料，发现该公司3年来的业务招待费以及其他相关事项已经作了纳税调增，合计调增91万元，补充申报缴纳了企业所得税。费用支出科目经过仔细检查，没有发现问题，只有几个小疑点，与财务人员核实后已排除。但在往来科目应付账款中发现，除了正常的往来账款之外，3年均存在预估成本这一项目，分录为“借：工程施工——××项目工程费”“贷：应付账款——××工程预开票暂估成本”，在项目竣工结束时再以红字冲回预估成本，涉及的工程项目每年均在80个左右。根据《国家税务总局关于确认企业所得税收入若干问题的通知》（国税函〔2008〕875号，以下简称国税函〔2008〕875号文）第2条规定：“企业应按照从接受劳务方已收或应收的合同或协议价款确定劳务收入总额，根据纳税期末提供劳务收入总额乘以完工进度扣除以前纳税年度累计已确认提供劳务收入后的金额，确认为当期劳务收入；同时，按照提供劳务估计总成本乘以完工进度扣除以前纳税期间累计已确认劳务成本后的金额，结转为当期劳务成本。”初看该公司的账务处理似乎并无不妥，但按照国税函〔2008〕875号文的规定，施工企业在工程建设期间按“完工百分比法”确认收入和成本，在完工年度进行项目清算，对预估结转的成本与实际发生计税成本的差异应作纳税调整，但是该单位并未作纳税调整。因为涉及项目多，检查组人员设计了一张《应付账款——预估工程项目明细表》，表中包含项目名称、开票时间、开票金额、预估金额、预估时间及凭证号、结算价、冲转预估成本金额、冲转时间及凭证号，并让企业财务人员分3年填报此表，在规定时间内提交检查组。一周以后，当检查组人员收到此表后发现该单位预估成本部分没有及时冲回，3年合计多预估成本5320万元。经检查组同意，该公司查中入库补交企业所得税1330万元。但是检查组人员并没有轻易收兵，经过进一步核查，发现还有部分项目预估成本没有按规定冲回并调整，涉税金额115万元；另有3年以上应付未支付款项1万元。合计3年应调增5437万元，其中2014年应调增148万元、少申报缴纳企业所得税37万元；2015年应调增1332万元、少申报缴纳企业所得税331万元；2016年应调增3957万元、少申报缴纳企业所得税983万元。3年合计少申报缴纳企业所得税1351万元。

【处理处罚结果】 针对少申报缴纳房产税的问题，向该公司追缴2015—2016年少缴的房产税20万元。2014年度调增企业所得税应纳税所得额147万元，2015年度调增应纳税所得额1331万元、调减应纳税所得额10万元，2016年度调增应纳税所得额3956万元、调减应纳税所得额10万元，追缴该单位企业所得税1351万元。本案前两项追缴税款共1371万元，加收滞纳金118万元，合计1489万元。

由于该单位查补税款已在查中补缴入库，符合江苏省地方税务局《关于税务案件行政处罚若干法律适用问题的建议》第3条：“税务检查查补税款总额较小，纳税人在税务处理决定作出前将税款足额补缴入库，且不是采取偷税手段造成不缴或少缴税款的。”以及《行政处罚法》第27条：“违法行为轻微并及时纠正，没有造成危害后果的，不予行政处罚”的主要适用情形，对查补房产税、企业所得税不予处罚。

【问题分析及工作启示】 一是建筑安装等施工企业的成本核算比较随意，是稽查的重中之重。跨年度工程可以采用完工百分比法确认收入和成本费用支出；对“应付账款”“其他应付款”科目应着重检查，对预估的成本费用应能够正确计量并在项目完工结束时冲回，并在预估成本年度进行追溯调整。二是存在房屋出租的企业应检查税源登记内容的变动情况，对出租房产减少而从价申报房产原值没有变化的企业及时进行预警管理。三是推广使用稽查查账软件，快速准确命中涉税问题及目标，提高检查效率少走弯路，做到稳准狠。

（江苏省地方税务局稽查局供稿）

案例 2－5

某公司转让股票少缴税款案

【案件类别】 少缴税款案例

【案件所属行业】 租赁和商务服务业

【案件特点】 一是违法情况典型。当前非金融企业投资、买卖金融商品情况日益增多，而未按规定申报纳税的情况非常普遍。有的企业是不了解税收政策，有的则是故意隐瞒恶意偷税，一旦涉及补税，往往数额较大。二是检查手段典型。通过提取第三方数据，开展比对分析，使企业涉税违法情况无处遁形，能充分实施精准稽查，极大地提高稽查质效。三是确定计税价格方式典型。企业根据协议价格转让股票，根据税务总局稽查局指导意见，对于交易双方以协议方式转让上市流通股，价格明显低于交易双方签署转让协议前一交易日收盘价的，应依法予以调整。针对企业提出的申辩理由，税务机关在做好政策解释基础上，通过谈判，最终确定计税价格。

【案件来源】 税务总局下发“H 公司”4 条股票转让线索（2014 年 12 月至 2015 年 6 月减持“华媒控股”股票 4328.2652 万股，减持开创国际股票 1421.7823 万股；2014—2015 年度管理费用、投资收益变化率异常）。2017 年 4 月 1 日，杭州市余杭地方税务局稽查局对 H 公司进行立案，4 月 13 日送达《税务检查通知书》实施检查。

【基本案情】 某公司（以下称甲公司）工商登记发照日期是 1999 年 6 月 6 日，企业登记注册类型为股份有限公司（非国有控股非上市企业），经营范围是危险化学品经营，对外工程业务、实业投资，仪器仪表的生产制造等。企业所得税归地税管辖。根据税务总局下发的甲公司转让股票案源线索，对其股票转让行为的税收缴纳情况进行定向稽查，发现甲公司对协议转让的股票存在计税依据明显偏低（低价转让）且无正当理由、营业税计税营业额计算错误等问题。

【违法事实】 2014 年 12 月 5 日，甲公司与其全资子公司乙公司签署关于转让丙公司股份的《转让协议书》，通过协议转让方式，转让股票 3300 万股，每股 4.82 元（为协议生效日前 120 个交易日均价的 50%），成交价格 15906 万元，股票转让形式为协议转让，生效时间为 2014 年 12 月 31 日。

2015 年 6 月，甲公司又通过二级市场陆续转让股票 1028.2652 万股，累计取得转让收入 18834 万元。

股票转让收入，甲公司按协议价差额缴纳营业税，进行纳税申报，计税依据明显偏低且无正当理由。在 2016 年已缴营业税 875.38 万元，亦存在营业税计税营业额计算错误等问题。

【查办过程】 接到稽查任务后，检查人员首先通过系统查询了解甲公司的经营状况、纳税情况及各项财务数据，同时向分局管理人员了解甲公司日常纳税情况。经过先期调查工作，进入甲公司后，检查人员与有关部门相关负责人进行了谈话，了解甲公司的有关情况，审阅甲公司 2014 年 1 月 1 日至 2015 年 12 月 31 日的纳税申报资料、各类账簿、财务报表及相关的凭证，对上述资料进行了认真分析、评判和检查，同时通过责成甲公司提供合同、交易流水、资金往来等资料情况，进行分析、比对、核实，对甲公司的股票转让情况进行了仔细的检查。针对违法事实，取得了股票取得方式和价格、股票持有期间变动情况、转让款到账情况、转让协议签署前一个交易日股票收盘价、纳税申报情况等一系列证据。

甲公司自 2014 年 12 月 9 日至 2015 年 6 月 19 日间，通过协议转让及证券交易所挂牌交易共出售股票 4328.2652 万股。期间，甲公司自行申报缴纳了相应“金融商品转让”营业税及附加，甲公司协议转让股票 3300 万股，交易双方签订股票协议转让价格为 4.82 元，前一个交易日收盘价为 10.89

元，协议价格为前一个交易日收盘价的 44.26%，计税依据明显偏低且无正当理由。由于营业税和企业所得税同时涉及价格的调整，甲公司与其全资子公司属于关联企业，应依据《税收征收管理法》第 36 条及《企业所得税法》第 41 条进行企业所得税的特别纳税调整，依据《税收征收管理法》第 35 条第 6 项和第 36 条，以及《营业税暂行条例》第 7 条、《营业税暂行条例实施细则》第 20 条规定进行核定调整营业税税款。本案采取先确定企业所得税计税收入，再确定核定调整的营业税计税依据。

2017 年 11 月 16 日，Y 区地税局稽查局领导与检查人员一道与甲公司执行总裁、财务营运总监、财务人员就股票转让相关事项进行谈判磋商。谈判中甲公司提出以下 3 条理由，认为企业协议转让股票价格在当时是符合证监会相关转让规定的，不应进行调整：一是转让行为属于内部业务的调整。2014 年甲公司对公司战略定位进行了调整，专门设立了一个全资的投资平台（乙公司）来进行参股性的财务性投资运作，是对甲公司的相关资产进行资产划分剥离。二是转让行为不涉及税收筹划。本次股票转让将股权转移至全资子公司乙公司（两公司设立在同一省份），不涉及税收筹划。交易双方（甲公司、乙公司）的所得税率一致，不存在区域税率差异，没有避税目的。三是转让行为没有造成少缴税的后果。截至 2017 年 11 月，乙公司仍持有 3200 万股股票，3 年来未对外出售。

在谈判中税务机关对限售股转让相关政策进行了宣传，同时考虑企业的实际情况，最终双方谈判确定转让价格为 6.75 元/股（按交易双方签署转让协议前 120 个交易日均价 9.64 元/股的 70%），确认调整增加幅度 40.04%。同时对关联方法人之间转让股票行为，认为具有合理性，只是企业所得税的缴纳时间延后了，故拟暂不进行特别纳税调整增加企业所得税应纳税所得额。考虑同一转让行为保持收入一致性的因素，营业税按转让价格 6.75 元/股核定调整。

【处理处罚结果】 税务机关按规定追缴营业税 846.8 万元，城市维护建设税 59.28 万元、教育费附加 25.4 万元、地方教育附加 16.93 万元，合计 948.41 万元。

【问题分析及工作启示】 企业对股票交易相关税收政策理解各不相同，在完善相关税收政策的同时应大力加强税法宣传力度，减少企业涉税风险。股票交易信息透明，但是企业做账一般只根据交易金额，如果没有辅助台账且交易次数众多，核对起来相对困难，从“投资收益”“应交税费”“可供出售金融资产”等科目入手，结合股票对账单、交割单，可以对股票交易涉税事项有较为全面的掌握。当前，企业投资、买卖金融商品如股票、期货、债券等情况日益增多，隐蔽性强，属地主管税务机关难以征管。因此，必须要大力创新金融商品交易涉税征管模式，充分依托第三方数据，实施税务征管和稽查，堵住征管漏洞。

（浙江省地方税务局稽查局供稿）

案例 2－6

某投资公司股权转让少申报缴纳税款案

【案件类别】 少缴税款案例

【案件所属行业】 金融业

【案件特点】 一是本案涉及股票数目多、时间跨度大，需要充分发挥大数据优势。二是限售股的股权转让交易涉及金融、财会、法律等多方面专业知识，对检查人员的综合能力要求高。高素质检查人员和大数据应用是本案查结的关键，对进一步推动资本交易行业检查起到了示范作用。

【案件来源】 税务总局下发

【基本案情】 某投资公司成立于 1998 年 7 月；经营范围包括筹措、管理、经营本省基本建设资金、铁路建设基金、产业基金，产业投资、开发及咨询服务，资本运营；注册资本为 300 亿元；截至 2017 年 6 月底，资产总额为 1321 亿元，旗下有全资子公司 13 家，控股子公司 16 家，参股二级企业 80 余家。

根据税务总局要求，省局稽查局 2017 年 6 月对该公司 2014—2016 年度股权转让涉税问题进行立案检查。经过案头比对分析，结合该公司股权转让相关资料，检查组认定该公司并没有如实申报股权转让营业税金及附加。

【违法事实】　该公司2014—2016年转让金融商品和取得利息收入少申报缴纳营业税金及附加。

转让股票及其他金融商品。2014—2015年度，该公司转让股票少申报缴纳营业税5430.93万元，城市维护建设税380.17万元，教育费附加162.93万元。

利息收入。该公司2014—2016年度利息收入少申报缴纳营业税、城市维护建设税及教育费附加合计424.75万元。

上述检查查补税款及附加合计6398.78万元。

【查办过程】　精心组织，制定预案。案头比对数据后，检查组初步怀疑该公司没有如实申报股权转让相关税费，并积极向局领导汇报。局领导召开查前案件分析会，决定成立专案组负责此案检查并制定相应检查预案。

初次交锋，陷入困境。检查组按照法定程序下达税务检查通知书，拟调取2014—2016年度电子账。该公司财务核算软件是某软件公司的产品，使用查账软件直接提取账套出现错误，检查人员与软件公司初步联系也未能解决问题，无奈之下，只能导出Excel格式账簿。该公司业务量庞大，导出的序时账，每年都有几万条数据，利用Excel查看数据非常慢，且容易导致电脑死机，对后期数据分析处理无疑加大了难度。

巧妙转换，柳暗花明。虽遇阻力，但检查组没有放弃。检查人员对提取的上百个科目进行分类汇总统计，经筛选加工，提取有效线索。案件正在如此烦琐的机械统计下推进，同时检查人员积极与软件公司沟通，寻找新的解决办法，终于摸索出了新途径。软件公司称，规范的Excel表格的账簿也可以通过后台调整，转换成查账软件认可的数据。考虑保密因素，检查人员请来专业人员现场传授方法，由检查人员自行转换，最终成功导入查账软件，大大提高检查效率。

条分缕析，问题初显。检查人员逐笔核对股票交易流水清单，对照账套信息，逐一记录每笔交易所对应的记账凭证号。为了取得股票购进初始价格以及持有期间股票分红情况，检查组还需追溯查阅往年账簿、凭证。梳理后发现，该公司持有的“XM”股票通过重大资产重组方式取得，其他股票从二级市场购入，减持股票通过二级市场卖出。对于二级市场购入的股票成本容易从账上取得，而“XM”股票属于《国家税务总局关于“营改增”试点若干征管问题的公告》（国家税务总局公告2016年第53号）中所列明的限售股，其取得成本还需详细资料。于是检查组向该公司财务人员索要了该公司签署的相关协议，确定停牌实施此项重大资产重组的日期，并通过某证券信息平台查询到停牌前一交易日的收盘价为8.84元/股。同时从该公司网站公告中查询到具体分红数据，最终确定“XM”股票买入价为7.82元/股。

该公司共涉及20只股票77次股票处置，每次处置均涉及几百笔二级市场交易。检查人员逐一梳理股权转让明细数据，将最后应纳税款与金税三期系统所反映的入库税款进行比对，发现该公司未申报股权转让相关税费，金额6000余万元。一个大型投资企业，怎么会出现如此大的税收纰漏呢？

问题反馈，出现分歧。检查人员立即与该公司联系，严肃反映了检查出的问题。该公司财务人员对查出的问题也表示很诧异，并提出陈述、申辩意见。他们认为《财政部　国家税务总局关于营业税若干政策问题的通知》（财税〔2003〕16号，以下简称财税〔2003〕16号文）仅明确了金融企业从事股票买卖业务的营业额，非金融企业从事股票买卖业务营业额如何确定，没有具体规定，其公司股票转让业务不适用上述文件。但检查组认为，虽然财税〔2003〕16号文第3条第8款仅明确了金融企业从事股票买卖业务的营业额，但该文件第3条确认的是“关于营业额问题”，属于计税依据，并不是确定纳税人或者纳税义务，所以，营业税条例修改后，将非金融企业转让股票行为也纳入征税范围，在没有新的政策下发前，上述对营业额的确认方法，同样也适用于非金融企业。在此问题上，该公司与检查组出现了分歧，税款如何追征，政策有待进一步明确。

及时请示，政策攻关。检查人员及时向股权转让专项检查组汇报了分歧问题，并请示了省局相关税政处室。由于其他检查组也存在同样的分歧，因此专项检查组将股权转让检查过程中所涉及的政策问题进行了梳理，一并向税务总局进行请示。2017年9月25日，税务总局稽查局对全国股权转让检查中政策问题进行了统一明确，非金融企业从事股票、债券买卖业务，适用财税〔2003〕16号文的相关规定。

延伸检查，锁定战果。针对该公司解释因税务经办人员更换，前后衔接出现问题，导致税款申报不实的理由，检查组认为，该公司其他税款也可能未申报到位。检查人员仔细核对了该公司利息收入涉税申报情况，发现确实存在少申报缴纳营业税及附加的问题。检查人员将相关证据资料摆在该公司面前，面对铁的事实，该公司承认了利息收入涉税问题。

【处理处罚结果】 根据《税收征收管理法》第64条第2款规定，对上述采取不申报的手段导致少申报缴纳的营业税、城市维护建设税及教育费附加6398.78万元予以追缴。同时，鉴于该公司未申报税款是由于政策理解和内部人员变动造成，且检查中积极配合、及时查补预缴全部税款，根据《行政处罚法》第27条第2款及《国家税务总局关于进一步做好税收违法案件查处有关工作的通知》（税总发〔2017〕30号）第1条第2款规定，对上述少申报缴纳的营业税、城市维护建设税免于处罚。

根据《税收征收管理法》第32条、国家税务总局稽查局关于股权转让检查工作的指导意见规定，对上述转让“XM”股票补缴的营业税、城市维护建设税从2016年9月1日起，按日加收5‰的滞纳金，对于转让其他股票应补缴的营业税、城市维护建设税从滞纳之日起加收滞纳金（根据《税收征收管理法》第52条第1款，其中分红造成的少缴税款部分不加收滞纳金）。

【问题分析及工作启示】 善于利用大数据信息。该公司股票取得形式多样化，分红次数多、跨度时间长，减持时间较集中，除需要依靠企业和证券公司提供股权原始取得资料和交易流水单外，还需善于利用财经网站、金税三期系统等大数据信息，取得公司分红信息和相关纳税情况，比对分析。

积极沟通请示。股权转让检查需要企业提供的资料往往时间长跨度大，同时很多税收政策企业难以理解，需稽查人员在检查中与纳税人加强沟通协调和税法解释工作；对于有些政策不明的或存在争议的问题，检查人员积极与相关税政科室沟通，逐级请示汇报，明确处理方法，准确定性。

灵活运用电子查账软件。企业采用的电子记账软件种类繁多，升级频繁。此次检查中，检查人员在初次采集账套失败的情况下，积极利用税软技术信息，巧妙转换，成功采集到企业账套信息，避免了人工处理低效率问题。

（安徽省地方税务局稽查局供稿）

案例2－7

某制药企业未签订购销合同少缴税款案

【案件类别】 少缴税款案例

【案件所属行业】 制造业

【案件特点】 该案是小税种蕴藏大税款的典型案例，企业以未签订购销合同为由少缴印花税，稽查人员通过建立数据模型横向比对、对关联企业进行延伸检查等方法，最终确定了企业的违法事实，对税务机关加强稽查取证、挖掘隐匿税款具有一定的指导意义。

【案件来源】 专项整治

【基本案情】 某制药企业，注册资金60000万元，成立于1992年8月，经营范围为药品生产、销售以及药物技术开发和技术转让等业务。2012—2014年共缴纳地方各税14459.32万元。关联企业成立于2004年7月，是制药企业的全资子公司，注册资金500万元，主要从事药品经营许可证批准范围内的药品批发业务。检查发现该企业存在集团内企业间业务往来未签订购销合同，未按规定申报缴纳印花税等问题。

【违法事实】 该企业2012—2014年与外部单位以及集团内独立核算的关联企业之间发生商品采购业务116007万元，商品销售业务377790万元，以未签订合同为由，未申报缴纳印花税。根据《印花税暂行条例》等文件规定，该单位据以供货和结算的入库单、出库单具有合同性质，应视为购销合同，2012—2014年应补缴印花税463万元。同时延伸检查该企业下属的关联企业，共计查补企业及关联企业未缴印花税701万元。

【查办过程】 通过金税三期系统、第三方信息平台调取企业基本情况、股权结构、资产认定及纳税申报等资料，利用数据模型纵向比对各年度资产总额、经营收入及主要税种税负变化情况，查找可能存在的问题及薄弱环节。

通过查阅以往年度医药行业检查资料，建立数据模型横向比对已查企业与该企业经营规模及税负情况，发现该企业每年销售收入几十亿元，3年累计实现收入162亿元，只申报缴纳了23万元印花税，经营规模远远高于已查企业，但税负率大幅低于已查企业，决定将印花税作为本次检查的主要税种。

针对购销合同签订的相关环节和人员进行明察暗访。从部门的工作流程入手、顺藤摸瓜，发现了企业内控系统中的“合同管理”模块，确定了每笔业务均签订合同的事实。在企业不予配合，证据随时可能灭失的情况下，组成专案组，多人多组、多个环节从企业数据库中提取相关涉税信息、及时保全了证据，牢牢把握了整个检查工作的主动权。

【处理处罚结果】 根据《税收征收管理法》规定，对该企业未申报缴纳的印花税463万元，责令限期补缴入库。根据《税收征收管理法》及《国家税务总局关于印花税违章处罚有关问题的通知》（国税发〔2004〕15号）规定，对该企业未申报缴纳印花税463万元的行为，处以未缴税款50%的罚款，罚款金额232万元。

【问题分析及工作启示】 医药流通企业对小税种缺乏足够重视。医药行业受国家药品监管部门监管较严格，形成了一套较为完善的商品购、销、存管理体系，但在应对税收管理、依法履行纳税义务方面，医药企业普遍缺乏足够的认识，心存侥幸，偷漏税款的问题比较普遍。税务稽查部门要加大税源风险监控力度，设置风险环节和风险指标，在税源监控广度与深度上下功夫。拓宽广度即研究利用医药监管等第三方部门信息，联合国税部门在业务融合、信息共享的基础上紧密合作，针对药品流通所涉及的销售主体，进行分工、同步、全方位监控管理；拓宽深度就是关注药品购、销、存各环节收入、成本、利润指标，参照同行业、同规模企业财务指标系数，运用资金流和物流两条主线对供应及销售链条进行监控管理。

（山东省地方税务局稽查局供稿）

案例2-8

某供电公司少缴税款案

【案件类别】 少缴税款案例

【案件所属行业】 电力、热力、燃气及水生产和供应业

【案件特点】 一是该公司通过以其他凭证代替发票入账，列支非“职工教育经费”内容的学历教育费用，混淆资本性支出和收益性支出等手段，造成少缴企业所得税。二是外聘劳工未按规定代扣代缴个人所得税，发放的奖金、福利、补助等工薪性质支出少代扣代缴个人所得税。该案所查问题具有典型性和行业指导性，通过安排县（区）稽查局对辖区内供电公司开展自查和检查，起到了查处一户、整顿一片的良好效果。

【案件来源】 随机抽查

【基本案情】 某供电公司，注册资本1043万元，是国有资本100%控股的全资国有企业，经营范围为电力供应、日用百货、服装、零售、电工仪器仪表、电工器材、批零兼营、电力线路安装。×市地税局稽查局于2016年11月7日至2017年8月15日对该公司2014—2015年度地方税收缴纳情况进行了检查。经检查发现该公司存在少缴企业所得税、房产税、城镇土地使用税和少代扣代缴个人所得税等问题。

【违法事实】 检查组对该公司提供的账簿资料进行审核，发现存在以下问题：少缴企业所得税33.32万元、房产税1.3万元、城镇土地使用税3.72万元，少代扣代缴个人所得税43.62万元。

【查办过程】 加强学习，精心准备，做好查前预案。检查人员在查前重点学习国网电力行业的会计核算办法，熟悉电力行业的经营和业务流程；查询了解行业术语知识；同时针对供电企业垄断经营、利润高、工资福利待遇高的行业特点制定出“以企业所得税、个人所得税检查为重点，其他地方各税检查为辅；以营业收入、营业成本、三项费用、营业外收支、应收应付等账户检查为重点，其他科目检查为辅”的整体检查工作思路。

由表及里，从细节入手查找事实本质。经审核

发现其“生产成本”中列支施工补助费，后附施工补助费发放表并有领用人员签收字样，表面看似是职工发放的工薪性质的补助费用，再仔细查阅后附原始凭据，还附有每个领取人员身份证复印件。按日常财务惯例，职工领取工资是不需要本人身份证备案的，检查人员就此问题询问财务主管，得知是为外聘劳务工人发放的劳务报酬支出。按相关规定，支付外聘劳务费用是需要向当事人索要正规发票的，财务人员忽略了这项要求。检查人员对该公司以其他凭证代替发票的行为按照《发票管理办法》相关规定进行了处罚。

争论交锋，查摆问题事实，说服企业正视问题。检查中发现，该公司于2015年11月先后分5笔，在“生产成本”中列支企业信息系统深化应用费，合计金额16.91万元，经调查询问得知，企业为加强信息化建设引进了“ERP系统”（企业生产经营管理系统），试行后发现该系统不是十分契合电力企业经营管理模式，即于2015年聘请专业技术公司在原“ERP系统”基础上进行功能优化提升。再深入检查发现企业在优化“ERP系统”工作中，凡购置的服务器、电脑等硬件设备发生的支出计入“固定资产”，发生的相关技术服务费、测试费、培训费、人工经费等支出计入当期“生产成本”；同样，该公司2015年实施的“GIS项目”（地理搜索定位系统），于当年12月先后分7笔以技术服务费、信息采集费、监理服务费等名目计入当期“生产成本”，合计金额42.52万元。

检查组认为：无论是“ERP系统”优化升级，或是实施“GIS项目”，一次性投入金额大，项目使用期和经济利益受益期均超过一个会计年度，根据《企业所得税法实施条例》第28条第1款的规定，两个项目发生的支出应当认定为资本性支出，作为无形资产管理，不得在发生当期直接扣除，经询问企业财务主管，两个项目在2015年底前均未办理完工验收手续，因此，应依法审增应纳税所得额征收企业所得税。

点面结合，精心细致核查计算“应付职工薪酬”少代扣代缴的个人所得税。供电系统利润高，员工福利待遇好，基于此，检查人员在制作检查预案时，即把个人所得税作为检查重点。检查中采取点面结合，既对“工资”“职工福利费”“职工教育经费”等列支工薪福利支出的科目进行重点检查，也不放过“成本”“费用”“其他应收（付）款”等科目。该公司全年平均职工人数670人，发放工薪福利名目多、次数多。检查人员既抓大又不放小，从每笔支出一一查询到分配录入，从每个人税款计算到每个月税款汇总逐笔核查，共查出该公司少代扣代缴个人所得税43.62万元。

【处理处罚结果】 根据《国家税务总局关于贯彻〈中华人民共和国税收征收管理法〉及其实施细则若干具体问题的通知》（国税发〔2003〕47号）第2条第3款的规定，责成该公司限期将应扣未扣的个人所得税43.62万元补扣补缴。

根据《税收征收管理法》第32条的规定，由该单位限期补缴少缴的企业所得税28.12万元、房产税1.3万元、城镇土地使用税3.72万元。同时根据《税收征收管理法实施细则》第75条的规定，加收相应的滞纳金。

该公司少代扣代缴的个人所得税，主要是因为该公司在税收政策掌握理解方面存在偏差，属于理解错误，非主观故意，且该公司及时主动补缴了少代扣代缴的税款，没有造成危害后果。根据《税收征收管理法》第69条的规定应当给予行政处罚，依照《税务行政处罚裁量权行使规则》（国家税务总局公告2016年第78号）第14条第1项规定，违法行为轻微并及时纠正，没有造成危害后果的，不予行政处罚。

根据《税收征收管理法》第63条第1款的规定，该公司“职工教育经费”中有不能列支的职工学历教育费，是采取虚假纳税申报的手段，造成少缴企业所得税5.2万元。定性为偷税，参照当地税务机关关于偷税违法行为的规定，有偷税违法行为，在税务机关作出处理决定前主动全额补缴应缴税款的，属于轻微行为，处以50%的罚款，即罚款2.6万元。

对该公司以其他凭证代替发票的行为，根据《发票管理办法》（国务院令第587号）第35条第6项的规定，参照当地税务机关关于以其他凭证代替发票的行为的规定，涉案金额在5万元以上的，属特别严重违法行为，处以6000元罚款。

【问题分析及工作启示】 以个人所得税检查为切入点，采取“询查结合”方法。个人收入来源具有多样性和隐蔽性特征，再加上纳税人依法纳税意识相对淡薄，而代扣代缴单位来自内部的压力较大，甚至主动为员工避税。本案中，企业列支施工补助费，实为发放劳务报酬问题，即是检查人员通过查询账簿后发现疑点，并向企业财务人员询问才揭开少代扣代缴个人所得税的违法事实。

发挥“以查促管”作用，优化税收征管方式。随着“放管服”改革的不断推进，税务稽查的职能可以定位在“外查内促、查管结合”上。本案中，被查对象账制健全，会计核算比较规范，但是通过检查仍暴露出不少问题。检查结束后，稽查局向税源管理部门提出了征管建议，进一步加强对此类纳税人的税收监管，实现了税企双赢。

以点带面，整体推进，堵塞漏洞。该案检查后，按照整体推进的思路，检查人员对查处的问题及时总结梳理，拟成检查提纲，下发至各县区稽查部门，将检查延伸至全市供电系统，发挥了全市稽查“一盘棋”的作用，提升了稽查质效，收到了堵漏增收的良好效果。

（河南省地方税务局稽查局供稿）

案例 2－9

某公司少缴营业税款案

【案件类别】　少缴税款案例

【所属行业】　建筑业

【案件特点】　本案中，湖北省 W 市某区因区域发展规划的需要，对“旧村庄”实施功能改造，由区政府管委会下属企业建设路桥水电等公共基础设施，并对占用的农民宅基地等进行回迁安置。根据相关规定，该公司回迁安置行为应视同销售不动产征收营业税，该公司未缴营业税。

【案件来源】　上级交办

【基本案情】　2016 年 5 月 5 日，检查组对该公司 2013 年 1 月 1 日至 2015 年 12 月 31 日申报纳税情况和发票使用管理情况进行了检查。该公司成立于 2002 年 10 月，经营范围为：对基础设施项目、高新技术项目的投资；建设投资项目管理；投资咨询；房地产开发经营及销售；物业管理（经有关部门审批后凭许可证经营）；五金电料、装饰材料、建筑设备的销售、租赁；代办拆迁业务（凭证经营）。该公司属国地税共管户，营业税及其他地方各税由地税局征管，企业所得税在国税局缴纳。该公司“主营业务成本”科目主要核算其代开发区管委会管理的各公共建设项目成本和农民回迁安置工程建设成本。代建项目成本对应的管理费收入已按区管委会文件的取费标准申报缴纳了服务业营业税，而农民回迁安置工程建设成本部分未作涉税处理。

【违法事实】　经查，该公司少缴营业税 9961 万元、城市维护建设税 697 万元、教育费附加 299 万元、地方教育附加 199 万元、城镇土地使用税 71 万元、印花税 0.2 万元、土地增值税 152 万元。

【查办过程】　重检前，做好预案分析。建设投资行业经营范围广泛，业务品种丰富，建设项目数量大，项目周期长短不一，涉税情况复杂。如何在有限的检查时间内全面深入地掌握企业申报纳税情况，准确判断有无涉税问题，就要求检查人员重视查前准备，提前“动态”预案、做好信息分析比对，并随着检查的深入进行科学有效的调整。一是通过财务人员了解公司基本信息。该公司属区管委会下属企业，承接管委会安排的辖区内各项建设工程的项目管理工作，仅检查的 3 个年度就涉及项目近千个。同时下设房地产开发项目部，分两期进行建设开发。二是充分利用网络资源了解公司相关信息。检查组通过内网、外网相结合的方法，初步了解到企业项目情况、纳税情况、各税费入库情况等。检查人员将上述信息资料进行综合分析，并将各年度的收入和缴纳的税费用图表等形式进行分析比对，形成较客观的第一手资料。

重证据，注重检查方法。检查组在检查中始终秉承用事实和证据说话的工作态度，采取细查账表、细核项目、细审款项流程、细比相关资料的工作方法，针对企业业务特点，逐步把检查重心转移到企业存在的涉税问题上。

抽丝剥茧，找到突破口。初到财务部检查时，企业财务负责人介绍了该公司隶属于区管委会的管理背景、财务部对各项目的核算流程以及税款申报各环节管控、专人办理的管理方式。给检查组的初步感觉，这是一家财务核算规范的企业，不存在偷逃税款的主观愿望。但税务稽查工作的性质容不得检查组有半点松懈。从了解账制结构到把握财务核算过程，从细查账表科目到科目与数据的多维稽核，从科学挑选审核项目到细查项目各流程账表资料，从筛选待核项目到抽丝剥茧找出疑点、排除困难调查取证……稽查工作在浩如烟海的数据资料中展开。由于对该公司的实际检查时间只有两个月，检查组不得不根据检查情况随时调整检查思路和检查方向，确保检查工作的高质高效推进。通过初步检查，检查组发现确实如财务人员介绍的那样，检查组筛选抽查的各建设项目均严格按期申报缴纳了各项税费。既然查无问题，那么检查组就要变化思路，多维稽核，要让自己的检查结论经得住检验。在细审工程成本科目时，检查组将账表科目中的成本数据与项目管理口径的统计数据以及企业纳税申报数据进行多维比对，发现有大量成本未纳入计税依据，且不属于时间性差异。这个突破口使检查组看到了此次检查的主攻方向。

顺藤摸瓜、攻坚克难。针对上述发现的问题，检查组决定把重点放在对企业“主营业务成本”“工程成本”的审核上。通过逐项比对，检查组发现，该公司“主营业务成本”中主要核算其代开发区管委会管理的各公共建设项目成本和农民回迁安置工程建设成本。代建项目成本对应的管理费收入已按区管委会文件的取费标准申报缴纳了服务业营业税，而农民回迁安置工程建设成本部分未作涉税处理。经调查了解，此成本系该辖区内公共建设工程占用农民宅基地后，对农民实施回迁安置工程的成本。根据《营业税暂行条例实施细则》第15条第3款、《国家税务总局关于纳税人开发回迁安置用房有关营业税问题的公告》（国家税务总局公告2014年第2号）等相关规定，该公司回迁安置行为应视同销售不动产征收营业税，应以工程成本的组成计税价格确定其营业额。

顺势而进，锁定证据。虽然找到了突破口，但要把回迁安置工程情况摸准摸透还有大量的工作要做。检查组迅速围绕工程管理特点设计检查方案，顺势而进。由于该区农民宅基地回迁安置工程由来已久，早在2002年公司成立伊始就有此类工程，且各工程时间跨度长，核算口径前后有调整。带着对城市“三旧”改造回迁安置工程涉税情况调研的目的，本着对企业、对检查数据负责任的态度，检查组对该公司所有回迁安置工程进行了归纳审核，仅2013—2015年，该公司回迁安置工程拟查补销售不动产营业税及附加1.1亿元。

【处理处罚结果】 根据《税收征收管理法》第31条、《国务院关于征收教育费附加的暂行规定》（国发〔1986〕50号）、《湖北省人民政府关于征收地方教育附加的通知》（鄂政发〔2009〕14号）规定，责令该公司限期补缴营业税9961.1万元、城市维护建设税697.28万元、教育费附加298.84万元、地方教育附加199.22万元、城镇土地使用税71.13万元、印花税0.22万元、土地增值税152.43万元。

根据《税收征收管理法》第32条规定，对该公司少缴的城镇土地使用税71.13万元、印花税0.22万元，土地增值税152.43万元从滞纳税款之日起按日加收5‰的滞纳金。

根据《税收征收管理法》第64条规定，对该公司未按规定申报少缴土地使用税71.13万元、印花税0.22万元的行为，处以少缴税款50%的罚款计35.68万元。

以上税费与罚款已于2017年3月24日执行入库。

【问题分析及工作启示】 伴随着城市的建设和发展，作为城市财政收入的捍卫者和执行者，地税部门有责任在城市改造的各个环节履行好税收征管职能，辅助推动城市建设的良性高效发展。不论从营业税即将退出中国税制的征管时点上还是从城市“三旧”改造工程遗留营业税的涉税金额上，上述问题都是地税部门应该引起高度重视并着力解决的。

要做好该项工作，应该努力解决好三个方面的工作：一是统一政策、统一计算口径和计算方法，政策宣传到位；二是争取市政府的支持，协调统一征管方式，明确划分税源征管时间点，权责明晰，不留真空期、断档期；三是积极主动出击，自上而下，从大到小，带动整个行业开展营业税清理工作，同时，根据具体情况科学合理地制定税款入库计划，既稳固现有税源，确保财政收入不流失，又保证“三旧”改造工程的正常有序开展。

（湖北省地方税务局稽查局供稿）

案例 2－10

某房地产公司少缴税款案

【案件类别】　少缴税款案例

【案件所属行业】　房地产业

【案件特点】　一是将该公司销售台账金额与开具发票金额比对，扣除按揭未回款部分后仍有漏记收入金额未申报营业税及附加；二是该公司销售地下车位收入未按“其他业务收入”申报营业税及附加；三是该公司土地增值税清算申报时总收入未做相应调整，在分摊部分装修成本时把应分摊进入普通住宅的成本全部归集到非住宅（商业门面）中；四是税务机关对房地产企业附属工程特别是地下车位的性质与权属明确后，对其收入如何征收营业税、增值税、土地增值税、企业所得税需进一步研究。

【案件来源】　人工选案

【基本案情】　某房地产公司，注册资本 5000 万元，成立于 2004 年 7 月 7 日，平均从业人数 20 人。经营范围：房地产开发（凭资质证经营）、商品房销售；房屋租赁；建筑材料销售。2011—2015 年共申报缴纳地方各税 18528384. 35 元，检查发现该公司存在少申报少缴营业税、城市维护建设税、印花税、土地增值税等税款的情况。

【违法事实】　该公司开发的某商住两用楼盘共有 9 幢楼，其中住宅 600 套、商业门面 69 间，于 2012 年开始预售，2016 年 4 月进行了土地增值税清算申报。该公司账务核算健全、账务处理规范，土地增值税清算聘请税务师事务所进行清算鉴证，经营期间地方各税申报都比较及时规范。检查组对该公司 2011—2015 年纳税情况进行税务稽查，发现该公司主要存在地下车位收入未缴纳营业税，土地增值税清算申报欠准确等问题。

【查办过程】　下达检查任务后，检查组积极做好检查预案，到税源管理部门了解企业纳税申报情况并重点研究企业营业税、土地增值税申报情况。经过案头分析，该公司的企业所得税由国税局管辖，在经营期间地方各税申报都比较及时规范，2011—2015 年共申报缴纳地方各税 1852. 84 万元，2016 年 4 月土地增值税清算申报时缴纳土地增值税 209. 43 万元，合计申报纳税 2062. 27 万元。该公司账务核算健全、账务处理规范，土地增值税清算聘请税务师事务所进行清算鉴证，主观偷税的可能相对较小。因此检查组把重点放在了容易产生政策混淆的地方，如地下车位的核算上，主要针对的疑点有：地下车位的性质和权属是否明确，非人防地下车位是否列入小区的公共配套设施，收入是否申报缴纳税款。

检查人员综合运用详查法、实地调查取证、转向盘存、比较分析等方法，通过分析比对报表、明细账、合同、凭证、发票等数据。到企业销售部、楼盘所在地进行调查了解，对地下车位目前状况进行核实；到区政府人防办调查核实地下车位的性质和权属；对企业的销售合同、销售收入明细账、预收账款明细账进行核对，对企业销售房屋的所开发票明细进行全盘检查核实；对企业上交的土地增值税清算报告进行核对；对拆迁补偿涉及的自然人进行逐一调查问卷。做了以上工作后检查人员发现了以下事实：

一是将该公司截至 2015 年底销售台账金额与开具发票金额比对，扣除按揭未回款部分后仍有漏记收入 155. 03 万元，未申报营业税及附加。

二是截至 2015 年底地下车位收入共 432 万元未确认收入，未按“其他业务收入”申报营业税及附加。

三是土地增值税清算的收入金额应为所有合同金额，而该企业清算申报时还是以 2015 年底总收入为计税依据未做相应调整。同时在分摊部分装修成本时把应分摊进入普通住宅的成本全部归集到非住宅（商业门面）中。

另核实该公司地下车位成本计算土地增值税扣除上，因地下车位性质全部为人防工程，属政府人防办，购买者无产权，根据当地税务机关相关规定：“地下车库（位）根据不同情况按以下方式进行税务处理：地下车库（位）所有权未发生转移的，不征收土地增值税；所有权发生转移的，按照有关规定征收土地增值税。”所以该公司对于地下面积成本，除通往地下的公共配套设施外，未分摊到普通住宅和非住宅中进行扣除，执行政策较好。

但在地下车位收入认定及成本计算土地增值税扣除上该企业提出了异议，一是认为既然人防工程地下车位收入不能按照销售不动产税目征税，那在确定其他营业税税目时就比较牵强，即使要征收营业税，也应按照签订合同的年限分年确认收入征税。二是认为全国对地下车位是否征收土地增值税政策解读差异较大，即使企业执行了当地税务机关相关规定，但全国税务部门从上至下应予统一。对此，检查人员向该公司财务人员告知了相关政策：《国家税务总局关于营业税若干问题的通知》（国税发〔1995〕76号），对车位收入，应按照“服务业——租赁业”征收营业税，按照《营业税暂行条例》规定，在收入取得时一次性缴纳。土地增值税是对出售或者以其他方式有偿转让国有土地使用权、地上的建筑物及其附着物的行为所征收的税款，出售或转让应当以办理相应产权转移为标志，产权未发生转移的不需要缴纳土地增值税，地下车位的成本在计算土地增值税时也不得扣除。经与该公司多次宣传与沟通，该公司表示认可。

【处理处罚结果】 经鼎城区局重大案件审理委员会审议并通过，针对该公司少申报少缴税款问题，处以罚款33.1万元，加收滞纳金17.3万元，补缴税款66.2万元。针对该公司计算失误少缴税款的问题，鉴于该公司负责报税的会计对有关税收政策的理解有偏差，无主观目的和动机，也没有采取故意的手段，定性为一般税收违法行为，加收滞纳金16.1万元，补缴税款59.6万元。

【问题分析及工作启示】 随着社会经济不断发展，简单地就账查账已不能满足稽查工作需要，而应该改变思想观念，不断提高自己综合稽查能力，注意工作方法，把“望、闻、问、切”的中医诊病救人理论融入整个稽查工作中去，抓住纳税人经营要素中的不正常现象，有的放矢的大胆假设、细心求证，挖出其背后的“文章”，找出企业所存在问题的症结。从本案的查处来看，抓好了两个关键环节：一是认真分析，挖掘疑点。本案中，稽查局调集了精干力量，通过查前预案准备，走访调查，整体测算，果断地寻找突破口，集中精力查处此案，收到很好的效果。二是准确适用，破解难点。房地产企业的土地增值税清算是一项政策要求性高、计算复杂的工作，大多数房地产公司是聘请会计师事务所完成的。本案中检查组人员根据核实后的资料数据进行了实地调查与账面检查，重新计算审核，前后比对，找出问题所在，保证政策适用正确。

案件虽然并不复杂，却引发如何加强房地产企业的税收征管的诸多思考：一是强监管。建立企业日常监控管理动态台账，逐户分季度反映与有关部门的联系情况、预售收入纳税情况、账面收入、成本、利润情况及税务机关调整情况。对存在问题的企业进行检查调整，对应缴未缴的税款进行补征。二是建网络。建立健全房地产销售房明细申报制度，建立健全房地产评估制度，建立健全房地产企业土地增值税清算审核后的跟踪管理制度。加强与政府、财政、建设、房管、国土、计划等部门的协作，加强对房户数据信息的管理，防止房地产业中存在的开发企业及购房户单方面或是合作虚报数据，保障税收收入及时、足额入库。三是重宣传。在广泛宣传各种税法和税收政策的同时，有侧重地开展与房地产行业有关的税法宣传，开展纳税咨询服务，让纳税人进一步增强依法纳税的荣誉感和积极性。

（湖南省地方税务局稽查局供稿）

案例2－11

某种业有限公司少缴税款案

【案件类别】 少缴税款案例

【案件所属行业】 批发和零售业

【案件特点】 所查企业主要从事玉米种子的研发、生产、加工和销售。检查人员以“财务费用”科目长期为负的异常现象为突破口，深抓细挖，精准计算，准确适用法律，针对“营改增”后企业将理财产品收益混淆成存款利息、统计统还利息支出未按规定取得发票等违法问题，做出了正确的税务处理。

【案件来源】　随机抽查

【基本案情】　某种业有限公司系中外合资经营企业，属于某集团企业的下属子公司，主要从事玉米种子的研发、生产、加工和销售。2017 年 9 月，J 市国税局稽查局根据“双随机”选取确定的案源，对该公司 2014 年 1 月至 2016 年 12 月的涉税情况进行检查，检查理财产品增值税纳税情况时，将检查期间延伸至 2017 年 7 月 31 日。检查发现该公司取得的保本理财产品、某存款组合产品未按规定计算缴纳增值税，统借统还利息无票业务税前列支未作纳税调增，补缴增值税 50.63 万元、企业所得税 65.02 万元。

【违法事实】　增值税问题。该公司 2016 年 5 月至 2017 年 8 月取得某存款组合产品收益 706.24 万元，其中：金融商品转让收益（掉期收益）325.17 万元，少申报缴纳增值税 18.41 万元；购买保本理财产品取得收入 569.17 万元，少申报缴纳增值税 32.22 万元。合计少缴增值税 50.63 万元。

企业所得税问题。该公司 2016 年 5 月至 2016 年 12 月，支付给总公司的统借统还未按规定取得合法的票据，在企业所得税前列支财务费用 260.07 万元，未进行纳税调整，少缴企业所得税 65.02 万元。

【查办过程】　检查人员接到案源后，从金税三期系统中调取了该公司 2014—2016 年的申报资料，对该公司的纳税申报情况进行分析，发现企业所得税申报表财务费用近两年全部为负数且金额较大。一个生产型企业，到底什么样的利息收入会如此大额呢，而且还是负数？针对此问题，检查人员确定财务费用为检查重点，调阅企业财务费用明细账，逐笔核对相关业务，发现财务费用存在两个方面的问题，一是企业财务费用科目借方存在多笔支付给集团公司的利息费用且无发票；二是企业财务费用贷方发生多笔业务且金额较大，主要由 3 部分组成：银行存款的利息、购买保本理财产品的收益、购买某存款组合产品的收益。

对支付给集团公司的利息费用无发票的问题，该公司认为统借统还利息应按《财政部　国家税务总局关于非金融机构统借统还业务征收营业税问题的通知》（财税字〔2000〕7 号）规定的统借统还业务处理，属于不征营业税范围，无须发票可税前扣除。检查人员认为根据《财政部　国家税务总局关于全面推开营业税改征增值税试点的通知》（财税〔2016〕36 号）之规定，2016 年 5 月 1 日以后该公司的统借统还业务利息收入属于免税收入，利息的支付方应取得发票，方可税前扣除。税企双方对政策理解的焦点在于“营改增”政策前后的变化，通过深入细致地讲解辅导，纳税人认识到“营改增”后财务处理的变化。

对保本理财产品、某存款组合产品收益问题，该公司账务处理为“借：银行存款”“贷：财务费用”，均按照存款利息收入对待，未计算缴纳增值税。税务人员认为存款利息属于免税业务，该公司购买保本理财产品的收益、某存款组合产品的收益属于增值税应税项目，应计算缴纳增值税。该公司认为某存款组合产品属于存款利息收入，免征增值税。税企双方僵持不下，针对某存款组合产品业务的复杂性，检查人员从外围调查取证，先后到银监局、中国人民银行及产品发行银行了解产品特性，购买流程，取得产品说明，该产品可分解为人民币与美元掉期业务和美元定期存款业务，收益体现为掉期人民币收益和美元存款利息收入。

通过查看原始凭证，确认某存款组合产品收益一方面体现在企业《人民币与外币掉期交易证实书》上，为掉期收益；另一方面体现在《结售汇水单》上，为美元利息收益。企业应在财务凭证上分清组合产品的不同收益，对于属于掉期收益的应按照金融商品转让征收增值税，对美元利息收益部分应按照存款利息对待免征增值税。

【处理处罚结果】　根据《税收征收管理法》第 32 条、《财政部　国家税务总局关于全面推开营业税改征增值税的通知》（财税〔2016〕36 号）、《财政部　国家税务总局关于明确金融　房地产开发　教育辅助服务等增值税政策的通知》（财税〔2016〕140 号）等相关税收法律法规，追缴该企业少申报缴纳的增值税 50.63 万元、企业所得税 65.02 万元，加收滞纳金 20 万元。

【问题分析及工作启示】　该案的争议焦点是企业购买的某存款组合产品取得的收益是否属于征税范围，企业统借统还业务支付的利息费用是否需要取得发票才能税前扣除。这两方面的业务属于“营改增”后，相关的税收政策规定发生较大变化的业务，而企业往往由于“惯性”思维，对相关的理解不到位，造成了涉税业务处理的偏差。特别是对某存款组合产品涉税处理，由于该产品属于较复杂的业务，在涉税处理方面更加困难，稽查局经过多方认真调查核实，最终将该组合产品分解为存款利息收入和金融商品转让收入两笔业务进行相关税务处理，既维护了国家税收的权威，又充分保障了企业纳税人的合法权益。

2016年5月1日全面推行“营改增”后，国家出台了较多的政策规定，纳税人对有关政策还未充分理解消化，可能存在着较多的涉税风险。生产型企业在实际经营过程中也会发生“营改增”的部分业务，税务机关要采取多种措施有针对性地开展“营改增”政策的宣传和讲解，税务稽查人员在对案件的查处过程中也要向被检查企业做好政策的辅导和解释，让纳税人准确把握税收政策，明白交税，交明白税。

（甘肃省国家税务局稽查局供稿）

案例2－12

某药业集团有限公司少缴税款案

【案件类别】 少缴税款案例

【案件所属行业】 批发和零售业

【案件特点】 少计收入，多列成本、费用，不按规定申报缴纳税款，案件比较典型。

【案件来源】 医药行业专项整治

【基本案情】 某药业集团有限公司的企业所得税委托中介机构汇算清缴，为此该公司财务人员认为由于企业所得税委托中介机构审核，故企业所得税方面不可能存在涉税问题。因该公司少计收入、多列成本，2014—2015年共少申报缴纳企业所得税178万元。企业对印花税重视程度不够，2014—2016年应税合同未贴花，导致少申报缴纳印花税3万元。

【查办过程】 国税、地税联合，统一进户检查。为促进国税、地税稽查合作交流，减少纳税人负担，Q省地税局稽查局第五稽查分局与D区国税稽查局对该公司实施了联合检查。双方确定重点检查税种和项目，共同制定联合检查方案，在检查中双方进行了信息资源共享。

拓宽信息来源渠道，利用多方涉税信息数据对比印证，发现涉税疑点。一是检查人员借助金税三期系统稽查业务模块，分析纳税人的登记注册、生产经营、申报缴税等信息，详细搜集整理汇总统计2014—2016年该公司地方税收申报缴纳情况，通过摸底调查做到被查企业纳税情况心中有数。二是检查组及时采集了该公司会计核算电子账套，同时按税务总局要求获取了药品监督管理局GSP认证的药品管理软件系统相关数据。充分利用查账软件各种功能模块，对企业的电子账务系统的逻辑分析、比对，对电子数据可疑点进行筛选、标注，并进行了实地核实。三是检查人员通过GSP系统与财务核算进销存数据比对发现相互间数据存在不相一致的情况。为强化内部药品监管，该企业应用某药品管理系统软件对药品各环节实行内部管理。在财务人员的配合下，检查组成功调取了该公司某药品管理系统2014—2016年药品收、发、存相关数据资料，经对财务会计核算数据、GSP认证系统数据与某药品管理系统软件获取的电子数据三方比对分析，并与国税稽查局共享涉税信息，审查发现该公司存在少计收入、多列成本少纳税的问题。

对建筑施工合同、借款合同及财产保险合同未及时申报缴纳税款。检查人员对各类合同凭证汇总统计，正确区分应税和非应税凭证，最终核实以下应税凭证少缴印花税：2014年建筑施工合同及加工承揽合同少缴印花税；2015年建筑施工合同、借款合同、财产保险合同少缴印花税；2016年车辆保险合同、借款合同少缴印花税。3年合计少缴印花税26350元。

分析应计收入、成本费用列支情况，检查调增、调减应纳税所得额。检查组对2014—2016年度的企业所得税检查时，就企业少计收入、多结转成本、费用及税前列支罚款、滞纳金等问题进行了分析，相应调整了应纳税所得额。2014年弥补以前年度亏损后应纳税所得额为零，经调查核实，2014年调增应纳税所得额2198万元，调减应纳税所得额1676万元，弥补2010—2013年度未弥补完的亏损157万元，2014年度调整后的应纳税所得额为365万元；2015年企业申报亏损26万元，调增应纳税所得额2152万元，调减应纳税所得额1777万元，2015年经调整后的应纳税所得额为349万元。

【处理结果】 根据《企业所得税法》第1至

第4条规定，2014年应补缴企业所得税91万元；2015年应补缴企业所得税87万元。根据《印花税暂行条例》第1条、第2条规定，补缴印花税3万元。根据《税收征收管理法》第32条规定，对上述税款从滞纳之日起加收滞纳金。

【问题分析及工作启示】 一是本案中企业所得税虽然由税务师事务所汇算清缴，仍存在企业应计的收入未计，应减除的成本费用未扣除，造成少缴企业所得税的情况。二是国税、地税检查人员及时互通信息，根据各自管辖的税种合理分工，通过税种间的逻辑钩稽关系对比印证，提高了稽查联合办案效能。三是本案中国税、地税稽查部门强化深度合作，成立稽查合作领导小组，全程指导督办联合进户执法，借助共同取证、查中证据沟通等合作方法，增强检查力度，缩短检查时间，互相学习，相互促进，极大地提高了检查质量和效率。

（青海省地方税务局稽查局供稿）

案例2－13

某房地产公司少缴企业所得税案

【案件类别】 少缴税款案例

【案件所属行业】 房地产业

【案件特点】 混淆成本

【案件来源】 随机抽查

【基本案情】 某房地产公司成立于2010年1月12日，经济性质为私营有限责任公司，经营范围为房地产的开发、销售（凭许可证经营）；房屋租赁。主要涉及缴纳的地方各税（费）有营业税、城市维护建设税、教育费附加、地方教育附加、水利建设基金、印花税、企业所得税；并负有代扣代缴被查企业个人所得税的法定义务。经检查该公司2012—2013年度未按规定申报缴纳税费共175.12万元。

【违法事实】 检查组通过账务检查和外围调查取证、现场检查等，查清该公司2013年多结转销售成本，少申报缴纳税款的事实，合计多结转销售成本1427.84万元，少申报缴纳企业所得税80.49万元、少申报缴纳印花税1.02万元、未代扣代缴“利息、股息、红利所得”个人所得税93.6万元。

【查办过程】 检查预案。检查前，检查组针对该公司实际情况制定了详细的检查预案：先与企业法人、财务人员、销售人员进行了座谈，询问了解企业使用财务软件、开发和销售房屋情况，以及调取企业的会计核算资料、纳税申报表、售房合同书及建安成本结算等资料。了解到该公司财务核算科目缺失，未设置“开发产品”明细账，并且该公司按栋楼分别单独归集建安成本费用。在此基础上，收集施工单位、工程造价单位、房屋测量单位等部门的相关资料，开展必要的外围实地了解和调查取证，及时固定证据。

检查具体方法。一是发现疑点，确定检查重点。栋楼建安成本费用分别单独归集，能具体分的清吗？其他未单独归集成本费用是怎么分的？分配是否合理？有无多结转销售成本的现象？带着这些疑问，检查人员通过稽查查账软件采取的该项目结转房屋销售成本的电子账（该公司未设“开发产品”明细账），通过计算比较，发现该公司住宅楼的单位成本远高于同时期同地段住宅楼单位成本，按照以往的经验，检查人员最后确定检查重点锁定在企业所得税上。

二是分析疑点。该项目从2010年取得土地到2013年6栋楼工程竣工验收备案，时间跨度不算长，栋楼单独归集成本费用，由于该企业未设立“开发产品”明细账，只能调取“开发成本”明细账，逐项核对发生额，由于都有合法有效凭据，票据没问题，计入开发成本的数据也没问题，问题具体出在哪儿？检查人员又陷入了迷茫中。

三是排查疑点。检查人员调出了2010—2013年和本项目有关的明细账、商品房销售合同、建设用地规划许可证、测量报告、6栋楼已售面积明细、该公司聘请的税务师事务所出具的汇算清缴报告及附件等相关资料，重点检查开发成本中的建安成本，从工程规划、立项到竣工备案，不放过任何蛛丝马迹，一项一项核对，终于在税务师事务所的2013年成本计算表与检查人员通过应用数据采集软件采集到的企业“开发成本——建安成本”明细账核对中发现除了6栋楼单独归集的建安成本1874.86万元外，还有一项未单独归集的建安成本2683.19万元，经询问财务人员，此项未单独归集的建安成本为截至2013年零星发生的，无法按栋楼归集的，在2013年结转成本时，按比例分摊在6栋楼里，调取测量报告，截至2013年12月31日，该项目总可售建筑面积267426.04平方米，该企业却按140685.48平方米（含在建）分摊开发成本，至此案情开始明朗。经核实，该公司2013年多结转房屋销售成本共计1427.84万元，弥补以前年度亏损1388.07万元后，查实少申报缴纳企业所得税80.49万元。通过应用查账软件对采集到的“财务费用”电子数据检查发现，该公司支付个人利息未代扣代缴“利息、股息、红利所得”个人所得税93.6万元，同时，查实少申报缴纳印花税1.02万元。至此，案件终于水落石出。

【处理处罚结果】 根据《企业所得税法》第1条、第3条、第6条、第8条、第10条及《税收征收管理法》第64条第2款规定，追缴该企业2012—2013年未申报少缴纳的印花税1.02万元、2013年未申报少缴纳的企业所得税80.49万元，合计81.52万元；并对未申报少缴纳的企业所得税税款处以50%的罚款40.24万元，对未申报少缴纳的印花税税款处以1倍的罚款1.02万元，合计41.27万元。

根据《税收征收管理法》第69条及《国家税务总局关于贯彻〈中华人民共和国税收征收管理法〉及其实施细则若干具体问题的通知》（国税发〔2003〕47号）第2条规定，责成该企业限期补扣应扣未扣的“利息、股息、红利所得”个人所得税93.60万元，并对该企业2012—2013年未代扣代缴的个人所得税处以50%的罚款，即46.80万元。

根据《税收征收管理法》第32条规定，对应补缴的印花税税款、企业所得税税款，从滞纳税款之日起，按日加收5‰的滞纳金。

该公司对检查结果无异议，2016年6月2日税费175.12万元及罚款88.07万元已经全部入库。

【问题分析及工作启示】 本案中，住房建安成本单从账面上看不出问题，如果不与同时期同行业进行比较分析，不进行实地落实和了解情况，就很容易把这个问题忽略，从而造成检查的漏洞。检查人员紧紧围绕案情，依据房地产行业业务运作的特点，对开发项目的立项、建造、销售等环节进行全方位取证，寻求突破口，重点检查建安成本。而且只有从账面到实际，从实际到账面的多次反复，才是办案的要诀。现阶段，房地产开发企业往往利用开发多栋楼，不同时竣工，或者商住一体，成本费用无法单独核算，混淆成本，转移利润，从而达到偷逃税收的目的。指导意义有以下几点：一是要善于运用逻辑分析方法检查。税务检查工作离不开科学性分析，税务稽查人员要善于运用科学合理的分析方法，及早发现疑点、锁定重点，使检查工作做到有的放矢，提高检查质量。二是税务检查工作切记就账查账。具体的检查工作中，既要重账，又不能唯账，只有从账面到实际，从实际到账面的多次反复，才是办案的要诀。三是高度关注关联项目，谨防多转成本。现阶段，房地产开发企业往往利用开发多栋楼，不同时竣工，或者商住一体，成本费用无法单独核算，混淆成本，转移利润，从而达到偷逃税收的目的。因此，要提高房地产开发行业的税收管理水平，必须强化对整体项目的高度关注，谨防多转成本。

（宁夏回族自治区地方税务局稽查局供稿）

案例2－14

某公司协议转让股票少缴税款案

【案件类别】 少缴税款案例

【案件所属行业】 批发和零售业

【案件特点】 本案在税务稽查工作实施中，借助股权转让线索，查获往来账中的股权转让其他收入5000万元，境外股权投资损失不合规扣除903万元。其对疑难涉税问题严查不放，紧抓重点、厘清事实的稽查思路与方法值得借鉴。

【案件来源】 专项检查

【基本案情】　某公司（以下称甲公司）是国有绝对控股上市企业，成立于1999年，经营范围涉及机械加工制造、实业投资、经营对销贸易和转口贸易等诸多领域。注册资金1亿元。根据税务总局稽查局2017年股权转让专项检查线索“甲公司协议转让其持有的某公司股权3600万股，转让金额29万元，存在未按规定缴纳营业税、少申报企业所得税”，检查组于2017年4月对甲公司开展了全面检查。

【违法事实】　甲公司2014年12月与乙公司签订股份转让协议，并收取定金5000万元记入“其他应付款”科目，因对方未能履约，上述款项未作为违约金调增2015年企业所得税应纳税所得税，少申报缴纳企业所得税1250万元。甲公司2016年企业所得税税前扣除了不符合规定的资产损失903万元。甲公司2016年企业所得税税前扣除行政处罚140万元，未做纳税调增。

【查办过程】　（1）做好查前分析、制定周密检查预案。进户检查前，检查人员从两方面着手查询了解甲公司的投资经营状况。一方面查询收集税收征管系统中甲公司的各类信息，包括税款申报数据。财务报表数据以及发票领购使用信息等。另一方面，根据税务总局提供股权转让线索锁定甲公司的投资企业，通过外部网站中上市公司向社会披露的信息，梳理甲公司股权变更事项。

经过前期摸底调查，检查人员将检查重点确定为两个方向。一是鉴于征管系统的申报数据中，没有缴纳金融业营业税以及股票交易印花税的记录，故将股权转让涉及的产权转移书据印花税和营业税作为检查重点。二是由于所得税申报表显示甲公司2014—2015年扣除了多笔投资损失，所以股权投资涉及的持有损益、转让损益，以及是否存在上市公司限售股转让和股权激励等问题成为检查的第二重点。

（2）理清股权交易，外围取证核实交易金额。按照税务总局稽查工作安排，检查组采取突击检查、直接调账的方式进户调取了甲公司会计账簿、原始凭证等。由于甲公司持有10多家公司的股权，其股权转让交易涉及境内和境外多笔业务，具有交易金额大、种类多的特点。检查人员采取了制作《交易核查明细表》的方式，结合审核“长期股权投资”“投资收益”相关科目，查看原始凭证、转让协议、股东大会决议以及买卖股票二级交易市场记录等方法，逐一梳理每项交易的脉络。

为了确保搜集信息的准确完整，检查人员到工商部门调取了被投资企业历年变更股东申请书、股东决议、股权转让协议书、章程修正案和公司股东名录等相关资料，核实验证股权转让的真实性和完整性。

经过统计单位股本、单位股价，逐年加权平均计算总股本、总股价。检查人员发现甲公司涉及的所有股票转让支出，卖出价均低于股票复牌首日的开牌价，不涉及转让金融商品营业税。而股票交易印花税也已由深交所股票转让系统代扣代缴。企业所得税方面，企业因计算错误少结转股权投资成本184万元，应做调减企业所得税处理。

（3）核实涉税疑点，开展延伸检查。前期在证券信息披露的公开网站上收集甲公司股权转让交易信息时，检查组共梳理了10余笔待核实的股权交易，但在核查甲公司提供的股权转让交易协议时，却有1项披露没有协议。检查组在会计账簿的“长期股权投资”“股权收益”科目检查，同样未发现交易记录。检查人员找到甲公司会计进行询问，会计解释该笔交易由于对方未能履约，协议作废，所以没有作为股权转让材料保管。通过甲公司人员拿到该协议后，检查人员注意到这份2014年12月签订的《股份转让协议》约定甲公司拟转让其持有的股票。股权转让款项分两笔收取，首先是协议签订后，受让方应当支付定金5000万元；然后待拟转让股权解除前期质押后，受让人应开立专门账户支付股权转让余款。

得知协议内容后，检查组继续查找甲公司与协议方的资金往来明细，在企业“其他应付款”科目中发现一笔5000万元的挂账。经与签订协议核对，得知由于协议约定如购买方未能在约定时间内支付余款，定金不退还。这5000万正是该笔股权的转让定金，甲公司一直未结转收入。

证据显示，股权转让协议并未失效，只是由于受让方的单方违约，合同终止而已。甲公司因转让股权收到的违约金，符合企业所得税收入确认条件，应当确认营业外收入，申报企业所得税。当检查组向甲公司阐明税收政策时，甲公司却持不同观点。财务人员向检查组提供了公安局向其出具的《协助冻结财产通知书》，指出该笔款项因可能存在后续的经济纠纷，已于2015年1月被公安机关冻结，甲公司没有处置权力。之所以会计核算上没有结转营业外收入，是出于谨慎性原则的考虑。

（4）税企双方面对面，解理约谈促共识。面对甲公司的质疑，检查组立即到公安机关了解情况，证实了5000万元的违约金只冻结了6个月，

2015年8月已经解冻。甲公司已经按照股权转让协议取得了该笔违约金的支配权。对于甲公司的不理解，检查组立即申请启动了“解理约谈”工作程序，由稽查局主动发起约谈，将甲公司负责人、财务人员以及其聘用的税务顾问等邀请至会谈地点，由稽查局主管领导、税政部门人员、检查人员组成约谈组，采取面对面坦诚交流的方式，向甲公司摆事实、讲道理，解读税收法律政策，倾听甲公司疑问顾虑。经过税企之间的多次沟通交流，甲公司最终认同了税务机关查补税款的决定。

检查过程中，检查人员不仅对甲公司境内投资业务进行了全面核实，对其境外涉及的投资也做了细致审核。通过核查《资产损失税前扣除及纳税调整明细表》，检查组注意到甲公司2016年境外投资损失765万元、应收未收款项坏账损失69万元、坏账准备金69万元。经过审核相关证据材料，证实其未按规定履行相关备案手续，不符合企业资产损失税前扣除规定，应当调增企业所得税应纳税所得额。

【处理处罚结果】 针对股权转让5000万元的定金问题，调增2015年度应纳税所得额5000万元，补缴企业所得税1250万元。针对资产扣失和行政罚款税前扣除问题，调增2016年度应纳税所得额1042万元，补缴企业所得税215万元。对2015年和2016年少缴企业所得税加收滞纳金248万元。

【问题分析及工作启示】 不拘泥于审查疑点线索是案件成功的关键。本案虽然股权转让业务本身不存在涉税违法行为，但由股权转让业务延伸出的检查，却取得了良好的效果。从一笔业务开始，理顺企业所有同类业务；不拘泥于线索本身，而是着眼于企业所有账务处理。这种事无巨细、一丝不苟的查处精神是本案成功查处的关键。

充实利用外部信息拓展案件取证分析途径。检查前期多渠道搜集纳税人翔实信息，充分利用外部信息数据平台，借助第三方信息，配合现代化技术手段，灵活运用分析方法，制定科学缜密的检查预案，使本案在执法进户前就分税种、分业务确定了检查重点。检查人员明确各自分工及检查方向，检查工作有的放矢，极大地提高了检查质效，取得了事半功倍的效果。

专项稽查对检查人员专业素质及洞察力提出更高要求。随着企业经济形势和经济业务的日趋复杂，税务稽查工作对检查人员提出了更高的要求。检查人员首先需要有扎实的业务基础，同时也应当具有敏锐的洞察力。通过信息搜集、比对、分析等，发现“非正常业务”的蛛丝马迹，进而查找业务背后的经济实质，从而准确定性税收业务，保证国家税款应收尽收。

（大连市地方税务局稽查局供稿）

三、骗取出口退（免）税案例

案例 3－1

徐某等人团伙骗取出口退税案

【案件类别】 骗取出口退（免）税案例

【案件所属行业】 批发和零售业

【案件特点】 一是税务稽查、公安经侦、海关缉私等部门组成联合专案组，及时展开侦查经营等工作。二是实施项目制管理，抽调各部门出口退税检查方面的专家，成立项目组，充分发挥各自优势，确保案件查深查透，力求“查大案、办铁案、强震慑”。

【案件来源】 税务总局下发

该案为2017年初税务总局下发骗税专案选取的出口骗税企业，且与2016年底本市稽查部门筛选的骗税高风险企业高度重合。

【基本案情】 税务稽查部门联合公安经侦、海关缉私等部门，通过前期充分的案头分析和缜密的侦查布控，成功破获了徐某等人团伙骗取出口退税案，一举抓获徐某、李某为首的不法分子14人，摧毁了这个采取借货出口及虚开配票等手段骗取国家出口退税款的职业骗税犯罪团伙。本案涉案金额6.8亿元，涉及退税款1.1亿元。

【违法事实】 2014年初，徐某获悉某商品市场中境外客户购买成衣等服装类产品出口，不需办理出口退税的情况，遂与同伙以支付票面金额5%～7.5%开票费的方式从南京、徐州等地的75户企业大肆购入虚开的退税所用增值税专用发票。同时，徐某以支付出口报关美元金额8%～9%好处费的方式，从48户货代、报关公司购买服装类产品出口信息、骗取退税所用海关报关单704份。尔后，徐某注册5家外贸公司以自营出口及利诱、诓骗2户国有外贸企业的手段，通过代理出口形式虚假报关出口货物。并且，徐某以支付国家现汇买入价1.5%好处费的方式，利用他人控制的开票公司及个人U盾将走账资金汇到地下钱庄相关个人账户兑换成美元，再将美元打入徐某本人控制的境外公司账户用于虚假付汇，获取骗税所用外汇核销数据，藉此完成骗取出口退税行为。此外，不法分子采取相同的手法，以两家公司为供货企业，通过另外两家公司代理出口上述服装大肆骗取出口退税，涉及退税款8800余万元。

【查办过程】 数据集中，多方印证，锁定骗税团伙。专案组以纳税人基础信息、增值税发票信息、出口退税审核信息和海关报关单信息等四大类系统为基础，发现5家公司相关指标明显异常，企业之间关联性强，团伙骗税的特征明显。公安经侦部门通过技侦手段从犯罪嫌疑人通话记录中获取相关企业和人员信息后及时提供给税务部门，再由税务部门对获取的公安信息进行深度剖析，寻找有价值的涉税信息，并向公安部门进一步反馈。两类信息相互汇合，有利于对犯罪嫌疑人控制企业进行梳理，查漏补缺，最终精准锁定目标。

多方聚力，合力打击，实施收网行动。经联合专案组多次研究后，开展统一收网行动。行动当天共出动税务干部22人、公安警力70余人，海关缉私干部4人，兵分五路，在上海、江苏、福建、广东四省（市）开展集中收网行动。本次行动共抓获犯罪嫌疑人14名，冻结银行账户50余个，查封房产4套，并收缴印章47枚、电子口岸卡14张、金税盘17个、银行卡23张、网银U盾84个。

【处理处罚结果】 徐某等14名犯罪嫌疑人已被抓捕归案。对涉案企业追回已退税款1500万元，暂停出口退税7524万元，另拟追回出口退税款2467万元。

【问题分析及工作启示】 利用第三方数据，关注供货企业动向。一是引入第三方数据逻辑比对，出口骗税与上游生产企业虚开的增值税专用发票往往密切相关。建议在税收监管中除了分析税收申报数据和财务报表数据外，还应引入第三方数据进行逻辑比对，如该供货或供料企业产量与能耗比对、该企业产量与全省（区）甚至全国同类货物产量比对等，有助于及早发现异常情况。二是加大指标分析与实地核查的力度，对供货或供料企业税负率、毛利率、销售（营业）额环比、同比等指标进行分析，是发现异常情况的主要手段。建议对出口供货企业加大实地核查力度，发现企业产能与开票量差异较大等异常情况，提请税务稽查部门介入，最大限度防止国家税款流失。三是合理利用税务系统的综合数据，金税三期系统中企业一户式资料、税收申报入库、涉税事项审批（备案）等信息，增值税升级版系统中增值税专用发票开具和抵扣等信息，出口退税管理系统中出口退税申报、审核等信息，建立综合性大数据库，通过对相关数据的专业化处理，为征管、风控、稽查等部门所用。

协作打击骗税，建立保障机制。一是建立健全税务、公安、海关、外汇管理、商检等多个部门权责统一、互相配合的监管体系，以加强出口贸易的日常监管为中心，各负其责，齐抓共管，切断出口骗税活动违法的货物流、资金流、单证流。二是建立健全监管部门信息沟通渠道，通过建立定期联席会议、全国信息联网等制度，获取货运提单、船运单等第三方信息，交流在各部门日常工作中发现的违法犯罪活动新趋势、新动向，获取各部门的监管数据进行信息评估比对。三是建立健全联合打击体系，发现出口骗税案件的重大疑点或线索，及时与相关部门沟通，为案件检查提供便利，共同打击出口骗税行为。

建立境外联络，加强情报交换。建议在明确国际税收情报交换中境外回函法律效力的基础上，着力于建立与境外税务机关的协作关系，就核查外商经营情况，畅通渠道，缩短周期。尤其是与香港地区税务机关建立迅速沟通机制，比照关于请求香港特别行政区税务主管当局出具居民身份证明的安排，通过书函方式快速查证外商经营状况，用于判定案件性质，提高打击出口骗税的工作效率。

[上海市国家（地方）税务局稽查局供稿]

案例3－2

某纺织品有限公司等企业骗取出口退税案

【案件类别】 骗取出口退（免）税案例

【案件所属行业】 制造业

【案件特点】 一是团伙犯罪。通过自行设立或控制某纺织品有限公司等8家公司，向全国11个省市接受虚开增值税专用发票，将他人出口免税货物嫁接为自产货物申报出口骗税，采取生产道具（茶叶枕）方式低价高报骗取出口退税。二是查前税警合作、调查到位。该案在下达案源后未直接调账检查，而是先抽调人员对案件进行前期分析调查，秘密调取企业银行开户账户、个人账户，取得了团伙虚开增值税专用发票支付资金回流的实质性证据；其次积极与公安部门联动，实现所有信息数据共享，公安部门在获得税务部门调取到的相关资料后通过技侦及时锁定团伙犯罪嫌疑人。

【案件来源】 四部委联合下发专案

【基本案情】 2014年底起，吴某伙同包某利用自行设立或控制的某纺织品有限公司等5户企业，接受虚开增值税专用发票2919份，金额3.3亿元，税额5300万元。该团伙采用买单配票、低价高报两种手段，将纺织类产品和茶叶枕头通过自行设立的某国际贸易有限公司等3家企业及某贸易有限公司等5家代理出口企业出口，共涉嫌骗取出口退税4706万元。案件抓捕团伙主要犯罪嫌疑人吴某、包某2人，抓捕、控制开票、介绍开票犯罪嫌疑人曹某、马某等27人，网上追逃2人。

【违法事实】 大肆虚开进项发票。2014年底以来，犯罪团伙通过支付开票费方式（纺织类产品原料如布等7%～8%，茶叶3%～5%，加工费5%，运输费、染费10%），从安徽、山东等11个省（市）87户企业虚开原材料、加工费等增值税专用发票2919份，金额3.3亿元，税额5300万元。团伙企业共支付虚开增值税专用发票应付款项1.13亿元，并通过犯罪嫌疑人吴某设立的吴某、周某等5个个人账户回流。

买单配票低价高报。一方面，犯罪嫌疑人通过冒充宁波某物流公司业务员到浙江义乌、临海、苍南、嘉兴等地货代公司，以明显低于市场价的海运费承揽出口报关、运输业务，将他人免税出口货物嫁接为自产出口货物（内衣、长袍等产品62个货柜），再将每个货柜从实际价值约10万美元高报至30万美元左右。另一方面，犯罪嫌疑人将低价茶叶枕冒充为高档茶叶健康枕（共96个货柜）报关出口，其原材料主要为茶梗、无纺布。为达到虚列成本、提高骗税金额的目的，犯罪嫌疑人用茶梗冒充龙井茶等高档茶叶，茶叶枕单只重量有0.65千克、0.85千克两种规格，结转成本时每只重量达3倍以上。经公安部门委托第三评估机构评估，茶叶枕单只价格仅在3元人民币左右，而报关时每只价格达到40～200元人民币不等，其实际主要原料茶梗成本为每千克1～1.2元人民币，而开票平均单价在每千克80元人民币左右。

虚假结汇瞒天过海。为迷惑税务机关，团伙主犯包某、吴某伪造结汇假象。包某、吴某将资金通过包某掌控的王某个人账户汇入地下钱庄，通过地下钱庄将人民币兑换成美元汇入自己在境外设立的公司账户，再汇回境内外贸公司，总共涉嫌虚假结汇2500万美元左右。

【查办过程】　疑点分析：收付款异常，团伙骗税端倪显现。2017年3月，税务总局交办涉嫌骗取出口退税“12·12”专案，Z省国税局稽查局在接收案件后立即成立专案组，指派经验丰富的检查人员对该案件涉案企业某纺织品有限公司展开分析，调取了该公司所有防伪税控系统数据与征管系统中的登记信息、财务报表，经过比对分析，发现嵊州、新昌等地有10多户与之有关联的企业，有7户企业基本在2015年同一时期内开业，其股东、会计或为同一人、或交叉为同一人，应收、应付款账户余额偏大，与正常经营不符，初步判断可能在嵊州市存在一个出口骗税团伙。

疑点锁定：秘密调取银行账户，查实虚开嫌疑。为尽力确定疑点，专案组决定展开暗中调查，确定了以检查企业银行资金流向来确认疑点的工作方案，为避免打草惊蛇，调取企业开户账户均在省、地市级支行，并一再强调要求银行严格保密。专案组在调取涉案企业开户银行账户资料后，发现吴某与多家涉案公司账户资金往来过密，为进一步锁定疑点，检查人员远赴山东、安徽两地银行省分行对涉案的32个供票企业开户账户、28个相关个人账户资金往来进行秘密调取，通过资金往来比对分析，检查组基本确定支付给供票企业的货款存在同日同金额资金回流，由此证实了团伙企业存在接受虚开增值税专用发票的嫌疑。

疑点突破：税警通力合击，案情水落石出。在掌握团伙企业基本情况及虚开发票资金回流的证据后，及时将相关案件资料移交案发地公安局经侦大队，公安局对此案件高度重视，立即成立专案组，并与国税部门建立联合办案机制，公安部门同时将此案申报为公安部督办案件，并及时对此案展开技侦工作。在短短10日内及时锁定吴某、包某、曹某、部某、马某、周某等犯罪嫌疑人10人，随后检查组配合公安部门分6个抓捕小组同时展开抓捕行动，同日内抓获主要犯罪嫌疑人吴某、包某及开票中间人曹某、马某等4人。经突击审讯，犯罪嫌疑人对虚开增值税专用发票用于骗取出口退税的行为供认不讳。检查组经过两个多月外调取证，足迹走遍安徽、山东等11个省21个地市87户企业，调取企业、个人银行账户78个，查实了买单配票的62个集装箱真实货主，共谈话100多人次，谈话笔录300余份，共抓捕、控制犯罪嫌疑人29人，网上追逃2人。至此，终于揭开了吴某、包某自2014年底以来通过买单配票、低价高报两种手段，利用自行设立或控制的某纺织品有限公司等8家公司大肆接受虚开增值税专用发票骗取出口退税4706万元的犯罪事实。

【处理处罚结果】　该案系税务部门、公安部门同时查办案件，税务机关已出具追缴出口退税处理决定书，公安部门侦查终结后，已将涉嫌违法犯罪事实向检察机关移送起诉。

【问题分析及工作启示】　提高税务人员业务能力和办案水平。邀请海关、科技、农林、外贸等部门的专业人员对出口环节流程、产品原料、工艺、配比、性能等方面进行培训与讲解，切实提高税务干部识别企业真实生产能力、原材料与产品真实价格及耗用比、评估相关业务合理性等方面的能力。通过办案经验交流以及对金税三期系统、增值税发票管理新系统、企业常用软件的培训，提高稽查部门检查人员查办出口骗税的能力。

加强进出口退税管理。建立出口退税数据事中、事后分析长效机制，加强对出口退税增长异常企业的监控与分析。积极利用金税三期系统大数据，重点关注突然注册多家同一法定代表人、同一股东、同一财务负责人或同一注册（经营）地址的企业的情况，防止犯罪分子通过控制多家企业进行互开和环开增值税专用发票、以“障眼法”实行“一条龙”出口骗税现象的发生。

加大异地报关产品的核查力度。出口骗税犯罪分子为规避案发风险，普遍进行异地报关以逃避打击。进出口税收管理部门应加强与海关、航管等部门的联系与合作，以获取出口货物真实货主、真实货物托运地、货物流转路径等信息，防止买单、配单等出口骗税行为的发生。

（浙江省国家税务局稽查局供稿）

案例3－3

“18·09”骗税专案

【案件类别】 骗取出口退（免）税案例

【案件所属行业】 批发和零售业

【案件特点】 针对“18·09”专案主要涉案出口企业已立案检查多年未突破、供票企业多已失联走逃等难点，G省国税局立足行政定性为主的检查思路，主要依靠税务稽查自身的力量开展调查取证，在税务总局的支持和省内外专案组成员的努力下，围绕上游供票企业、下游出口企业的发票流、资金流、货物流以及备案单证等线索，以抽丝剥茧的方式逐层深入调查，取证还原涉案企业虚开发票、骗取出口退税的违法事实，按时高效完成结案工作。

【案件来源】 税务交办

【基本案情】 “18·09”案是2017年税务总局交由广东省国税局查办的一起骗税专案，是以手机购销业务为主的串案，主要是以甲公司为核心企业，通过取得16户供票企业手机及配件进项发票，向5户出口企业虚开手机类增值税专用发票，骗取出口退税；同时对核心企业的关联企业、筛选税务总局下发成员企业名单中涉嫌接受虚开手机类进项发票的省内企业和其他重大疑点供票企业一并纳入专案检查。该案共检查企业32户，其中省内主查企业17户，省外联查企业15户，具体主要由四部分构成：一是以甲公司为核心，涉嫌从广州、深圳、湖南、江西等地的16户上游供票企业取得虚开手机及手机配件业务等进项发票，向广州、肇庆、深圳、重庆等地的5户下游出口企业虚开手机类发票的出口骗税串案检查。二是扩展与甲公司相同法定代表人或股东、同一家族控制的3户关联企业按团伙串案开展检查。三是把省内3户出口企业的出口骗税检查进一步扩展到手机、平板电脑、服装及音箱等重要疑点业务，对7户疑点上游供票企业一并列入专案检查。四是将上游供票企业相同、存在明显涉嫌让他人为自己虚开手机及手机配件货物增值税专用发票的2户企业列入专案。

【违法事实】 通过上下游联动检查，证据相互支持印证，还原了以甲公司及其关联企业为作案平台，通过票货分离的方式，从上游企业取得高价品牌手机及手机配件增值税专用发票，再向下游出口企业虚开增值税专用发票违法取得出口退税的事实。省内主查的17户涉案企业已证实虚开及接受虚开发票价税合计23.52亿元，税额4亿元；已查实骗取出口退税425万元、违规退税2.48亿元，其他查补税款1.63亿元。省外联动检查的12户上游供票企业已查实对外虚开发票金额合计12.59亿元，税额2.1亿元。

【查办过程】 查前分析精准定位。G省国税局充分利用金税三期系统、增值税电子底账系统等大数据平台，从基础信息、疑点筛查和突破方向等多个维度开展查前分析，理清了“18·09”团伙架构和团伙基本特征，逐户完成疑点分析报告。以数据分析为基础，采取覆盖“上游——目标企业——下游”链条式检查，以惠州团伙企业为中心，明确了省内和省外重点检查企业，形成系列检查实施方案。

抽丝剥茧查清事实。统筹部署广州、佛山、惠州、肇庆4个专案检查组，对省内主查案件同步调查取证，统一协调各检查组间的核查需求，共享共通线索信息，证据互相转换支撑，有效减少重复调查，提升检查效率。一是查实核心企业甲公司及其关联公司存在虚开发票事实。针对甲公司已失踪走逃，无法配合调查的情况，专案组分成多个检查组，往返深圳、湖南、江西、广州等地区20多次，从资金链、货物流等方面寻找突破。共查询了60多个银行账户及有关运输单据，发现甲公司及其关联公司存在进销货物不匹配、资金存在回流、运输单证为虚假伪造等违法行为。二是查实省内供票企业存在虚开发票违法行为。原计划统一进户的4户供票企业在摸查时无法找到，在省内面临无户可进的困境下，专案组立即深挖分析，扩展乙公司开展立案检查，该公司与原计划进户检查的丙公司在检查期内具有相同的法人、股东及相似的注册地址，都向甲公司开具手机发票。通过对乙公司开展深入的检查，带出了丙公司的违法线索，实现了对丙公司的成功入户检查。查实两户企业的实际控制人林某利用手机供货企业的“富余”票，以支付3.6%手续费非法取得无真实货物交易的进项发票，然后变更货物名称、数量、单价，收取4.2%手续费向华联公司等企业开具无真实货物交易的发票。三是查实省内出口企业存在骗税及违规退税情况。通过对上游供票企业的定性虚开，加上比对出口企业退税申报资料、备案单证及核查出口业务的真实性，查实3户出口企业存在接受虚开发票、备案单证不齐、假提单假业务、真提单假业务等违法问题。四是查实丁公司、戊公司虚开发票金额巨大。专案组联同公安机关奔赴江苏南京、浙江杭州、山东烟台、江西南昌和九江、湖北大冶、深圳等省市外调取证，查实丁公司购进手机及配件的业务全部存在资金回流，加上税警证据转换支撑印证，查实其接受虚开发票4.15亿元，税额7054.09万元，开给湖北某公司的部分发票为虚开，涉及的出口业务为骗税；查实戊公司存在在无生产能力、无真实货物交易的情况下短时间内大量虚开发票606份，金额5297万元，税额900万元。

统筹落实联动检查任务。除两宗骗税专案外，G省国税局全力做好全国骗税专案涉及省内的联动检查工作，积极与联查地沟通互动。一方面将省内已查实的资金回流证据、发现的骗税虚开路线图、锁定的犯罪嫌疑人信息等证据，发给省外联动检查组，支撑对方定性；另一方面收集省内需求发往对应省外联动检查组寻求协助调查。针对部分省未反馈联查成效的情况，专案组组长专门率惠州检查组、肇庆检查组赴深圳，筛选重点涉案企业联查需求深入沟通，反馈已查实的证据，推动联动检查取得成效。

全面推动专案全案全结。为确保专案的推进到位，G省国税局对检查企业实行项目负责制，设立案源管理台账，对案件查办实行过程留痕、实时监控。专案组多次分赴广州、惠州、肇庆、佛山等重点战区指挥、现场督战，根据时间进度召开阶段性推进会，不断加强工作督导力度。在稳步推进专案查办的基础上，加大力度完善骗税虚开证据链条，积极推进行政定性，依法作出行政处理，尽最大努力挽回国家税款损失，实现全案全结。对达到公安移送标准的案件或线索依法移送，确保全面打击犯罪团伙。

【处理处罚结果】　省内主查的17户涉案企业已全部查清违法犯罪事实，已证实虚开及接受虚开发票价税合计23.52亿元，税额4亿元，应追缴查补收入1.99亿元。已查实骗取出口退税425万元、违规退税2.48亿元，其他查补税款1.63亿元，税务部门已暂扣退税款1.64亿元，挽回国家税款损失近5.64亿元。省外联动检查的12户上游供票企业已查实对外虚开发票金额合计12.59亿元，税额2.1亿元。整个专案已移送公安机关12户，推动公安立案4户，公安抓捕6人。

【问题分析及工作启示】　充分运用政策落实行政定性。本案所涉企业中，走逃（失联）企业比例高达70%以上，上下游企业走逃（失联）数量更甚。涉案企业和上游企业均失联，造成了大量的调查取证无法进行，给案件的定性造成了很大的困难。针对这种情况，税务总局从政策上、程序上对走逃（失联）企业生产经营真实性的检查进行了详细的指导，为检查人员提供了工作方法和检查方向。G省国税局充分运用相关政策，固化供票企业虚开行为证据，组合优势证据，实现对虚开增值税发票违法行为的定性，为下游企业的调查取证及挽回出口退税损失奠定了重要的基础证据。

灵活利用大数据比对信息。本案供票企业开具发票给虚假生产企业时，将发票品名简化为“手机”，为其实施骗税提供掩护。广东省国税局利用现阶段的金税三期系统、底账系统等大数据平台，实现对货物名称信息、规格、型号、数量等的全面掌握，在大数据监控下，将手机的型号、数量、单价等关键内容进行比对后，进销货物不符、不匹配的证据立即显现，为查处虚开发票行为提供了关键的证据基础。

大胆创新寻找证据新方法。本案涉及的第一供票来源大部分为大型手机批发企业的“富余票”，而大型手机批发企业都十分注意规避税务风险，对外开具发票时十分注重“票货款”一致。专案组认为第一供货源存在真实货物的可能性，大胆创新寻找货物真实货主的取证新方式，通过寻找提货人信息，到异地寻找真实货主，最终证实票货分离的关键证据。同时，针对生产型企业取得大量手机类配件的情况，大胆借鉴可比性分析方法，从技术角度证实违法企业购进的配件与生产的产品存在不匹配、不符合生产逻辑性的鉴定意见，从侧面证实了违法企业存在违法事实的证据。

借力全国联动检查形成合力。这次案件税务总局组织全国统一行动，联动检查，上游下游互相联动、互相支持。各地工作组检查人员打破传统的执法办案的地域辖区限制，加强各省检查组联动，通过协调配合不断增强执法合力与实效，整合系统条线上下的办案资源和力量，真正实现区域联动，上下游联动检查，让违法分子无处遁形。

（广东省国家税务局稽查局供稿）

案例 3－4
“5·04”骗税专案

【案件类别】 骗取出口退（免）税案例

【案件所属行业】 制造业

【案件特点】 骗税违法犯罪分子反稽查的意识和能力普遍较强，经常使得税务机关即使事前进行周密策划和充分应对，查办骗税的“四条路”也常常被“堵死”。“5·04”专案的成功查处，是在税务总局统筹部署下高标准布局的典型，是税警协作打大仗硬仗的经典案例，更是查办陆路运输出口骗税案件的全新探索。

【案件来源】 上级交办

【基本案情】 甲公司成立于2015年11月，主营业务为手机出口业务，其购销流程为从境内供应商处购进无牌杂牌手机销往境外，出口收入2.84亿元，申请出口退税总额为4671.74万元，截至2017年6月已退税626.29万元。

经查，2015年12月至2016年9月，甲公司以伪造出口单据等方式，骗取出口退税税额626.29万元，违规申请退税4045.44万元。

【违法事实】 甲公司采取按照报关单时间和模板，倒推时间制作购销合同及出入库单据的手段，伪造采购合同、销售合同、送货单、入库单，在没有真实购销业务的情况下，取得虚开增值税专用发票，并伪造陆路运输单据、出口退税单据，假报出口，再通过在境外注册的贸易公司返回外汇，骗取出口退税。

【查办过程】 大数据筛出骗税团伙。接税务总局、市国税局部署后，联合专案组迅速通过金税三期系统、天眼查及电子底账系统等大数据手段进行案头分析，发现诸多疑点：一是A公司购买高端手机并拆解组装杂牌手机的经营方式有悖常理；二是高端手机的购进与组装手机的销售数量严重不匹配；三是甲公司及其供应商、加工企业、出口对象的法人代表及股东均来自同一地区且多为林姓，存在着较强的关联关系。初步判断甲公司背后是一个典型的家族式骗税团伙，通过上游买票、洗票，伪造货物出口假象，再通过在境外注册的贸易公司返回外汇达到其骗税的目的。

证据流锁定团伙首脑。2017年6月19日，专案组对甲公司及其供票企业乙公司开展突击检查，发现两家公司存在大量疑点问题：一是从两家公司提取的电子数据中，发现了大量合同及出入库单据电子模板，及名为“注意事项”的Word文档，注明按照报关单时间和模板，倒推制作购销合同及出入库单据的方法；二是从甲公司办公场所提取了大量印章，包括其运输发票开具单位、供货商及银行印章等涉嫌伪造的印章；三是甲公司及乙公司的财务人员在询问笔录中承认，两家公司账簿资料中所附的购销合同、出入库单均系按照公司要求伪造；此外，两家公司员工均指认甲公司的法人代表林某同时也是乙公司的实际负责人。

引蛇出洞查实上游虚开。围绕疑点，专案组科学拟定检查预案，筛选出甲公司的供票企业乙公司的上游单位——丙公司为突破口，撕开犯罪链条。专案组赶赴沈阳，兵分两路同时推进，一组奔走于各银行调查涉案资金流向，另一组赶赴丙公司调查取证。丙公司总经理及业务员均供认该公司在没有真实购销业务的情况下，以收取票面金额1.5%的开票费的方式向乙公司虚开增值税专用发票的违法事实，还当场查获了购销合同、出库单据等证实上述两公司之间虚开发票的铁证。在银行调查取证的专案小组也掌握了上述两家公司通过3套个人账户进行资金回流的有力证据。

穷追陆运查实骗税违法。正当专案组决定对林某采取控制措施时，林某突然失联。市国税局稽查局迅速从全市稽查人才库中增派业务骨干支援专案检查。专案组决定直接对甲公司的出口环节进行突破。陆路运输调查方面，在重庆市公安经侦总队的倾力协调下，广东省公安厅积极配合，向专案组提供了本案中12辆出境运输车辆的真实信息，经严格比对后确认，这12辆运输车辆信息与甲公司载货清单中列明的信息完全不一致。经调查核实后确认，甲公司提供的4家运输公司“载货清单”系伪造，从而证实了甲公司涉嫌伪造运输单据的行为。在海关调查方面，通过对深圳海关部门提供的资料进行对比后发现，除报关单一致外，其他包括“载货清单”“委托报关协议”及“销售合同”在内的附属单据完全不一致，从而证实了甲公司涉嫌伪造出口退税单据行为。在购销合同调查方面，专案组发现甲公司“委托报关协议”签名与境外购买方在“购销合同”上的签名系同一笔迹，属于同一个人代表购销双方签署合同，同时还发现了该购销合同上的诸多疑点，从而证实了甲公司涉嫌伪造购销合同的行为。

税务行政处理实现结案。在资金流追查方面，为了逃避检查，甲公司等涉案对象采取“利用他人身份开户”“跨省跨市开户”等方式，给专案组追踪资金流向带来不小的困难。同时，各银行资金账户查询配合程度千差万别，数据内容、格式参差不齐，严重制约了专案检查的工作进度。专案组采用层层掘进的“笨办法”，从该公司基本账户开始追溯，大打“持久战”和“攻坚战”，历经两个月时间，对分别在10多家银行开立的上百个涉案银行账户完成追踪查询后，成功梳理出涉案资金的回流闭环。与此同时，专案组又在江西宜春、广东深圳等地查获其他证实甲公司涉税违法的证据材料，为该案的侦办再添有力武器。

【处理处罚结果】　对甲公司作出追缴骗取出口退税款626.29万元、不予退税4045.44万元的处理决定，并对其做出处以骗税税额626.29万元的3倍罚款1878.89万元的处罚决定，同时将该案移送公安机关处理，公安机关已抓捕涉案人员两名，并对该公司实际负责人林某上网追逃。至此，“5·04”专案的税务行政处理方面已实现结案。此外，犯罪嫌疑人林某已向公安机关提出投案自首请求，该案的刑事处理方面正在按司法程序抓紧推进。

【问题分析及工作启示】　高标准布局是查办精品铁案的前提。本案自始至终都受到税务总局稽查局和市国税局领导的高度重视和大力支持，检查思路清晰，工作要求明确，查前摸排扎实，掌握信息充分，检查预案科学，人员调配合理。特别是在四部委督导组指导下，专案组夯实底气、坚定信心、鼓足干劲，依托翔实的信息和周密的计划，始终保持检查方向不偏、焦点不虚、发力不松、应对有方。

税警紧密协作是案件突破的坚实保障。本案的迅速突破，离不开国税稽查部门与公安部门的无缝协作。公安部门通过前期摸排、现场控制、心理震慑、询问突破、布控抓捕等有效办案手段，在迅速突破有关人物心理防线和固定核心证据方面发挥了不可替代的重要作用。特别是在调查核实陆路运输真实性方面，正是在重庆市公安经侦总队的倾力协调和广东省公安厅的积极配合下，专案组成功掌握了甲公司伪造运输单据的有力证据，为查清涉案企业骗取出口退税的违法事实打下坚实基础。

追查真实陆运公司是本案成功突破的亮点。查办采用陆路运输出口的骗税案件，一直是打骗工作的难点。在本案中，专案组紧紧抓住“港粤双牌运输车辆只能挂靠一家内地运输公司”关键点，积极探索“通过省级公安部门查询运输车辆户籍资料，进而查明运输车辆真实挂靠公司并调查取证”的检查思路，成功查找到涉案企业载货清单中列明运输车辆的真实挂靠公司，并取得了涉案企业伪造陆路运输单据的铁证，为查清查实涉案企业骗取出口退税提供了最有力的支持。

（重庆市国家税务局稽查局供稿）

案例 3－5

“12·08”骗取出口退税案

【案件类别】 骗取出口退（免）税案例

【案件所属行业】 商业批发与零售

【案件特点】 “12·08”专案，是税务总局稽查局2017年在全国范围内统一组织查处的出口骗税串案之一。此案是迄今为止大连市国税局定性骗税、查处涉案金额最大的一起案件，专案组人员运筹千里，克服重重困难，最终厘清案情，查实违法事实，及时挽回税款流失，打击震慑了不法分子，净化了税收环境。此案也是税务总局在2018年4月19日召开的新闻发布会上，对外公布的打虚打骗专项行动的7起典型案件之一。本案是一起典型的兼具虚开发票、配单配货、假报出口的骗取出口退税案件。

【案件来源】 上级交办

【基本案情】 根据税务总局2017年关于打击出口骗税工作的统一安排和要求，大连市国税局稽查局于本年负责税务总局稽查局直接部署的“12·08”系列串案的检查工作。涉案企业为：甲进出口有限公司（以下称甲公司）和乙进出口有限公司（以下称乙公司）。

【违法事实】 以上两家进出口公司接受上游供货企业虚开增值税专用发票、假报出口业务，骗取出口退税合计1905万元。追缴已退税款1905万元，补征增值税和企业所得税3982万元，并处罚款2521万元，合计共8408万元。

【查办过程】 外围摸排，迂回战术显成效。专案组人员首先来到这两家公司的实际经营地暗访，但办公室均大门紧闭，门上贴的欠水电费的单据显示这两家公司的办公室已经很久未有人来过。但公司并没有走逃也没有注销，会计也多次询问退税进度，表明其仍对之前申请的出口退税款抱有一丝幻想。专案组人员做了充分的预案，决定采取迂回战术，以免打草惊蛇。

专案组人员随即锁定甲公司和乙公司进货金额最大的生产企业——丙服装有限责任公司（以下称丙公司），会同大连市公安局西岗分局经侦大队公安干警，开始对其进行外围摸查。在检查了丙公司及相关个人的银行账户后，专案组人员发现少量货款由甲公司支付给丙公司后，通过某水貂养殖专业合作社，最终又回到甲公司账户，形成资金回流。

专案组人员对丙公司厂址进行暗访，但该企业厂院大门紧锁，无生产经营迹象，厂院门口也无明显厂名标志。就在专案组人员驾车在厂区周围观察环境时，一辆车悄悄盯上了专案组人员车辆，并且开始对专案组人员车辆进行跟踪盯梢。专案组人员试探性地转弯、调头、停车，该车辆始终紧随其后，这一情况使专案组人员更加确信，丙公司存在重大涉税问题，为避免惊动企业，专案组人员与公安干警并未表明身份，随即离开现场。税警双方专案组人员立即奔赴海关调取涉案企业出口单证，以备日后与企业留存备案单证比对。

综合上述外围摸查的出口企业和供货企业实际生产经营情况、资金流转情况，专案组人员初步判定甲公司和乙公司为骗税团伙在大连设立的骗税平台企业，具有取得虚开增值税专用发票、骗取出口退税的重大嫌疑。

雷厉风行，税警联合展身手。按照税务总局稽查局统一规定的行动时间，专案组在对两家涉案公司进行充分案头分析和外围摸查的基础上，于2017年6月16日对这两家公司进行了突击检查，实行了同步进户调账检查，出动专案组税务人员7人、公安干警4名、执法车辆3台，向两家公司的代理记账公司调取其2014—2016年账簿、凭证资料21本，电子账套数据4套，购销合同、出口报关单、运输单据107份。完成调取账簿资料后，专案组人员迅速对账簿及凭证相关内容，按照购货和出口业务分别进行梳理、统计与复印，及时固定证据。

初次交锋，调查工作频遇阻。在调取两家公司账簿资料当天，专案组人员与经侦干警立即连夜开展对企业会计和业务经理的询问调查工作。但会计严某声称企业法定代表人在国外出差，短期内不能赶回。自称是两家公司业务经理的王某对公司的采购和出口业务并不熟悉，并对专案组人员约见法定代表人的要求一再推诿。此刻已时至午夜，专案组人员已经连续工作了15小时，对两名关键人员的询问调查陷入僵局，这让专案组人员感到一筹莫展。在重新梳理案情及面临困难之后，专案组决定，迅速转换思路，继续从外围搜集证据，争取早日找到突破性证据。

草蛇灰线，资金进出露马脚。通过最初外围取证的成果来看，专案组认为资金流是此案的关键突破口，如果上游供货企业存在虚开行为，两家公司所谓的支付货款行为也必定是虚假的。专案组人员决定顺着这个思路，对2户出口企业支付的货款资金进行全面检查。

在接下来长达3个月的时间里，专案组人员会同办案民警，不眠不休，横跨北京、天津，河北保定、唐山、秦皇岛，辽宁丹东、凤城，山东威海等10余个省、市，艰苦跋涉近万公里，检查7户直接供货企业、14户原材料企业及相关涉案人员的银行账户74个。梳理银行转账信息数十万条，专案组人员沉着应对，理顺思路，对银行账户抽丝剥茧，最终厘清甲公司和乙公司的全部货款支付与资金往来情况，查实的资金空转回流金额高达9381万元。专案组人员发现甲公司和乙公司有大量货款资金，辗转多个供货企业和个人银行账户后均流入刘某个人账户。伴随巨额的资金流转，链条上的各企业均向其对应的下游企业开具发票。专案组人员大胆推测，刘某即为两家公司的实际控制人，通过控制资金流向，逐级向上游供货企业虚假支付货款，继而逐步取得增值税专用发票至出口企业，用于骗取出口退税。

至此，检查工作取得了突破性成果，专案组人员决定乘胜追击，对上游供货企业进行实地协查外调，完善证据链条。

各个击破，无货交易定虚开。在掌握上游供货企业大量资金回流证据的前提下，专案组人员开始对上游7户供货企业进行逐一实地协查。在各地联动检查组的大力配合下，专案组人员在北京、天津、河北、辽宁等地的实地协查工作取得了实质性进展，查实甲公司和乙公司的7户上游供货企业均不同程度存在走逃、失联、无生产能力、无生产能耗、未实际生产、虚构原材料采购业务、原材料与产成品不匹配等问题。

在与各地联动检查组充分沟通、互换证据后，稽查局已收到上游全部7户供货企业主管税务机关出具的《已证实虚开通知单》，证实甲公司和乙公司虚构货物采购业务，虚假支付货款，在没有真实货物交易的情况下，接受上游7户生产企业虚开增值税专用发票共计455份，涉及金额1.2亿元、税额2037万元，价税合计1.4亿元。

偷梁换柱，假报出口为哪般。检查至此，案件脉络已逐渐清晰，但面对以打击出口骗税行为为最终目的的专案，专案组人员仍然没有就此止步。为查实出口货物真实流向，专案组人员决定再次前往北京、天津、新疆、深圳等出口口岸地，核实出口运输单据的真实性，给骗税分子致命一击。

专案组人员以海关部门提供的海运提单和装货单入手，经过对相关报关行、船公司、多级货代公司、真实货主的层层追查，最终查实甲公司和乙公司在北京和深圳的出口业务均为虚假，实际境内发货人为北京某批发商城和广东省内的多家服装个体经营者，由外商委托境内办事处直接向其采购服装并付款后，货物由货代公司向船公司订舱并运输出境。但由于个体经营者没有出口资质，也不能申请出口退税，该部分货物出口信息被不法分子采取“移花接木”手段，以甲公司和乙公司的名义报关出口。至此，两家公司假报出口的违法事实终于真相大白。

税警协作，不法分子食恶果。在税警双方的精诚合作与共同努力下，案件侦办取得了决定性的进展，同时也瓦解了该团伙内部成员间貌似坚实的攻守同盟。团伙骨干成员赵某、王某，会计严某均主动向税务机关交代事实经过，承认自己此前为应付检查、刻意隐藏实际控制人、假扮业务经理时曾经说过的种种谎言。并指认甲公司和乙公司的实际控制人即为此前专案组人员推断的“刘某”。

2017年8月17日，大连市公安局西岗分局经侦大队正式对甲公司和乙公司以涉嫌虚开增值税专用发票、骗取出口退税罪立案侦查，11月28日，对实际控制人“刘某”进行网上追逃。

【处理处罚结果】　甲公司接受虚开增值税专用发票、假报出口业务以骗取出口退税。针对上述违法事实，处理如下：

根据《税收征收管理法》第66条、《国家税务总局关于纳税人取得虚开的增值税专用发票处理问题的通知》（国税发〔1997〕134号）第1条规定，对甲公司行为定性骗税，已退税款3030829.16元予以追回，未退税款4767275.3元不再办理退税，并处已退税款1倍的罚款，罚款金额3030829.16元。

根据《财政部　国家税务总局关于出口货物

劳务增值税和消费税政策的通知》（财税〔2012〕39号）第7条第1项第5目、《国家税务总局关于〈出口货物劳务增值税和消费税管理办法〉有关问题的公告》（国家税务总局公告2013年第12号）第5条第9项第1目，对甲公司业上述全部出口业务适用增值税征税政策，补征2015年、2016年增值税7595270元。

根据《企业所得税法》第8条、《税收征收管理法》第63条，对甲公司取得虚开增值税专用发票用于企业所得税税前扣除行为定性偷税，补征2015年企业所得税4999422.8元、2016年企业所得税2690939.34元，合计7690362.14元，并处1倍罚款，罚款金额7690362.14元；

根据《国家税务总局关于发布〈出口货物劳务增值税和消费税管理办法〉的公告》（国家税务总局公告2012年第24号）第13条规定，停止为甲公司办理出口退税3年。

乙公司接受虚开增值税专用发票，骗取出口退税。针对上述违法事实，处理如下：

根据《税收征收管理法》第66条、《国家税务总局关于纳税人取得虚开的增值税专用发票处理问题的通知》（国税发〔1997〕134号）第1条规定，拟对乙公司行为定性骗税，未退税款11250877.44元不予办理退税。

根据《财政部　国家税务总局关于出口货物劳务增值税和消费税政策的通知》（财税〔2012〕39号）第7条第1项第5目、《国家税务总局关于〈出口货物劳务增值税和消费税管理办法〉有关问题的公告》（国家税务总局公告2013年第12号）第5条第9项第1目，拟对乙公司上述出口业务适用增值税征税政策，补征增值税10014920.9元。

根据《企业所得税法》第8条、《税收征收管理法》第63条，对该企业取得虚开增值税专用发票用于企业所得税税前扣除行为定性偷税，补征2015年企业所得税421082.09元，2016年企业所得税14072385.55元，合计14493467.64元，并处一倍罚款，罚款金额14493467.64元。

【问题分析及工作启示】 近年来，我国办理出口退税的进度增幅迅速，宽松的税收政策和退税高速增长的良好势头给中小型企业带来了创业生机，但也给不法分子利用各种手段骗取出口退税营造了有机可趁的缝隙。新常态形势下防范和打击出口骗税违法行为任重而道远。

创新检查模式，打击骗税事半功倍。本案是2017年由税务总局稽查局专业选案团队经过大数据筛选、精细化分析的成果。同时税务总局稽查局本年创造性地采用了“主案地检查、涉案地联动”的查处模式，对骗税链条上的上、下游企业实施全国统一时间入户检查，确保了检查效果与证据链条完整度，有效震慑了不法分子。

直击案件本质，破解新型作案手法。本案中，专案组人员以锲而不舍的工作态度，扎实的工作作风，着眼全局，内查外调，对资金流的检查不再局限于两个存在直接供销关系的企业，而是穿透全部涉案企业，对资金流向能够追查到底，并最终确定不法分子用于虚构资金流的“资金池”账户，破解其资金“大回流”的新型作案手法，为案件定性起到关键作用。

加强部门协作，建立信息共享机制。打击和防范出口骗税行为单纯依靠税务稽查的行政手段已无法适应当前新的形势，只有加强与公安、海关、银行等有关部门的配合，加强部门间的协作，建立信息共享机制，实现信息即时传递，才能使打击出口骗税工作收到实效。建议税务总局会同公安、海关、外管等部门建立全国统一有效的打击出口骗税协调指挥机制，发挥各自优势，形成打击合力。

促进行业监管，严厉打击“买单”行为。加强对货运代理、报关代理公司及运输公司的行业监管，断绝骗税分子“买单配货”渠道。经专案组实地调查，服装类产品出口骗税的作案手法大多采取买单配货方式，在存在真实货物出口的情况下，能否找到出口货物的境内真实货主，即成为定性骗税的关键环节。但由于“12·08”专案中的出口企业多采取从新疆口岸陆运、京津冀地区空运、深圳地区海运等运输方式出口，陆运、空运两种运输方式在货代公司与报关行的实务操作过程中，缺乏行之有效的行业监管规则，运输单据和装货单的制作与签发随意性较大，导致真实货主难以核实。同时，行业监管的缺位也在上述地区滋生了辐射全国的炒单配货平台，成为近年来倍受骗税分子青睐的犯罪温床，危害极大。因此在今后的打骗工作中，应适时借助四部委打击出口骗税工作机制，对相关卖单平台实施专项打击行动，严厉打击炒单配货行为。

（大连市国家税务局稽查局供稿）

案例 3－6

某冷冻食品有限公司骗取出口退税案

【案件类别】 骗取出口退（免）税案例

【案件所属行业】 批发和零售业

【案件特点】 某冷冻食品有限公司一案是宁波地区典型的由企业虚开发票、虚构业务参与专业犯罪团伙实施骗取出口退税的案件。

【案件来源】 征管移送

【基本案情】 2016 年 3 月，宁波市国税局稽查局收到进出口税收管理部门推送的预警通知，对某冷冻食品有限公司等 7 家企业涉嫌骗取出口退税案列为重大税收违法案件进行立案检查。宁波市国税局第一稽查局承接该项任务，结合案件调查结果对案情进行了初步分析，并抽调精兵强将成立案件检查小组。目前犯罪团伙主要成员已全部落网。

【违法事实】 2013 年 8 月至 2014 年 4 月，该公司通过虚构向陈某祥、陈某海、腾某定、陈某明、周某东、毛某定、刘某恩、干某德收购水产品（海参）业务，为本单位虚开通用机打发票 357 份共计 215965247.1 元，增值税进项税额 28075482.2 元已于同期向税务机关申报抵扣。

其中：上述虚开发票 96 份共计 57217929.6 元记载的海参用于出口我国台湾、新加坡、马来西亚等地，涉及增值税 7438330.85 元（2013 年 6370529.31 元，2014 年 1067801.54 元），涉及税前列支成本 49779598.75 元（2013 年度 42633542.29 元，2014 年度 7146056.46 元）；上述虚开发票 261 份共计 158747317.5 元所记载的水产品用于虚构的海参出口香港业务。

2013 年 8 月至 2014 年 4 月，该公司采用虚开发票、虚构海参加工业务等手段，参与董某生团伙的海参出口香港骗税违法活动，假报出口 157947781.62 元，骗取国家出口退税款 20533211.7 元（2013 年 11969702.94 元，2014 年 8563508.76 元）。

【查办过程】 经查，该公司在邱某介绍下与董某生团伙相勾结，在获取出口退税款 5 个点的经济利益驱动下，该公司按照董某生指令，非法取得渔民身份证资料，隐瞒海参资金流向，为自己虚开农副产品收购发票，虚构加工业务，骗取海参《健康证书》，为董某生、熊某涛等团伙的出口骗税行为提供虚假的海参出口电子转单、发票、合同、装箱单、委托报关书等资料，向香港虚假出口海参 53 单 15794.78 万元，骗取国家出口退税款。

此案中，董某生、熊某涛等团伙，采用货物、资金循环方式，虚构海参出口业务。

货物循环：从深圳陆路运至香港，香港海路运至越南，越南利用边民互换进入广西，从广西陆路运至深圳，造成货物出口假象。

资金循环：由董某生打入熊某涛妻子梁某嫣在香港开设的账户，以出口外汇名义，汇入该公司结汇，作为出口海参收入，然后账面处理为现金支付陈某祥、陈某海、腾某定、陈某明、周某东、毛某定、刘某恩、干某德等 8 位发票上“投售人”个人账户，实际上该公司账户先后通过其出纳吴某娟、法人代表叶某玲及其女婿余某波个人账户，分别转入董某生指定的熊某涛、吴某、符某敏、丁某红的个人账户，然后再通过熊某涛、林某兵等人运作，在香港内地置换外汇，转入该公司，形成出口资金循环，骗取出口退税。

【处理处罚结果】 根据重大案件审理委员会审理，作出以下处理决定：

追缴出口退税款。根据《税收征收管理法》第 66 条规定，追缴其骗取的出口退税款 48608693.9 元。

追缴增值税。根据《财政部　国家税务总局关于出口货物劳务增值税和消费税政策的通知》（财税〔2012〕39 号）第 7 条第 1 项第 5 目、《财政部　国家税务总局关于防范税收风险若干增值税政策的通知》（财税〔2013〕112 号）第 1 条第 2 项、《增值税暂行条例》第 9 条规定，对上述外贸出口业务应视同内销征收增值税，追缴增值税 48608693.9 元（因检查人员外出培训，此笔数据暂估）。

加收滞纳金。根据《税收征收管理法》第 32 条、《税收征收管理法实施细则》第 75 条规定，外贸出口业务视同内销征收增值税48608693.9元从滞纳税款之日起，按日加收滞纳税款5‰的滞纳金，至实际入库之日。

停止出口退税权。根据《税收征收管理法》第66条、《国家税务总局关于发布〈出口货物劳务增值税和消费税管理办法〉的公告》（国家税务总局公告2012年第24号）第13条、《财政部 国家税务总局关于出口货物劳务增值税和消费税政策的通知》（财税〔2012〕39号）第9条、《国家税务总局关于停止为骗取出口退税企业办理出口退税有关问题的通知》（国税发〔2008〕32号）第1条规定，2年内停止为其办理出口退税。

【问题分析及工作启示】 税警联合专案组指导有力，在案件检查过程中数次遇到“死胡同”时大胆预判、另辟蹊径，为案件检查提供了新思路、指明了新方向，用丰富的工作经验和强大的后勤保障确保检查工作顺利开展。

国税、公安部门领导身先士卒，以身作则，在案件关键期，不仅参与案件的分析和疑点的判断，更是和检查人员一起四处奔波调查取证。

办案人员兢兢业业、遇难更强，用高强度、高密度的出差和加班来弥补时间、人力等各方面的不足，用钻破牛角尖的劲，用不成功绝不放弃的信仰不断鼓舞自己坚持到底。

资金流分析采用“线性查验法”，在最短时间内先查证资金的最终流向，确定资金循环的事实，以此为突破口，形成对涉案人员的“致命一击”，实现口供和证据链的交叉验证。

（宁波市国家税务局稽查局供稿）

四、发票违法案例

案例 4 – 1
某光电股份有限司发票违法案

【案件类别】 发票违法案例

【案件所属行业】 制造业

【案件特点】 一是协查发票引出该公司利用取得的虚开发票偷税案件；二是涉案企业深知稽查部门的取证内容，犯罪手段更加隐秘；三是税警联合，通过公安部门的侦查手段取得新的线索，充分利用公安部门的证据材料进行证据转换，完善了案件的相关证据资料，取得最终的成果。

【案件来源】 协查案件

【基本案情】 企业基本情况。某光电股份有限公司（以下称甲公司）成立于 2003 年 8 月 22 日，法定代表人为李某，注册资本 6080 万元，登记注册类型为其他有限责任公司。核算方式为独立核算。主要经营项目是制造销售显示屏、灯具等照明产品，以及设备租赁。于 2005 年 7 月 1 日起被认定为增值税一般纳税人，于 2014 年 10 月 30 日取得高新技术企业证书。

增值税申报情况。2014 年销售收入 1.73 亿元，缴纳增值税 597 万元；2015 年销售收入 1.47 亿元，缴纳增值税 130.83 万元；2016 年销售收入 1.19 亿元，缴纳增值税 349.29 万元。

企业所得税申报情况。2014 年营业收入 2.03 亿元，纳税调整后应纳税所得额 – 889.67 万元；2015 年营业收入 1.69 亿元，纳税调整后应纳税所得额 – 986.82 万元；2016 年营业收入 1.32 亿元，弥补以前年度亏损 381.72 万元后应纳税所得额为 0 元。

甲公司为“11·01”案涉案企业，非法取得虚开增值税专用发票 39 份，涉及金额 434.14 万元，税额 73.8 万元，价税合计 507.94 万元。

【违法事实】 甲公司取得“11·01”案件中两家公司开具的 39 份虚开发票，其进项税额共计 73.8 万元，并已申报抵扣。经与公安部门共同办案，采取多种手段进行内查外调，加之利用公安部门的侦查手段对涉案人员审问（涉案人员交代了资金线索）找到突破口，调取多个银行账户发现资金回流迹象，据此确定了甲公司存在取得虚开增值税专用发票的确凿证据。最终认定甲公司在与开票方没有真实的货物交易情况下，非法让对方为自己开具与实际经营情况不符的增值税专用发票。

【查办过程】 企业内部调查取证。稽查局接到“11·01”案件线索涉及甲公司，调查取证过程中发现其在 2014 年 1 月至 2016 年 12 月生产经营期间共分 7 次取得乙科技有限公司（以下称乙公司）和丙商贸有限公司（以下称丙公司）开具的 39 份增值税专用发票，货物名称分别为设备和通讯器材，涉及金额 434.14 万元，税额 73.80 万元，价税合计 507.94 万元。其购入的货物都与其生产经营相关，明细账均有记载也有入库手续，从货物流来看难以确认存在问题。检查人员把目标转向了资金流，通过原始凭证的查阅，其资金通过对公账户付款方式向两家公司支付了部分货款，但是其中一家公司的 100 万元的货款只支付了一半，余款 50.54 万元至今未付，大额未付账款存在重大疑点。

询问调查取证。检查人员依法对甲公司的主要负责人李某及财务主管刘某进行了讯问，据此二人陈述，这几次业务都是由上述两家公司的业务员主动上门与甲公司原采购人员联系的，由于甲公司原采购人员已经离职，联系不到，因此无法进一步了解业务的详细信息，而货物的运输及运输费都是由销货方承担，在每次送货时把开具好的增值税专用发票带到该公司，甲公司与这两家公司签订了产品购销合同。

外部调查取证。从企业内部证据无法确认问题，检查人员继续从资金入手，对甲公司资金流向开展外调，对所掌握的甲公司5个银行账户及刘某的1个个人账户进行资金明细查询，而银行回复的结果，也未发现甲公司资金流有明显异常情况。据此可知，企业对检查部门的常规检查方法都有所了解，在货物流、资金流、发票流这三方面都做得比较严密，难以找到突破口。

联合办案取得突破性进展。在办案的同时，稽查局积极寻求公安部门介入对该公司取得虚开发票案件的调查，共同开展工作，公安部门将该公司具体负责的财务经理刘某进行行政拘留审讯，获取了重要线索。2017年6月12日，稽查局接到了公安局经侦部门转来的刘某个人询问笔录复印件，笔录中刘某承认了其在稽查局未承认的1张中国银行借记卡、1张农业银行借记卡和其公司出纳文某的1张农业银行借记卡。据此线索调取的银行明细记录发现甲公司所支付上述39份增值税专用发票涉及的货款有资金回流迹象，据此确定了甲公司存在取得虚开增值税专用发票的确凿证据。

【处理处罚结果】 针对甲公司取得虚开的39份增值税专用发票的偷税问题，补缴增值税73.8万元，对该企业偷税行为处以所偷增值税税款73.8万元1倍的罚款即73.8万元罚款的处罚，加收滞纳金23.63万元。

针对甲公司取得虚开的39份增值税专用发票的问题，属于知道或者应当知道是非法取得而受让的，对该行为处10万元罚款的处罚。

针对甲公司取得虚开的增值税专用发票问题，调增2014年应纳税所得额76万元，调增2015年度应纳税所得额27.64万元，调增2016年应纳税所得额233.82万元。

针对甲公司取得虚开的39份增值税专用发票的问题已达到移送标准，移送司法机关追究刑事责任。

最终，甲公司已将应补缴的增值税73.8万元、滞纳金23.63万元、罚款83.8万元，合计181.24万元全部解缴入库。法院判决甲公司财务负责人刘某有期徒刑3年，缓刑3年。

【问题分析及工作启示】 随着税收违法手段朝着多样化、隐蔽化发展。企业违法犯罪隐秘性越来越高，企业账面记载都比较合乎规定，难以发现疑点，给检查人员展现的假象是业务正常，调取掌握的银行账户也未发现问题。检查人员对嫌疑人进行过询问，但由于权限所限，嫌疑人故意进行搪塞隐瞒，难以取得有力证据，办案难度确实较大。通过公安部门提供的线索才最终掌握其通过个人账户进行资金回流的有力证据。本案的成果取得主要原因是没有被企业塑造的貌似合法合规的业务表象所蒙蔽，借助外部力量通过与公安经侦部门的大力合作取得关键证据。

加强打击虚开发票违法行为必定是长期工作。在今后的检查过程和发票协查过程中，必须擦亮眼睛，精耕细作，多方面调查取证，通过搜集分析证据，严谨判断业务的真实性。特别是资金流是今后的重点线索所在。个人转账是一个方便、隐秘的资金回流手段，查处虚开案件也特别注意企业主要负责人和财务人员账户的资金流向。

联合相关部门协作是稽查的发展方向。稽查检查工作开展难度在提高，加强与其他部门协作是开展税收检查工作的大趋势，依靠税务部门的执法能力和执法手段进行单打独斗很难形成有效的查处力度，必须加强与公检法、银行等相关部门的协作，加强信息情报交换。通过交流协作，使税收违法案件查处取得更深入有力的证据材料，提高检查工作效率，降低执法风险，同时有助于对税收违法案件的从严从快查处。

（北京市国家税务局稽查局供稿）

案例4－2

某医药有限公司接受虚开增值税专用发票案

【案件类别】 发票违法案例

【案件所属行业】 批发和零售业

【案件特点】 当前药品批发行业已成为接受虚开发票的重灾区，药品批发行业普遍存在货物品类繁多、不易清点核对，资金往来频繁，正常交易与资金回流夹杂等问题。本案中，专案组通过采取详查法，抓住虚开行为核心，不在旁枝末节上纠结，固定企业虚假货物交易的证据，加上资金回流的事实，为最终案件定性打下了坚实基础。

【案件来源】　审计署特派办移送

【基本案情】　某医药有限公司（以下称甲公司）成立于2006年4月，注册资本1000万元整。经营范围为中药材、中药饮片、中成药、化学原料药、化学药制剂、抗生素、生化药品、生物制品的销售，医疗器械的销售，保健食品的批发，医药研究及咨询。2015年2月，国家审计署特派办对甲公司进行了审计，针对审计中发现的涉税线索，将甲公司列为“7·03”专案涉案企业，于2015年11月将案件移交S省国税局。根据上级对“7·03”案件的工作部署，T市国税局成立专案检查组，通过案头审核，查前约谈等方式，对各类资料分析研判，梳理线索，锁定疑点。经过充分的前期准备，专案组于2015年12月17日，在公安部门的配合下对甲公司实施了调账检查。通过检查发现甲公司药品进销存系统数据中没有记载两户上游企业的货物交易记录，且两户上游企业通过个人银行账户向甲公司工作人员个人账户进行大额资金回流。认定其为接受虚开增值税专用发票。

【违法事实】　甲公司2012—2014年期间，从乙医药有限公司（以下称乙公司）取得确认虚开的增值税专用发票1058份，金额9874.83万元，税额1678.72万元，价税合计11553.55万元；从丙药业有限公司（以下称丙公司）取得确认虚开的增值税专用发票125份，金额1208.6万元，税额205.46万元，价税合计1414.06万元；通过个人银行账户进行资金回流，属于接受虚开典型案例。

【查办过程】　货物交易情况。经查阅甲公司账簿凭证等资料，无相关货物的出入库单据、运费支付凭证，其接受的增值税专用发票，“货物名称”栏均标注“详见销货清单”；经检查，该公司2012年购进货物清单与乙公司回函销货清单比对金额相符，但品名不符，2013年、2014年均无清单。查询甲公司的药品进销存系统，从丙公司购进记录仅有12.83万元，绝大部分无数据记录，与其接受的增值税专用发票金额1414万元相差甚远。该系统中无任何从乙公司购进数据记录。检查组依法对甲公司相关人员进行了询问，被询问人员均称自己对相关业务不知情，不清楚是否有真实货物交易。

资金流情况。检查组通过外调取证，对甲公司及上游企业的相关银行账户、个人银行账户进行了信息比对，可以证实：乙公司将收到的甲公司资金转账至其员工个人账户中，并通过个人卡向甲公司的员工个人账户进行了资金回流，回流链条为：甲公司公户→乙公司公户→乙公司出纳王某个人账户→甲公司赵某个人账户→甲公司李某某、李某、王某等3人（3人均为甲公司财务人员）个人账户，涉及回流资金共计7480.19万元。丙公司通过张某（丙公司实际控制人李某之妻、公司股东）的个人银行卡向甲公司员工赵某个人账户资金回流，涉及资金193.85万元。涉及资金回流的人员均为甲公司掌握资金流向和用途的财务人员，这些人员均称自己对资金回流情况不知情，相互推诿、推卸责任，对资金回流的真实用途和去向避而不谈，有意不说明情况，但均无法否认资金回流的事实。

协查情况。2016年2月检查组向两户上游企业的主管税务机关发出委托协查函，将相关证据资料提供给受托方税务机关。乙公司协查情况：G县国税局稽查局回函，证实2012—2014年乙公司向甲公司开具的1058份发票为虚开，涉及金额9874.83万元，税额1678.72万元，价税合计11553.55万元。丙公司协查情况：Z县国税局稽查局回函结果显示，2012—2014年，丙公司向甲公司开具的125份发票为虚开，涉及金额1208.6万元，税额205.46万元，价税合计1414.06万元。

根据上述检查、取证及函复情况，甲公司与乙公司、丙公司的业务与上述企业GSP系统数据不符，与现有的销货清单不符，且存在大额资金回流的严重问题；购销合同、出入库单据等重要货流资料均不能提供，相关人员相互推诿，均证明该企业存在重大的无货虚开增值税专用发票嫌疑，根据优势证据认定其为接受虚开增值税专用发票。

【处理处罚结果】　根据《增值税暂行条例》第9条、《国家税务总局关于纳税人取得虚开的增值税专用发票处理问题的通知》（国税发〔1997〕134号）第1条、《国家税务总局关于〈国家税务总局关于纳税人取得虚开的增值税专用发票处理问题的通知〉的补充通知》（国税发〔2000〕182号）的规定，应补缴增值税1884.18万元。

根据《企业所得税法》第8条规定，应补缴企业所得税2767.26万元。

根据《税收征收管理法》第32条规定，从滞纳税款之日起，按日加收滞纳税款5‰的滞纳金。

根据《税收征收管理法》第63条规定，对其利用无货接受虚开发票少缴的增值税1884.18万元及企业所得税2767.26万元处以1倍罚款，合计处罚4651.44万元。

根据最高人民法院《关于适用〈全国人民代表大会常务委员会关于惩治虚开、伪造和非法出售增值税专用发票犯罪的决定〉的若干问题的解释》（法发〔1996〕30号）及《刑法》第205条规定，甲公司涉嫌让他人为自己虚开增值税专用发票，根据《行政执法机关移送涉嫌犯罪案件的规定》（国务院令第310号）第3条的规定，移送司法机关依法处理。

【问题分析及工作启示】 部门联合发力，快速找到突破。查处虚开案件时，税务稽查人员时常遇到下户检查时被查企业拒不配合甚至阻碍抗拒执法、隐匿销毁账簿资料的情况。由于税务稽查执法手段有限，难以发挥打击违法犯罪的震慑作用，这就需要公安、银行等其他部门的配合支持。在甲公司案件检查过程中，通过中国人民银行调取了涉案企业及个人的银行流水信息，包括纸质对账单和电子数据。公安部门在案件查处初期，提前介入，对相关当事人采取了相关措施，确保了案件的顺利查办。

抓住虚开核心，锁定货物交易。甲公司案件在查办初期，当事人拒不配合税务检查，有关资料已被转移或销毁，当事人已订立攻守同盟，对相关业务统一回答不知情，虚开案件的三要素发票流、货物流、资金流基本没有任何资料可供检查，检查工作一度无从下手。面对复杂的案情，专案组抓住虚开行为核心，不在旁枝末节上纠结，通过对涉案企业药品进销存系统数据的检查，对上下游企业间销售清单比对，对企业库存账簿、凭证等资料核查，结合审计部门审计时涉案企业签署的药品进销存数据真实有效的承诺书，固定了企业虚假货物交易的证据，加上资金回流的事实，为最终案件定性打下了坚实基础。

穷尽取证手段，不留执法风险。在检查涉案企业及个人银行交易情况时，面对从银行取回的对账单，相关人员均矢口否认，坚称对自己银行账户上的交易情况不知情。面对这种情况，专案组多次奔波涉案银行账户的开户行，协调银行支持调查核实工作，对涉案银行账户的开户记录、交易记录进行逐笔核实，到银行存放凭证资料的郊区库房中查找，终于找到了持卡人持涉案银行卡取现的原始凭证。面对有自己签字的银行回单，相关人员也不得不承认涉案银行卡是公司让自己保管使用，进行资金往来的事实。

（山西省国家税务局稽查局供稿）

案例4－3

“4·19”虚开增值税专用发票案

【案件类别】 发票违法案例

【案件所属行业】 批发和零售业

【案件特点】 此案荣获公安部通令嘉奖，是一起非常典型的全国性利用黄金交易虚开增值税专用发票的犯罪案件，犯罪组织体系严密，牵涉地区广泛，参与人数众多，涉案金额巨大。

【案件来源】 协查案件

【基本案情】 2016年3月，S市国税局稽查局收到D市国税局稽查局发起的发票协查函，涉及甲公司、乙公司两家公司接受34份品名为“黄金”、金额3367万元的增值税专用发票。协查发现，甲公司、乙公司均已走逃失联，注册代办人为同一人，这些公司均存在购销货物品名严重背离的情况。经过分析，S市国税局稽查局判定这是一起有组织的黄金票团伙虚开案件，于是提请公安部门提前介入。公安部门于2016年4月19日决定立案，故称“4·19”专案。经过1年多的深入检查，2017年5月25日，“4·19”专案在全国同时收网，主要犯罪嫌疑人全部抓获，虚开犯罪团伙被一举摧毁。

【违法事实】 自2011年以来，以犯罪嫌疑人董某、金某、高某等27人为首的特大虚开团伙，在全国15个省注册空壳公司450家。在没有实际交易的情况下，接受全国11个省20个地市虚开的增值税发票15万份，价税合计138亿元。向全国23个省60个地市虚开增值税发票22万份，价税合计121亿元。

【查办过程】 税务部门通过案头分析，发现涉案企业登记的法人为外省人士，同期注册多家商贸公司，虚开意图明显。甲公司、乙公司处于“黄金票”案件的中间“洗票”环节，登记电话无法联系，注册经营地址查无此户。经税务部门和公安部门调查，发现两家公司的注册代办人均为董某，并且此人在省内还注册了多家同类型公司，且与同乡等8人通话频繁，来往密切。办案人员立即对上述人头涉及的同法人、同办税人等企业信息进行全方位梳理排查。调查发现，董某等人除在宿迁成立多家商贸公司外，还在南京等地注册空壳公司，这些公司获取了丙实业有限公司（以下称丙公司）开具的增值税专用发票，而丙公司的进项来源为丁珠宝有限公司（以下称丁公司）等开具的黄金增值税专用发票。这些信息表明，丙公司和甲公司性质相同，同处于黄金票虚开的“第二层”，这些公司高度关联，目的相同，即同时获取黄金发票，再次开出。办案人员在梳理丙公司发票信息时发现，该公司向戊金属材料有限公司（以下称戊公司）等公司大量开具发票，戊公司在得到进项发票后，大肆向实体企业开票。而戊公司的实际控制人正是董某。董某等人在江苏、湖北等地注册60余家空壳公司，大量向实体企业开票。

办案人员在不惊动嫌疑人的前提下，启动集中外调。四组人马带着任务随即分赴省内和大连、深圳、贵州等地，开始涉税信息、发票信息、银行资金信息的取证工作。随着外调证据的逐步回笼，第二轮大规模综合研判随之展开。面对大量数据、众多单位、复杂关系、资金流向，办案人员进一步理清思路，重点围绕省内“发票流、黄金流、资金流、人员流”等展开检查。通过4个多月的内查外调，发现嫌疑人金某、董某为首的犯罪团伙在宿迁、南京先后注册成立甲公司、戊公司、已公司等50余家公司，共接受虚开黄金发票15万份，价税合计约20亿元；向全国20个省市地区1000家企业虚开黄金票17万份，金额合计约18亿元。

公安部、税务总局部门领导高度重视此案，组建由公安部经侦局牵头的领导小组，将此案列为部督案件，确立了“挖团伙、抓骨干、打链条、截资金”的目标。新组建的专案组增设驻京数据组，集中负责调取发票数据和资金数据。专案组利用大数据分析工具，加班加点挖掘研判。因案值太大、数据太多，专案研判历时1年多，先后获取税务发票数据17批次500余万条税务数据，上下延伸追踪涉及全国2567家公司，其中虚开企业393家，接受虚开企业2174家。先后从中国人民银行反洗钱监测分析中心、商业银行追踪调取20批次700万余条资金交易数据，比对查找出20余万条资金回流明细。

2017年3月，该犯罪团伙成员由于长期未受到调查，未感到办案压力，开始了新一轮的犯罪活动，监控显示，其在北京新设立转移资金窝点，在南京设立打印发票窝点，在北京、上海、广东、广西、贵州、陕西、甘肃等几乎遍及全国范围注册空壳公司，其中仅在南京就新注册了40多家公司。两个月内，该团伙在南京上述部分公司虚开增值税发票金额就达3亿余元，通过新设个人银行卡向嫌疑人控制的各地公司打入资金流水达50余亿元。抓捕条件已经成熟，2017年5月25日，在公安部经侦局统一指挥部署下，全国24个省、市、自治区同时开展“4·19”案件收网行动。截至2017年底，全国共抓获嫌疑人496名，主要犯罪嫌疑人全部落网，捣毁虚开发票窝点52处，冻结涉案账户200余个，缴获发票2万余份，涉案价税合计300余亿元。

【处理处罚结果】　为彻查全案，依法追究犯罪嫌疑人董某等人的刑事责任，最大限度地挽回国家税款损失，公安部经侦犯罪侦查局、税务总局稽查局决定部署“4·19”协查工作，以宿迁市为发起地，对“4·19”案开展案件协查工作，并发起集群战役。S市国税局稽查局先行对甲公司、乙公司等开出的发票全部定性虚开，发出确定虚开证明单。其余协查和案件检查工作有条不紊地进行。

【问题分析及工作启示】　对于虚开案件应作为一项全局性的工作综合考虑。一是提高应对时效性尤为重要。风险识别环节应提高模型精确性，提前判断虚开风险，及时识别出注册时间短、开票金额大、虚构进项、品名背离、申报异常等较为明显异常行为，在虚开行为发生初期以提醒、应对等方式介入，在增值税专用发票未认证前或者刚认证不久就及时将异常发票列为失控，将虚开行为遏制在萌芽状态，而不是层层转交、单纯靠稽查部门立案检查。二是加大数据研判力度。摒弃传统人工判断和就案查案思维，主动引入大数据分析软件，加大科技打击虚开投入。在汇集数据、占有数据的基础上，构建虚开分析模型，强化发票分析、资金分析、人头分析的关联性、精确性，通过数据整理、智能分析、集中研判，多维度拓展情报来源，可视化展现集团架构，深度挖掘虚开团伙。三是提高部门配合力度。加大与公安、人行等机构专业化配合程度。打破各部门信息独享、割裂分治的局面，提升打击虚开的整体性、协同性。在办理重、特大虚开案件中，树立整体联动、一体化打击思维，有效发挥各单位、各部门优势职能，才能彻底铲除跨区域团伙虚开犯罪。

（江苏省国家税务局稽查局供稿）

案例 4－4

金某兴等人团伙虚开增值税专用发票案

【案件类别】 发票违法案例

【案件所属行业】 批发和零售业

【案件特点】 本案是一起典型的以团伙方式从事虚开违法活动的案件，跨地域广，金额大，隐蔽性强，分工明确。金某兴、周某敏及其背后的违法团伙先后在福建、贵州、深圳等地设立了多家企业。金某兴、周某敏设立的甲公司和乙公司主要角色是采购黄金产品低价处理后，利用手中套取的黄金进项发票对该团伙控制的下游企业虚开增值税发票，下游企业随后再进行变票虚开等违法活动。在此过程中，该团伙通过设立在贵州的丙公司、深圳的丁公司等 9 家公司为甲公司和乙公司等涉案企业“输送”资金，伪造企业资金流，营造涉案企业的购销假象。

【案件来源】 上级交办

【基本案情】 该案是福建省国税局稽查局督办的特大虚开增值税专用发票案件，是一起组织严密、分工专业的团伙虚开案。作案团伙通过设立开票公司（甲公司和乙公司）、众多变票公司（下游 271 家公司）、多层资金公司进行虚开增值税专用发票。P 区国税局稽查局根据上级机关下发的疑点线索，内查外调，往返千里，确认犯罪嫌疑人金某兴、周某敏虚构销售业务，在无货交易的情况下，向下游 15 个省、市的 271 家公司虚开增值税专用发票 834 份，涉及金额 7.09 亿元，税额 1.21 亿元。由于金某兴、周某敏已走逃，并且背后涉及更大的犯罪团伙跨地域作案，案件已移送公安机关，目前公安机关已立案检查。

【违法事实】 一是企业出现走逃事实，存在团伙作案特点。二是协查回函显示下游 271 家公司全部出现问题并且出现全部走逃。三是部分下游受票企业取得黄金票的资金是由一级资金公司提供，通过开票公司（甲公司和乙公司）、二级资金公司（深圳丁公司）循环周转后又回流到一级资金公司。四是甲公司和乙公司向上游企业取得黄金类增值税专用发票的资金是由一级资金公司周转给二级资金公司提供的。五是专案组检查发现与甲公司和乙公司资金频繁往来的一级、二级资金公司都处于走逃失联状态，主管税务机关已作非正常户处理，注册登记的地址是虚假的，向国税机关纳税申报的收入数据都是零，跟甲公司和乙公司没有任何的经营业务往来。

【查办过程】 案头分析，发现虚开端倪。立案检查后，专案组通过对甲公司和乙公司的涉税资料的分析，发现诸多疑点。两家公司开业不到 9 个月就购进黄金 7.63 吨，购进金额 15.57 亿元，其中：购进黄金金条 6.57 亿元，占购进金额的 42.2%，购进黄金饰品 5.89 亿元，占 37.8%，购进黄金工艺品 3.11 亿元，占 20%；而向下游企业开具黄金工艺品金额 9.45 亿元，占 59.6%，黄金饰品 6.08 亿元，占 38.4%，黄金金条 0.31 亿元，占 1.9%，加工费抵扣金额仅 301 万元，占 0.19%；购销品名不匹配，加工费金额占比偏小等存在明显异常；且两家公司均在 2015 年 8 月设立，两家公司法人和办税人员互为交叉；短时间内大量领购 100 万元版增值税专用发票并顶格开具，在不到 9 个月时间里，开出销售黄金、黄金饰品增值税专用发票金额高达 15.84 亿元；以上种种迹象表明甲公司和乙公司存在涉嫌虚开增值税专用发票嫌疑。

拒绝配合，稽查陷入被动。专案组立即传唤两家公司的法人和财务负责人，发现相关人员均为挂名，对企业营销情况一无所知；两家公司登记的经营地址均为虚假地址；经多渠道了解到幕后实际控制人在深圳，多次联系此人始终不肯露面；连账簿、凭证资料，也是从深圳用快递寄到平潭；查询发现两家公司从 2016 年 5 月之后就未再领用专票，申报也均为零申报；种种迹象显示，甲公司和乙公司出现走逃嫌疑，专案组决定立即冻结两家公司的所有银行账户，并调取两家公司的全部银行资金信息。

协查回函，下游全部虚开走逃。针对甲公司和乙公司幕后实际控制人逃避检查情况，专案组决定对下游 271 家公司全面发起协查。协查回函表明，受票企业全部出现变票（即购销品名不一致）并全面出现走逃，注册登记的地址是虚假的，登记开业至今未发生任何经营业务，纳税申报均为零申报。大部分回函确认下游受票企业接受虚开，部分下游企业确认购进甲公司和乙公司专票属于套开票，还有部分回函确认票货款不一致等，检查工作取得实质性的证据。

两次外调，锁定资金回流证据。2017 年 2 月，专案组赴深圳对与甲公司和乙公司牵涉资金运作的丁公司的经营情况展开第一次实地调查取证，发现了一单两家公司与丁公司之间以及下游受票企业和丙公司（后来查实，属一级资金公司）之间的一笔完整的资金回流情况。专案组抓住这一关键线索，再派调查组赴深圳，全面调取丁公司的资金往来情况；同时，对与丁公司资金往来最频繁的丙公司等 9 家公司，派出检查组赴贵州、北京和天津等地，对 9 家公司的银行账户进行全面检查。专案组发现了两家公司与丁公司、丙公司等 9 家公司以及部分下游企业之间存在资金循环回流的事实。

【处理处罚结果】 定性为虚开增值税专用发票行为，甲公司和乙公司在经营期间向全国各地 271 家公司虚开增值税专用发票 834 份，金额 7.09 亿元，税额 1.21 亿元；对其虚开增值税专用发票的违法犯罪行为移送公安机关予以立案追究刑事责任。对甲公司和乙公司虚开增值税专用发票的违法行为暂不予行政处罚。

【问题分析及工作启示】 一要堵塞虚开源头。加强对全国性的大型批发、零售市场税收征管，积极探索在专业市场使用税控收银机等监管办法，防止进入该类批发零售市场的货物征税不足，导致进项税额大量结余，被肆意虚开。二要管控中间环节。进一步加强对小型商贸企业的增值税专用发票使用情况的监管，特别是要提升对小型商贸企业专用发票进、销货物品名不一致的风险识别监管的时效性，一旦发现问题，应及时停供发票或降低发票限额，跟进评估和稽查；同时，第一时间通知下游税务机关暂停进项抵扣和出口退税等，最大限度地防止国家税收流失。三要适当收紧政策。从目前税务稽查查处情况看，界定“恶意虚开”很难，也很少；而“善意虚开”，只能做补税处理，连滞纳金都无法收取，更谈不上处罚，“善意虚开”处罚成本极低，极大的助长了下游不法纳税人广泛接受虚开专票的违法行为。建议取消虚开专票的“善意”“恶意”之分，凡确定虚开专票的行为：未达到移送公安机关追究刑事责任标准的，由国税局稽查部门作出行政处理和处罚；达到涉税违法起点的，追究涉税违法者法律责任和实施失信联合惩戒。四要探索警示管理。积极探索完善稽查前置警示教育，尝试实现稽查前置管理，如 P 区国税局稽查局尝试举办对新设立商贸纳税人的法定代表人集中进行“税案警示第一课教育”，以近年来查处的典型虚开发票案件为警示教材，既宣示国税稽查查处打击典型涉税案件的能力和决心，也警示纳税人虚开专票等典型涉税违法，要承担税务行政处理处罚风险、涉税违法法律风险以及失信联合惩戒风险，通过“以案释法”教育，让新成立的纳税人明晰涉税风险，做到心中有戒，促进依法纳税遵从度的提升。

（福建省国家税务局稽查局供稿）

案例 4－5

某药业有限公司等 15 家公司虚开增值税专用发票案

【案件类别】 发票违法案例

【案件所属行业】 批发和零售业

【案件特点】 该案涉案金额巨大，运用软件系统统筹涉案人员进行操作，危害严重。该案揭示了医药行业采取“构筑平台、低买进项、高卖销项”的作案手段虚开发票犯罪的典型特征。本案对涉案企业让他人为自己虚开增值税专用发票的违法行为定性为偷税，对偷税额予以追缴，同时按规定加收滞纳金；对涉案企业为其他企业虚开增值税专用发票行为因其已经申报缴纳了增值税而不再按照其虚开金额补缴增值税。

【案件来源】 税务总局督办

【基本案情】 2015年1—6月，国家审计署对部分医药企业进行了延伸审计，初步掌握了赖某团伙所控制的企业涉嫌虚开增值税专用发票违法犯罪的线索和证据，将有关案件线索交税务总局和公安部查处。2015年11月，根据工作部署，江西省国税局和江西省公安厅指定由Y市国税局稽查局和Y市公安局经侦支队负责查办该案。案情基本查清，3名主要犯罪嫌疑人已抓捕归案，冻结涉案资金1000余万元，挽回国家税款损失10多亿元。

【违法事实】 经查实，赖某犯罪团伙主要采用"构筑平台、低买进项、高卖销项"的作案手法，以牟取非法获利为目的，大肆进行虚开增值税专用发票违法犯罪活动。

"构筑平台"。2013年7月至2014年7月，赖某、赖某斌等控制的广东某总公司出资，由缪某"引进"并负责具体管理，先后在江西省Y市和G市分别注册成立并实际控制了15家"医药公司"。这些公司以经营白糖和保健品为幌子，向主管税务机关申报纳税。这些公司尚未取得药监部门核发的《药品流通经营许可证》，不具有经营流通药品、医疗器械和耗材的资格。公司的大概运作模式为：在当地银行开设基本结算账户，开户后立即将银行基本账户U盾等资料寄往广东某总公司掌控操作；配备一台电脑专门安装运行某医药管理信息系统，接受广东某总公司有关人员的指令进行操作；在当地雇用或指派少数几名员工，一般是1名管理人员、1名会计、1名开票人员，账面工资表上其余人员都是根据广东某总公司指示编造人名或套用他人名义虚列的"工资"，每月虚列的"工资"由刘某等套现后打回赖某、赖某斌等个人账户；所有购销合同等的签订，进销项发票的取得、开具和收寄，以及资金的运作等均由赖某等指令或操控，这15家公司在本地的工作人员不直接与"上下游"企业联系和接触。所设立公司实际属于专门过票、不从事具体经营活动的"空壳"开票公司。

"低买进项"。赖氏团伙通过一些经营白糖的中间人，以2%～2.5%的点位大量购买可以抵扣17%税款的"白糖"富余票或者"保健品"进项发票，用于江西"空壳"开票公司进行抵扣，实现"低买进项"。

"高卖销项"。根据下游企业需要，采用汇总开具专票（发票货物名称为详见清单）并篡改《销售货物或者应税劳务清单》的手段（江西销方企业记账留存的销货清单上品名是白糖，受票企业入账销货清单品名是药品、医疗器械），虚开"药品、医疗器械或耗材"销项增值税发票。赖氏团伙对外虚开专用发票一般收取7%～8.5%的手续费，牟取大量非法收益。

【查办过程】 2015年11月23日，Y市国税局、Y市公安局联合制定了"7·03"专案检查方案。国税、公安两部门从全市抽调业务骨干20多人组成若干个联合办案组，密切配合，分工合作，发挥各自专业优势，高效迅速，联合办案。由公安经侦、国税稽查领导带队，分别深入到江西、湖南、广西、广东、四川、贵州、云南等地调查取证，取得了较好效果，取得了大量有利于办案的线索。主要查办做法如下：

全面检查涉案企业"票流"。一是取得专票情况。Y市9家公司共从全国27个省（市、自治区）的350家公司取得14643份增值税专用发票，发票金额497390.85万元，税额84555.25万元，价税合计581946.1万元。其中又以来自于广西（119家，价税合计20.6539亿元）、广东（62家，价税合计9.5446亿元）、云南（39家，价税合计7.82144亿元）三地最多。二是开具专票情况。Y市9家公司共向全国9个省市的50家公司开具39178份增值税专用发票，发票金额523038.94万元，税额88916.62万元，价税合计611955.56万元。其中又以广东（35家，价税合计51.5648亿元）、湖南（2家，价税合计8.08742亿元）两省最多。

认真检查涉案企业"物流"。Y市9家公司都是商贸企业，其取得发票与开具发票上的货物品种每户都达100多种，但各类白糖占绝大多数，其余主要是各类保健品、茶饮等，并无药品及医疗器械的购销。根据对已取得账簿凭证资料的6家公司检查及对有关人员的询问情况，其运作模式都是两头在外，属过票性质，货物不经过Y市，在Y市也未设仓库。购进取得的发票上的货物品种、数量与其销售开具发票上的货物品种、数量基本一致，账面资料没有改变其货物的品名。同时，其进销未取得运输业增值税专用发票，运输费用都是以大量车辆的燃油费及过桥过路费发票冲抵，且这些费用在企业账面都是挂往来账处理，并未实际支付。

深入检查涉案企业"资金流"。根据调取的银行账户情况与6家公司的账面资料，Y市9家公司的资金都是公对公走账，企业收到下游的“销货款”后，又打给了上游的购货企业，其账户上很少有余额，其“资金回流”操作较为隐蔽。

发起纸质协查。根据税务总局2016年5月12日“南昌会议”的部署，稽查局向广东国税部门发起了71家“上游”开票企业和50家“下游”受票企业的纸质协查，同时向广西国税部门发起了57家“上游”开票企业的纸质协查，获取了重要线索和证据。

【处理处罚结果】 对于涉案企业让他人为自己虚开增值税专用发票的违法行为，根据《税收征收管理法》第63条和《国家税务总局关于纳税人取得虚开的增值税专用发票处理问题的通知》（国税发〔1997〕134号）第1条的规定，定性为偷税予以追缴，同时按规定加收滞纳金。

对于涉案企业为其他企业虚开增值税专用发票的行为，因涉案企业已经申报缴纳了增值税，根据《国家税务总局关于纳税人虚开增值税专用发票征补税款问题的公告》（国家税务总局公告2012年第33号）第1条的规定不再按照其虚开金额补缴增值税。

由于涉案嫌疑人已被公安机关刑事拘留，正在按司法程序进行刑事诉讼，因此所有涉税企业的欠缴税款暂未执行。

【问题分析及工作启示】 严格税务征管，防范税收风险。在税务登记环节尽快推行办税实名制，加强法人代表和办税人员真实身份的验证并告知法律责任。在注销清算环节对开票量大、成立时间短的企业严格审查、严格把关。建立虚开风险企业分析模型，对风险企业及时进行风险预警和核查，发现涉嫌虚开骗税企业及时移送稽查立案查处。完善增值税发票管理系统，将纳税人开具的增值税清单数据与发票信息一样采集和管理。加大稽查选案分析的频度，力争做到早发现、早查处，发现虚开的新特点、新手法、新趋势及时告知有关部门加强管理，及时防范处置税收风险。

推进联动管理，实施源头控管。防治医药行业虚开发票应与医药购销和医疗服务不正之风治理紧密结合，充分发挥税务部门应有的职能作用，在惠及大众的民生工程中获取“话语权”。建立信息共享制度，依据药监部门的GSP、GMP认证信息建立税务部门医药企业基本信息库；对药品生产批发企业建立开具药品发票制度，要求在开具发票时注明药品批号，完善药品质量和价格追溯体系建设；应用大数据分析的方法，将税务发票系统数据与药监GSP系统数据进行分析比对，筛选风险企业进行检查，做到早发现、早处置。

加强部门协作，提高工作效率。从案件查办情况看，审计署在2015年6月已基本完成审计工作，但直至11月才经国务院领导批示后移交国税、公安机关查处。在此期间，犯罪团伙采取销毁账簿资料、注销企业等手段对抗检查，赖某等两名主犯还一度外逃至越南，后虽经税务、公安部门努力，促使赖某等犯罪嫌疑人投案自首，但有关资料缺失严重，对于案件取证、定性等有较大影响。从案件查办角度看，目前审计署移送案件的模式，对于涉嫌虚开犯罪案件容易错失最佳办案时机，影响办案质量和效率。建议税务总局与审计署协调，对于涉嫌虚开犯罪案件，在审计期间及时要求税务、公安部门提前介入，共同办案，最大限度、最快速度打击虚开犯罪。

（江西省国家税务局稽查局供稿）

案例4－6

某公司虚开增值税专用发票案

【案件类别】 发票违法案例

【案件所属行业】 批发和零售业

【案件特点】 检查人员通过经营情况合理性分析，资金流向分析，依托税警协作，一举查获了某公司对外虚开增值税专用发票的犯罪事实。

【案件来源】 上级交办

【基本案情】 2017年“双打行动”开展以来，D市国税局稽查局根据税务总局提供的疑点数据，会同当地公安经侦部门，查实该公司虚开增值税专用发票的违法犯罪事实。

【违法事实】 经查实，2015年1月至2017年5月，甲公司（以下称甲公司）在无真实货物交易的情况下，通过中间人吴某、刘某等人介绍，以票面金额2%的价格，将增值税专用发票卖给北京、天津、上海、河北、江苏、浙江、湖北、江西、河南、山东共10个省市45家棉纺织企业，虚开增值税专用发票价税合计金额124062301.5元，抵扣税款14272654.15元。截至2017年12月7日，涉案人员已全部抓捕归案，发出5份《已证实虚开通知单》。

【查办过程】 依托金税三期系统数据，初现端倪。检查中，检查人员首先提取了甲公司的货物销售对象进行数据解析，发现其在2015—2016年间，共与乙针织有限公司、丙服饰有限公司等49家公司发生销售业务往来63笔，销售收入108825247.45元，但是其中43家公司发生的销售业务均为一次性业务，占全部销售客户的86%，这有悖于正常企业维持老客户、发展新客户的经营理念。

探究电子底账数据，疑点显现。经过分析甲公司的电子底账信息，检察人员发现其进项税额绝大部分来自于农产品收购发票，而且收购对象高度集中。2015年度，甲公司从黄某、袁某、李某等24人处收购籽棉；2016年度，甲公司从袁某、高某等6人处收购籽棉，袁某等5人的收购占比高达96.62%。同时，甲公司进项税额构成及记账凭证中的生产辅料支出均为0，与企业正常生产经营结构不符。

调取关联信息，外部突破。检查人员还调取了甲公司的电力能耗数据，发现其支付的电费远远低于正常生产耗用量，与购进的棉花及销售的产成品均无法匹配。2015—2016年，甲公司取得的进项发票中包含生产加工所需的电费金额仅为30万元，但同期销售货物金额却高达8897万元，其中多数月份用电量与销项金额不成正相关关系。

借力税警协作，联合取证。检查人员在税警联络机制办公室的协助下，一一调取收购发票开具对象的身份信息，从年龄、性别及健康状况等各方面分析甲公司籽棉收购业务的真实性。经过多方面核查，检查人员取得了第一手证据：一是农产品收购发票开具对象多集中在某村，有的年龄已达87岁，其直接参与农业生产劳动的情况不符合常理。二是通过该村棉花可供耕种面积及亩产量与F公司加工销售的计算数据对比，其原材料——籽棉的供应量不足以支撑其账面记录的生产加工数量。

追踪资金流向，锁定关键证据。检查人员排查到甲公司的两个对公账户后，旋即对该公司的资金流展开了自上而下的筛查。

首先，检查人员简要分析了甲公司对公账户的支付特点和用途，进而将其农商行账户列为前期重点核查对象及资金链条起点，以甲公司收款后等额或相似金额支付给个人账户为重点检查的目标，挖掘出与甲公司存在大额资金往来的中间人账户3个——张某、吴某和刘某。这3个人与甲公司的资金往来频繁，金额较大，且均处于存在资金回流嫌疑链条的第一环节。2015—2016年，甲公司与这3个人的往来资金总额达6201万元，占检查区间资金往来金额的79.26%。

随后，检查人员核查了甲公司下游45家公司的资金往来，涉及价税合计110957521.27元，销售回款78228368.20元，其中：18户纳税人29处疑点销售业务的31条资金回流线索，涉及专用发票547份，价税合计60837469.7万元，资金回流查实金额44628491元；22户次纳税人存在长期挂账业务，涉及专用发票325份，价税合计33171338.97元，甲公司单位账户均未发现任何收款记录。

税警联合办案，验证虚开事实。鉴于案件已达到移交标准，检查人员按照法定流程，对本案进行了移交，与公安经侦部门成立了联合办案组，进一步扩大调查取证范围，增强打击违法犯罪活动的力度。案件移交后，联合办案组积极行动，充分发挥经侦部门对数据获取的技术手段优势，细致分析外调方案，果断采取措施，先后到J市、Q县、河南、河北等地进行取证、协查工作，确认了业务中间人吴某明因涉嫌虚开已被当地公安机关上网追逃，外调取证工作取得显著成果，截至2017年12月7日，涉案人员崔某、刘某等已全部抓捕归案。

【处理处罚结果】 针对甲公司的虚开增值税专用发票行为，根据《发票管理办法》第37条的规定，对其处以罚款20万元。同时，公安机关已将该案件移送检察机关审查起诉。

【问题分析及工作启示】 数据的获取、分析和应用是查办虚开案件的重要基础。充分挖掘税务部门平台数据，同时紧密依靠公安、银行等部门充分获取相关信息，制定数据分析方案，提取有效信息，形成指向明确的检查信息。强化数据应用，通过对聚合数据的针对性检查，有效克服检查中信息不充分与违法隐蔽性的矛盾以及稽查力量单薄与任务繁重的矛盾。

密切税警协作是打击虚开发票案件的有效方式。一是需要税警坚持信息共用，数据共享；二是需要税警坚持合理分工，相互补位；三是需要税警坚持双向反馈，成果共享。

强化农产品收购发票管理。农产品收购发票管理应遵从《发票管理办法》及其实施细则等相关法规、规章制度，农产品收购发票开具应按规定时限、顺序、栏目全部联次一次性如实开具，核定扣除政策仅仅改变了部分行业现行规定的凭票扣税法。

查处一案，强化和规范整个行业的管理。甲公司案件的查处在一定程度上暴露出棉花加工行业的征管漏洞，建议税源管理部门进一步通过数据应用，加大对农产品收购发票的管理力度，把控农产品加工行业风险点，不断提升提早发现风险、及时化解风险、努力防范风险的能力。

（山东省国家税务局稽查局供稿）

案例 4－7
某医药公司虚开增值税专用发票案

【案件类别】 发票违法案例

【案件所属行业】 批发和零售业

【案件特点】 一是从案件查办过程来看，河南省某市国税局稽查局在企业丢失账簿资料、拒不配合的情况下采取外调加攻心的策略获得检查工作的突破；同时，在其供货企业没有被定性虚开的背景下积极开展调查，最终定案；二是从案件本身来看，涉案金额巨大、涉案企业供货企业众多且分布广泛的特征明显。

【案件来源】 税务总局督办

【基本案情】 某医药公司成立于 2008 年 10 月 12 日，登记注册类型为其他有限责任公司；注册资金 3000 万元；经营范围为中成药、化学药制剂、抗生素、生化药品、生物制品（除疫苗）、精神药品（第二类）的销售，日用百货、日用消毒、灭菌品的销售，批发预包装食品（不含乳粉）（有效期限至：2017 年 3 月 23 日）。2008 年 10 月 23 日办理税务登记。2009 年 3 月 11 日被认定为增值税一般纳税人。

【违法事实】 让他人为自己开具与实际经营业务情况不符的发票。经查，该公司让 16 家公司为其开具与实际经营业务情况不符的增值税专用发票共计 1996 份，不含税金额 19126.57 万元，税额 3251.52 万元，并向税务机关申报抵扣了增值税进项税额。

取得虚开的增值税专用发票作为扣税凭证抵扣增值税进项税额。经查，该公司从 13 家公司取得增值税专用发票 702 份，金额 8255.03 万元，税额 1403.35 万元。这 13 家公司的主管税务机关已发出《已证实虚开通知单》，将上述发票认定为虚开的增值税专用发票，该公司已将上述虚开的增值税专用发票作为扣税凭证抵扣了增值税进项税额。

遗失账簿凭证造成所得税成本无法准确核算。在对该公司进行检查过程中，检察机关责令该公司限期提供相关账簿凭证及资料，该公司出具证明称部分账簿凭证丢失无法提供。经核定，该公司 2011—2016 年应补缴企业所得税 2042.46 万元。

【查办过程】 线索繁多，涉案范围广。2016 年下半年，河南省某市国税局稽查局陆续收到有关该公司的确认虚开函，共涉及 13 家公司，发票 702 份，金额 82550306.04 元，税额 14033551.16 元。另外，2017 年 3 月，税务总局移交的涉案线索共涉及 16 家公司，发票 1996 份，金额 191265685.84 元，税额 32515165.74 元。案件涉案企业之多、涉案金额之大，引起了该市国税局稽查局的高度重视，决定立即成立专案组开展检查。

企业人去楼空，前期检查受阻。专案组成立以后，迅速研究案情、确定检查思路。在进行了充分的案头分析以后，派出调账小组奔赴企业。可当调账小组到达企业后，却发现企业已经人去楼空，企业法人及财务人员的电话也无法接通，检查工作一时陷入了僵局。

调整方案，准确出击。尽管出师不利，但专案组并没有因此气馁，而是积极探讨如何破解案件查处难题。经过反复研讨，专案组最终确定了“外调为主、攻心为辅”的检查策略。

随后，检查人员划分为 6 个小组，跑遍了全国 15 个省 27 个县、市、区，锁定了上游企业以及重要的资金流向的重要证据。同时，经过检查人员的不懈努力以及对涉案企业人员心理的精准把握，该公司的法人以及财务人员终于露面，并配合检查人员的工作，梳理部分财务数据。

最终，检查人员不仅查实了税务总局移交的1996份涉案发票（涉及金额191265685.84元，税额32515165.74元），更进一步扩大战果，最终确定有问题发票2698份（金额273815991.88元，税额46548716.9元），严厉打出了虚开发票行为，维护了税法尊严。

【处理处罚结果】 根据《发票管理办法》第22条第2款第2项规定，认定该公司相关违法事实为虚开增值税专用发票行为。依据《增值税暂行条例》和《国家税务总局关于纳税人虚开增值税专用发票征补税款问题的公告》（国家税务总局公告2012年第33号）的相关规定，追缴该公司税款42038709.31元。

由于该公司账簿凭证大部分丢失，无法核实该公司应缴企业所得税，故根据《税收征收管理法实施细则》第47条第1款第4项“纳税人有税收征管法第35条或者第37条所列情形之一的，税务机关有权采用下列任何一种方法核定其应纳税额：……（四）按照其他合理方法核定”之规定，对该公司追缴其少缴企业所得税税款20424622.79元。

根据《刑法》第205条及《最高人民检察院公安部关于公安机关管辖的刑事案件立案追诉标准的规定（二）》第61条规定，将该公司涉嫌犯罪的行为移送公安机关追究其刑事责任。

【问题分析及工作启示】 迎难而上、创新方法。随着形势的发展，虚开增值税专用发票的违法犯罪行为由单一化向团伙化、专业化发展，不法人员精于研究税收政策漏洞，具有较强的反侦查能力。在这种形势下，税务稽查工作要迎难而上、创新方式方法。本案中，检查人员面对企业账簿丢失、拒不配合等情况，采取“外调为主、攻心为辅”的策略，取得了良好的效果。

虚开案件查处要锁定“三要素”。随着社会的发展，虚开发票犯罪分子的犯罪手法层出不穷，但万变不离其宗。本案中检查人员面对纷繁复杂的局面，始终聚焦“发票流、货物流、资金流”的检查，最终获得突破。

行业治理很关键。分析虚开案件特点，发现其集中存在于涉农、涉矿、涉油、医药、废旧物资等行业。从本案涉案企业所处的医药行业角度来说，原料药材收购自开自抵且分布地域广、流动性强，医药行业生产经营环节复杂，征管难度颇大，难点颇多等原因都为其虚开提供了温床。因此，针对虚开行业化分布的特点，加强行业管理尤为关键。

（河南省国家税务局稽查局供稿）

案例4－8

某医药企业虚开增值税专用发票系列案

【案件类别】 发票违法案例

【案件所属行业】 制造业

【案件特点】 涉案9家公司分别于2016年1月、4月、7月、9月注册成立，全部认定为增值税一般纳税人，经营范围均为中药材加工成花茶销售。成立及注销时间集中，2016年1月成立1家，2016年4月、7月分别成立3家，2016年9月成立两家。2016年1月、4月成立的4家公司集中于12月注销。9家公司多为“招商引资”企业，且每两家公司使用同一经营地址，财务负责人和法人代表相互关联，互相交叉。团伙作案，具有较强的专业性；区域作案，具有较大的流动性。

【案件来源】 协查案源

【基本案情】 2017年1月，河南L市国税局稽查人员到广西Y市，对L市企业开具给Y市药材加工企业的发票情况进实地协查，涉及Y市4家公司。在检查中发现，普遍存在发票联与存根联不一致、发票“大头小尾”且金额十分巨大的情况。Y市稽查部门立即通过增值税发票系统进行筛查分析，牵出同类性质涉案企业5家。2017年2月16日，Y市税警联络机制领导小组决定成立专案组，对Y市涉嫌虚开增值税专用发票的9家公司进行立案检查。此9家公司均采取聘任挂名形式，利用他人身份证办理相关证照，实际经营控制人为刘某1人。经营范围相似、经营方式相同，在短期经营（成立1年左右就注销）期内，勾结区内外企业，大量购领发票。2016年3月至2017年1月期间，涉案9家公司共申报销售收入11.37亿元，销项税额1.898亿元，进项税额1.77亿元，应纳税额0.12亿元，税负率1.1%。取得普通发票4253份，金额合计14.48亿元，涉及河南等7个省68家公司。已抵扣4018份，申报抵扣进项税额1.76亿元，占9家公司申报抵扣进项税额1.77亿元的99%。同时向下游企业开具增值税专用发票12271份，涉及安徽等7个省19家公司，金额合计11.38亿元，税额合计1.898亿元。

【违法事实】　经专案组检查和外调核实，该案涉案9家公司交易资金信息不真实，银行收款和支付购货款后存在回流资金。利用取得"大头小尾"的普通发票和假普通发票用于抵扣进项税额。发出委托加工货物不真实，利用套号代开假发票掩盖，伪造虚假委托加工的业务。运输途径不符合其经营实际，列支运输费用虚假。经委托受票下游企业税务机关协查出具的《税收违法案件协查回复函》，证实受票下游企业属未收货或虚假货物交易。9家公司在没有真实货物交易的情况下开具增值税专用发票12271份，金额合计11.37亿元，税额合计1.9亿元，属于虚开增值税专用发票的行为。

根据《国家税务总局关于走逃（失联）企业开具增值税专用发票认定处理有关问题的公告》（国家税务总局公告2016年第76号）第1条、第2条第1款第1项的规定，Y市某中药材有限公司等9家公司违反了《发票管理办法》第22条第2款第1项、《全国人民代表大会常务委员会关于惩治虚开、伪造和非法出售增值税专用发票犯罪的决定》第1条第4款和《最高人民法院关于适用〈全国人民代表大会常务委员会关于惩治虚开、伪造和非法出售增值税专用发票犯罪的决定〉的若干问题的解释》（法发〔1996〕30号）第1条第1款的规定，9家公司在没有真实货物交易的情况下开具增值税专用发票12271份，金额合计11.37亿元，税额合计1.9亿元，属于虚开增值税专用发票的行为。

【查办过程】　成立专案组，确定检查方案。根据协查案源，迅速启动税警联络机制，成立专案组对案件进行分析并制定检查方案，重点检查涉案企业货物的购进、货物的销售和销售方向、货物的存放地、是否有货物的加工，加工方式和地点、货物的运输方式、资金的流向、取得的进项发票是否真实等方面。专案组分为三个小组，其中，数据组负责数据收集、整理、统计及相关证据资料的收集；讯问组负责对涉案企业有关人员的询问；外调组主要负责对外发函、收函及外调取证。

案情复杂，办案阻力大。涉案企业共9家，需要调取大量的财务资料，且企业账务十分混乱，财务资料残缺不全，造成整理数据工作量大。涉案企业中有4家已经注销，无法联系上其法定代表人。经查实，9家公司的实际控制人为刘某，所有公司的经营业务均由其负责，但刘某一直以出差为由，走逃在外，这对专案组问讯、了解涉案公司情况带来困难。9家公司共取得普通发票4253份，涉及河南等7个省68家公司，全部查证难度较大。向下游受票企业开具增值税专用发票共12271份，涉及安徽等7个省19家公司，需要委托下游企业税务机关协查，工作量非常大。为了隐瞒资金流向，涉案企业开设了大量的银行账户，且绝大部分在外地，核对回流资金数据需要大量时间和人力。涉案的公司没有仓库、厂房，购销两头在外，运输、委托加工点也在外地，要查清货物流难度大。由于税务机关的执法权有限，在外调时取证受到限制，需要公安机关大力配合。

克服困难，采取有效措施。一是查询资料，分析案情。对涉案企业大量的财务资料进行分类、整理，建立数据库。从"发票流、货物流、资金流"、购进销售合同的签订、有关业务人员的资料证据进行检查，收集、复印、整理、归类，建立基础数据库，获取第一手证据，并作为询问有关人员的资料依据。通过询问涉案有关人员，摸清涉案企业的购销产等生产经营情况。经检查，确定9家公司2015年12月至2017年1月共申报销售收入11.37亿元，销项税额1.898亿元，进项税额1.77亿元，应纳税额0.12亿元，税负率1.1%。取得普通发票4253份，金额合计14.48亿元，涉及河南等7个省68家公司。已抵扣4018份，申报抵扣进项税额1.76亿元，占9家公司申报抵扣进项税额1.77亿元的99%。同时向下游企业开具增值税专用发票12271份，涉及安徽等7个省19家公司，金额合计11.38亿元，税额合计1.898亿元。二是绘图资金，流向分明。专案组到银行系统对9家公司及其以法定代表人名义开户的20多个银行账号进行查询检查。由于数据量大，专案组采取勾画流向图的检查方法追踪每一笔款项的流向，发现涉案企业的资金交易额异常大，下游企业将开票金额的款项通过银行转到Y市涉案企业的基本账户上，涉案企业于当天或次日从公司基本账户将钱转到公司法定代表人的私人账户，然后从法定代表人私人账户中呈树权式转入多个私人账户。专案组又两次派员到安徽H市、B州、河南等地查询银行账户，调取相关的40多个银行账户的流水资料，证实了涉案企业资金回流的事实。外调物流，发现虚假。专案组先后派员赴河南L市、A市等地调查取证，获取大量的证据。证实河南L市11家公司开具给Y市涉案企业的普通发票906份，发票联金额5.77亿元，而L市存根联金额仅为47.72万元，两者相差5.76亿元。同时发现存在克隆假发票情况，在河南通过A市国税局证实，Y市涉案企业取得A市国税局代开的发票为克隆假发票，也没有为Y市涉案企业加工货物的企业，证实利用套号代开假发票掩盖假委托加工的事实。三是熔断发票，防范注销。专案组在案头分析时发现4家公司集中在2016年12月注销的情况后，立即启动增值税熔断机制，书面通知管理部门暂停办理尚未注销5家公司的发票领购及开具，且不予办理其申请注销的相关手续。

【处理处罚结果】 根据《最高人民检察院 公安部关于公安机关管辖的刑事案件立案追诉标准的规定（二）》第61条的规定，已达移送公安机关标准。公安机关已立案侦查。

【问题分析及工作启示】 有效利用增值税发票系统准确及时锁定涉案企业。本案围绕虚开发票的风险特征，通过专业人员设定相关数据分析指标和构建数据分析模型，充分发挥增值税发票系统升级版完整及时的发票数据优势，准确及时锁定涉案企业。在查处过程中，利用增值税发票电子底账全国实时上传、发票信息全要素采集的优势，深度挖掘电子底账信息，抢占信息制高点，打造“以票查税”升级版。

充分发挥税警联络机制的作用，形成打击合力。本案9家公司购销两头在外，企业相关涉案人员、发票、资金及物流等涉及多个省区，调查取证工作需要协调多省区、多部门联合检查，以形成检查合力。市国税局、市公安局主要领导亲自协调，在查处过程中，及时了解案情、研究措施、果断决策，确保在人、财、物等方面满足办案的需要，促进了该案的成功查处。

及时运用增值税熔断机制，防范执法风险。熔断原理与电路保险闸工作原理类似，一旦电压异常，保险丝自动熔断，以避免电器受损或者发生火灾。检查人员将熔断机制引入增值税专用发票风险应对业务中，在税收管理中，发现纳税人存在虚开、虚抵、骗取出口退税等高风险特征时，应立即启动工作机制，通过降低开票限额、减少发票供应量、中止离线开具发票、暂停开具增值税发票、失控发票登记、暂停网上申报，以避免虚开发票，防止虚抵进项税。

（广西壮族自治区国家税务局稽查局供稿）

案例4－9

某文化传播有限公司发票违法案

【案件类别】 发票违法案例

【案件所属行业】 租赁和商务服务业

【案件特点】 一是该案是纳税人企图利用假发票逃避税收的典型案例；二是该案的查处是税务机关依靠部门协作机制、利用第三方涉税信息查处税收违法行为的模范案例；三是该案的查处是综合运用多种检查方式查处企业税收违法行为的成功案例。

【案件来源】 相关部门转办

【基本案情】 某文化传播有限公司于2011年5月12日办理企业法人营业执照，属于独立核算的一人有限责任公司；公司注册资本500万元人民币；经营范围为文化艺术交流策划，设计、制作、代理、发布国内各类广告。该公司于2011年5月13日办理了税务登记，企业所得税在地方税务局缴纳。该公司从2013年8月起纳入营业税改征增值税范围，2013年7月前的广告业收入在地方税务局申报营业税，2013年8月后的广告业收入在国家税务局申报增值税。

目前，该公司为增值税一般纳税人，在地方税务局主要缴纳营业税、印花税、个人所得税、企业所得税等。检查发现该公司存在使用假发票入账、少缴企业所得税、少缴营业税及其附加等问题。

【违法事实】　检查组围绕企业提供的全部涉税资料采取多种方式进行核查，查实该公司存在未按规定取得发票、未按规定进行会计核算、未按规定进行纳税申报等问题。一是2013年1—7月该公司取得不合法广告业发票188.51万元。二是2013年度不按规定进行营业税纳税申报，合计少缴营业税9.11万元。三是会计核算账、证不健全，不按规定申报缴纳企业所得税，2013年度取得广告业收入968.96万元、2014年度取得广告业收入902.04万元，未按规定进行企业所得税核算清缴。四是2013—2014年不按规定申报印花税，少缴2013年度印花税0.57万元，少缴2014年度印花税0.47万元。

【查办过程】　2015年7月底，广西N市公安局经侦支队向广西N市地税局稽查局移送了办案过程中发现的该公司涉嫌使用假发票的线索。接到线索后，稽查局及时对该公司涉嫌税收违法的情况进行案头分析，核查纳税信息系统中公司的纳税信息，并调取征管部门掌握该公司的其他征管资料，发现该公司自2013年以来存在纳税申报异常的情况。结合公安部门移送的线索，稽查局于2015年9月初对该公司2013年1月1日至2014年12月31日涉及地方税税收情况进行了检查。

检查组核查了该公司2013年1—7月在地税部门取得的广告业全部发票。通过“广西地税发票税控管理系统”进行比对，发现其中有20份发票与税务系统留存信息不一致。检查人员按规定提取了这20份异常发票的原件，及时移送主管税务机关发票管理部门进行鉴定，发现这批发票系冒用N市两家广告企业的信息，最终确认这20份发票系假票，开具金额合计188.51万元。经查涉嫌开具假票方的企业为非正常户，无法进一步调查核实。稽查部门将核查结果同时反馈给公安部门，提请公安部门进一步侦查。针对企业纳税申报异常的情况，检查小组详查了该公司账册凭证等会计材料，发现该公司账、证不健全；利用查账软件检查该公司电脑会计资料，发现仅有流水记录，无法正确反映该公司真实经营情况；核对该公司在税务主管征收机关企业的纳税申报情况，发现该公司2013—2014年度企业所得税、印花税申报均为0。检查组对企业负责人、财务负责人等企业相关人员提取询问笔录，就企业存在的违法问题进行确认；对企业经营收入有关系的单位实地进行了外调抽查，以确认业务的真实性。

【处理处罚结果】　营业税。根据《税收征收管理法》第64条第2款规定，向该公司追缴少缴的2013年度营业税9.11万元，城市维护建设税0.63万元，并从税款滞纳之日起按日加收5‱的滞纳金；同时处以少缴税款0.5倍的罚款。

印花税。向该公司追缴少缴2013年度印花税0.57万元，少缴2014年度印花税0.47万元，并从税款滞纳之日起按日加收5‱的滞纳金；同时处以少缴税款0.5倍的罚款。

企业所得税。该公司取得的不合法票据188.51万元不允许扣减；该公司账、证不健全，无法准确核算企业所得税，根据《税收征收管理法》第35条第4款和《国家税务总局关于印发〈企业所得税核定征收办法（试行）〉的通知》（国税发〔2008〕30号）第3条、第4条、第6条、第8条的规定，对该公司2013—2014年度企业所得税核定征收。该公司2013年度取得广告业收入968.96万元，核定该公司2013年度应缴企业所得税24.22万元；2014年度取得广告业收入902.04万元，核定该公司应缴企业所得税22.55万元。根据《税收征收管理法》第32条的规定，向该公司追缴少缴的2013年度企业所得税24.22万元、2014年度企业所得税22.55万元，并从滞纳税款之日起按日加收5‱的滞纳金。

针对非法取得假发票问题，根据《发票管理办法》第39条规定，对该公司知道或者应当知道是私自印制的发票而受让的行为处1万元的罚款。

【问题分析及工作启示】　一是进一步强化公安机关派驻税务机关联络机制职能作用。该案的顺利查处，主要得益于公安经侦部门在查办其他案件过程中及时移送企业涉税违法线索。二是进一步加大社会综合治税力度。推动税收社会共治，积极争取其他部门的支持和配合，充分利用各方涉税信息，形成打击偷、骗、抗税和虚假发票的违法犯罪合力。三是强化日常税收征管。纳税异常监管机制的缺失，是企业存在税收违法问题的根本原因之一。四是加强税收法律法规宣传。该案涉事企业故意使用假发票逃避税收，依法纳税意识不强，要持续加强税法宣传，提高纳税遵从。

（广西壮族自治区地方税务局稽查局供稿）

案例 4－10

某煤业公司虚开增值税专用发票案

【案件类别】 发票违法案例

【案件所属行业】 批发和零售业

【案件特点】 一是税务部门在发现违法线索后，主动联合公安机关，充分发挥警税各自的专业特征，摸清违法犯罪的基本规律，对涉案的上下游企业进行排查，发现多家企业虚开专用发票犯罪的事实，实施精准打击，彻底斩断了违法犯罪企业的利益链条。二是涉案企业通过伪造购销煤炭“过磅单”“承兑汇票”等形式，虚构销售业务，伪造“三流一致”假象，在近两年时间内大肆接受和开具专用发票，其中某国营单位为完成上级单位考核，主动参与到虚开专用发票行业，也受到法律严惩。三是警税联合办案过程中，采取“异地联动”的形式，对企业从上游购进到下游销售全面开展检查，检查思路完全契合增值税的抵扣规律，查处了虚假承兑汇票等系列物证，逐条把握涉案资金的运动轨迹，逐一寻找上游供票的关键涉案人员，有力扩大了打击成果，震慑了违法犯罪人员。

【案件来源】 协查案件

2013 年 4—8 月，W 市国税局稽查部门收到吉林省等地多份协查函，指向 W 市某煤业公司（以下称甲公司）存在接受虚开专用发票违法嫌疑后，迅速组织检查人员，通过调取企业会计资料、调查询问涉案人员、查询梳理资金流向的方式，对甲公司开展检查，在检查中发现涉案企业还存在对外虚开专用发票的重大嫌疑。经局领导批准，与公安机关采取联合检查方式开展行动。2017 年 11 月，涉案企业及人员均受到刑事判决。

【基本案情】 2013 年 4 月，W 市国税局稽查局收到协查函后，及时采取有效措施固定证据，调取账簿社会保险费、实地查看、查询银行账户和冻结账户。经检查发现甲公司的煤炭购销业务几乎在无库存的情况下开展，基本呈现出“无场地、无库存、无运输”的状态，账务资料所反映的“过磅单”“承兑汇票”等内容均存在伪造嫌疑。由于从上游取得专票数额巨大，且向下游销售公司销售存在虚假嫌疑，2013 年 11 月，稽查局将该案件移送公安机关，采取联合检查方式进一步查证。经过公安机关和税务机关赴多地调查取证，证实甲公司接受虚开专用发票和向乙公司、丙公司、丁公司等多家公司虚开增值税专用发票的违法犯罪事实。2015 年 12 月 9 日，检察机关向 W 市中级人民法院提起公诉，相关涉案人员于 2017 年 11 月受到刑事制裁。

【违法事实】 经调查核实，甲公司非法取得虚开增值税专用发票 217 份，金额 7722 万元，税额 1312 万元，价税合计 9034 万元，并向多家公司虚开专用发票。

【查办过程】 协查指向明确，查证票货来源不一致。2013 年 4 月末，W 市国税局稽查局收到协查函，来函称辖区甲公司涉嫌接受虚开专用发票。经过初步检查，甲公司郭某声称主营煤炭购销业务，货物“原煤”的合同是与开票方公司设在内蒙古的销售代理人员签订，货物交易均真实有效。通过账面检查，甲公司开票方的公司业务交易记录翔实，付款记录、合同、过磅单据等资料一应齐全，货款通过“一票制”结算。但票源和货源的差异问题引起了检查人员的警觉，内蒙古的货物，东北地区的发票，典型的票货不一致。

实地调查，虚开专票疑团更加扑朔迷离。检查组结合前期立案检查情况，认真分析企业生产经营模式，实地到企业经营场地进行查看发现，经营租赁的场地早在 2010 年已转租他人，甲公司仅仅在 W 市区某宾馆内租用一单间，作为其长期办公场所和经营核算地。郭某声称销售过程中供方把“原煤”运送到需方指定地点，所以经营场地没有启动而转租他用，购进的煤也没有库存。账务记载工整，交易款项清晰可见，从账面根本无法发现交易瑕疵。

警税主动联合，集群战役获得重要情报。为防止引起嫌疑人员警觉，避免人员走逃、销毁证据等情形发生，专案组决定继续由税务机关以涉税检查名义，将协查函涉及开票期间的全部资料予以调取，对证据进行保全，再由警税双方共同检查。

专案组认为，单纯地从受票方取得相关证据较难定性，并且后续案件的处理及定性和对涉案人员定罪还需要其他证据支持。正当专案组研究下一步侦破方向时，公安机关通过"集群战役"机制获得了重要情报线索，票源地公安机关已将部分涉案人员批捕，这为案件的侦破带来转机。

异地联动，终获虚开证据。2013 年 12 月 20 日，专案组赶赴案发地从外围开展调查取证。在异地警税机关的配合下，从犯罪嫌疑人处获知，涉案的开票公司利用他人身份证件虚假注册，以收取 5% ~6% 的开票费对外开具发票，款项均通过银行账户转账完成，均无真实的货物交易。与此同时，专案组还获取了多个用于资金转账的银行账户及资金流信息，绘制了每笔款项的"资金往来关系图"，掌握了资金的活动轨迹，并对涉案的中间介绍人员进行了询问。

外围调查取证，专案组终于打开了突破口，上述大量翔实的证据资料，戳穿了甲公司法人郭某的谎言。2014 年 6 月 18 日，郭某被公安机关正式批捕归案。

把握增值税规律，斩断利益链条。在侦破甲公司取得虚开专票案件的同时，专案组认为该公司对外虚开专票嫌疑难以排除，随即对下游受票企业进行检查，下游受票企业涉及乙公司、丙公司、丁公司等 3 家公司。经侦查，获取上述涉案企业违法犯罪的重要证据，其中作为某国有企业的丙公司只是坐收渔利，在整个交易环节中即不负责运销煤炭，也不对货物交易进行现场确认，整个购进和销售过程仅根据甲公司和乙公司提供的数据制作入库、出库单据，并开具专票，货款支付均通过承兑汇票背书完成。根据案件调查情况，公安机关于同年 6 月对丙公司张某和谷某予以批捕。

【处理处罚结果】　2016 年 11 月 7 日，W 市中级人民法院依法做出一审判决，相关涉案人员对一审判决不服，向甘肃省高级人民法院提出上诉。2017 年 11 月 20 日，二审终审判决下达，甲公司郭某判有期徒刑 15 年，判处罚金 50 万元；丙公司犯虚开增值税专用发票罪，判处罚金 200 万元，时任该公司主要负责人张某和谷某，分别判处有期徒刑 6 年；丁公司杨某和饶某分别判处有期徒刑 3 年，缓期 3 年 6 个月，并对单位判处罚金 20 万元。

【问题分析及工作启示】　本案是 W 市近年来打击发票违法犯罪工作中，被司法机关审判的一起典型案件。税务机关凭借查处虚开发票案件的办案经验，主动作为，果断出击，为行政执法和刑事司法的顺利衔接探索出了好的经验和做法。在配合公安机关侦破案件的过程中，税警双方优势互补，明确分工，周密部署，为推进案件侦破提供了强有力的组织保障。税务机关向公安机关重点讲解税收政策，帮助公安机关理解税收政策和专票的开具、领购、认证和抵扣政策，并协同到异地收集证据资料，尤其在资金流梳理过程中，税务人员按照司法证据要求绘制"资金往来图"，根据资金线索有效锁定犯罪嫌疑人员，极大地提高了公安机关的侦破效率。在案件进入公诉和审判阶段，税务机关积极配合补充相关证据资料，讲解增值税原理和发票管理制度，帮助司法机关理解刑法中关于虚开专票的相关立法原理，可以说是在侦破、公诉和审判中做到了全程全面配合。最终，5 人受到刑事判决，1 人和两家公司被判处罚金共计 270 万元，追回税款 1020 余万元，有力的挽回了国家损失，取得了良好的打击效果。

查处虚开案件存在查处难、定性难、移送难的"三难"问题，税务机关不仅面临较大的工作压力，更给税收管理带来了越来越多的风险。针对虚开案件，税务机关作为违法线索的首要发现机关，在同司法机关协作过程中应相互学习、交流经验，取长补短、互信互助，才能在打击涉税违法犯罪中形成战斗堡垒，取得更大的胜利。

（甘肃省国家税务局稽查局供稿）

案例 4 – 11

某商贸有限公司虚开增值税专用发票案

【案件类别】 发票违法案例

【案件所属行业】 批发和零售业

【案件特点】 本案为借用他人身份证件虚假注册公司，短期内大肆虚开增值税专用发票。注意保密工作，周密部署，启动税警快速反应机制，由公安抓捕犯罪嫌疑人，是此案得以迅速查处的关键。

【案件来源】 税务总局下发

【基本案情】 某商贸有限公司于2014年5月21日成立，2014年7月8日被认定为增值税一般纳税人。2014年7月至2015年7月，该公司接受虚开增值税专用发票98份，抵扣进项税9159986.64元；对外虚开增值税专用发票570份，金额55338609.71元，税额9407564.59元，价税合计64746175.30元。

【违法事实】 一是虚假注册公司。该公司为其实际控制人杨某秋借用杨某民的身份证明注册成立的企业。二是取得进项发票。经检查，该公司从上海和北京等地共计9家公司采取非法购买方式取得货物品名为黄金的增值税专用发票98份，抵扣进项税9159986.64元，并有资金回流。三是对外虚开销项。经检查，该公司采取无实际货物交易、虚进虚出的方式，对外开具货物品名为煤炭的增值税专用发票共计570份，金额55338609.71元，税额9407564.59元，价税合计64746175.30元。其中：2014年9—12月共计开具增值税专用发票142份，金额13923010.87元，税额2366913.01元，价税合计16289923.88元；2015年1—7月共计开具增值税专用发票428份，金额41415598.84元，税额7040651.58元，价税合计48456250.42元。

【查办过程】 接到案件线索后，宁夏S市国税局稽查局立即成立专案组分析案情，制定了详细的检查预案，办案人员核实了该公司工商登记信息，并通过税务总局和人民银行提取的该公司开户信息，查询了该公司成立以来的所有资金流向，结合从金税三期系统中导出的进项和销项发票明细进行汇总分析，发现了与开票和受票企业有关的大量资金回流记录，根据以上情况，检查人员与公安机关进行了信息交换，公安机关决定立案侦查。2015年8月6日上午，税警专案组将企业会计张某楠带到石嘴山市公安局进行了询问，通过会计张某楠得知实际控制人张某斌（盗用名）早晨刚和她见过面并还在S市D区后，及时调整人员对其进行布控。2015年8月6日下午5点左右，该公司实际控制人杨某秋在其租住的房屋内被公安人员抓获。现场查获了两套金税设备、未开完的空白发票和几份未认证的进项发票（货物名称为黄金）、公章、5部手机、两张盗用的身份证和1张假身份证以及部分现金，专案组对以上资料进行了扣押，并连夜对杨某秋进行了讯问。

由于实际控制人杨某秋把经营期间的账簿社会保险费、凭证、取得的进项发票、开具的发票销项记账联全部销毁，检查组立即对现场查获的两套金税设备进行扣押，随后对开票数据进行了拷贝及打印，打印出2014年12月至2015年7月的原始开票数据，没有发现2014年7—11月的开票数据，经询问得知开票设备和金税系统在2014年12月做了升级，以前的数据没有备份，以前的开票计算机杨某秋卖给了废品收购站。尽管如此，办案人员还是通过金税认证、报税子系统找到了该公司所有认证抵扣的进项发票和对外开具的发票信息，但开票企业和受票企业的货物名称、数量、单价等信息系统中无法找到。为了搞清楚进项发票和销项发票的企业，检查人员经征管系统和互联网查询到所有为该公司开具进项票的开票企业名称和接受该公司开具销项发票的企业名称，但销项发票和进项发票的货物名称、数量、单价等无法获知。

检查组调整思路先后3次到上海、江苏、北京等地外调协查，并通过网上发出协查函，在当地税务机关的配合下，彻底查清了该公司在杨某秋控制下虚开发票的事实。除北京的4家公司已走逃外，其余5家公司为该公司开具的货物名称为黄金，占到了该公司全部进项的93.86%，而该公司开出的销项发票货物名称全部为煤炭。购进货物和销售货物不匹配，充分说明了其虚开发票的事实。S市国税局稽查局及时向受票地企业所属税务机关发出已证实虚开通知单，尽力挽回税款损失。

【处理处罚结果】　追缴税款并加收滞纳金。根据《税收征收管理法》第32条“纳税人未按照规定期限缴纳税款的，扣缴义务人未按照规定期限解缴税款的，税务机关除责令限期缴纳外，从滞纳税款之日起，按日加收滞纳税款5‱的滞纳金”之规定，对该公司应补缴税款9159986.64元从滞纳税款之日起，按日加收滞纳税款5‱的滞纳金。根据《税收征收管理法》第63条的规定，上述抵扣进项税行为已构成偷税，对该公司上述违法行为定性为偷税，追缴已抵扣增值税9159986.64元，并对该公司处1倍的罚款。根据《发票管理办法》第37条之规定“虚开发票的，由税务机关没收违法所得；虚开金额超过1万元的，并处5万元以上50万元以下的罚款”对该公司虚开发票的行为处以50万元的罚款。该案已涉嫌犯罪，移交公安机关。

【问题分析及工作启示】　问题分析。一是“简政放权”的配套制度还不够完善。商事登记制度改革后，申请办理企业注册登记只需填写“一表”，向“一个窗口”提交“一套材料”即可，登记部门审核后，直接核发加载统一代码的营业执照。新的商事登记制度确实方便了广大纳税人，同时也存在一些不容忽视的问题，如资料的审核仅限于对资料完整性的审核，而对资料合法性的审核程序缺失，导致丢失身份证件人员在不知情的情况下“莫名其妙”担任法定代表人、股东，合法性审核程序的缺失让不法分子钻了空子。二是税收“后续管理”制度缺乏明确的操作规定。在行政审批改革前，增值税一般纳税人资格认定、发票增量核定等方面需要税源管理部门实地查验、核查，规定了需核查的内容、方法，职责清晰，在一定程度上能够及时发现企业的一址多照、虚假地址、大量领购发票等异常现象，及时采取应对措施。行政审批制度改革后，强调后续管理，但内容不清，职责不明，基层税源管理部门主动出击查找风险点的主动性不高。三是增值税一般纳税人财务是否健全的规定模糊不清。现在，增值税一般纳税人资格管理实行备案制，销售额标准是认定一般纳税人的硬指标，而财务核算是否健全虽然非常重要，但因没有具体操作标准却成为软指标。税务管理部门及管理人员对财务核算健全的理解和掌握尺度不一致，导致企业财务核算健全程度千差万别。

工作启示。一是加大国地、税警、税银等多方协作，健全完善常态化合作机制，持续提升合作水平，建立畅通有效的信息交流平台，不断加强涉税信息共享。二是完善增值税一般纳税人备案制度。在增值税一般纳税人登记备案环节，推行对法定代表人、财务负责人、办税人员、中介代理人员等关键人员现场录像采集身份信息核对制度。办税人员到税务机关办理涉税事宜，应出示相关证件及委托文书。办理网上涉税事宜，向纳税人发送验证信息，验证通过，方可办理涉税事宜。三是完善增值税一般纳税人事中、事后核查制度。建议由区局法规处牵头，货劳、征管等部门配合，梳理增值税一般纳税人管理的现有制度，分析风险点，完善税源管理部门事中、事后核查内容、核查标准。特别是一般纳税人财务核算健全的核查内容与核查标准，加强对一般纳税人的约束。四是要加快推行增值税发票风险预警系统。主管税务机关要加强一般纳税人登记认定的事后实地核查，高度重视辖区内新办企业，尤其是新办商贸企业，定期开展巡查、分析和研判，从源头上严格监控和管理。实时关注辖区内企业经营动态，对用票量与开票量异常的企业及时与其注册资金进行核对，并通过增值税发票电子底账管理系统、增值税专用发票升级版数据应用分析系统对其进、销项数据对比分析，及时发现和制止虚开发票行为。五是严厉打击惩治利用增值税发票犯罪活动。加大对虚开发票和接受虚开发票违法行为的处罚力度，重点打击买方市场。尤其要关注多次取得虚开发票的企业，对恶意虚开、接受虚开增值税专用发票的，要从严处理、从重打击，符合移送条件的，必须移送公安机关追究刑事责任，绝不能以罚代刑。

（宁夏回族自治区国家税务局稽查局供稿）

案例 4－12
“4·05”虚开发票专案

【案件类别】 发票违法案例

【案件所属行业】 批发和零售业

【案件特点】 该案由新疆 K 区国税局征管部门发现，涉案多家企业在同一地址注册，短期大量领购发票进行虚开的异常情况后，移交 K 区国税局稽查局进行专案调查。该案多省市、多环节、多关联人团伙作案，增加了查办案件的难度。K 区税警密切协作、积极配合，切实发挥各自优势，开展多种手段分析、取证调查，案件突破迅速。此案的成功查办，充分发挥了税警合作机制优势互补、有力打击涉税违法的重要作用。

【案件来源】 征管移送

【基本案情】 2016 年 1 月，K 区国税局稽查局立案检查后，发现涉案人员均已走逃，为突破案件，稽查局在掌握当事人部分虚开证据后，及时将案件移送公安机关。2016 年 4 月 5 日，公安机关正式立案，并将案件命名为“4·05”虚开发票专案。因案情重大，本案由新疆国税局报请税务总局作为督办案件。

经查，2015 年 11 月，涉案当事人委托某财务咨询公司张某冒用他人名义，注册办理某再生资源回收利用有限公司等 6 家公司，注册地址均为 K 发展大厦（大厦尚未开建）。自开业至 2016 年 1 月，6 家公司虚构经营业务，领购增值税专用发票 11470 份，向疆外 411 家企业虚开增值税专用发票 7906 份，金额 84.99 亿元，税额 14.45 亿元；为了取得进项抵扣掩人耳目，通过套用他人公司票号方式，为自己虚开了山东、福建等 14 个省、市、自治区的海关进口增值税专用缴款书 458 份，税额 18.66 亿元，申报抵扣进项税额 2.66 亿元；非法取得四川、甘肃等 10 个省、市、自治区 58 家公司虚开的增值税专用发票 5011 份，金额 25.20 亿元、税额 4.28 亿元，申报抵扣进项税额 3.88 亿元。根据《发票管理办法》第 37 条规定，税务机关认定该公司虚构经营业务，以涉嫌虚开增值税专用发票罪移送公安机关追究司法责任。

【违法事实】 一是自开业至 2016 年 1 月，6 家公司领购增值税专用发票 11470 份，虚构经营业务，向疆外 411 家公司虚开增值税专用发票 7906 份，金额 84.99 亿元，税额 14.45 亿元。二是通过套用他人公司票号方式，为自己虚开了山东、福建等 14 个省、市、自治区的海关进口增值税专用缴款书 458 份，税额 18.66 亿元，申报抵扣进项税额 2.66 亿元。三是非法取得四川、甘肃等 10 个省、市、自治区 58 家公司虚开的增值税专用发票 5011 份，金额 25.20 亿元、税额 4.28 亿元，申报抵扣进项税额 3.88 亿元。

【查办过程】 立案侦查，效果显著。案发第一时间，K 区国税局及时将有关案件情况上报，K 区国税、公安机关立即沟通、协商，通过对涉案人员信息资料及行踪、企业工商登记资料、银行资金交易情况、企业纳税申报及完税情况资料的初步分析、研判，一致认为税警双方应立即抽调精兵强将，摸清案情。公安部门立即抽调骨干力量与国税部门组成专案组，通过 K 区国税局领导及稽查局人员的共同努力，经与公安、检察院等部门多方沟通协调后，K 区公安局于 2016 年 4 月 5 日下午 6 时以“陈某等人涉嫌虚开用于抵扣税款发票”案（陈某为重要嫌疑人）正式立案，案件定名为“4·05”虚开发票专案。立案后，迅速进行网上追逃，抓捕嫌疑人。

积极协调，联合办案，外调取证。办案期间，稽查局专案组人员与公安部门专案人员外调七批 30 余人次，取得案件涉案嫌疑人利用虚假海关进口增值税缴款书抵扣税款的证据，掌握嫌疑人资金回流的部分证据，参与抓获嫌疑人和配合公安取证等工作。

发挥优势，相互配合，共同办案。根据前期掌握的线索，公安部门尽快抓获犯罪嫌疑人到案，及时审讯，掌握是否有其他同案人员、确定犯罪关系网络、确定虚开发票的窝点及通讯、开票机具等重要线索和证据。税务人员发挥自身优势，核对、梳理海量数据，拟从“发票流”“物流”“资金流”入手充分固定证据。

抓捕到案，挽回损失。嫌疑人陆续抓捕到案，公安机关通过审讯，继续掌握犯罪线索、证据，梳理案件脉络，获取开票地点、发票份数、金额、受票人等详细信息。公安部门追缴已冻结的部分赃款和赃物，通过自治区公安厅上报公安部，向涉案企业的上下游企业所在地公安部门发出查证要求，发起集群战役。

【处理处罚结果】 K 区国税局认为，某再生资源回收利用有限公司等 6 家公司虚开增值税专用发票涉嫌犯罪，根据《发票管理办法》第 37 条、《最高人民检察院、公安部关于公安机关管辖的刑事案件立案追诉标准（二）》（公通字（2010）23 号）第 61 条以及《行政执法机关移送涉嫌犯罪案件的规定》第 3 条的相关规定，6 家公司以涉嫌虚开增值税专用发票罪移送公安机关追究司法责任。公安机关将 11 人名涉案人员先后全部缉拿归案。

2017 年 9 月 20 日，K 区喀什地区中级人民法院对卢某等 4 名主要涉案人员作出宣判，判决卢某犯虚开增值税专用发票罪，判处无期徒刑，剥夺政治权利终身，并处没收个人全部财产；判决周某犯虚开增值税专用发果罪，判处有期徒刑 15 年，并处罚金人民币 50 万元；判决陈某犯虚开增值税专用发票罪，判处有期徒刑 14 年，并处罚金人民币 50 万元；判决徐某犯虚开增值税专用发票罪，判处有期徒刑 12 年，并处罚金人民币 40 万元。查获的 6 个金税宝予以没收。分别追缴主要涉案人员卢某、周某、陈某和徐某违法所得人民币 430 万元、400 万元、300 万元和 200 万元。卢某等 4 名主要涉案人员提出上诉。2018 年 1 月 26 日，新疆维吾尔自治区高级人民法院做出终审裁定，驳回上诉，维持原判。

【问题分析及工作启示】 （1）问题分析。一是利用税务机关涉税审批简化虚开发票。随着税务总局“便民办税春风行动”和涉税流程的进一步简化，税务机关的征管手段从事前逐渐向事中事后转变。虚开发票虽然经多次税控系统升级和持续打击，在一定范围内得到遏制，但随着企业登记门槛降低和涉税审批一再简化，科技手段的更新换代加快，特别是“互联网＋”的飞速发展，违法犯罪分子也借机钻空子，虚开发票后迅速走逃。

二是税收征管方面存在薄弱之处。发票管理监控机制需进一步完善，在发票票种核定、核定变更、超限量购票等发售环节缺乏严格的流程控制。税务机关管理手段有待提升，由于管户不断增加而税务机关人力不足，再加之制度规定落实不到位，易存在管理漏洞，给不法分子可乘之机。

三是纳税人自身方面原因。利益驱动。在竞争日益激烈的市场中，部分企业主在经营过程中，不惜采用各种违法手段降低成本，实现利润最大化正是受巨额利益的驱使才使得虚开增值税专用发票的行为屡查不止、日趋增多。案件查处难度大，违法成本低。犯罪团伙高度职业化，团伙高层多为同乡或同宗族，以买卖发票为业，形成了分工明确的组织网络，使得发现难、调查取证难，案件处理周期长，违法分子采用恶意注销或走逃等方式，断开链条，加大了税务机关固定证据链、深挖幕后主犯的难度。法制意识淡薄。部分企业法定代表人法律观念淡薄，希望通过虚开发票偷逃骗税进行敛财；一些财务人员缺乏职业道德，受利益驱动，利用专用知识协助不法分子从事虚开活动。

（2）工作启示。一是严格落实纳税服务规范和税收征管业务规范。加强对征管重点环节的监管，对于纳税人办理登记注册、变更、发票申领、扩版或购票人员调整环节，必须严格落实实名采集、身份信息核查要求，有效验证相关人员身份真伪，通过开展现场约谈等形式全面掌握纳税人经营实际。重点对同一时间同一地址集中注册和同一法定代表人注册多户企业以及虚拟注册工业及商贸企业的情况进行关注。

二是加强即办事项后续管理。纳税人发票增量为即办事项，虽然方便了纳税人，但也给不法分子提供了可乘之机。要加强对即办事项的后续监管，发现企业地址信息不符、人员信息不符的，应严格控票。建立健全风险预警平台，对集中大量领票、开具金额较大、发票作废较多的，应及时推送管理部门核查。

三是升级增值税发票系统功能。自 2015 年 1 月开始在全国推行增值税发票系统升级版后，发票申领、开具、报税等业务可实行网上办理，由于该系统未对开票 IP 地址监控，对于纳税人携票跨地区虚开无法跟踪开票源头。应进一步升级完善增值税发票系统功能，增加发票远程开具监控等功能。

四是完善部门信息共享机制。在当前各类信息外泄愈演愈烈的形势下，海关完税凭证的抵扣机制存在明显缺陷。建议税务机关与海关部门进一步完善信息传递的顶层设计，早日实现抵扣信息的实时比对。税务机关还要建立完善风险应急联动机制和案件快速联动反应机制，进一步提升与公安协同办案能力和水平，构建防范与打击并重的税警合作机制。

五是工商部门要加强对企业注册登记的审核和把关，发现虚假注册登记的要坚决取缔，并及时通知税务、公安部门。税务机关及时改进税收征管手段，持续强化税收监督工作。检察机关进一步发挥监督职能，加强对涉税案件的立案监督工作，并规范完善行政执法与刑事司法的衔接机制。全社会逐步形成立体的防范网络，让违法犯罪人员置身于网络的监视之下，无法实施犯罪活动。

（新疆维吾尔自治区国家税务局稽查局供稿）

案例 4－13

某勘测设计院勘测总队虚开劳务费发票案

【案件类别】 发票违法案例

【案件所属行业】 水利、环境和公共设施管理业

【案件特点】 部分企业有许多不合规支出，甚至违法支出无法在税前扣除，就想利用虚开发票的方式让其“合法”，所以，在打击“售票”单位的同时，要注重下游受票单位的票据合法性、真实性。本案是W市地税局稽查局通过前期税警协作已查办的S市某劳务派遣有限公司某分公司虚开发票案取得线索，结合税收征管数据比对分析，发现某水利水电勘测设计院勘测总队存在虚开劳务费发票嫌疑，从而抓住重点环节取得虚开证据，警税协作坐实劳务派遣企业虚开发票违法行为，顺藤摸瓜依法对受票企业违法行为进行处理，使查案成果扩大化的案例。

【案件来源】 人工选案

【基本案情】 某勘测设计研究院勘测总队在2013年1月1日至2015年12月31日期间先后在F县、Z县、Q县、Y县、S县、H市等地承接水利水电勘测工程多起，工程项目所在地大多在山区，该单位所承接的勘测设计工程项目除部分技术难度大，专业性强的工作由该公司专业技术人员承担，其他劳务性工作通过就近招收劳务工或当地村民来完成。勘测设计工程实行项目经理负责制，由项目经理负责工程施工所在地的所有款项支付，项目经理凭发票回单位进行核销。劳务用工的费用以现金支付给劳务工，收到劳务费的劳务工未开具发票，该单位财务人员缪某于2013年1月1日至2015年12月31日多次与S市某劳务派遣有限公司某分公司实际负责人赵某、宋某夫妇联系，商定按照开票金额的1.5%支付手续费购买劳务费发票162份，虚开劳务费发票金额共计3351万元，造成实际提供劳务的劳务工少缴各项税费254万元。

【违法事实】 经查，2013年1月1日至2015年12月31日期间，某勘测设计研究院勘测总队在与劳务派遣企业没有发生真实劳务派遣服务的情况下，按照开票金额的1.5%支付手续费虚开劳务发票162份，发票金额共计3351万元，造成实际提供劳务的劳务工少缴各项税费254万元。

【查办过程】 2017年2月，W市地税局稽查局根据联合W市公安局经侦支队破获的S市某劳务派遣公司某分公司虚开劳务费发票案件中对其法定代表人赵某、财务负责人宋某夫妇供认某勘测设计研究院勘测总队在S市某劳务派遣公司某分公司虚开劳务费发票的询问笔录，以及公安部门移交扣押涉案电脑存储的违法虚开发票信息，通过筛查该单位虚开信息并于征管数据比对，发现该单位虚开劳务费发票份数多，虚开金额大，造成国家税款流失多，决定予以立案查处。

检查组在调取相关资料后，对该单位财务负责人进行询问，在大量证据面前，该单位财务负责人承认其确实存在虚开劳务费发票的违法行为。

一是内查外调，固定违法证据。W市地税局稽查局抽调精兵强将组成3个检查组，一组对S市某劳务派遣公司某分公司虚开劳务费发票进行检查，从“劳务流”“资金流”“发票流”入手，及时固定证据。二组开展对受票企业的检查，重点对不符合常理的劳务派遣业务进行检查，从“资金流”“劳务流”“发票流”的一致性入手。三组开展外调工作，到劳动行政监管部门调取派遣劳务备案、社会保险费缴纳资料，到银行调取该公司及用工单位银行收支明细。同时加强外调工作，稽查人员深入4个城市，对多家用工单位进行检查，共计调取发票967份。3个检查组将取得的证据进行比

对分析，经过不断地取证和固定证据，发现S市某劳务派遣公司某分公司法定代表人王某、实际负责人宋某、赵某在没有提供真实劳务服务的情况下，自行或安排他人为某勘测设计研究院勘测总队、福建省某通信工程监理有限公司新疆分公司等多家单位虚开劳务发票并收取手续费，涉及发票份数1304份，涉及金额4.38亿元。

二是多方协作，抓捕犯罪嫌疑人。经W市检察院批准，公安机关对宋某等两人实施逮捕，犯罪嫌疑人赵某、宋某等人察觉情况不妙畏罪潜逃。公安机关与税务部门采取报纸刊登公告的方式进行公告送达，并通过与银行、机场、车站等单位联系，查询到宋某、赵某等人乘车、住宿和使用银行卡交易等信息，逐步搜索犯罪嫌疑人。2017年3月13日，W市公安经侦支队对涉嫌非法虚开发票犯罪嫌疑人宋某、赵某进行网上追逃。宋某等人被W市铁路局公安处S站派出所干警在S市火车站附近抓获。

【处理处罚结果】　新疆某水利水电勘测设计研究院勘测总队在没有接受劳务派遣企业提供真实派遣劳务的情形下，虚开劳务发票162份，涉及金额3351万元，造成实际提供劳务的单位或个人不缴各项税费254万元。该单位虚开发票违法行为，违反《发票管理办法》第22条第2款，即：让他人为自己开具与实际经营业务情况不符的发票。根据《发票管理办法》第41条“违反发票管理法规，导致其他单位或者个人未缴、少缴或者骗取税款的，由税务机关没收违法所得，可以并处未缴、少缴或者骗取的税款1倍以下的罚款”的规定，处该单位254万元罚款，该单位已将罚款缴纳入库。

【问题分析及工作启示】　问题分析：一是信息化程度不高，造成案件选案准确率不高，疑点线索指向性不明。稽查工作只有与时俱进，不断创新稽查工作方式和方法，在电子化、信息化、网络化的时代，充分利用好各类税收征管数据，革新分析手段和能力，使疑点分析更精准，案件检查更高效。二是加强同公安、国税等机关的配合，得到被查单位行业监管部门的协助，并将各项合作、协作制度落到实处，才能确保案件高效查处，起到事半功倍的效应。三是打击发票违法犯罪宣传活动尚需加强，通过讲解发票违法犯罪的种类、危害性、防范措施，让更多纳税人认识到发票违法犯罪活动，扰乱了正常的发票管理秩序，不能真实地反映企业发生的经济业务，使国家税收利益蒙受损失的同时，对纳税人埋下严重的税收风险。

工作启示：一是要充分落实好《公安部派驻国家税务总局联络机制运行暂行办法》《国家税务局、地方税务局合作工作规范3.0版》，提升联合查办案件的能力，在与国税、公安等机关的合作过程中，求同存异，形成合力把案件查深、查透，办成铁案。二是提升案件选案的准确率，利用好税收征管软件归集、比对、分析的功能，筛选可查必查案件，提升稽查工作质效。三是加大典型案件、重大案件的曝光力度，既可以起到宣传税收法律法规的成效，又可以起到以案说法警示教育的作用。

（新疆维吾尔自治区地方税务局稽查局供稿）

案例4－14

某经贸有限公司虚开增值税专用发票案

【案件类别】　发票违法案例

【案件所属行业】　批发和零售业

【案件特点】　稽查人员以其特有的职业敏锐性和丰富的实践经验，从一个普通协查函中察觉出不寻常之处，跳出常规的检查思路，通过核实税务登记信息变更情况，比对相关人员的身份信息，梳理银行资金的流向信息，查证上下游的发票信息，由一个简单的协查案件揭开一个涉及金额巨大的虚开集团，让本来一逃了之的犯罪行为大白天下。

【案件来源】　协查案件

【基本案情】　某经贸有限公司是一家成立于2006年11月的其他有限责任公司，注册资本50万元，经营范围为货物、技术进出口，国内一般贸易，粮食收购（而其实际上主要从事玉米、黄豆等农产品的购销业务）。自存续以来，每年的销售额在2000万元左右，但从2014年后，业务量激增。2014年，收入总额为1.7亿元；2015年，收入总额达8.16亿元；2016年，收入总额为1.5亿元，3 年缴纳增值税均为 0 元。自 2016 年 4 月起，便不再进行纳税申报，2016 年 6 月 28 日转为非正常状态。

该公司主要存在以下违法行为：购进、销售货物名称严重背离；直接走逃失踪不纳税申报；交易资金信息交易资金信息不真实，存在资金回流问题，且大宗交易未收款也未付款；下游受票企业已由当地税务局认定接受虚开；涉案人员（包括上游农业生产者、下游发票接受者）承认无货交易，且有相应书证。

【违法事实】 犯罪嫌疑人王某实际控制着 8 家关联公司（某经贸有限公司作为其中一家），作为虚开源头企业，虚构农产品购销业务，虚开农产品收购发票，虚开增值税发票，涉案发票总计 46307 份，金额 53.80 亿元，税额 7.02 亿元，价税合计 60.82 亿元。

【查办过程】 协查串联，以点带面。2017 年 5 月，检查组收到由山西省 L 市国家税务局稽查局发来的 4 份含有《已确认虚开通知单》的协查函，函中所附基本案情介绍道，2016 年 7 月山西省国家税务局稽查局立案查处了 L 市 X 县 18 家公司虚开增值税专用发票案，其中 4 家公司作为下游受票方于 2015 年取得某经贸有限公司开具的增值税专用发票共计 88 份，金额 8799065.44 元，税额 1143878.56 元，价税合计 9942944.00 元。在了解到企业的基本情况后，检查人员先是拨通了某经贸有限公司法定代表人的联系电话，接电话的人称与该公司毫无关系，财务负责人电话号码为空号。经过实地核查，企业的经营注册地址实际上为 1 家银行。在进一步翻看协查函时，一个细节吸引了检查人员的注意——该函中不仅有某经贸有限公司这一户企业，还囊括了另外 3 家公司涉及的发票份数和涉及税额。那么，这 4 家公司之间是否存在些许关联呢？沿着这一猜想，检查人员立即查询了他们的税务登记信息，并未发现什么异样。继而又查询了他们的变更登记信息，发现这 4 家公司曾经的法定代表人、股东或者财务负责人之间竟然存在重叠。通过对相关人员身份证号和联系电话、经营注册地址等进行信息检索后发现，关键人物所涉及的公司共 13 家，存在频繁经济业务的公司有 8 家，除 1 家处于开业状态外，其余 7 家均于 2016 年 6 月 28 日同一天转为非正常状态。

资金钩稽，“业务”浮现。根据企业所报送的基本存款账户信息以及增值税专用发票上所显示的信息，经过法定程序，检查人员查询了某经贸有限公司的 2 个银行存款账户。银行对账单中数据显示：两个账户 2014—2016 年间共存入资金 1.27 亿元，这与该公司 2014—2016 年间开具增值税专用发票 12.8 亿元，购进农副产品 12.95 亿元的数值相差甚远。并且，没有从公司账户向农业生产者个人支付货款的交易记录，大宗交易未付款也未收款。经过与其他 3 个检查组进行协商，检查人员将协查函中所涉 4 家公司结合发现的两个涉案人员的银行账户交易流水进行比对分析，从中发现了资金回流的线索，并整理出受票单位名称、开票金额、资金回流账户、资金回流金额以及开票手续费等确凿数据，查实下游存在资金回流的单位有 16 个，金额 33936667.82 元。至此，本案已取得关键性证据，经市局稽查局批准，公安经侦部门同意提前介入。他们先是协助调取了 8 家涉案公司的 12 个对公账户以及 58 个相关人员个人账户的交易流水电子版，检查人员从中查实下游存在资金回流的单位共 76 个，金额总计 4.8 亿元。

税警联合，扣紧“证据链”。2017 年 7 月 5 日，大连市国税局稽查局、第一稽查局、Z 区国家税务局与大连市公安局 Z 区分局的经侦干警共同成立了“5·09”专案小组。接下来，税警共同携手，前后调查了大连当地依然存续的公司 7 家，核查发票 481 份，金额 4216 万余元，税额 553 万余元；协查了外地企业 16 户，足迹遍布全国 6 个省 12 个市 5 个县，行程上万公里，核查涉案发票 3090 份，金额 3.65 亿元，税额 4772 万余元。经过大量的内查外调工作，人证笔录和物证收集齐全，公安机关着手实施对王某的抓捕，在网上追逃、电话追踪、轨迹研判等多种手段的综合运用下，终于在 38 天后将其于内蒙古边境缉拿归案。到案后，经过谈话教育，除了交代向下游虚开增值税专用发票外，王某还交代了借用他人身份证虚开农产品收购发票的问题。经过统计，61 亿元的农产品收购发票共涉及农业生产者 81 人，其中金额过 1 亿元的有 11 人，通过对身份证号码进行分析，结合王某的供述，检查人员协同公安干警立即沿着所掌握的线索前往黑龙江省某地区，在当地公安局的协助下找到了金额过 1 亿元的农业生产者 7 人。当被问到“是否与这些公司存在收购业务往来”时，他们均表示：“我们这几个农民每人不过几十亩地，一年产值也就几万元，哪有那个能耐去卖上亿元的东西啊？”至此，从“进”到“销”的整个链条均已摸排到位。

【处理处罚结果】 经重案审理，犯罪嫌疑人王某所控制的 8 家公司共计对外开具增值税发票 46307 份，涉及金额 53.80 亿元，税额 7.02 亿元，价税合计 60.82 亿元，税务机关已将该行为定性为虚开增值税专用发票，并向下游发出《已确认虚开通知单》566 份。截至日前，稽查局共收到回函 462 份，其中定性为虚开的 179 户，结论为“票货款不一致”的 180 户，“无法核查”的 62 户，共移送公安机关 105 户，补征增值税 5060 余万元，补征企业所得税约 120 万元，处理罚款 4748 余万元。

【问题分析及工作启示】　内查外调，巧用数据云。在此案的侦办过程中，检查人员最大限度地利用了所有的数据查询系统，包括金税三期工程、CITAS、一户式、防伪税控以及税务总局最新推出的大数据云平台，正是通过对这些数据的深入剖析，顺藤摸瓜，才将犯罪分子所建立的 8 户虚开企业全部查找出来，集中侦办，取得显著成效。也正是由于对这些数据的掌握，才促使了对下游受票企业的顺利查处，迅速固定证据，挽回国家税款损失。

资金融通，直击突破口。在本案中，检查人员没有贸然提请公安机关介入，而是通过对变更税务登记信息的掌握，确立了 8 家公司实则为 1 个实际控制人的整体观念，将所有涉案企业以及相关个人的银行交易流水融合起来进行比对，经过大量排查，终于打开了查办此类虚开案件的突破口——资金回流。这一铁证也为后续公安机关顺利介入、迅速立案侦办奠定了坚实基础。

税警携手，凝心聚合力。在成立“5·09”专案小组后，税警密切配合，税务检查人员发挥查账的专业技能，经侦干警发挥查找涉案单位及个人的职业优势，双方通过新媒介进行频繁的情报交换，一旦发现线索，便迅速出击，锁定证据。最终，成功将犯罪嫌疑人绳之以法。

（大连市国家税务局稽查局供稿）

案例 4－15

某贸易有限公司等 7 家公司虚开增值税专用发票案

【案件类别】　发票违法案例

【案件所属行业】　批发和零售业

【案件特点】　涉案企业多，宁波 7 家公司收受国内 7 个省市 28 家公司的虚开发票；涉案金额巨大，进销项价税合计金额高达 17 亿元；性质特别恶劣。指使员工开公司以及用员工身份证开户进行资金回流。

【案件来源】　协查案件

【基本案情】　2016 年 4 月 20 日，宁波市国税局收到新疆 W 市 T 区国税局稽查局已证实虚开协查函 3 份，要求对宁波甲进出口有限公司、宁波乙进出口有限公司、宁波丙贸易有限公司等 3 家涉案企业进行调查。调查过程中，发现宁波丁贸易有限公司等 7 家公司存在重大虚开增值税专用发票嫌疑，并上报税务总局督办。

【违法事实】　2015 年 9 月起，河北 T 市戊金属制品有限公司实际经营者李某彬指使员工张某彬利用戊公司员工身份证在宁波注册成立上述 7 家公司，随后在没有业务发生情况下，通过联系天津己贸易有限公司、上海庚经贸有限公司等公司虚开增值税专用发票至宁波 7 家公司，宁波 7 家公司收到虚开的增值税专用发票后当即虚开增值税专用发票至戊公司等 3 家公司。期间，李某彬通过李某东等戊公司员工的个人银行账户进行资金回流。

宁波 7 家公司收受国内 7 个省市 28 家公司增值税专用发票 2201 份，涉及金额 8.11 亿元，税额 1.38 亿元，价税合计 9.49 亿元；同时 7 家公司对外开具增值税专用发票共计 2759 份，涉及金额 7.96 亿元，税额 1.35 亿元，价税合计 9.32 亿元，主要涉及河北 T 市 3 家公司。上述进销项发票取得都无实际经营业务。

【查办过程】　经调查，宁波 7 家公司主要经营钢材批发、零售等业务，记账、申报、开票、发票认证等事宜均委托事务所办理，发票开具信息、进项取得等都由张某彬方面联系。上述 7 家公司均已在 2016 年 9 月至 2017 年 5 月期间被主管税务单位认定为非正常户。

受票企业方面，检查人员随同公安机关于

2016年4月27日及2016年7月4日多次赴河北T市等地对受票企业戊公司、辛钢铁有限公司、壬贸易有限公司进行取证，调查发现戊公司、辛公司实际经营者均为李某彬，实际经营地为同一地址。宁波7家公司法定代表人、财务负责人以及股东均为戊公司普通员工，同时戊公司总经理邱某庆指认指使员工张某彬到宁波开公司以及用员工身份证开户进行资金回流等事宜都为老板李某彬所为。

开票企业方面，宁波7家公司通过支付开票手续费等方式，从北京、上海等7个省市28家公司获得由对方开具的增值税进项发票，再在无真实业务的情况下开具增值税发票，使得增值税专用发票最终流向河北T市3家企业。2016年7月至2017年7月期间，通过对上游涉案企业进行实地取证，发现涉案的开票企业中天津3家、北京2家、新疆W市3家公司均已认定为非正常户，上海1家企业相关人员已被刑拘，连云港地区涉案企业走逃，且其中9家公司开给宁波7家公司的发票已由当地国税局认定为无货虚开的增值税专用发票。

资金流方面，对宁波7家公司的相关银行收付情况以及企业进项销项进行深入梳理，核对了主要银行对手信息资料，查实宁波7家公司与上下游企业账面已收取支付的资金全部存在回流，宁波7家公司的款项汇出后资金全部回流至戊公司员工的个人银行账户，随后通过大量的河北T市个人银行账户资金进行往来，且部分员工个人银行账户与戊公司账户之间存在大额资金往来，同时已查明开票企业中的22家参与了资金回流。

【处理处罚结果】 宁波市国税局第三稽查局根据相关规定，对于宁波7家公司虚开增值税专用发票的违法事实，根据《发票管理办法》第22条、《国家税务总局关于印发〈税收违法案件发票协查管理办法（试行）〉的通知》（税总发〔2013〕66号）第9条规定，当事人没有实际货物经营，虚进虚出不应涉及税款追缴，但已构成虚开增值税专用发票行为的，对当事人开具的2759份增值税专用发票，合计金额7.96亿元，合计税额1.35亿元，出具《已证实虚开通知单》并附相关证据材料，发往下游受票企业所在地税务机关依法处理。鉴于此案已由公安机关于2016年12月16日刑事立案，因此暂不作出行政处罚，待公安机关追究刑事责任后视情况再作出相应处理。本案涉案人员张某彬、肖某已被宁波市公安局控制，李某彬目前正由公安机关上网追逃。

【问题分析及工作启示】 严守工作秘密，精准打击违法行为。对于虚开发票案件的查处，往往涉及多个企业，此类案件查处保密工作尤其重要，一旦走漏风声，对于后期整个案件的破获肯定是事倍功半。因此，前期准备工作和检查过程都必须快、准、稳，做到撒网时悄无声息、收网时迅速反应，不给犯罪分子留有喘息时间。

善用数据分析，深入调查资金流向。查证虚开发票犯罪行为的过程中往往会涉及大量的银行账户等数据分析，此类案件首要的突破点便是确定资金流，一旦资金流确定，整个案情也就明朗了。在当前“大数据”的时代背景下，税务部门可考虑设立数据情报分析中心，将此类案件重心转至前期数据分析上，通过对资金流等海量数据利用网络信息平台进行运算分析，快速确定走向及重要节点，从而推动下一步工作的顺利开展。

开展联合执法，合力剿灭“虚开”巨蠹。税务部门要加强与公安、工商、法院、检察等职能部门的密切协作，充分发挥各自职能优势，协调配合，整体作战。由于税案的侦办既需要税务部门的征管稽查手段为基础，又需要公安部门适时启动特有的刑事侦查等强力办案手段，因此建立完善税警协作机制尤为重要，只有税警联手，才能有效打击。公安、税务部门可以通过召开联席会议、畅通线索移交渠道、建立税警协作室、联合开展专项治理行动、共同侦办大要案件、搭建情报互通平台等多种形式加强合作，强化职能手段，形成工作合力，建立风险可控、监管到位、防范及时、打击有力的税警长效机制。

加强法制宣传，积极防范涉税犯罪。一是警税联手深入到重点企业，对企业高管人员进行集中宣讲，增强其自律意识。经常性深入涉税案件易发的企业，举办税务知识讲座、召开座谈会等形式，普及税务知识，教育企业管理人员自觉抵制涉税犯罪，规范经营管理；二是充分借助报刊、电视、互联网媒体等宣传平台，普及税务税法知识和惩处虚开增值税专用发票的法律法规，传授防范侵害的方法，提高公民纳税意识，形成依法纳税的社会风尚；三是面向企业法定代表人及财务负责人、面向社会各界举办不同形式、不同层次、不同内容的税收培训班，并着力在针对性和实效性上下功夫，通过深入剖析典型案例、互动提问交流等方式开展税法法制教育。

（宁波市国家税务局稽查局供稿）

案例 4－16

某机电设备有限公司虚开增值税专用发票案

【案件类别】 发票违法案例

【案件所属行业】 制造业

【案件特点】 该案系公司财务经理个人通过虚构贸易套取公司资金，而引发的让他人为其虚开增值税专用发票用于出口骗税的案件。

【案件来源】 公安机关移送

【基本案情】 某机电设备有限公司（以下称甲公司）成立于2006年7月，注册资本223万元人民币，系外资企业，增值税一般纳税人，该公司系查账征收，属免抵退生产企业，企业所得税税率为25%，企业所得税归国税管征。该案件报案人为甲公司人事行政经理陈某娥，其受公司委托控告何某凤涉嫌虚开增值税专用发票，公安机关已对何某凤等人涉嫌虚开增值税专用发票案立案侦查，目前已对何某凤以涉嫌虚开增值税专用发票罪和涉嫌挪用资金罪提起公诉。

【违法事实】 何某凤涉嫌让乙进出口贸易有限公司、丙贸易有限公司、丁箱包有限公司为甲公司虚开增值税专用发票，其目的为通过虚构贸易让他人虚开增值税专用发票套取公司资金，其账务处理方式暂不影响公司主营业务成本。

【查办过程】 厦门国税局稽查局根据审计式稽查要求对该公司进行案头审计，根据公司提供的相关账册、合同等相关资料，重点对该公司账务处理轨迹进行核查。检查人员下企业了解情况，并认真查阅公安机关移交的何某凤、黄某辉（乙公司及丙公司实际控制人）的讯问笔录，查阅相关凭证，对公安移交的甲公司、乙公司、丙公司、何某凤、黄某辉等相关人员的银行账户往来数据进行分析，并对何某凤进行询问。

根据对财务账上涉及甲公司、丙公司、丁公司3家公司相关记账凭证的整理，其中2013年度共计28笔凭证，2014年度共计48笔凭证。汇总2013年的28笔凭证，科目试算表中主营业务成本借方累计发生额为8102万元，贷方累计发生额为8102万元，期末余额为零。2013年增加了主营业务成本4051万元，冲减了主营业务成本4051万元，增值税进项税增加689万元，银行存款减少689万元，该金额与虚假发票2013年度抵扣认证的税额相符，反映了何某凤账务处理上不影响公司主营业务成本。汇总2014年的48笔凭证，科目试算表中主营业务成本借方累计发生额为1.32亿元，贷方累计发生额为1.32亿元，期末余额为零。2014年增加了主营业务成本3505万元，冲减了主营业务成本3505万元，增值税进项税增加596万元，银行存款减少596万元，该金额与虚假发票2014年度抵扣认证的税额相符（仅差异0.07元），反映了何某凤账务处理上不影响公司主营业务成本。

此外，何某凤在笔录中称其虚构贸易让他人虚开增值税专用发票的原因是其挪用了甲公司的资金1500万（含公司汇丰银行的贷款）借给了她的堂哥何某凌，但何某凌后来资金链出问题了还差1000万元没有还给其本人，所以何某凤就通过虚构贸易让他人虚开增值税专用发票套取公司资金。并表示账务处理方式为开发票时借记主营业务成本、增值税进项税额、贷记银行存款（含税）；之后红字冲销时，贷记主营业务成本（不含税），借记银行存款（不含税）。对冲之后的结果就是借记增值税进项，贷记银行存款。

【处理处罚结果】 根据《增值税暂行条例》第9条、《增值税暂行条例实施细则》第19条、《财政部　国家税务总局关于出口货物劳务增值税和消费税政策的通知》（财税〔2012〕39号）第5条第1项的规定，剔除该公司取得虚开增值税专用发票已抵扣的增值税进项税额1284万元，经“免、抵、退”税计算后，应追缴该公司增值税106万元，并收回出口退税款1178万元。该公司于2017年3月3日向厦门市国税局稽查局预缴增值税104万元，予以抵缴。根据《税收征收管理法》第32条、《税收征收管理法实施细则》第75条的规定，对该公司少缴增值税106万元，从税款滞纳之日起至实际缴纳之日止，按日加收滞纳税款5‰的滞纳金。公安机关已以涉嫌虚开增值税专用发票罪和涉嫌挪用资金罪对何某凤立案处理。

【问题分析及工作启示】 注重整合部门优势，加强虚开案件的税警协作力度。该案件系公安机关移交案件，检查人员积极配合公安机关协查取证并对该案件立案查处，检查过程中，厦门市国税局稽查局检查人员以公安侦查取得的数据资料为突破口，积极发挥“税警联络机制”，做到情报互享、情况互商、案件合办，推行“税警”共同介入机制。稽查部门发挥在税务知识、查账方法的优势，公安部门发挥侦查介入的优势将证据固定保存。双方密切配合、联手作战，真正实现了部门间信息互通、资源共享，使得该案件得以及时查处、顺利结案。

占领舆论宣传高地，提升税收违法惩戒的震慑力度。检查人员在办案过程中了解到，何某凤拥有非常好的教育背景，良好专业素养和卓越的英文沟通能力使她成为该公司第一任财务负责人。从该案中不难发现，该公司总部管理层对何某凤给予了充分的信任，也正是基于这种不受约束的信任及对税法严肃性的罔顾使得何某凤一步步走向违法的泥淖。该案件对于税务机关日常征管具有很强的启示意义。对高学历高素养人才的信任不能代替制度的监督，制度的遵守需要舆论宣传的广泛阐释。税务机关应该把目光更多地投向事中监管，投向宣传教育，防患于未然。应加强以案释法力度，进一步警示所有财务人员：天网恢恢，法律底限不可触碰。同时，应进一步提升“黑名单”制度的知名度和震慑力，通过微宣传、纸媒、讲座及日常征管活动中与财务人员接触等多种渠道进行广泛宣传，使每名涉税人员将遵守税收法律这条红线刻在心里、抓在手上、落实到行动中去。

丰富日常征管手段，加大异常申报数据的排查力度。通过对涉案人员的作案手法进行研究总结，及时向征收管理局进行案情通报，以达到激活稽查成果、进一步强化日常征管的具体方法的效果。

（厦门市国家税务局稽查局供稿）

案例 4－17

某锅炉热电设备有限公司接受虚开增值税专用发票案

【案件类别】 发票违法案例

【案件所属行业】 制造业

【案件特点】 企业采购业务无法取得增值税专用发票，联系到商贸公司通过支付开票费的方式让对方为自己开具了与实际经营业务情况不符增值税专用发票。同时，为了避免企业增值税税负率波动过大，引起税务机关的注意，分3个月入账。

【案件来源】 协查案件

【基本案情】 某锅炉热电设备有限公司系私营有限责任公司，于2010年6月18日办理税务登记，2010年8月1日认定为增值税一般纳税人，企业所得税查账征收。经营范围为锅炉制造和锅炉辅机制造。

经查实，该公司存在重大涉嫌接受虚开增值税专用发票问题，涉案增值税税款79.83万元。

【违法事实】 该公司有部分采购业务无法取得增值税专用发票，2016年1月的销售额比较大，销项税额较大，进项发票比较少，该公司副总经理兼财务、采购部长刘某跟法人代表郑某汇报后让郑某准备550万元资金，通过支付部分手续费来获取进项税额发票。2016年1月12日，河北T市某公司为该公司开具了47份与实际经营业务情况不符的增值税专用发票。

【查办过程】 （1）初步交锋，调查发票存疑企业基本情况。2016年9月，青岛市国税局稽查局接到税务总局河北省工作组的协查任务，其辖区内企业某锅炉热电设备有限公司（以下称甲公司）取得某商贸有限公司（以下称乙公司）2016年1月开具的47份增值税专用发票存在疑点，但是未定性为虚开发票。发票开具的货物名称为“钢板”，不含税金额469.62万元，税额79.83万元。

根据税务总局河北工作组的协查要求，青岛市国税局稽查局对甲公司取得的以上增值税专用发票相关的账簿、凭证、发票进行检查，重点对涉案发票业务的“货物流、票流、资金流”进行调查取证，发现甲公司在2016年1月中旬购进钢板，取得了乙公司开具的增值税专用发票47份。检查人员对该公司副总经理兼财务、采购部长刘某进行了询问。刘某供述，甲公司与乙公司在2015年以前没有业务往来。但在2015年12月，有一个叫作“王某”、自称是乙公司业务代表的人与其电话联系，洽谈钢材业务。由于当时甲公司不需要钢材，业务就没谈成。之后“王某”一直与其联系，也恰好在那个阶段钢材跌价，双方便谈妥价格达成合作意向，并约定先发货再付款。2016年1月，双方在网上签订了《购销合同》，并相互盖章后扫描传真给对方。合同中约定了产品名称、规格、数量、单价及总金额、质量要求、供货地点等细节内容。

刘某供述，自2016年1月合同签订后，该批钢板陆续运输到他们公司。因甲公司生产的压力容器使用标准板材，无需过磅称重，货物到达后由甲公司物资保管员石某检尺复核卸入公司材料仓库，单独记录。发票到达后，石某填制入库单做原材料入库处理。平常车间用料直接从材料库领用，不做记录，到月底由仓库保管员根据盘点剩余库存倒挤出领用数量，再填制领料单，由车间组长在领料单上签字做出库处理。

2016年1月，甲公司的出纳通过银行汇款支付给乙公司549.45万元。随后，“王某”通过快递邮寄了47份增值税专用发票。甲公司于2016年1月、2月、3月分别入账。检查人员对于甲公司分期抵扣进项税额的情况提出了质疑，对此刘某辩称，如果在1月全部计入原材料账抵扣进项税额，当月应缴增值税税额可能会是0。为了避免企业增值税税负率波动过大，引起税务机关的注意，所以分了3个月入账。

（2）剥丝抽茧，二次调查明确检查方向。检查人员认真分析，认为企业存在多项疑点：一是从河北省购进钢板数量多、金额大，特别是中间人“王某”身份不明，钢板并非紧俏物资而舍近求远采购。甲公司的行为有悖常理。二是甲公司2016年1月11日付清全部货款，而发票开具时间均为2016年1月12日，从货物购进、申报抵扣进项税额、支付货款、发票开具等节点上存在疑点。特别是资金运营方面，既然不是当月抵扣，并且已通过预付账款做账，为何还一次性支付货款？三是从公司生产购需、生产周期、生产投入产出方面分析，货物购进有悖常理。甲公司当月购进货物多达66车次、2900余吨，在货物存放、资金运作等方面存在诸多疑点。为进一步了解案情，检查人员于2016年9月联系了税务总局河北工作组办案人员。经工作组人员介绍，甲公司与乙公司存在资金回流信息。自此，该案件检查方向进一步明确。

（3）拨云见日，揭开案件背后面容。结合资金回流信息，检查人员发现，甲公司2016年1月11日通过农行和农商行两个账户付款给乙公司货款549.45万元，但是当日由张姓个人银行账户汇至该公司法定代表人郑某个人银行账户510.97万元。

结合以上疑点与所查到的信息，检查人员于2016年9月30日对企业法人郑某和副总经理兼财务、采购部长刘某进行了第二次询问。在铁的事实面前刘某承认，甲公司有部分采购业务无法取得增值税专用发票，2016年1月的销售额比较大，销项税额较大，进项发票比较少，他跟郑某汇报后让郑某准备550万元资金，通过支付部分手续费来获取进项税额发票。刘某联系了曾与公司有业务的“王某”，通过“王某”联系到乙公司。对方公司需要全额付款，然后扣除7%的手续费后再将剩余的款项返还。2016年1月11日，郑某从他在农行的个人账户转至公司在农行某分理处的账户240万元，从他在农商行的个人账户转至公司在农商行某支行的账户241万元，其他资金使用公司账户的余额支付。款项备齐后，刘某让公司的出纳于当日将款项549.45万元通过农行某分理处和农商行某支行转账支付给乙公司。乙公司于当天通过农行账号给郑某农行个人账户转回510.97万元，差额38.47万元为扣除的7%的手续费。2016年1月12日，乙公司为甲公司开具了47份与实际经营业务情况不符的增值税专用发票。至此，案情已经水落石出。

【处理处罚结果】 责令甲公司补缴增值税116239.22元；补缴2015年度企业所得税170940.04元；补缴2016年1月增值税424365.37元、2016年2月增值税67996.52元、2016年3月增值税305984.34元。对以上税款按规定加收滞纳金；对其进行虚假的纳税申报，不缴或者少缴应纳税款的行为，处399173.12元罚款。对纳税人让他人为其虚开发票行为，移送公安机关处理。

【问题分析及工作启示】 在今后的税收管理中，检查人员在掌握税收、法律知识的同时，也需要对企业的生产原理、经营情况进行详细的掌握和了解，尤其是要对短时间内异常取得大额发票的情况提高重视程度。对于生产企业来说，产品生产从原材料投入到产成品入库需要一定周期，本案中企业在较短时间内投入大量原材料，与其生产能力明显不符。

同时，我们也应注意到，涉嫌取得虚开增值税专用发票的纳税人，由于考虑资金安全、一次性支付资金不足等问题，往往会出现一天内资金多次进出的现象。在此类案件查处中，检查人员发现，最多的一户涉案企业资金分 10 余次往返，涉嫌资金回流。因此，在对涉嫌虚开发票的检查中，检查人员要按程序对涉案人员个人银行账户进行检查，以便更详细查找资金回流信息。

（青岛市国家税务局稽查局供稿）

第六篇

法规及规范性文件

国家税务总局关于进一步改进和规范税收违法案件协查工作的通知

2017 年 2 月 27 日　税总发〔2017〕26 号

各省、自治区、直辖市和计划单列市国家税务局、地方税务局：

为提高税收违法案件协查工作（以下简称“协查工作”）质量和效率，现就进一步改进和规范协查工作有关事项通知如下：

一、普遍推行要素协查方法

2016 年 9 月，税务总局针对走逃（失联）企业的查处，首次实施了要素协查方法，有力推动了打击骗税虚开工作的顺利开展。实践证明，实行要素协查方法，能够更加突出协查重点，明确委托方、受托方各自责任，统一协查工作标准，规范协查工作流程，充分发挥协查在案件查办中的作用。

要素协查是委托方、受托方依托协查要素开展税收违法案件协查的方法，主要由协查要素、协查要求、协查报告三个关键部分组成。其中，协查要素是税务机关判定交易真实性的基本条件；协查要求是委托方在发起协查时，按照协查要素向受托方提出的要求；协查报告是受托方根据委托方的协查要求而取得的证据资料及协查结果。

为改进和规范协查工作，税务总局决定普遍推行要素协查方法。在《税收违法案件发票协查管理办法（试行）》（税总发〔2013〕66 号文件印发）修订前，委托方、受托方要素协查的具体方法步骤，按照《要素协查操作指引（暂行）》（见附件 1）操作。

二、规范委托协查发起行为

（一）委托协查必先立案

委托方通过协查信息管理系统（以下简称“协查系统”）、纸质发函、派人参与方式发起的委托协查，应属于稽查部门立案的税收违法案件协查。未经立案的，一律不得发起委托协查。

（二）加强协查要素审核

税收违法案件需发起委托协查的，委托方要结合案件特点及协查要求，逐一对协查要素内容进行审核，确保委托协查发起的必要性。应在至少取得一项协查要素的情况及证据后，方可发起委托协查。

（三）逐步规范协查方式

对税务总局已纳入协查系统管理的发票尤其是增值税专用发票，委托方须通过协查系统开展委托协查工作。可通过协查系统发起的协查，一律不再通过纸质方式发起协查。要逐步减少派人参与的协查方式。

（四）其他要求

委托方发起委托协查时，暂将协查要求和取得的协查要素证据资料以《委托协查情况表》（见附件 2）形式，通过协查系统中“附件”随同《税收违法案件协查函》一并发出。

受托方审核发现委托方未按规定发起委托协查的，可向双方共同的上级稽查部门直至税务总局稽查局反映委托协查工作中存在的问题。

三、实施分级分类委托协查

（一）分级协查

根据涉案发票价税合计金额、委托方与受托方是否属于同一省等情况，实施分级委托协查：

1. 委托方与受托方属于同一省的案件，委托方应按规定程序和权限，报稽查部门主要领导或者分管稽查工作的税务局领导审批同意后，发起委托协查。

2. 委托方与受托方不属于同一省的案件，案情重大或者价税合计金额超过 1 亿元的，委托方应按规定程序和权限，报省税务局稽查局主要领导或税务局分管稽查工作的领导审批同意后，通过协查系统上报至税务总局稽查局，经批准后以协查系统的方式开展组织协查。

3. 税务总局组织查办、督办或交办的，区域广、影响大且需要组织协查的案件，委托方应按要求先立案，通过协查系统或其他方式上报至税务总局稽查局，经批准后以协查系统或协查会议的方式开展组织协查。

（二）分类协查

根据案件的不同来源，实施分类委托协查。委托方按规定程序和权限，报稽查部门主要领导或者税务局分管稽查工作的领导审批同意后，发起委托协查或申请组织协查。

1. 稽查部门自办案件：根据掌握的协查要素确需发起协查的。

2. 税务机关风险管理等部门推送的案源：稽查部门应对其进行识别和判断，确认并立案后，在案件检查过程中根据掌握的协查要素，确需发起协查的。

3. 税务系统外其他部门请求协查的涉税案源：由稽查部门按属地管理原则，按程序办理案源接收手续，进行识别判断确认并立案后，在案件检查过程中根据掌握的协查要素，确需发起协查的。

四、提升受托协查回函质量

（一）明确责任

受托方是回函质量的责任主体。受托协查的稽查部门主要领导负总责，分管领导负审核责任，各环节经办人员负直接责任。受托方要严格遵守有关规定，根据委托方的协查要求，认真负责地对委托方提出的各项协查要素进行调查、取证和回复。

（二）严格把关

受托方应履行回函的审批程序，严格把关回函内容，重点审核委托方提出的协查要素是否取得相应证据、结论是否准确，确保受托协查工作质量。

（三）及时反馈

受托方应及时向委托方回函说明受托协查结果。受托方如确实无法按照协查要素和协查要求调查、取证的，应在《案件协查回复函》中向委托方说明原因。委托方根据受托方的情况说明，可向双方共同的上级稽查部门直至税务总局稽查局反映受托协查工作中存在的问题。

（四）其他要求

受托方根据委托方协查要求，对协查要素一一调查取证获得的证据资料，暂以《受托协查情况表》（见附件3）形式，通过协查系统中“附件”随同《案件协查回复函》、协查结果一并回复，同时及时寄送纸质资料。

五、加大协查工作考评力度

各级税务机关要及时适应新的协查方法，加强培训，强化考核，将要素协查工作推行到岗、到人、到位，确保协查工作质效全面提升。税务总局将加大对协查工作的监控、管理力度，加强对各单位协查工作开展情况质效的考评，对不按照有关规定发起委托协查、回复协查结果的单位，将进行通报并追究相关责任。

本通知自2017年3月1日起执行。执行中遇有问题和有关建议，请及时反馈至国家税务总局（通过可控FTP上传至税务总局稽查局稽查五处）。

附件：1. 要素协查操作指引（暂行）（编者略）

2. 委托协查情况表（编者略）

3. 受托协查情况表（编者略）

国家税务总局关于进一步做好税收违法案件查处有关工作的通知

2017年3月6日　税总发〔2017〕30号

各省、自治区、直辖市和计划单列市国家税务局、地方税务局：

为进一步促进税法遵从，有效打击税收违法行为，提高税务稽查执法质效，更好地发挥税务稽查作用，现就进一步做好税收违法案件查处相关工作通知如下：

一、实施分类处理，重点查处重大税收违法行为

新形势下，衡量税务稽查执法办案水平高低，不仅要看是否依法查处税收违法行为，而且要看是否促进经济社会发展。税务机关要根据案件的不同形态实施分类处理，重点查处重大税收违法行为，切实做到当严则严，该宽则宽，宽严相济，罚当其责，宽严有据，充分发挥税务稽查职能作用，确保法律效果和社会效果的有机统一。

（一）引导遵从

对新产业、新业态、初创企业，重在培育扶持，推动创业创新。对经风险识别、判断，未发现明显税收违法线索或者疑点的，一般不确定为稽查对象。在实施随机抽查中，要以风险管理导向下的

定向抽查为主，适当降低抽查比例和频次。在纠正其税收违法行为的同时，更要注重税法宣传，提高税法遵从。

（二）罚当其责

对税收违法企业，实施税务行政处罚时要综合考虑其违法的手段、情节、金额、违法次数、主观过错程度、纠错态度。对未采取欺骗、隐瞒手段，只是因理解税收政策不准确、计算错误等失误导致未缴、少缴税款的，依法追缴税款、滞纳金，不定性为偷税。对因税务机关的责任导致未缴、少缴税款的，依法在规定追溯期内追缴税款，不加收滞纳金。

（三）鼓励自纠

对随机抽查的企业，鼓励其自查自纠、自我修正，引导依法诚信纳税。对主动、如实补缴税款、缴纳滞纳金，或者配合税务机关查处税收违法行为有立功表现的，依法从轻、减轻税务行政处罚。对税收违法行为轻微，且主动、及时补缴税款、缴纳滞纳金，没有造成危害后果的，依法不予税务行政处罚。

（四）重点查处

对涉嫌虚开增值税专用发票（以下简称“虚开”）、骗取出口退税（以下简称“骗税”）违法犯罪团伙（以下简称“团伙”）及其他故意偷逃国家税款、严重破坏税收秩序的企业，充分运用行政执法手段重点查处，强化立案协查，尽责调查取证，依法定性处理，及时审结案件，并依照相关规定采取列入税收“黑名单”、实施联合惩戒等措施；涉嫌犯罪的，依法移送公安机关。建立涉嫌虚开、骗税企业和个人信息库，重点监控涉嫌虚开、骗税团伙和多次实施税收违法行为的高风险企业及个人，在办理税务登记、注销登记、增值税一般纳税人资格登记、发票领用、纳税申报、出口退税、税收优惠等涉税事项时，通过系统自动比对分析，实施预警提示并严格核查。

二、严格依法履职，加大税务行政处理力度

在查处税收违法案件过程中，税务机关要尽责担当，勇于作为，不得怠于取证、消极定性和不当处理。

（一）强化立案协查

税务稽查部门要积极运用信息技术，利用税务数据大集中和增值税发票管理新系统的优势，深度分析疑点信息，提升选案精准度。对有明显涉嫌偷逃骗抗税、虚开发票等税收违法线索的，必须立案查处，不得以执法手段有限、查处难度较大等为理由不立案。税务系统外其他部门请求协助或联查的案源，要按照属地管理的原则，按程序办理案源接收手续，进行识别确认并立案。本着不立案不委托协查的原则，全面实行要素协查方法，分级分类组织协查，规范税收违法案件协查工作。

（二）尽责调查取证

税务稽查部门要依照法定权限和程序，用好用足法律赋予的检查手段，综合运用各种检查方法，及时完整地收集、固定证据材料。税务稽查部门对税收违法行为认定承担举证责任，在检查期间及听证程序中应当告知被查对象享有陈述申辩权及提供对其有利证据的权利。对涉嫌虚开案件，要着重对企业注册经营、发票开具申报、资金结算收付、货物储运交付等情况开展调查取证。对涉嫌骗税案件，要着重查明企业用于申报出口退税的增值税专用发票是否虚开，结算收汇是否存在资金回流或者虚构，出口单证是否真实、合法等事实。对涉嫌偷税案件，要着重取得不缴、少缴税款主观故意方面的证据，查明采取欺骗、隐瞒手段的事实。

（三）依法定性处理

税务机关要严格依照税收相关法律、行政法规、规章及规范性文件对案件进行定性和处理。被查对象经通知而未提供对其有利的证据，或者逃避检查走逃的，税务机关可以综合所掌握的优势证据，依法定性处理。

1. 对增值税一般纳税人取得的走逃（失联）企业存续期间开具的增值税专用发票，依照《国家税务总局关于走逃（失联）企业开具增值税专用发票认定处理有关问题的公告》（国家税务总局公告2016年第76号）相关规定进行处理。立案检查的涉嫌虚开团伙控制的走逃（失联）企业，符合《国家税务总局关于走逃（失联）企业涉嫌虚开增值税专用发票检查问题的通知》（税总发〔2016〕172号）中“二、交易真实性的判定”情形的，对相应增值税专用发票可以认定为虚开，但有证据表明，其开具的增值税专用发票符合《国家税务总局关于纳税人对外开具增值税专用发票有关问题的公告》（国家税务总局公告2014年第39号）规定之情形的除外。

2. 对以假报出口或者其他欺骗手段，特别是虚构申报出口退税的货物、劳务、服务已缴纳税款或者已出口，骗取国家出口退税款的，应当认定为骗税，但有证据表明，其出口销售行为符合国家税务总局公告2014年第39号规定之情形的除外。

3. 对采取欺骗、隐瞒手段，故意不缴、少缴税款的，应当认定为偷税。

（四）及时审结案件

对涉嫌虚开、骗税团伙，要依照国家税务总局公告2016年第76号和税总发〔2016〕172号文件精神，综合所掌握的优势证据，依法严格及时审理。税务稽查部门审理要在确保案件质量的前提下，提高案件审结率；需补正或者补充调查的，应当有明确的要求并且一次性全部告知，次数一般不得超过两次。需提请重大税务案件审理委员会审理的，税务稽查部门要按规定程序及时提请，并为及时审结案件创造条件。案件审理中涉及政策请示或者会商的，税务稽查部门应当提出明确的倾向性意见及理由。对稽查查补税收款项，要依法采取各种执行措施积极追缴，努力提高入库率，减少国家税款流失。

三、行政刑事衔接，协同打击税收违法犯罪

（一）依法依规移送

税务机关要严格依照《行政执法机关移送涉嫌犯罪案件的规定》（中华人民共和国国务院令第310号公布）等相关程序、期限向公安机关移送涉嫌犯罪案件，积极配合检察机关建立健全行政执法与刑事司法信息共享平台，按要求及时录入案件移送信息。

（二）后续跟踪对接

税务机关要加强对涉嫌犯罪移送案件的后续管理，与司法机关处理结果进行对接。在涉嫌犯罪移送时已经作出行政处理、处罚决定的，应当认真对照司法机关处理结果，审视已作的决定；在涉嫌犯罪移送时未作出行政处罚决定的，原则上应当在公安机关决定不予立案或者撤销案件、人民检察院作出不起诉决定、人民法院作出无罪判决或者免予刑事处罚后，再决定是否给予行政处罚，但司法程序不影响税务处理决定的作出。

（三）完善工作机制

税务机关要建立健全与公检法机关的执法协作机制，推进税收行政执法和刑事司法的衔接，加强沟通联系，畅通信息交流渠道，共同研究解决税收违法犯罪案件证明标准、定性处理疑难问题，研究应对税收违法犯罪的策略和措施。

四、统一思想认识，强化保障措施

（一）强化责任担当

税务机关要把“正向打，反向促，侧向扶”结合起来，支持新产业、新业态、初创企业和守信企业，重点打击恶意偷逃骗税和虚开发票的违法企业，实现打击税收违法行为与促进经济社会发展、扶持企业发展的有机统一。

（二）聚焦主责主业

税务稽查部门要立足自身职责，突出主业意识，勇于亮剑，有所作为，依靠行政执法手段，在推进稽查执法办案上出实招，在提升稽查办案质效上想办法，在履行职责和落实任务上下功夫，高质高效查处税收违法案件，不得有案不立、以刑事处理代替行政处理、以刑事处罚代替行政处罚。

（三）推进制度完善

税务稽查部门要积累总结办案经验，不断探索、建立和推广行业检查指南、税收违法案件取证指引、案例借鉴运用等制度，提高税收违法案件查处的针对性，保证稽查执法办案的科学性、公正性。

（四）加强协调配合

税务稽查部门要主动与税务机关内外相关部门充分沟通、加强协调、有效配合，共同做好税收违法案件定性、处理等相关工作。

（五）强化监督考评

税务机关要加强对税收违法案件查处工作的督促指导，建立稽查执法办案质效考评体系，切实提高办案质量与效率，确保税务稽查工作顺利开展，取得明显实效。

国家税务总局关于印发《税务稽查风险内部控制制度（试行）》的通知

2017 年 3 月 17 日　税总发〔2017〕29 号

各省、自治区、直辖市和计划单列市国家税务局、地方税务局，局内各单位：

为进一步规范税务稽查执法和管理活动，加强税务稽查风险内部控制机制建设，切实防控税务稽查风险，税务总局制定了《税务稽查风险内部控制制度（试行）》，现印发给你们，请遵照执行。

附件：税务稽查风险内部控制指引文档（试行）（编者略）

税务稽查风险内部控制制度（试行）

第一章　总　　则

第一条　为加强税务稽查风险内部控制，有效防控税务稽查风险，充分发挥税务稽查职能作用，根据有关法律法规和《全国税务系统内部控制基本制度（试行）》相关规定，结合税务稽查工作实际，制定本制度。

第二条　本制度所称税务稽查风险内部控制，是指以风险防控为导向，通过查找、梳理、评估税务稽查工作中的各类风险，制定、完善并有效实施一系列制度、流程、方法和标准，对税务稽查工作风险进行事前防范、事中控制、事后监督和纠正的动态过程及机制。

第三条　税务稽查风险内部控制的目标是保证税务稽查执法活动合法合规，有效防控执法风险、行政管理风险和廉政风险，规范执法行为，提升执法水平，提高工作质效。

（一）案源管理目标。保证各级税务局稽查局（以下简称"各级稽查局"）科学制定稽查计划，落实案源管理各项规定，保证案源信息登记完整，案源处理及时规范，案源立案合规准确，案源分配有序合理，全面推行"双随机、一公开"。

（二）检查目标。保证检查过程程序合法，检查项目无重大遗漏，检查事实清楚、证据充分、数据准确、资料齐全。

（三）审理目标。保证审理程序合法，案件定性准确，处理、处罚恰当，立卷规范，依法依规移送涉嫌犯罪案件。

（四）执行目标。保证案件执行程序合法、措施恰当，税款、滞纳金、罚款等及时足额入库，追征欠税措施完整。

（五）综合管理目标。保证各项稽查制度得到贯彻执行，部门协作良好，信息沟通顺畅。严格执行大要案报告制度、案件督办制度和保密制度，扎实开展国税、地税联合稽查，档案资料完整，认真落实税收违法案件"一案双查"，严格执行税收违法"黑名单"制度和联合惩戒制度，成果有效增值应用，管查有效互动，绩效考评有力，质效不断提升等。

第四条　建立和执行税务稽查风险内部控制，应当遵循以下原则：

（一）依法规范。以税务稽查相关法律法规、规章制度为依据，保证税务稽查活动有法可依、有章可循、有据可凭、客观公正。

（二）全面覆盖。贯穿稽查执法运行的全过程，涵盖案源管理、检查、审理、执行、综合管理等各个方面，覆盖各级稽查局内所有岗位和人员。

（三）突出重点。以风险高发易发环节和重要岗位的防控为重点，完善岗责配置，理顺业务流程，健全授权审批，避免内部控制出现重大缺陷导致执法风险、行政管理风险和廉政风险。

（四）及时应对。加强风险应对，规范处理程序，实现快速反应，依法依规纠正，保证风险得到及时妥善处理，消除或减轻风险造成的不良影响。

（五）人机联动。充分运用信息化技术手段，与税务稽查执法和内部管理深度融合，与业务流程高度契合，与相关部门紧密配合，减少或消除人为操纵因素，加强稽查风险的信息化管控。

第五条 各级稽查局主要负责人对本单位税务稽查风险内部控制制度的建立健全和有效执行负责。

第六条 各级稽查局应当设置内部控制管理岗，配备内部控制管理员，具体负责对本单位的税务稽查风险实施持续动态管理，定期开展风险识别、排查、评估、应对。

内部控制管理岗与稽查局的其他岗位应当保持相对独立。内部控制管理员负责与所属税务局内部控制管理部门的工作联络，配合内部控制管理部门落实有关工作安排。

第七条 税务总局稽查局会同税务总局内部控制管理部门制定税务稽查风险内部控制制度和操作规程，并组织实施本单位内部控制工作；省以下稽查局（含本级，下同）应根据税务稽查风险内部控制相关规定，结合本地实际，组织实施本单位内部控制管理工作。

上级稽查局负责指导、监督、检查下级稽查局内部控制制度的建立健全和执行工作。

第八条 各级稽查局应当建立健全岗责体系，完善各项规章制度，加强党风廉政建设，使全体稽查人员牢固树立风险防控意识，规范执法，廉洁从税，自觉防范和有效应对税务稽查执法风险、行政管理风险和廉政风险。

第二章 内部控制风险识别

第九条 本制度所称税务稽查风险，是指各级稽查局及其所属稽查人员在案源管理、检查、审理、执行等税务稽查工作中，因故意或过失违反相关法律法规及税务稽查工作规定而产生的风险；以及在税务稽查综合管理事务中，因岗责分配不科学、授权审批不明晰、流程设置不严密、信息沟通不畅、部门协作不力、绩效考评不合理等产生的风险。

第十条 案源环节的主要风险点：

（一）税务稽查计划不严密，随意变更稽查对象；

（二）依法应立案处理的案源未进行立案处理；

（三）未按规定实施“双随机、一公开”；

（四）违规撤销案源或删除案件；

（五）对应下达稽查项目的案源，未下达稽查项目；

（六）按规定应督办的案件未及时督办；

（七）未按规定受理、处理检举事项。

第十一条 检查环节的主要风险点：

（一）未按法定程序进行检查；

（二）未按法定程序采取或解除税收保全措施；

（三）检查项目存在重大遗漏，《税务稽查项目书》所列疑点信息未能查实，或未能合理排除；

（四）证据不符合合法性、真实性、关联性要求；

（五）违规中止或终结检查。

第十二条 审理环节的主要风险点：

（一）未按规定提请审理重大税收违法案件；

（二）作出行政处罚决定之前未按规定履行法定告知义务、听取陈述申辩理由、受理和组织听证；

（三）未按规定移送涉嫌犯罪案件；

（四）作出的处理、处罚决定事实不清、证据不足、定性不准确、适用法律依据错误；

（五）行政处罚不符合行政处罚裁量基准；

（六）决定性文书不规范。

第十三条 执行环节的主要风险点：

（一）稽查案件执行不及时、不彻底；

（二）未依法采取税收保全、强制执行；

（三）未依法行使或者未按法定权限和程序行使代位权、撤销权、税收优先权；

（四）违规中止或终结执行。

第十四条 稽查综合管理环节的主要风险点：

（一）违反相关法律、法规和工作纪律规定，泄露国家秘密、商业秘密、个人隐私和工作秘密；

（二）公文传递不及时、处理不准确；

（三）各类报告、报表上报不及时，填写不完整，内容有误；

（四）未按规定管理案卷；

（五）未按规定公开或提请公开应公开的各类信息，或公开的信息有误；

（六）未按税收违法案件“一案双查”的规定转交线索和案件；

（七）未认真落实税收违法“黑名单”制度和联合惩戒制度。

第十五条 根据税务稽查风险事项可能导致后果的严重程度，将税务稽查风险分为高风险、中风险、低风险三个等级。

（一）高风险，是违反相关法律法规及税务稽查工作规定，造成涉税违法事实认定不清、据以定案的证据不足、适用法律错误、稽查程序违法、违反合法、合理行政等情况，可能导致复议机关决定或人民法院判决变更、撤销税务局或稽查局作出的税务处理决定或税务行政处罚决定，或确认稽查局的行政行为违法；稽查人员徇私舞弊、滥用职权、玩忽职守等渎职行为，可能导致国家税款或纳税人合法权益遭受损失，导致稽查人员被行政处分或承担刑事责任，影响稽查职能作用发挥；或可能严重影响稽查行政效率，导致不能完成稽查工作目标的风险。

（二）中风险，是违反相关法律法规及税务稽查工作规定，可能导致税务局或稽查局作出的税务处理决定、税务行政处罚决定或其他行政行为，被申请行政复议或被提起行政诉讼，但通过依法纠正，不会造成国家利益或纳税人合法权益遭受损失；或可能会影响稽查行政效率，但通过依法纠正，不会影响稽查工作目标实现的风险。

（三）低风险，是违反相关法律法规及税务稽查工作规定，可能会影响稽查行政秩序和行政效率，但不会影响稽查工作目标实现的风险。

第十六条　税务总局稽查局确定全国税务稽查通用风险点的风险等级，省以下稽查局可根据实际情况，确定本地区或本单位个性化风险点的风险等级。

第十七条　各级稽查局应将职责范围内涉及的风险点识别、定级、应对措施等情况向所属税务局内部控制管理部门及上级稽查局报备，由内部控制管理部门统一编制风险目录并实行动态管理。

内外部环境和工作要求发生变化时，应及时调整风险目录，并将调整情况向内部控制管理部门和上级稽查局报备。

第三章　风险控制和应对

第十八条　各级稽查局应根据风险等级，结合本部门风险承受度，采取风险规避、风险降低等风险应对策略，运用控制方法防范和纠正风险，将整体风险控制在可承受范围之内。

第十九条　税务稽查风险内部控制方法，是对税务稽查工作风险进行事前防范、事中控制、事后处理的过程，以达到预防风险发生、纠正风险造成的错误结果，或减轻风险引发的不良影响的目的。包括：

（一）不相容岗位分离控制。各级稽查局应当严格遵守稽查选案、检查、审理、执行“四分离”制度，对稽查局其他岗位设置，遵循审批与执行、执行与审核、系统操作和运维分离的原则。因资源限制达不到岗位分离要求的，应当采取补偿性的控制手段。

（二）授权审批控制。各级稽查局应当根据职责和所设置内部部门的具体稽查业务，明确权限范围、审批程序和相关责任，确保各岗位人员在授权范围内行使职权。

（三）流程控制。应当将内部控制管理嵌入案源管理、检查、审理、执行、综合管理等各个业务环节，实行模块化管理，使各个业务在上一流程完成后，由下一流程或若干个流程进行复核校对，在流程中消除风险。

（四）过程预警控制。对稽查文书中的必录项、稽查业务必经流程、时效节点，应当设置监控指标和自动校验功能，对应办事项及时提醒，对错误操作强制阻断，对错误录入自动纠正。

（五）集体决策控制。各级稽查局应当建立税收执法事项集体审议制度。对随机抽查对象确定、重点稽查对象和批量案源立案或者撤销、建议采取停供发票或者停止出口退税措施、采取阻止出境等重大税收执法事项，由稽查局集体审议决定。所有案件都要集体审理，符合大要案标准的案件由所属税务局重大税务案件审理委员会集体审理。

（六）业务公开控制。各级稽查局应当根据法律法规的规定，公开税务稽查的职责权限、税务行政处罚信息、重大税收违法案件信息、随机抽查信息等法定公开内容，接受监督。

（七）痕迹记录控制。开展税务稽查工作应当依法制作并完整保留各种稽查工作底稿、现场笔录、勘验笔录、询问笔录、书证、物证、视听资料、重大税收执法事项集体审议纪要、税收违法大要案件集体审理纪要、检举台账、案源管理台账、协查台账、各类税务文书及送达回证等各类资料，鼓励使用执法记录仪记录执法过程，通过痕迹记录对稽查业务进行过程控制，确保稽查工作过程可查询、可追溯、可比较，为发现和纠正错误提供原始记录。

（八）层级控制。上级稽查局应对下级稽查局及其稽查人员履职情况、重要任务落实、案件查办质量等进行日常监督，或对某项工作执行情况进行专项监督，包括复查、重大案件督办、税收违法案件“一案双查”落实情况、质效管理和绩效考核。

第二十条　对高风险事项，应当采取风险规避的应对策略，将所有风险因素消除，排除税务稽查风险发生的可能性。一般通过系统强制阻断错误操作、不相容岗位分离、重大税收执法事项集体审议，所属税务局领导审批、稽查局局长审批、重大案件报请督办、信息公开、质效管理、绩效考核等控制活动进行规避。

风险发生后，采取系统自动纠正、多流程复核更正，审理更正，补正、补充调查、案件复查等控制活动来纠正。

第二十一条 对中风险事项，采取风险降低的应对策略，降低税务稽查风险发生的可能性，以及减轻风险发生后产生的不利后果。一般通过不相容岗位分离、系统自动提示、稽查局分管局长、科长审批、质效管理等控制活动进行防范。

风险发生后，采取系统自动纠正、流程复核更正、补正、案卷复查等控制活动来纠正。

第二十二条 对低风险事项，一般采取风险降低的应对策略，通过不相容岗位分离、系统自动提示等控制活动进行防范。

风险发生后，采取流程复核更正、补正等控制活动来纠正。

第二十三条 各级稽查局应当明确各个岗位在内部控制中的相关职责，落实责任制。

发生风险事项未能纠正的，责令纠正，并计入责任人的个人绩效考核。未按规定时限纠正且无正当理由的，涉及应承担税收执法过错责任或廉政责任的，按规定处理。

第四章 内部控制信息化

第二十四条 对案源管理、检查、审理、执行等主要业务流程，及其所涉及的所有表单文书的制作、工作流审批等相关流程，实施信息系统强制控制。对因案件的特定需要而产生的选做环节，设置流程提示功能。

第二十五条 根据需控制的风险点预设关键字段或预设标准模板，通过信息自动匹配、筛查、校验的方式，进行预警或自动纠正，对重大修改进行风险预警和纠正提示。

第二十六条 在信息系统中设置操作日志功能，各项操作保存痕迹，自动识别责任人，并按权限开放各种口径、指标下的查询统计功能，实现事后对风险点的筛查和纠错。

第二十七条 及时分析总结产生的各类风险及应对结果，不断对现有系统进行升级完善。

第二十八条 在信息传递和使用过程中加强安全防护，防止出现泄密或其他危害信息安全的事故。

第五章 内部控制考核评价

第二十九条 各级稽查局应对本单位内部控制的有效性进行评估。

内部控制有效性是指建立和执行内部控制制度对实现控制目标提供保证的程度，包括设计有效性和执行有效性。

第三十条 各级稽查局每年应当至少开展1次内部控制自我评估，重点围绕高、中等级风险事项和新调整的内部控制方法组织实施。

自我评估结束后应当形成书面报告，针对发现的各类风险事项或内部控制薄弱环节提出整改措施，并向所属税务局内部控制管理部门以及上级稽查局报备。

第三十一条 上级稽查局应当对下级稽查局税务稽查风险内部控制制度的建立和执行情况进行定期或不定期监督检查，可以开展全面监督检查，也可以针对稽查工作中某一环节风险的内部控制情况进行专项监督检查。监督检查应形成检查报告，提出改进建议。

第三十二条 各级稽查局应当根据评估和检查报告适时改进内部控制工作。上级稽查局对下级稽查局上报的改进建议，应当及时研究答复，并向所属税务局内部控制管理部门报备。

第三十三条 上级稽查局应当对下级稽查局内部控制建设和执行情况、自查自纠情况、监督检查处理及整改落实情况进行考核。

第六章 附 则

第三十四条 本制度适用于全国税务系统。

第三十五条 本制度由税务总局稽查局会同税务总局内部控制管理部门负责解释。

第三十六条 本制度自2017年4月1日起实施。

国家税务总局关于加强税务稽查信息化应用管理的指导意见

2017 年 5 月 16 日　税总发〔2017〕54 号

各省、自治区、直辖市和计划单列市国家税务局、地方税务局：

为深入贯彻落实《深化国税、地税征管体制改革方案》，充分适应税收信息化建设发展的新形势、新任务和新要求，更好支撑和推动税务稽查现代化建设，现就加强税务稽查信息化应用管理提出以下意见：

一、总体思路

（一）指导思想

以《深化国税、地税征管体制改革方案》为指导，严格遵循税收信息化建设总体规划和部署要求，牢固树立大数据和“互联网＋”理念，以持续优化金税三期工程稽查模块功能为基础，以着力深化稽查大数据应用为核心，以规范指导基层稽查信息化创新实践为动力，进一步加强税务稽查信息化应用管理，推动稽查制度体系、稽查执法活动和稽查信息化应用深度融合，为加快推进稽查现代化建设提供有力保障。

（二）基本目标

到 2020 年，基本建成立足金税三期工程、覆盖国税地税、覆盖各层级、覆盖各环节的稽查信息化应用管理体系，基本实现稽查执法的流程化、标准化、智能化和稽查管理的规范化、精细化、痕迹化，稽查改革发展的数据基础和技术支撑显著增强，海量数据的挖掘、分析和利用能力大幅提高，稽查工作质效和管理水平稳步提升。

为实现以上目标，推进稽查信息化应用管理的具体进度安排是：2017 年，金税三期系统稽查模块功能持续完善，税务总局、省税务局两级稽查数据集市基本建成，金税三期决策支持系统总局平台部分稽查应用投入使用；2018 年，金税三期决策支持系统税务总局平台的稽查应用日益丰富，稽查海量数据的挖掘、分析和利用能力大幅提高，“互联网＋稽查”广泛应用，稽查执法信息化、智能化水平不断提升；2020 年，稽查信息化应用管理的工作目标基本实现。

（三）工作原则

——坚持分工协作。在税收信息化整体规划和框架下，由信息化主管部门和稽查部门按职责分工协作，逐步建立横向互动、纵向贯通的稽查信息化应用管理格局。横向上，信息化主管部门作为管理者和供给方，稽查部门作为建设者和需求方，双方加强互动、密切配合，共同做好稽查信息化应用管理；纵向上，税务总局按照顶层设计与基层实践相结合、统一要求与因地制宜相结合的原则，加强与省税务局互通互联互动，形成税务总局、省税务局两级协作共治的工作机制。

——坚持集成创新。牢牢把握集成创新的工作方法，理顺金税三期系统和稽查应用软件的关系，不得重复开发与金税三期工程相关应用系统功能重叠的软件。稽查部门科学严谨地提出应用需求，信息化主管部门严格细致地审核把关，既避免稽查应用软件“遍地开花”，又鼓励满足工作实际需要的稽查信息化应用创新。税务总局统一制定业务标准和技术标准，规范指导稽查应用软件开发工作，确保稽查应用软件与金税三期系统互联互通、有效对接，不断提高稽查信息化应用水平。

——坚持融合升级。将稽查信息化应用与深化稽查改革、查处和打击涉税违法、加强系统管理紧密结合起来，持续优化升级金税三期系统稽查模块功能。牢固树立“互联网＋”理念，不断提升稽查大数据分析应用水平。从保持税收数据治理体系完整性的角度出发，主要立足金税三期决策支持系统开发稽查信息化应用，对暂时保留或新立项开发的稽查应用软件，待条件成熟时，逐步融入金税三期系统。

——坚持以人为本。把提高稽查人员核心业务能力、促进稽查人员和纳税人有更多获得感作为强化稽查信息化应用的出发点和落脚点，有效发挥信息化高效、智能、便捷、实时的优势，提高稽查工作质效，减轻纳税人负担。努力打造一支技术精湛、业务娴熟、成熟稳定的稽查信息化专业团队，为加强稽查信息化应用管理提供坚强组织保障。

二、主要任务

（一）持续优化金税三期系统稽查模块功能

税务总局依据《全国税务稽查规范（1.0版）》和相关制度办法，持续优化金税三期系统稽查业务流程和功能，将国税、地税稽查工作全部基础性、流程性的处理事项、执法文书、信息数据纳入其中，为规范执法行为、深化稽查改革、转变工作方式提供信息化支撑。重点任务包括：

1. 优化稽查计划管理模块。计划的制定和分解以信息化手段实现，任务的执行情况实时反映为计划的执行进度，各级税务机关实时监控本级和下级计划执行情况，并根据实际情况及时调整工作计划。

2. 完善稽查案源管理模块。调整稽查案源信息登记、分类处理、立案分配和结果跟踪反馈等流程性功能，实现稽查案源管理的信息化处理。

3. 完善涉税问题类型和处理处罚依据标准。实现稽查结果自动计算和稽查文书自动生成，提高稽查检查、审理和执行的标准化、智能化水平，为进一步拓展和深化数据分析奠定基础。

4. 完善稽查特殊案件管理。完善督办案件、复查案件、检举案件等特殊案件管理流程和重大案件审理管理流程，规范业务操作，强化跟踪监控，降低执法风险。

5. 建立国税、地税联合稽查信息化平台。全面覆盖国税、地税共管案源，完善国税、地税数据传递渠道和传递方式，实现国税、地税稽查部门共享涉案信息、共同下达任务、共用稽查成果等联合稽查工作环节联动操作的信息化处理。

6. 健全重大税收违法案件信息发布和推送系统。规范重大税收违法案件信息归集、审核、发布流程，畅通与外部门信息推送渠道，更好发挥联合惩戒威力。

7. 推进稽查内部控制信息化。紧密结合稽查执法工作实际，全面梳理稽查执法和管理风险点，将内部控制嵌入稽查业务流程，设置风险控制的关键节点、监控条件和监控周期，强化风险自动识别、防控和风险事件及时处理，不断提升稽查风险管控的信息化水平。

（二）着力深化稽查大数据应用

稽查大数据应用是税收数据治理工作的重要组成部分，必须严格遵循税收数据治理工作的规划和要求。金税三期决策支持系统税务总局和省税务局两级平台是税收数据应用工作的统一平台，也是深化稽查大数据应用的主要平台。各级税务机关在金税三期工程整体框架下，通过税务总局、省税务局两级大数据平台，打通数据信息通道，深入开发涉及统计分析、任务推送、风险扫描、公共查询等稽查大数据应用，构建稽查信息化应用管理的主干系统。重点任务包括：

8. 建立稽查数据集市。按照税务总局数据资源管理要求，明确稽查数据需求，由税务总局、省税务局两级“数据超市”统一加工提供公共基础类数据和个性化数据，建立税务总局、省税务局两级稽查数据集市，打牢稽查大数据基础。

9. 建立健全稽查大数据选案分析机制。结合大数据平台的数据优势、资源优势、技术优势和稽查专业团队业务优势，建立健全稽查大数据选案分析机制，重点开展“串案”分析、团伙分析、链条分析，不断巩固和深化应用成果，不断提升和拓展稽查选案分析的精度、深度、广度。

10. 建立稽查案源信息档案库。在税务总局、省税务局两级稽查数据集市基础上，全面收集各类案源信息，实现全体稽查对象相关信息的“一户式”归集、展示和管理，为进一步深化稽查大数据应用提供保障。

11. 建立税务稽查“双随机”工作平台。落实推行“双随机、一公开”监管要求，采取在金税三期决策支持系统税务总局和省税务局两级平台部署、业务覆盖从税务总局到县税务局四级税务机关的应用架构，建立税务稽查随机抽查对象和执法检查人员名录库，实现随机抽查对象的随机选取和执法检查人员的随机选派、上级税务机关随机选取的抽查任务向下级推送、随机抽查成果的统计查询功能。

12. 建立案件管理监控平台。建立全国稽查案件管理监控平台，对稽查案件特别是税务总局下派案源的查处情况进行跟踪监控，及时掌握案件流转、检查处理等情况，随时对案件查处工作进行指挥调度。

13. 建立重大税收违法案件涉案企业和涉案人员信息库。稽查部门根据重大税收违法案件处理处罚结果以及选案分析中发现的明显线索，建立重大税收违法案件涉案企业和涉案人员信息库，积极推动与公安部门相关信息的联网比对，及时将相关信息向征管部门推送，自动进行比对分析及预警提示，实现涉税违法行为防控关口前移。

14. 建立稽查成果统计分析平台。利用税务总局大数据云平台强大的数据存储能力和运算能力，自动提取、汇总全国税务稽查案件查处情况，从行业、地区、领域、税种、违法类型等多个维度开展数据统计分析，提高服务管理决策水平。

15. 建立稽查成果应用平台。推动稽查执法成果信息在税务机关内部各部门、各层级、各环节以及与外部门之间的传递和共享，促进税务稽查以查促查、以查促管职能作用有效发挥。建立稽查工作经验共享平台和分类稽查案例库，畅通横向、纵向交流渠道，实现稽查核心业务能力共同提升。

16. 实现稽查质效管理信息化考评。按照税务总局稽查质效考核评价体系明确的考评内容、标准、方法、周期、程序等要素，通过专门应用获取各地稽查执法活动和行政管理活动开展情况的关键数据，自动对各单位工作质效进行考核评价，客观分值自动生成，主观分值手工录入，建立客观、透明、公平的稽查质效考核评价机制。

（三）规范研发和推广稽查应用软件

研发应用满足稽查工作实际需要的稽查应用软件，既是对金税三期系统稽查模块的有益补充，也是提升稽查信息化应用水平的重要助力。按照税务总局信息化建设要求，统一完善升级金税三期工程全面推广上线以后予以保留、仍在使用的稽查应用软件；各级稽查部门自行研发推广个性化稽查应用软件，必须是金税三期主体应用系统中暂未具备相应功能而稽查工作又迫切需要的应用软件，并且必须符合税务总局金税三期工程统一的技术标准和业务标准，能够实现与金税三期系统有效对接。所有稽查应用软件，待条件成熟时，逐步融入金税三期系统。重点任务包括：

17. 健全发票协查流程和功能。充分利用增值税发票管理新系统数据，建立协查工作快速反应机制，提高协查质量和效率，更好发挥协查对查处虚开、骗税案件的重要作用。

18. 推广应用稽查专业选案软件。针对特定税种、违法类型、行业、区域和领域，丰富选案指标模型，强化关联比对分析，直观展现涉税违法行为的线索和特征，形成带疑点、带数据、带靶向的选案结果，提高稽查打击精准性。

19. 推广应用电子查账软件。全面准确采集企业财务软件、ERP系统和其他专业软件所包含的涉税数据信息，利用税务系统数据和第三方信息进行综合比对分析，快速发现问题，自动生成底稿，提高工作效率。

20. 推广应用电子取证软件和工具。通过录音录像、原盘拷贝、密码绕过（或破解）、数据恢复、高速传输、文件解密、电子校验等电子取证功能，实现稽查执法现场记录、痕迹管理，为稽查案卷电子化管理提供保障。

21. 推广应用稽查办案指挥协调系统。利用互联网技术或税务系统内部专网，建立直观便捷的内部交流模式，畅通上下级之间、办案现场与稽查管理层之间的信息渠道，实现案件查办现场交流、案情沟通及时有效、办案资源即时调度、线索证据等数据资料安全可靠传递的稽查现代化指挥协调。

（四）逐步健全稽查信息化应用管理工作制度

各级税务机关要认真总结稽查信息化应用管理经验，坚持规范与发展并重、发展与安全并重，把行之有效的做法提炼为管理制度，进一步指导和规范信息化工作，不断健全促进稽查信息化健康发展的制度体系。重点任务包括：

22. 建立企业电子数据采集和管理规范。针对电子数据依赖性高、稳定性差等特征，进而影响其证据效力的实际情况，制定工作规范，对企业电子数据的采集、存储、封存、传输、使用、销毁等环节进行管理，提高执法效能，降低执法风险。

23. 建立稽查数据集市管理规范。规范稽查数据集市访问、加工、处理和导出管理，在保证数据安全和信息安全的前提下，提高使用效率。优化完善税务总局稽查数据集市，适时对省税务机关开放访问、使用权限，全面提高稽查大数据应用水平。

24. 建立稽查应用软件备案制度。省税务机关对本省范围内自主研发的稽查应用软件，要在应用见效以后将业务需求、开发报告、成效经验等资料向税务总局报告备案，便于税务总局全面掌握情况、统一协调推广、推动融入金税三期。

25. 建立稽查信息化安全管理制度。根据税务总局信息安全的总体要求，实行稽查信息化应用安全和数据安全一票否决制。稽查信息化应用软件在上线前必须经过专业信息安全专项认证，不满足信息安全的项目一律不得上线运行；运行过程中严格遵循信息安全管理规定，违反信息安全要求的一律终止运行。

三、工作要求

（一）做好统筹规划

各级税务机关要充分认识稽查信息化应用管理工作的重要性和紧迫性，将其放在稽查工作的突出位置，统筹规划，扎实推进。要健全稽查信息化推进工作组织领导机制，确保职责落实和人员到位，形成稽查部门与征管科技、电子税务等相关部门以及社会力量紧密配合、协作共赢的工作格局。要深入开展调查论证，强化顶层设计，决定重大事项，确保稽查信息化应用持续推进。

（二）确保有序实施

推进税务稽查信息化应用管理，时间紧、任务重。各级税务机关要围绕税务稽查信息化应用管理的基本目标，结合税收信息化建设进程和税务稽查改革规划，明确时间表和路线图，稳妥有序实施，确保稽查信息化主要任务落地见效，应用管理水平不断提高。

（三）务求有效管用

各级税务机关要牢牢把握金税三期工程全面推广和“互联网+税务”行动计划深入开展的发展机遇，注重挖掘税收大数据的“金山银库”，以破解稽查工作难点、重点、堵点和满足稽查工作实际需要为导向，切实应用信息化手段和工具，有效应对税收违法犯罪形势不断变化带来的挑战。要持续优化、完善、升级稽查信息化应用系统，以“抓铁有痕、踏石留印”的精神持之以恒地推进稽查信息化工作。

（四）全面加强保障

各级税务机关要从人才、制度、数据、培训、投入等方面为推进稽查信息化应用提供全面保障。要加强稽查信息化专业人才特别是数据应用人才队伍建设，敢于、善于借助外力、外脑，夯实稽查信息化发展的智力基础。要逐步建立稽查信息化工作制度和内部管理规定，加强信息化工作安全风险管理，推动信息化安全与发展良性互动、协调共进。要不断加大硬件和软件投入，为稽查信息化发展提供坚实物质保障。要逐步建立健全部门合作和信息共享机制，形成联系紧密、协作共赢的良好工作格局。

国家税务总局关于进一步规范和改进税收执法工作的通知

2017年9月23日　税总发〔2017〕107号

各省、自治区、直辖市和计划单列市国家税务局、地方税务局，局内各单位：

为了深入贯彻落实中央财经领导小组第十六次会议和2017年全国深化简政放权放管结合优化服务改革电视电话会议精神，进一步促进税务机关严格规范公正文明执法，维护纳税人合法权益，优化纳税服务，营造稳定公平透明、可预期的营商环境，根据《国家税务总局关于进一步深化税务系统“放管服”改革优化税收环境的若干意见》（税总发〔2017〕101号）要求，现就进一步规范和改进税收执法工作有关事项通知如下：

一、事前明责晰权，营造公平公正的税收环境

全面推行权责清单管理。落实《国家税务总局权力和责任清单（试行）》，编制并公布权责事项运行流程图和服务指南，开展试运行，为企业和群众办事提供便利。在总结试点经验基础上稳妥推行税务系统权力和责任清单制度，适时印发税务系统权责清单范本，努力形成上下贯通、有机衔接、运转顺畅、透明高效的全国税务系统权责清单运行体系。

二、规范执法行为，减轻纳税人负担

（一）清理并减少进户执法事项。严格落实《国家税务总局关于进一步规范税务机关进户执法工作的通知》（税总发〔2014〕12号），认真清理本级税务机关规定的进户执法项目。省以下税务局的规范进户执法工作协调小组要对进户执法事项统筹安排、统一管理，尽可能合并进户执法任务，实行一次进户、统一实施、结果共享。

（二）严格进户执法计划管理。强化纳税评估、税务稽查、反避税调查、税务审计、日常检查等进户执法事项的计划管理。没有制订工作计划、没有安排执法任务的，税务人员不得到纳税人、扣缴义务人（以下简称“纳税人”）生产经营场所实施进户执法。做好进户前案头分析工作，提高税收执法工作效率，压缩税务检查时间，尽可能少打扰纳税人。

（三）推行“双随机、一公开”监管。按照国务院要求，2017年内实现“双随机、一公开”监管全覆盖。除线索明显的涉嫌偷逃骗抗税和虚开发票等税收违法行为、按规定程序直接立案检查外，

其他税务稽查对象均须在“税务稽查双随机工作平台”中随机抽取，相应随机或者竞标选派执法检查人员。公平对待内外资企业，保障市场主体权利平等、机会平等、规则平等，促进统一开放、竞争有序的市场环境的建立。结合信用管理、风险管理，严格按照确定的比例和频次实施随机抽查；3年内已被随机抽查的税务稽查对象，不列入随机抽查范围。

（四）推动国税地税执法资源整合。大力推动核定征收、风险应对、反避税调查等国税地税执法合作，统一税务行政处罚裁量基准。推行国税地税联合进户稽查，进一步增强联合执法办案的严谨性、规范性、可操作性。完善执法信息共享机制，最大限度地用好用活执法资源，避免对纳税人多头执法、重复检查。

三、完善执法程序，维护纳税人合法权益

（一）细化执法指引。完善纳税服务、税收征管、国税地税合作、出口退税、税务稽查等规范，按照标准化、流程化、精细化要求，坚持问题导向，注重突出重点环节和关键领域，科学设置执法制度和程序，规范执法行为，使税收执法有据可依。

（二）加强执法记录。推行执法全过程记录制度试点，充分利用技术手段，强化对进户等税收执法活动全过程留痕和可回溯管理，使税收执法有迹可循。依托金税三期信息系统，建立健全执法文书信息化记录制度。

（三）改进执法方式。增强“保护合法、服务守法、惩治违法”意识，通过建议、提醒、解释等方式，多做说服沟通工作，讲清税收执法的事理、法理和情理，引导纳税人自觉遵从税法，积极争取纳税人的理解和支持。坚持处罚与教育相结合的原则，执法手段、措施要适当适度，努力以较小成本取得较好效果。

（四）强化权力制约。强化对税务登记、认定管理、申报征收、税收优惠、税款追征、税务稽查、税收法制、凭证管理、出口退税、国际税收管理等过程控制。在查办同一税收违法案件中，案源处理（选案）人员、检查人员、审理人员、执行人员不得交叉重复。建立健全其他执法事项中执法环节、执法人员的分离、制约机制。

四、规范行政裁量权，提升税收执法公信力

（一）严格核定征收管理。严格按照税收征管法及其实施细则、税收实体法、税务总局相关规定确定核定征收范围，不得违规扩大核定征收范围。强化定期定额核定、应纳税额核定、农产品增值税进项税额扣除标准核定、计税价格核定、预约定价安排、特别纳税调整、纳税评估等管理，按照合法合理的方式、规范严谨的程序，依法核定应税所得率、应纳税所得额、应纳税额、征收率等，保证核定标准统一、核定事项公平。

（二）准确适用行政处罚裁量基准。严格执行《税务行政处罚裁量权行使规则》（国家税务总局公告2016年第78号公布）以及各省税务局行政处罚裁量基准或者实施办法，根据合法、合理、公平公正原则，综合考虑违法的手段、情节、金额、违法次数、主观过错程度、纠错态度等情形，依法给予相应处罚，做到当严则严，该宽则宽，宽严相济，罚当其责，宽严有据。探索建立案例指导制度，发挥执法案例的指导和示范作用，规范税收执法行为。

（三）强化执法审核。推行重大执法决定法制审核制度试点，探索建立重大执法决定法制审核制度。强化集体审议，对情节复杂、争议较大、处罚较重、影响较广或者拟减轻处罚等税务行政处罚案件，应当经过集体审议决定。认真贯彻落实《重大税务案件审理办法》（国家税务总局令第34号公布），对达到标准的案件，必须提请重大税务案件审理委员会进行审理。

五、强化执法监督，规范权力运行

（一）加快推进内控机制建设。税务总局制定下发内部控制基本制度、专项制度、操作指引和管理制度，各省税务局要结合实际制定落地措施。积极推行应用软件内控功能内生化，强化事前预警和事中干预。上线运行内部控制监督平台，集成控制、监督、纠偏、评价、推送等功能，进一步提升内部控制监管能力和整体效能。

（二）加强税收执法督察。围绕税收中心工作，针对行政裁量权等税收执法重点领域、重点环节以及重点问题，进一步加大专项执法督察力度，通过执法督察发现并纠正税收执法中存在的问题，保障“放管服”改革等党中央、国务院重大决策部署和各项税收政策落实。针对纳税人信访、举报的重要案件线索，进一步加大专案执法督察力度，依法、及时解决纳税人反映的税收执法问题，严肃追究违法行为，切实维护纳税人合法权益。

（三）健全内部监督机制。进一步整合监督资源，突出监督重点，统筹上下、条块间的相互协作，实行信息共享和成果共用，增强执法监督合力。深入推行税收执法责任制，依托信息化手段，不断优化执法责任制考核指标，实现对执法过错的事中纠错和事后考核追责，切实规范税收执法行为，保障纳税人合法权益。

（四）自觉接受外部监督。推行行政执法公示制度试点，结合政府信息公开、权力和责任清单公布、“双随机、一公开”监管等工作，逐步实现税收执法主体、职责、依据、权限、程序、监督方式、救济渠道和相关税收执法结果等税收执法全过程公开，自觉接受纳税人和社会各界监督。

各省税务局要按照本通知要求及所附《重点任务分工表》，持续规范和改进税收执法工作，并于2017年12月15日前将阶段性总结报告以正式文件报送税务总局。总结报告应当包括工作基本情况、主要做法、取得的成效，以及存在的主要问题、原因分析及措施建议。

附件：重点任务分工表（编者略）

各地发布的税务稽查工作相关文件目录

北京市国家税务局

北京市国家税务局关于进一步做好重大税收违法案件信息公布的通知
2017年2月16日 京国税发〔2017〕44号

北京市国家税务局关于修订《对重大税收违法案件当事人实施联合惩戒措施工作方案（试行）》的通知
2017年3月20日 京国税发〔2017〕71号

北京市国家税务局关于印发《北京市国家税务局2017年打击发票违法犯罪活动工作实施方案》的通知
2017年4月20日 京国税发〔2017〕94号

北京市国家税务局关于印发《北京市国家税务局2017年打击虚开增值税专用发票和骗取出口退税工作实施方案》的通知
2017年5月11日 京国税发〔2017〕106号

北京市国家税务局关于印发《北京市国家税务局税务稽查电子账务数据管理办法（试行）》的通知
2017年7月3日 京国税发〔2017〕145号

北京市地方税务局

北京市地方税务局关于印发《北京地税系统稽查体制改革试点单位业务衔接实施方案》的通知
2017年3月23日 京地税稽〔2017〕49号

北京市地方税务局关于印发《2017年打击发票违法犯罪活动工作实施方案》的通知
2017年4月21日 京地税稽〔2017〕65号

北京市地方税务局 北京市国家税务局关于印发《北京市地方税务局 北京市国家税务局联合稽查工作办法实施细则（试行）》的通知
2017年7月3日 京地税稽〔2017〕103号

北京市地方税务局关于印发《北京市地方税务局税务稽查检查管理工作办法》的通知
2017年7月7日 京地税稽〔2017〕108号

北京市地方税务局关于印发《北京市地方税务局税务稽查审理管理工作办法》的通知
2017年7月7日 京地税稽〔2017〕109号

北京市地方税务局关于印发《北京市地方税务局税务稽查执行管理工作办法》的通知
2017年7月7日 京地税稽〔2017〕110号

北京市地方税务局关于印发《北京市地方税务局税务稽查案卷管理工作办法》的通知
2017年7月7日 京地税稽〔2017〕111号

北京市地方税务局关于深入推进高风险纳税人定向稽查专项改革试点工作的通知
2017年9月14日 京地税稽〔2017〕152号

北京市地方税务局关于印发《北京市地方税务局税务检查证管理暂行办法》的通知
2017年10月27日 京地税稽〔2017〕175号

北京市地方税务局关于印发《北京市地方税务局税务稽查案源管理办法》的通知
2017年11月17日 京地税稽〔2017〕185号

北京市地方税务局关于印发《北京市地方税务局税务稽查调查取证实施办法》的通知
2017年11月17日 京地税稽〔2017〕186号

天津市国家税务局

天津市国家税务局稽查局关于印发《天津市国家税务局稽查局案源管理集体审议委员会组建方案》的通知
2017年2月27日 津国税稽〔2017〕2号

天津市国家税务局稽查局关于做好“金税三期税务稽查双随机工作平台”运行管理工作的通知
2017年6月23日 津国税稽便函〔2017〕20号

天津市国家税务局稽查局关于成立内部控制工作领导小组的通知
2017年9月22日 津国税稽〔2017〕21号

河北省国家税务局

河北省国家税务局关于印发《河北省国家税务局税务稽查案源管理暂行规定》的通知
2017年1月9日 冀国税发〔2017〕2号

河北省国家税务局关于印发《河北省国家税务局税务稽查随机抽查对象名录库暂行规定》的通知
2017年1月9日 冀国税发〔2017〕3号

河北省国家税务局关于印发《河北省国家税务局税务稽查随机抽查执法检查人员名录库暂行规定》的通知
2017年1月9日 冀国税发〔2017〕4号

河北省地方税务局

河北省地方税务局关于印发《全省地税系统稽查重大税收执法事项集体审议办法（试行）》的通知

2017 年 5 月 19 日　冀地税稽便函〔2017〕12 号

河北省地方税务局关于印发《全省地税系统稽查案源管理集体审议办法（试行）》的通知

2017 年 5 月 19 日　冀地税稽便函〔2017〕13 号

山西省地方税务局

山西省地方税务局关于做好 2017 年元旦春节期间联动协作监督“四风”问题工作的通知

2017 年 1 月 19 日　晋地税函〔2017〕18 号

山西省地方税务局稽查局关于印发《山西省地方税务局稽查局 2017 年度稽查工作目标责任制（绩效）考核办法》的通知

2017 年 3 月 27 日　晋地税稽发〔2017〕2 号

山西省地方税务局稽查局关于印发《2017 年打击发票违法犯罪活动工作考核方案》的通知

2017 年 5 月 2 日　晋地税稽便函〔2017〕16 号

山西省地方税务局稽查局关于印发《山西省地方税务局稽查局执法执勤用车管理办法》的通知

2017 年 10 月 20 日　晋地税稽发〔2017〕11 号

山西省国家税务局稽查局　山西省地方税务局稽查局关于建立联合抽查对象名录库的通知

2017 年 11 月 8 日　晋国税稽便函〔2017〕110 号

关于进一步加强全省地税系统稽查绩效考评工作的通知

2017 年 11 月 14 日　晋地税稽发〔2017〕24 号

山西省地方税务局稽查局关于印发《山西省地方税务局稽查系统工作联动机制管理办法》的通知

2017 年 11 月 17 日　晋地税稽发〔2017〕141 号

山西省地方税务局关于进一步规范和改进税收执法工作的报告

2017 年 12 月 15 日　晋地税发〔2017〕157 号

山西省国家税务局　山西省地方税务局关于印发《山西省国家税务局　山西省地方税务局税务稽查联合随机抽查工作制度（试行）》的通知

2017 年 12 月 26 日　晋国税函〔2017〕258 号

内蒙古自治区国家税务局

内蒙古自治区国家税务局关于印发《重大税收违法案件信息闭环管理内部联动工作规范（试行）》的通知

2017 年 3 月 21 日　内国税发〔2017〕40 号

内蒙古自治区国家税务局关于印发《2017 年打击发票违法犯罪活动工作实施方案》的通知

2017 年 4 月 12 日　内国税函〔2017〕155 号

内蒙古自治区国家税务局关于印发《内蒙古自治区国家税务局税务稽查“双随机、一公开”监管办法（试行）》的通知

2017 年 6 月 16 日　内国税发〔2017〕77 号

吉林省国家税务局

吉林省国家税务局稽查局关于印发《2017 年全省国税稽查重点工作安排》的通知

2017 年 3 月 10 日　吉国税稽函〔2017〕2 号

吉林省国家税务局关于优化稽查执法服务经济发展的通知

2017 年 3 月 27 日　吉国税函〔2017〕25 号

吉林省国家税务局稽查局关于切实做好 2017 年国家税务总局重点虚开和骗税案源查处工作的通知

2017 年 4 月 12 日　吉国税稽函〔2017〕5 号

吉林省国家税务局稽查局关于印发贯彻实施《全国税务稽查规范（1.0 版）》工作方案的通知

2017 年 4 月 17 日　吉国税稽函〔2017〕6 号

吉林省国家税务局稽查局关于印发《2017 年全省国税稽查风险内部控制机制建设实施方案》的通知

2017 年 4 月 18 日　吉国税稽函〔2017〕7 号

吉林省国家税务局关于印发《2017 年“三位一体”打击骗税、虚开和发票违法犯罪专项行动实施方案》的通知

2017 年 4 月 25 日　吉国税发〔2017〕40 号

吉林省国家税务局稽查局关于开展 2017 年重点税源企业随机交叉检查工作的通知

2017 年 5 月 11 日　吉国税稽函〔2017〕12 号

吉林省国家税务局　吉林省地方税务局关于印发《2017 年医药行业专项整治工作实施方案》的通知

2017 年 5 月 15 日　吉国税联字〔2017〕14 号

关于印发《2017 年联合打击骗取出口退税和虚开增值税专用发票工作实施方案》的通知

2017 年 6 月 19 日　吉国税联字〔2017〕16 号

吉林省国家税务局稽查局　吉林省地方税务局稽查局关于对部分假发票受票企业开展专项整治工作的通知

2017 年 6 月 19 日　吉国税稽函〔2017〕18 号

吉林省国家税务局稽查局关于开展 2017 年第二批重点税源企业随机交叉检查工作的通知

2017 年 8 月 31 日　吉国税稽函〔2017〕27 号

吉林省打击发票违法犯罪活动工作协调小组办公室关于认真做好2017年打击发票违法犯罪活动工作的通知

2017年10月19日　吉打票办函〔2017〕1号

吉林省国家税务局关于印发《吉林省国家税务局进一步规范和改进税收执法工作落实方案》的通知

2017年11月10日　吉国税发〔2017〕87号

吉林省地方税务局

吉林省国家税务局　吉林省地方税务局关于发布《吉林省税务行政处罚裁量基准》的公告

2017年3月17日　吉林省国家税务局　吉林省地方税务局公告2017年第1号

吉林省国家税务局　吉林省地方税务局关于印发《2017年度医药行业专项整治工作实施方案》的通知

2017年5月8日　吉国税联字〔2017〕14号

吉林省公安厅　吉林省国家税务局　吉林省地方税务局关于发布《吉林省公安厅　吉林省国家税务局　吉林省地方税务局联合联络机制运行暂行办法》的通知

2017年10月26日　吉公办字〔2017〕636号

吉林省地方税务局关于印发《2017年打击发票违法犯罪活动工作实施方案》的通知

2017年11月3日　吉地税函〔2017〕51号

吉林省地方税务局关于进一步规范和改进税收执法工作的通知

2017年11月20日　吉地税发〔2017〕95号

上海市国家（地方）税务局

上海市国家税务局　上海市地方税务局关于认真做好2017年打击发票违法犯罪活动工作的通知

2017年4月25日　沪国税发〔2017〕39号

上海市国家税务局　上海市地方税务局关于印发《上海市税务稽查风险内部控制制度（试行）》的通知

2017年11月17日　沪国税发〔2017〕110号

上海市国家税务局　上海市地方税务局　上海市发展和改革委员会关于对重大税收违法案件当事人实施联合惩戒措施的通知

2017年11月30日　沪国税发〔2017〕114号

江苏省国家税务局

江苏省国家税务局稽查局关于下发《〈全国税务稽查规范（1.0版）〉与税收检查实际操作差异处理意见和操作标准（试行）》的通知

2017年6月30日　苏国税稽便函〔2017〕57号

浙江省国家税务局

浙江省国家税务局　浙江省地方税务局关于印发《2017年打击发票违法犯罪活动工作实施方案》的通知

2017年4月12日　浙国税发〔2017〕36号

浙江省国家税务局　浙江省地方税务局关于印发《12366纳税服务热线接收税收违法行政行为举报管理办法实施细则（试行）》的通知

2017年4月26日　浙国税发〔2017〕41号

浙江省国家税务局　浙江省公安厅　杭州海关　中国人民银行杭州中心支行关于2017年打击骗取出扣退税和虚开增值税专用发票专项工作安排的通知

2017年5月22日　浙国税发〔2017〕53号

浙江省国家税务局关于印发《2017年全省国税稽查业务大比武实施方案》的通知

2017年6月1日　浙国税发〔2017〕54号

浙江省国家税务局关于进一步加强税收征管防范打击虚开增值税发票工作的通知

2017年7月18日　浙国税发〔2017〕91号

浙江省国家税务局稽查局关于稽查查补税款和滞纳金不适用延期缴纳的意见

2017年9月13日　浙国税稽便函〔2017〕166号

浙江省国家税务局　浙江省公安厅关于加强警税协作优化营商环境　争创"无骗税、无虚开发票"省份的意见

2017年10月12日　浙国税发〔2017〕119号

安徽省地方税务局

安徽省地方税务局关于印发《2017年全省地税稽查重点工作任务》的通知

2017年3月26日　皖地税便函〔2017〕48号

安徽省地方税务局稽查局　安徽省国家税务局稽查局关于印发《2017年度股权转让检查工作方案》的通知

2017年4月6日　皖地税稽便函〔2017〕8号

安徽省地方税务局稽查局转发《国家税务总局稽查局关于开展2017年度医药行业区域专项整治工作的通知》

2017年4月26日　皖地税稽便函〔2017〕11号

安徽省地方税务局关于印发《全省地税系统2017年税务稽查类"岗位大练兵、业务大比武"活动指引》的通知

2017年5月15日　皖地税便函〔2017〕119号

安徽省地方税务局关于开展2017年全省“双随机、一公开”随机抽查工作的通知

2017年9月6日　皖地税发〔2017〕63号

安徽省地方税务局关于印发《2017年全省地税系统“双随机、一公开”随机抽查实施细则》的通知

2017年9月22日　皖地税函〔2017〕312号

福建省国家税务局

福建省国家税务局关于进一步加强重大税收违法案件督办管理的通知

2017年3月6日　闽国税发〔2017〕20号

福建省地方税务局

福建省地方税务局稽查局关于进一步落实“1+X”专项督查工作有关事项的通知

2017年2月20日　闽地税稽便函〔2017〕8号

福建省地方税务局稽查局关于进一步加强大要案报告工作的通知

2017年3月9日　闽地税稽便函〔2017〕11号

福建省地方税务局稽查局关于印发《2017年度股权转让检查工作方案》的通知

2017年4月7日　闽地税稽便函〔2017〕13号

福建省地方税务局稽查局关于印发《2017年打击发票违法犯罪活动工作考核方案》的通知

2017年5月3日　闽地税稽便函〔2017〕17号

江西省国家税务局

江西省国家税务局关于进一步强化要素协查工作的通知

2017年7月25日　赣国税发〔2017〕84号

江西省国家税务局关于进一步加强和改进税务稽查案源管理工作的通知

2017年10月25日　赣国税发〔2017〕114号

江西省地方税务局

江西省地方税务局稽查局全面推进“二次创业”实施方案

2017年1月22日　赣地税稽发〔2017〕2号

江西省地方税务局关于印发《全省地税系统“双随机、一公开”工作实施细则》的通知

2017年5月27日　赣地税发〔2017〕52号

江西省地方税务局稽查局关于修订《税务稽查审理工作制度》的通知

2017年9月12日　赣地税稽函〔2017〕5号

江西省地方税务局稽查局关于成立集体审议委员会的通知

2017年9月12日　赣地税稽函〔2017〕6号

河南省国家税务局

河南省国家税务局关于印发《河南省国家税务局税收违法案件查办奖惩办法》的通知

2017年1月6日　豫国税发〔2017〕1号

河南省国家税务局稽查局关于印发《税收违法案件“一案双查”移送管理办法》的通知

2017年3月21日　豫国税稽便函〔2017〕25号

河南省国家税务局稽查局关于开展要素协查核查工作的通知

2017年6月2日　豫国税稽便函〔2017〕55号

河南省国家税务局稽查局关于明确“双随机、一公开”有关工作事项的通知

2017年6月28日　豫国税稽便函〔2017〕67号

河南省地方税务局

河南省地方税务局稽查局关于印发《“稽查规范落实年”工作方案》的通知

2017年4月5日　豫地税稽发〔2017〕13号

河南省地方税务局稽查局关于印发《2017年地税稽查重点工作安排》的通知

2017年4月5日　豫地税稽发〔2017〕14号

河南省地方税务局关于认真做好2017年打击发票违法犯罪活动工作的通知

2017年4月27日　豫地税发〔2017〕62号

河南省地方税务局稽查局关于印发《金税三期工程第二阶段河南地税建设项目税收风险管理子系统稽查管理模块上线推广工作方案》的通知

2017年7月6日　豫地税稽发〔2017〕31号

河南省地方税务局稽查局关于调整税务违法案件审理委员会成员的通知

2017年8月7日　豫地税稽发〔2017〕38号

湖南省国家税务局

湖南省国家税务局关于印发《湖南省国家税务局税务稽查风险内部控制制度（试行）》的通知

2017年11月22日　湘国税发〔2017〕140号

湖南省国家税务局稽查局关于加大税务行政处理力度　提高稽查执法质效的通知

2017年12月4日　湘国税稽便函〔2017〕108号

广东省国家税务局

广东省国家税务局稽查局关于下发《稽查部门接收处理12366纳税服务热线税收违法举报工单工作指南（试行）》的通知

2017年1月24日　粤国税稽便函〔2017〕10号

广东省国家税务局稽查局关于做好金税三期税务稽查双随机工作平台推广应用工作的通知

2017年3月24日　粤国税稽便函〔2017〕26号

广东省国家税务局　广东省地方税务局关于联合推行稽查税收执法说明理由制度的通知
2017 年 6 月 14 日　粤国税发〔2017〕65 号
广东省国家税务局稽查局关于进一步规范税务稽查执法的通知
2017 年 8 月 29 日　粤国税稽便函〔2017〕109 号
广东省地方税务局办公室关于下发《省级国地税联合随机抽查共管稽查对象名录库》的通知
2017 年 9 月 4 日　粤国税办发〔2017〕66 号
广东省国家税务局关于开展 2017 年度重点稽查对象随机抽查工作的通知
2017 年 9 月 25 日　粤国税函〔2017〕744 号
广东省国家税务局关于下发《推进税务稽查随机抽查工作方案》的通知
2017 年 9 月 27 日　粤国税函〔2017〕750 号
广东省国家税务局关于下发《广东省国家税务局税收违法案件"一案双查"实施办法（试行）》的通知
2017 年 9 月 29 日　粤国税发〔2017〕133 号
广东省国家税务局稽查局关于进一步加强税务稽查案件保密管理的通知
2017 年 10 月 11 日　粤国税稽便函〔2017〕128 号
广东省国家税务局稽查局关于推广应用"税务稽查综合管理平台"的通知
2017 年 11 月 1 日　粤国税稽便函〔2017〕138 号
广东省国家税务局稽查局关于进一步贯彻落实《广东省国家税务局税收违法案件"一案双查"实施办法（试行）》的通知
2017 年 12 月 29 日　粤国税稽便函〔2017〕167 号

广西壮族自治区国家税务局

广西壮族自治区国家税务局稽查局关于印发《推行〈全国税务稽查规范（1.0 版）〉实施方案》的通知
2017 年 3 月 24 日　桂国税稽便函〔2017〕22 号
广西壮族自治区国家税务局稽查局关于印发《2017 年广西国税打击发票违法犯罪活动工作考核方案》的通知
2017 年 4 月 24 日　桂国税稽便函〔2017〕27 号
广西壮族自治区国家税务局稽查局关于印发《2017 年度医药行业税收专项整治工作方案》的通知
2017 年 4 月 27 日　桂国税稽便函〔2017〕29 号
广西壮族自治区国家税务局稽查局关于印发《2017 年广西国税打击虚开增值税专用发票违法犯罪活动工作方案》的通知
2017 年 5 月 4 日　桂国税稽便函〔2017〕31 号
广西壮族自治区国家税务局稽查局关于 2016 年重点稽查对象随机抽查工作有关事项的通知
2017 年 7 月 18 日　桂国税稽便函〔2017〕66 号
广西壮族自治区国家税务局关于印发《全区国税系统虚开"白糖票"为主要对象的行业税收专项整治工作方案》的通知
2017 年 7 月 21 日　桂国税函〔2017〕438 号
广西壮族自治区国家税务局稽查局关于查办涉嫌冒用他人进口增值税专用缴款书信息申报抵扣税款案件的通知
2017 年 8 月 30 日　桂国税稽便函〔2017〕77 号
广西壮族自治区国家税务局稽查局关于开展部分行业涉嫌虚开增值税发票违法行为检查的通知
2017 年 9 月 18 日　桂国税稽便函〔2017〕80 号
广西壮族自治区国家税务局稽查局关于开展税务稽查未结案件清理工作的通知
2017 年 9 月 18 日　桂国税稽便函〔2017〕81 号
广西壮族自治区国家税务局关于进一步明确税务稽查"双随机、一公开"工作细则的通知
2017 年 9 月 6 日　桂国税函〔2017〕508 号
广西壮族自治区国家税务局稽查局关于进一步推进"双随机、一公开"监管有关事项的通知
2017 年 10 月 23 日　桂国税稽便函〔2017〕95 号
广西壮族自治区国家税务局稽查局关于布置税收违法"黑名单"及联合惩戒相关工作的通知
2017 年 11 月 8 日　桂国税稽便函〔2017〕106 号

广西壮族自治区地方税务局

广西壮族自治区发展和改革委员会等 38 个部门关于印发广西壮族自治区贯彻落实《关于对重大税收违法案件当事人实施联合惩戒措施的合作备忘录（2016 版）》实施方案的通知
2017 年 8 月 24 日　桂发改财金〔2017〕1461 号

海南省地方税务局

海南省地方税务局稽查局关于印发《案件审理提前介入实施办法》的通知
2017 年 1 月 10 日　琼地税稽〔2017〕2 号
海南省地方税务局稽查局关于海南地税稽查《案件审理提前介入实施办法》的指导意见
2017 年 1 月 20 日　琼地税稽〔2017〕4 号
海南省地方税务局稽查局关于印发《落实〈全国税务稽查规范（1.0 版）〉实施方案》的通知
2017 年 1 月 24 日　琼地税稽〔2017〕5 号
海南省地方税务局稽查局关于印发《土地增值税专项检查工作指导意见》的通知
2017 年 5 月 16 日　琼地税稽〔2017〕12 号

海南省地方税务局关于印发《税务稽查风险内部控制制度（试行）》等9个内部控制专项制度的通知

2017年11月28日　琼地税发〔2017〕105号

海南省地方税务局稽查局关于印发《稽查系统行政档案管理办法》的通知

2017年12月6日　琼地税稽〔2017〕25号

海南省地方税务局关于印发《税务稽查案卷管理制度》的通知

2017年12月12日　琼地税发〔2017〕112号

重庆市地方税务局

重庆市地方税务局关于转发进一步做好税收违法案件查处有关工作的通知

2017年4月12日　渝地税发〔2017〕39号

重庆市地方税务局关于开展2017年市级重点税源轮查工作的通知

2017年4月12日　渝地税函〔2017〕86号

重庆市地方税务局转发《国家税务总局关于进一步改进和规范税收违法案件协查工作的通知》

2017年8月4日　渝地税发〔2017〕103号

贵州省国家税务局

贵州省国家税务局关于印发《2017年虚开、骗税综合治理工作方案》的通知

2017年3月27日　黔国税发〔2017〕32号

贵州省国家税务局关于印发《2017年打击发票违法犯罪活动工作实施方案》的通知

2017年4月21日　黔国税发〔2017〕47号

贵州省国家税务局关于印发《2017年税务稽查随机抽查工作方案》的通知

2017年4月28日　黔国税函〔2017〕91号

贵州省国家税务局办公室关于印发《在全省稽查部门推行行政执法公示制度执法全过程记录制度重大执法决定法制审核制度试点实施方案》的通知

2017年8月11日　黔国税办发〔2017〕40号

贵州省地方税务局

贵州省地方税务局办公室关于全面推行随机抽查加强事中事后监管工作调度的通知

2017年2月13日　黔地税办发〔2017〕13号

贵州省地方税务局关于印发《贵州省地方税务系统2017年打击发票违法犯罪活动工作实施方案》的通知

2017年4月17日　黔地税发〔2017〕44号

贵州省地方税务局办公室关于下发国家税务总局、贵州省地方税务局随机抽查对象名录的通知

2017年6月26日　黔国税发〔2017〕63号

贵州省地方税务局关于建立税务稽查高风险应对机制的通知

2017年11月28日　黔地税函〔2017〕370号

云南省国家税务局

云南省国家税务局关于印发《云南省国家税务局税收管理事项政务公开规范（1.0版）的通知》

2017年11月27日　云国税发〔2017〕189号

云南省国家税务局　云南省地方税务局关于印发《云南省国家税务局　云南省地方税务局建设金税三期国地税联合办税集成平台实施方案》的通知

2017年11月29日　云国税函〔2017〕246号

陕西省国家税务局

陕西省国家税务局稽查局关于进一步做好国地税合作相关工作的通知

2017年2月6日　陕国税稽发〔2017〕9号

陕西省国家税务局关于加强对重大税收违法案件信息公布和联合惩戒工作的通知

2017年2月15日　陕国税发〔2017〕22号

陕西省国家税务局关于贯彻国家税务总局走逃（失联）企业涉嫌虚开增值税专用发票检查问题的通知

2017年2月15日　陕国税发〔2017〕23号

陕西省国家税务局稽查局　陕西省地方税务局稽查局关于进一步加强联合稽查工作的通知

2017年3月30日　陕国税稽发〔2017〕22号

陕西省国家税务局关于印发《深化税务稽查体制改革实施方案》的通知

2017年10月9日　陕国税发〔2017〕111号

宁夏回族自治区地方税务局

宁夏回族自治区地方税务局关于印发《税务稽查案件质效管理考评办法（试行）》的通知

2017年10月31日　宁地税发〔2017〕69号

宁夏回族自治区地方税务局关于印发《税务稽查案件执行工作规程》的通知

2017年11月6日　宁地税发〔2017〕73号

新疆维吾尔自治区地方税务局

新疆维吾尔自治区地方税务局关于开展2017年全区重点稽查对象随机抽查工作的通知

2017年4月11日　新地税函〔2017〕66号

新疆维吾尔自治区地方税务局关于印发《2017 年打击发票违法犯罪活动工作实施方案》的通知

2017 年 4 月 14 日　新地税发〔2017〕51 号

大连市地方税务局

大连市地方税务局关于印发《税务稽查“双随机、一公开”工作细则（试行）》的通知

2017 年 3 月 13 日　大地税发〔2017〕70 号

大连市地方税务局关于明确各层级稽查机构稽查方向、任务、范围的指导意见

2017 年 4 月 6 日　大地税发〔2017〕88 号

中共大连市地方税务局党组关于进一步优化税务稽查　助力营商环境建设的指导意见

2017 年 11 月 5 日　大地税党组发〔2017〕78 号

第七篇

统计资料

表 1－1　全国税务稽查机构查处税收违法案件情况统计（2017 年）（一）

单位：户、万元

按行业统计	税务登记总数	立案检查户数	审结户数	有问题户数	结案户数	有问题户数	查补入库情况										
							总额		税款		滞纳金		没收非法所得		罚款		以前年度查补入库
							查补	入库	查补	入库	查补	入库	查补	入库	查补	入库	
	1	2	3	4	5	6	7	8	9	10	11	12	13	14	15	16	17
合计							19219721	17706613	16467049	15349334	1775746	1758052					
一、采矿业	253198	1845	1741	1656	1725	1639	180147	172244	129948	123308	31125	31213	81	49	18993	17674	10035
二、制造业	11212719	52997	41596	39533	39591	37352	1655590	1394839	1251829	1040458	199681	198924	2694	235	201386	155222	227844
其中：1. 烟草制品业	5142	36	32	26	33	27	10330	10230	6930	6830	2835	2835			565	565	
2. 石油加工、炼焦和核燃料加工	19316	231	229	218	215	207	91478	76159	64013	51506	12417	11523			15048	13130	1338
3. 化工原料和化工制品制造业	251136	2318	1860	1734	1828	1710	90471	74665	70059	55449	11829	11512	3	3	8580	7701	12837
4. 汽车制造业	136878	1466	933	875	896	841	39689	38729	28196	27399	7909	8018	1	1	3583	3311	7312
5. 电器机械和器材制造业	420992	4916	3701	3516	3292	3114	126725	90125	97555	68425	14320	12963	56	56	14794	8681	13237
6. 计算机、通信和其他电子设备制造业	326343	2604	1394	1330	1243	1180	74694	50834	61921	38167	7540	9200		2	5233	3465	13906
三、电力、热力、燃气及水生产和供应业	295249	3368	3269	2949	3240	2925	235271	211132	174349	150329	43802	45380	6	6	17114	15417	30083
四、建筑业	4800008	6406	5614	5098	5544	5027	287034	274376	215171	205094	46826	46822	22	5	25015	22455	38971

续表

按行业统计	税务登记总数	立案检查户数	审结户数	有问题户数	结案户数	有问题户数	查补入库情况										
							总额		税款		滞纳金		没收非法所得		罚款		以前年度查补入库
							查补	入库	查补	入库	查补	入库	查补	入库	查补	入库	
	1	2	3	4	5	6	7	8	9	10	11	12	13	14	15	16	17
五、批发和零售业	49823895	48411	34667	32210	32850	30403	1792099	1020681	1269856	777073	149096	146015	697	185	372450	97408	156903
六、交通运输、仓储和邮政业	2840399	3336	3090	2797	3006	2726	119139	103140	90911	79268	13684	13665	15	15	14529	10192	17298
七、住宿和餐饮业	6811724	1704	1674	1570	1669	1579	23408	23936	16186	16144	4168	4871			3054	2921	5086
八、信息传输、软件和信息技术服务业	1964595	1745	1492	1245	1411	1172	69026	61101	53555	46604	9862	9167			5609	5330	11631
九、金融业	701637	5080	4703	3975	4637	3904	539665	517110	460087	438307	56378	57666	5	5	23195	21132	59336
十、房地产业	1609198	9479	8907	8317	8848	8244	2326513	2203123	1878497	1771531	340839	338151	16	16	107161	93425	561415
十一、租赁和商务服务业	7591615	4461	4002	3608	3926	3535	418241	381269	330841	299314	43815	44123	39	39	43546	37793	93524
十二、文化、体育和娱乐业	1050311	959	860	797	848	778	37789	37651	27030	27604	6622	5783			4137	4264	9408
十三、其他	16630806	18319	15433	13751	15622	13909	1165803	1015721	894092	767329	134557	132960	539	108	136615	115324	147777
小计	105585354	158110	127048	117506	122917	113193	8849725	7416323	6792352	5742363	1080455	1074740	4114	663	972804	598557	1369311
督导自查收入							10369996	10290290	9674697	9606971	695291	683312					

表 1-2 全国税务稽查机构查处税收违法案件情况统计（2017 年）（二）

单位：户、万元

按违法性质统计	户次	查补总额					按税种统计	查补税款	入库税款	案件统计分析资料	户数	查补税款	入库税款	查补总额	入库总额
		查补税款	滞纳金	没收违法所得	罚款	合计									
	18	19	20	21	22	23		24	25		26	27	28	29	30
合计		16467049	1775746			19219721	合计	16467049	15349334	合计		16467049	15349334	19219721	17706613
偷税	26019	767611	184831		375874	1328316	增值税	1942269	1390010	100 万元以下	110458	2042712	2126767	2887900	2900051
逃避追缴欠税	680	30571	6317		10930	47818	消费税	76450	50758	100 万～500 万元以下	5261	1093424	951300	1428429	1261309
骗取出口退税	130	88440	44		67434	155918	营业税	630166	572654	500 万～1000 万元以下	832	570873	490471	686256	576121
抗税							企业所得税	2581701	2215222	1000 万～5000 万元以下	825	1573186	1215071	1922343	1448643
编造虚假计税依据	746				816	816	个人所得税	359200	351257	5000 万～1 亿元以下	76	537890	393098	709825	522505
不进行纳税申报	10990	558771	109883		93398	762052	土地增值税	369652	334230	1 亿元以上	54	974267	565656	1214972	707694
发票违法	23473	592378	52282	4008	165115	813783	其他	832914	828232	小计	117506	6792352	5742363	8849725	7416323
其他	62068	4754581	727098	106	259237	5741022	小计	6792352	5742363	督导自查收入		9674697	9606971	10369996	10290290
小计	124106	6792352	1080455	4114	972804	8849725	督导自查收入	9674697	9606971	以前年度预缴本年结案	户次	金额	本年预缴	户次	金额
督导自查收入		9674697	695291			10369996					2877	503789		6762	1029134
其他稽查成果统计	户数	税款	金额	立案查处情况	件数	上报总局大要案统计	合计	偷税	逃避追缴欠税	骗取出口退税	抗税	虚开增值税发票	其他	备注	
调减留抵税额	1971	103683		上期移案	43263	户数(次)	888	212	1	26		514	155		
不予免、抵、退税	326	82934		本期立案	158110	金额	1655025	372507	6373	21113		997631	257401		
调增应纳税所得额	5058		1841991	本期结案	122917										
其中：弥补亏损	2695		961135	本期存案	78456										

表 2　全国税务稽查机构行政强制及移送司法机关案件情况统计（2017 年）

单位：户（人、件）、万元

税收保全			强制执行			其他措施					行政救济	
项目	户数	金额	项目	户数	金额	项目	户数	人数	金额	税款	项目	件数
	1	2		3	4		5	6	7	8		9
合计	1224	301677	合计	786	78026	合计	2173	519	115045	319232	纳税人提请听证	290
冻结存款	1148	259809	扣缴税收款项	761	75097	责成提供纳税担保	89		86104		受理行政复议	172
扣押查封财产	76	41868	依法拍卖或变卖	25	2929	阻止出境	513	519		164967	其中：决定撤销或变更	35
						提请人民法院强制执行	115		28941		纳税人提起诉讼	145
						行使代位权、撤销权	6			2593	其中：判决撤销或变更	4
						暂停出口退税	296			151672	国家赔偿	
						收缴或停售发票	1154				国家赔偿金额（元）	

移送司法统计		本期移送公安机关处理案件	公安机关不予立案退回案件	税务与公安机关联合办案		已判决案件	判决情况					
					公安机关提前介入		管制	拘役	有期徒刑	无期徒刑	罚金	没收财产
		10	11	12	13	14	15	16	17	18	19	20
移送司法机关案件	件数	11480	1618	5333	2950	686	26	57	604	6	400	37
	人数					987	31	103	847	6		
	金额										7672	4743

表 3－1　税收违法检举案件情况统计（2017 年）

单位：件、万元

项目 / 级次	检举受理			检举处理						检查结果				执行情况				移送公安案件数量
	本级受理	上级交办	重复案件	本级查结	本级检查中	交办下级	暂存待查	转税务其他部门	转外单位	合计	税款金额	滞纳金金额	罚款金额	合计	入库税款	入库罚款	入库滞纳金	
省级	15034	941	1506	367	221	12677	1305	893	338	62541.32	51310.32	6086.94	5144.06	57554.42	48189.66	3758.48	5606.28	23
市级	35746	8824	2192	12868	4596	14347	4191	5748	935	437743.57	328354.85	43484.26	65931.79	380447.73	288289.46	51409.59	42259.88	135
县级	8805	13718	742	15276	2812	109	1353	3947	136	151025.29	104393.95	17480.30	29151.09	102864.41	68081.58	17733.96	17049.91	103
合计	59585	23483	4440	28511	7629	27133	6849	10588	1409	651337.56	484059.12	67051.51	100226.94	540866.56	404560.71	72902.03	64916.08	261

表 3－2　检举奖金支付情况统计（2017 年）

单位：件、万元

项目 / 级次	案件情况			本级支付奖金数额	应计奖案件税款等入库情况			
	查结案件数	应计奖案件数	实际发放奖金案件数		合计	入库税款金额	入库罚款金额	入库滞纳金金额
省级	372	74	48.31	15.91	17664.15	15147	736.6	1780.73
市级	12800	727	222.02	114.90	76130.43	60931	8426	6805.20
县级	15339	322	102.50	20.52	18395.85	12293	3604	2498.28
合计	28511	1123	372.81	151.33	112190.43	88371	12767	11084.21

表 3-3 税收违法检举案件检举人情况统计（2017 年）

单位：件

类型 案件	检举人结构								检举人类型			
	合计	被检举企业内部人员			被检举企业同行	与被检举企业有经济往来	税务干部	其他	合计	实名	署名	匿名
		法人	财务	其他								
本级受理案件	44738	657	2622	11605	2820	18711	39	8284	44894	17399	16050	11445
上级交办案件	14847	855	1342	952	713	7586	10	3389	14691	3083	9616	1992

表 3-4 税收违法检举案件被检举企业类型统计（2017 年）

单位：件、万元

类型 项目	国有企业	集体企业	股份合作企业	联营企业	有限责任公司	股份有限公司	私营企业	港澳台商投资企业	外商投资企业	个体经营	其他企业	合计
受理数量	839	1252	205	38	23003	1811	11475	662	1121	8292	10887	59585
查结数量	601	846	99	13	11884	1043	5838	350	557	5656	1301	28511
补税	9942.25	1222.21	6053.15	2904.34	275598.13	17350.88	68851.21	5299.15	3962.61	6311.40	76705.11	474200.45
滞纳金	1807.37	337.29	1811.73	3757.86	35745.09	2796.79	7280.04	811.16	1146.75	1508.42	9439.12	66441.63
罚款	1790.22	107.89	1121.34	989.17	54085.26	4677.58	10494.81	1052.85	754.05	1722.44	19998.25	96793.84
滞补罚合计	13828.84	1799.39	9101.22	7666.37	375492.47	25359.24	89977.06	7428.16	6113.41	11047.27	114478.49	662291.92

表 3－5　税收违法检举案件分行业统计（2017 年）

单位：件、万元

项目＼行业	农林牧渔业	采掘业	制造业	电力、煤气及水的生产和供应业	建筑业	地质勘查业、水利管理业	交通运输、仓储及邮电通信业	批发和零售贸易、餐饮业	金融保险业	房地产业	社会服务业	卫生体育和社会福利业	教育、文化艺术及广播电影电视业	科学研究和综合技术服务业	国家机关、政党机关和社会团体	其他行业	合计
受理数量	195	241	6296	212	1864	27	2186	18935	805	2572	6009	418	617	683	85	18440	59585
查结数量	107	142	3393	127	1082	15	1591	12572	367	1350	2937	277	338	267	44	3902	28808
补税	321.20	3624.15	84997.14	1209.62	22525.26	6139.39	3385.03	53087.84	10149.75	137196.04	22169.80	2087.39	1856.76	17303.55	1094.00	107407.26	474554.17
滞纳金	64.88	1039.28	11473.66	124.00	3903.71	1.18	1100.75	10850.95	494.68	13747.62	4713.50	383.65	430.78	654.69	93.55	17761.40	66838.27
罚款	126.18	829.26	23527.19	156.65	3951.13	11.49	884.20	13951.68	1428.48	9499.34	6569.42	618.13	609.41	639.92	153.27	34393.95	97349.71
滞补罚合计	512.25	5492.69	119998.00	1490.27	30380.09	6152.06	5369.98	77890.47	12072.91	160443.00	33452.73	3089.17	2896.95	18598..15	1340.82	159562.62	638742.15

表3-6　税收违法检举案件违法类型统计（2017年）

单位：件

类型 税种	合计	偷税	逃避追缴欠税	骗税	虚开发票	其他发票违法	其他税收违法
增值税	17464	6425	6	8	210	9037	1778
营业税	857	194	10		4	270	379
消费税	14	12				2	
房产税	219	60	1			6	152
资源税	17	2					15
印花税	262	71	5			1	185
企业所得税	2090	769	22		13	114	1172
个人所得税	3146	315	39		1	78	2713
车辆购置税							
土地增值税	63	12	3		7	6	35
契税	43	6	1				36
其他	4336	117	7		5	1336	2871
合计	28511	7983	94	8	240	10850	9336

表4-1 全国分省增值税抵扣凭证委托协查情况汇总（2017年）

金（税）额：万元

地区	委托发出情况					委托收到协查结果情况						委托查处情况						
	协查起数	委托方户次	发票份数	金额	税额	收到发票份数	协查问题类型：有疑问			协查问题类型：已确定虚开	选票准确率（%）	查补数			入库数			移交司法机关起数
							正常	有问题	无法核实	发票份数		税款	罚款	滞纳金	税款	罚款	滞纳金	
1	2	3	4	5	6	7	8	9	10	11	12	13	14	15	16	17	18	19
北京市国家税务局稽查局	17063	17947	359681	4843837.65	821718.84	341537	16336	21635	4523	299043	95.15	144.36	143.38	30.46	144.36	143.38	30.46	
天津市国家税务局稽查局	4910	6733	74352	1054782.20	177184.57	73689	5864	9028	2441	56356	91.77	3667.61	487.58	128.26	3667.50	347.58	128.69	3
河北省国家税务局稽查局	2119	2269	68761	744560.04	125215.25	70443	630	18310	9940	41563	98.96	441.78		13.37	199.47		13.37	28
山西省国家税务局稽查局	1137	1362	64984	857181.61	135099.56	62537	549	4553	1884	55551	99.09	2360.01	2572.01	6.03	138.15	27.27	6.03	16
内蒙古自治区国家税务局稽查局	147	147	4382	114586.60	18543.79	2759		131	8	2620	100.00	149.02	145.65	64.39	149.02	145.65	64.39	
辽宁省国家税务局稽查局	656	660	39678	394947.22	65441.55	41932	814	3606	893	36619	98.02	531.85	283.40	16.84	531.85	113.40	16.84	7
大连市国家税务局稽查局	1526	1564	74949	1529723.53	246543.45	54892	2099	3909	1340	47544	96.08	6.54	3.27	1.63	6.54	3.27	1.63	
吉林省国家税务局稽查局	578	591	19999	195176.52	29648.18	15654	12	91	3	15548	99.92	141.38	70.69	12.72	141.38	70.69	12.72	
黑龙江省国家税务局稽查局	479	661	13999	173659.52	27242.52	14032	716	1469	1064	10783	94.48	93.38	108.94	12.46	93.38	28.94	12.46	10
上海市国家税务局稽查局	785	1053	43858	667208.74	112880.55	34940	1643	5915	2322	25060	94.96	1284.14	497.94	47.61	1284.14	497.94	47.61	2
江苏省国家税务局稽查局	9296	11378	478687	5899541.92	1000488.08	477273	6546	23329	15172	432947	98.74	4046.04	17.95	63.87	3754.50	17.95	81.74	288
浙江省国家税务局稽查局	3083	3294	184745	3084830.61	483657.41	181184	4500	13919	8731	154034	97.39	1469.83	77.55	137.19	1466.01	77.55	136.64	
宁波市国家税务局稽查局	601	606	17968	1003372.40	168476.02	17924	11	110	26	17777	99.94	5097.21	1638.23	113.74	5097.21	1638.23	113.74	1
安徽省国家税务局稽查局	2208	3994	100925	1125934.74	189222.19	100682	13496	36747	17985	32454	83.68	918.44	194.26	21.31	872.49	194.26	21.31	65
福建省国家税务局稽查局	2129	2226	87305	911636.58	155062.95	89828	11138	20873	9533	48284	86.13	6610.51	887.49	48.17	518.02	13.76	37.12	3
厦门市国家税务局稽查局	1383	1397	25881	254606.61	43200.55	27918	4686	4963	2255	16014	81.74	15.54			15.54			
江西省国家税务局稽查局	863	891	57524	874604.67	149881.17	49369	3380	6029	3475	36485	92.64	4832.42	25.91	319.28	3052.18		319.28	73
山东省国家税务局稽查局	4630	4919	88312	1433094.99	240047.73	87158	4057	5040	917	77153	95.31	801.68	336.56	97.82	801.68	336.56	97.82	

续表

地区	委托发出情况					委托收到协查结果情况						委托查处情况						
	协查起数	委托方户次	发票份数	金额	税额	收到发票份数	协查问题类型：有疑问			协查问题类型：已确定虚开	选票准确率（%）	查补数			入库数			移交司法机关起数
							正常	有问题	无法核实	发票份数		税款	罚款	滞纳金	税款	罚款	滞纳金	
1	2	3	4	5	6	7	8	9	10	11	12	13	14	15	16	17	18	19
青岛市国家税务局稽查局	172	174	2462	23571.67	3973.85	2621	172	82	42	2325	93.33	3742.77			3742.77			
河南省国家税务局稽查局	5004	5506	93998	1140022.30	186058.17	108520	303	1441	410	106366	99.72	365.11	757.53	33.07	346.70	561.53	33.07	26
湖北省国家税务局稽查局	3267	3533	102542	1519914.57	257383.27	95314	295	934	254	93838	99.70	53.73	98.90		53.73	98.90		25
湖南省国家税务局稽查局	848	869	14367	160666.06	26907.99	13184	257	588	241	12098	98.01	108.65	17.34	11.79	108.65	17.34	11.79	
广东省国家税务局稽查局	6052	6159	119867	1532292.38	260188.25	129805	7036	13580	11277	97912	94.06	21034.12	33.64	184.92	7453.56	33.64	181.01	1
深圳市国家税务局稽查局	466	470	29842	221762.24	37585.11	29797	206	2361	420	26810	99.30	10730.68	178.03	76.92	465.82	184.08	138.53	
广西壮族自治区国家税务局稽查局	2026	2096	64428	665138.68	112321.70	60142	2766	4742	3363	49271	95.13	145.32	32.00	0.05	54.66	22.00	0.05	2
海南省国家税务局稽查局	38	38	658	39702.43	6749.41	570	1	156	42	371	99.81	232.24			232.24			1
重庆市国家税务局稽查局	2988	3027	71896	1065726.16	180405.66	68844	7	1515	411	66911	99.99	202.70	554.46	2.54	202.70	134.46	2.54	2
四川省国家税务局稽查局	3405	3526	86467	1261699.60	210200.69	88293	949	3295	1307	82742	98.91	4228.45	387.45	102.39	4084.21	387.45	100.62	20
贵州省国家税务局稽查局	5376	5405	124381	1625110.66	275785.86	116002	1605	1314	397	112686	98.61	76.64	53.40	36.53	64.79	1.00	28.93	1
云南省国家税务局稽查局	1500	1567	57543	1186651.27	193508.38	60352	977	1698	772	56905	98.36	902.65	25.90	63.63	593.73	25.90	90.94	
西藏自治区国家税务局稽查局	888	905	26775	1093084.47	185798.70	29600	310	3371	2231	23688	98.87	37493.68	17835.44	69.79	731.82	439.11	69.79	113
陕西省国家税务局稽查局	1726	1727	30874	298235.47	50675.89	75373	64	86	88	75135	99.91	37666.72	104.17	104.81	135.21	104.17	104.81	1091
甘肃省国家税务局稽查局	628	727	14811	234980.98	38484.93	10282	182	588	221	9291	98.19	178.04	42.22	15.71	178.04	42.22	15.71	
青海省国家税务局稽查局	159	168	9775	100048.44	16485.65	9732	49	23	122	9538	99.49	441.68	10.84	73.62	441.38	10.84	73.62	3
宁夏回族自治区国家税务局稽查局	175	178	23396	222209.59	37752.41	23159	11	701	10	22437	99.95	334.01		156.42	334.01		156.42	
新疆维吾尔自治区国家税务局稽查局	1675	1869	36850	1915668.54	323192.69	35716	5	758	109	34844	99.99	4487.38	134.59	133.78	3105.67	129.59	133.78	12
合计	89986	99636	2716922	39469771.68	6593012.99	2701057	91672	216890	104229	2289003	96.50	155036.33	27756.73	2201.11	44263.15	5848.67	2283.44	1793

注：12 =（9 + 11）/（8 + 9 + 11）=（9 + 11）/（7 − 10）。

表 4－2　全国分省增值税抵扣凭证受托协查情况汇总（2017 年）

金（税）额：万元

地区	受托收到情况					逾期已回发票份数	累计回复发票情况									受托查处情况						
	协查起数	受托方户次	发票份数	金额	税额		累计回复发票份数	协查问题类型：有疑问			协查问题类型：确定虚开			有问题发票占受托协查发票的比率（%）	累计按期回复率（%）	查补数			入库数			移交司法机关起数
								正常	有问题	无法核实	正常	有问题	无法核实			税款	罚款	滞纳金	税款	罚款	滞纳金	
1	2	3	4	5	6	7	8	9	10	11	12	13	14	15	16	17	18	19	20	21	22	23
北京市国家税务局稽查局	10553	12013	214931	3322842.74	560125.20		214075	8934	20332	16205	4	166057	2543	95.42	100.00	8728.14	1491.08	2336.23	8573.57	1445.98	2336.23	1
天津市国家税务局稽查局	5561	8492	162997	2943459.87	493047.67		166120	3370	8907	3799	35	149361	648	97.89	100.00	14565.71	241.05	378.73	5437.35	277.84	467.38	
河北省国家税务局稽查局	7300	9174	206077	3118937.15	527366.92		213092	6602	18075	1809	214	185152	1240	96.75	100.00	64238.91	2805.79	4222.43	47180.82	1896.17	4332.85	113
山西省国家税务局稽查局	2152	2388	90929	1622234.23	274473.84		96473	1942	2978	725	58	84482	6288	97.76	100.00	25685.06	1220.35	7103.03	23591.53	2073.81	7187.87	4
内蒙古自治区国家税务局稽查局	793	1038	16520	333565.05	56625.88		17658	237	1848	67	7	15255	244	98.59	100.00	8870.78	1221.22	758.49	6710.25	412.52	738.90	3
辽宁省国家税务局稽查局	1787	2428	41702	597721.52	95921.17		44849	1947	2930	823	18	34024	5107	94.95	100.00	7296.20	672.02	546.17	6119.43	501.44	526.80	19
大连市国家税务局稽查局	938	1173	31398	711887.14	117492.65		32261	411	2458	930		28462		98.69	100.00	1898.08	88.02	265.52	1584.39	23.62	250.02	
吉林省国家税务局稽查局	616	731	7618	82869.55	13294.86		8899	103	1211	364		7140	81	98.78	100.00	4491.02	228.53	3259.61	4487.90	228.53	3256.47	1
黑龙江省国家税务局稽查局	721	840	23122	223794.79	36382.58		22469	705	9636	496	78	11394	160	96.41	100.00	306.09	67.25	55.90	306.09	65.25	55.90	1
上海市国家税务局稽查局	5983	9303	224827	4172968.23	698342.76		222653	4281	21279	9594	41	186664	794	97.96	100.00	8027.97	1175.79	474.50	7884.20	1039.95	417.35	1
江苏省国家税务局稽查局	7823	14392	202983	3164628.05	525650.52		205538	10549	21951	14529	155	152887	5467	94.23	100.00	14820.73	1778.30	950.56	12359.16	1731.54	947.82	244
浙江省国家税务局稽查局	4197	10265	109213	2355601.45	394082.06		111956	1792	5822	2242	93	98450	3557	98.22	100.00	21588.75	7492.82	1833.91	19831.07	7094.63	1782.72	474
宁波市国家税务局稽查局	1330	3093	26024	383009.91	62618.31		27251	478	1700	574		24266	233	98.19	100.00	2990.40	1942.70	268.74	2990.40	1942.70	268.74	6
安徽省国家税务局稽查局	2862	3843	95341	1118195.60	186248.87		94184	4718	11678	2799	165	73974	850	94.61	100.00	7313.65	161.16	122.28	6301.52	143.35	94.34	20
福建省国家税务局稽查局	3103	4510	70405	829314.67	138480.38		71166	2740	1912	953	81	63650	1830	95.87	100.00	19918.16	3896.26	1802.87	12622.37	3440.10	1715.11	57
厦门市国家税务局稽查局	1305	1763	46912	513515.10	87607.97		45623	588	3591	1051		39991	402	98.67	100.00	1792.13	480.12	365.50	1742.43	480.12	365.49	16
江西省国家税务局稽查局	2754	3953	103361	1179552.54	191559.50		93743	10301	8548	7153	49	67366	326	88.00	100.00	23750.76	4622.02	1380.12	16134.97	436.67	1373.35	168
山东省国家税务局稽查局	5594	8017	134339	1574164.94	264248.50		139207	2792	17154	4209	84	107314	7654	97.74	100.00	22936.87	3795.89	5357.41	22509.71	3693.98	5361.96	17

续表

地区	受托收到情况					逾期已回发票份数	累计回复发票情况									受托查处情况						
	协查起数	受托方户次	发票份数	金额	税额		累计回复发票份数	协查问题类型：有疑问			协查问题类型：确定虚开			有问题发票占受托协查发票的比率（%）	累计按期回复率（%）	查补数			入库数			移交司法机关起数
								正常	有问题	无法核实	正常	有问题	无法核实			税款	罚款	滞纳金	税款	罚款	滞纳金	
1	2	3	4	5	6	7	8	9	10	11	12	13	14	15	16	17	18	19	20	21	22	23
青岛市国家税务局稽查局	1497	1966	23945	278130.57	45252.62		23354	953	1355	339	41	20487	179	95.65	100.00	778.30	422.15	177.55	778.30	422.15	177.55	
河南省国家税务局稽查局	4511	6070	113840	1245925.11	207963.73		124603	1360	6457	1664	73	111742	3307	98.80	100.00	23817.90	1065.56	1966.50	19604.11	1104.26	2021.94	34
湖北省国家税务局稽查局	1844	2310	32335	727800.56	121644.81		34704	1388	3474	1534	278	27055	975	94.83	100.00	8819.26	1539.47	339.46	8049.51	864.51	331.59	25
湖南省国家税务局稽查局	1166	1400	26960	344494.57	55796.20		26231	508	4594	1489	33	19267	340	97.78	100.00	5547.94	404.18	207.78	5413.21	404.18	210.41	17
广东省国家税务局稽查局	8128	18385	235977	2710469.98	454786.54		235029	7882	7596	8721	47	199707	11076	96.32	100.00	43082.78	1838.62	3914.97	28950.05	1820.01	3946.67	11
深圳市国家税务局稽查局	6520	11252	165819	2051033.72	347184.41		174068	11628	3961	12778	8	126549	19144	91.81	100.00	5566.93	225.72	53.41	5672.44	160.31	52.46	1
广西壮族自治区国家税务局稽查局	1484	2099	29465	400162.38	66558.26		30614	1119	8743	411	114	19902	325	95.87	100.00	1740.04	159.18	421.15	1740.04	159.18	419.88	1
海南省国家税务局稽查局	258	306	8899	150576.55	23827.76		8960	437	1713	1307		5503		94.29	100.00	1731.27	31.37	6.39	1725.95	31.37	6.39	
重庆市国家税务局稽查局	1663	2010	39089	529061.82	88937.38		42399	293	1682	915	23	37661	1825	99.20	100.00	7842.18	3795.00	693.17	6099.22	1921.44	692.34	17
四川省国家税务局稽查局	2790	4188	56658	597390.05	99803.06		60841	2340	7412	1888		49200	1	96.03	100.00	13165.93	703.85	1121.05	12755.67	684.66	1121.05	13
贵州省国家税务局稽查局	1140	1427	26169	394613.15	65776.92		26758	365	2940	3401	10	18836	1206	98.31	100.00	3867.56	1388.20	78.12	841.98	52.69	78.12	1
云南省国家税务局稽查局	1247	1508	39343	577191.04	96707.14		39563	3265	3638	1324	34	31209	93	91.35	100.00	6067.82	2235.98	464.67	4701.63	2235.98	443.51	14
西藏自治区国家税务局稽查局	168	195	5720	160897.73	28101.68		5283	641	742	967	22	2911		84.64	100.00	902.16	391.15	128.94	902.16	391.15	128.94	21
陕西省国家税务局稽查局	1815	2082	41207	506495.49	84733.86		42866	609	4639	2670		34072	876	98.45	100.00	8864.72	2088.39	1281.82	7353.83	2064.10	1281.82	5
甘肃省国家税务局稽查局	455	495	7392	86651.86	14179.88		7796	107	1525	161	1	5981	21	98.58	100.00	1811.29	409.22	192.10	1576.08	339.30	191.35	7
青海省国家税务局稽查局	221	286	6086	65633.16	11366.31		6204	1	716	21		5466		99.98	100.00	5112.84	980.12	252.10	13712.65	493.29	283.46	4
宁夏回族自治区国家税务局稽查局	495	627	11414	170499.31	28939.15		11732	1014	1954	175	1	8553	35	91.19	100.00	76.27			76.27			
新疆维吾尔自治区国家税务局稽查局	1021	1138	25902	331277.08	55460.32		26141	78	3252			22769	42	99.70	100.00	7631.48	360.43	374.83	7027.84	341.15	374.83	9
合计	101795	155160	2704919	39576566.66	6620589.67		2754363	96478	228403	108087	1767	2242759	76869	96.18	100.00	405646.08	51418.96	43156.01	333348.10	40417.93	43241.61	1325

注：15 =（10 + 13）/（8 − 11 − 14）=（10 + 13）/（9 + 10 + 12 + 13）；16 = 8/（7 + 8）。

表4-3 全国分省增值税抵扣凭证受托协查回复质量情况分析（2017年）

地区	累计回复发票份数	协查问题类型：有疑问						协查问题类型：确定虚开						正常发票占累计回复发票的比率（%）	有问题发票占受托协查发票的比率（%）	无法核实发票占累计回复发票的比率（%）
		正常	占比（%）	有问题	占比（%）	无法核实	占比（%）	正常	占比（%）	有问题	占比（%）	无法核实	占比（%）			
1	2	3	4	5	6	7	8	9	10	11	12	13	14	15	16	17
北京市国家税务局稽查局	214075	8934	19.65	20332	69.47	16205	35.64	4		166057	100.00	2543	1.51	4.18	95.42	8.76
天津市国家税务局稽查局	166120	3370	20.96	8907	72.55	3799	23.63	35	0.02	149361	99.98	648	0.43	2.05	97.89	2.68
河北省国家税务局稽查局	213092	6602	24.93	18075	73.25	1809	6.83	214	0.11	185152	99.88	1240	0.66	3.20	96.75	1.43
山西省国家税务局稽查局	96473	1942	34.40	2978	60.53	725	12.84	58	0.06	84482	99.93	6288	6.92	2.07	97.76	7.27
内蒙古自治区国家税务局稽查局	17658	237	11.01	1848	88.63	67	3.11	7	0.05	15255	99.95	244	1.57	1.38	98.59	1.76
辽宁省国家税务局稽查局	44849	1947	34.16	2930	60.08	823	14.44	18	0.05	34024	99.95	5107	13.05	4.38	94.95	13.22
大连市国家税务局稽查局	32261	411	10.82	2458	85.67	930	24.48			28462	100.00			1.27	98.69	2.88
吉林省国家税务局稽查局	8899	103	6.14	1211	92.16	364	21.69			7140	100.00	81	1.12	1.16	98.78	5.00
黑龙江省国家税务局稽查局	22469	705	6.51	9636	93.18	496	4.58	78	0.67	11394	99.32	160	1.38	3.48	96.41	2.92
上海市国家税务局稽查局	222653	4281	12.18	21279	83.25	9594	27.29	41	0.02	186664	99.98	794	0.42	1.94	97.96	4.67
江苏省国家税务局稽查局	205538	10549	22.43	21951	67.54	14529	30.89	155	0.10	152887	99.90	5467	3.45	5.21	94.23	9.73
浙江省国家税务局稽查局	111956	1792	18.18	5822	76.46	2242	22.75	93	0.09	98450	99.91	3557	3.48	1.68	98.22	5.18
宁波市国家税务局稽查局	27251	478	17.37	1700	78.05	574	20.86			24266	100.00	233	0.95	1.75	98.19	2.96
安徽省国家税务局稽查局	94184	4718	24.58	11678	71.22	2799	14.58	165	0.22	73974	99.78	850	1.13	5.18	94.61	3.87
福建省国家税务局稽查局	71166	2740	48.88	1912	41.10	953	17.00	81	0.12	63650	99.87	1830	2.79	3.96	95.87	3.91
厦门市国家税务局稽查局	45623	588	11.24	3591	85.93	1051	20.10			39991	100.00	402	1.00	1.29	98.67	3.18
江西省国家税务局稽查局	93743	10301	39.62	8548	45.35	7153	27.51	49	0.07	67366	99.93	326	0.48	11.04	88.00	7.98

续表

地区	累计回复发票份数	协查问题类型：有疑问						协查问题类型：确定虚开						正常发票占累计回复发票的比率（%）	有问题发票占受托协查发票的比率（%）	无法核实发票占累计回复发票的比率（%）
		正常	占比（%）	有问题	占比（%）	无法核实	占比（%）	正常	占比（%）	有问题	占比（%）	无法核实	占比（%）			
1	2	3	4	5	6	7	8	9	10	11	12	13	14	15	16	17
山东省国家税务局稽查局	139207	2792	11.56	17154	86.00	4209	17.42	84	0.07	107314	99.92	7654	6.65	2.07	97.74	8.52
青岛市国家税务局稽查局	23354	953	36.00	1355	58.71	339	12.81	41	0.20	20487	99.80	179	0.86	4.26	95.65	2.22
河南省国家税务局稽查局	124603	1360	14.34	6457	82.60	1664	17.55	73	0.06	111742	99.93	3307	2.87	1.15	98.80	3.99
湖北省国家税务局稽查局	34704	1388	21.70	3474	71.45	1534	23.98	278	0.98	27055	98.98	975	3.44	4.80	94.83	7.23
湖南省国家税务局稽查局	26231	508	7.71	4594	90.04	1489	22.59	33	0.17	19267	99.83	340	1.73	2.06	97.78	6.97
广东省国家税务局稽查局	235029	7882	32.57	7596	49.08	8721	36.04	47	0.02	199707	99.98	11076	5.25	3.37	96.32	8.42
深圳市国家税务局稽查局	174068	11628	40.99	3961	25.41	12778	45.05	8	0.01	126549	99.99	19144	13.14	6.68	91.81	18.34
广西壮族自治区国家税务局稽查局	30614	1119	10.89	8743	88.65	411	4.00	114	0.56	19902	99.43	325	1.60	4.03	95.87	2.40
海南省国家税务局稽查局	8960	437	12.64	1713	79.67	1307	37.81			5503	100.00			4.88	94.29	14.59
重庆市国家税务局稽查局	42399	293	10.14	1682	85.16	915	31.66	23	0.06	37661	99.94	1825	4.62	0.75	99.20	6.46
四川省国家税务局稽查局	60841	2340	20.10	7412	76.00	1888	16.22			49200	100.00	1		3.85	96.03	3.10
贵州省国家税务局稽查局	26758	365	5.44	2940	88.96	3401	50.72	10	0.05	18836	99.95	1206	6.01	1.40	98.31	17.22
云南省国家税务局稽查局	39563	3265	39.69	3638	52.70	1324	16.09	34	0.11	31209	99.89	93	0.30	8.34	91.35	3.58
西藏自治区国家税务局稽查局	5283	641	27.28	742	53.65	967	41.15	22	0.75	2911	99.25			12.55	84.64	18.30
陕西省国家税务局稽查局	42866	609	7.69	4639	88.40	2670	33.72			34072	100.00	876	2.51	1.42	98.45	8.27
甘肃省国家税务局稽查局	7796	107	5.97	1525	93.44	161	8.98	1	0.02	5981	99.98	21	0.35	1.39	98.58	2.33
青海省国家税务局稽查局	6204	1	0.14	716	99.86	21	2.85			5466	100.00			0.02	99.98	0.34
宁夏回族自治区国家税务局稽查局	11732	1014	32.26	1954	65.84	175	5.57	1	0.01	8553	99.99	35	0.41	8.65	91.19	1.79
新疆维吾尔自治区国家税务局稽查局	26141	78	2.34	3252	97.66					22769	100.00	42	0.18	0.30	99.70	0.16
合计	2754363	96478	22.28	228403	70.30	108087	24.96	1767	0.08	2242759	99.92	76869	3.31	3.57	96.18	6.72

注：4 =3/（3 +5 +7）；6 =5/（3 +5）；8 =7/（3 +5 +7）；10 =9/（9 +11 +13）；12 =11/（9 +11）；14 =13/（9 +11 +13）；15 =（3 +9）/2；16 =（5 +11）/（3 +5 +9 +11）；17 =（7 +13）/2。

表4－4　全国增值税抵扣凭证委托协查情况比较（2016—2017年）

金（税）额：万元

年度	委托发出情况					委托收到协查结果情况						委托查处情况						
	协查起数	委托方户次	发票份数	金额	税额	收到发票份数	协查问题类型：有疑问			协查问题类型：已确定虚开	选票准确率（%）	查补数			入库数			移交司法机关起数
							正常	有问题	无法核实	发票份数		税款	罚款	滞纳金	税款	罚款	滞纳金	
1	2	3	4	5	6	7	8	9	10	11	12	13	14	15	16	17	18	19
2016	72992	88587	2269530	33467702.61	5380066.78	2044967	73771	188985	189375	1592836	96.02	44554.49	12341.62	2336.06	32851.56	3552.07	2327.14	292
2017	89986	99636	2716922	39469771.68	6593012.99	2701057	91672	216890	104229	2289003	96.50	155036.33	27756.73	2201.11	44263.15	5848.67	2283.44	1793
增减	16994	11049	447392	6002069	1212946	656090	17901	27905	-85146	696167	0.48	110482	15415	-135	11412	2297	-44	1501
增幅（%）	23.28	12.47	19.71	17.93	22.55	32.08	24.27	14.77	-44.96	43.71	0.50	247.97	124.90	-5.78	34.74	64.66	-1.88	514.04

注：12＝（9＋11）／（8＋9＋11）＝（9＋11）／（7－10）。

表4－5 全国增值税抵扣凭证受托协查情况比较（2016—2017年）

金（税）额：万元

年度	受托收到情况					逾期已回发票份数	累计回复发票情况									受托查处情况						
	协查起数	受托方户次	发票份数	金额	税额		累计回复发票份数	协查问题类型：有疑问			协查问题类型：确定虚开			有问题发票占受托协查发票的比率（%）	累计按期回复率（%）	查补数			入库数			移交司法机关起数
								正常	有问题	无法核实	正常	有问题	无法核实			税款	罚款	滞纳金	税款	罚款	滞纳金	
1	2	3	4	5	6	7	8	9	10	11	12	13	14	15	16	17	18	19	20	21	22	23
2016	87653	137896	2652464	38623260.36	6246184.33		2426074	183263	353135	252172	2152	1507990	127362	90.94	100.00	186526.16	18716.76	16947.15	143582.16	15045.66	16419.53	450
2017	101795	155160	2704919	39576566.66	6620589.67		2754363	96478	228403	108087	1767	2242759	76869	96.18	100.00	405646.08	51418.96	43156.01	333348.10	40417.93	43241.61	1325
增减	14142	17264	52455	953306	374405		328289	-86785	-124732	-144085	-385	734769	-50493	5.24		219119.92	32702.20	26208.86	189765.94	25372.27	26822.08	875.00
增幅（%）	16.13	12.52	1.98	2.47	5.99		13.53	-47.36	-35.32	-57.14	-17.89	48.73	-39.65	5.76		117.47	174.72	154.65	132.17	168.64	163.35	194.44

注：15＝（10＋13）/（8－11－14）＝（10＋13）/（9＋10＋12＋13）；16＝8/（7＋8）。

表 4-6　全国增值税抵扣凭证受托协查回复质量情况比较（2016—2017 年）

金（税）额：万元

年度	累计回复发票份数	协查问题类型：有疑问						协查问题类型：确定虚开						正常发票占累计回复发票的比率（%）	有问题发票占受托协查发票的比率（%）	无法核实发票占累计回复发票的比率（%）
		正常	占比（%）	有问题	占比（%）	无法核实	占比（%）	正常	占比（%）	有问题	占比（%）	无法核实	占比（%）			
1	2	3	4	5	6	7	8	9	10	11	12	13	14	15	16	17
2016	2426074	183263	23.24	353135	65.83	252172	31.98	2152	0.13	1507990	99.86	127362	7.78	7.64	90.94	15.64
2017	2754363	96478	22.28	228403	70.30	108087	24.96	1767	0.08	2242759	99.92	76869	3.31	3.57	96.18	6.72
增减	328289	-86785	-0.96	-124732	4.47	-144085	-7.01	-385	-0.06	734769	0.06	-50493	-4.47	-4.08	5.24	-8.93
增幅（%）	13.53	-47.36	-4.12	-35.32	6.79	-57.14	-21.93	-17.89	-42.08	48.73	0.06	-39.65	-57.43	-53.33	5.76	-57.08

表5　税务稽查机构人员、装备情况统计（2017年）

单位：人

机构人员统计	税务机关（个）	税务机关人员	税务稽查机构（个）	税务稽查人员			政治面貌			文化结构				专业资格					年龄结构		
				合计	男	女	党、团员	民主党派	群众	博士研究生	硕士研究生	大学本科	专科及以下	注册会计师	注册税务师	法律职业资格	资产评估师	计算机高级程序员及以上	35岁以下	35～45岁	45岁以上
	1	2	3	4	5	6	7	8	9	10	11	12	13	14	15	16	17	18	19	20	21
合计	7071	734611	5142	79158	50961	28197	61209	739	17210	35	4752	55175	19196	1020	4825	880	49	103	12076	21671	45411
省（自治区、直辖市、计划单列市）	70	24580	137	6636	3692	2944	5211	92	1333	16	1146	4847	627	203	596	249	17	5	1941	1917	2778
市（地）	990	204400	1030	33921	20430	13491	26364	437	7120	14	2599	25553	5755	475	2441	404	17	44	5310	10377	18234
县（市、区）	6011	505631	3975	38601	26839	11762	29634	210	8757	5	1007	24775	12814	342	1788	227	15	54	4825	9377	24399

队伍建设项目	税务稽查机构主要装备配置情况					领军人才		专业人才库		业务培训			奖励		惩戒（人次）	备注
	交通工具（辆）	办公设备（件）	计算机（台）	业务软件（套）		总局	省级	总局	省级	培训班次	培训人次	境外培训人次	集体	个人（人次）		
				研发	外购											
	22	23	24	25	26	27	28	29	30	31	32	33	34	35	36	
合计	5194	192766	120897	101	7865	71	282	518	3493	14267	225435	30	242	783	17	
省（自治区、直辖市、计划单列市）	574	24089	14524	44	1385	40	80	222	679	1683	42036	20	44	244	4	
市（地）	2853	97437	58797	42	3772	27	145	237	1927	4956	123891	5	144	404	6	
县（市、区）	1767	71240	47576	15	2708	4	57	59	887	7628	59508	5	54	135	7	

表6-1　发票使用情况检查统计（2017年）（一）

单位：万元

项目 / 案件类型	税务机关检查情况												企业自查情况			
	检查企业户数（户）	检查有问题户数（户）	查处非法发票份数（份）	涉及金额	查补总额				入库总额				移送案件数（个）	自查企业户数（户）	自查有问题户数（户）	自查补税金额
					税款	加收滞纳金	罚款	没收违法所得	税款	加收滞纳金	罚款	没收违法所得				
虚开发票		31345	8710287	43328802.91	2293890.55	81878.38	864905.20	7902.85	480235.45	68732.07	87165.04	4045.73	4507			
非法取得发票		58022	4719985	16225223.35	1588103.68	113084.54	374427.78	176.21	744771.39	105069.84	115492.45	50.48	1917			
其他发票违法行为		53794	4772027	9273139.69	935910.03	92516.93	130761.71	440.49	625472.62	88776.63	94785.43	71.09	294			
骗取出口退税		256	100096	1265464.26	270008.90	841.35	83848.82		39707.06	631.26	728.30		55			
其他打骗成果：追缴出口退税																
其他打骗成果：不予出口退税																
其他打骗成果：暂停出口退税																
其他打骗成果：小计		292	147919	3251186.83	504284.18	251.92	138979.29		60476.83	266.81	423.63					
合计	193601	143161	18202299	68827165.95	4817904.258	287479.848	1370094.683	8519.545	1850479.455	262578.5388	297442.9093	4167.3	6718	24644	10587	451365

表6－2 发票使用情况检查统计（2017年）（二）

续表

内容／项目	税务机关检查情况												企业自查情况		
	检查企业户数（户）	检查有问题户数（户）	查处非法发票份数（份）	涉及金额	查补总额				入库总额				自查企业户数（户）	自查有问题户数（户）	自查补税金额
					税款	加收滞纳金	罚款	没收违法所得	查补税款	加收滞纳金	罚款	没收违法所得			
交通运输	3630	2348	474986	1207741.47	73568.00	5657.15	9585.96	3816.68	43838.31	2270.56	9462.19	3816.98	993	308	3213.81
房地产	9166	4382	221569	1276527.12	144598.11	28673.21	21017.94	0.34	122120.50	26262.84	17958.83	0.55	3405	893	115659.64
建筑安装	17599	11343	1713609	1590216.68	144254.24	38691.62	34760.35	2758.03	129602.22	38178.56	30375.00	0.28	2296	918	23406.83
金融保险	4071	1492	122888	445577.13	29791.10	4178.64	4847.56	35.07	23346.52	4099.84	4104.05		2025	464	54460.26
餐饮娱乐	9725	5085	165863	100692.27	9746.56	1536.69	3654.54	0.15	8748.20	1270.98	3527.25	7.92	1461	180	652.69
商业批发与零售	52198	40315	8277391	30856227.45	2129780.26	76023.22	780241.15	684.15	582895.08	73967.16	80959.24	34.75	4357	2902	36097.19
药品与医疗器械	7828	6348	2241461	5088067.41	581771.21	39517.30	87010.63	0.16	266794.16	31205.11	36422.29		1281	533	33297.69
中介机构	1771	870	45481	142232.16	15886.70	316.93	2604.41	1.02	3284.19	254.81	596.09	1.02	189	39	762.38
广告传媒	1670	970	45556	235282.93	8406.98	560.73	2158.02	9.37	4278.78	524.56	1936.28	0.11	188	107	1610.21
纺织服装	15241	13630	1949392	2377316.03	228883.64	18637.92	45925.08	35.62	130235.22	18258.75	32033.88	23.72	206	138	4179.55
家具	899	577	42267	347960.64	19081.47	338.35	3063.63		3277.08	253.50	795.43		136	68	302.10
手机	939	701	117306	1159787.53	49410.37	466.76	3185.14	19.91	4129.97	318.49	729.34	2.80	22	11	7204.25
黄金	1533	1367	233517	4571793.07	35848.19	915.32	31737.50	51.29	3948.40	748.42	727.44		35	29	182.14
合计	126270	89428	15651286	49399421.90	3471026.84	215513.84	1029791.90	7411.79	1326498.64	197613.57	219627.30	3888.13	16594	6590	281028.74

表 7-1　打击发票违法犯罪活动工作开展情况统计（2017 年）（一）

项目	查办案件情况						查获情况				公安机关处理情况			检察机关起诉情况		审判机关审判情况		
	查办案件数（件）					税务出动执法人员数（人）	捣毁窝点（个）	打掉团伙（个）	缴获作案机器（台）	缴获发票（份）	立案数（件）	查获犯罪嫌疑人数（人）	移送起诉数（件）	案件数（件）	人数（人）	案件数（件）	人数（人）	
	税务	公安	税务公安联合	其他部门	合计												有期徒刑以下	无期徒刑
制售假发票	843	86	242		1171	604	212	172	446	8169729	193	423	106	71	147	77	123	
非法出售发票	126	104	119		349	551	105	81	18	658676	119	181	72	65	80	87	109	
非法取得发票	72690	1202	1790	15	75697	59996	543	355	130	3982699	2302	2188	1032	445	546	365	318	
虚开发票	28132	2671	3299	9	34111	25379	905	976	2220	5553788	5897	6086	2281	1504	2304	946	1282	5
骗取出口退税	327	25	72		424	2323	24	33	127	47535	87	126	56	16	52	23	67	1
合计	101791	4063	5450	24	111328	86530	1765	1584	2814	18364892	8511	8878	3491	2085	3077	1475	1832	5

表 7-2　打击发票违法犯罪活动工作开展情况统计（2017 年）（二）

续表

项目	治理发票违法信息情况					非纳税单位检查情况			发票教育宣传情况	
	治理发票违法短信息（条）		关停手机号码（个）	关停、整顿登载发票违法信息网站（个）	治理短信群发器（台）	检查单位（个）	涉及非法发票（份）	涉及金额（万元）	曝光案例（件）	发票教育宣传（次）
	手机短信	信息网站登载信息								
合计	11060839	13866	6049	373	895	1200	3601445	2054580.53	1814	41608

第八篇

机构和人员

国家税务总局稽查局领导名单

局　　长：王学东
巡 视 员：李国成
副 局 长：于海春
副 局 长：沈甫明

国家税务总局稽查局处级机构及副处级以上人员名单

综合处
处　　长：曾静蓉

制度处
处　　长：陈　杰
副 处 长：李　岳

系统工作处
处　　长：李亚兵
副调研员：杨海铮

举报中心
处　　长：李光辉
副 处 长：张名达

稽查一处
处　　长：徐　平
副调研员：刘　扬

稽查二处
处　　长：尹　雁
调 研 员：郭六武　郭大庆　张小平

稽查三处
处　　长：王　磊
副 处 长：李明磊　李　伟（挂职）
调 研 员：刘小鹃
副调研员：艾　玥

稽查四处
处　　长：金　鑫
副 处 长：黄　鑫
调 研 员：李璆梅　王　军

稽查五处
处　　长：汪永标
副调研员：周咏雪

稽查六处
处　　长：张达光
副 处 长：王明科
调 研 员：马　琪

税务稽查系统副处级以上人员名单

北京市国家税务局稽查局

主管领导：田　建（市局总会计师）
局　　长：吴玉琦
副 局 长：刘世田　陈华君
第一直属稽查局
局　　长：严　纪
副 局 长：李铁军　夏　宇　韩　毅
副调研员：王小玲
第二直属稽查局
副 局 长：孔丹阳（主持工作，自 2017 年 5 月）
刘建华　刘泽民　何　毅
副处级监察员：陆　朝

北京市地方税务局稽查处

主管领导：郭筑明（市局副巡视员）
处　　长：马　强
副 处 长：刘　丽　孙玉洁　于海涛
副调研员：周燕玲

天津市国家税务局稽查局

主管领导：窦　伟（市局总会计师）
局　　长：王　廉
副 局 长：金玉发　李雅红
调 研 员：何　渊（自 2017 年 9 月 12 日）
副调研员：于祝成
高长春（自 2017 年 6 月 1 日）

天津市地方税务局稽查处

主管领导：高秋丰（市局副局长）
稽查处
处　　长：朱　力

河北省国家税务局稽查局

主管领导：刘子剑（省局副局长，至 2017 年 6 月）
郑炳玉（省局总经济师，自 2017 年 6 月）
局　　长：赵国宏（至 2017 年 5 月）
苌少沛（自 2017 年 5 月）
副 局 长：张文锦　田二周　高　剑
张　伟
第一稽查局
局　　长：苌少沛（至 2017 年 5 月）
孙东军（自 2017 年 5 月）
副 局 长：李　伟　李　利　周文祥
调 研 员：潘丽华

河北省地方税务局稽查局

主管领导：贾红星（省局局长）
局　　长：崔玉清（副厅级）
常务副局长：强宝贵（正处级）
副 局 长：姜　伟　商　革
副调研员：肖延升　马怡宏　彭保东
张宗义　宇文峰

山西省国家税务局稽查局

主管领导：李树茂（省局总经济师）
局　　长：李　军
副 局 长：韩建刚　李润仙　司新文
调 研 员：易东东　傅国强
副调研员：王　茜　王丽英

山西省地方税务局稽查局

主管领导：薛延孝（省局总会计师）

局　　长：姜亚望
副 局 长：孙三平　姚肖波　孙怀中
调 研 员：孟来茂　温四香

内蒙古自治区国家税务局稽查局

主管领导：范国才（区局副局长）
局　　长：郭树安（至 2017 年 8 月）
　　　　　陈尚平（自 2017 年 8 月）
副 局 长：祁桂平　王洁璐　张铁林
　　　　　常　力

内蒙古自治区地方税务局稽查局

主管领导：包清泉（区局副局长）
局　　长：高国青
调 研 员：潘　英
副 局 长：郑建平
副调研员：段晓娟

直属第一稽查局
　局　　长：冯壮军
　副 局 长：刘　智
　党组成员：张　杰
　副 局 长：刘致华
　总会计师：王　飞
　调 研 员：王培荣　刘　杰　张中胜
　　　　　　张　健
　副调研员：邢福旺　宋常新

直属第二稽查局
　局　　长：康万利
　副 局 长：董建青　李万成
　党组成员：苑国志
　总会计师：刘　哲
　调 研 员：苏　华
　副调研员：苏海民

直属第三稽查局
　局　　长：于长明
　副 局 长：许振军
　党组成员：张海英
　副调研员：白雪飞　马　维

辽宁省国家税务局稽查局

主管领导：杨荣学（省局总审计师）
副 局 长：池福贵（主持工作）
　　　　　贾欣宇　李　丹
调 研 员：姜万中　谷跃龙
副调研员：关剑秋　柴明利　钱　刚
　　　　　王来峰　商丽敏　郭继业

辽宁省地方税务局稽查处

主管领导：张伟（省局副局长）
处　　长：董巍巍
副 处 长：孙锦秀　周　力

吉林省国家税务局稽查局

主管领导：易　凯（省局副局长）
局　　长：王书剑
副 局 长：宫　伟　张庆志
副调研员：娄晓朋　高淑环

吉林省地方税务局稽查局

主管领导：刘胜学（省局副局长）
局　　长：睢立军
副 局 长：张雅军（调研员）
　　　　　郭景志（调研员）
　　　　　冯　志　丁文年　刘兴伟
　　　　　都先维

黑龙江省国家税务局稽查局

主管领导：梁云才（省局副局长）
局　　长：韩述文（自 2017 年 3 月 31 日）
副 局 长：谭昭民
　　　　　韩　华（自 2017 年 12 月 15 日）

黑龙江省地方税务局稽查局

主管领导：于　平（省局副局长）
副 局 长：王　锐（主持工作）

上海市国家（地方）税务局稽查处

主管领导：蒋震平（市局副局长）
处　　长：吴　恩
副 处 长：武肇英
副调研员：张　琤

江苏省国家税务局稽查局

主管领导：葛元力（省局副局长）
局　　长：沈金元
副 局 长：王　强　赵　飞
副调研员：尚美武

江苏省地方税务局稽查局

主管领导：陈　筠（省局副局长）
局　　长：赵灿奇
副 局 长：朱育刚　肖　莉

浙江省国家税务局稽查局

主管领导：王　平（省局总会计师）
局　　长：屠克威
调 研 员：徐大江　林建新　朱志强
副 局 长：郦　萍　俞成根
纪检监察员：祁昆峰
副调研员：楼锣银　张宏武

浙江省地方税务局稽查局

主管领导：王　平（省局副局长）
局　　长：边宏庆
副 局 长：张雄伟　贝　加
调 研 员：王行军
副调研员：田白薇　斯宏伟

安徽省国家税务局稽查局

主管领导：张宝江（省局总会计师，至2017年10月）
　　　　　倪廷辉（省局副局长，自2017年11月）
局　　长：曹龙华
调 研 员：王永春
副 局 长：王晓虹　王晴岚　朱　峰

安徽省地方税局稽查局

主管领导：叶秉如（省局副巡视员）
局　　长：仇应广
副 局 长：李晓文　卢年春　陈明洋
调 研 员：张　勇　汪坤盛
副调研员：谢建君

福建省国家税务局稽查局

主管领导：林国镜（省局副局长）
局　　长：林家云
副 局 长：聂　霞　邱清安　林少校
副调研员：孙建榕　高锦芬

福建省地方税务局稽查局

主管领导：郑孝真（省局副局长）
局　　长：林建文
副 局 长：肖　珍　黄文化

江西省国家税务局稽查局

主管领导：胥敏锋（省局副局长）
调 研 员：帅　克（主持工作）
　　　　　刘火忠
副 局 长：朱忠恩　李　轩

江西省地方税务局稽查局

主管领导：王显和（省局副局长）
局　　长：江　华
副 局 长：黄同佐　汪明荣　温淑萍
调 研 员：黄利民
副调研员：王　兵　衷华红

山东省国家税务局稽查局

主管领导：孙德仁（省局副局长）
局　　长：李腾蛟
调 研 员：韩建炬　刘峰光　唐　锐
副 局 长：胡俊峰
副调研员：高　雷　邱文东

山东省地方税务局稽查局

主管领导：李功（省局副局长）
局　　长：王发升
调 研 员：杨义庆
副 局 长：孟宪岭　张建明　张　平
副调研员：蒋志荣

河南省国家税务局稽查局

主管领导：齐群跃（省局副局长）
局　　长：刘义峰
副 局 长：卢宏丽　张长青　高伟
第一稽查局
局　　长：王永钦
副 局 长：姬现威　牛鲁珉　叶继海

河南省地方税务局稽查局

主管领导：何娟（省局副局长）
局　　长：乔亚平
副 局 长：周际翔　司喜庆　王继恒
纪检监察员：张兴昌
调 研 员：张占铎
副调研员：胡国民

湖北省国家税务局稽查局

主管领导：练奇峰（省局副局长）
局　　长：赵　勇
副 局 长：王继军　柯　涛
副调研员：张曙光

湖北省地方税务局稽查局

主管领导：肖厚雄（省局副局长，至2017年11月）
何小平（省局副局长，自2017年11月）
局　　长：吴　鸿（副厅级）
纪委书记：陈汉桥（正处级）
副 局 长：梁卜华　汪学东
综合处
处　　长：张军
副 处 长：冯烨华
副调研员：谢颖
稽查一处
处　　长：马建军
副 处 长：张季超
稽查二处
副 处 长：辛国平　余晓东　杨　帆
审理处
处　　长：李建新
副 处 长：冯红梅

湖南省国家税务局稽查局

主管领导：孙险峰（省局总经济师）
局　　长：佘凯颂（自2017年12月）
副 局 长：端木阳（正处级，主持工作，至2017年12月）
薛洪发　陈少波
调 研 员：李　韧
副调研员：徐孟希
第一稽查局
局　　长：刘湘晖
副 局 长：胡　蓉

湖南省地方税务局稽查局

主管领导：郑　惠（省局副局长）
局　　长：邓新凤
副 局 长：谭文仕　李科全　朱杰夫
张芙蓉
副调研员：王小青　沈莉敏　熊元华

广东省国家税务局稽查局

主管领导：周家喜（省局副巡视员）
局　　长：陈佳发
副 局 长：叶　松　张智洪
副调研员：李小杰　黄攸响　袁　涛
朱　虹　陈德强

广东省地方税务局稽查局

主管领导：苏振钿（省局副局长）
局　　长：余振荣（副厅级）
调 研 员：王　毅　吴建秀
副 局 长：范思鑫　庞信城　柯晓江
副调研员：陈　蕾　高海燕

广西壮族自治区国家税务局稽查局

主管领导：王　波（区局副局长，至2017年4月）

李文涛（区局总审计师，自2017年4月）
局　　长：周元卫
副 局 长：覃木荣（至2017年9月）
刘小冬　李　彬
调 研 员：滕纪丰

广西壮族自治区地方税务局稽查局

主管领导：黎海君（区局副局长）
局　　长：黎海君（兼）
副 局 长：覃东汉　陆绍康
李　斌（自2017年12月）
调 研 员：黄　芸
副调研员：谢冬玲

海南省国家税务局稽查局

主管领导：林　明（省局副局长）
副 局 长：王俊强（主持工作）
罗亲捷　刘春光
调 研 员：陈章碧　陈海燕
高　敏（至2017年12月）
副调研员：欧阳海珠

海南省地方税务局稽查局

主管领导：陈如军（省局局长）
刘自更（省局副局长）
局　　长：黄　坚
副 局 长：陈绵强
王　峰（至2017年3月）
林文深（自2017年3月）
李占侠（至2017年8月）
吴　衡（自2017年8月）
调 研 员：王国强
副调研员：吴　芬　邓华军

重庆市国家税务局稽查局

主管领导：廖忠贤（市局副局长）
局　　长：向垣树
副 局 长：徐　湛　陈　文　邓华平
专职纪检监察员：江　庆

重庆市地方税务局稽查处

主管领导：徐德中（市局副局长）
处　　长：张　目
副 处 长：吴　丰
第一稽查局
局　　长：曾洪波
第二稽查局
局　　长：蒋　鸿
第三稽查局
局　　长：邓　铭
第四稽查局
局　　长：莫琪玲
第五稽查局
局　　长：杜大钢（至2017年12月）
胡成国（自2017年12月）

四川省国家税务局稽查局

主管局长：张　兵（省局副局长，至2017年5月）
胡苏华（省局副局长，自2017年5月）
局　　长：李　波（至2017年6月）
徐　勇（自2017年6月）
副 局 长：唐德友　陈　丰　袁　淮
纪 检 员：张红梅
副调研员：张树新

四川省地方税务局稽查局

主管领导：黄刚才（省局副局长）
局　　长：龚勇兵
副 局 长：王永东　姚茗国　白振兴
汤　华
纪检监察员：施　德
总会计师：王　琦
副调研员：胡七芳　丁大林

贵州省国家税务局稽查局

主管领导：赵寿均（省局总会计师）
局　　长：甘　石（至2017年6月）
彭　诚（自2017年6月）
调 研 员：杨晓峰（自2017年2月）

副 局 长：蒋　勇　李孝杰
副调研员：李贵玉　朱义祥　张　勇

贵州省地方税务局稽查局

主管领导：杨　军（省局副局长）
局　　长：岳克健
副 局 长：苟平平

云南省国家税务局稽查局

主管领导：张炳华（省局副局长）
局　　长：梁丽明
副 局 长：毕　仁　李明义
专职纪检监察员：陈定兴
副调研员：刘致志　解道勇

云南省地方税务局稽查局

主管领导：唐新民（省局局长）
协助管理领导：杨丽君（省局副巡视员）
局　　长：余　萍（至 2017 年 9 月）
　　　　　殷家荣（自 2017 年 9 月）
副 局 长：张梦明（至 2017 年 12 月）
　　　　　李　睿
　　　　　陈定兴（自 2017 年 11 月）

西藏自治区国家税务局稽查局

主管领导：杨承碧（区局副局长）
稽查局长：达娃云丹（至 2017 年 8 月）

陕西省国家税务局稽查局

主管领导：王　农（省局副局长）
局　　长：王青山
副 局 长：张国栋　张保平　姚　鑑

陕西省地方税务局稽查局

主管领导：贡　献（省局副局长，至 2017 年 9 月）
　　　　　王江宏（省局副局长，自 2017 年 9 月）
局　　长：胡兆瑞（副厅级）
副 局 长：柴治义　王　卫

甘肃省国家税务局稽查局

主管领导：向　宇（省局副局长）
局　　长：左伟胜
副 局 长：李恩梅

甘肃省地方税务局稽查局

主管领导：汪海东（省局副局长）
局　　长：许国强
副 局 长：黄姝梅　魏　刚
调 研 员：沈三荣

青海省国家税务局稽查局

主管领导：张　明（省局总会计师）
局　　长：窦晓军
副 局 长：景　芳
副调研员：亢雷祥

青海省地方税务局稽查局

主管领导：师学铁（省局副局长）
局　　长：晏懋秋
副 局 长：杨敬秀　董宝琪

宁夏回族自治区国家税务局稽查局

主管领导：马名骐（区局副局长）
局　　长：姚明军
副 局 长：倪永刚　易红林

宁夏回族自治区地方税务局稽查局

主管领导：王金平（区局副局长）
局　　长：刘　晨
调 研 员：张宏伟
副 局 长：张维俊　杨　诚　蔡　菁
副调研员：李湘宁

新疆维吾尔自治区国家税务局稽查局

主管领导：徐　岩（区局副局长）
局　　长：孙建东（至 2017 年 8 月）
　　　　　徐小琴（自 2017 年 8 月）
调 研 员：芦文革
副 局 长：尹君石　赵　莉

副调研员： 张　辉　韩力宏
阿迪力·吐尔逊

新疆维吾尔自治区地方税务局稽查局

主管领导： 张英俊（区局副局长）
副 局 长： 张家存
局　　长： 朱国兴
纪检组组长： 葛　刚
副 局 长： 马志忠
总经济师： 李　斌
调 研 员： 李中华
副调研员： 黄　河

大连市国家税务局稽查局

主管局长： 吴　杰（市局副局长）
局　　长： 宋春毅
副 局 长： 王哨兵　葛宏文　汤爱华

大连市地方税务局稽查局

主管领导： 梁　兵（市局总经济师）
副 局 长： 郑润涛（正处级，主持工作）
王玉武（正处级）

宁波市国家税务局稽查局

主管领导： 刘绍武（市局总会计师）
局　　长： 徐松青
副 局 长： 郑根平　邬杨杰

宁波市地方税务局稽查局

主管局长： 张立权（市局副局长）
局　　长： 石惠明
副 局 长： 马　鸿　单守永
助理调研员： 邬红卫

厦门市国家税务局稽查局

主管领导： 陈　健（市局副局长）
局　　长： 张连发
副 局 长： 洪清辉　张谦莹
纪检组组长： 苏法吾
总经济师： 吴家红
副调研员： 李国成　苏炯勇　罗德雪

厦门市地方税务局稽查局

主管领导： 王增加（市局副局长）
局　　长： 白鸿祥
调 研 员： 张桂荣
副 局 长： 周少艳　黄小红

青岛市国家税务局稽查局

主管领导： 任洪礼（市局总经济师）
局　　长： 王忠庆
副 局 长： 刘　泓　黄　伟　郑小华

第一稽查局
局　　长： 陈绪发
副 局 长： 张充航　王彩霞

第二稽查局
局　　长： 许文博
副 局 长： 刘民生　姜涛

第三稽查局
局　　长： 许瑞玲
副 局 长： 荀校书　王　蓉

青岛市地方税务局稽查局

主管领导： 李宁国（市局副局长）
局　　长： 王长江
副 局 长： 李元奎
纪委书记： 孙　伟
副 局 长： 张　鹏　桑　磊

办公室
主　　任： 葛敬书
副 主 任： 宋文晶　杨晓飞

监察室
主　　任： 王立国

综合业务处
处　　长： 卜海鑫
副 处 长： 徐雪梅

选案处
副 处 长： 张　鲁（主持工作）

审理处

副 处 长：王晓燕（主持工作）

执行处

副 处 长：栾绍文（主持工作）

副 处 长：周宗安

检查一处

处　　长：孙宗祥

检查二处

副 处 长：孙　军（主持工作）

检查三处

副 处 长：曲在棣（主持工作）

检查四处

处　　长：徐冬聚

副 处 长：张宏宇

深圳市国家税务局稽查局

主管领导：陈　捷（市局副局长）

局　　长：蔡伟群

调 研 员：杨小河

副 局 长：王　晓　赖容锦　黄凯明

纪检监察专员：郑　维

副调研员：吴　广

第一稽查局

局　　长：苟　宴

副 局 长：童永红　芮　东

纪检监察专员：颜飞勇

第二稽查局

局　　长：王铭远

副 局 长：袁　林　刘　莞

纪检监察专员：周　君

第三稽查局

局　　长：张伟良

副 局 长：黄健宁　李曲宇

纪检监察专员：李辉煌

第四稽查局

局　　长：李皓皓

副 局 长：曾品夫　高献河

纪检监察专员：杨　菱

深圳市地方税务局稽查局

主管领导：万伟平（市局机关党委书记）

局　　长：谢少华

副 局 长：林柏坚　李伏虎　赵英爽

税务稽查系统领导任免情况
(2017 年)

北京市国家税务局稽查局

5 月 17 日，北京市国家税务局印发京国税任〔2017〕56 号文件，北京市国家税务局 2017 年 5 月 3 日决定：任命孔丹阳为北京市国家税务局第二稽查局副局长（主持工作）。

5 月 19 日，北京市国家税务局印发京国税任〔2017〕66 号文件，北京市国家税务局 2017 年 5 月 3 日决定：李云龙不再担任北京市国家税务局第二稽查局局长职务，另有任用。

6 月 26 日，北京市国家税务局印发京国税任〔2017〕103 号文件，任命王小玲为北京市国家税务局第一稽查局副调研员，不再担任北京市国家税务局第一稽查局副处级监察员职务。

8 月 15 日，北京市国家税务局印发京国税任〔2017〕140 号文件，任命石红梅为北京市国家税务局大企业税收管理处副处长，不再担任北京市国家税务局稽查局副局长职务。

天津市国家税务局稽查局

6 月 26 日，天津市国家税务局发出津国税任字〔2017〕23 号文件，天津市国家税务局 2017 年 6 月 1 日决定，高长春任天津市国家税务局稽查局副调研员。

9 月 12 日，天津市国家税务局发出津国税任字〔2017〕41 号文件，天津市国家税务局决定，何渊任天津市国家税务局稽查局调研员。

9 月 29 日，天津市国家税务局发出津国税任字〔2017〕65 号文件，天津市国家税务局 2017 年 9 月 7 日决定，免去李玉梅天津市国家税务局稽查局副局长职务，另有任用。

天津市地方税务局稽查处

11 月 4 日，天津市财政局发出津财人〔2017〕64 号文件，朱力任天津市地方税务局税务稽查处处长；免去邢汝霖天津市地方税务局税务稽查处处长职务；免去蔡进天津市地方税务局税务稽查处副处长职务。

河北省国家税务局稽查局

6 月 8 日，河北省国家税务局发出冀国税人字〔2017〕39 号文件，河北省国家税务局 2017 年 5 月 24 日决定：苌少沛任河北省国家税务局稽查局局长，免去其河北省国家税务局第一稽查局局长职务；孙东军任河北省国家税务局第一稽查局局长，免去其河北省国家税务局监察室正处长级纪检监察员职务；免去赵国宏的河北省国家税务局稽查局局长职务。

8 月 25 日，河北省国家税务局发出冀国税人字〔2017〕67 号文件，河北省国家税务局决定：免去吴玉刚的河北省国家税务局稽查局调研员职务，办理退休手续。退休时间自 2017 年 9 月起计算。

12 月 15 日，河北省国家税务局发出冀国税人字〔2017〕91 号文件，河北省国家税务局决定：免去白铁柱的河北省国家税务局稽查局调研员职务，办理退休手续。退休时间自 2018 年 1 月起计算。

河北省地方税务局稽查局

3 月 20 日，河北省地方税务局印发冀地税人〔2017〕8 号文件，决定于 2016 年 12 月 22 日，任命彭保东为河北省地方税务局稽查局副调研员。

3 月 29 日，河北省地方税务局印发冀地税人〔2017〕15 号文件，免去王志彬河北省地方税务局稽查局副局长职务。

山西省国家税务局稽查局

4 月 17 日，山西省国家税务局印发晋国税任发〔2017〕20 号文件，任命侯树森为山西省国家税务局进出口税收管理处处长，免去其稽查局局长职务；任命李军为山西省国家税务局稽查局局长。

山西省地方税务局稽查局

12 月 8 日，山西省地方税务局印发晋地税任字〔2017〕23 号文件，决定任命姜亚望为山西省地方税务局稽查局局长，免去其山西省地方税务局直属一分局局长职务；任命孟来茂为山西省地方税务局稽查局调研员，免去其山西省地方税务局稽查局局长职务。

内蒙古自治区国家税务局稽查局

8月7日，内蒙古自治区国家税务局印发内国税任字〔2017〕62号任免文件，经研究，决定任命陈尚平同志为内蒙古自治区国家税务局稽查局局长，免去郭树安内蒙古自治区国家税务局稽查局局长职务。

辽宁省国家税务局稽查局

8月18日，辽宁省国家税务局党组印发辽国税党组发〔2017〕91号文件，免去李维海辽宁省国家税务局稽查局局长职务，另有任用。

11月14日，辽宁省国家税务局印发辽国税任〔2017〕89号文件，辽宁省国家税务局2017年10月24日决定，任命郭继业、商丽敏、李香春为辽宁省国家税务局副调研员。

辽宁省地方税务局稽查局

10月16日，中共辽宁省地方税务局党组印发辽地税任字〔2017〕81号文件，经辽宁省地方税务局党组会议研究决定，免去李铁成同志辽宁省地方税务局稽查管理处处长职务。

11月16日，中共辽宁省地方税务局党组印发辽地税任字〔2017〕92号文件，经辽宁省地方税务局党组会议研究决定：董巍巍同志任辽宁省地方税务局稽查管理处处长（试用期1年）。

吉林省地方税务局稽查局

9月18日，吉林省地方税务局印发吉地税任〔2017〕60号文件，吉林省地方税务局稽查局调研员张雅军年满60周岁，已到退休年龄。根据有关规定，免去其现任职务，办理退休手续。

10月23日，吉林省地方税务局印发吉地税任〔2017〕69号文件，吉林省地方税务局2017年10月20日决定，任命刘兴伟为吉林省地方税务局稽查局副局长。

11月1日，吉林省地方税务局印发吉地税任〔2017〕79号文件，吉林省地方税务局2017年10月20日决定，任命郭景志为吉林省地方税务局稽查局调研员。免去郭景志吉林省地方税务局稽查局副局长职务。

黑龙江省国家税务局稽查局

3月31日，黑龙江省国家税务局印发黑国税任〔2017〕6号文件，黑龙江省国家税务局2017年3月9日决定，任命韩述文为黑龙江省国家税务局稽查局局长。

11月16日，黑龙江省国家税务局印发黑国税任〔2017〕47号文件，黑龙江省国家税务局2017年11月1日决定，免去王国伟黑龙江省国家税务局稽查局副局长职务。

12月15日，黑龙江省国家税务局印发黑国税任〔2017〕53号文件，黑龙江省国家税务局2017年12月14日决定，任命郭真源为黑龙江省国家税务局政策法规处副处长，任命韩华为黑龙江省国家税务局稽查局副局长（列谭昭民之后）；免去郭真源黑龙江省国家税务局稽查局纪检监察员（副处长级）职务，免去韩华黑龙江省国家税务局所得税处副处长职务。

上海市国家（地方）税务局稽查处

3月15日，上海市国家税务局、上海市地方税务局印发沪国税任〔2017〕16号文件，免去唐林玮的上海市国家税务局稽查处副处长、上海市地方税务局稽查处副处长职务。

3月15日，上海市国家税务局上海市地方税务局印发沪国税任〔2017〕17号文件，吴恩任上海市国家税务局稽查处处长、上海市地方税务局稽查处处长。

江苏省国家税务局稽查局

5月26日，江苏省国家税务局印发苏国税党组发〔2017〕54号文件，杨鹏飞已到退休年龄，经研究，免去其江苏省国家税务局调研员职务，请按有关规定办理退休手续。

江苏省地方税务局稽查局

4月14日，中共江苏省地方税务局党组发出苏地税党组〔2017〕41号文件，肖莉同志任江苏省地方税务局稽查局副局长，试用期一年。

安徽省国家税务局稽查局

3月21日，安徽省国家税务局印发皖国税任〔2017〕25号文件，经研究决定，王永春任安徽省国家税务局稽查局调研员，免去其安徽省国家税务局稽查局副局长职务。试用期为一年。

5月25日，安徽省国家税务局印发皖国税任〔2017〕40号文件，经研究决定，朱峰任安徽省国家税务局稽查局副局长。试用期为一年。

安徽省地方税局稽查局

7月31日，安徽省地方税务局印发皖地税任〔2017〕9号文件，任命汪坤盛为安徽省地方税务局稽查局调研员。

11月22日，安徽省地方税务局印发皖地税任〔2017〕14号文件，任命张勇为安徽省地方税务局稽查局调研员。

福建省地方税局稽查局

7月26日，福建省地方税务局发出闽地税任〔2017〕12号文件，任命黄文化为福建省地方税务局稽查局副局长；任命林建华为福建省地方税务局稽查局副局长（定岗财产和行为税处）；免去周少艳福建省地方税务局稽查局副局长职务；免去黄强福建省地方税务局稽查局副局长职务。

7月26日，福建省地方税务局发出闽地税任〔2017〕15号文件，任命周少艳为厦门市地方税务局稽查局副局长；免去黄文化厦门市海沧区地方税务局副局长职务。

7月26日，福建省地方税务局发出闽地税任〔2017〕18号文件，任命黄强为泉州市地方税务局总会计师。

9月6日，福建省地方税务局发出闽地税任〔2017〕26号文件，免去廖建敏福建省地方税务局稽查局副调研员、计划科（举报中心）科长职务。

9月6日，福建省地方税务局发出闽地税党〔2017〕59号文件，任命廖建敏为中共三明市地方税务局党组成员、纪检组长。

12月25日，福建省地方税务局发出闽地税任〔2017〕36号文件，免去潘福平福建省地方税务局稽查局调研员职务。

12月25日，福建省地方税务局发出闽地税任〔2017〕40号文件，任命潘福平为三明市地方税务局调研员。

山东省地方税务局稽查局

4月28日，中共山东省地方税务局党组印发鲁地税党任〔2017〕6号文件，张建明同志任山东省地方税务局稽查局副局长，试用期一年，免去其山东省地方税务局稽查局副调研员职务；张平同志任山东省地方税务局稽查局副局长，试用期一年；蒋志荣同志任山东省地方税务局稽查局副调研员。

河南省地方税务局稽查局

3月13日，河南省地方税务局发出豫地税任字〔2017〕13号文件，乔亚平任河南省地方税务局稽查局局长；免去王学荣河南省地方税务局稽查局局长职务。

湖北省地方税务局稽查局

10月31日，湖北省人民政府发出鄂政任〔2017〕240号文件，湖北省人民政府决定，免去魏建平的湖北省地方税务局稽查局副局长职务。

11月1日，湖北省人民政府发出鄂政任〔2017〕225号文件，湖北省人民政府决定，免去肖厚雄的湖北省地方税务局副局长职务。

湖南省国家税务局稽查局

12月27日，湖南省国家税务局发出湘国税任〔2017〕36号文件，佘凯颂任湖南省国家税务局稽查局局长，不再担任湖南省国家税务局国际税务管理处处长职务。

广东省国家税务局稽查局

3月27日，广东省国家税务局印发粤国税任〔2017〕61号文件，广东省国家税务局2017年3月17日决定，任命陈德强为广东省国家税务局稽查局副调研员，免去其广东省国家税务局稽查局主任科员职务。

10月23日，广东省国家税务局印发粤国税任〔2017〕148号文件，广东省国家税务局2017年9月26日决定，任命陈佳发为广东省国家税务局稽查局局长；免去张巧珍广东省国家税务局稽查局局长职务，另有任用。

广东省地方税务局稽查局

1月26日，广东省人力资源和社会保障厅印发粤人社发〔2017〕41号文件，苏振钿任广东省地方税务局副局长，免去其广东省地方税务局总会计师职务。

3月31日，广东省地方税务局印发粤地税任〔2017〕32号文件，张弟提任广东省地方税务局稽查局调研员，免去其广东省地方税务局稽查局副调研员职务；庞信城提任广东省地方税务局稽查局副局长。

5月15日，广东省地方税务局印发粤地税任〔2017〕61号文件，杨美珍提任广东省地方税务局稽查局副调研员。

5月17日，广东省地方税务局印发粤地税任〔2017〕58号文件，免去张弟广东省地方税务局稽查局调研员职务，退休。

6月15日，广东省地方税务局印发粤地税任〔2017〕75号文件，郑小明提任广东省地方税务局稽查局调研员，免去其广东省地方税务局稽查局副局长职务；柯晓江提任广东省地方税务局稽查局副局长（试用期一年），免去其广东省地方税务局稽查局主任科员职务。

7月13日，广东省地方税务局印发粤地税任〔2017〕89号文件，免去杨美珍的广东省地方税务局稽查局副调研员职务，退休。

8月7日，广东省地方税务局印发粤地税任〔2017〕95号文件，免去郑小明的广东省地方税务局稽查局调研员职务，退休。

11月29日，广东省地方税务局印发粤地税任〔2017〕138号文件，吴建秀提任广东省地方税务局稽查局调研员，免去其广东省地方税务局稽查局副调研员职务；高海燕提任广东省地方税务局稽查局副调研员，免去其广东省地方税务局稽查局主任科员职务。

广西壮族自治区国家税务局稽查局

9月22日，广西壮族自治区国家税务局发出桂国税任〔2017〕72号文件，广西壮族自治区国家税务局2017年8月21日研究决定：免去覃木荣广西壮族自治区国家税务局稽查局副局长职务，另有任用。

广西壮族自治区地方税务局稽查局

2月22日，广西壮族自治区地方税务局发出桂地税干〔2017〕15号文件，决定免去唐敢壮广西壮族自治区地方税务局稽查局调研员职务，退休。

4月28日，广西壮族自治区地方税务局发出桂地税干〔2017〕25号文件，决定任命张颖苓为广西壮族自治区地方税务局桂林稽查局副调研员，免去广西壮族自治区地方税务局桂林稽查局副局长职务。

12月28日，广西壮族自治区地方税务局发出桂地税干〔2017〕104号文件，决定任命李斌为广西壮族自治区地方税务局稽查局副局长。

12月29日，广西壮族自治区地方税务局发出桂地税干〔2017〕100号文件，决定任命罗向平为广西壮族自治区地方税务局百色稽查局调研员，免去其广西壮族自治区地方税务局百色稽查局局长职务。

海南省国家税务局稽查局

4月14日，海南省国家税务局发出琼国税任〔2017〕14号文件，任命王俊强为海南省国家税务局稽查局副局长，主持工作。

4月14日，海南省国家税务局发出琼国税党组发〔2017〕41号文件，任命罗亲捷为海南省国家税务局稽查局副局长。

6月16日，海南省国家税务局发出琼国税任〔2017〕32号文件，任命陈章碧为海南省国家税务局稽查局调研员。

7月18日，海南省国家税务局发出琼国税任〔2017〕39号文件，任命刘春光为海南省国家税务局稽查局副局长。

12月22日，国家税务总局发出税总任〔2017〕362号文件，免去高敏的海南省国家税务局稽查局调研员职务，办理退休手续，退休时间自2018年1月起计算。

海南省地方税务局稽查局

3月13日，中共海南省地方税务局党组发出琼地税党组发〔2017〕17号文件，林文深任海南省地方税务局稽查局局长（试用期一年），免去其海南省地方税务局财产和行为税处主任科员职务；林志镜任海南省地方税务局第一稽查局副局长（试用期一年）、党组成员，免去其海南省地方税务局大企业税收管理局主任科员职务；免去王峰海南省地方税务局稽查局副局长职务，另有任用。

8月14日，中共海南省地方税务局党组发出琼地税党组发〔2017〕102号文件，吴衡任海南省地方税务局稽查局副局长，免去其定安县税务局局长（副处级）、党组书记职务；李占侠任海口市地方税务局副局长、党组成员，免去其海南省地方税务局稽查局副局长职务。

重庆市国家税务局稽查局

4月25日，重庆市国家税务局发出渝国税任〔2017〕92号文件，重庆市国家税务局2017年4

月21日决定，任命徐湛为重庆市国家税务局稽查局副局长；免去程敏重庆市国家税务局稽查局副局长职务（另有任用）。

8月21日，重庆市国家税务局发出渝国税任〔2017〕170号文件，重庆市国家税务局2017年8月10日决定，任命邓华平为重庆市国家税务局稽查局副局长（试用期一年）。

重庆市地方税务局稽查处

12月18日，重庆市地方税务局印发渝地税人〔2017〕82号文件，任命胡成国为重庆市地方税务局第五稽查局局长；免去杜大钢的重庆市地方税务局第五稽查局局长职务。

四川省国家税务局稽查局

6月12日，四川省国家税务局印发川国税任〔2017〕40号文件，任命徐勇为四川省国家税务局稽查局局长，免去李波的四川省国家税务局稽查局局长职务。

9月2日，四川省国家税务局印发川国税任〔2017〕62号文件，免去余念的四川省国家税务局稽查局副调研员职务，办理退休手续，退休时间自2017年9月起计算。

四川省地方税务局稽查局

1月9日，四川省地方税务局印发川地税人〔2017〕1号文件，批准宋伟退休。

5月4日，四川省地方税务局印发川地税人〔2017〕17号文件，批准陈友辉退休。

贵州省国家税务局稽查局

2月21日，贵州省国家税务局发出黔国税任字〔2017〕3号文件，任命杨晓峰为贵州省国家税务局稽查局调研员，免去其贵州省国家税务局稽查局副局长职务。

6月9日，贵州省国家税务局发出黔国税任字〔2017〕12号文件，免去甘石贵州省国家税务局稽查局局长职务。

6月9日，贵州省国家税务局发出黔国税任字〔2017〕13号文件，任命彭诚为贵州省国家税务局稽查局局长。

云南省国家税务局稽查局

2月13日，云南省国家税务局发出云国税任字〔2017〕4号文件，根据《中华人民共和国公务员法》的规定，王晓龙于2017年2月达到法定退休年龄，云南省国家税务局决定，免去王晓龙云南省国家税务局稽查局副调研员职务，办理退休手续。退休时间自2017年3月起计算。

9月6日，云南省国家税务局发出云国税任字〔2017〕49号文件，云南省国家税务局2017年8月25日决定，任命毕仁为云南省国家税务局稽查局副局长，免去其云南省国家税务局财务管理处副处长职务；任命李庆阳为云南省国家税务局督察内审处副处长，免去其云南省国家税务局稽查局副局长职务。

云南省地方税务局稽查局

9月5日，中共云南省地方税务局党组发出云地税党组任免〔2017〕66号文件，经中共云南省地方税务局党组2017年8月23日会议研究决定，殷家荣任云南省地方税务局稽查局党组书记、局长，免去余萍云南省地方税务局稽查局党组书记、局长职务，另有任用。

11月22日，中共云南省地方税务局党组发出云地税党组任免〔2017〕84号文件，经中共云南省地方税务局党组2017年11月20日会议研究决定，陈定兴挂任云南省地方税务局稽查局党组成员、副局长，时间一年。

12月29日，中共云南省地方税务局党组发出云地税党组任免〔2017〕104号文件，经中共云南省地方税务局党组2017年12月28日会议研究决定，殷家荣任中共云南省地方税务局稽查局分党组书记，李睿任中共云南省地方税务局稽查局分党组成员，陈定兴任中共云南省地方税务局稽查局分党组成员，张梦明免去云南省地方税务局稽查局副局长职务，另有任用。

西藏自治区国家税务局稽查局

8月30日，西藏自治区国家税务局印发藏国税任〔2017〕22号文件，决定达娃云丹不再担任西藏自治区国家税务局稽查局局长职务，办理提前退休手续。

陕西省国家税务局稽查局

4月11日，陕西省国家税务局发出陕国税任〔2017〕14号文件，陕西省国家税务局2017年3月16日决定，任命张保平、姚鑑为陕西省国家税务局稽查局副局长；免去赵新科、刘黎军、胡海彦陕西省国家税务局稽查局副局长职务，另有任用。

陕西省地方税务局稽查局

9月6日，陕西省人民政府发出陕政任字〔2017〕119号文件，任命艾礼贵为陕西省地方税务局副局长，胡兆瑞任陕西省地方税务局稽查局局长；免去艾礼贵陕西省地方税务局稽查局局长职务；免去胡兆瑞陕西省地方税务局副巡视员职务。

11月20日，陕西省地方税务局发出陕地税任〔2017〕85号文件，免去唐陇利陕西省地方税务局稽查局副局长职务。

甘肃省国家税务局稽查局

11月24日，甘肃省国家税务局印发甘国税任〔2017〕82号文件，任命左伟胜为甘肃省国家税务局稽查局局长，免去彭正国的甘肃省国家税务局稽查局局长职务。

12月26日，甘肃省国家税务局印发甘国税任〔2017〕86号文件，同意徐长瑛提前退休，免去其甘肃省国家税务局稽查局副局长职务。

甘肃省地方税务局稽查局

6月14日，甘肃省地方税务局印发甘地税发〔2017〕157号文件，根据《中华人民共和国公务员法》第八十七条，甘肃省地方税务局稽查局调研员孙宝生同志符合退休条件，同意退休。

青海省国家税务局稽查局

1月9日，青海省国家税务局发出青国税任〔2017〕2号文件，经2016年12月20日中共青海省国家税务局党组会议研究决定，景芳任青海省国家税务局稽查局副局长，试用期一年。

6月8日，青海省国家税务局发出青国税任〔2017〕26号文件，任命耿直为青海省国家税务局税收科学研究所副所长（主持工作），免去其青海省国家税务局稽查局副局长职务。

8月28日，青海省国家税务局发出青国税任〔2017〕42号文件，任命亢雷祥为青海省国家税务局稽查局副调研员，免去其青海省国家税务局稽查局审理科科长职务。

宁夏回族自治区国家税务局稽查局

7月4日，宁夏回族自治区国家税务局发布宁国税发〔2017〕92号文件，易红林任宁夏回族自治区国家税务局稽查局副局长；杨继荣任宁夏回族自治区国家税务局税收科学研究所副所长，免去其宁夏回族自治区国家税务局稽查局副局长职务。

7月10日，宁夏回族自治区国家税务局发布宁国税发〔2017〕100号文件，李进来任宁夏回族自治区国家税务局政策法规处处长，免去其宁夏回族自治区国家税务局稽查局副局长职务。

新疆维吾尔自治区国家税务局稽查局

8月2日，新疆维吾尔自治区国家税务局发出新国税任〔2017〕66号文件，赵莉任新疆维吾尔自治区国家税务局稽查局副局长（试用期一年）；芦文革任新疆维吾尔自治区国家税务局稽查局调研员，不再担任新疆维吾尔自治区国家税务局稽查局副局长职务；阿迪力·吐尔逊任新疆维吾尔自治区国家税务局稽查局副调研员。

8月3日，新疆维吾尔自治区国家税务局发出新国税任〔2017〕76号文件，孙建东任新疆维吾尔自治区国家税务局货物和劳务税处处长，不再担任新疆维吾尔自治区国家税务局稽查局局长职务；徐小琴任新疆维吾尔自治区国家税务局稽查局局长，不再担任新疆维吾尔自治区国家税务局教育处处长职务。

11月28日，新疆维吾尔自治区国家税务局发出新国税任〔2017〕104号文件，罗志伟不再担任新疆维吾尔自治区国家税务局稽查局副局长职务，另有任用。

新疆维吾尔自治区地方税务局稽查局

5月15日，新疆地方税务局发出新地税任字〔2017〕23号文件，经自治区地方税务局党组2017年5月2日会议研究决定，李斌同志任自治区地方税务局稽查局总经济师，试用期一年。

5月22日，中共新疆维吾尔自治区地方税务局党组发出新地税党组发〔2017〕76号文件，经新疆维吾尔自治区地方税务局党组2017年5月15日会议研究决定，葛刚同志任新疆维吾尔自治区地方税务局稽查局纪检组组长；免去李中华同志新疆维吾尔自治区地方税务局稽查局党组成员、纪检组长职务。

5月22日，新疆维吾尔自治区地方税务局发出新地税任〔2017〕54号文件，经新疆维吾尔自治区地方税务局党组2017年5月15日会议研究决定，李中华任新疆维吾尔自治区地方税务局稽查局调研员；黄河任新疆维吾尔自治区地方税务局稽查局副调研员；免去葛刚新疆维吾尔自治区地方税务局稽查局副局长职务。

宁波市国家税务局稽查局

9月28日，宁波市国家税务局发出甬国税任〔2017〕49号文件，徐松青任宁波市国家税务局稽查局局长（正处长级）。

10月16日，宁波市国家税务局发出甬国税任〔2017〕49号文件，经研究决定，徐大庆任宁波市国家税务局所得税处处长；徐松青任宁波市国家税务局稽查局局长（正处长级）；免去徐松青宁波市国家税务局所得税处处长职务；免去章程宁波市国家税务局稽查局局长职务。以上人员任免职务时间自2017年9月28日市局党组会议决定之日起计算。

厦门市国家税务局稽查局

3月27日，厦门市国家税务局印发厦国税任〔2017〕12号文件，决定免去林翊厦门市国家税务局稽查局副局长职务。

3月27日，厦门市国家税务局印发厦国税任〔2017〕20号文件，决定任命吴家红为厦门市国家税务局稽查局总经济师。

厦门市地方税务局稽查局

8月10日，福建省地方税务局印发闽地税任〔2017〕15号文件，研究决定，白鸿祥任厦门市地方税务局稽查局局长，张桂荣任厦门市地方税务局稽查局调研员，周少艳任厦门市地方税务局稽查局副局长，黄小红任厦门市地方税务局稽查局副局长。

青岛市国家税务局稽查局

9月27日，青岛市国家税务局发出青国税任〔2017〕28号文件，任命刘泓、黄伟为青岛市国家税务局稽查局副局长；任命张充航、王彩霞为青岛市国家税务局第一稽查局副局长；任命刘民生、姜涛为青岛市国家税务局第二稽查局副局长；任命王蓉为青岛市国家税务局第三稽查局副局长；免去刘海生的青岛市国家税务局稽查局副局长职务；免去高东旭、王丽华的青岛市国家税务局第一稽查局副局长职务；免去张充航、丁明富、董小波的青岛市国家税务局第二稽查局副局长职务；免去刘民生、张勇强的青岛市国家税务局第三稽查局副局长职务。

10月26日，青岛市国家税务局发出青国税任〔2017〕46号文件，任命王忠庆为青岛市国家税务局稽查局局长；任命陈绪发为青岛市国家税务局第一稽查局局长；任命许文博为青岛市国家税务局第二稽查局局长；任命许瑞玲为青岛市国家税务局第三稽查局局长；免去于波的青岛市国家税务局稽查局局长职务；免去韩斌的青岛市国家税务局第一稽查局局长职务；免去刘瑞旭的青岛市国家税务局第三稽查局局长职务。

青岛市地方税务局稽查局

5月2日，中共青岛市地方税务局党组发出青地税党任〔2017〕3号文件，任命张鹏为青岛市地方税务局稽查局副局长，免去其青岛市地方税务局征收局副局长职务。

深圳市国家税务局稽查局

4月18日，深圳市国家税务局发出深国税任〔2017〕25号文件，任芮东为深圳市国家税务局第一稽查局副局长。

7月20日，深圳市国家税务局发出根据深国税任〔2017〕56号文件，任吴广为深圳市国家税务局稽查局副调研员。

深圳市地方税务局稽查局

9月25日，深圳市地方税务局发出深地税发〔2017〕206号文件，谢晔文任深圳市龙岗区地方税务局副局长，免去其深圳市地方税务局稽查局副局长职务；赵英爽任深圳市地方税务局稽查局副局长，免去其深圳市地方税务局第一稽查局案件审理科科长职务，试用期一年。

（以上内容根据各省、自治区、直辖市和计划单列市国家税务局、地方税务局稽查局提供，编辑部整理）

税务稽查系统表彰情况
（2017 年）

2017 年 10 月 25 日，国家税务总局发出《国家税务总局关于表扬 2016 年度打击发票违法犯罪活动工作成绩突出的单位和个人的通报》（税总函〔2017〕432 号）。2016 年，全国各级税务机关和广大税务干部认真贯彻落实税务总局党组的部署和要求，紧紧围绕税收中心工作，履职担当，与全国打击发票违法犯罪活动工作协调小组成员单位密切配合，深入查处了一批制售非法发票、虚开发票、骗取出口退税重大案件，有效打击了各类涉税违法犯罪行为，有力维护了国家税收秩序和经济秩序。为表扬先进、树立导向，进一步调动各级税务机关和广大税务干部的创造性、积极性，税务总局决定，对 2016 年度打击发票违法犯罪活动工作成绩突出的北京市国家税务局稽查局等 50 个单位、李坤明等 100 名个人予以通报表扬。

单位（50 个）

北京市

　　北京市国家税务局稽查局

　　北京市地方税务局第四稽查局

河北省

　　河北省石家庄市国家税务局稽查局

　　河北省承德市地方税务局稽查局

山西省

　　山西省临汾市国家税务局稽查局

辽宁省

　　辽宁省铁岭市国家税务局稽查局

吉林省

　　吉林省地方税务局稽查局

黑龙江省

　　黑龙江省鹤岗市国家税务局稽查局

上海市

　　上海市国家税务局第五稽查局、上海市地方税务局第五稽查局

江苏省

　　江苏省南京市国家税务局稽查局

　　江苏省连云港市国家税务局稽查局

　　江苏省常州市地方税务局稽查局

浙江省

　　浙江省绍兴市国家税务局稽查局

　　浙江省杭州市地方税务局稽查局

安徽省

　　安徽省宿州市国家税务局稽查局

　　安徽省合肥市地方税务局

福建省

　　福建省福州市国家税务局稽查局

　　福建省南平市光泽县地方税务局

江西省

　　江西省吉安市国家税务局

　　江西省地方税务局稽查局

山东省

　　山东省济南市国家税务局稽查局

　　山东省烟台市国家税务局稽查局

　　山东省潍坊市地方税务局稽查局

　　山东省东营市地方税务局垦利分局稽查局

河南省

　　河南省郑州市国家税务局稽查局

　　河南省开封市地方税务局稽查局

湖北省

　　湖北省武汉市国家税务局稽查局

湖南省

　　湖南省株洲市国家税务局稽查局

　　湖南省怀化市地方税务局稽查局

广东省

　　广东省国家税务局稽查局

　　广东省广州市地方税务局稽查局

广西壮族自治区

　　广西壮族自治区柳州市国家税务局稽查局

　　广西壮族自治区地方税务局南宁稽查局

重庆市

　　重庆市黔江区国家税务局稽查局

　　重庆市酉阳土家族苗族自治县地方税务局稽查局

四川省

　　四川省达州市国家税务局稽查局

贵州省
　　贵州省黔东南州国家税务局稽查局
云南省
　　云南省国家税务局稽查局
　　云南省昆明市盘龙区地方税务局稽查局
陕西省
　　陕西省宝鸡市国家税务局稽查局
甘肃省
　　甘肃省国家税务局稽查局
青海省
　　青海省海东市国家税务局稽查局
宁夏回族自治区
　　宁夏回族自治区石嘴山市国家税务局稽查局
新疆维吾尔自治区
　　新疆维吾尔自治区乌鲁木齐市国家税务局稽查局
　　新疆维吾尔自治区乌鲁木齐市地方税务局稽查局
宁波市
　　宁波市奉化市国家税务局稽查局
厦门市
　　厦门市同安区国家税务局稽查局
青岛市
　　青岛市胶州市国家税务局稽查局
　　青岛市地方税务局稽查局
深圳市
　　深圳市国家税务局稽查局

个人（100名）

北京市
　　李坤明　北京市国家税务局稽查局
　　叶　行　北京市国家税务局稽查局
　　马训博　北京市地方税务局稽查处
　　李南南　北京市地方税务局第一稽查局
天津市
　　曹向博　天津市国家税务局稽查局
　　白雪松　天津市地方税务局税务稽查处
河北省
　　郝建明　河北省张家口市国家税务局稽查局
　　吴永果　河北省邢台市国家税务局稽查局
　　刘彬彬　河北省地方税务局稽查局
山西省
　　买荣民　山西省国家税务局稽查局
　　段志恒　山西省国家税务局稽查局
　　毛稼强　山西省地方税务局稽查局

内蒙古自治区
　　王　贇　内蒙古自治区国家税务局稽查局
　　王振坤　内蒙古自治区赤峰市地方税务局稽查局
辽宁省
　　马廷贵　辽宁省鞍山市国家税务局稽查局
　　高　锐　辽宁省本溪市国家税务局稽查局
　　安　宁　辽宁省地方税务局稽查管理处
吉林省
　　杨　悦　吉林省国家税务局稽查局
　　李万军　吉林省松原市国家税务局稽查局
　　吴元刚　吉林省地方税务局稽查局
黑龙江省
　　潘　波　黑龙江省哈尔滨市国家税务局稽查局
　　王　刚　黑龙江省七台河市地方税务局稽查局
上海市
　　倪　峰　上海市国家税务局、上海市地方税务局稽查处
　　谢　凡　上海市国家税务局第六稽查局、上海市地方税务局第六稽查局
江苏省
　　李　敏　江苏省无锡市国家税务局稽查局
　　韩建锋　江苏省南通市通州区国家税务局稽查局
　　蔡海丰　江苏省盐城市东台市国家税务局稽查局
　　吴雪彬　江苏省南通市地方税务局稽查局
　　许　建　江苏省宿迁市地方税务局稽查局
浙江省
　　郑阳晏　浙江省台州市国家税务局稽查局
　　林继余　浙江省舟山市国家税务局稽查局
　　郑莹莹　浙江省温州市地方税务局稽查局
安徽省
　　冯　舟　安徽省合肥市国家税务局稽查局
　　王吉权　安徽省黄山市国家税务局稽查局
　　方旭东　安徽省芜湖市地方税务局稽查局
　　朱晓瑗　安徽省蚌埠市地方税务局稽查局
福建省
　　盛乐玲　福建省国家税务局稽查局
　　郭朝东　福建省莆田市地方税务局稽查局
江西省
　　闵　光　江西省国家税务局稽查局
　　赵　涛　江西省南昌市国家税务局稽查局
　　童盘贵　江西省地方税务局稽查局
　　张　铭　江西省南昌市地方税务局稽查局

山东省
渠　鑫　山东省国家税务局稽查局
朱玉杰　山东省日照市国家税务局稽查局
刘华起　山东省潍坊市国家税务局稽查局
张　杰　山东省济南市地方税务局稽查局
王海平　山东省烟台市地方税务局稽查局
河南省
徐文涛　河南省商丘市国家税务局稽查局
刘彩霞　河南省许昌市国家税务局稽查局
范红顺　河南省开封市国家税务局稽查局
关俊阳　河南省郑州市地方税务局稽查局
湖北省
倪勇军　湖北省荆州市国家税务局稽查局
余海峰　湖北省宜昌市国家税务局稽查局
陈　翀　湖北省十堰市国家税务局稽查局
严　凯　湖北省武汉市地方税务局稽查局
湖南省
谭名高　湖南省湘潭市国家税务局稽查局
刘剑锋　湖南省新化县国家税务局稽查局
吴建文　湖南省益阳市地方税务局稽查局
广东省
张巧珍　广东省国家税务局稽查局
戴文雁　广东省广州市国家税务局稽查局
欧李文满　广东省珠海市国家税务局稽查局
李翔宇　广东省广州市地方税务局稽查局
张小鸿　广东省揭阳市地方税务局稽查局
广西壮族自治区
宁　钢　广西壮族自治区北海市国家税务局稽查局
陈凤宁　广西壮族自治区地方税务局钦州稽查局
海南省
张　勇　海南省国家税务局第八稽查局
董明利　海南省地方税务局第二稽查局
重庆市
王　均　重庆市国家税务局稽查局
涂代武　重庆市国家税务局第二稽查局
王永兴　重庆市地方税务局第二稽查局
四川省
何　攀　四川省攀枝花市国家税务局稽查局
王　伟　四川省地方税务局稽查局
贵州省
姚　炜　贵州省贵阳市国家税务局稽查局
刘　祥　贵州省黔西南州地方税务局稽查局二分局
云南省
郑立波　云南省普洱市国家税务局稽查局
王丹梅　云南省昆明市官渡区国家税务局稽查局
胡　燕　云南省玉溪市地方税务局稽查局
西藏自治区
李明娟　西藏自治区拉萨市国家税务局稽查局
陕西省
李　森　陕西省国家税务局稽查局
杜永龙　陕西省西安市国家税务局第二稽查局
甘肃省
马明杰　甘肃省国家税务局稽查局
李昭婕　甘肃省国家税务局稽查局
王剑锋　甘肃省平凉市地方税务局稽查局
青海省
井国林　青海省国家税务局稽查局
杨忠俊　青海省地方税务局稽查局第一稽查分局
宁夏回族自治区
王海彦　宁夏回族自治区吴忠市国家税务局稽查局
丁　华　宁夏回族自治区吴忠市地方税务局稽查局
新疆维吾尔自治区
王　胜　新疆维吾尔自治区伊犁州国家税务局稽查局
胡　浩　新疆维吾尔自治区克拉玛依市地方税务局稽查局
大连市
阎　凯　大连市国家税务局稽查局
孙友智　大连市金州区地方税务局
宁波市
张　健　宁波市慈溪市国家税务局稽查局
郑旦丹　宁波市地方税务局稽查局
厦门市
杨施红　厦门市集美区国家税务局稽查局
杨国成　厦门市翔安区地方税务局新圩税务所
青岛市
马文波　青岛市国家税务局稽查局
徐雪梅　青岛市地方税务局稽查局
深圳市
夏新利　深圳市国家税务局第三稽查局
陈育威　深圳市国家税务局第四稽查局
方坤涛　深圳市地方税务局第四稽查局

全国税务稽查人员基本情况（2017 年）

单位：人

单位	人员配置情况				性别		政治面貌			文化结构				专业资格					年龄结构		
	合计	省级	地市级	县级	男	女	党、团员	民主党派	群众	博士研究生	硕士研究生	大学本科	专科及以下	注册会计师	注册税务师	法律职业资格	资产评估师	计算机高级程序员及以上	35 岁以下	35～45 岁	45 岁以上
北京市国家税务局稽查局	1104	200	904		680	424	795	6	303	2	109	810	183	22	63	14			267	176	661
天津市国家税务局稽查局	941	96	845		608	333	668	13	260		103	728	110	5	19	19		1	232	80	629
河北省国家税务局稽查局	2625	49	999	1577	1788	837	2160	19	446	1	67	1738	819	14	127	11	2		233	822	1570
山西省国家税务局稽查局	1102	23	709	370	683	419	790	6	306	1	149	702	250	8	45	10			215	238	649
内蒙古自治区国家税务局稽查局	1235	17	481	737	731	504	845	6	384	1	35	848	351	10	25	10		2	179	409	647
辽宁省国家税务局稽查局	2558	34	2013	511	1559	999	2073	54	431		195	1815	548	20	144	28		1	598	601	1359
大连市国家税务局稽查局	359	359			182	177	269	3	87		61	246	52	5	20	5			155	47	157
吉林省国家税务局稽查局	1093	11	701	381	670	423	729	8	356		75	690	328	8	54	12			198	214	681
黑龙江省国家税务局稽查局	1196	13	405	778	704	492	926	3	267		67	909	220	13	40	8	2		226	295	675
上海市国家税务局稽查局	1243	689	554		620	623	752	32	459		105	871	267	41	109	66	5	1	236	188	819
江苏省国家税务局稽查局	2222	15	716	1491	1599	623	1750	27	445		86	1593	543	53	258	23	2	1	294	411	1517
浙江省国家税务局稽查局	1960	19	670	1271	1392	568	1339	22	599	1	74	1462	423	29	107	29	1	5	314	312	1334
宁波市国家税务局稽查局	347	212		135	251	96	256	6	85		18	246	83	1	7	7		1	78	40	229
安徽省国家税务局稽查局	1327	37	701	589	926	401	1112	8	207		158	887	282	15	119	14			218	260	849
福建省国家税务局稽查局	844	20	264	560	663	181	663	8	173		44	542	258	6	27	8			117	149	578
厦门市国家税务局稽查局	201	102	99		110	91	132	1	68		13	168	20	1	4	6			101	23	77

续表

单　位	人员配置情况				性别		政治面貌			文化结构				专业资格					年龄结构		
	合计	省级	地市级	县级	男	女	党、团员	民主党派	群众	博士研究生	硕士研究生	大学本科	专科及以下	注册会计师	注册税务师	法律职业资格	资产评估师	计算机高级程序员及以上	35岁以下	35～45岁	45岁以上
江西省国家税务局稽查局	1136	19	481	636	836	300	861	9	266		58	962	116	38	74	4		7	95	236	805
山东省国家税务局稽查局	2652	28	602	2022	1762	890	2327	10	315	1	130	1697	824	26	182	19		1	315	638	1699
青岛市国家税务局稽查局	282	159	24	99	207	75	209	2	71	1	11	239	31	4	13	3	1		11	45	226
河南省国家税务局稽查局	2979	50	1724	1205	1798	1181	2326	14	639	1	79	1414	1485	9	100	21	3		312	730	1937
湖北省国家税务局稽查局	2332	13	1218	1101	1547	785	1980	6	346	3	145	1611	573	20	94	19	1		312	716	1304
湖南省国家税务局稽查局	2035	63	940	1032	1444	591	1611	18	406		91	1410	534	21	122	20		2	199	562	1274
广东省国家税务局稽查局	2236	24	704	1508	1476	760	1857	7	372		130	1495	611	26	68	38	2	3	387	561	1288
深圳市国家税务局稽查局	383	383			190	193	303	2	78	1	72	272	38	15	18	37	1		180	107	96
广西壮族自治区国家税务局稽查局	1112	13	402	697	738	374	826	5	281		66	785	261	6	26	16	1		90	288	734
海南省国家税务局稽查局	139	139			82	57	105	1	33		25	111	3	10	15	7	1		46	54	39
重庆市国家税务局稽查局	567	223		344	387	180	422	5	140	1	48	425	93	8	22	8	1		118	115	334
四川省国家税务局稽查局	1800	21	702	1077	1147	653	1313	15	472		95	1242	463	11	123	21			286	465	1049
贵州省国家税务局稽查局	754	17	334	403	479	275	501	11	242		43	550	161	5	25	19	1		177	201	376
云南省国家税务局稽查局	1181	15	258	908	782	399	765	8	408	2	40	698	441		15	8			157	172	852
西藏自治区国家税务局稽查局	104	17	87		58	46	98		6		5	89	10	2		2			43	46	15
陕西省国家税务局稽查局	1411	37	546	828	919	492	992	10	409		60	854	497	3	25	6			209	322	880
甘肃省国家税务局稽查局	668	16	284	368	441	227	517	4	147		17	478	173	5	30	6			100	145	423
青海省国家税务局稽查局	256	14	151	91	166	90	182	3	71		5	175	76	2	4	1			46	90	120
宁夏回族自治区国家税务局稽查局	344	25	254	65	171	173	245	1	98		22	286	36	4	8	5			79	77	188

续表

单位	人员配置情况				性别		政治面貌			文化结构				专业资格					年龄结构		
	合计	省级	地市级	县级	男	女	党、团员	民主党派	群众	博士研究生	硕士研究生	大学本科	专科及以下	注册会计师	注册税务师	法律职业资格	资产评估师	计算机高级程序员及以上	35岁以下	35～45岁	45岁以上
新疆维吾尔自治区国家税务局稽查局	576	18	558		294	282	424		152		45	460	71	11	89	8	1	2	147	216	213
北京市地方税务局稽查处	1182	530	652		629	553	888	19	275	2	109	964	107	11	63	13			142	448	592
天津市地方税务局稽查局	662	210	452		403	259	487	15	160		52	540	70	23	62	5			154	143	365
河北省地方税务局稽查局	2969	22	1132	1815	1848	1121	2500	12	457		98	2015	856	24	164	15			314	1142	1513
山西省地方税务局稽查局	1465	29	529	907	1010	455	1112	8	345		30	911	524	7	48	6			161	441	863
内蒙古自治区地方税务局稽查局	375	62	313		236	139	299	7	69		18	311	46	2	8	5			68	123	184
辽宁省地方税务局稽查处	1819	71	1099	649	1223	596	1379	45	395		151	1306	362	39	151	21	5		184	479	1156
大连市地方税务局稽查局	409	48	328	33	258	151	306	5	98		56	307	46	5	26	3			81	116	212
吉林省地方税务局稽查局	1035	89	626	320	578	457	637	20	378	2	153	667	213	11	77	12			234	371	430
黑龙江省地方税务局稽查局	1226	10	305	911	652	574	913	29	284	1	62	974	189	13	54	9	4		322	422	482
江苏省地方税务局稽查局	1782	20	677	1085	1210	572	1458	25	299		179	1426	177	90	480	51	3		213	689	880
浙江省地方税务局稽查局	1391	16	619	756	973	418	1011	24	356		94	1037	260	35	52	10	1	2	201	261	929
宁波市地方税务局稽查局	158	56	31	71	107	51	124	3	31		11	121	26	4	2	2			21	28	109
安徽省地方税务局稽查局	1116	33	371	712	779	337	852	21	243		144	847	125	41	173	8	2	5	75	340	701
福建省地方税务局稽查局	760	19	261	480	555	205	601	8	151		37	554	169	12	45	6			84	259	417
厦门市地方税务局稽查局	89	40	49		53	36	54	1	34		5	72	12	1	6	3	1		10	31	48
江西省地方税务局稽查局	1035	22	373	640	732	303	784	10	241	1	60	748	226	28	114	17	1	9	81	356	598
山东省地方税务局稽查局	1862	16	501	1345	1226	636	1646	23	193	1	50	1523	288	25	146	6	1	2	102	814	946
青岛市地方税务局稽查局	252	130	62	60	167	85	223	3	26		22	198	32	2	20				8	73	171

续表

单位	人员配置情况				性别		政治面貌			文化结构				专业资格					年龄结构		
	合计	省级	地市级	县级	男	女	党、团员	民主党派	群众	博士研究生	硕士研究生	大学本科	专科及以下	注册会计师	注册税务师	法律职业资格	资产评估师	计算机高级程序员及以上	35岁以下	35~45岁	45岁以上
河南省地方税务局稽查局	2335	35	964	1336	1497	838	2025	20	290	5	58	1366	906	13	103	8	1	39	189	912	1234
湖北省地方税务局稽查局	1550	33	603	914	1063	487	1358	4	188	1	89	1100	360	14	129	11	1		248	368	934
湖南省地方税务局稽查局	1538	20	379	1139	1030	508	1252	6	280	1	48	1115	374	34	109	14	1	2	228	544	766
广东省地方税务局稽查局	2289	37	1130	1122	1512	777	1896	10	383	1	174	1522	592	32	103	23	1	3	278	712	1299
深圳市地方税务局稽查局	294	294			183	111	221	5	68	1	77	183	33	13	28	6			60	108	126
广西壮族自治区地方税务局稽查局	847	847			418	429	674	5	168		68	737	42	4	23	29			395	240	212
海南省地方税务局稽查局	268	268			184	84	214	1	53		20	136	112	1	4	3			71	52	145
重庆市地方税务局	620	222	261	137	395	225	452	24	144		36	510	74	8	73	14		1	104	186	330
四川省地方税务局稽查局	2210	92	580	1538	1339	871	1604	14	592	2	102	1437	669	22	105	21			403	537	1270
贵州省地方税务局稽查局	339	16	313	10	205	134	250	1	88		21	281	37	2	2	2			67	126	146
云南省地方税务局稽查局	1136	25	298	813	726	410	742	4	390		36	703	397	7	44	7		1	116	334	686
陕西省地方税务局稽查局	1191	38	653	500	762	429	876	5	310	1	108	781	301	1	60	4	2	9	163	401	627
甘肃省地方税务局稽查局	721	8	189	524	428	293	535	4	182		14	476	231	13	65	6		3	129	234	358
青海省地方税务局稽查局	131	10	121		63	68	101		30		2	110	19		7				35	43	53
宁夏回族自治区地方税务局稽查局	169	31	138		89	80	126	5	38		9	147	13	3	7	1			49	58	62
新疆维吾尔自治区地方税务局稽查局	629	47	582		338	291	486		143		13	542	74	3	51	1			116	229	284

第九篇

大　事　记

税务稽查大事记（2017年）

第1季度

2月13日　国家税务总局稽查局制发《国家税务总局稽查局关于印发〈2017年税务稽查重点工作安排〉的通知》（税总稽便函〔2017〕29号）。

2月14日　国家税务总局稽查局制发《国家税务总局稽查局关于2015年和2016年重点稽查对象随机抽查工作具体安排的通知》（税总稽便函〔2017〕30号）和《国家税务总局稽查局关于2015年重点税源企业随机抽查工作的指导意见》。

2月24日　国家税务总局稽查局副局长文月寿参加国家税务总局网站在线访谈，解答有效查处骗税虚开违法行为相关问题。

2月27日　国家税务总局稽查局制发《国家税务总局稽查局关于下发2016年重点稽查对象随机抽查重点检查企业名单的通知》（税总稽便函〔2017〕36号）。

3月3日　国家税务总局相继制发《国家税务总局关于进一步改进和规范税收违法案件协查工作的通知》（税总发〔2017〕26号）、《国家税务总局关于印发〈税务稽查风险内部控制制度（试行）〉的通知》（税总发〔2017〕29号）、《国家税务总局关于进一步做好税收违法案件查处有关工作的通知》（税总发〔2017〕30号）。

3月9日　国家税务总局召开全国税务稽查工作视频会议，国家税务总局副局长孙瑞标出席会议并讲话。

3月24日　国家税务总局稽查局相继制发《国家税务总局稽查局关于印发〈2017年度股权转让检查工作方案〉的通知》（税总稽便函〔2017〕59号）、《国家税务总局稽查局关于2017年查处骗取出口退（免）税违法犯罪行为专项行动工作暂行安排的通知》（税总稽便函〔2017〕71号）、《国家税务总局稽查局关于2017年查处虚开增值税专用发票违法活动专项工作暂行安排的通知》（税总稽便函〔2017〕72号）。

3月31日　国家税务总局制发《国家税务总局关于印发〈2017年打击发票违法犯罪活动工作实施方案〉的通知》（税总发〔2017〕36号）。

第2季度

4月17日　国家税务总局稽查局相继制发《国家税务总局稽查局关于开展2017年度医药行业区域专项整治工作的通知》（税总稽便函〔2017〕81号）、《国家税务总局稽查局关于开展2017年度医药行业专项整治工作的通知》（税总稽便函〔2017〕82号）、《国家税务总局稽查局关于对部分地炼企业开展税收检查的通知》（税总稽便函〔2017〕83号）。

5月16日　国家税务总局制发《国家税务总局关于加强税务稽查信息化应用管理的指导意见》（税总发〔2017〕54号）。

6月2日　国家税务总局稽查局制发《国家税务总局稽查局关于部署开展查处制售虚假发票违法行为专案检查的通知》（税总稽便函〔2017〕117号）。

6月6日　国家税务总局制发《国家税务总局办公厅关于下发国家税务总局随机抽查对象名录的通知》（税总办发〔2017〕71号）。

6月14日　国家税务总局稽查局部署2017年骗税专案全国统一行动。

第3季度

7月7日　国家税务总局稽查局制发《国家税务总局稽查局关于开展安徽废旧物资行业税收专项整治联动检查的通知》（税总稽便函〔2017〕134号）。

7月18日　国家税务总局、公安部共同召开警税联席会议预备会。

8月24日　国家税务总局稽查局制发《国家税务总局稽查局关于明确“金税三期税务稽查双随机工作平台”有关问题的通知》（税总稽便函〔2017〕158号）。

8月25日　国家税务总局稽查局制发《国家税务总局稽查局关于对部分行业涉嫌虚开增值税发

票违法行为开展检查的通知》（税总稽便函〔2017〕159号）。

8月29日 国家税务总局副局长孙瑞标赴公安部与公安部副部长孟庆丰进行会谈。公安部经济犯罪侦查局局长高峰、副局长尤小文，国家税务总局稽查局局长王学东参加会谈。根据会议内容制发《2017年警税联席会议纪要》（公经〔2017〕841号）。

9月27日 国家税务总局制发《国家税务总局关于进一步规范和改进税收执法工作的通知》（税总发〔2017〕107号）。

9月27日 国家税务总局制发《国家税务总局办公厅关于进一步推进“双随机、一公开”监管工作的通知》（税总办发〔2017〕122号）。

第4季度

10月16日 国家税务总局、公安部、中国人民银行和海关总署召开四部委打击骗税和虚开工作领导小组会议。

12月4日 国家税务总局稽查局召开打骗打虚专项工作会议。

12月18日 国家税务总局召开特派办稽查工作座谈会。

12月19日 国家税务总局稽查局召开税务稽查工作座谈会。

（国家税务总局稽查局供稿）

第十篇

文　选

信息化手段支撑下税务稽查案源选取及管理工作研究

郭筑明

内容提要：加强税务稽查案源选取及管理工作是适应大数据时代要求、解决稽查工作难点的重要环节。本文阐述了加强税务稽查案源选取及管理工作的意义及大数据时代面临的机遇和挑战，介绍了北京市地税局税务稽查案源选取及管理工作现状，分析了当前工作中存在的问题，并借鉴发达国家先进经验，提出信息化手段支撑下加强税务稽查案源选取及管理的建议。

关键词：大数据　税务稽查　案源选取　案源管理

大数据时代，面对现代科技信息手段给案源选取和管理工作带来的机遇与挑战，迫切需要强化数据治理，发挥税收大数据优势，扩展稽查案源信息的来源，完善案源选取和管理工作的制度和方法创新，强化统一管理、质量控制和深度利用，真正发挥稽查案源管理的聚合效应，增强税务稽查的精准性、震慑力。

一、税务稽查案源管理概述

（一）税务稽查案源管理的含义

税务稽查案源管理是税务稽查工作的重要组成部分，是税务稽查的先导和基础，是指各级稽查部门遵循依法依规、风险导向、统筹协调、分类分级、动态管理的原则，按照规定程序，对各类涉税数据、信息和线索进行收集、处理、立案、反馈的管理过程，包含案源信息的分析收集整理、识别判断、案源选取、案源处理、结果利用等内容，是一个循环流转和闭环管理的过程。

（二）加强税务稽查案源选取及管理工作的作用和意义

加强税务稽查案源选取及管理工作是新形势下加强事中事后监管的必然要求。通过制定科学的选案指标和选案方法，集中税务稽查优势资源实现精确打击，更好地发挥税务稽查在税收事中事后监管中的“堵漏增收”作用。

加强税务稽查案源选取及管理工作是信息化条件下，尤其是以“互联网＋”及大数据为背景下提升税务稽查工作质效的必然选择。信息化高度发达带来各种软件和信息技术手段的广泛应用，为稽查选案提供了强大的技术支持。建设大数据平台，充分挖掘和利用涉税信息，加强数据分析，实施精准选案，成为稽查工作的新趋势和新特点。

加强税务稽查案源选取及管理工作是涉税违法犯罪新形势下发挥税务稽查职能作用的内在要求。通过建立专业化工作团队，实施分项管理，以现代化手段对复杂多样信息开展科学分析、筛选，实现对虚开发票、偷骗抗税等重大涉税违法行为地快速有效精准打击。

加强税务稽查案源选取及管理工作是深化国税、地税征管体制改革，推动实现税务稽查现代化的需要。加强税务稽查案源选取及管理工作，是落实改革方案，促进国税、地税稽查执法适度整合，增强稽查执法效能的具体举措。

二、当前形势下税务稽查案源选取及管理工作面临的机遇和挑战

（一）金税三期改变了稽查选案工作方式

金税三期工程顺利上线运行，税收大数据集中采集和运用，税务稽查在稽查选案、稽查方法、稽查手段上都发生了重大变化，税务稽查正向更科学、更精准、更有效的方向发展。

（二）“互联网＋税务”为稽查选案提供了丰富的数据信息资源

互联网和大数据等技术的广泛应用，为稽查选案提供了更加“海量”的外部信息，将“网络爬虫”等技术引入涉税信息的采集，对互联网信息进行抓取，从中查找有价值的案源线索。

（三）大数据与人工智能为税务稽查提供更加科学的选案方法

税务机关具有在经济数据中占有数据量大、维度丰富的先天优势。税收大数据能产生多大效能，很大程度上取决于使用和挖掘数据的能力。

三、北京地税稽查管理现状

近几年，北京地税局稽查部门在全面推进税务稽查市级全覆盖过程中，积极探索利用信息化手段进行税务稽查案源选取，实现稽查工作计划性管理和集约化管理，不断增强系统稽查质效。

（一）制度建设

北京地税局制定了《北京市地方税务局税务稽查案源管理办法》，明确案源信息内容，梳理十大类案源信息具体内容，明确案源信息收集工作的主要分工；建立案源分配机制；规定案源立案审批的层级和程序；强化案源处理结果应用，推动案源管理工作规范化、制度化发展。

（二）近年案源管理思路

全市全面推进税务稽查市级全覆盖工作，在全市建立以随机抽查为主，推送案源信息为辅的选案工作机制，实现市局对全市税务稽查案源的统一管理。自2016年8月以来，全市全面应用金税三期系统进行案源处理，实现对案件查办状况的跟踪管理、案件查办情况结果反馈以及稽查内部风险控制，初步实现案源闭环管理。

（三）信息化手段稽查案源选取的主要做法及成效

基于“双随机”平台开展随机抽查。市局制定税务稽查随机抽查办法，统筹开展各级随机抽查任务。先后对市属重点企业、纳税信用评定为C级、D级企业等开展随机抽查，随机抽取企业241户，查补收入7810.16万元。

基于机器学习算法识别高风险纳税人开展定向稽查。运用税收征管数据对房地产业和建筑业纳税人进行数据分析挖掘，构建房地产、建筑业企业风险识别模型，得出高风险企业的风险等级、疑点科目指向和主要风险信息。对156户房地产业、38户建筑业较高风险纳税人开展定向稽查，查补入库14.2亿元，户均查补入库金额1014.29万元，查补大案比例明显超出平均水平。

基于市局税收风险监控管理工作机制、税收情报选案。以业务整合和风险推送带动部门协作，数据管理、风控管理等部门向稽查处推送高风险应对任务，稽查处经过识别和判断，确定待查对象，先后组织对股权转让、高收入自然人开展检查，查补收入近10亿元。

（四）税务稽查案源选取和管理存在的不足

信息保障与支撑不足，内部数据未能充分利用。一是各部门信息共享和交流尚未达到无缝衔接；二是数据资产利用效率较低，缺乏有力的整合税收大数据的信息平台；三是内部各种信息加工不足，风险点的推送指标比较单一。

信息采集网络不健全，数据利用不充分。部分关键的外部数据，如商业银行、第三方平台交易数据等未建立共享机制和税务机关获取渠道。此外，第三方数据由于来源不同、标准不同、格式不同，而且数据质量参差不齐，难以有效整合，导致数据增值服务效果有限。

跟踪管理力度不够，制约稽查质效提升。一是对检查进度跟踪管理掌握不够及时，对于案件的跟进滞后于稽查检查进度，较为被动；二是对查处结果的跟踪、反馈和总结分析不够，缺乏对稽查工作成果的科学评价体系。

稽查人员知识更新不足，素质有待进一步提高。税务稽查人员对“互联网+”、税收大数据、移动互联网、物联网、云技术等知识和技术的学习、应用不够，思维方式尚未完全转变，大数据思维、风险导向意识还未真正建立。

四、信息化手段支撑下加强税务稽查案源选取及管理的建议

（一）建立涉税信息获取长效机制

建立涉税信息获取长效机制是应用信息化手段与税务稽查选案工作的首要条件，建议税收征管法规中对涉税信息共享及利用的法定程序进行规定，以法律形式明确政府各部门和其他有关单位向税务机关提供所有涉税信息的法定义务。

（二）借助人工智能设定科学选案模型

人工智能是使大数据从量的积累达到质的改变的有效方法，借助人工智能设定选案模型，运用强大的数据处理能力，对全部纳税人进行分析，而非从中选取部分样本，更体现税收执法的公平性。

（三）创新案源管理机制，强化跟踪管理

加强横向协作机制。税务机关内部部门间建立信息交流共享机制和实时交换机制，实现数据进一步充分利用，让税收大数据在流动中实现价值增值。

强化案源跟踪管理。对各环节风险预警事项进行归集，加强内部风险控制与管理；对未对选案疑点进行检查并说明检查情况的案件增加系统提示和预警控制。

充分运用过程监控和绩效评价。以信息化为依托进行过程监控，实现稽查案源动态管理，对执法偏差及时纠正；对稽查案件查处情况开展科学、有效的绩效评价，促进稽查效率和质量稳步提升。

（四）培养专业人才，打造专业团队

加强专业化人才配备，有计划性地选拔、培养精通税收业务、数据分析的专业人员，建立专业分析团队，进行数据整备、模型应用和深入分析等工作，利用税收大数据及各种信息化手段，实现高效的案源选取及管理。

（郭筑明，北京市地方税务局副巡视员）

全面“营改增”后部分行业税收风险应对探讨

胡苏华

内容提要：“营改增”是深化我国财税体制改革的“重头戏”，发挥了多重积极效应。随着“营改增”的深入推进，不可避免地出现了税收征管的一些难点和痛点，四川国税局认真研判，积极应对，集中力量开展了全省“营改增”部分行业重点企业纳税辅导及重点检查工作。本文在此基础上，通过梳理企业存在的涉税风险点，分析风险问题产生的原因，并结合具体情况提出防范风险、完善税收征管方式的建议。

关键词：“营改增”　部分行业　风险应对

2017 年底，四川国税局稽查局抽调 40 名业务骨干，选取金融保险业、房地产业、建筑安装业以及教育业中 65 户有代表性的重点税源企业进行重点辅导检查。短短 1 个月，共查找出涉税风险问题 154 个，发现问题涉及税额 29.46 亿元，确定问题涉及税额 10.68 亿元，入库税款 7.55 亿元。

一、重点行业涉税风险点梳理分析

（一）金融保险业

普遍存在的一般性问题。一是税款申报及预缴方面存在多种风险。主要是超标准计提风险准备金，或是计提不属于自身会计主体范围内的风险准备金。二是未及时确认贴现利息收入少缴增值税。三是金融商品转让计算进项税转出基数的销售额错误。四是进项税的区分以及计算不够准确。五是公积金超标准扣除，有的超个人缴纳标准扣除；有的按“个人扣除标准 × 人数”直接计算总扣除数，存在“削峰填谷”的情况。

争议及疑难性问题。一是未按准确口径收入计算转出进项税。部分银行计算增值税进项转出时，不按征免税收入之比，而是按人数等其他口径；或者对本应差额征税的，按全口径计算征税收入，减少应转出数。二是对信托公司自购非保本收益的信托产品，银行通过通道业务发放贷款规避增值税的风险。三是 1 年期以上万能险保费收入是否申报增值税的风险。目前，多数保险公司将风险测试低于 5% 的保险计入“保户储金及投资款”，未作为所得税收入申报，增值税则按 1 年期以上人寿保险进行免税申报。税务人员认为，如果该保险收入税法上不能确认为保险收入，而是认可为一种替客户管理的资管产品的话，该险种按规定应从 2018 年 1 月 1 日缴纳增值税。四是银行的信用卡手续费收入、信用卡利息收入、手机银行收入转移问题。多数银行将信用卡收入、手机银行收入等直接记入总部，企业所得税分配时在收入产生地和总行所在地未体现，税务人员认为减少了收入来源地的税源。五是企业利用免税基金分红规避税收的风险。有银行通过购买货币基金或快速买进即将分红基金，将应纳企业所得税收益转换为免税收益，并在税前扣除基金买卖损失，不具有合理商业目的，但目前税法无法完全规范此种行为。

（二）房地产业

普遍存在的一般性问题。一是未按照纳税义务发生时间确认增值税应税收入。二是达到确认收入条件却未确认收入申报企业所得税。企业利用税法与会计确认收入时间存在差异，不按照已完工进行处理，延迟纳税。三是营利性或产权归企业所有的配套设施未单独核算成本或未分摊土地成本，造成已销开发产品计税成本偏高。四是月度或季度未按实际利润额预缴企业所得税。企业申报随意性大，出现与账列收入成本不符的情况，甚至报送虚假的财务报表。五是在企业所得税季度预缴时未按规定确认特定业务计算的应纳税所得额。

争议及疑难性问题。一是利用分红基金避税。与前述银行操作类似，且有越演越烈之势，税收规定并无明确的应对方法。二是利用关联交易避税。利用资金统借统还的房地产企业所得税政策，通过利息收支在关联企业之间平衡盈亏。三是虚列成本费用避税。房地产公司建安成本均偏高，缺乏真实性，企业间每平方米成本相差达到2000元以上。

（三）建筑安装业

一是未取得发票税前列支成本。建筑行业发票风险“营改增”后并未遏制，由于建筑劳务周期较长，大部分依然为老项目，而对提供材料未做金额大小的限制也使其可以轻松选择简易征收，使其失去了取得进项发票的动力，不取得发票、取得不符合规定的发票等列支成本的问题大量存在。二是未按完工进度确认收入成为核实难点。建筑企业为方便核算，按照开具发票时间作为确认收入时间，与税法规定存在较大差异。由于企业项目多，挂靠单位多，使得完工进度确认收入核实难度大。

（四）教育业

增值税方面：非学历教育收入未缴增值税；免费提供应税服务未视同销售；场地、食堂设备租赁等其他业务收入未缴纳增值税等。所得税方面：存在有学校在国税、地税部门均未进行税种登记的情况，也有学校在税种登记后，长期进行零申报或全额申报免税收入的情况，以及非营利性组织认定及免税收入范围界定不清的情况。

二、加强征管防范风险的建议

（一）及时完善政策

由于税收政策和其他监管部门相关的规章制度对企业业务的定义存在差异，加之增值税与原营业税的对接中还存在一些税收的“真空”和“盲点”，造成税企双方政策理解差异。如金融业进项税方面，增值税政策较少，远远涵盖不了金融业复杂的业务。又如增值税减免税管理对于统借统还具体操作没有相关配套政策明确。再如对集团企业进行资金池管理的税收政策没有明确等。建议加强和相关监管部门沟通协调，对有差异的尽量明确，对有争议的尽快统一政策口径。

（二）加强税企合作

“营改增”以来，税企双方都还处在适应期，需进一步加强合作，摸清家底，理清业务流程，规范税法执行。如金融业企业庞大的数据库和独特的信息系统，税务通用采集软件不适用，需要通过税企高层对话、签订遵从协议、开展政策辅导等方法，让企业主动配合化解风险。而对于建筑业应税收入时间性差异的风险，建议参考大型设备制造业，对超12个月工期项目建立台账分项目管理供抽查。对于无法准确掌握房地产企业开发成本分摊的情况，建议由企业出具专项报告，在完工当年年度申报时报送税务机关，以统一尺度，公平税负。

（三）加强人才培养

“营改增”重点行业新兴业态多，涉及法律法规多，结构嵌套多，专业名词多，组织机构复杂，税务系统内“营改增”方面的行家里手还相对较少，需要加大人才专业化培养力度。应通过纳税辅导等方式加强对重点行业和典型企业的调研分析，逐步了解和掌握“营改增”行业的经营特点和运作模式，结合税收政策查找管理漏洞和薄弱环节，分行业分类型归集问题、分析成因并提出建议，不断加强对整个行业的控管。

（四）关注重大事项

要特别关注“营改增”重点行业重大交易事项、非常规业务事项、新兴业务事项，前置税收管理环节，及时分析并化解其中可能存在的高风险事项。如基金免税分红、非保本收益进项税转出计算方法等，个别监管缺失有可能造成非常大的税源流失。多数房地产企业税负明显偏低，游走于避税的“黑灰色”边缘，对税法遵从造成极大的负面影响。针对采取不合理避税手段侵蚀税基的企业，建议加强协同管理，强化信息变更分析，及时组织核查；充分利用第三方信息，注重跨部门、跨区域的协作，对跨省、跨境的股权转让予以重点检查或者反避税管理。

（五）优化系统数据

检查中发现多户企业金税三期系统数据提示风险信息不准确，建议进一步规范基础征管信息数据、采集内容和录入流程，加强企业基础信息数据核查，发现问题及时整改，建立完善准确的信息征管数据库和清册。对于纳入防伪税控的普通发票真伪筛查，建议税务总局提供1年以上的可查询时间，或者提供全国发票查询平台，能够更便捷地进行发票初步筛查，判明风险。

（六）重视多方协作

随着纳税人经营方式和业务范围不断调整、日益复杂，税源状况与结构发生深刻变化，必须打破不同监管部门之间的壁垒，才能实现对税源的全面有效掌控。建议密切部门协作、推进税收共治，在深化税警关银四部委协作机制的基础上，拓宽协作部门，与财政、建设规划、发改委以及银监、证监、保监等部门加强联系，定期召开联席会议，逐步建立综合治税信息平台，健全信息共享工作机制，凝聚合力形成税收共治格局。

（七）分类风险应对

“营改增”行业税收风险的产生有主观原因和客观原因，因此要区别情况对待。如纳税认识方面，教育培训行业较为突出，应避免因税负激增导致不必要的矛盾，力求通过加大税法宣传和普及，加强引导，促使教育机构的税收征管平稳步入正轨。又如政策理解方面，由于政策理解角度不同以及行业处置惯例形成的涉税风险，需要税收管理部门大力加强纳税辅导。再如行业性系统性高风险涉税问题，必须交由稽查部门重点应对。通过稽查专业化团队，精准定位、精准打击，实现查处一户，关联一个链条，规范一个行业，消除重大税收风险隐患，挽回国家税款损失。

（胡苏华，四川省国家税务局副局长）

税务稽查管理改革实践与思考

窦晓军

内容提要：随着现代企业经营管理模式不断变化，经营行为已不局限于单一的地区、行业和主体活动，当前的稽查机制体制在工作中出现了资源配置、管理体制、案源监管等许多问题。本文就稽查工作面临的问题进行分析，探讨推进省级稽查管理改革的必要性和重要意义，并就如何有效深入地推进稽查扁平化管理模式、理顺管理体制、实现分级分类管理提出了具体的改革意见。

关键词：省级稽查　资源配置　管理体制改革

随着经济高速发展和市场经济体制不断完善，现代企业经营管理模式正在发生深刻变化，经营行为已不局限于单一的地区、行业和主体活动，不法分子税收违法犯罪活动也呈现出多样性、隐蔽性、高技术性的特征，受稽查管辖权限制、稽查力量不足、执法人员分散等因素影响，稽查工作在面对新的形势时执法效能发挥受到很大制约。推进税务稽查管理体制改革，发挥稽查集约优势，是适应新时期税收经济发展趋势、推动税务稽查工作不断发展前进的必然要求。

一、青海省国税稽查工作现状及存在的问题

（一）资源配置不平衡

1. 全省稽查人员配置与稽查工作不平衡

截至2016年底，全省国税系统稽查人员编制为416人，实际到位253人，到位率60.1%，仅占全省国税系统人员总数（3617人）的7%，低于税务总局提出的稽查人员占系统人员总数15%的要求，日趋繁重的稽查任务与不尽合理的稽查人力资源状况矛盾日益突出，人员配备不足已影响到稽查工作的高效开展。

2. 省级稽查部门人员与职责权限不平衡

省局直接承担总局的工作任务日益繁重，由于省局稽查局人员实际到位14人，到位率仅为56%，人员数量严重不足，为保证工作开展，省局稽查局一直采取借用、抽调等临时调配方式进行缓解，但这种“救火式”资源调配方式不仅影响省局税务稽查工作开展的连贯性、系统性，也严重影响被调剂地区税务稽查工作的开展，对干部个人也造成负担。

3. 省级稽查部门人均查补额与州市不平衡

2012—2016 年，全省国税稽查部门累计查补税款 15.12 亿元，其中省局稽查局直接组织实施检查查补税款占全省查补收入的 45.27%。省局稽查局人均年查补额 855.7 万元，地市局稽查局人均年查补额 44.67 万元，省局稽查局人均年查补额是地市局的近 20 倍，对类型相同或相似的案源，省局直接查处与地市局查处其结果反差较大，省局查处成效更加明显，如表 1 所示。

表 1　　全省国税查补收入及省局直接查补收入情况（2012—2016 年）　　单位：万元

年度	查补收入合计	省局直接查补收入	占比（%）	省局人均年查补额	地市级人均年查补额
2012	20918	11889	56.84	699.35	19.84
2013	21366	8260	38.66	516.25	28.87
2014	36119	21147	58.55	1321.69	35.23
2015	39289	11000	28.00	733.33	100.32
2016	33531	16160	48.19	1010.00	73.30
合计	151223	68456	45.27	855.70	44.67

（二）管理体制不顺畅

一是随着经济的高速发展，企业发展规模更大、层级更多、关联更广，单靠某一市县很难有效针对集团公司或跨区域关联企业开展全面检查，稽查体制结构已不适应企业发展和稽查工作需求。二是社会经济分工越来越细，各行业蓬勃发展，税收违法行为呈现出时间短、变化快、手段隐蔽的特点，这对税务部门的行业管理提出更高要求，而当前稽查力量薄弱、人员分散，影响稽查执法工作的有效运转。三是各级稽查部门领导班子配备不健全，当前全省国税系统稽查机构设置比较混乱，尤其是县级稽查局，大多地方仅有机构，没有人员，工作没有正常开展，这些都限制了稽查职能的有效发挥。

（三）案源监管不到位

当前省局的重点税源税收收入占全省总收入的比值越来越高，如：2016 年纳入省局监控的重点税源企业为 300 户，入库税收 82.47 亿元，占全省税收收入（159.37 亿元）52%，纳入省局稽查局监控的分级分类企业名单为 42 户，入库税收 50.28 亿元，占省级重点税源税收收入 61%，占全省税收收入 32%。如何有效的监管好重点税源企业已经成为稽查工作的当务之急，但由于省级稽查人力资源等限制，很难全面有效掌握重点税源企业的经营状况，稽查查处成效不明显，存在较大税收监管风险。

二、推进税务稽查管理改革的必要性

（一）推进省级稽查管理改革，有利于解决人力资源配置不平衡的问题

在当前全省国税系统整体人力资源均紧缺的情况下，实现部分特长人员和优秀人才集中到省局，充分发挥省局层级高、人员集中、数据资源丰富的优势，直接承担重点税源企业、跨区域性集团企业等企业的稽查工作和重大税收违法案件相关工作，可以更加高效发挥稽查局打击涉税违法行为的惩戒职能，同时有效减少下派稽查任务、减轻基层负担，解决基层人员紧缺、大要案查处困难等问题，提升税收违法案件查处质效。

（二）推进省级稽查管理改革，有利于解决稽查管理体制不顺畅的问题

通过合理配置稽查资源，将重大涉税事项和大型企业集团检查权提至省局层面，可以有效解决稽查部门和大型关联企业层级不对等的问题。同时，健全稽查部门领导班子和工作人员配备，做强省局、做实市（州）、县级稽查局，省、市、县三级稽查部门实现合理分工，实现分级分类管理，可以保证稽查工作的正常开展，提高稽查工作职能作用。

（三）推进省级稽查管理改革，有利于解决税务案源监管不到位的问题

省级稽查局检查管辖权覆盖广，对跨区域、多

层次的大型集团和关联企业的总部或各分支机构均有监管和检查的权利，且整体数据的获取更便利，对案源的分析监管更到位，查处更具针对性和高效性，且提高稽查执法层级，可以有效解决稽查管辖权限制问题。同时，省局下派重点企业分支或子公司的监管任务由各地市局稽查局因地制宜地落实会更加有效。

三、强化省级稽查局职能的改革措施

（一）明确目标、确定总体改革任务

根据税务总局稽查管理方式改革工作要求和省国税局党组关于深化税收管理改革工作的决策部署，深入推进稽查扁平化管理模式和一级稽查体制改革工作。通过合理配置稽查资源，理顺管理体制，实现分级分类管理，做强省级稽查局，做实市州级稽查局，实现以税收风险管控为导向与企业集团化、税源集中化的趋势相匹配，与税收违法大要案件跨区域的新动向相匹配的跨区域税务稽查机构，增强稽查执法独立性，充分发挥稽查职能作用。

（二）因地制宜、科学确定改革重点

充分考虑青海省经济和税源结构分布特点及省局机构编制等实际情况，在西宁国税局第一稽查局至第四稽查局中选出两个改革试点稽查局，每个试点稽查局均设检查一、二、三科和审理科。其中：一个试点稽查局是组收局，负责重点税源企业的随机抽查工作和轮查工作，充分发挥省级稽查局组收作用；另一个是重案局，负责重大税收违法案件查处工作，充分发挥省级稽查局打击各类涉税违法行为的惩戒职能作用。

（三）科学选拔、确保人员素质能力

为确保试点稽查局工作的扎实开展，通过科学方法确定选拔方式，确保选出一批素质高、业务强的干部充实到试点稽查局中。一是将被省局稽查局近三年借调的德才兼备、具有专业特长、业务能力突出、取得良好工作业绩的稽查骨干直接调入。二是对试点稽查局现有人员，将具备业务类人才库资格，以及拥有注册会计师、律师、税务师执业资格的人员直接留用，其余人员采取业务考试、业绩考核方式选拔留用。三是其余缺编人员通过业绩考核、组织推荐、遴选考试等方式，从全省国税系统各类税收业务人才、业务能手和新招录的公务员中选调补充。

（四）加强管理、理顺工作体制机制

试点稽查局业务管理直接由省局稽查局负责，接受省局稽查局的考核和监督，行使省局稽查局执法职责，西宁市局不对改革试点稽查局安排税收业务工作，但机构和人员编制由西宁市局负责。试点稽查局领导班子成员任免，由省局稽查局、人事处提出意见，由西宁市局党组按照规定履行干部任免程序。改革试点稽查局干部与省局稽查局干部在选拔任用上实施双向交流。

（五）强化考核、提升人员工作效率

改革试点稽查局组织绩效由省局稽查局负责，干部日常考核、年度考核、评先评优由省局稽查局负责，并将考评意见推送西宁市局按照有关规定和程序办理。年度考核优秀等次名额，由西宁市局按照规定比例分配给改革试点稽查局。改革试点稽查局的行政监督由省局稽查局负责，对人员提出行政奖励或惩戒意见的，由市局按规定程序办理有关审核、审批、报批等相关事宜的手续。

（窦晓军，青海省国家税务局副巡视员、稽查局局长）

“三个并重”高质量推动税务稽查现代化

余振荣

内容提要：在新时代为实现税务稽查现代化而谋篇布局的关键之年，按照党的十九大提出的高质量推进国家治理体系和治理能力现代化的总要求，贯彻税务总局对高质量推进新时代税收现代化的部署，税务稽查工作应作好职责定位，明确高质量发展思路，更加注重执法与服务并重、案件查处与风险防范并重、精准打击与提升税法遵从并重“三个并重”，更好地推动税务稽查事业再出发，谱写绚丽新篇章。

关键词：高质量 税务稽查现代化 三个并重

党的十八大以来，广东地税稽查部门坚持加强党的领导，牢固树立新发展理念，积极提升稽查工作站位，持续推进稽查现代化，各方面工作都取得长足进步。5年累计查补收入合计437.6亿元，单年度查补收入5年翻一番；累计立案7241户，查补收入96.5亿元，单年度立案查补额5年增长4.4倍，审结百万元以上大案要案近500宗；主动研究适应“营改增”后地税稽查工作新形势，精准立案检查2名自然人，查补收入超2亿元；积极服务企业发展，督导企业自查查补收入达341.1亿元；构建起国税地税稽查深度合作、税警协作“五项制度三种模式”、行政执法与刑事司法无缝衔接、联合惩戒多元拓展等共治格局；形成了电子稽查全面普及、大数据稽查基本成型、移动在线稽查逐步构建的信息化应用模式；推动了“双随机、一公开”、说理式税务稽查文书制度、规范定性处罚、案源分类处理等依法治税举措全面落实。

党的十九大胜利召开，我们迎来了新时代、新使命、新征程，确定了新时代“两步走”战略路线图和时间表，高质量推进国家治理体系和治理能力现代化的目标路径已经明确，“深化依法治国实践”的提出，为税收治理工作带来了新任务、新要求。在中央经济工作会议上，习近平总书记进一步作出了我国经济已由高速增长阶段转向高质量发展阶段的重大战略论断。税务总局作出高质量推进新时代税收现代化的部署，强调“六个更加注重”实践要求，提出高质量推进新时代税收现代化的三个阶段任务，与国家现代化进程步伐一致。作为税收工作的重要一环，税务稽查应着眼未来，统筹规划，科学布局，明确高质量发展思路，推动税务稽查现代化进程与税收现代化进程相适应，在新时代税收现代化进程中做出新的更大贡献。

结合广东省实际情况看，推动新时代税务稽查高质量发展，应突出执法与服务并重、案件查处与风险防范并重、精准打击与提升税法遵从并重“三个并重”，推动稽查工作向管理集约化、流程标准化、办案高效化、风险可控化方向发展，积极发挥稽查职能作用，持续整顿和规范税收秩序，更好地服务税收中心工作和经济社会发展大局。

一、突出执法与服务并重，努力维护税收秩序和服务经济社会发展，提升税务稽查参与国家治理的能力

要坚持树立分类处理新理念。严格规范税务行政处罚裁量，严厉打击故意偷逃税款、严重破坏税收秩序的企业，支持新产业、新业态、初创企业、实体企业和守信企业发展，这是落实“放管服”改革，主动服务国家发展大局的要求，有利于营造稳定、公平、透明、可预期的营商环境。

要持续强化事中事后监管。推动“双随机、一公开”在税收监管事项全覆盖，着重探索重点企业检查与风险管理的有机衔接；用电子化手段避免重复进户和执法扰民，推动各级税务部门立案稽查、风险管理、纳税评估等进户信息统筹管理。

要进一步巩固税收共同治理格局。推动联络机制办公室实体化运作，拓宽合作领域和加大合作深度，实现对涉税违法行为的专业化、常态性打击；深化行政执法与刑事司法衔接，共同建立完善工作制度，实现“两法”信息深度共享；加强征管稽查的信息共享与疑点推送，促进稽查成果对内转化，发挥以查促管作用；主动做好与总局特派办的稽查业务对接，支持和配合特派办开展工作。

要主动回应社会关注。站在服务社会民生的角度，积极参与社保费等规费“税费同查”机制的研究，推动明确稽查职责与检查方式，依法依规发挥稽查保障作用；在职权范围内，依法加强对高收入、高净值自然人的税收监管，拓宽检查范围。

二、突出案件查处与风险防范并重，大力提升办案质量和执法水平，以规范执法严控风险、以风险防范倒逼规范

牢牢把政治建设摆在首位。毫不动摇坚持和加强党对稽查工作的全面领导，履行管党治党的政治责任，强化队伍思想理论武装，确保依法治税实践沿着正确的道路推进；深入开展融合式党建共建，以党建引领和推动稽查业务工作，在稽查办案团队中建立临时党小组，增强党的组织保障和思想保障。

进一步落实和完善执法制度机制。落实执法监督，严格执行“三项制度”“双公示”“一案双查”和重大执法决定法制审核等制度，坚持依法治税，严格规范公正文明执法；继续推行说理式执法文书制度，加大督导力度，着力提升文书质量；推动管理信息化，逐步推广应用稽查项目管理系统，实现“数字化管事”；强化内部控制建设，完善重要环节和关键事项的内控机制，推进风险内部控制信息化，并结合行政执法“三项制度”，切实加强风险防控。

持续规范税收执法行为。开展稽查案件质量检查工作，重点查纠执法程序、证据收集、定性处理、税务文书说理、案件执行、案卷管理等方面存在的风险隐患；做好重大税收违法案件公布工作，确保所有符合公布标准的案件按规定真实准确公布，对符合撤出条件的已公布案件，按规定及时撤出；筹建稽查系列法制审核团队，加大稽查法务人员培养，提升法治水平。

大力加强稽查队伍管理力度。严肃党内政治生活，认真贯彻《关于新形势下党内政治生活的若干准则》，坚决防止不良风气反弹回潮。坚持真管真严、敢管敢严、长管长严，进一步改进工作作风，提升队伍政治素质，着力打造信念坚定、执法为民、勤政务实、敢于担当、清正廉洁的稽查执法队伍。加强“八小时以外”监督，强化稽查人员职业操守意识，净化朋友圈和社交圈。加强培训内容的针对性和有效性，积极开展练兵比武，培养一批在选案分析、重大案件查处及重点行业检查等方面业务精湛，适应一线稽查工作，敢打硬仗、能打胜仗的优秀人才。

三、突出精准打击与提升税法遵从并重，推进稽查执法高效化和税法宣传常态化，震慑和引导同步推进

全面加强应用涉税信息实现精准打击的能力建设。强化稽查数据分析增值应用，全面分析涉税违法规律，为税收治理和政府决策提供依据；发挥省级稽查局数据集中和统筹指挥的优势，突出精准选案，抓好大要案选案查办工作；研究建立税收违法案件涉案重点人员信息库，强化成果应用。

全面夯实大数据稽查基础。健全稽查信息化建设，主动融入广东省政府“数字政府”项目规划和全省税务系统“一局一台一库”，助力推进政府部门逐步逐级实现“网络通、数据通、业务通”，实现全省涉税信息深度收集；深化稽查大数据分析应用，做好内部数据与第三方数据信息的归集整理，进一步夯实数据基础。

全面构建“互联网＋稽查”信息化系统平台。进一步完善和推广稽查应用系统，做好各模块的功能整合；完善移动专线网络以及稽查指挥中心建设，为团队执法提供统一的协调指挥，为现场办案提供全天候全方位的信息支持和后台协助，构建和完善远程指挥调度、远程技术支援、远程业务协助的“互联网＋”协同工作模式。

全面发挥稽查执法震慑与宣传引导。完善“黑名单”入册和出迁机制，依法震慑涉税违法行为。把信息宣传作为每项重要工作的最后一道工序来抓，建立稽查大宣传格局，充分发挥稽查震慑和警戒作用，增强稽查宣传的传播力、引导力、影响力、公信力，提升稽查执法的综合社会效应，积极引导提升社会税法遵从。

［余振荣，广东省地方税务局稽查局局长（副厅级）］

税收“黑名单”联合惩戒制度的调查与思考

苌少沛

内容提要：对重大税收违法案件当事人实施联合惩戒（简称“黑名单”和联合惩戒），既是落实国家推进社会信用体系建设的重要举措，也是提升稽查震慑力、规范经济税收秩序、优化市场营商环境的重要手段。本文紧密结合河北税务工作实际，通过归纳提炼实际工作中存在的主要四类问题，深入剖析问题产生的五方面原因，进而提出五项具体工作建议，为持续推进“黑名单”和联合惩戒工作起到积极促进作用。

关键词：“黑名单”　联合惩戒　存在问题　原因分析　对策建议

近年来，河北省税务、公安、发改、工商、银行等 36 个部门密切协作，通过“黑名单”和联合惩戒有效措施，震慑不法分子，对保障经济社会发展平稳运行起到积极作用。税收“黑名单”制度实施 3 年来，河北省国税系统累计公布案件 144 件，推送联合惩戒信息 176 件。办理阻止出境手续的 37 名企业法定代表人中，有 5 人被成功拦截。在取消政府供应土地资格、限制企业法定代表人任

职、被金融机构取消贷款等方面，与相关部门共同实施联合惩戒措施。

一、税收“黑名单”工作现状及存在问题

（一）虚开、走逃（失联）企业，难入“黑名单”

在已公布的144起“黑名单”案件中，偷税案件81起、虚开发票案件59起、逃避追缴欠税案件2起、骗税案2起。其中，虚开案件只占了较小的比例，大量已经定性为对外虚开的案件未被纳入“黑名单”信息，极大地削弱了“黑名单”应有的惩戒效应。

（二）责任人身份不确定，“李鬼”违法难惩戒

确定税收违法行为的责任者，是实施联合惩戒的必要条件。但在实际操作中，公司设立借用、盗用他人身份证注册企业的现象不在少数，导致案发后实际经营者一走了之，真正违法的人游离于惩戒措施之外，得不到有效惩处。

（三）实施惩戒不及时，违法者受限被推迟

纳入“黑名单”管理要达到一定标准：作出了“两书”（《税务处理决定书》《税务行政处罚决定书》），并且在法定期间内，当事人没有申请行政复议或者提起行政诉讼，或者经行政复议或法院裁判最终确定效力的案件。在实际执行中，税务机关往往待案件纳入“黑名单”公布后才开始采取相应惩戒措施，存在滞后性。

（四）执法刚性不足，作用发挥受束缚

税收“黑名单”不仅是对重大税收违法行为的打击和惩戒，更体现税收执法的刚性。税务工作实践中，纳税服务与税收执法并举，处理好两者之间的关系并不容易。

二、产生问题的原因分析

（一）立法层次不够高

我国尚没有一部全国性的信用法律法规，一些法律中，如《合同法》《民法通则》等虽规定了诚信守法的法律原则，但缺少关于社会信用制度的立法，税收领域有关诚信纳税更是法律缺位，《税收征收管理法》及其实施细则中通篇没有关于诚信纳税的表述。税务总局及相关部门自2014年起下发的一系列的“黑名单”制度性文件虽是在税收信用建设乃至社会信用体系建设方面迈出了一大步、实现了新突破，但这些规定都是规范性文件，法律级次不高。这些规定虽在操作层面有一定的指导意义，但执法刚性不足，震慑力不强。

（二）具体规定不完备

落实税收“黑名单”制度，特别是对重大税收违法案件实施联合惩戒，需要一系列具体规定。但“黑名单”制度及相关规定尚不具体、不完备，有的缺少明确规定，有的有规定但不细化。例如，在税收执法定性方面没有统一的标准，联合惩戒的时限要求不明确，信息传递的流程不够细化，相关规定仅从法律层面限定了企业法定代表人的责任，但未站在实际角度确定实际责任人。

（三）下达“两书”较困难

虚开案件属于性质严重的税收违法案件，根据税务总局关于“黑名单”的相关规定，凡是定性为虚开的，都属于“黑名单”范围。之所以未如期列入“黑名单”，主要原因为：《国家税务总局关于修订〈重大税收违法案件信息公布办法（试行）的公告》（国家税务总局公告2016年第24号）规定，对违法纳税人必须作出《税务处理决定书》或《税务行政处罚决定书》，才能纳入“黑名单”管理。在实际执行中，一是对于虚开案件，都是涉嫌犯罪案件，依据现有法律规定，涉嫌犯罪的案件在移送公安时暂不作出行政处罚，因而无须下达处罚决定书；对外虚开企业因不需要补缴税款和滞纳金，也无须作出税务处理决定。二是对于查处的走逃（失联）企业，面临着取证难、定性难、处理难、追税难的困境，税务部门往往难以做出税务处理决定。上述原因导致对虚开企业和走逃（失联）企业无法下达“两书”，不能将其纳入“黑名单”管理。

（四）思想认识不到位

受传统管理理念影响，一些税务机关、税务干部认为税收“黑名单”制度涉及的外部联合惩戒力度较大，会限制税收违法“黑名单”当事人的融资授信、政府采购等，担心公布违法企业信息、实施联合惩戒后，对企业生产经营带来“不良”影响，不利于地方经济发展；担心影响“纳税人调查”的满意度，影响税务机关在上级税务机关考核以及在地方政府部门的评价；担心出现社会舆情，影响税务机关的形象。诸多担心和顾虑，会削弱税收“黑名单”制度的执行效率和作用。

（五）部门协作不顺畅

税收“黑名单”制度发挥作用需要整个社会

的共同努力，需要各个职能部门的相互配合。税收“黑名单”制度执行中，受体制及各业务管理应用平台相对独立等影响，每个部门纵向联系和协作较多，也比较顺畅，但横向合作还存在协作机制不健全、责任不明晰，部门间沟通少造成不了解、不理解等问题，一定程度上降低了税收“黑名单”联合惩戒的效率和效果。

三、工作对策及建议

（一）健全法律法规，细化相关规定

提升税收“黑名单”制度的法律地位，将税收信用纳入国家信用体系建设，加强顶层设计，不断细化相关规定。一是加快《税收征收管理法》及其实施细则的修订。统一税收执法尺度和标准，将诚信纳税的基本要求以及税收“黑名单”等税收信用内容写入《税收征收管理法》，并适当增加税收违法公告、联合惩戒等方面的规定。二是完善相关法律规定。明确税收违法责任人认定，加大对实际经营人的惩处力度，建立部门协作机制，将信用平台建设纳入法律制度层面，等等。三是扩大税收“黑名单”定义广度。将税收违法累犯、虚开企业、存在涉税违法嫌疑的走逃（失联）企业及相关人员信息纳入“黑名单”。四是加强税收征管、信用评定和税务稽查互动反馈机制。探索建立以自然人为核心的税收“黑名单”公告体系，避免当事人通过注销新设或“非正常户”逃避惩戒、重操旧业的情况发生。五是细化工作流程，明确工作标准、时限要求。形成系统的、便于操作的工作规程，制定流程式、清单式规范，便于各职能部门、各级税务机关理解和执行，使得制度真正落实到位。

（二）提高思想认识，正确理解“黑名单”

各级税务机关应正确认识税收“黑名单”工作的重要意义，正确处理好税收执法与纳税服务的关系。同时，积极向政府部门做好汇报，争取理解和支持。

（三）完善税收管理，增强惩戒效果

一是税收“黑名单”的对外公布不是联合惩戒的开始。税收违法案件达到“黑名单”标准，税务机关要及时按照相关规定采取相应措施。二是税收“黑名单”的对外公布也不是税收管理的最终环节。税务机关应建立完善跟踪反馈机制和再评价机制。三是要完善内部岗位设置和管理。税收“黑名单”的管理应设在税务机关的对外协作部门，相比设在稽查局，更便于内部、外部部门间密切合作、顺畅沟通，更便于加强对“黑名单”企业的信息公布、加强对其实施联合惩戒、加强后续惩戒效果的跟踪。

（四）加强部门合作，形成治税合力

要加强与其他部门的沟通和联系，争取工商、公安、法院、金融等部门的支持和配合，使其参与到联合治税中，增强治税合力。在落实税收“黑名单”制度中，要主动召集其他相关部门，定期召开联席会议，互通情况，协商解决制度执行中遇到的问题。特别是在信用网络平台未搭建或未完善的情况下，进一步加强各个部门信息交流，及时传递相关资料，提高联合治税效率，促进税收“黑名单”联合惩戒工作的落实。

（五）强化税收宣传，营造诚信氛围

通过多种渠道，采取多种措施，加大税收“黑名单”制度宣传力度，扩大宣传的辐射力和渗透力。将税收“黑名单”的宣传融入税收宣传及法治宣传中，提高依法诚信纳税的意识，形成良好的税收环境。将税收“黑名单”的宣传融入日常检查中，印制《税收“黑名单”制度告知书》，向被检查企业发放，明确税务机关重大税收违法案件信息发布的目的、标准和对被公布当事人的惩戒措施，推进制度落实，增强对税收违法行为的震慑力。

（苌少沛，河北省国家税务局稽查局局长）

聚焦精准选案　实现税务稽查定向打击

睢立军

内容提要：精准选案是税务稽查现代化改革与发展的必然要求，也是税务稽查案源管理的难点与关键。近年来，吉林地税局稽查局坚持以加快推进稽查现代化建设为引领，以深化税务稽查改革为契机，用创新发展的思维和手段破解稽查选案难题，将精准选案与稽查信息化建设深度融合，探索建立了大数据全员选案机制，助推稽查利刃精准出鞘，有效破解了选案难、选案质量不高的问题，实现了“海量数据个性化、案源管理目标化、选案定位精准化”的目标，大幅度提升了省级稽查质效。

关键词：选案　大数据　个性化数据提取

精准选案是税务稽查现代化改革与发展的必然要求，也是税务稽查案源管理的难点与关键。近年来，吉林地税局稽查局坚持以加快推进稽查现代化建设为引领，将精准选案与稽查信息化建设深度融合，探索建立了大数据全员选案机制，有效破解了选案难、选案质量不高的问题，实现了“海量数据个性化、案源管理目标化、选案定位精准化”的目标，大幅提升了省级稽查质效。2016 年以来，共立案 115 户，选案准确率达到 100%，累计查补入库税款 24085. 90 万元，较历史同期数据有了大幅跃升。

一、选案难点阻滞征管改革进程，亟待有效解决

当前税务稽查选案工作存在信息化应用不足、选案方式单一、选案精准度不高等诸多问题，不仅造成了稽查资源浪费，还严重影响稽查任务的完成，阻滞了税收征管改革进程的顺利推进。

（一）信息来源狭窄，选案资料短缺

传统稽查选案大多依靠选案部门三四个人根据纳税人自行申报信息和征管部门采集的部分信息作为选案依据；此外，系统外部第三方信息较为缺乏，如稽查部门很难取得征管、银行、土地等方面的案源资料，这也成为拓宽稽查选案面的一块短板。

（二）软件数据不详，选案结果片面

由于当前征管软件中录入的企业纳税资料大多不够完整，稽查选案部门掌握的税务系统内部信息、数据严重不足。此外，由于现有征管软件信息更新不够及时，经常造成纳税人注册信息与实际不符，或者统计口径存在较大差异，导致稽查选案结果存在一定片面性。

（三）案头分析不足，选案成效不大

个别稽查部门在选案前没有根据所选的行业进行案头分析，只依赖征管软件中一些简单的纳税申报资料，对销售额大或税负异常的企业开展检查，结果往往导致在检查时发现企业已在工商部门注销；有时认为是问题“大户”，但却是濒临倒闭的小户，造成检查实施上的盲动，影响了稽查办案效率。

（四）制约机制缺乏，选案主观随意

现行稽查选案方法尚不规范，没有形成一套科学、全面的选案指标体系，选案随意性较大，缺乏科学性和准确性。与此同时，目前有关稽查选案“双随机、一公开”的责任、程序、监督管理工作也不够规范，稽查选案随机抽查制度尚需进一步健全。

（五）协调配合不力，信息共享不畅

由于选案部门与检查部门之间往往缺乏有效的协调配合，不能及时共享纳税人信息，导致具体选案人员无法及时有效地掌握纳税人情况。

二、创新案源管理机制，巧用大数据全员选案破解选案难题

选案工作作为稽查长缨的“瞄准器”“定位仪”，必须坚持做到破旧立新、与时俱进。针对传统选案手段已无法满足新时代稽查工作阔步向前的实际，必须加速推进稽查信息化、选案数据化改革，用创新发展的思维和手段破解稽查选案难题。鉴于此，在保持现行稽查体制不变的情况下，立足实际，明晰思路，创新构建了大数据全员选案平台。一是充分利用全年检查工作接近尾声的有限时

间，发动全员采集有效信息，结合检查经验分析设定涉税风险值，科学建立税务稽查风险案源大数据库，为下一年随机抽查工作提供高风险案源。二是统筹依托数据系统应用、分散全员分析、选案模型构筑和全员经验交流四大构建点，各构建点之间相辅相成、相互支撑、合力作用，充分发挥了选案扁平化、集约化、信息化的工作优势。

（一）整合筛选大数据，变海量信息捞取为个性化数据提取

建立“年度案源数据库”，实现了选案信息的集中收集、管理和应用。该数据库依托金税三期税收管理系统和选案软件系统，将系统中的庞杂的数据信息资源进行高效整合和归类筛选。对全省132万户纳税人进行分级分类标注，数据区分重点税源和一般税源，标记近3年检查情况、近2年纳税情况和主体税种缴纳情况，突出个性化数据应用和管理。同时，充分利用第三方数据，如省工商局、省国土资源局等部门网站对外公开信息，广泛收集具有针对性的案源线索，纳入数据库进行统一管理应用。

（二）实行全员分析选案，变单兵作战为多科室协同共治

立足整合选案力量，拓宽选案渠道等工作实际，探索实行全员选案模式。选案部门将“年度案源数据库”分配下发到全局8个检查科室，每个检查科室分头采集相关涉税数据，结合科室人员不同的工作经验和分析模式，利用计算机及选案软件对案源信息进行多元化、多角度分析，对各类涉税数据和案源线索加以比对，通过对其中涉税疑点及可能存在的税收风险的综合研判，将案源区分为A级、B级、C级三个风险等级后，上报选案部门进行整体汇总分析，进一步筛选出风险案源，创建最终的“风险案源名录库”。该名录库的建立，为随机抽查工作和全省重点税源轮查工作提供了风险案源池。例如，在向检查科室派发省局重点税源时可优先选派该科室筛选的A级风险案源，提高查办效率。这样不仅实现了选案、检查、审理、执行“四环节”的分工制约，妥善解决了职责交叉问题，还有效降低了选案中人为因素的影响，更加体现公平、高效，为选案工作提供了有理有据的信息储备，也使选案人员逐步走出了盲目随机选案的困局。

（三）扩大选案经验交流，变“一枝独秀”为全员选案“百花齐放”

风险案源推送后，迅速召开大数据全员选案经验交流会。各科室从筛选出的风险案源中选取3户以上企业作为典型案例，在会上进行风险案源采集经验交流，介绍企业的风险特征、选案依据、选案方法等内容。全员围绕选案环节中的热点、焦点、难点问题进行集中讨论、广泛交流，借助案源管理优势，提升全员稽查选案水平，为推进稽查现代化建设培养和储备了一批会稽查、懂管理、善分析的稽查专业化人才队伍。

三、提升稽查质效，推行大数据全员选案带来的工作启示

近年来，随着税收信息化水平的不断提高，吉林地税局稽查局牢牢把握国家税务总局提出的“深化改革、注重集成”的新思路、新要求，积极创新，大胆实践，勇于突破传统稽查选案的观念束缚，以税收大数据为支撑，利用现代信息化手段，高效采集、有效整合税收征管数据与社会公共数据，去粗取精，去伪存真，全面推行大数据全员选案，初步形成了“全面集中采集涉税数据，全员分散分析比对信息，汇总建立风险案源名录库，多种方式开展随机抽查”的新稽查选案模式，实现了精准制导，定向打击，对加快推进税收现代化建设颇有裨益。

（一）多部门互联互通，整合内外部资源

以选案软件为依托，通过加强部门间联动互通，实现内外部资源整合；加强征稽联动，共享评估信息，将稽查选案发现的普遍性税收征管问题反馈给征收管理部门，有效堵塞征管漏洞；加强国税、地税联动，通过风险平台，完善与国税信息数据资源共享机制，通过联合稽查、联合选案，避免重复检查；加强外部联动，主动与工商、国土、银行、证券等部门沟通联系，逐步建立与政府各部门间的涉税信息交换机制，增强第三方信息整备能力。

（二）推行行业稽查，完善选案指标体系

将通过行业协会、行业主管部门、金融机构等外部渠道搜集的行业信息，融入稽查选案平台，突出对重点行业的风险管理。通过对数据和信息的甄选，构建科学合理的数学模型，用于确定行业指标，预测行业风险点，大幅度提高稽查选案的标准和水平。

（三）优化队伍建设，提高人员业务素质

通过组建大数据库、开展全员分析选案，培养了一批精通税收业务、信息技术和数据分析的高素

质人才，助力精准选案、精准稽查工作的深入开展。通过调集使用优质资源集中开展目标定位稽查，形成了上下一体、指挥有力、反应迅速的稽查应对机制，全省地税系统稽查核心业务能力显著提高，稽查战斗力显著增强。

（睢立军，吉林省地方税务局稽查局局长）

税务稽查信息化建设的问题与思考

赵 勇

内容提要：税务稽查信息化建设是税收现代化信息体系的重要组成部分，也是提高稽查工作质效的重要抓手。当前税务稽查信息化建设面临法律缺失、共享机制不完善、人才匮乏等诸多问题，需从完善法制建设、构建协作机制、深化利用成果、加强人才建设、规范资源应用等方面予以推动。

关键词：信息化建设　信息协作机制　信息资源应用

一、税务稽查信息化建设存在的问题

近年来，以税务总局信息化建设的统一部署和总体要求为遵循，税务稽查部门积极探索，勇于创新，在稽查信息化建设方面做了大量有益尝试，并取得了一定的成效，但在信息化建设过程中也发现诸多问题。

（一）稽查信息化管理配套法律缺失

电子税务稽查法律法规高阶位的立法尚处于起步阶段。我国当前只是在《税收征收管理法》中提到税收信息化建设问题，对于税务稽查的发展缺乏详细配套的法律规定，有关电子税务稽查的法律法规更少。《国家税务总局关于贯彻〈中华人民共和国税收征收管理法〉及其实施细则若干问题的通知》（国税发〔2003〕47 号）只是对采用电算化会计系统核算的纳税人如何实施税务检查进行了明确，例如，对纳税人会计电算化系统处理、存储的会计记录及其他有关的纳税资料，税务机关有权进入其电算化系统进行检查，并可复制与纳税有关的电子数据作为证据。但是对于会计电算化稽查中的很多问题法律上尚无明确规定，例如，在纳税人不配合的情况下，寻找服务器和解密是否属于侦查行为等。

（二）缺乏内外信息交换的共享机制

税收征收、管理、稽查之间未能完全实现信息共享。一方面，税务稽查软件与金税三期系统功能未能有效对接。此外，金税三期系统中的稽查模块，没有一套供选案和稽查分析、比较筛选的技术性指标体系，税务稽查处于被动，稽查选案收集的信息往往不健全，致使筛选案源不精准；另一方面，由于缺乏稽查与征管的信息反馈制约和考核，稽查查出的涉税问题，形成的《税务稽查建议书》不能充分引起征管部门的重视，对存在的问题不能对症下药，并采取行之有效的措施及时跟进。同时，与地税、公安、海关、工商、银行等部门之间信息数据交换方式还缺乏有效的手段和平台，信息交换机制有待于进一步完善，与其他部门之间协作也缺乏有效信息反馈机制和制度保障。

（三）复合型税务稽查人才严重匮乏

税务稽查人员在税务队伍中的占比明显偏低。据统计，我国税务系统在职干部中，稽查干部占税务干部总数的比例大约在 10% 左右，明显低于国际上大多数国家税务稽查人员占比在 30% ~ 50% 的比例，日趋繁重的税务稽查任务与不尽合理的稽查人力资源状况间的矛盾日益突出。尤其是稽查队伍中复合型、专家型、应用型，既懂稽查业务又懂信息技术的人才相当欠缺，已成为税务稽查信息化建设的掣肘。

二、推进税务稽查信息化建设的思考

通过对我国税务稽查信息化建设存在问题进行分析，推进税务稽查信息化建设，需要从多方面着力，破解发展难题，打通各个关节，从而顺利推动稽查信息化建设进程。

（一）完善法律制度建设，构建稽查信息化法制基石

一是建立信息化保障制度。按照税收现代化信息体系建设的要求，做好稽查信息化建设的顶层制

度设计，明确建设的方向目标、实施步骤和工作要求，为稽查信息化提供制度保障。二是明确相关涉税法律权限。从法律层面赋予税务检查和执行部门收集涉税数据信息的权力，明确电子证据取证时的职权、程序、手段等，尽快修订《税收征收管理法》《会计法》等相关规定，进一步确认电子账册和电子票据的法律效力。三是完善信息共享协作法律。进一步完善税务稽查部门与地税、工商、公安、海关、银行、土地等部门的联运协作，数据共享的相关法律，规定部门之间的协作配合、信息交流与共享等方面的职责、权利和义务。

（二）构建信息协作机制，提供稽查信息化渠道保障

一是健全信息共享机制。搭建以政府为主导、以“互联网＋”为通道、以制度为保障的外部信息交换平台，大力拓展第三方信息来源，多渠道获取纳税人生产经营情况及涉税信息，实现跨层级、跨部门数据融合。同时，规范各职能部门在信息交流工作中的职责，定期召开信息交流联席会议。二是统一信息交换标准。探索建立统一信息编码，并作为唯一的身份信息识别码，工商、税务、银行、社保、质监等政府职能部门统一使用，为部门之间信息的检索和共享创造条件。三是加强信息融合利用。以金税三期系统为依托，以增值税发票管理新系统、稽查业务管理平台等系统为支撑，充分利用第三方信息，搭建大数据信息数据库，使税务稽查数据互联互通，融合利用。

（三）深化信息利用成果，评价稽查信息化综合效应

一是设置科学合理的考核指标。完善稽查四环节信息利用考核指标，在现有稽查工作质量评价体系中，增加信息化利用评价项目，如选案疑点查实率、数据利用准确率、稽查建议反馈率、审理案件合格率等考核指标，同时把数据采集量、案件上机量、反馈信息量、案例库充实量、政策库更新量、联合惩戒等信息化利用指标进行系统量化评价，实行质与量并行考核的新机制。二是实行动态化的风险点监控。实行稽查环节全程控制、动态监督和痕迹管理的风险点防控，结合信息数据、案例库等数据信息对稽查四环节设定合理风险点防控指标，随机自动对稽查执法风险项目进行识别和预警，对稽查选案随意、检查违规、审理标准不统一、执行不到位的，严格实行执法过错责任追究。三是双向评价稽查服务效应。运用信息手段，对稽查回访、稽查建议反馈、联合惩戒、外部评价等情况进行跟踪问效，根据分析结果，对稽查数据库进行完善和补充。

（四）加强信息人才建设，强化稽查信息化人才支撑

一是充实稽查队伍。研究制定人员准入条件，优化人员年龄和专业知识结构，满足稽查人员梯队发展。建立和完善人才引入机制，通过多渠道引进计算机、网络技术、法律等专业技术人才，不断充实信息化技术队伍。二是重视人才培养。大力组织计算机系统技术、网络技术、数据库技术、税控设备以及应用系统的培训，同时加强学用结合，开展岗位练兵、业务比武、能手竞赛、查前培训、案情交流、以案说法等培训，培养一批稽查信息化复合人才。三是加强人才利用。依托计算机信息技术，将绩效管理和数字人事管理系统有机结合，对信息技术人才进行客观公正评价，将个人业绩、业务能力与晋升评优挂钩。探索稽查信息技术人才职务和能级并行晋升机制，为稽查信息化人才成长创造有利条件。

（五）规范信息资源应用，提升稽查信息化应用水平

一是提高数据采集的多元化。借助“互联网＋”的外部信息交换平台，加强与社会其他经济管理部门的信息交流，全面获取稽查部门在办案工作中需要掌握的纳税人涉税数据信息资料。二是提高数据应用的精细化。利用计算机对各种数据进行梳理、净化、筛选、加工，对各项指标与预警指标进行比对，形成待查案源的直接依据，提高选案的准确率。三是提升信息处理的智能化。以数据库、法规库、案例库“三库”为支撑，以内外网信息交换平台为载体，全面融合现有平台及各类软件相关功能，规范系统内网和互联网数据格式和统一接口，完善平台自动预警、智能转换和自动分析功能，对所有采集的数据进行全方位、多角度、深层次的分析比对，通过比照系统内数据和挖掘互联网中第三方相关数据，实行动态、智能监控，合理评价纳税人涉税风险。

（赵勇，湖北省国家税务局稽查局局长）

新办商贸企业（团伙）虚开增值税专用发票风险特征及应对初探

覃木荣

内容提要： 商事制度改革后，新办商贸企业虚开增值税专用发票的风险日益显现。本文通过透视已查办的大要案件，对虚开发票的风险特征进行探究，并提出相应的应对措施，作为基层税务部门加强管理、堵塞漏洞及案件稽查之参考。

关键词： 风险特征　事前防范　事中监控　事后查处

一、虚开企业（团伙）风险特征

风险特征是进行风险识别、风险应对的前提和基础。通过归纳风险特征，亦可以构建相关监控数据指标和模型。通过这些案件，初步总结其风险特征如下：

（一）团伙人员地域特征明显，分工明确

团伙内部分工比较明确且相对固定，一部分人员负责成立公司、资金运作和往下游企业虚开发票，另一部分人员则利用熟悉区情的优势，负责联系广西本地钢材、水泥、成品油等行业的进项发票。

（二）一址多企，证、实不符

多家企业集中租赁某写字楼或某住宅小区的同一房号或楼上楼下，且注册成立后不久即搬离，造成无法按营业执照上的经营地址进行事后监管。

（三）冒用他人身份证件登记注册企业

不法分子利用企业注册登记和增值税一般纳税人登记无须法定代表人现场身份信息核实的特点，在网上购买他人的身份证（多为他人遗失的身份证）注册登记企业，从而税务机关无法对其约谈。

（四）共用网络，集中开票

虚开团伙从事虚开业务时另有窝点，往往是将多家企业的开票设备聚集在一起，共用一个网络（手机热点）进行多人在线集中开票。月底和年底是虚开发票的高峰期。

（五）开办时间短，开票量大

虚开企业往往在注册成立当月或次月即大量领票虚开，月开票金额均是按其领票数量顶额开具。一般其开票金额及领票量逐月增加，部分企业开票金额会出现陡增现象，达到一定数额后即走逃，造成事后无票可核、无账可查。

（六）财务记账、领取发票等外联业务多为中介代理，核心人员之间多为单线联系

多家虚开企业往往共同聘请一家中介公司代理记账和领取发票，由中介代理与虚开团伙的“马仔”单线联系，虚开团伙核心人员往往在省外遥控指挥。

（七）资金流转及账务处理特征

虚开企业为了营造资金流转的假象，一般使用网银在对公账户、个人账户间进行资金“即进即出”操作，并通过“其他应付（收）款”过渡账户进行资金衔接走账。但已发现部分企业根本没有资金流转，简单作挂账处理。

（八）商品特征

进项发票票面所列商品多集中在易发生“票货分离”的终端消费品行业，如建材、水泥、煤炭、黄金、成品油、机电设备等。销项发票票面所列商品则无规律可循，往往是根据下游企业的需要开具。部分企业的进、销商品名称不对称，如购进全部为黄金，销售的却全部是非黄金商品。

（九）纳税申报特征

为了达到领购发票的目的，部分企业进行了纳税申报，但其税负率极低，实际缴纳的税款极少。有些企业甚至在增值税纳税申报表上做足文章，实施“暴力”开票：一是通过在增值税申报表上进行免税货物销售额申报，达到能够开出销项发票但无须解决进项抵扣，且不申报纳税的目的；二是针对目前企业自行填开农副产品收购发票抵扣前无须交叉比对的特点，在无实际购进的情况下，直接在申报表（附表二）上“农产品收购发票或者销售发票”栏填写进项税额抵扣；三是直接在申报表（附表二）上“外贸企业进项税额抵扣证明”栏填写进项税额，虚构进项抵扣。

二、风险应对措施

在认知虚开企业（团伙）风险特征的基础上，可以在事前、事中和事后各个不同阶段采取相应的风险应对措施，防范和打击虚开增值税专用发票违法行为。

（一）事前防范

在简政放权、一切便利市场主体的大背景下，要针对不法分子冒用他人身份证件、委托中介代办设立企业的违法特点，采取一些既不额外增加纳税人负担，又切实有效的措施，将关口前移，扎紧防范的篱笆。例如，在企业设立登记时，可实行实名实人认证，阻断冒用他人身份证件设立企业的现象，增加不法分子的违法成本和难度。

同理，针对不法分子通过购买已有一般纳税人资格企业进行虚开的违法特点（简称“买壳虚开”），在企业变更登记法定代表人、股东、注册资本环节，也有必要采取以上的防范措施。

（二）事中监控

1. 加强发票领购环节的监控

一是在新办企业首次申请领购发票时，要严格实行实名实人认证。二是企业经办人员在大厅自助终端领购发票时，应适当延长经办人拍照留档的时间，为将来案件查处留下线索。三是税务机关在“提档”改变企业领购发票的数量、最高开票限额时，应结合数据分析监控情况谨慎进行，必要时应进行实地查看。

2. 加强数据分析和监控

首先，围绕上述虚开发票的风险特征，设定相关数据分析指标和构建数据分析模型。如领票量和开票量同比剧增指标、进销商品种类金额背离度指标、企业注册地址及核心管理人员的同一性指标、敏感商品特征指标等。其次，在全面推行增值税发票管理系统升级版后，可利用企业在互联网线上实时开票，并且互联网 IP 地址具有全球唯一性的特性，在现有的开票系统全票面信息采集的基础上，增加 IP 地址数据信息采集功能，并据以开展日常监控。另外，要完善相关风险发现、提示、推送和应对机制。建议以追求工作效率为目标，适当减少风险推送的审批环节，减少纸质推送，实行电子推送，并落实推送数据接收、反馈时限等工作制度。

3. 现场查看

与生产企业涉嫌虚开侧重于查看生产能力不同的是，对商贸企业主要做到“三看”：一看账务处理，查看是否存在通过“其他应付（收）款”账户进行资金走账的特征，以及通过“应付账款”作挂账处理的情况；二看资金流水，可责令企业提供银行对账单，进一步印证企业是否存在资金“即进即出”操作特征，从而加深企业是否存在虚开嫌疑的判断；三看办公场所及企业实际管理人员，对照虚开企业一址多企和证、实不符的风险特征进行现场查看，约谈企业法定代表人，如发现企业已人去楼空，则须立即启动风险应对机制。

（三）事后查处

对触发预警值的企业要立即启动风险应对机制，及时进入风险事后应对阶段，从速、从快坚决予以查处。一是要建立快速打击工作机制。稽查部门针对类似案件的查处，要总结形成一套有别于正规企业稽查的特殊“战法”，做到“快、准、狠”打击。二是要落实“挽损”机制。要研究“虚进虚销”虚开发票案件的证据标准，案件审理环节（含重大案件审理委员会）要敢于定性，并及时向下游受票企业发出《已确定虚开通知单》，追回已抵扣税款，以挽回国家税款损失为最大目标。三是要进一步完善税、警协作机制。稽查部门要在专业分析判断的基础上，对具有重大虚开嫌疑的，尽快将案件向公安部门中途移送，在最短的时间内摸清犯罪团伙的组织架构及作案手法，对案件主犯实施抓捕，并以资金流为核心，对物流、票流等开展全面核查，尽快锁定关键证据。四是要建立事后反馈机制。稽查部门要将在案件查处中发现的不法分子作案特点、案发趋势等，及时反馈税收管理部门及风控部门，并不断修正监控数据指标和数据模型，最终形成风险管理的闭环。

（章木荣，广西壮族自治区国家税务局稽查局副局长）

税务稽查管理模式改进研究

王青山　胡　萍

内容提要：税务稽查是税收征管的最后一道防线，是打击涉税违法行为、震慑不法分子、实现堵漏增收的重要一环。随着现代社会经济和科学技术的飞速发展，深化税收征管模式改革任务迫在眉睫，税务稽查管理模式、组织架构、工作流程亟须变革。本文在客观分析陕西国税稽查管理模式现状及存在问题的基础上，提出改进陕西省税务稽查模式的总体思路。

关键词：陕西国税　稽查模式　改进研究

2015 年 12 月 24 日，《深化国税、地税征管模式改革方案》正式公布，明确提出要深化税务稽查改革。为认真落实深改目标和任务，笔者对陕西国税稽查管理模式开展专题调研，对改进完善陕西国税系统稽查管理模式提出初步建议。

一、陕西国税稽查管理模式现状及存在问题分析

（一）陕西现行稽查模式基本情况

1. 组织机构情况

截至 2016 年底，陕西省国税稽查系统共设置税务稽查机构 112 个，按三级设置：省级稽查局、市级稽查局、县级稽查局。具体包括：省级稽查机构 1 个，级别为正处；市级机构 14 个（西安市设立 3 个稽查局，级别为正处级；其他各市均设 1 个稽查局，级别为副处级），县（区）级稽查机构 97 个，级别为副科级。西安市区、杨凌区、西咸新区、韩城市稽查局实行一级稽查。

2. 稽查队伍情况

全省现有稽查人员 1431 人，占全省国税系统在编总人数的 11.3%。其中：省级稽查机构 38 人，占全省国税稽查系统总人数的 2.66%；市级稽查机构 497 人，占全省国税稽查系统总人数的 34.7%；县（区）级稽查机构 896 人，占全省国税稽查系统总人数的比例 62.6%。

（二）陕西国税稽查管理模式存在的问题

1. 职能定位与业务边界不清

一是税务稽查职能定位模糊。在稽查定位上，过多地强调“促收职能”而忽略了“惩戒职能”。二是稽查与征管各类日常检查边界不清。征管部门的日常检查、纳税评估、大企业审计与稽查部门的税务检查在对象、形式、手段等诸多方面混淆不清，各自为政，争抢税源，以管代查、以评代查现象普遍存在，客观上形成多头、重复检查问题。

2. 税务稽查资源配置不合理

一是稽查人员总量不足。大量的税务资源集中于税收管理和纳税评估岗位。二是层级分布不合理。稽查资源过多集中于市、县两级，全省县级机构稽查干部占全省稽查人员总数的 63%，而重点税源主要集中于省、市中心城市，大要案件多发于经济发达城市。三是稽查人员老龄化、高素质复合型人才匮乏。据统计陕西省 1431 名国税稽查人员中，45 岁以上人员 890 人，占总人数的 62.2%。个别市、县稽查局人员老龄化问题尤为突出，懂会计、懂税收政策、懂信息技术的复合型人才匮乏。

3. 稽查部门的独立性不够

一是外界部门干扰。国税系统虽属于垂直管理部门，但同时党、团等工作要受当地政府的管理，文明创建、行风评议等都接受当地政府领导，办公经费方面也需要地方政府支持，税务部门在实施税务稽查的过程中不可避免要受到地方影响。二是内部干预多。由于稽查部门只接受上级稽查部门业务上的指导和考核，其人事权和经费开支均由所属国税局负责，当上级稽查局与所属国税局出现利益不一致的情况时，上级稽查部门的意图往往难以有效实施，严重影响了税务稽查的独立性和执法效果。

4. 税务稽查信息化水平有待提升

一是税务稽查综合平台缺位，未形成高效的税务稽查管理体系。二是信息整合利用率低，影响选案质量。三是信息不对称，第三方信息获取能力不足，影响稽查质效。四是信息装备不匹配。严重缺乏数字录音、录像、存储、便携复印、执法记录仪等信息化的稽查取证设备。

5. 国地税联合稽查亟须进一步深入

一是稽查合作的形式大于内容。二是稽查信息渠道不畅、资源难以共享。三是联合稽查的行政复议案件实施难。四是稽查查处力度不一、处罚标准各异。

6. 税警协作尚未进入实体化合作进程

公安提前介入要求必须达到立案标准方可介入，造成许多虚开、骗税案件无法移交，税务机关手段有限，又无法取得一些关键证据定案，致使不法分子逍遥法外，造成稽查的震慑作用明显降低。

二、陕西国税系统稽查管理模式改进建议

（一）优化稽查职能定位

一是要坚决从收入型稽查转向执法型、打击型稽查。二是明确征管与稽查部门职能。将征管部门的纳税评估、日常检查、税务稽查等具有强制性执法手段的各类检查统一规划，将税务稽查定位于专司税收中、高风险的应对，纳税评估作为一种快速应对中、低等风险的方式，着力构建现代税收管理体系，充分发挥税务稽查职能。

（二）整合稽查组织机构

一是提高稽查机构人员比重。提高稽查人员占同级税务人员比例，尤其是大幅提高一线检查人员占稽查人员比例。此外，进一步充实检查部门的力量，将稽查能手、稽查标兵、稽查人才库人员向省、市级稽查局聚拢，充分发挥检查对于纳税遵从体系的支撑作用。二是深化稽查机构改革。要实现稽查资源的最优配置，有效发挥职能。笔者建议对稽查机构可以采用“三步走”的改革思路：第一步是要整合现有相关税务稽查机构，按照“做强省局、做大市局、集约县局”的思路，遵循扁平化的要求重新设置机构，全面推进市级稽查模式改革，上收稽查力量，撤销市区所在城区稽查机构和部分人员业务量较少的县级稽查机构，强化省、市级稽查力量配置。第二步是根据经济区划和重点税源分布调整税务稽查机构设置，打破行政区域，在省局税务检查机构下设若干跨区域稽查部门，撤销县级稽查局建制，业务上由省局稽查部门统一管理，重点税源的案源管理、举报和审理工作统一由省局负责。如设置陕北稽查局、陕南稽查局、关中稽查局、直属稽查局，增强上级税务检查部门对下级检查力量的组织和调配力度，发挥税务检查资源最大效益。第三步是试点合并国税、地税两套稽查机构，建立全省统一的稽查组织机构，一次入户，各税统查，从而实现税务稽查资源的高度统筹，确保稽查职能的高效发挥，减轻纳税人负担，彻底解决国税、地税联合稽查形合神不合的现状。

（三）推行分类分级检查

以风险管理为导向，将风险管理流程与在现有的“征、管、查”体系全面融合，构建独立运作的税收风险监控机构。采取差别化的检查方式，低等风险纳税人由纳税服务部门采取纳税辅导、风险提示的方式应对，中等风险纳税人由税源管理部门采取纳税评估的方式应对，高等风险纳税人由稽查部门采取立案稽查的方式应对，提高税务稽查选案的精准性。

（四）构建部门协作机制

要在严格落实稽查既分工制约又协调配合的“四分离环节”管理机制基础上，积极建立起与征管、法规、税政等部门之间的信息沟通衔接机制，实现以查促管、查管互动。可以在实施风险管理的基础上，整合检查资源，将纳税评估、日常检查、涉外审计和税务稽查等具有检查特征的事项全部并入税务检查范畴，组建“检查局”。要不断巩固和完善政府多部门联合惩治制度，加强信息交换，整合部门间协作办案资源，形成部门合力。

（五）创新稽查工作方式

一是树立稽查创新理念，加强查办情报信息的交流，积极探索调研式检查、审计式检查、项目组检查等新模式、新方法，提高检查质量和效率。要逐步建立重点企业和行业稽查信息资源库、案例库和行业税收检查指南等，不断深化税务稽查的科学化、精细化管理。二是完善考核评价机制。建立起以提高质效为目标的税务稽查工作考核评价体系。

（六）构建完善的税务检查现代化信息系统

一是统一税务检查信息化平台。在金税三期系统大平台下，建立税务检查综合信息平台，包括检查分析、业务操作、电子查账、案件协查、远程支持、内控、内部移交反馈、分析决策以及第三方信息交换等系统。二是加大信息技术运用力度。强化电子查账软件的运用，完善税务检查电子网络系统，提高对关联企业检查信息化支撑力度。三是运用信息化手段提升检查成果增值效应。对税务检查数据进行分类、提取、比较，揭示税收违法行为特征、分布规律和趋势，形成相应的行业分析报告，为税务管理决策提供必要支撑。

（七）建立税侦机构，推进税警合作实体化进程

税收经济犯罪随着我国经济的不断发展迅速增长，税务部门办案权限有限，制约涉税案件查办。目前在江西省宜春市已经建立税侦机构。陕西省可积极借鉴，由国税、地税、公安3家派人组建税务侦查局，对税务机关内征管部门发现和群众举报高风险的涉税案件，由税侦机构以稽查局的名义进行税务检查，对构成犯罪嫌疑的案件，可及时采取刑侦手段获取必要证据。

（八）加强稽查队伍建设

一是建立队伍管理机制。要保持现有检查队伍的稳定，施行检查人员准入制，通过税务部门公开遴选、社会公开招聘、新进公务员公开招录等渠道，优选具有从业经历和执业资格的人员充实检查队伍。二是优化人才培养机制。以提升实战检查技能为目的，研究制定中长期检查人才培养战略规划，建立检查分类分级培训机制。加强各级检查人才库建设。三是完善人才激励机制。实行个人激励与检查能力及工作业绩挂钩，解决检查人员晋升渠道单一、晋升空间狭小的难题。

（王青山，陕西省国家税务局稽查局局长；胡萍，陕西省国家税务局稽查局管理科科长）

我国税务系统“双随机”工作发展及国际借鉴

王　静

内容提要：税务系统开展“双随机”工作，是切实解决当前税收执法领域中一定程度上存在的检查任性和执法扰民、执法不公、执法不严等问题的关键。国内税务系统对于“双随机”工作的研究和实践开展时间不长，工作质效有待提高。国外对于“双随机”工作的研究比较成熟，美国、澳大利亚、德国、日本、英国等国家各有特色。通过分析各国的做法，重点在随机确定稽查对象、对稽查对象进行精细分析、以完备的信息系统和技术手段为支撑、突出社会效应等方面，非常值得借鉴。

关键词：双随机　稽查　选案

2014年9月，李克强总理在天津海关考察期间，赞许海关的“双随机”的抽检方式是一项制度创新，完全压缩了寻租交易空间。2015年7月22日的国务院常务会议上，李克强总理阐释了建立“双随机”抽查机制的意义，称是加强事中事后监管的一项重大改革，国务院要求全国执法部门建立“双随机”抽查机制。此后国务院办公厅下发了相关文件。

按照上级有关文件精神，2015年8月25日，国家税务总局下发了《关于印发〈推进税务稽查随机抽查实施方案〉的通知》（税总发〔2015〕104号），要求全国税务系统开展随机抽查工作，明确了税务稽查随机抽查主体是各级税务稽查部门。同时要求，所有待查对象，除线索明显涉嫌偷、逃、骗、抗税和虚开发票等税收违法行为直接立案查处的外，均须通过摇号等方式，从税务稽查对象分类名录库和税务稽查异常对象名录库中随机抽取。

一、国内税务系统对于“双随机”工作的研究和实践

税务总局相关要求提出后，全国各地国税局、地税局积极开展“双随机”抽查工作，进行有益的探索。北京国税局对市级重点税源企业进行打分，参照收入、税收贡献、税收风险等因素，对综合打分排名前500户企业，采取公开摇号的形式实行不定向抽查，每年抽查比例20%，每5年检查一轮，期间不得重复检查；吉林地税局在建立税务稽查分类名录库、税务稽查异常名录库的基础上，建立了年纳税百万元以上案源分析库，组织人员对入库案源逐户进行案头分析，排查出300户有涉税违法嫌疑的高风险纳税人；青海国税局选调一批有稽查执法、信息技术、数理分析、税源管理、法律法规等方面特长的人员，组建稽查税收风险防控中心，构建稽查选案指标分析体系，强化选案信息技

术手段，健全完善省级案源管理和预警分析模型，形成整体税收风险防控合力和规模效应；河南信阳市国税局对“双随机”主体改革同时，配套两项“微改革”：一是监察员制度，二是检查指南制度；河北地税系统也积极开展了“双随机”抽查工作，选取100户房地产建筑业纳税人，经过周密的自查部署，自查环节入库税款、滞纳金1.6亿元，取得了明显成效。

我国税务系统的“双随机”工作开展时间不长，虽然起到积极作用，但是还没有非常完善的做法和经验。特别是在“双随机”的基础上，如何提高稽查效能，进一步打击震慑违法行为，还是值得深入探讨的问题。

二、国外对于“双随机”工作的研究

美国税务部门的案源信息不仅包括纳税人的申报表，还包括“纳税人遵循纳税情况考核表”的分类抽样调查结果，工商、海关、银行等相关部门提供的信息，公民举报材料和从会计、审计等中介机构取得的信息。税务审计对象的确定需要经过计算机系统和人工两道程序。第一道程序：由计算机系统依据人工设置的程序和各类指标，在既定的打分标准和程序设计下，计算机会对纳税申报表进行打分，自动筛选出得分较高的纳税申报表，相当于我们目前开展的定向抽查。第二道程序：将分析结果经过税务审计专家筛选，最终确定需要进行税务审计的对象。美国绝大部分税务稽查案件都是通过计算机程序筛选出来的，尽管美国的税务稽查立案率每年不到1%，但是考虑到立案之前税务部门已通过计算机对所有纳税人信息进行了自动比对，从这个角度来说美国的税务稽查率达到了100%。

澳大利亚税务部门首先将纳税人信息进行收集整理，输入由专家设定的标准模型中进行分析，主要有财务分析、欠税情况分析、征纳情况分析、营业行为分析等，自动生成评估报告。在此基础上，经过专业的评估人员根据个人分析和经验修正，得出公平、合理、权威的结论，然后开展纳税风险的判定与应对。

法国税务部门在全国范围内建立了一个庞大的计算机信息处理系统，纳税人的就业、经营活动、收入、财产及纳税情况全部储存在该系统中。税务部门通过计算机申报系统对纳税人情况进行监控，一旦发现申报异常，计算机会自动检测提示并向稽查人员反馈信息。

德国税务部门的随机抽查工作则是根据企业规模来分别处理的，对大型企业是1年稽查1次，对中小型企业是3年稽查1次，对小业主则实行随机抽样稽查，企业规模越大，稽查的频率越高，也更为彻底。

日本和英国税务部门的统计抽样方法侧重于案源选取的普遍性和入选概率的近似，通过计算机对若干关联指标分析，发现涉税疑点，筛选出有问题的企业，从而提高选案的准确率。如日本税务部门90%的工作精力都投放在选案及案源分析上，其余10%的精力投放在税务检查上，可见确定稽查对象的重要性。

三、国际借鉴

从以上国家税务稽查情况来看，发达国家非常重视税务稽查确定检查对象的工作，不仅信息化程度高，人为因素少，而且效率非常高，对整个稽查工作发挥了积极作用。对于国外的税务稽查经验，我们应该是有选择性地吸收，而且必须与我国国情及税务体制相适应。

（一）随机确定稽查对象首先应该经过随机筛选

从以上例举的国家做法可以看出，在确定稽查对象的过程中，首先经过计算机粗选的过程是必要的。因为在众多的纳税人、大量的涉税信息中，要确定纳税疑点难度非常大。单纯靠随机抽取确定稽查对象，不仅浪费税务机关的有限的稽查力量，也影响税务稽查的效率。

因此，应该学习美澳等国的经验，在稽查对象初选时，借助现代化手段解决海量数据的加工处理速度，可以在一个纳税申报期结束之后，将纳税人的当期申报纳税信息通过计算机系统进行标准化、程序化处理后存放于信息库。计算机系统依据人工设置的程序和各类指标对信息库中的申报信息进行归纳分析，发现纳税疑点。

（二）随机确定稽查对象必须进行精细的分析

在初选发现纳税疑点的基础上，确定稽查对象的重点是深化案件的复选工作，及通过人工分析提高确定个案的准确性。通过计算机系统在初步分析的结论中，将偷逃税嫌疑最大、少缴税款最多的纳税人确定下来，从而提高后续稽查的效果和质量。

我们目前开展的“双随机”工作中，随机确定自查对象后，要求企业自查，但是最关键地是如何确定重点检查企业，这就是一个精细分析的工作。这项工作不仅需要精通税收、会计、经济法的专业人员，还需要成熟的税收分析方法，比如涉税疑点模型、数据配比关系、预警值、平均值等。通过完善的流程，准确定位应该被检查的对象。

（三）要有完备的信息系统和技术手段为支撑

无论是案件的初选还是复选，都是建立在高度信息化的基础之上的。可以借鉴以上国家的办法，开发专门的税收疑点收集和分析平台，在整合内部和外部数据的基础上，利用数理统计方法，引入纳税能力估算分析理论，通过税负测算、综合指标测算、报表逻辑关系分析等内容的科学分析，在所有企业的相关涉税数据、申报纳税信息导入平台的同时，就能第一时间发现涉税疑点，快速定位问题企业，提升稽查监控的力度。

（四）突出社会效应，加大案件曝光和联合惩戒力度

西方国家税务稽查机构都努力加强稽查信息的公布，积极引入公众监督。美国定期公布近期典型的稽查案件、违规犯罪事实；加拿大定期在税务部门的网站上对偷逃税的个人、企业的审判进行报道，并对涉案人员、企业名单进行公布。因此，应加大稽查案件的曝光力度，利用各种媒体定期对虚开增值税专用发票、骗取出口退税、偷税、逃避追缴欠税等重大恶性案件予以公布。同时，由网信办、发改委、工信委等部门牵头，整合形成统一的市场监管信息平台，及时公开监管信息，形成监管合力。

参考文献

[1] 何惠敏．对美国税务稽查制度的分析及其启示[J]．当代经济,2014(12).

[2] 潘涛,张凌．构建我国稽查选案体系的探讨[J]．税务研究,2008(8).

[3] 徐桢．OECD 国家纳税评估选案系统评述:以我国增值税为例[EB/OL]．论文网．https://www.lunwendata.com/thesis/2007/20100.html.

[4] 张云．美加两国税务稽查管理特色及对我国的启示[J]．涉外税务,2011(3).

[5] 安可明．税务稽查信息化建设的实践与思考[J]．山东社会科学,2012(12).

[6] 夏辉．面向税务稽查选案的信息处理方法[D]．湖南大学硕士论文,2009.

[7] 苏强．纳税评估制度国际比较与借鉴[J]．财会月刊,2007(5).

（王静，河北省廊坊市地方税务局稽查局副局长）

对税款、罚款可否申请法院强制执行问题的探讨

宋连武

内容提要：对税款、罚款能否申请法院强制执行，一定要考虑《行政强制法》《行政诉讼法》等法律的规定，必须兼顾其他相关法律，同时要考虑到新《行政诉讼法》修改的关键点对此问题的影响，这样才能正确、精准、全方位地理解税收执行问题。本文正是基于这样一种出发点，对税款、罚款能否申请法院强制执行，进行详细的分析，并得出正确的结论。

关键词：税款罚款　强制执行

对税款、罚款是否可以申请法院强制执行？这在实践中一直是个焦点、难点问题，答案有肯定的、有否定的，孰是孰非，各执其词，而且都能找出依据佐证各自的观点。本文对两种观点分别进行分析，并对相关法律规定进行梳理，并得出一个正确的结论。

一、对税款是否可以申请法院强制执行的分析

《税务稽查工作规程》（国税发〔2009〕157号）第62条规定："被执行人未按照《税务处理决定书》确定的期限缴纳或者解缴税款的，稽查局经所属税务局局长批准，可以依法采取强制执行

措施，或者依法申请人民法院强制执行。”对税款可以申请法院强制执行，此规定并不妥当，建议修改为“对从事生产、经营的被执行人接到稽查局送达的《税务处理决定书》后，未按照规定的期限缴纳或者解缴税款、滞纳金的，稽查局经所属税务局局长批准，应当依法采取强制执行措施。对税款、滞纳金采取强制执行措施的，在行政复议期间不停止执行。”

为什么这样修改呢？原因有三：

第一，因为对税款和滞纳金，国家已赋予税务机关税收强制执行的权力，由税务机关依法采取强制执行措施，不申请人民法院强制执行。

第二，税务机关不能就税款向人民法院申请强制执行，《税收征收管理法》第29条规定：“除税务机关、税务人员以及经税务机关依照法律、行政法规委托的单位和人员外，任何单位和个人不得进行税款征收活动。”《税收征收管理法》第41条规定，税收强制执行措施的权力，不得由法定的税务机关以外的单位和个人行使。因此，征收税款以及强制执行措施，是法律赋予税务机关的法定权力，这种权力非经法定程序和授权，不得自由转让，包括转让给法院。

第三，将《行政复议法》21条、《行政诉讼法》56条的规定，“复议、诉讼期间，行政行为不停止执行”的内容加进本条中，使本条更具有可操作性。

上述建议，税务总局也予以了采纳和吸收，在国家税务总局编写的《全国税务稽查规范（1.0版）》，将税款申请法院强制执行的适用条件和期限表述为：“非从事生产、经营的纳税人、扣缴义务人对税务机关的处理决定逾期不申请行政复议也不向人民法院起诉，又不履行的，作出处理决定的税务稽查局可以自期限届满之日起3个月内，就其未缴的税款、滞纳金申请人民法院强制执行。”也就是说，对从事生产、经营的纳税人的税款是不能申请法院强制执行的；对非从事生产、经营的纳税人的税款是可以申请法院强制执行的。

《税务稽查工作规程》第62条的规定，显然是不妥的，对稽查局查补的税款和滞纳金，国家已赋予税务机关税收强制执行的权力，由稽查局依法采取强制执行措施，不申请人民法院强制执行。

二、对罚款是否可以申请法院强制执行的分析

对税务行政罚款是不是可以申请法院强制执行呢？答案是肯定的。这主要是依据《税收征收管理法》第88条第3款的规定：“当事人对税务机关的处罚决定逾期不申请行政复议也不向人民法院起诉、又不履行的，作出处罚决定的税务机关可以采取本法第四十条规定的强制执行措施，或者申请人民法院强制执行。”也就是说，此条款赋予了税务机关对罚款强制执行的选择权，既可以由税务机关依法采取强制执行措施，也可以申请法院强制执行。

其他税务罚款强制执行的相关规定，都是根据《税收征收管理法》第88条第3款衍生出来的，但衍生的结果存在不同程度的缺陷和不足：

例如《税务稽查工作规程》第64条规定：“被执行人对《税务行政处罚决定书》确定的行政处罚事项，逾期不申请行政复议也不向人民法院起诉、又不履行的，稽查局经所属税务局局长批准，可以依法采取强制执行措施，或者依法申请人民法院强制执行。”《税收征收管理法》第88第3款中“作出处罚决定的税务机关可以采取本法第四十条规定的强制执行措施”的规定，在保留申请人民法院强制执行手段的同时，增加了税务机关直接执行的手段。这里有一点需要说明：即作出处罚决定的税务机关在本条规定的条件下都可以采取强制执行措施而不必如第四十条规定的那样必须经县以上税务局局长批准才可执行。《税务稽查工作规程》第64条中规定的“稽查局经所属税务局局长批准”，此规定没有必要，因为稽查局局长批准就可以对税务行政处罚采取强制执行措施。

再如《全国税务稽查规范（1.0版）》执行管理的罚款强制执行条款规定：“当事人对税务机关的处罚决定逾期不申请行政复议也不向人民法院起诉，又不履行的，作出处罚决定的税务局稽查局可以对未缴的罚款实施强制执行，或者自期限届满之日起3个月内申请法院强制执行。”此条中的“3个月”常常遭到错误的解读，下面做一个简单的分析：

《行政处罚法》第46规定，当事人应当自收到行政处罚决定书之日起15日内，到指定的银行缴纳罚款。《行政复议法》第9条规定，可以自知道该具体行政行为之日起60日内提出行政复议申请。旧《行政诉讼法》第39条规定，（诉讼）应当在知道作出具体行政行为之日起3个月内提出。由上述规定可以看出，《税收征收管理法》第88条第3款中的“逾期”的期限既不是《行政处罚法》中提到的15日，也不是《行政复议法》中提

到的60日，而应当是《行政诉讼法》中提到的3个月。换言之，当事人对税务机关的处罚决定，逾期不复议、不诉讼、又不履行的，只有过了3个月，税务机关才可以采取强制执行措施，否则税务机关将承担全部执法风险。采取税务行政处罚强制执行应注意两点：第一，必须是逾期不复议、不起诉、又不履行的，逾期的期限是3个月；第二，税款、滞纳金的强制执行不受上述条件（3个月）的限制。申请人民法院强制执行应注意：必须是逾期不复议、不起诉、又不履行的，逾期的期限是3个月，才能申请人民法院强制执行。

需要强调的是：这“3个月”又错了，应修改为“6个月”。因为新《行政诉讼法》第46条规定：“公民、法人或者其他组织直接向人民法院提起诉讼的，应当自知道或者应当知道作出行政行为之日起6个月内提出。”

对于行政处罚强制执行概括地说，《行政处罚法》规定，逾期就可以采取强制措施；《行政复议法》规定，复议期间不停止执行（法律另有规定除外）；《行政诉讼法》规定，诉讼期间不停止执行（法律另有规定除外）。而根据《税收征收管理法》88条第3款规定，对于税务行政处罚强制执行来说，却是一个例外，即复议、诉讼期间，税务行政处罚强制执行停止执行。只能期限届满6个月，6个月以后的3个月内，即第7、第8、第9个月内，才可以强制执行或申请法院强制执行。

三、结论

对从事生产、经营的纳税人、扣缴义务人的税款和滞纳金，国家已赋予税务机关税收强制执行的权力，由税务机关依法采取强制执行措施，不能申请人民法院强制执行；对非从事生产、经营的纳税人、扣缴义务人的税款和滞纳金，税务机关可以申请人民法院强制执行。

对罚款的执行，法律赋予了税务机关具有选择权，即依据《税收征收管理法》第88条第3款规定，既可以由税务机关依法采取强制执行，也可以申请法院强制执行，但必须是自《税务行政处罚决定书》送达之日起期限届满6个月，6个月以后的3个月内，才能强制执行措施或申请法院强制执行。

（宋连武，辽宁省本溪市国家税务局稽查局）

运用“进化算法”选案
大幅提升选案质效

王　军

内容提要：税务稽查选案是税务稽查四环节的首道程序，准确与否直接影响稽查执法质效，也是当前税务稽查工作的重点、热点和难点。笔者在研究中发现税务选案的操作流程、数据处理过程与“进化算法”原理和操作方式高度契合，都具有迭代进化、逐步求精的特点。“进化算法”是以达尔文的进化论思想“优胜劣汰”“适者生存”为基础的人工智能算法。基于“进化算法”的选案方法，解决随机抽取检查对象的随机性与准确性难题。

关键词：“进化算法”　随机抽查　稽查选案

“进化算法”是信息技术领域的一种前沿计算方法，是以达尔文的进化论思想为基础，模拟生物进化过程与机制的人工智能算法。与传统的基于全局搜索的算法相比，“进化算法”具有自组织、自适应、自学习的特性，能够找到“帕累托”最优解，有效解决传统算法精确度不高、针对性不强等问题。税务选案的操作流程、数据处理过程与“进化算法”原理和操作方式高度契合，都具有迭代进化、逐步求精的特点，因而率先探索将“进化算法”成功应用于选案工作中，大大提升了选案质效。

一、为什么在选案中运用“进化算法”？

（一）过程高度契合

生物进化的过程中存在繁殖、变异、竞争等自然现象，是生物种群不断发展前进的演化形态。

"进化算法"正是在总结生物进化自然规律的基础上，提炼出选择、交叉、变异、筛选等算法步骤，应用于相关领域，实现了进化结果的精准预测。税务稽查选案主要应用分析、类比、交叉匹配、筛选等方法，与"进化算法"的计算过程高度契合。

（二）结果高度契合

生物进化的目标是通过"优胜劣汰"，实现"适者生存"，只有最适应环境的种群才能存活，在生物进化中不断积累优势，不断完善，最终得出最优解。"进化算法"正是模拟的这一原理。税务稽查选案的目标是筛选重大疑点异常企业，找出纳税人中涉税问题最大、疑点最多的个体，也是通过运用各种不同方法，淘汰弱关联个体，逐步完善，得出最优解，两者目标结果高度契合。

二、怎样在选案中运用"进化算法"？

"进化算法"选案以"三大基础"为支撑。一是丰富多样的数据仓库。以税务部门信息系统，包括金税三期系统、防伪税控系统、出口退税系统等9大业务系统中的登记、征收、稽查等12类2100余项电子数据信息作为数据来源的数据仓库；二是高效精准的选案指标。基于数据信息设计出233项监控分析指标（按应用模式分为两个层面：预警类指标127项，分析类指标106项；按数据分析粒度分为三大类：地区税负分析类指标20项，行业税负分析类指标12项，专项税负分析类指标201项），并从中筛选出38项综合性、表现力强，关联性、精确度高的选案指标（多数指标适用于分析和预警，这里精选出的是对选案最有效的指标，如：企业所得税贡献率，增值税专用发票数量、金额变动率），作为选案分析算法的筛选指标；三是科学可靠的选案模型。基于上述选案指标共设计出152项选案模型（在指标的基础上，设定行业、规模、地域和纳税人类型等条件，同时设定应用指标的阈值、筛选条件和筛选方式建立起选案模型，将选案模型应用于纳税人集合，可以直接得出选案结果），可直接应用于纳税人筛选，实现智能化、自动化选案。

"进化算法"选案的过程是对人工选案过程的模拟：以已掌握的存在涉税违法行为的企业（称为种子）为参考，筛选出有潜在涉税违法风险的企业，在多个指标上相近的企业即视为同类。具体实现是用计算机算法模拟自然界生物进化的过程，采用变异、交叉和选择等方法在一代内演进，然后多次迭代演进，搜索出与种子相似的企业。每一次迭代改进有限，但是通过自动化多次迭代，无限逼近最优解。主要过程是：

确定初选集合。给定种子企业，对所有纳税人按照行业、规模、地域等进行粗略划分，初步设定与种子类似的疑点企业的筛选范围，作为初选集合。

变异操作。"进化算法"的变异是指每一代中的成员进行适度的变异以求更优化的后代。随机选择筛选指标和模型，应用于初选集合，每次随机的结果是初选集合的一个子集，是一组包含种子的纳税人集合，相当于初选集合的一次变异，产生一个选案方案。多次变异的结果产生的全部选案方案构成了筛选集合。

交叉操作。"进化算法"的交叉操作是指不同的个体通过交换部分成员以形成新的个体。随机选择筛选集合中的方案进行集合运算，使用并、交、叉运算符进行运算，从而得到多个组合方案，全部组合方案构成新的筛选集合进行下一步操作。

选择操作。"进化算法"的选择操作是从个体中挑选更具有适应性的个体作为进一步演进的基础。根据种子在选案方案中的比例作为评分值，对筛选集合中的全部选案方案进行排序，筛选出排名靠前的部分选案方案作为候选集合进行进一步进化。

循环迭代。"进化算法"通过多代迭代进化以进行逐步求精得出最有解。筛选出的候选集合作为进一步迭代的初选集合回到第二步重复变异、交叉和选择过程，并再次循环迭代。经过设定的演进代数或者达到收敛状态后，最终得到最优结果，准确锁定稽查待查对象。

三、在选案中运用"进化算法"的成效如何？

通过应用"进化算法"选案，选案人员工作量和压力大幅减轻，选案质效显著提升。这一选案方式既符合定向随机抽取的基本原则，又具有更明确的指向性，在山东省开展的"双随机"工作中，通过多方采集数据信息，开展广泛分析，利用"进化算法"筛选出待查对象，并明确待查对象可能出现的较大疑点，交由检查部门开展检查。从初步验证结果看，选案精准度比传统选案方式效果明显。

具体表现为以下三个方面：一是选案综合性更高。"进化算法"选案集成了多种选案信息和方法，避免了信息和知识盲点，促进选案过程更加综合、全面、系统。二是选案速度更快。人工智能的“进化算法”带来更高效率，可以从海量的纳税人中迅速筛选出疑点企业，选案速度大幅提高。三是选案更精准。选案结果无限接近于真实情况，选案精准度实现了质的飞跃。实践证明，通常1次人工选案大约只能进行10余次的筛选和判断，应用的指标也在10个以下。而基于“进化算法”的选案方式，1次选案过程至少要经过20代迭代进化，如果每代中选择40个方案进行交叉和变异，整个选案过程中就会产生出约8.9万个方案，最终从8.9万个方案中挑选出的最优结果，信息的应用更为充分。同时“进化算法”本身的特点也可以避免陷入局部最优，能够保证选出的结果是全局最优。而且，这一方法特别适用于专业经验较少的随机筛选。如目前针对非重点稽查对象的随机抽查。通常而言完全随机的方式抽查效果不佳，而使用进化方法进行随机筛选，将使得随机抽查更有针对性，选出的结果与已掌握的具备涉税违法行为的纳税人更为接近，效果更好，从而更有利于完善落实随机抽查制度。

（王军，山东省国家税务局稽查局主任科员）

股权激励个人所得税稽查问题研究

刘　涛　班　烨

内容提要：股权激励是企业高管等高收入个人取得数额巨大的非货币形式收入的隐蔽渠道。本文结合河南省若干企业实际调研案例，对于股权激励类型收入个人所得税稽查方法做了创新研究和归纳，采用理论分析和案例分析结合的研究方法，在理论分析中对于股权激励的税收规定、会计处理进行了归纳，结合实际调研案例，演绎推导出股权激励的稽查思路和方法。

关键词：股权激励　个人所得税　股票期权　股票增值权　限制性股票

对于股票期权、限制性股票、股票增值权等特殊类型的工薪性质收入，在税收征管方面往往存在盲区、漏洞，稽查部门近年来也没有此方面较为深入的理论研究。为此我们以“股权激励个人所得税稽查”为题，在全省涉及股权激励个人所得税问题的部分企业开展了专题调研，同时结合近年来河南省稽查实践，整理出部分文字，以期能够给稽查一线的同仁们提供一些股权激励个人所得税问题稽查方面的工作思路。

一、股权激励个人所得税面临的征管形势

（一）目前股权激励涉及的个人所得税问题存在征管漏洞、稽查不到位的情况

本次调研从河南省近80家上市公司中随机抽取了4家推行股权激励计划的企业调研，就发现甲市的A企业因计算错误少扣缴限制性股票个人所得税50多万元；而乙市的B企业则存在未按规定期限扣缴税款，延迟扣缴股票期权个人所得税1500多万元。

（二）高收入群体个人所得税问题是税务总局近年来关注的热点，也是征管难点，需要进一步加强征管和稽查力度

税务总局近年来一直在强调加强对高收入自然人的税收征管，《深化国税、地税征管体制改革方案》中提出“建立自然人税收管理体系。顺应直接税比重逐步提高、自然人纳税人数量多、管理难的趋势，从法律框架、制度设计、征管方式、技术支撑、资源配置等方面构建以高收入者为重点的自然人税收管理体系。”可以说，企业高管是税务总局近年来关注的高收入群体，需要进一步加强征管和稽查力度。

二、股权激励稽查的思路和方法

针对以上情况，要做好股权激励涉税问题稽查工作，建议按照以下方法着手：

（一）梳理股权激励税收政策，脉络清晰地掌握政策要点

一是对于股权激励来说，涉及个人所得税方面的税收文件从《关于个人认购股票等有价证券而从雇主取得折扣或补贴收入有关征收个人所得税问

题的通知》（国税发〔1998〕9 号）开始，到最新的《关于完善股权激励和技术入股有关所得税政策的通知》（财税〔2016〕101 号），总共十几个文件。这些文件很多是补丁打补丁——后面的文件对前面文件做补充规定，前文全部作废或部分作废。建议大家自行学习整理涉及股权激励的税收文件，梳理脉络，尤其要对税收规定变更的时间点把握好。

二是掌握股权激励的税收规定，更需要熟悉相关法律和政策。对证券市场的相关政策和规定不熟悉，就不可能准确掌握股权激励的税收政策。例如《国家税务总局关于股权激励有关个人所得税问题的通知》（国税函〔2009〕461 号）文件第三条的规定："应纳税所得额 =（股票登记日股票市价 + 本批次解禁股票当日市价）÷2 × 本批次解禁股票份数 − 被激励对象实际支付的资金总额 ×（本批次解禁股票份数 ÷ 被激励对象获取的限制性股票总份数）。"对于以上公式中的"股票登记日股票市价"，税务机关认为文件中的"股票登记日股票市价"明确规定"指当日收盘价"，就应该严格按照当天收盘价计税。殊不知，股票登记日至股票解禁日之间，如果该股票发生分红、送股、转股，要将股票登记日的市价进行前复权处理。

所以一定要熟悉《公司法》《上市公司股权激励管理办法（试行）》《股权激励有关事项备忘录》《企业会计准则第 11 号——股份支付》《企业会计准则解释第 7 号》等相关政策规定，了解股权激励的业务流程和会计处理，才能准确把握股权激励的税收实质。

（二）通过政策研究，得出税收规定关键点

股权激励三种典型形式——股票期权、限制性股票、股票增值权的共同点：一是按特定公式计算出应纳税所得额，二是根据不同适用条件按优惠公式或者直接并入当期所得计税。

股票增值权作为虚拟股权激励工具，激励标的物仅仅是二级市场股价和激励对象行权价格之间差价的升值收益，其所得实际就是现金形式的所得，可以直接确定所得额，再根据不同适用条件按优惠公式或者直接并入当期所得计税。

要得到股票期权的应纳税所得额，必须掌握三个要素：行权日股票的收盘价，即员工行权购买股票，在中国证券登记结算有限责任公司办理股权登记的当天股票收盘价；员工取得该股票期权支付的每股施权价和行权股票数量。

要得到限制性股票的应纳税所得额，必须掌握六个要素：股票登记日股票市价，本批次解禁股票当日市价，授予股票价格，本批次解禁股票份数，被激励对象获取的限制性股票总份数，授予股票数量。

（三）按图索骥查找计算出股权激励应纳个人所得税额

具体步骤方法如下：

1. 搜集资料，着手案头审计，取得部分计算股权激励个人所得税所需数据

人工查找公告，或者依靠"网络爬虫"技术开发网络涉税信息监控平台搜集公告信息。根据以上方法得出股权激励的税收关键点或者说关键要素来看。对于数目繁多的上市公司关于股权激励的公告，我们只需有的放矢的查找关键公告即可；对于股票期权和股票增值权，只需要查找公司行权公告；对于限制性股票则需要查找授予完成公告和解锁公告。

对于境内个人参与境外上市公司股权激励计划的，需要到外汇管理部门调取相关资料。根据《国家外汇管理局关于境内个人参与境外上市公司股权激励计划外汇管理有关问题的通知》（汇发〔2012〕7 号）的相关规定，境内个人参与境外上市公司股权激励计划的，必须到外汇管理局填报《境内个人参与境外上市公司股权激励计划外汇登记表》等资料备案。检查人员可以到外汇管理局调查取证境内个人参与境外上市公司股权激励计划有关的情况。

2. 实地核查，确认股票登记日期

无论是股票期权还是限制性股票，股权登记日都是非常重要的关键要素。落实股权登记日情况，可以从两方面入手。一方面检查人员可以要求纳税人登录中国证券登记结算有限责任公司网站发行人 E 通道电子平台，通过该电子平台查询股权登记情况；另一方面可以到纳税人的证券部等部门查找股份登记确认书、证券登记申报明细清单等纸质文书资料，来确认实施股权激励计划时在中国证券登记结算公司进行股票登记的日期。有了股票登记日期，就可以通过股票软件查找到进行股票登记日期的股票当日收盘价。

3. 计算应纳税所得额，比对应纳税额

通过取得的数据，可以对照税收规定，直接确定所得额，再根据不同适用条件按优惠公式或者直接并入当期所得计税。计算出企业应扣缴的股权激励个人所得税，再和财务部门实际扣缴的个人所得税数据比对，得出企业是否按规定足额扣缴税款的

结论。

（四）注重对股权激励备案手续的检查

股权激励个人所得税备案与否，税收待遇差别巨大。一是实施股权激励的企业只有按照《关于股权激励有关个人所得税问题的通知》（国税函〔2009〕461号）的要求，在实施股权激励时向主管税务机关办理备案手续，才可以享受优惠计税的待遇。二是只有按照《财政部　国家税务总局关于完善股权激励和技术入股有关所得税政策的通知》（财税〔2016〕101号）的要求进行递延纳税备案的，才可以享受到递延纳税的优惠政策。所以稽查人员在核实股权激励个人所得税税款缴纳情况时，也要注意纳税人股权激励备案手续是否完备。

（刘涛，河南省地方税务局稽查局副科长；班烨，河南省地方税务局稽查局科员）

“营改增”后税务稽查工作面临的形势分析及应对建议

安徽省地方税务局稽查局课题组

内容提要：“营改增”是全面落实深化税制改革的重要举措，也给地税部门的整体征管格局带来了很大转变。作为税收征管的最后一道环节，地税稽查也面临稽查税种、对象、模式等种种变化。本文从“营改增”后安徽省税收征管格局的改变及其给稽查工作带来的变化、地税稽查工作面临的挑战、新形势下稽查工作任务等方面，对“营改增”后安徽省地税稽查工作面临的形势分析及应对建议进行了具体阐述。

关键词：“营改增”　地税稽查　查补收入　人员配备　对策

随着“营改增”的全面落实以及各项税制改革措施的进一步推进，地税部门的整体征管格局发生很大转变。新的历史时期，如何找准稽查着力点，充分发挥地税稽查职能作用，做“防漏洞”“打犯罪”的主力军，是当前稽查工作必须思考的问题。安徽地税局结合近5年地税稽查工作情况，深入分析稽查工作面临的挑战、新形势下稽查工作任务，并提出顺势而为、积极作为的对策建议。

一、安徽省地税稽查工作基本情况

（一）稽查人员配备情况

截至2016年底，安徽省地税稽查机构人员实际人数1105人，占全省地税人员比例为9%，低于全国12%水平。其中：省局稽查局28人；市局稽查局372人，平均为23人，人员较少的仅11人（六安市局、宣城市局）；县（区）局稽查局705人，平均为9人，人员较少的仅4人。省编办批准的全省地税稽查机构行政编制人数1338人，全省地税稽查人员空编233人。

（二）近5年案件查处情况

1. 总体情况

近年来，安徽地税稽查部门围绕税收中心工作，充分发挥“以查促查、以查促管、以查促收、以查促改、以查促廉”的重要作用，为国家挽回了大量流失税款。年查补入库收入跃升到20亿元以上，5年共组织检查纳税人2.8万户，查补入库收入超100亿元。

2. 大要案查处情况

2012—2016年，共查处1000万元以上案件32件，查补税款9.77亿元；100万元以上案件402件，查补税款12.06亿元，检查力度和深度进一步加大。在打击逃避缴纳税款、虚开发票等方面，特别是在大要案的攻坚克难上，取得尤为明显的成效。

3. 户均查补情况

5年来，全省地税稽查部门共立案检查8957户，查补收入40.78亿元，户均查补收入46万元，高于全国同期水平（全国同期户均查补收入为30万元）。因检查力度和深度进一步加大，户均查补收入平均每年以超过30%的速度逐年递增。

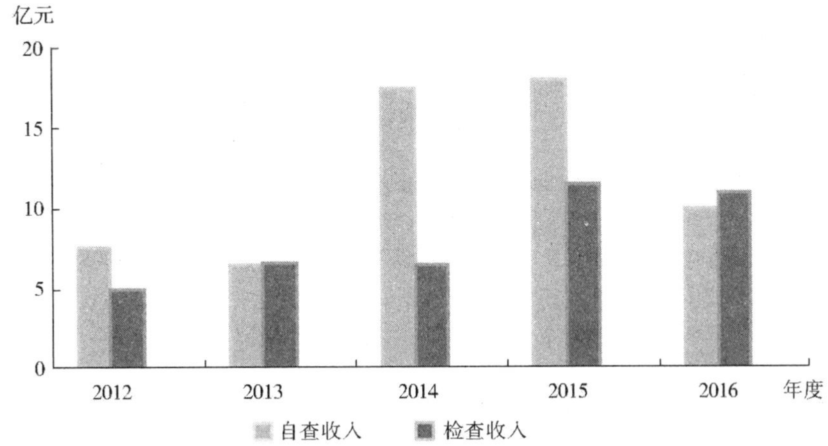

图 1　安徽地税稽查查补入库情况（2012—2016 年）

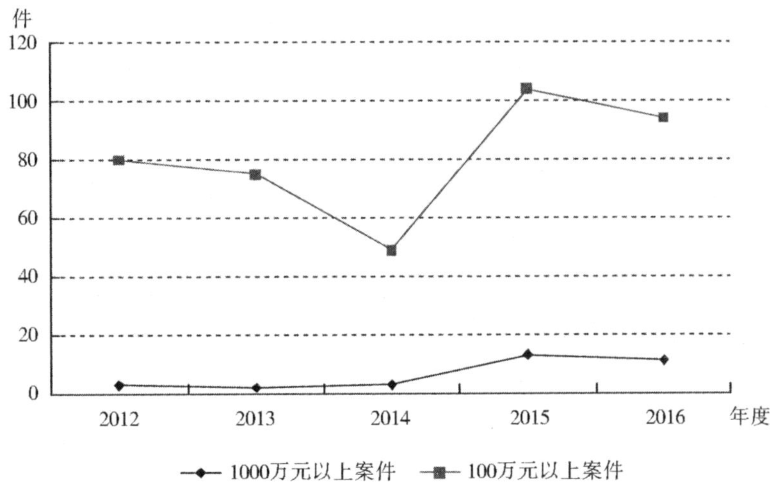

图 2　安徽地税大要案查处情况（2012—2016 年）

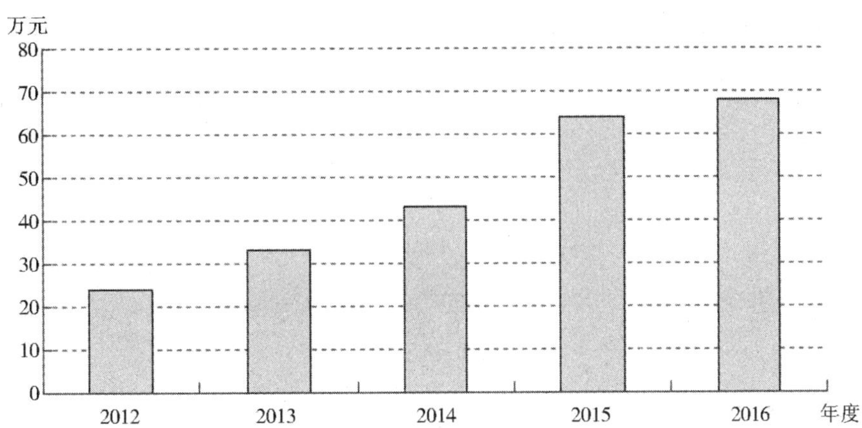

图 3　安徽地税户均查补收入情况（2012—2016 年）

二、"营改增"后地税征管格局的改变对稽查工作的影响

（一）查补收入规模将大幅减少

营业税和企业所得税作为地方税收的主体税种，一直以来在地税收入中起着支撑作用。在"营改增"和税制改革进一步推进后，没有了营业税和企业所得税，地税税收收入将大幅减少，相应的稽查查补收入也会受到影响。

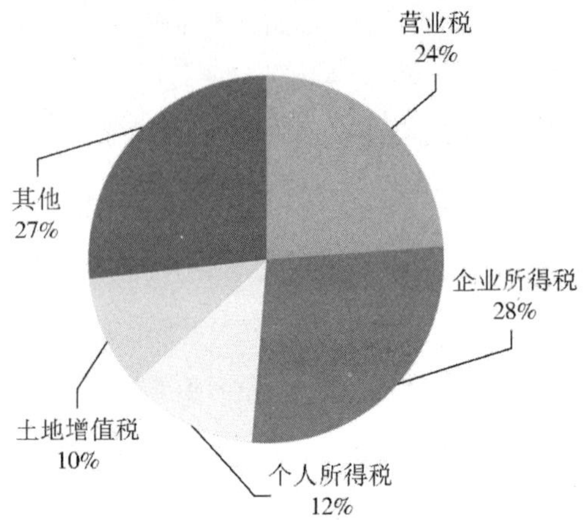

图4　安徽地税分税种检查情况（2012—2016年）

（二）稽查对象将以自然人纳税人为主

"营改增"后，随着地税部门的征管对象将从企业纳税人为主转变为自然人纳税人为主，地税稽查部门的稽查对象也将改变为以自然人纳税人为主。自然人纳税人与企业纳税人相比，在税收管理上存在很大不同，涉及税种多，税源分散、隐蔽，征管难度和稽查难度更大。

（三）稽查内容将发生重大改变

一方面，随着互联网的快速发展，催生了传统实体经济与互联网的深度融合，电子化交易和营销越来越多，电子商务、互联网金融、远程定制加工和在线信息服务等新兴业态迅速崛起，稽查工作的重点将转向新生业态和自然人纳税人。另一方面，从当前各地稽查情况看，稽查部门对自然人纳税人检查主要着眼于工资薪金所得个人所得税。随着对自然人纳税人税收检查的深入，股权和不动产转让涉及的个人所得税、印花税、契税等和自然人纳税人中的高收入人群的个人所得税检查，将是以后地税稽查的重点。

三、"营改增"后地税稽查工作面临的挑战

（一）稽查人员分布与税源分布和案件查处不配比带来的挑战

从稽查人员分布情况看，截至2016年底，安徽省地税稽查机构人员实际人数1105人，其中省局稽查局28人，市局稽查局372人，县（区）局稽查局705人。从税源分布情况看，2016年安徽省地税税收收入1476.5亿元，其中省级地税税收收入62.5亿元，市级地税税收收入799亿元，县级地税收入615亿元。从案件查处情况看，2016年安徽省地税稽查查补收入21亿元，其中省级稽查查补收入2.18亿元，市级稽查查补收入17.16亿元，县级稽查查补收入1.81亿元。省、市、县（区）稽查人员、税源和查补收入占比分布如下图所示：

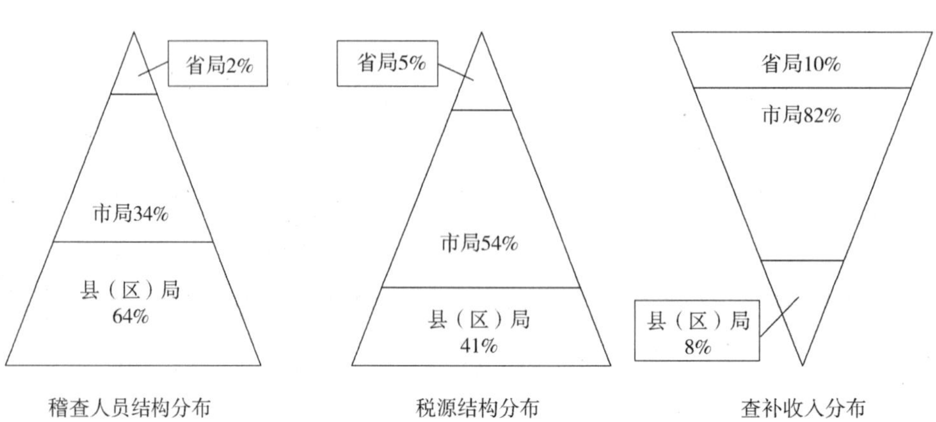

图5　安徽省、市、县（区）稽查人员、税源和查补收入占比分布情况

从上面结构对比图可以看出，稽查部门人力资源配置呈正金字塔形，与案件查处呈现的倒金字塔形成鲜明对比，不利于形成专业化、集约化力量对重大税收违法案件和重点税源企业进行深入查处，在大要案的查处数量和比例上更是如此。

（二）检查内容的变化带来的挑战

一方面，税务机关执法权限有限。自然人纳税人流动性大，很多检查涉及个人隐私，如果纳税人不配合税务稽查部门的检查，以现有的检查手段和权限，很难对其进行检查。新生业态产品虚拟化，现有的检查方式、权限不能满足检查需要。另一方面，稽查部门对自然人纳税人的检查能力还不足，和自然人纳税人直接打交道的经验还不多，在纳税人未按规定设置账簿凭证情况下，稽查部门获取相关证据资料的能力还不足；新生业态企业涉税信息流动性、碎片化特征明显，税务部门全面收集的能力不足，检查难度较大等。

（三）稽查专业化人才不足带来的挑战

安徽省地税稽查人员占税务人员比例9%，低于全国12%平均水平，对频发的税收违法案件疲于应付。稽查队伍高素质、专家型、复合型人才较为匮乏，难以保障稽查执法流程设计所需的人力资源，难以适应税收违法行为跨行业、智能化、隐秘化的趋势。

四、应对“营改增”后新形势对策建议

（一）实现思想认识向积极主动作为的转变

随着经济的不断发展，居民个人财富迅速增加，居民“财产性收入”持续大幅增长，社会贫富差距扩大，收入分化也越来越严重，自然人税收收入流失现象不容乐观。我国各税种中，大部分是对企业征税，并且以间接税为主，对自然人征税部分不足10%。“营改增”后，我们要摒弃地税稽查部门无税可查、无案可查、无能为力、无所作为的思想，将自然人检查作为工作重点，积极主动作为，深入挖掘自然人税收管理潜力，规范和整顿税收秩序。

（二）实现稽查职能向执法型稽查的转变

税务总局局长王军说，“稽查是一只有力的拳头，要打好组合拳，重拳出击要做到稳准狠”“稽查是一把闪光的利剑，要舞好这把剑”。如何充分发挥拳头和利剑作用，要求我们准确定位稽查职能，实现单纯收入型稽查向执法型稽查的转变。改变以查补收入为主要衡量稽查工作水平的倾向，树立执法型税务稽查指导思想，集中精力，搞好以往征管和稽查的薄弱环节，增强稽查打击的精准性和威慑力。

（三）实现稽查管理向集约化管理的转变

《深化国税、地税征管体制改革方案》对稽查机构和体制的改革提出了具体的要求。安徽省马鞍山市地税局先试先行，优化市县稽查机构配置，撤销了所辖三县稽查局，保留市局稽查局，增设市局稽查局检查科，实现了稽查资源向上级稽查部门集中，向重点税源地区集中，提高了执法层级，减少了办案干扰，降低了稽查成本，为全省稽查改革提供了先进经验。下一步，建议结合安徽省实际情况，按照税务总局部署，在建立跨区域稽查机构、提高稽查执法层级、调整和优化省市级稽查职责和工作力量上能有所突破，实现稽查管理向集约化管理转变。

（四）实现稽查方式向构建执法协作体系的转变

一是加强国税地税联合稽查。通过细化联合执法实施办法、拓展国税地税稽查合作范围、建立信息共享机制、深化联合执法深度等方式方法，沟通双方在检查中发现的税收违法新动向、新手段和新特点，充分发挥国税地税联合办案合力。二是发挥税警联合办案优势。充分发挥公安派驻税务机构作用，拓宽公安提前介入税务案件的渠道和方式，借助公安侦查和强制措施的优势，提高对自然人纳税人检查和执行的效率。三是加强第三方信息利用。建立由政府主导、整合财政、银行、土地、民政、社保等部门涉税信息的大数据交换平台和信息共享机制，加强信息交换和比对，解决征纳双方信息不对称问题，实现科学选案，高效稽查。

（课题组

组　长：仇应广，安徽省地方税务局稽查局局长

成　员：卢年春，安徽省地方税务局稽查局副局长；石卫斌，安徽省地方税务局稽查局综合科科长；苏志影，安徽省地方税务局稽查局综合科副主任科员）

关于大数据时代下重庆地税稽查信息化建设的思考

重庆市地方税务局稽查处课题组

内容提要： 随着大数据时代来临和税收征管体制改革不断深入，信息技术在税务稽查工作中的作用日益凸显，逐渐成为开展工作的坚强依托。因此，在当前税收征管模式下，如何进一步加快税务稽查信息化建设，实现税务稽查工作跨越式发展，是税务稽查部门着力解决的重要课题。本文立足重庆市地方税务局稽查信息化建设，努力探求如何建立以数据采集为基础、数据加工为重点、数据应用为核心的大数据稽查管理应用系统，从而加快推进税务稽查现代化建设。

关键词： 税务稽查　信息化　建设

一、重庆地税稽查信息化面临的问题

（一）无法实现案件有效管控

网络版查账软件正在推行、信息化管理系统平台正在建设，无法对稽查四环节流程进行监控管理。

（二）无法实现系统自动选案

缺乏信息化选案软件，无法实现系统对纳税人财务数据、涉税数据和其他外部数据的自动甄别分析、筛选比对，无法自动形成异常对象名录库。

（三）无法实现数据增值应用

检查发现的涉税问题和查补数据，无法实现系统自动分析汇总，无法构建分行业涉税数据模型、行业指标的参考值，无法为选案、检查、审理人员和领导决策提供依据。

（四）无法实现报表自动汇总

稽查报表仍然采用人工汇总，无法保证稽查数据的准确性和及时性。

（五）取证环节仍然存在风险

电子涉税数据取证过程中，采用普通检查手段获取的电子涉税证据，难以固定为具有司法效力的稽查证据，稽查成果难以巩固。

二、重庆地税稽查信息化建设基本目标

至2019年，基本建成立足于金税三期系统，涵盖稽查信息化管理平台、网络版查账软件和专业化电子取证设备等软硬件系统，覆盖全市地税各级稽查局、覆盖稽查工作各环节的稽查信息化应用管理体系。实现稽查执法流程化、标准化、智能化，稽查管理规范化、精细化、痕迹化，稽查改革发展的数据基础和技术支撑显著增强，海量数据的挖掘、分析和利用能力大幅提高，稽查工作质效和管理水平稳步提升。

（一）实现稽查作业手段信息化，提高稽查工作效率

与征收管理系统等各级信息系统无缝对接，实现信息化案源管理、智能化检查、数字化审理、执行，实现案源、检查、审理、执行一体化作业，提高工作效率。

（二）实现海量数据多维度运用，保障稽查精准打击

不断完善强化第三方数据、企业财务数据及业务等数据接口开发，拓宽信息搜集渠道，丰富数据获取手段，规范稽查信息数据管理，促进稽查信息数据的充分共享和深度加工、挖掘、分析及运用，为稽查信息化大数据仓库积累充实的数据，确保精准稽查准确度。

（三）实现稽查作业标准化管理，防范税收执法风险

积极搭建涵盖“业务支撑”“业务操作”“业务管理”“监控评价”等子系统的稽查信息化管理平台，通过规范的流程、标准的模板底稿以及在线团队支持等方式，严格按照法定权限和程序履行税务稽查职能，大力推进稽查执法标准化、规范化建设。

（四）实现稽查作业环节全监控，提升稽查工作质量

通过信息化手段对稽查作业中的案源管理、检查、审理、执行等过程进行有效监控，记录作业痕迹，通过设置科学的评价指标，建立起完善的质量管理和考核评价体系，保证领导决策层、综合管理层等人员在不同层面对稽查干部实施多维度的绩效评价，不断提高稽查工作质量。

（五）实现稽查成果增值应用，发挥稽查职能作用

充分梳理、分析稽查结果，通过按行业、地区等汇总计算，及时修正各类指标参数，定期编制案例库、预案指南、稽查建议等资料，不断完善税收政策和征管机制，保证税收管理质效持续提高。

三、重庆地税稽查信息化建设方案

以《税务稽查工作流程》为依据，依托金税三期系统和重庆地税大数据管理平台，以标准化、流程化、规范化、痕迹化、高效化、智能化为原则，强化数据管理和成果应用，强化过程监控和质量管控，强化业务技能和组织保障。一是开发覆盖稽查案源、检查、审理、执行四环节的监控管理、绩效考核、内部控制、统计分析、情报共享、成果应用、全景展示、报表汇总等功能的税务稽查信息化管理平台。二是运用对案件实施全程监控，对检查环节流程化、规范化的网络版查账软件系统。三是配备可实现现场采集的涉税数据和证据资料司法固定的取证设备。四是不断完善部门间合作、信息共享机制，建立健全工作制度体系，加强信息化人才培养，提升税务稽查信息化应用管理水平，持续提升税务稽查工作质效。

（一）税务稽查信息化管理平台

稽查信息化管理平台主要依托风控系统的案源管理系统，整合金税三期系统稽查模块和网络版查账软件的检查管理系统、构建审理管理系统、执行管理系统、档案管理系统、监控评价系统、稽查成果系统、业务支撑系统、数据采集系统、全景展示系统、报表统计系统 11 大功能模块，实现和金税三期系统、网络版查账软件数据流无缝衔接，业务流互联互通。

1. 案源管理系统

依托风控系统，通过案源管理系统整合案源接收、案源导入功能，实现市、区（县）两级稽查建立案源管理，对全部案件状态进行动态监控管理。

2. 检查管理系统

整合网络版查账系统，将账套数据保存至税收数据资源库中，实现全局统一运用。检查人员将采集到的纳税人涉税电子数据导入查账系统，利用系统中的会计科目模型，记账凭证关联比对等分析工具，综合比对多方数据，发现纳税人涉税疑点，自动生成工作底稿和稽查报告，并将底稿和报告自动传送至金税三期稽查模块，实现数据的互联互通。

3. 审理管理系统

审理管理系统自动接收金税三期系统中案件审理状态，对审理环节进行管理、监控，并实现重大案件的在线审理、多人集中审理和视频、音频审理。

4. 执行管理系统

执行管理系统自动接收金税三期系统中案件执行状态，对执行环节进行管理、监控，并可对第三方数据和互联网数据进行综合比对，提高执行的效率。

5. 档案管理系统

档案管理系统是对稽查四环节收集的与案件有关的证据资料（采集、扫描）进行整理，形成电子化案卷资料，进行归档管理。

6. 监控评价系统

对案件全过程进行监控评价，包括事中监控和事后考核，从多维度、多层面对稽查工作的进展情况进行统计、汇总，形成相应的决策依据。

7. 稽查成果系统

归纳总结稽查案例、检查方法、行业检查指南等，实现稽查成果的增值利用，推动有价值稽查成果信息共享、信息传递和信息反馈。

8. 业务支撑系统

业务支撑系统能够发起在线支持，链接 12366 纳税服务法律法规库。包括建立稽查文书库、标准问题库、涉税情报库，建立与维护个案分析、查账分析等模型库。

9. 数据采集系统

数据采集系统能够自动识别、自动搜索企业使用的财务软件种类、版本和所有账套信息，自动寻找网络版服务器，自动解密或者绕过密码，直接进入财务软件数据库实现对企业财务数据的采集备份，并将采集的企业财务数据和涉税数据保存至重庆地税税收数据仓库中，供征管和稽查分析使用。

10. 全景展示系统

各级稽查领导干部可以通过税收地图了解各级

稽查机构案件在查、在审、在执行、已结案等状态数量，税款查补金额，入库金额等基本情况，还可以根据展示内容直接穿透查看明细数据，有助于进行决策管理。

11. 报表统计系统

用于展示生成月报表，分地区、分税种按照比例计算区级收入，还能自动汇总统计案件办理个数的排行榜（前20名）、大要案办理个数排行榜（前20名）、案件办理时间排行榜。

（二）网络版查账软件系统

B/S网络版查账软件是基于“大数据＋网络化”发展趋势，针对税务稽查程序中的稽查实施环节，分行业、分税种形成的稽查项目标准化管理，强化稽查过程监控和质量管控，实现税务稽查工作的流程化、规范化、痕迹化管理。

结合稽查实施环节的实际工作，网络版查账软件对单机版功能进行增强、优化的同时，引入了案件集中、管理等方面的功能。主要包含案头分析、数据准备、智能分析、项目检查、阅账平台、结案管理、案件管理、统计分析、基础数据、模型管理、系统管理11大功能模块

（三）专业化电子取证设备

随着科学技术的发展，税务稽查电子数据获取及取证有效性工作正面临着“机难开、密难破、证难取”的困难，稽查线索难以固定为具有司法效力的稽查证据。

税务专用电子取证设备能够有效解决税务稽查电子取证难及事前“如何取数”，事中“取什么数”，事后“数怎样用”的问题。设备通过高速硬盘复制、自动取证分析、动态系统仿真等多任务并行处理技术，并提供符合司法有效性的读写保护功能，使得现场进行证据固定、电子数据取证分析工作简单快捷。同时，将查账软件的数据采集软件融入取证设备中，采集数据的同时可对企业的电子账套进行查阅，可以上传到存证云，由中证司法鉴定中心出具司法鉴定报告，并导入查账软件中进行分析。

四、重庆地税稽查信息化建设实现的功能

（一）查账软件智能化和标准化

对于分配到检查部门的案件，稽查人员运用采集软件将企业涉税电子数据采集取回，导入查账系统。查账系统提供一系列的分析检查模型、行业检查方案、分析工具等，帮助稽查人员快速、准确地找到涉税疑点，进而通过相关证据确认存在问题，既规范执法行为，又提高工作效率。

（二）电子证据规范化

随着“互联网＋物联网”的进一步发展，未来稽查将不可避免会遇到需要使用电子证据进行案件定性，甚至是用于行政诉讼等司法程序的情况。但是电子稽查中的取证不同于普通取证，其要求更为严格。由于目前电子稽查缺乏高层级的法律授权，为有效防范执法风险，专业化取证设备可以协助检查人员规范电子取证。

（三）数据分析智能化

1. 基于大数据应用的案源管理系统

实现与征管系统的接口开发，在“决策二包”的基础上，依托风控系统具备案源接收、案源监控的功能，利用税务稽查大数据，为案源管理系统提供数据基础。加强对于第三方数据的接口开发，扩展信息搜集的渠道与手段方法，强调研究第三方数据的比对和其他分析方法。一是数据来源广泛。向上可接收大数据管理平台数据信息作为核心数据、接收互联网数据服务提供的情报展示；支持金税三期核心征管系统案源登记自动查询，结合案源管理办法中相关规定接收、管理案源。二是案源监控实时。系统具备跟踪案件进展，更新案件状态的功能。支持案源管理岗对案源及案件的情况进行监控管理，包括金税三期案源案件情况、案件反馈回复等，实时更新案件情况，自动推送提醒。

2. 融合查账软件的实施环节

对于分配到检查部门的案件，查账软件能够对由大数据管理平台推送的纳税人“一户式”信息、情报、检查预案及选案推送的风险点进行案头分析，也能够利用现场采集执法箱进行企业现场数据采集，其中账务数据导入查账软件分析，文档数据上传至取证金刚/取证塔进行分析。

（四）案件资料电子化

1. 突破金税三期系统瓶颈的重大案件在线审理系统

电子审理系统主要是对稽查实施环节中所编制的《稽查报告》及其相关证据、法律法规、处罚决定等进行审理，系统围绕《稽查报告》电子版进行，完成对相关内容的审理审核。审理管理系统自动接收金税三期系统审理状态，对审理环节进行管理、监控，并实现重大案件的在线审理。

2. 电子档案管理系统

电子归档是将检查、审理、执行后所形成的电

子档案文件保存至市局电子档案库中，供稽查部门或其他部门管理或使用。电子档案管理系统可建立多个相对独立的分支机构的档案子系统，并可授权单位通过浏览器对自己的数据进行管理利用。

（五）稽查执法网络化

使用稽查信息化管理平台进行稽查作业，登录界面和金税三期系统对接，集成到重庆地税大数据管理平台，在作业平台完善以后，将通过 VPN、移动 APP 等方式，利用 3G 或 4G 网络连接重庆地税数据库服务器，查询案源基本信息、实时状态、报表台账等，便于查阅、统计和考核，可多样化展示案源的检查过程、结果、效率等考核指标。

（课题组

组　长：徐德中，重庆市地方税务局副局长

副组长：张目，重庆市地方税务局稽查处处长；吴丰，重庆市地方税务局稽查处副处长

成　员：谢涛，重庆市地方税务局稽查处主任科员；蒋攀，重庆市地方税务局稽查处副主任科员；刘序，重庆市地方税务局第一稽查局检查三科科长；邱晓春，重庆市地方税务局第二稽查局审理科副科长）

查处虚开发票案件的分析与思考

四川省国家税务局稽查局课题组

内容提要：本文系统梳理四川省打虚工作的成效与主要做法，分析虚开专业化、团伙化、信息化趋势，深究查处虚开工作面临的形势与问题，提出了构建查管协同、证据定性、发票协查、部门协作等纵横联动综合治理虚开模式的建议。

关键词：查处　虚开　思考

近几年，虚开发票猖獗，呈沿海发达地区向中西部蔓延态势。不法分子利用四川省迫切发展的愿望，披着投资经营外衣虚开牟利，案件呈爆发式增长。四川国税局主要领导高度关注打击虚开工作，多次作出重要批示指导重大案件查处；分管局领导靠前指挥，协调查办；稽查部门主动作为，抓细项目制管理，抓优查管协同，抓好部门协作，查处了一批虚开案件，严惩了一批虚开人员。

一、办案基本情况

2017 年，全省查办虚开案件 2586 户，查实虚开 578 户；认定虚开增值税发票及抵扣凭证 28.56 万份、金额 247.96 亿元、税额 40.02 亿元；查补总额 17.66 亿元，入库 7.38 亿元。移送公安机关 414 户，公安机关立案 254 户，发起“云端行动”35 起，摧毁职业犯罪团伙 18 个，抓获犯罪嫌疑人 386 名；法院判决虚开案件 41 件，追究刑事责任 101 人。2017 年 7 月 4 日、8 月 9 日，国家税务总局党组成员、副局长孙瑞标分别在四川国税专报《精确分析　精准打击　四川国税查处虚开发票职业犯罪团伙成效明显》《四川国税开展走逃（失联）企业虚开发票专项查处工作成效显著》上批示肯定四川打击虚开工作。

二、工作主要做法

（一）强化协作，形成打击合力

充实税、警、关、银打击虚开工作领导小组，强化统筹，优化领导机制和工作机制，将查处虚开工作纳入绩效考核；抽调 5 名业务骨干充实打虚办，专司虚开案件的数据分析、任务下派、案件督导、协调沟通、成果反馈；定期召开例会分析虚开形势，通报查处进展，强化工作督导；建立重大案件会商机制，研判案情确定查处方向，充分发挥部门优势协同作战。

（二）横向联动，推进区域合作

建立西南地区稽查深度合作、快速反应机制，强化日常协作；以“雪豹 2 号”案件为载体，通过信函往来、实地外调等方式强化信息沟通，及时共享信息；推进跨区域上下游联查，确保一端突破、上下游共同收网。

（三）压实责任，实施项目管理

省局稽查局局长为打虚第一责任人，班子成员各领任务担任项目负责人，打虚办分项落实专人管理；市、州局稽查局局长为本地打虚第一责任人，班子成员为项目责任人，专案组人员为具体责任

人，全面构建起覆盖省、市（州）两级和所有案件的项目制管理体系。

（四）营造声势，实施统一行动

2017年4月27日、5月4日，联合公安、地税等部门发起统一行动，大造打击声势。全省共出动税务人员、公安民警741人、执法车113辆，分赴现场开展调查，突击询问175人，现场拦获2人，联系到关键人94人，公安部门抓获嫌疑人3人，成功调取84户企业账簿资料，确认走逃（失联）企业89户。

（五）注重应用，提振查处威慑

对外公布重大税收违法案件60件，纳税信用级别降为D级，向联合惩戒成员单位推送；将定性虚开的企业关键人员信息通报给有关部门，纳入异常监控库，加强事后监管，推进联合惩戒。

（六）提升质效，推动全面发展

打虚办整理虚开典型案例36起，编发工作简报19期，推广好的工作做法和经验，起到了典型引导作用；采取“请上来”和“沉下去”的方式，研究解决取证、定性难点问题，规范查处；2017年8月、11月，开展年中督导、重点工作督导，一体化推进案件查办工作。

三、虚开趋势分析

（一）专业化

作案团伙分工明确、组织严密、流程作业。达州“4·26”案中，不法分子搭建了虚开平台，成立总经办、电商部、办公室、财务部、策划部、运营部等部门，提供虚开壳体“孵化”、虚构中药材购销、领开发票、账务处理、涉税应对等“一条龙”服务，收取门槛费、代账费、服务费牟利。

（二）团伙化

团伙人员由家族亲戚或同乡构成，作案经验丰富，具备一定反侦查能力。成都“7·19”案中，3家公司在不足两年时间里，取得地炼企业富裕票，对外变名虚开37亿元，法定代表人、财务负责人、领开票员、库房保管均为家庭成员，查处中找不到账簿、人员零口供。

（三）信息化

搭乘互联网快车，建立虚开平台，网银支付完成资金快速流转，作案迅捷。达州“4·26”案中，作案团伙租用阿里云建立“道地网”虚构药材交易；遂宁“金文通”与四川蜀道通电子商务有限公司签订服务协议，大肆虚构业务掩盖虚开。

四、面临的问题

（一）虚开案件挤压稽查资源

2017年，稽查人员人均查办虚开案1.46件，查办周期长，取证困难，占用了大部分稽查资源。

（二）行政定性证据标准模糊

行政查处与定性虚开沿用司法定性标准，一定程度上存在过度取证，难以定性。

（三）行政处理标准不统一

虚开案处理难、结案难，例如，取得虚开的发票不得抵扣进项，而纯虚开企业不是增值税纳税人，是否应对其进项转出追缴税款？

（四）委托协查不尽规范

部分上游稽查部门仅发出《已证实虚开通知单》，下游稽查部门要再次调查取证形成证据链条，加大了工作量和执法风险。

（五）涉农虚开查处难

农产品收购虚开占四川省虚开行业第1位，农产品种养殖分散、人难找、事难核，取证难度大。

（六）资金回流取证困难

资金流跨地区、银行、公私账户，多次分合流转，犹如迷宫，层层取证耗时费力。

五、查处虚开的思考

（一）管查协同，破解资源困局

内地协查工作量大，地区间极不平衡，如成都市局协查案件占全省的60%，成都市国税局第二稽查局占全市的60%，该局20余名检查人员疲于应对全省36%的协查。应积极探索管理与稽查联手，区别涉案金额大小、上游证据指向等综合研判，推进分类协查，提高稽查资源使用效率。

（二）组合证据，规范证据标准

区分行政“明显优势证据”与司法“完全证据”，统一行政调查“主证+辅证”标准，形成相互印证的证据链条，依法果断定性虚开。主证含虚假资金流（资金回流、长期挂账、虚假收付款等），货物虚假或量不真实（无货、空转、进销不匹配等），“手续费”证据，无产能或虚假加工；辅证含征管资料、虚假注册证据、询问笔录、第三方证明、现场（勘验）笔录、《已证实虚开通知单》等。

（三）区分类型，明确处理标准

纯虚开（完全虚进虚出、无进虚出、“富余票”虚开）未移送司法的，作无补税的《税务处理决定书》《税务行政处罚决定书》，出具《已证实虚开通知单》挽损，移送公安机关；未结案已移送公安机关的，作无补税的《税务处理决定书》，发出《已证实虚开通知单》挽损，等司法部门处理后再依法处理。部分虚进虚出的，虚进部分作进项税额转出，虚出部分不补税，向下游开出《已证实虚开通知单》挽损，依法移送公安机关。虚进不虚出的，未获取恶意取得直接证据，则按善意取得虚开发票定性处理；获取到恶意取得证据的，定性偷税，补缴税款、罚款，移送公安机关。不以骗税、抵税以及获得手续费等利益为目的，未造成税收损失的，按照《发票管理办法》第37条规定处以处罚。

（四）规范协查，审慎定性处理

收到《已证实虚开通知单》，取得2个或2个以上的主证，主辅证印证与受票方实际经营业务不符的，定性接受虚开。实务中应区别开票方已定为虚开、受票方不一定虚开，受票方已定为虚开、开票方不一定虚开，受票为虚开、其对外开票不一定虚开的情形。

（五）加强协作，推进综合治理

深化税、警、关、银合作，集成部门优势，强化情报会商、案情研判、信息集成、联合指挥机制，探索税务发现虚开疑点，海关、人行数据支持，税警联合办案新模式。

（课题组

组　长：胡苏华，四川省国家税务局副局长

成　员：李波、徐勇、唐德友、张大伟，四川省国家税务局稽查局干部）

新形势下强化税务稽查职能研究

四川省地方税务局稽查局课题组

内容提要：随着经济多元化发展，税收违法行为和手段日趋复杂、隐蔽，税务稽查在执法理念、机制建设、稽查质效、部门协作、队伍建设等方面面临诸多问题和挑战，工作要求和难度日益增加。本文结合工作实际，提出转变稽查理念、深化稽查改革、提升稽查质效、强化部门协作、加强队伍建设等综合性手段，使税务稽查在新的形势下更好发挥推进依法治税、促进税收征管的职能。

关键词：稽查职能　深化改革　依法治税

作为科学严密征管体系的最后一道防线，税务稽查如何适应税收现代化改革方向，更加充分地发挥职能作用，做到监控有效、打击有力、治理有方，已经成为工作中亟待解决的问题。

一、当前税务稽查面临的新形势

（一）经济新常态对稽查工作提出新要求

经济新常态下，要求各级政府实行简政放权，减少对微观经济的干预。具体到税务稽查部门，就是要在严格执法、严厉打击的同时，努力营造资源最佳配置和公开平等竞争的市场环境。

（二）经济多元化给稽查工作带来新问题

随着市场经济纵深推进、“互联网+”迅猛发展，新的发展理念和发展方式在促进发展质量和效益不断提升的同时，也给税收工作提出新的课题，给税务稽查工作增加了难度。

（三）税制改革对稽查工作产生新影响

党的十八大以来，我国税收体制改革不断向纵深推进，中央全面深化改革领导小组出台《深化国税、地税征管体制改革方案》，“放管服”改革提出新要求，这些都将在今后一个时期内对税务稽查管理体制、工作机制、工作方式带来长远影响，需要认真加以研究和应对。

（四）信息管税对稽查人员带来新挑战

新的信息管税模式下，稽查部门如何利用相关信息精准选案、深入查案、科学审案、及时结案都亟待研究，稽查人员的知识结构、技能水平尤其是电子查账能力亟待提高。

二、影响税务稽查职能发挥的因素

（一）管理体制不相适应

当前，企业集团化、全球化、跨区域、信息化与税务稽查管理体制属地化、工作模式单兵化、粗放化的矛盾日益突出。

（二）稽查质量亟待提高

1. 稽查选案准确率不高

选案方法不科学，随意性大，缺乏稽查与征管、国税与地税、税务与银行、税务与司法等部门间有效的信息传递渠道，难以对症下药实施精准选案。

2. 案件查处难度增加

税务机关面临知识更新压力，稽查工作往往就账查账、浅尝辄止，难以深入细致、触及要害。

3. 案件审理难以深入

局限于书面审理，影响审理工作质量。审理过于注重个案，对同类型案件缺乏相对系统的归纳、总结和分析。一线审理力量相对薄弱，技能水平有待提高。

4. 稽查案件执行难

一是法律法规不健全。采取保全措施时，现行法律法规对于具体的操作程序、金融机构等相关单位的责任落实缺乏明确规定，或虽有一定规定但在实践中容易出现相关单位敷衍了事、配合不力等情况。二是相关规定出台相对滞后，管控力度不够。

（三）部门间协调配合度不强

1. 税务局内部协调度不够

部门协作缺乏制度规范，征管基础工作不够扎实，信息反馈不及时。

2. 国税地税联合稽查配合不深入

联合稽查的广度和深度有待进一步拓宽，在检查和审理工作中还需要进一步畅通机制和渠道。

3. 外部部门间配合度不够

税务部门与银行、国税、经侦、工商等相关部门的信息数据联网和数据交换机制仍然不够完善，涉税信息的分享不够充分，未能发挥合力。

（四）稽查队伍建设有待加强

1. 人员结构不合理

稽查队伍年龄结构偏大、中坚力量不强、知识结构老化、业务技能参差不齐，一定程度上存在青黄不接的现象。

2. 人才比例不合理

全省地税系统现有稽查干部2000余名，尖端人才匮乏。能够独立、深入、全面查办案件的人才不多，擅长应用法律知识防范稽查执法风险的人才更少，弱化了稽查队伍的整体风险防控能力。

三、强化稽查职能对策与建议

（一）强化三种意识，树立新的理念

1. 强化创新意识

税务稽查应当立足于新形势下的现代化、信息化建设，以抓好重大税收违法案件查处、税收专项检查、区域税收专项整治等工作为主线，进一步明确稽查定位、把握重点方向、整合稽查力量、创新工作机制、深化电子手段，更加有效彰显稽查职能作用。

2. 强化服务意识

应当牢固树立为纳税人服务的理念，坚持依法稽查，倡导热情服务，营造公平、公正的市场竞争环境。

3. 坚持法治意识

增强法治意识、践行“法治稽查”，按照“执法有依据、行为有规范、权力有制约、过程有监控、违法有追究”的执法要求，有效防范风险。

（二）推进稽查改革，完善稽查制度

1. 科学准确定位，实现稽查转型

把税务稽查放在经济形势、征管格局和管理方式下统筹考虑，实现稽查由“数量收入型”向“质量执法型”的转变。改革稽查工作评价体系，逐步建立综合质量指标体系，探索稽查社会效果评估机制。

2. 推进稽查改革，增强稽查独立性

一是加大异地交叉稽查力度。发挥稽查部门上下联动优势，推行异地交叉稽查，减少稽查阻力，突破稽查难点和瓶颈。二是试点推行“一级稽查”体制，调整县级稽查局职能。三是深化、扩大稽查职能整合，将选案、审理权适当上收，检查、执行权保留不动，提升区域内稽查合力。

（三）抓好四个环节，提升稽查质效

1. 选案要准

按照税收风险管理的思路，充分运用税收风险分析成果，进一步健全选案机制。畅通信息来源渠道，整合内外部信息，为稽查筛选和推送准确的案源。

2. 检查要细

实行全面细致“解剖式”检查，确保案件查处成效。加强金税三期系统大数据以及互联网大数据分析运用，发现疑点、寻找线索、争取突破。组建跨区域专业化检查团队，提升信息化应对能力。

3. 审理要严

注重把握程序合法性、证据有效性、依据适用性和数据准确性，确保每件税务案件的审理都做到证据充分、事实清楚、程序合法、依据正确、处罚恰当。充分听取纳税人申辩意见，尊重并保护纳税人合法利益。规范稽查案卷管理，对已形成的稽查文书认真审核、严格把关。杜绝案件审理久拖不决，提升审理工作效率。实现审理方式多样化，综合运用书面审理、现场调查、函询面谈等多种方式，重大、复杂案件审理可适当提前介入。

4. 执行要硬

新征管法修订时，应考虑增加实施税收保全措施的配套保障手段，明确相关政府部门、金融机构的法定职责义务。

（四）强化四个协调，密切部门配合

1. 协调税务内部各部门

建立完善稽查建议书制度，总结征管漏洞、政策缺陷，及时反馈给法规、征管等职能部门，完善政策、堵塞漏洞。完善部门间资料传递、信息共享、案情分析制度，做好各环节衔接。对于重大税收违法案件相互配合、相互协调，发挥税收各环节管理合力。

2. 协调国地税联合稽查

扩大联合稽查覆盖面，利用金税三期系统大数据平台，强化联合办案的信息共享、案情通报、成果应用，提升联合办案深度。

3. 协调外部各部门配合

利用政务信息系统整合共享契机，加快建立完善平台互联互通和数据共享，形成综合治税新格局。完善公安派驻税务稽查工作机制，加强与发改委、工商、人民银行等单位的沟通协调。

4. 协调稽查系统上下

提升系统内各项基础管理水准，建立完善系统内稽查质效考核办法，优化结果利用，切实提升全系统整体稽查工作水平。

（五）注重四个着力，加强队伍建设

1. 着力强化教育，确保稽查人员“想做事”

加强稽查人员思想政治、职业道德教育，让“想做事”成为税务稽查人员的主观自觉行为。加强干部思想建设，增强工作能动性。探索建立稽查人员能级管理制度、主查辅查制度，激发队伍活力。

2. 着力培训学习，确保稽查人员“能做事”

探索建立地税稽查分类分级培训机制，制订稽查培训长期规划，以提高综合素质为核心、以解决实战问题为重点、提升稽查技能。

3. 着力制度建设，确保稽查人员“不出事”

加强内部管理，落实党风廉政建设责任制和重大决策集体研究制度，堵塞漏洞，减少执法风险，确保稽查人员“不出事”。

4. 着力绩效考核，确保稽查人员“肯做事”

制定完善科学绩效考核指标体系，充分发挥“指挥棒”作用，让“肯做事”的有干劲。

（课题组

组　长：黄刚才，四川省地方税务局副局长

成　员：龚勇兵，四川省地方税务局稽查局局长；王琦，四川省地方税务局稽查局总会计师；包爱萍，四川省地方税务局稽查局办公室主任；李清，四川省地方税务局稽查局副主任）

地方政府支持宁夏地税稽查体制改革方式的研究

宁夏回族自治区地方税务局稽查局课题组

内容提要：税务稽查职能作用的充分发挥需要良好的稽查体制作为保障，《深化国税、地税征管体制改革方案》对深化税务稽查改革提出了具体的工作要求。地税稽查部门虽然是隶属于地方税务部门的垂直管理单位，但机构编制的设立、变动，工作经费的划拨等均离不开地方政府的大力支持。本文梳理了国务院、税务总局对稽查体制改革的相关要求，分析了当前宁夏地税稽查体制中存在的利弊，对地方政府从哪些方面支持地税稽查体制改革提出建议，并对改革后的地方税务稽查部门发挥的作用进行展望。

关键词：地方政府　支持　稽查体制　改革

为更好落实中央关于深化税务稽查改革的相关要求，积极稳妥的推进宁夏地税稽查管理体制改革，宁夏地税局稽查局对本地区地税稽查体制运行情况进行了调研，对现行稽查体制下工作中存在的弊端进行了分析，对推进地税稽查体制改革提出了意见、建议。

一、党中央国务院及国家税务总局对税务稽查体制改革的总体要求

2015年12月，《深化国税、地税征管体制改革方案》印发，对深化税务稽查改革提出了总体要求。在此之前，国家税务总局于2012年启动了税务稽查管理方式改革，在河北、河南、安徽、湖南4省和山东青岛市开展试点，目的是在稽查内部实施分级分类管理，打破区域限制，优化资源配置，推进专业化稽查、集约化稽查和分级分类稽查。随后的几年间，广西地税局、海南地税局在地方政府的大力支持下，实施了税务稽查管理体制改革，推行了省级一级稽查，在一个省范围内，只存在一级（既省级）就能独立完成选案、检查、审理、执行等全部稽查业务环节的税务稽查机构。在2016年的全国税务稽查工作会议上，国家税务总局副局长孙瑞标在讲话中要求："总局确定的稽查体制机制改革试点单位要先行先试，尽快形成可复制、可推广的经验做法，非试点地区也要按照总局提出的改革路径，大胆探索，积累经验，为总局深入研究稽查体制机制改革提供参考和借鉴。"①

二、目前宁夏地税稽查部门职责、体制模式及存在弊端

（一）现行税务稽查职责

《税收征收管理法》第9条规定："稽查局专司偷税、逃避追缴欠税、骗税、抗税案件的查处。国家税务总局应当明确划分税务局和稽查局的职责，避免职责交叉。"2003年，国家税务总局进一步明确稽查局的现行职责包括："稽查业务管理、税务稽查和税收违法案件查处，凡需要对纳税人、扣缴义务人进行账证检查或者调查取证，并对其税收违法行为进行税务形成处理（处罚）的执法活动，仍由各级稽查局负责。"

宁夏人民政府办公厅《关于印发自治区地方税务局主要职责内设机构和人员编制规定的通知》（宁政办发〔2014〕142号）规定宁夏地税局稽查局的职责是："贯彻执行税务稽查法律、法规、规章及规范性文件；组织、指导、协调、监督地税系统税务稽查工作；负责重点税源企业的税务稽查和重大税务违法案件的查处工作；组织、协调地税系统实施税收专项检查和税收专项整治工作；集中办理重、特大税收违法案件；承担税收违法案件的受理、转办、查办、复查、复审工作；协调自治区公安、检察、法院、国税局等部门处理税务稽查有关工作。"

（二）宁夏现行地税稽查体制模式

1994年，宁夏国税、地税机构进行了分设，在地税系统内部成立了县、市二级税务稽查机构。1997年8月，宁夏地税局稽查局正式成立，宁夏地税系统内部形成了县、市、区三级税务稽查机构。2003年下半年，宁夏地税系统实施了税务稽查体制改革，在全系统推行市级一级稽查管理模式，县分局稽查机构、人员、职责全部上收到市局稽查局，取消县局稽查局。2004年初，改革后的区、市两级地税稽查机构全面运行，初步形成了选案、稽查、审理、执行"四分离"的工作机制。

（三）宁夏现行地税稽查体制存在的弊端

1. 稽查体制机制与税源结构不匹配

目前，宁夏地税稽查部门的机构、人员配置呈正金字塔形结构，即省级稽查局只有一个且人员较少，地市级稽查局4个且人员配置相对较多。但纳税人的组织形式却逐步呈现倒金字塔形结构，即出现集中化、集团化、多元化的趋势，集团总部多位于省会城市，大多采取集团汇总统一纳税方式。地税稽查机构、人员与税源结构的反向配置，导致稽查监控力度不足，无法全力应对重点税源企业的稽查。

2. 稽查一线人员力量短缺

2004年实行市一级稽查后，虽然宁夏地税稽查部门的管理层级由区、市、县三级减少为两级，但由于宁夏地税系统稽查人员总数只有155人（2016年终数据），按每个单位最低配置7个科室4个班子成员计算，现有的区、市两级5个稽查部门仅按部门配备领导就需要55人，占宁夏地税稽查部门现有人员的35%左右。再加上行政科室和其

① 详见国家税务总局副局长孙瑞标在2016年全国税务稽查工作会议上的讲话。

他科室所需人员，目前宁夏地税系统稽查一线查账人员占稽查部门人员总数的50%都不到。

3. 稽查管理存在监管方面的漏洞

在市一级稽查体制模式下，市级稽查部门作为所属税务局的直属单位，行政工作属于所属税务局领导，业务工作由省局稽查局指导。通过实践来看，这种双重领导的机制极易造成双方都能管、但谁也管不到位的问题。同时，现有模式下，稽查人员长期在一个地方工作，有的纳税人为了一己之利，通过各种关系来拉拢腐蚀、干扰稽查干部执法的现象时有发生；有的地方以保护和发展地方经济为由，干扰或影响稽查正常执法，这些都不可避免的增大了稽查执法风险。

4. 第三方信息获取不足

长期以来，税务机关与纳税人之间存在着严重的信息不对称问题，而税务稽查部门目前信息获取渠道不畅，除与国税等个别部门能够定期交换涉税信息外，尚未与大部分政府部门建立规范、有序的政府间信息交换通道。同时，受信息化水平较低的限制，收集的第三方信息利用程度不高，制约了税务稽查的效能的提高。

5. 国税地税稽查机构设置、执法力度不统一

国税稽查部门和地税稽查部门在企业所得税等部分税种管理上存在着“一个税种两家管”的现象，或多或少会出现稽查执法标准、执法力度不统一等问题，影响了税收执法的公正。2008年宁夏国税稽查部门机构体制改革后，宁夏国税部门市级稽查机构级别全部升格为副处级单位，而宁夏地税系统市级稽查机构级别为科级，双方级别不对应，一定程度上影响了国税、地税稽查部门的合作效率。

三、地方政府支持宁夏地税稽查体制改革的方式方法

（一）取得地方政府机构编制上的支持，推行省一级稽查体制

建议自治区政府给宁夏地税局新增4个正处级或副处级稽查机构编制，在全区地税系统推行省一级稽查体制，撤销市级地税局稽查建制，设立省局直接管理的跨区域稽查局或由省局稽查局下辖的直属稽查局，构建扁平化稽查组织体系。跨区域稽查局、直属稽查局可设置为正处级或副处级单位，领导班子均配备1名正职，2~3名副职，1名纪检组长，并设立党组。

（二）取得地方政府经费划拨上的支持，推行国税地税稽查合署办公

建议自治区政府从经费划拨上对国税稽查部门和地税稽查部门给予支持，由双方共同租赁（或购买）办公场所，推行国税地税稽查合署办公。合署办公后，国税、地税稽查部门可采取虚拟机构、实体运行的方式实施国税地税稽查合作。所谓虚拟机构、实体运行即由国税、地税稽查部门人员共同组成虚拟稽查局，在实施联合选案、联合检查、联合协同审理、联合执行、联合惩戒时，均分别从双方各抽调一人或数人实施联合稽查。条件成熟时，可推行一方入户，诸税统查模式，从而大大提高税务稽查工作质效。

（三）取得地方政府信息共享上的支持，构建税收共治新格局

建议自治区政府进一步加大对税务稽查部门信息获取的支持，强化信息共享平台建设，按照“部门信息交换为常态、不交换为例外”的原则，推进涉税信息的共享和涉税事项的共同监管。国土、房管、工商等部门定期通过信息共享平台将相关涉税信息传递给同级税务机关，税务机关按照各部门职责将信息推送给稽查等相关部门。

四、改革后地税稽查部门对促进地方经济发展发挥的作用

（一）进一步发挥好为国聚财职能

实施税务稽查体制改革后，税务稽查部门要更加发挥好自身的职能作用，通过提升执法的质量、效率、刚性和查补收入入库的力度等多措并举，对合理合情合法的执法行为能带来的查补入库收入进行深度挖潜，一方面依法追缴税款、征收滞纳金、处以罚款，直接带来税收收入；另一方面通过严格且合情理的执法保护守法者同时打击不法分子，双管齐下促进纳税遵从度提高，带动税收收入增加。

（二）进一步发挥好为经济发展护航职能

实施税务稽查体制改革后，税务稽查部门要进一步加大对涉税违法犯罪行为打击力度，保证经济、税收、公正、法治有序；要更加注重发挥好为地方经济发展护航职能，提出适合加强本地经济建设、税收政策支持的意见建议；要积极、合法贯彻落实地方政府出台的各项税收优惠政策，涵养税源，服务好地方经济发展；要更加注重发挥社会综合治税体系的作用，实现依法治税全社会齐抓共管的局面。

（三）进一步发挥好为社会尽责职能

实施税务稽查体制改革后，税务稽查部门更要积极配合自治区党委、政府各组成部门开展相关工作，发挥好税务稽查职能作用，增强稽查影响力，服务经济大局；要积极开展扶贫帮困活动，创新扶贫思路，扎实开展对口扶贫工作，彰显税务稽查部门的社会担当；要积极参与当地社区共建活动，为社区办好事、解难事、办实事，积极创造和谐稳定的社会环境。

（课题组

组　长：刘晨，宁夏回族自治区地方税务局稽查局局长

成　员：蔡菁、孟琦、李平、叶红霞、黄丽芳，宁夏回族自治区地方税务局稽查局干部

执　笔：李平，宁夏回族自治区地方税务局稽查局办公室副主任）